Religionsphilosophie

Markus Wirtz

Religionsphilosophie

Eine Einführung

J.B. METZLER

Markus Wirtz
Köln, Deutschland

ISBN 978-3-476-05710-5   ISBN 978-3-476-05711-2   (eBook)
https://doi.org/10.1007/978-3-476-05711-2

Die Deutsche Nationalbibliothek verzeichnet diese Publikation in der Deutschen Nationalbibliografie;
detaillierte bibliografische Daten sind im Internet über ► http://dnb.d-nb.de abrufbar.

Umschlagabbildung: © Godong/robertharding/mauritius images

Planung/Lektorat: Franziska Remeika
J.B. Metzler ist ein Imprint der eingetragenen Gesellschaft Springer-Verlag GmbH, DE und ist ein Teil
von Springer Nature.
Die Anschrift der Gesellschaft ist: Heidelberger Platz 3, 14197 Berlin, Germany

Vorwort

Religionsphilosophie gehört nach meiner Überzeugung zu den faszinierendsten und facettenreichsten Disziplinen der Philosophie. Sie wirft fundamentale existenzielle, metaphysische und erkenntnistheoretische Fragen auf und sie ist überdies angesichts der sozialen und politischen Bedeutung, die den Religionen im 21. Jh. weltweit zukommt, von hoher Relevanz für die Reflexion auf die Grundlagen gesellschaftlichen Zusammenlebens. Aufgrund ihrer thematischen Vielseitigkeit fällt Religionsphilosophie innerhalb des Kanons der philosophischen Disziplinen ein wenig aus dem Rahmen, da sie sich nicht eindeutig den Schubladen der theoretischen oder der praktischen Philosophie zuordnen lässt – gerade dies kann man jedoch auch als einen ihrer Vorzüge betrachten.

Meine Absicht ist, mit dem vorliegenden Buch eine Einführung in die Religionsphilosophie vorzulegen, die sich sowohl an philosophische Fachleute als auch an interessierte „Laien" richtet. Für Lehrende und Studierende der Philosophie, der Theologie und der Religionswissenschaften sind religionsphilosophische Kenntnisse im Grunde unverzichtbar; es sei denn, man wollte die jahrhundertelange und bis heute anhaltende Beziehungsgeschichte zwischen Glauben und Wissen geflissentlich ignorieren. Besonders wichtig war es mir beim Schreiben dieser Einführung, Religionsphilosophie nicht aus der einseitigen Perspektive einer bestimmten Schule oder Strömung, sondern möglichst umfassend in ihrer systematischen Tiefe, historischen Weite und interkulturellen Fülle darzustellen. Zugleich soll dieses Lehrbuch zuverlässig über die gegenwärtigen Diskussionsfelder und theoretischen Ansätze innerhalb der Religionsphilosophie informieren. Es ist so konzipiert, dass es als Grundlage akademischer Lehrveranstaltungen verwendet werden kann.

Den Anstoß zum Verfassen dieser Einführung hat Frau Prof. Dr. Claudia Bickmann, meine im Jahr 2017 viel zu früh verstorbene Habilitationsbetreuerin, gegeben, indem sie den Kontakt zum Metzler-Verlag vermittelt hat. Dafür und für so vieles andere, das ich in der langjährigen philosophischen Zusammenarbeit mit Claudia Bickmann lernen durfte, bin ich ihr zu tiefem Dank verpflichtet. Danken möchte ich ferner Franziska Remeika, der Lektorin des Metzler-Verlags, für ihre aufmerksamen Korrekturen und hilfreichen Ratschläge sowie für ihre Geduld, als sich die Fertigstellung des Manuskripts durch Bibliotheksschließungen infolge der Corona-Pandemie verzögerte. Eine kollektive, herzliche Danksagung sei an dieser Stelle an alle Personen gerichtet, mit denen ich mich in den letzten Jahren über religionsphilosophische Fragen austauschen durfte. Dabei denke ich keineswegs nur an philosophische Fachleute im engeren Sinne, sondern auch an meine Studierenden und Schüler:innen, von denen ich viele wertvolle Anregungen empfangen habe. Wenn die vorliegende Einführung einen Beitrag dazu leisten kann, das Verständnis für religionsphilosophische Fragestellungen und Antwortversuche zu fördern und Interesse an weitergehenden Forschungen in diesem Feld zu wecken, so hat sie ihr Ziel erreicht.

Schließlich bedanke ich mich bei meiner Frau Nathalie Baillon-Wirtz und meinem Sohn Lucas für ihre verständnisvolle Unterstützung während des gesamten Schreibprozesses.

Markus Wirtz
Köln
im April 2022

Inhaltsverzeichnis

Einleitung.. 1

1   Was ist ‚Religionsphilosophie'? 7
1.1   Der Begriff der Religion 8
1.1.1   Definitionen von Religion 9
1.1.2   Grundphänomene des Religiösen.. 15
1.1.3   Aspekte von Religiosität.. 19
1.2   Vorgeschichte, Entstehung und Entwicklung der religionsphilosophischen
       Disziplin 22
1.2.1   Von der Kritik am Mythos zum Monotheismus: Philosophie und Religion in der
       Antike.. 23
1.2.2   Von der natürlichen Theologie des Mittelalters zur neuzeitlichen
       Religionsphilosophie.. 27
1.2.3   Aufhebung der Religion? Religionsphilosophie im 19. Jahrhundert 33
1.2.4   Religionsphilosophie im 20. Jahrhundert.................................... 35
1.3   Zum Verhältnis von Religion, Philosophie, Theologie und
       Religionswissenschaft... 37
1.3.1   Religionsphilosophie innerhalb des Kanons der philosophischen Disziplinen...... 38
1.3.2   Religionsphilosophie und Theologie 40
1.3.3   Religionsphilosophie und Religionswissenschaften 42
1.3.4   Religionsphilosophie und gelebte Religiosität 45
1.4   Methodische Zugänge... 47
1.4.1   Hermeneutik und Existenzphilosophie....................................... 49
1.4.2   Phänomenologie 51
1.4.3   Analytische Philosophie.. 56
1.4.4   Kritische Theorie und Poststrukturalismus................................... 58
       Literatur 61

2   Glauben und Wissen 69
2.1   Das Verhältnis von Religiosität und Rationalität 70
2.1.1   Offenbarung und Vernunft in Spätantike und Mittelalter..................... 71
2.1.2   Glaube und Vernunft in der frühen europäischen Neuzeit..................... 77
2.1.3   Religion und Vernunft seit der Aufklärung................................... 81
2.1.4   Religion und moderne Wissenschaft 86
2.2   Die Epistemologie religiösen Glaubens 90
2.2.1   Putatives und kreditives Glauben 91
2.2.2   Realismus, Kognitivismus und Evidentialismus 95
2.2.3   Antirealismus, Nonkognitivismus und Nicht-Evidentialismus 98
2.2.4   Reformierte Epistemologie 102
2.3   Die Analyse religiöser Äußerungen 104
2.3.1   Religiöse Erfahrung 105

2.3.2	Religiöse Sprache	109
2.3.3	Existenzielle und pragmatische Deutungen religiöser Lebensformen	112
	Literatur	115
3	**Theistische Religionsphilosophie**	121
3.1	Begriff Gottes und göttliche Attribute	122
3.1.1	Der Begriff Gottes	123
3.1.2	Göttliche Eigenschaften	126
3.1.3	Göttliche Voraussicht versus menschliche Freiheit: Offener Theismus und Prozesstheologie	131
3.2	Klassische Gottesbeweise	134
3.2.1	Der kosmologische Gottesbeweis	135
3.2.2	Der teleologische (physikotheologische) Gottesbeweis	138
3.2.3	Der ontologische Gottesbeweis	140
3.2.4	Weitere traditionelle Argumente für die Existenz Gottes	143
3.3	Modernisierte Argumente für die Existenz Gottes	145
3.3.1	Kosmologische und probabilistische Argumente	146
3.3.2	Design-Argumente	149
3.3.3	Modallogische Argumente	153
3.3.4	Weitere protheistische Argumente	156
3.4	Philosophisch-theologische Differenzen zwischen den theistischen Religionen	159
3.4.1	Jüdischer Theismus	160
3.4.2	Christlicher Theismus	164
3.4.3	Islamischer Theismus	168
3.4.4	Hinduistischer Theismus	172
	Literatur	177
4	**Nicht-theistische Religionsphilosophie**	183
4.1	Nicht-theistische Denkschulen der klassischen indischen Philosophie	185
4.1.1	Orthodoxe Schulen *(āstika darśanas)*	186
4.1.2	Heterodoxe Schulen *(nāstika darśanas)*: Buddhismus, Jainismus und Cārvāka	192
4.2	Nicht-theistische Strömungen aus Ostasien	199
4.2.1	Konfuzianismus	201
4.2.2	Daoismus	206
4.2.3	Buddhismus in China und Japan	210
4.3	Westliche Theismuskritik	215
4.3.1	Das Problem des Leidens und die Theodizee	215
4.3.2	Theismuskritik als Analyse des Ursprungs von Religion	222
4.3.3	Religionskritik im Namen von Logik und Wissenschaft	227
	Literatur	232
5	**Zeitgenössische Herausforderungen für die Religionsphilosophie**	237
5.1	„Säkulare Religiosität"	238
5.1.1	Subjektivierung von Religiosität: Postmoderne Patchwork-Spiritualität und neureligiöse Bewegungen	239

5.1.2   Objektivierung von Religiosität: Politische Ideologien und Technik-Utopien 242
5.2   Ethische Dimensionen, soziale Funktionen und politische Implikationen
         von Religion 248
5.2.1   Religion und Ethik 248
5.2.2   Religion in der politischen Öffentlichkeit 254
5.2.3   Feministische Religionsphilosophie... 258
5.3   Religiöse Diversität 261
5.3.1   Faktum und Problematik religiöser Diversität................................. 262
5.3.2   Die Erkenntnistheorie religiöser Dissense 264
5.3.3   Interreligiöser Dialog und komparative Theologie 269
5.3.4   Interkulturelle Religionsphilosophie 273
         Literatur 278

         Serviceteil
         Literaturverzeichnis.. 285
         Personenregister 295
         Sachregister 299

Einleitung

Ergänzende Information Die elektronische Version dieses Kapitels enthält Zusatzmaterial, auf das über folgenden Link zugegriffen werden kann ▶ https://doi.org/10.1007/978-3-476-05711-2_1.

Homo religiosus: Religion scheint zur Grundausstattung des Homo sapiens zu gehören. Von den frühesten archäologischen Hinweisen auf zeremonielle Totenbestattungen im mittleren Paläolithikum bis in die von Digitalisierung und Globalisierung gekennzeichnete Gegenwart des 21. Jh.s n. Chr. hat es keine Epoche und keine Kultur innerhalb der Menschheitsgeschichte gegeben, die nicht irgendwelche religiösen Vorstellungen, Praktiken und Lebensformen ausgeprägt hätte. Sogar in totalitären Gesellschaftssystemen des 20. Jh.s, in denen Religion gewaltsam unterdrückt wurde, haben religiöse Einstellungen und Praktiken unter der Oberfläche überleben können. Religion gehört offenbar zu den fundamentalen Charakteristika menschlichen Zusammenlebens wie etwa auch Politik, Arbeit, Kunst, Technik oder die Tradierung von Wissen. Der sozialen Fundamentalität dieser Bereiche tut es dabei keinen Abbruch, dass nicht jedes einzelne Individuum automatisch religiös, politisch und künstlerisch aktiv oder technisch versiert ist. Ausschlaggebend für die anthropologische Bedeutung des Phänomens Religion ist vielmehr, dass bislang in jeder uns bekannten Kultur und in jeder Epoche religiöse Vorstellungen und Praktiken zu Tage getreten sind.

Religionsfreiheit als Freiheit von und zur Religion: Dem Befund einer ursprünglich religiösen Anlage des Menschen scheint allerdings die Tatsache zu widersprechen, dass es heutzutage viele Menschen gibt, die sich als irreligiös, religiös indifferent, atheistisch oder agnostisch bezeichnen. All diese Einstellungen gehören zu den Optionen, die Menschen gegenüber religiösen Systemen und Verhaltensweisen ergreifen können – zumindest in Gesellschaften, die Religionsfreiheit zulassen. Denn diese bedeutet ja immer zugleich: Freiheit *zu* religiöser Betätigung, aber eben auch Freiheit *von* religiöser Betätigung. Die liberalen ‚westlichen‘ Gesellschaften insbesondere in Europa haben in dieser Hinsicht seit den verheerenden Religionskriegen des 17. Jh.s mit der Trennung von Religion und Staat einen Weg eingeschlagen, der sich je nach Perspektive entweder als universales Modernisierungsmodell empfiehlt oder aber als marginaler Sonderweg gegenüber einer ansonsten vielfach anzutreffenden sozialen und auch politischen Verankerung von Religion in menschlichen Gesellschaften erscheint.

Fortbestehen des Religiösen trotz Modernisierung: Einem seit dem 18. Jh. im Westen einflussreichen Fortschrittsparadigma zufolge repräsentiert Religion eine entweder bereits überwundene oder aber sukzessiv zu überwindende Stufe des menschlichen Bewusstseins, das sich durch Wissenschaft und Technik in der Zukunft immer deutlicher von den Fesseln der Mythologie, des Aberglaubens und auch der Religion befreien werde. Dass sich die Bedeutung von Religion in der Moderne durch die gravierenden Veränderungen der Lebensformen im Zuge der Globalisierung des Kapitalismus und die damit einhergehende Individualisierung und Erosion tradierter Sozialstrukturen stark gewandelt hat, trifft in der Tendenz sicherlich zu. Andererseits aber hat sogar die geballte Macht von wissenschaftlich-technischem Fortschritt, kapitalistischer Wirtschaft und liberaler Demokratie die religiösen Einstellungen von Menschen keineswegs zum Verschwinden gebracht. Ganz im Gegenteil ist seit dem Ende der globalen Ost-West-Konfrontation immer wieder eine „Renaissance des Religiösen" konstatiert worden – eine Diagnose, die zutrifft, insofern sie auf eine gestiegene Wahrnehmung von Religion in öffentlichen Räumen, seien diese nun „real" oder virtuell, aufmerksam macht, die aber insofern irrt, als das Religiöse überhaupt keiner Wiedergeburt bedarf, denn es war in Wahrheit niemals tot. Vielmehr erweist sich Religion im 21. Jh. – der eindimensionalen Modernisierungsthese zum Trotz – als überraschend vital und in vielerlei Formen präsent.

Gewalt im Namen der Religion: Seit den islamistisch motivierten Terroranschlägen vom 11. September 2001 sowie den darauf erfolgten Reaktionen des ‚Westens‘ und den wiederum daraus resultierenden Folgewirkungen im Nahen und Mittleren Osten scheint die – vermeintliche oder tatsächliche – Wiederkehr des Religiösen wenigstens zum Teil jedoch unter beunruhigenden Vorzeichen zu stehen. Betrachtet man als aufgeklärter Zeitgenosse die immer wieder im Namen der Religion verübte Gewalt, so möchte man sich dem Seufzer des Dalai Lama anschließen, der angesichts des islamistischen Terroranschlags auf die französische Satirezeitschrift „Charlie Hebdo" im Januar 2015 bekundete:

» Ich denke an manchen Tagen, dass es besser wäre, wenn wir gar keine Religionen mehr hätten. Alle Religionen und alle Heiligen Schriften bergen ein Gewaltpotential in sich. (Dalai Lama 2015, 9)

Religiöse Sinnstiftung: Diese Einschätzung des prominenten Oberhauptes des tibetischen Buddhismus ist umso bestürzender, als die Religionen, worauf der Dalai Lama ebenfalls hinweist, ja eigentlich das Ziel verfolgen (oder jedenfalls verfolgen sollten), den Menschen achtsamer und friedliebender zu machen, indem sie ihn von kurzfristigen egoistischen Interessen wegführen und auf die tiefere Bedeutung des menschlichen Lebens konzentrieren. Worin diese Bedeutung genau liegt, dies wird freilich in den Religionen der Welt durchaus unterschiedlich bestimmt und ausgelegt. Kommt es vor allem darauf an, sich dem Willen eines allmächtigen Schöpfergottes zu unterwerfen, der sich in Offenbarungen bekundet hat? Oder sollte es eher das Ziel sein, dem leidvollen Rad der Wiedergeburten zu entkommen?

Kulturkonflikte mit religiösem Hintergrund: Aus der unterschiedlichen Beschreibung und Interpretation der fundamentalen Bedeutung des Lebens und dessen, was mit diesem Leben am besten anzufangen sei, erwachsen religiöse Dissense, die sich zu handfesten Konflikten auswachsen können – zwischen verschiedenen Religionen, innerhalb einer einzelnen Religion oder auch zwischen einer Religion und ihrer nicht-religiösen Umwelt. Die emotionalen Bindekräfte und Leidenschaften, die Religionen bei ihren Anhängern zu wecken verstehen, wirken im Rahmen derartiger Konflikte oftmals als fatale Brandbeschleuniger und Verstärker von Trennlinien, die religiöse Kulturen voneinander separieren, obwohl jede einzelne von ihnen mit dem Anspruch auftreten mag, alle Menschen unter ihrem Banner versöhnen zu wollen.

Religion und Philosophie – ein spannungsreiches Verhältnis: Die Philosophie der Religion ließe sich vor diesem Hintergrund in einer ersten Annäherung als intellektueller „Feuerlöscher" intra- und interreligiöser Konflikte beschreiben, auch wenn sie von den Religionen in dieser Rolle oftmals gar nicht wahrgenommen wird. Denn das Verhältnis der Religionen zur Philosophie und zu den Wissenschaften ist selbst keineswegs frei von Spannungen. Im interkulturellen Vergleich der Weltreligionen und auch im diachronen Blick durch die Geschichte der

Relationen von Religion(en) und Philosophie(n) zeigt sich eine sehr große Bandbreite an unterschiedlichen Beziehungsvarianten, die von harmonischer Zusammenarbeit bis zu offener Feindschaft reicht.

Gestiegene Bedeutung der Religionsphilosophie: Als moderne Disziplin der Philosophie, welche die rationale bzw. natürliche Theologie seit dem Ende des 18. Jh.s abgelöst hat (▶ Abschn. 1.2.2), trägt Religionsphilosophie das spannungsreiche Verhältnis zwischen Religion und Philosophie, Glauben und Wissen, mit rationalen Mitteln aus. Sie thematisiert religiöse Glaubensüberzeugungen, Einstellungen und Praxen, inden sie deren implizite und explizite Gründe begrifflich präzisiert und argumentativ untersucht. Die Philosophie der Religion ist nicht zuletzt deswegen eine besonders spannende Disziplin, weil sie sich einer eindeutigen Zuordnung in die gängigen akademischen Sparten der theoretischen und praktischen Philosophie entzieht. Denn in ihr werden Fragen behandelt, die der Metaphysik, der Erkenntnistheorie, der Sprachphilosophie, aber auch der Ethik, der Sozialphilosophie und der politischen Philosophie zugehören. Überdies bietet Religionsphilosophie die Möglichkeit, auf dem Weg der Reflexion religiöser Überzeugungen fundamentale metaphysische Fragen aufzuwerfen, die in anderen philosophischen Disziplinen kaum noch explizit gestellt und untersucht werden. Etwa seit dem letzten Viertel des 20. Jh.s hat die Religionsphilosophie vor allem in der englischsprachigen Forschung einen gewaltigen Aufschwung erlebt, der bis heute anhält. Die ständig ansteigende Flut religionsphilosophischer Publikationen ist zugleich auch ein Indiz für die gestiegene Bedeutung von Fragestellungen, die sich mit der Rolle von Religion in der Gesellschaft auseinandersetzen.

Konzeption des Lehrbuchs: Das vorliegende Lehrbuch möchte eine kompakte Einführung in die wichtigsten Probleme, Fragestellungen und Antwortversuche der Religionsphilosophie geben. Der Überblick über die religionsphilosophische Disziplin erfolgt dabei in fünf Kapiteln: ▶ Kap. 1 erörtert mit der Frage „Was ist Religionsphilosophie?" grundlegende inhaltliche und methodische Voraussetzungen der philosophischen Auseinandersetzung mit Religion und grenzt die Religionsphilosophie sowohl von aktiver Religionsausübung und Theologie als auch von anderen wissenschaftlichen Annäherungen an Religion ab. ▶ Kap. 2 befasst sich mit den komplexen Beziehungen zwischen „Glauben und Wissen", die sowohl in historischer als auch in systematischer Perspektive betrachtet werden sollen. Hierbei geht es um Fragen wie z. B.: Wie ist der religiöse Glaube in epistemischer und in existentieller Hinsicht zu charakterisieren? Besitzt religiöse Sprache einen rational erfassbaren Erkenntniswert oder ist sie stets funktional auf die Praxis eines Glaubens oder einer religiösen Lebensform bezogen?

▶ Kap. 3 wendet sich der theistischen Religionsphilosophie zu, die traditionell einen zentralen Teil der religionsphilosophischen Disziplin bildet, ja oftmals sogar mit der gesamten Disziplin identifiziert wird. Tatsächlich gehört die rationale Auseinandersetzung mit dem Begriff und den Eigenschaften Gottes sowie mit den unterschiedlichen Beweisversuchen und Argumenten, die für die Existenz Gottes angeführt werden können, zu den unverzichtbaren Gegenständen der Religionsphilosophie, die hier in direkter Tradition der natürlichen Theologie als Teil der speziellen Metaphysik steht.

Zur Religionsphilosophie gehört jedoch ebenso die Beschäftigung mit solchen Religionen, bei denen der Gottesglaube nicht im Zentrum steht, sowie die philosophisch geäußerte Kritik am Theismus. Im 4. Kapitel soll daher der nicht-theistischen Religionsphilosophie nachgegangen werden. Zum einen gehören hierzu religiöse Traditionen aus Indien und China, die nicht-theistische philosophische Systeme ausgebildet haben. Durch die Auseinandersetzung mit religiös-philosophischen Strömungen wie Advaita-Vedānta, Buddhismus, Daoismus, Jainismus und Konfuzianismus wird die bis heute stark vom Theismus geprägte Religionsphilosophie interkulturell erweitert. Okzidentale Positionen nicht-theistischer Religionsphilosophie, die seit der europäischen Aufklärung entstanden sind, haben sich vorwiegend als philosophische Kritik am Theismus, ja an Religion insgesamt artikuliert. Als die einflussreichsten Komponenten philosophischer Theismuskritik sind das Problem des Übels und die mit ihm verbundene Theodizeeproblematik, die genealogische Analyse des Ursprungs von Religion sowie logische und wissenschaftliche Argumente gegen die Rationalität religiösen Glaubens hervorzuheben.

Im 5. Kapitel sollen schließlich zentrale Herausforderungen thematisiert werden, vor die sich Religionsphilosophie im 21. Jh. gestellt sieht. Hierzu gehören das komplexe Verhältnis von Religion und Säkularisierung in der zusammenwachsenden und zugleich in vielen Aspekten auseinanderdriftenden Weltgesellschaft, ethische, soziale und politische Facetten von Religion, aber auch neuere Theorieentwicklungen innerhalb der religionsphilosophischen Disziplin wie etwa feministische Ansätze, die Epistemologie religiöser Diversität und interkulturelle Religionsphilosophie.

Was ist ‚Religionsphilosophie'?

Inhaltsverzeichnis

1.1   Der Begriff der Religion – 8

1.2   Vorgeschichte, Entstehung und Entwicklung der religionsphilosophischen Disziplin – 22

1.3   Zum Verhältnis von Religion, Philosophie, Theologie und Religionswissenschaft – 37

1.4   Methodische Zugänge – 47

       Literatur – 61

© Springer-Verlag GmbH Deutschland, ein Teil von Springer Nature 2022
M. Wirtz, *Religionsphilosophie*,
https://doi.org/10.1007/978-3-476-05711-2_2

Die Bezeichnung ‚Religionsphilosophie' ist analog zu verwandten Begriffen gebildet, mit denen verschiedene Disziplinen der Philosophie durch die Angabe ihres jeweiligen Gegenstandsbereichs bezeichnet werden: So befasst sich die Technikphilosophie mit Technik, die Moralphilosophie mit Moral, die Kunstphilosophie mit Kunst und die Sportphilosophie mit Sport – beziehungsweise mit den philosophisch relevanten Grundlagen dieser Gegenstandsbereiche. ‚Religionsphilosophie' ist demzufolge diejenige philosophische Disziplin, die sich mit Religion bzw. mit den philosophisch relevanten Aspekten von Religion beschäftigt. Um jedoch genauer zu verstehen, was die Philosophie der Religion im Allgemeinen und im Speziellen untersucht, bedarf es einer Klärung dessen, was mit ‚Religion' überhaupt gemeint ist. Zwar besitzen wir bereits ein alltägliches Vorverständnis davon, was Religionen sind – zum Beispiel weil wir selber religiös oder in einem religiös geprägten Umfeld aufgewachsen sind, weil wir Menschen kennen, die sich als religiös verstehen oder weil wir Medienberichte über Religionen zur Kenntnis genommen haben. Um jedoch über Religion in einer anspruchsvollen Weise philosophieren zu können, müssen wir erst einmal prüfen, ob und inwieweit unser Vorverständnis von Religion beispielsweise mit religionswissenschaftlichen Definitionen des Religionsbegriffs übereinstimmt. Im Zuge einer näheren Überprüfung des Religionsbegriffs wird sich vielleicht herausstellen, dass sich die Philosophie der Religion gar nicht mit Religion in ihrer gesamten Bandbreite, sondern nur mit bestimmten Facetten von Religion befasst. Außerdem wird sich vermutlich zeigen, dass es gar keinen allgemein akzeptierten Begriff von ‚Religion' gibt, der in der religionsphilosophischen Disziplin flächendeckend verwendet wird. Gerade deswegen ist es aber um so wichtiger, verschiedene Definitionsversuche des Religionsbegriffs zu sichten und ihre Unterschiede deutlich zu machen. Letztlich geht es hierbei darum, Grundphänomene von Religiosität und Spiritualität aufzuzeigen, die einer religionsphilosophischen Betrachtung zugänglich sind (► Abschn. 1.1). Im Anschluss daran soll ein Blick auf die Entstehung und Entwicklung der religionsphilosophischen Disziplin von ihren Anfängen bis heute geworfen werden (► Abschn. 1.2). Die Abgrenzung der Religionsphilosophie von anderen wissenschaftlichen und nicht-wissenschaflichen Zugangsweisen zum Phänomen der Religion trägt ebenfalls dazu bei, das Genuine der *philosophischen* Auseinandersetzung mit Religion herauszustellen (► Abschn. 1.3). Schließlich soll ein Überblick über die wichtigsten Methoden innerhalb der zeitgenössischen Religionsphilosophie (► Abschn. 1.4) die interne Vielfalt dieser Disziplin demonstrieren, die es nicht erlaubt, auf die Frage: „Was ist ‚Religionsphilosophie'?" eine allzu simple Anwort zu geben.

1.1 Der Begriff der Religion

Der Begriff ‚Religion' umfasst einen so vielschichtigen und komplexen Bedeutungsgehalt, dass er sich kaum in eine knappe und bündige Definition pressen lässt. Dennoch ist es möglich und sinnvoll, verschiedene Definitionsversuche des Religionsbegriffs heranzuziehen und miteinander zu vergleichen, um zumindest einige Kriterien, anhand derer Religion und Religiosität bestimmt werden können, zu gewinnen. Dabei werden wir auf eine Reihe von religiös-spirituellen Grundphänomenen stoßen, die vielfach verwendet worden sind, um Religion(en) zu definieren. Es wird sich allerdings ebenfalls herausstellen, dass es sich bei keinem dieser Phänomene um ein Alleinstellungsmerkmal handelt, welches die Essenz des Religiösen kulturenübergreifend abbilden könnte. Vielmehr sind spirituelle Grundphänomene wie Transzendenz, Sakralität oder Ritus in den Religionen der Welt in je unterschiedlicher Weise miteinander verbunden, so dass ihre Betrachtung letztlich vom Begriff der Religion weg- und zum Begriff der Religiosität hinführt. Dieser hat den Vorteil, dass er in seiner Verbindung von objektiven und subjektiven Aspekten stärker die Potentialität – und weniger die pure Faktizität – religiöser Phänomene betont und daher auch die Motivationen mitumfasst, die Menschen überhaupt dazu bewegen, religiös zu empfinden, zu denken und zu leben.

1.1.1 Definitionen von Religion

Die gesamte Arbeit der Religionsphilosophie besteht letztlich darin, Religion auf den Begriff zu bringen. Angesichts dessen kann ein gehaltvoller Religionsbegriff eigentlich erst das Ergebnis umfangreicher religionsphilosophischer Untersuchungen darstellen und nicht bereits am Anfang vorausgesetzt werden. Für die Religionssoziologie hat Max Weber ähnliche Bedenken in seinem Werk *Wirtschaft und Gesellschaft* (1922) geäußert:

> » Eine Definition dessen, was Religion ,ist', kann unmöglich an der Spitze, sondern könnte allenfalls am Schlusse einer Erörterung wie der nachfolgenden stehen. (Weber 1972, 245)

Gleichwohl ist es generell durchaus sinnvoll, sich vor der Untersuchung eines Gegenstandes zumindest vorläufige Klarheit über dessen Begriff zu verschaffen. Eine erste Informationsquelle, die Auskunft über den Bedeutungsgehalt des Begriffs „Religion" geben könnte, lässt sich in der Etymologie vermuten.

Ein Blick auf die Etymologie: „Religion" leitet sich von dem lateinischen Substantiv *religio* her. Die Bedeutung dieses Wortes lässt sich etymologisch wiederum auf mindestens drei unterschiedliche Wurzeln zurückführen, die bereits Thomas von Aquin (1225–1274) in der *Summa theologica* aufgeführt hat. Eine Interpretationsrichtung folgt dem römischen Politiker, Schriftsteller und Philosophen Marcus Tullius Cicero (106–43 v. Chr.) und leitet *religio* von dem lateinischen Verb *relegere* („wieder lesen, sorgfältig beachten") ab. Die sorgfältige Beachtung bezieht sich dabei im Kontext der römischen Staatsreligion in erster Linie auf den rituellen Kult, der gegenüber den Göttern regelmäßig zu erfüllen ist *(cultus deorum)*. Ein zweite, spätere Worterklärung geht auf die christlichen Kirchenväter Lactantius (250–320) und Augustinus (354–430) zurück, die Religion auf das lateinische Verb *religare* („zurückbinden, verknüpfen") zurückführten. Demnach wäre Religion dasjenige Band, das den Menschen mit dem Göttlichen verbindet bzw. an das Göttliche bindet. Augustinus liefert in seinem Werk *De civitate dei* noch eine dritte mögliche Herleitung von „Religion", nämlich von *re-eligere*

(„wieder erwählen"). Gemeint ist hiermit in einem spezifisch christlichen Zusammenhang der Akt der Umkehr des in Sünde gefallenen Menschen hin zu Gott. Welcher der drei etymologischen Herleitungen des *religio*-Begriffs der Vorrang gebührt, ist umstritten. Während die Philologie die ältere ciceronische Ableitung von *relegere* bevorzugt, neigen Theologie und Religionsphilosophie eher der augustinischen Herleitung von *religare* zu (vgl. Balmer 2017, 127).

Religio als öffentlicher Kult: Eine ausdrückliche Bezugnahme des *religio*-Begriffs auf subjektive, persönliche Glaubenseinstellungen, die wir heutzutage ganz selbstverständlich als „religiös" bezeichnen würden, ist nicht vor dem 1. Jh. v. Chr. nachzuweisen. Einen deutlichen Verinnerlichungs- und Personalisierungsschub erfuhr die Gottesverehrung dabei vor allem durch die spätantike philosophische Strömung des Stoizismus. Zuvor war die römische *religio* in erster Linie eine öffentliche Angelegenheit gewesen, *cultus publicus,* und sie blieb es bis zum Auftreten des Christentums im Prinzip auch noch in der Folgezeit. Die Stoa hob jedoch besonders den individuellen Pflichtcharakter der Religionsausübung hervor. Diesbezüglich weist sie eine interessante interkulturelle Gemeinsamkeit mit der konfuzianischen Betonung der bewussten Erfüllung ritueller Pflichten im antiken China auf. In beiden Kontexten ging es schließlich es darum, die Stabilität eines Kaiserreichs durch die mit innerer Anteilnahme vollzogene rituelle Ordnung, die Himmel und Erde miteinander verbindet, zu garantieren.

Übernahme und Weiterentwicklung der *religio* im Christentum: Das Christentum schloss sich im Zuge seiner spätantiken ‚Eroberung' der Weltmetropole Rom *(caput mundi)* einerseits an die öffentliche *religio* der römischen Antike an, setzte sich andererseits aber in der Verkündigung eines ganz neuen, subjektiven Glaubens *(pístis)* an die Heilsbotschaft Jesu Christi zugleich von ihr ab. Insofern lässt sich sagen, dass in der spezifisch christlichen *religio* die etymologischen Ableitungen aus *relegere, religare* und *re-eligere* eine dauerhafte Allianz eingegangen sind.

Frühneuzeitliche Ausweitung des *religio*-Begriffs: Die Ausweitung des *religio*-Begriffs zur Bezeichnung eines universellen Phänomens, das sich in sämtlichen Kulturen der Welt auffinden lässt, ist allerdings sehr viel späteren Datums. In der frühen Neuzeit, nachdem Europa von verheerenden innerchristlichen Religionskriegen wie dem Dreißigjährigen Krieg (1618–1648) heimgesucht worden war, diente der Religionsbegriff zunächst dazu, das den christlichen Konfessionen Gemeinsame zu bezeichnen und stellte insofern bereits einen Fortschritt in Richtung auf jene Toleranz in religiösen Fragen dar, die später zum Kennzeichen des modernen liberalen Staates werden sollte.

Universalisierung des Religionsbegriffs: Im Zeitalter der Aufklärung wurde der Religionsbegriff auch auf Ausdrucksformen spirituellen und kultischen Lebens in nicht-christlichen Kulturen übertragen. Der Begriff *religio* erfuhr somit eine geradezu anthropologische Ausweitung seiner Bedeutung. Glaubens- und Lebensformen, die zuvor schlicht als ‚Irrglaube' oder als ‚Heidentum' disqualifiziert worden waren, konnten nunmehr in ein breites Spektrum religiöser Phänomene eingeordnet werden. Zugleich wurde damit eine Vielfalt ganz unterschiedlicher kultureller Erscheinungen unter einen unhintergehbar lateinisch-okzidentalen Begriff subsumiert. In für die Religionsgeschichte so wichtigen Sprachen wie dem Arabischen, Chinesischen, Griechischen, Hebräischen oder dem Sanskrit gibt es kein direktes

Synonym für den Religionsbegriff. So hat der spanisch-katalanische Religionsphilosoph Raimon Panikkar (1918–2010) darauf hingewiesen, dass der Begriff ‚Religion‘ im Sanskrit alternativ mit den Ausdrücken *dharma, sampradaya, karma, jati, bhakti, marga, puja, daivakarma, nimayaparam, punyaxila* übersetzt werden könnte (Panikkar 1998, 16). Angesichts dieser Befunde lässt sich durchaus die Frage stellen, ob die moderne Installierung des Begriffs „Religion" zur Bezeichnung eines Kulturen übergreifenden Phänomens möglicherweise auch ein Zeichen eurozentrischer Dominanz war, die hier – wie in so vielen anderen Bereichen auch – die Selbstbeschreibungen nicht-europäischer Kulturen unterdrückt hat.

Problematik des universellen Religionsbegriffs: Tatsächlich haben Religionswissenschaftler wie William James (1842–1910) und Wilfred Cantwell Smith (1916–2000) den okzidental geprägten Religionsbegriff kritisiert und in Frage gestellt. James hielt es für wesentlich sinnvoller, den allzu allgemeinen und abstrakten Ausdruck „Religion" durch eine dichte Beschreibung subjektiver religiöser Erfahrungen zu ersetzen (*The Varities of Religious Experience,* 1902).Und Smith vertrat in seinem Buch *The Meaning and End of Religion* (1962) die Auffassung, dass der Religionsbegriff im Grunde nur eine Erfindung westlicher Gelehrter sei, welche die dynamischen Muster kultureller Glaubensüberzeugungen, Erfahrungen und Praktiken fixiert und damit verfälscht habe. So gelangt Smith zu dem vernichtenden Ergebnis:

» I suggest that the term ‚religion‘ is confusing, unnecessary, and distorting. (Smith 1991, 50)

Argumente für einen universellen Religionsbegriff: Unbeschadet dieser zweifellos bedenkenswerten Einwände gegenüber einem universalen Religionsbegriff gibt es jedoch auch triftige Argumente für seine Beibehaltung. Zum einen ließe sich zu seinen Gunsten anführen, dass er längst innerhalb nicht-christlicher religiöser Kulturen rezipiert wurde und dadurch zu einem unverzichtbaren Medium ihrer Selbstartikulation geworden ist. Es ist gewissermaßen längst zu spät, um den Religionsbegriff nachträglich wieder abschaffen oder durch andere Begriffe ersetzen zu wollen. Zum anderen beinhaltet der Begriff ‚Religion‘ aber auch eine normative Komponente, die sich aus seiner im Laufe der Geschichte zunehmenden Inklusivität ergibt: Gerade dadurch nämlich, dass bestimmte Einstellungen und Praktiken als religiös und damit als zugehörig zum weiten Feld der Religion wahrgenommen werden, wird es auch möglich, sie als Repräsentanten eines universellen humanen Phänomens zu respektieren, wertzuschätzen und religionswissenschaftlich oder religionsphilosophisch zu erforschen. Umgekehrt ist die Bestreitung des Religionsstatus für bestimmte Gruppierungen und Phänomene immer auch ein Mittel der Ausgrenzung, ja Bekämpfung gewesen. In bestimmten Fällen mag es hierfür gute Gründe geben, wenn beispielsweise Organisationen wie Scientology der Anspruch auf Anerkennung als Religionsgemeinschaft verweigert wird. In anderen Fällen hingegen, wenn etwa der Islam nicht als Religion, sondern als politische Ideologie verunglimpft wird, dient die Bestreitung des Religionsstatus zur Diskriminierung oder gar zur politischen Hetze.

Suche nach einer kohärenten Religionsdefinition: Will man also – bei allen problematischen Aspekten – an einem universellen Religionsbegriff festhalten, so stellt sich die Frage, welche Eigenschaften diesem Begriff zugeschrieben werden. Auf welche sachlichen Gemeinsamkeiten der verschiedenen Religionen rekurriert der allgemeine Begriff „Religion"?

Vorgreifend ist festzustellen, dass sich die Religionswissenschaften und die Religionsphilosophie bislang nicht auf eine allgemein akzeptierte Religionsdefinition verständigen konnten. Bereits am Ende des 19. Jh.s. stellte der deutsche Philosoph und Soziologe Georg Simmel (1858–1918) fest:

» Niemand vermochte bisher eine Definition zu geben, die uns, ohne vage Allgemeinheit und doch alle Erscheinungen einschließend, sagte, was ‚Religion' ist, die letzte Wesensbestimmtheit, die den Religionen der Christen und der Südseeinsulanern, Buddhas und Vitzliputzlis gemeinsam ist. (Simmel 1898, 111)

Grundsätzlich hat dieses Urteil auch im 21. Jh. noch seine Berechtigung, ja heutzutage vielleicht noch mehr, da wir durch die ethnologischen und religionswissenschaftlichen Forschungen der letzten Jahrzehnte inzwischen noch wesentlich besser über die Vielfalt religiöser Phänomene in den Kulturen der Welt informiert sind.

Was Georg Simmel vergeblich suchte, war offenbar eine Religionsdefinition, die ein bestimmtes Wesensmerkmal, das die unterschiedlichen Religionsformen der Welt miteinander verbinden soll, hervorhebt. Derartige wesensbestimmende Definitionen von Religion nennt man **essentialistisch** oder **substantialistisch** – im Unterschied zu **funktionalistischen** Definitionen.

Essentialistische Religionsdefinitionen: Essentialistische bzw. substantialistische Definitionen legen eines oder mehrere Merkmale fest, die Religionen miteinander verbinden, so dass sie unter ein gemeinsames *genus proximimum* (= den nächsthöheren Gattungsbegriff) fallen, und die sie zugleich von nicht-religiösen Phänomenen spezifisch unterscheiden *(differentia specifica)*. So hat etwa der Religionswissenschaftler Günter Lanczkowski das Wesen von Religion folgendermaßen umschrieben:

» Religion ist selbst nicht durch eine außer ihr stehende Größe bedingt, prägt aber ihrerseits Lebensführung und Kultur ihrer Bekenner. Sie verbindet mit dem, was aller Weltlichkeit enthoben ist, mit der Transzendenz, mit Gott oder mit den Göttern, denen sie in Anbetung, in ethischer Lebensgestaltung und kultischer Handlung Verehrung entgegenbringt. (Lanczkowski 1989, 6)

Neben der Verbindung zu Gott bzw. den Göttern führen essentialistische Definitionen auch den Glauben an spirituelle Wesenheiten an (diese Bestimmung findet sich etwa bei den Anthropologen Edward B. Tylor im 19. Jh. und Melford E. Spiro im 20. Jh.) oder die Erfahrung einer eigenständigen transzendenten Sphäre bzw. des ‚Heiligen' (so etwa die protestantischen Theologen und Religionswissenschaftler Gustav Mensching, Rudolf Otto, Nathan Söderblom und Theo Sundermeier). Auch die von Martin Riesebrodt (1948–2014) vorgelegte handlungstheoretische Definition der Religion als interventionistische Praxis mit dem Ziel, höhere Mächte zu beeinflussen bzw. mit ihnen zu kommunizieren (Riesebrodt 2007), kann als eine essentialistische Bestimmung von Religion betrachtet werden.

Problematik essentialistischer Religionsdefinitionen: Ein generelles Problem essentialistischer Religionsdefinitionen besteht darin, dass sie oftmals von einem zu engen Religionsbegriff ausgehen, indem sie ein bestimmtes Wesensmerkmal besonders auszeichnen, das aber möglicherweise gar nicht auf alle religiösen Erscheinungsformen zutrifft. Behauptet man beispielsweise, dass Religion generell durch den Glauben an einen Schöpfergott definiert ist, so lassen sich leicht Ausnahmen (in diesem Fall etwa den Buddhismus) anführen, die das genannte Wesensmerkmal in Frage stellen.

Funktionalistische Religionsdefinitionen – Beispiel Marx: Funktionalistische Definitionen von Religion betonen demgegenüber Eigenschaften, die erklären sollen, welche Bedeutung Religion in Bezug auf bestimmte gesellschaftliche Strukturen hat. Eine frühe funktionalistische Definition stammt von Karl Marx (1818–1883), der Religion in der Einleitung zu seiner *Kritik der Hegelschen Rechtsphilosophie* von 1844 als von Staat und Gesellschaft produziertes „verkehrtes Weltbewusstsein" deutete (Marx 2009, 171). Würden die sozioökonomischen Bedingungen beseitigt, die zur Entstehung von Religion geführt haben, so würde nach Marx' Auffassung auch die bisherige Funktionalität der Religion hinfällig (▶ Abschn. 4.1.1).

Funktionalistische Definitionen der Religionssoziologie: Funktionalistische Definitionen sind vor allem innerhalb der Religionssoziologie aufgestellt worden. So bestimmt Émile Durkheim (1858–1917) in dem Buch *Die elementaren Formen des religiösen Lebens* (1912) Religion als „ein solidarisches System von Überzeugungen und Praktiken", „die sich auf heilige, d. h. abgesonderte und verbotene Dinge [...] beziehen, die in einer und derselben moralischen Gemeinschaft [...] alle vereinen, die ihr angehören" (Durkheim 1981, 75). Zur gleichen Zeit wie Durkheim legte Robert Ranulph Marett (1866–1943) eine sozialpsychologisch fundierte Definition vor, welche die Funktion von Religion als emotionale Krisenbewältigung und Wiederherstellung des Selbst- und Weltvertrauens bestimmte (Marret 1912, 211f.). Der Systemtheoretiker Niklas Luhmann (1927–1998) wiederum verortete die zentrale gesellschaftliche Funktion von Religion in der „Transformation unbestimmbarer in bestimmbare Komplexität" bzw. in der „Überführung unbestimmbarer in bestimmbare Kontingenz" (Luhmann 1977, 20, 90). Religion bewerkstelligt Luhmann zufolge diese Transformationsleistung, indem sie in paradoxaler Weise die „Einheit der Differenz von Immanenz und Transzendenz" (Luhmann 2000, 126) sowie die „Bestimmbarkeit allen Sinnes gegen die miterlebte Verweisung ins Unbestimmbare" (Luhmann 2000, 127) zu garantieren scheint. Daher gebe es für Religion, so Luhmann, kein funktionales Äquivalent.

Problematik funktionalistischer Religionsdefinitionen: Ein Problem funktionalistischer Definitionen von Religion kann darin gesehen werden, dass sie oftmals einen zu weiten Begriff von Religion bilden, der die spezifische Differenz des Religiösen zu anderen kulturellen Erscheinungsformen verwischt. Wird Religion beispielsweise als kollektive Praxis mit gemeinschaftsbildender Funktion durch rituelle Erfahrungen definiert, so könnte man nach dieser Begriffsbestimmung auch Phänomene wie Fußballspiele, Popkonzerte oder politische

Massenveranstaltungen als religiös klassifizieren. Die Besonderheit religiöser Phänomene, die sie von den genannten Gemeinschaftspraktiken unterscheidet, ginge dabei jedoch verloren.

Religion als Form der Kontingenzbewältigung: In der Nachfolge Luhmanns wurde gelegentlich versucht, funktionale und substantielle Definitionsansätze miteinander zu verbinden (vgl. Pollack 2017, 26f.). Zentral hierfür ist das Kontingenzproblem, für das Religionen insofern eine eigenständige Lösung bereitstellen, als sie die alltägliche Lebenswelt auf ein letztes Ziel hin transzendieren und zugleich konkrete Vorstellungen und Praktiken zur Integration von Transzendenz in die Lebenswelt entwickeln. Kontingenzbewältigung qua Transdenzenz kann auf diese Weise sinnfällig nachvollzogen und erlebt werden.

Kulturalistische Definitionen: Als weitere kontextualisierende Arten von Religionsdefinitionen, die das Problem der mangelnden Spezifikation zu vermeiden suchen, können zum einen kulturalistische, zum anderen mehrdimensionale Definitionsversuche angeführt werden. Kulturalistische Definitionen betrachten Religionen als kulturelle Deutungs- und Symbolsysteme, die – so Clifford Geertz (1973) – dazu in der Lage sind, kraftvolle Stimmungen und Motivationen in Menschen zu erzeugen und zu verankern, indem sie allgemeine Seinskonzeptionen formulieren und mit einer Aura der Faktizität versehen, so dass die religiösen Stimmungen und Motivationen der Menschen der Realität zu entsprechen scheinen.

Multidimensionale Definitionen: Multidimensionale Religionsdefinitionen listen dagegen verschiedene Merkmale auf, die kumulativ das Bedeutungsspektrum des Religionsbegriffs auffächern. Ein Beispiel hierfür liefert Ninian Smart (1989), der insgesamt sieben (doktrinale, mythologische, ethische, rituelle, erfahrungsmäßige, institutionelle und materiale) Dimensionen von Religion unterscheidet. In ähnlicher Weise definiert Franz von Kutschera (*1932) Religion als einen

» Komplex von Lehren und Anschauungen, Normen, Haltungen und Praktiken, von gefühlsmäßigen Einstellungen, sprachlichen Ausdrucksformen, Symbolen und Zeichen, die das Leben einer Gemeinschaft bestimmen und sich in Institutionen ausprägen. (von Kutschera 1991, 212)

Detlef Pollack (2017, 18f.) fasst als Ergebnis einer Durchsicht verschiedener Vorschläge aus der Dimensionsforschung die „*Identifikationsdimension, die Dimension der religiösen Praxis* sowie die *Dimension des religiösen Glaubens und der religiösen Erfahrung*" als „die Kerndimensionen des Religiösen" zusammen.

Religion als Cluster-Konzept: Vermutlich bieten merkmalsbasierte und zugleich mehrdimensionale Definitionsversuche am ehesten einen Ausweg aus dem Dilemma zwischen essentialistischen Verengungen und funktionalistischen Ausweitungen des Religionsbegriffs. Religion könnte in diesem Sinne als ein Cluster-Konzept verstanden werden, das unterschiedliche Eigenschaften beinhaltet, die zwischen divergenten religiös-kulturellen Erscheinungen Familienähnlichkeiten stiften. Da der Religionsbegriff letztlich keine überzeitliche, universell gültige Referenz besitzt, müssen nicht unbedingt immer sämtliche Merkmale auf eine einzelne Religion zutreffen.

1.1.2 Grundphänomene des Religiösen

Unter den Dimensionen und Merkmalen, die zur Bestimmung des Religionsbegriffs herangezogen werden können, beziehen sich einige stärker auf die objektivierte Außenseite der Religion, d. h. auf ihre sozialen, kollektiven und institutionalisierten Aspekte als Religionsgemeinschaft, andere dagegen mehr auf die subjektive Seite der Religion, also auf die individuelle Ebene des religiösen Glaubens, Hoffens und Erlebens. Zunächst werden einige ‚objektive' Grundphänomene des Religiösen näher betrachtet, bevor in ▶ Abschn. 1.1.3 stärker die subjektive Seite von Religiosität und Spiritualität in den Blick genommen wird.

Immanenz und Transzendenz: Ein Grundphänomen des Religiösen, das auch in zahlreichen Religionsdefinitionen (vgl. etwa Durkheim 1912 und Eliade 1957) angeführt wird, ist die durch die Religion vorgenommene Teilung bzw. Verdopplung des Seienden in eine immanente und eine transzendente Sphäre. Der sinnlich erfahrbaren Welt der Dinge und Ereignisse, in der sich Menschen alltäglich bewegen, wird dadurch eine übersinnliche Sphäre gegenüber gestellt. Diese existiert jedoch nicht vollkommen abgesondert von der immanenten Sphäre, selbst dann nicht, wenn das Transzendente als das schlechthin Unbedingte verstanden wird. Vielmehr ragt die Transzendenz in verschiedenen Erscheinungsformen in die Immanenz der Lebenswelt hinein, etwa in kultischen Objekten und Handlungen, in der Interpretation bestimmter Geschehnisse als Wunder oder in zwischenmenschlichen Spuren der Erfahrbarkeit göttlicher Liebe.

Definition

Transzendenz (von lat. transcendere = überschreiten) bedeutet allgemein das Übersteigen von etwas Gegebenem, Vorliegendem. Philosophisch betrachtet kann dies z. B. die Welt außerhalb des subjektiven Bewusstseins, ein anderer Mensch oder eine neue gesellschaftliche Konstellation sein. Im religiösen und metaphysischen Sinne bezieht sich Transzendenz zumeist auf Gott bzw. das Göttliche, das in seinem Sein alles Welthafte unendlich übersteigt. Auch der Bereich, innerhalb dessen das Göttliche existiert, ist als transzendent aufzufassen. Das Gegenteil von Transzendenz ist die Immanenz, also all das, was innerhalb des Weltlichen der menschlichen Erfahrung zugänglich ist. Begreift man das Verhältnis von Immanenz und Transzendenz als einen kontradiktorischen Gegensatz, so ist das Transzendente das absolut Andere, die radikale Alterität.

Transzendenz des Göttlichen: Den Spuren von Transzendenz innerhalb der Immanenz nachzugehen und einen gelebten Bezug, eben die Rückbindung, das *religare,* zur Transzendenz herzustellen, gehört zu den wichtigsten Aufgaben religiöser Gemeinschaften. Wird die Transzendenzebene – wie in den monotheistischen Religionen – mit einem personalen Schöpfergott besetzt, so dient sie zugleich als Erklärungsgrund für die Existenz der Immanenzwelt und als letztes Ziel, dem das immanente Weltwerden zustrebt. Die unendliche Transzendenz Gottes bedingt somit die von ihm abhängige, endliche Immanenz alles Welthaften, das der Transzendenz entgegenstrebt. Mit dem Begriffspaar „Immanenz – Transzendenz" werden also keine gleichberechtigten Ebenen nebeneinander gestellt. Räumt man ein, dass es überhaupt eine Transzendenzsphäre gibt, so muss man zugleich auch ihre Dominanz über die Immanzenzsphäre akzeptieren.

Profanes und Sakrales: Die ontologische Differenz zwischen Immanenz und Transzendenz spiegelt sich sinnfällig in der religiösen Unterscheidung zwischen profanen und sakralen Gegenständen, Geschehnissen, Handlungen, Personen und Orten wider. Es handelt sich dabei – anders, als Durkheim meinte – nicht um zwei völlig getrennte Welten, von denen die eine mit der Gesamtmenge profaner und die andere mit der Gesamtmenge sakraler Gegenstände gefüllt wäre. Vielmehr kann derselbe Gegenstand kontextabhängig unter profanen oder sakralen Vorzeichen erscheinen. Was in einem Moment noch eine fade, dünne Brotscheibe ist, wird im nächsten Moment durch die transformierende Kraft der Wandlung in der Eucharistiefeier zum sakralen Träger des Leibs Christi. Das profane Papier, auf das die Suren des Heiligen Koran gedruckt werden, wird zum sakralen Buch gebunden, dessen Schändung bei muslimischen Gläubigen Gefühle des Zorns auszulösen vermag. Das sakrale Kirchengebäude, das nicht länger als Gotteshaus genutzt wird, kann offiziell entweiht und einer profanen Nutzung zur Verfügung gestellt werden.

Sakralität innerhalb der Sprache: Auch die Sprache beinhaltet profane und sakrale Eigenschaften, die in Wörtern, Sätzen und Texten je nach ihrer kontextuellen aktiviert werden können. So kommt in religiösen Riten oftmals ein spezifisches Vokabular zum Einsatz, das sich deutlich vom alltäglichen Sprachgebrach absetzt und mit spezifischen Artikulationstabus belegt ist. Das zweite der zehn Gebote im Juden- und Christentum lautet:

» Du sollst den Namen JHWHs, deines Gottes, nicht missbrauchen; denn JHWH lässt den nicht ungestraft, der seinen Namen missbraucht. (Exodus 20,7/Deuteronium 5,11)

Heilige Namen und Formeln bedürfen des Schutzes durch die religiöse Gemeinschaft bzw. durch die von ihr beauftragten religiösen Amtsträger (Priester, Schamanen, Imame), damit sie ihre Heiligkeit bewahren.

Die Sakralisierbarkeit des Profanen: Die genannten Beispiele zeigen, dass religiöse Gemeinschaften über die signifikative Kompetenz verfügen, Veränderungen in der ontologischen Struktur der Welt vorzunehmen – zumindest solange sie von ihren Anhängern in dieser Rolle anerkannt werden. So legen Religionsgemeinschaften bestimmte Bereiche des Räumlichen (heilige Stätten, Bauwerke, Bezirke, Schreine etc.), des Zeitlichen (Festtage, Gebetszeiten, Fastenzeiten etc.) und des Gegenständlichen (heilige Objekte wie etwa Behältnisse, Reliquien, Kleidungsstücke, sowie Personen als verehrungswürdige Heilige oder religiöse Funktionsträger wie Priester und Mönche etc.) fest, in denen sich Sakralität innerhalb der Immanenzsphäre sinnfällig manifestiert. Die Rechtfertigung derartiger Sakralisierungsvorgänge rekurriert dabei wiederum auf einen sakralen Ursprung, beispielsweise den Willen der Götter oder der Ahnen. Durch die Sakralisierbarkeit des Profanen demonstrieren Religionen nichts weniger als die Realität von Transzendenz.

Religiöse Traditionsbildung durch Mythen und Symbole: Ihre symbolische Deutungsmacht bezeugen religiöse Gemeinschaften ferner in der Stiftung dauerhafter kultureller Traditionszusammenhänge, die sich in mythischen Erzählungen und symbolischen Darstellungen (wie dem christlichen Kreuzzeichen, dem jüdischen Davidstern oder dem buddhistischen Rad des Dharma) verdichten. Symbole halten dabei die ursprüngliche Hierophanie (so bezeichnete Mircea Eliade das Erscheinen des Sakralen im Profanen; Eliade 1986) zeichenhaft fest, reproduzieren und vervielfältigen sie. Sehr häufig bilden mythische Ursprungsgeschichten den Ausgangspunkt einer religiösen Traditionsbildung, wobei die Erzählungen und die religiösen Lehren, die sie enthalten, oftmals erst nach einer längeren Phase mündlicher Überlieferung auch schriftlich kodifiziert und als heilige Texte kanonisiert werden. Der autoritative Wahrheitsanspruch der heiligen Schriften kann sich dabei auf die möglichst authentische Wiedergabe der überlieferten Lehren eines Religionsstifers beziehen (wie im Falle der Schriften des buddhistischen Pali-Kanons) oder sogar die unmittelbare göttliche Selbstkundgabe im Heiligen Text selbst verkünden (wie im Falle des Korans).

Definition

Der Ritus stellt eine nach bestimmten Regeln ablaufende, durch ein soziales Kollektiv bzw. von diesem anerkannte Instanzen durchgeführte Aktion dar, die zumeist auf die Kommunikation mit transzendenten Mächten abzielt und eine identitätsstiftende Funktion für das jeweilige soziale Kollektiv erfüllt. Zentral für den Ritus sind mimetische Handlungen (Mimesis = das Prinzip der Nachahmung, durch das ein Ereignis oder eine Beziehung repräsentiert wird), die z. B. in Form von Gesten, festgelegten Aktionsfolgen oder Tänzen durchgeführt werden. Riten weisen insbesondere in ihren nicht-sprachlichen Momenten weit zurück in die Prähistorie des Menschen und stellen zugleich ein bleibendes Element sozialer Gemeinschaftsbildung dar.

Der Mythos ist ein sakrales Narrativ, das von den Ursprüngen der Welt sowie den Beziehungen zwischen Menschen und Göttern bzw. der Götter untereinander berichtet. In Verbindung mit religiösen Riten halten Mythen in sprachlicher Form das Ereignis fest, das im Ritus mimetisch repräsentiert wird. Charakteristisch für die diskursive Form des Mythos ist die symbolische Ordnung, die er durch metaphorische Strukturierung (z. B. in Göttergenealogien) stiftet und durch die oftmals gesellschaftliche Hierarchien abgebildet werden. Durch seine metaphorische Gestalt ist der Mythos zugleich interpretationsoffen und in vielfacher Weise literarisch anschlussfähig, wenngleich ihm in der Kultur, aus der er ursprünglich hervorgegangen ist, in der Regel die Autorität einer explanatorischen und normativen Kraft zugesprochen wird (vgl. Dawes 2016b, 12ff.).

Beziehung von Ritus und Mythos: In religiösen Kulten und Ritualen wird die narrative Wahrheit des Mythos in regelmäßigen Zeitabständen aktualisiert. Allerdings kann es rituelle und kultische Praktiken auch unabhängig von spezifischen

Mythen und Offenbarungserzählungen geben, zumal aus soziologischer Sicht einiges dafür spricht, den Ritus auf einer älteren gattungsgeschichtlichen Ebene anzusiedeln als den Mythos. Dieser setzt schließlich sprachliche Artikulation voraus, während der Ritus auch mit rein gestischer bzw. mimischer Kommunikation auskommen kann (s. Habermas 2012).

Soziale Funktion des Ritus: Im Ritus vollzieht sich in für die Beteiligten sinnfälliger, miterlebbarer Form die oben angesprochene Trennung in profane und sakrale Lebensbereiche: Während in der Sphäre des Profanen die zur Lebenserhaltung notwendigen Tätigkeiten durchgeführt werden, wird in den kultischen Handlungen ein außeralltäglicher Zustand der performativ organisierten Verbindung zwischen den am Kult Beteiligten geschaffen. Diese beziehen sich kommunikativ jedoch nicht direkt aufeinander als Angehörige einer Gemeinschaft, sondern sie referieren in ihren rituellen Verrichtungen, etwa im kultischen Tanz, in der Regel auf einen äußerlich unsichtbaren, häufig mimetisch repräsentierten oder ekstatisch erlebbaren Bereich des Sakralen. Handelnde Akteure und Adressaten der rituellen Inszenierung sind aber im Kern identisch, denn es ist – aus der religionssoziologischen Außenperspektive betrachtet – die religiöse Gemeinschaft selbst, die sich im Vollzug des Ritus ihrer Identität versichert und sich als Kollektiv gegen fundamentale Störungen ihres Gemeinschaftslebens wie Krankheiten, Naturkatastrophen, Hungersnöte o. Ä. abzusichern sucht, wobei die kultische Handlung oftmals eine soziale Trennung zwischen sakral Befugten und Laien beinhaltet.

Übergangsriten: Eine besondere Bedeutung kommt religiösen Passage- und Initiationsriten zu, die an existentiellen Schnittstellen (Geburt, Übergang von der Kindheit zur Adoleszenz bzw. von der Jugend zum Erwachsenenalter, Heirat und Tod) die Schwellen zwischen zwei deutlich unterschiedenen Lebensphasen kultisch zelebrieren, indem sie sie rituell zugleich markieren und überbrücken. Passageriten sind nicht nur für die individuelle Biographie von Personen bis in die heutige Zeit bedeutsam; sie erfüllen zugleich die Funktion, durch ihren Vollzug normative Erwartungen der Gesellschaft zu internalisieren und exemplarisch einzuüben (van Gennep 1909).

Rituelle Opfer: Als ein weiteres zentrales Element des religiösen Kults tritt im archaischen Ritual, das sich aber in sublimierter Form auch in späteren Religionsformen erhalten hat, das Opfer hinzu. Dem französischen Kulturanthropologen und Religionsphilosophen René Girard (1923–2015) zufolge manifestiert sich im rituellen Opfer die Gewalt, welche die Mitglieder einer Gesellschaft nicht gegeneinander ausüben wollen, so dass sie symbolisch auf das Opfer übertragen wird (Girard 1972). Interne Spannungen und Aggressionen innerhalb einer Gesellschaft können so im sakralen Gewand einer Besänftigungsmaßnahme gegenüber den Göttern oder dem Gott abgemildert werden.

Zur Vertiefung: Die philosophische Deutung des Sohnesopfers Abrahams
Die monotheistische Umdeutung des rituellen Opfers kommt paradigmatisch in der im 22. Kapitel des 1. Buchs Mose überlieferten Geschichte zum Ausdruck, die davon erzählt, wie Gott **Abraham** befiehlt, **Isaak,** seinen einzigen Sohn, zum

Brandopfer darzubringen. Diese Geschichte spielt in allen drei monotheistischen Buchreligionen eine wichtige Rolle, weil sie die Gnadenerweisung Gottes gegenüber demjenigen schildert, der auf jeglichen Zweifel verzichtet und Gott bedingungslos gehorcht. So liegt die Erzählung von Abrahams bzw. Ibrahims Prüfung auch dem islamischen Opferfest *('Īdu l-Aḍḥā)* zu Grunde.

Innerhalb der Philosophie hat die Erzählung von Abrahams in letzter Minute verhindertem Sohnesopfer kontroverse Deutungen hervorgerufen. So hat **Immanuel Kant** in seinen Schriften *Die Religion innerhalb der Grenzen der bloßen Vernunft* (Kant 1793/2003, B120f.) und *Der Streit der Fakultäten* (Kant 1798/2005, 72) die biblische Geschichte als Beispiel dafür herangezogen, dass man an einer göttlichen Stimme, die offenkundig Mörderisches und Unmoralisches befiehlt, besser zweifeln sollte. Kant führt als Argument ins Feld, dass kein Mensch jemals sicher wissen könne, ob es denn wirklich Gott sei, der in einer Offenbarung zu ihm spreche, dass es aber zugleich unbezweifelbar sicher sei, dass man enge Verwandte, ja Menschen schlechthin nicht töten dürfe. Folgen wir den vernünftigen Intuitionen unseres Rechts- und Moralverständnisses, dann sollte der Zweifel an göttlichen Stimmen, die widerrechtliche und unmoralische Handlungen von uns fordern, geradezu verpflichtend sein. Abraham hätte sich demnach, indem er nicht an dem Befehl Gottes zweifelte, moralisch schuldig gemacht. Demgegenüber hat **Søren Kierkegaard** in seiner Schrift *Furcht und Zittern* (Kierkegaard 1843/1923) dieselbe Erzählung als Konflikt zwischen Ethik und Glaube interpretiert, der im religiösen Sinne zu Gunsten des Glaubens entschieden werden müsse. In Abrahams Glaubensgehorsam komme die Paradoxie des Glaubens zum Vorschein, die jenseits aller rationalen Vermittlung liege. Das Ethische als das allgemein Verbindliche sei in der Geschichte vom Sohnesopfer suspendiert zugunsten der Erhebung des Einzelnen in das Geheimnis des Glaubens.

1.1.3 Aspekte von Religiosität

Kulturelle Entwicklung inividueller Religiosität: Im einzelnen Individuum, das einer religiösen Gemeinschaft angehört, in seinem Alltag religiöse Praktiken vollzieht und sich selbst bewusst als religiös begreift, manifestiert sich Religion als persönliche Religiosität, womit eine innere Einstellung der Persönlichkeit gemeint ist, die sich in verschiedenen Formen, etwa als religiöses Erleben, Glauben, Hoffen, Befürchten usw. äußern kann. Wirft man einen Blick auf die geschichtliche Entwicklung der Religionen (s. dazu Bellah 2011), so lässt sich feststellen, dass subjektive Religiosität im Stadium der Stammesreligionen und der archaischen Religionen noch keine nennenswerte Rolle gespielt hat. Individuen in frühen Hochkulturen waren in aller Regel vollständig eingebunden in einen mythischen und rituellen Rahmen, der kollektiv erzeugt und garantiert wurde und überdies aufs Engste mit der politschen und sozialen Ordnung verbunden war. Innerhalb der von Karl Jaspers (1883–1969) sogenannten „Achsenzeit" des 1. Jahrtausends v. Chr. (Jaspers 1949/2017) kam es dann jedoch parellel in mehreren

Kulturregionen (in China, in Indien, in Persien, im Nahen Osten und in Griechenland) zu einem Reflexionsschub, der überhaupt erst die kognitive Möglichkeit für eine Individualisierung und bewusste subjektive Aneignung religiöser Praktiken und Einstellungen, also für individuelle Religiosität schuf. In den achsenzeitlichen religiösen Bewegungen des Judentums, des persischen Zoroastrismus, des indischen Buddhismus, des chinesischen Daoismus und Konfuzianismus gewann Religion einen expliziten Bezug zu fundamentalen Sinnfragen menschlicher Existenz, die sich im selben Zeitraum in Europa auch die griechische Philosophie zu stellen begann: Woher kommen wir? Worumwillen leben wir? Was liegt der Natur zugrunde? Was macht gutes und gerechtes Handeln aus? Erst seit der Achsenzeit können Religionen nicht nur, aber immer zugleich auch als Antworten auf die Sinnfrage sowie auf die Erlösungsbedürftigkeit des Menschen verstanden werden.

Kognitive und emotionale Aspekte: Religiosität umfasst kognitive und emotionale, psychische und physische, aktive und passive Aspekte. Zu den kognitiven Momenten von Religiosität gehören Glaubensüberzeugungen wie z. B. der Glaube an die Auferstehung Jesu Christi, an den göttlichen Ursprung des Koran oder an die Vier Edlen Wahrheiten des Buddhismus, ferner theoretisches Wissen über religiöse Zusammenhänge, etwa über Religionsgeschichte oder über religiöse Rechtsvorschriften sowie praxisbezogenes Wissen, z. B. über die korrekte Durchführung von Kulten und Riten. Glaubensüberzeugungen, die sich propositional in der Form „S glaubt, dass p" formulieren lassen, haben zumeist auch eine emotionale Seite, wenn beispielsweise die kognitive Gewissheit oder auch nur die gläubige Annahme, dass ein allmächtiges Wesen existiert, zum Gefühl einer existentiellen Beruhigung angesichts unbeeinflussbarer Wechselfälle des Lebens führt. Dieselbe Glaubensüberzeugung kann jedoch auch zur Entstehung von Emotionen wie Ehrfurcht oder Furcht beitragen, wenn ein Individuum etwa aufgrund moralischer Verfehlungen eine göttliche Bestrafung im Diesseits oder im Jenseits fürchtet.

Bedeutung religiöser Emotionen: Religiöse Empfindungen, Gefühle und Erlebniszustände können unterschiedliche Stellenwerte in der emotionalen Entwicklung eines religiösen Individuums einnehmen und sich dabei in verschiedener Weise mit kognitiven Glaubensüberzeugungen verbinden. So kann ein intensives spirituelles Erlebnis wie die Wahrnehmung einer Wundererscheinung, eine besondere Meditationserfahrung oder der vermeinte Zuspruch eines übernatürlichen Wesens der emotionale Anlass zur Übernahme bestimmter Glaubensüberzeugungen sein. Oftmals geht der religiösen Konversion ein emotional verdichteter psychischer Zustand voraus, der als ein individualisierter Passageritus betrachtet werden kann, da die Person nach der Konversion die Welt und sich selbst in ihr von einer anderen Position aus wahrnimmt als vor der Konversion. Ein kognitiv gewusstes oder geglaubtes Ensemble religiöser Überzeugungen kann ferner als ein mentaler Rahmen fungieren, der religiöse Empfindungen eines Individuums verstärkt, beglaubigt oder gar allererst hervorruft, wenn beispielsweise der Glaube an die elementare Sündhaftigkeit des Menschen Gefühle von Schuld und

Erlösungsbedürftigkeit erweckt. Ist Religiosität im Bewusstsein eines Individuums fest verankert, so können auch alltäglich auftretende Emotionen wie Freude oder Traurigkeit spontan in Beziehung zum religiösen Deutungsrahmen gesetzt werden: Das Gefühl der Freude wird dann quasi-automatisch mit Dankbarkeit gegenüber der göttlichen Weltordnung verbunden, das Gefühl der Traurigkeit je nach Anlass etwa mit dem Wunsch, von Gott wieder aufgerichtet, getröstet oder geheilt zu werden.

Kulturelle Deutbarkeit religiöser Gefühle: Dabei ist zu beachten, dass es genuin religiöse Gefühle, die ausschließlich in einem religiösen Kontext auftreten, vermutlich ebenso wenig gibt wie genuin heilige Gegenstände. Bedürfen materielle Objekte zu ihrer Sakralisierung der symbolischen Zuschreibung durch eine Instanz, die stellvertretend für ein religiöses Kollektiv den Akt der Umcodierung vom Profanen zum Sakralen vollzieht, so werden auch persönliche Empfindungen etwa von Entgrenzung, Schuld oder Verehrung zumeist erst dadurch zu religiösen Empfindungen, dass ein Individuum sie in einem kulturell bereitgestellten religiösen Bezugsrahmen verortet.

Soziale Referenz individueller Religiosität: Individuelle Religiosität ist somit unablösbar von Religion als einer kulturellen Institution, insofern als diese spirituelle Deutungsangebote und Praktiken tradiert, an die sich subjektives religiöses Empfinden und Erleben anschließen kann (siehe dazu auch ▶ Abschn. 2.3.2). Und sollte ein subjektives religiöses Erleben so originell und innovativ sein, dass es in den kulturell bereitliegenden Interpretationsschemata keine zufriedenstellende Deutung findet, so kann aus dem Erlebten entweder eine neue Religionsgemeinschaft entstehen oder aber das religiöse Gefühl verbleibt im subjektiven Erlebnishaushalt eines vereinzelten Individuums und geht mit diesem unter. Denn auch ein exzeptionelles individuelles Ur-Erweckungserlebnis muss glaubhaft kommuniziert werden, damit die subjektive religiöse Erfahrung einen sozialen Rahmen erhält und überhaupt zu Religion werden kann. Auch wenn eine gläubige Person im stillen Gebet die intime, ganz persönliche Zwiesprache mit Gott sucht und möglicherweise auch findet, so greift sie doch in der Verwendung ihrer Sprache und Gesten auf Zeichen zurück, die ihr eine religiöse Gemeinschaft zur Verfügung gestellt hat. Erst durch den sozialen Gebrauch gewinnen rituelle Choreographien und Formeln, deren sich ein religiöses Individuum bedient, spirituelle Verbindlichkeit.

Frömmigkeit als sichtbarer Ausdruck von Religiosität: In der Frömmigkeit verbinden sich psychische Komponenten wie z. B. die willentlich gesteuerte Absicht, ein gottgefälliges Leben zu führen, mit physischen Komponenten, durch die der/ die Gläubige die innere Religiosität materiell verkörpert, insbesondere durch die leibhaftige Beteiligung an Kulten und Riten, die oftmals auch körperlich herausfordernd sein können wie etwa bei vorgeschriebenen Körperhaltungen im Gebet oder in der Meditation, durch den Verzehr bestimmter Speisen und Getränke oder im Gegenteil durch den (zeitweiligen) Verzicht auf bestimmte Speisen und Getränke bzw. auf Speisen und Getränke überhaupt in der körperlich-spirituellen Übung des Fastens.

Das Tragen bestimmter Kleidungsstücke oder Accessoires aus religiösen Gründen stellt ein körperlich sichtbares Zeichen von Frömmigkeit dar. Eine religiöse Tracht wie das Gewand eines Priesters oder das Kopftuch einer frommen Muslimin repräsentiert dabei nicht nur das internalisierte Verhältnis des/der Gläubigen zu seiner/ihrer eigenen Religiosität, sondern auch zum religiösen, nicht-religiösen oder andersreligiösen Umfeld. Das Tragen religiöser Kleidung sendet somit immer zugleich mehrere Signale aus: an den Träger/die Trägerin selbst, dass er/sie fromm sei und Gott diese Frömmigkeit anerkennen möge, an andere Träger/innen derselben Tracht, denen signalisiert wird, dass sie durch die gemeinsame Kleidung in Frömmigkeit verbunden sind, und an den Nicht- oder Andersreligiösen, denen bedeutet wird, aufgrund ihrer Kleidung nicht zu jener Frömmigkeitsgemeinschaft zu gehören, die sichtbar eben durch das Tragen der bestimmten Kleidung gestiftet wird. ◀

Aktive und passive Momente von Religiosität: Neben den kognitiven und emotionalen, den psychischen und physischen Aspekten von Religiosität beinhaltet diese außerdem eine aktive und eine passive Seite, die freilich zusammengehören und einander wechselseitig beeinflussen. In religionsbezogenen Aktivitäten werden Menschen religiös, indem sie sich selbst durch spirituelle Vollzüge religiös ‚machen‘: Dadurch etwa, dass sie ganz bewusst bestimmte Orte aufsuchen, an denen Religion stattfindet (im wörtlichen Sinne von: eine Stätte findet), Orte, die entweder Einsamkeit und Zurückgezogenheit oder aber Gemeinschaft im religiösen Ritual bieten, manifestieren Gläubige die eigene Religiosität. Aber Religion kann sich in ihrem Selbstverständnis niemals damit begnügen, bloßes Menschenwerk zu sein. Vielmehr glauben religiöse Menschen, dass ihre Aktivitäten die Reaktion auf etwas sind, das sie wie ein besonderes Geschenk, eine Gnade, empfangen haben und dem sie durch ihre religiösen Worte und Taten entsprechen wollen. Die göttliche Macht wird in diesem Sinne nur deswegen angerufen – im Gebet oder im Ritual –, weil sie den Menschen je schon von sich aus angerufen und ergriffen hat.

So erweist sich Religiosität als die zentrale Schnittstelle, in der sich Kollektiv und Einzelne/r, Psyche und Physis, humane und divine Aktivitäten begegnen. Die Philosophie der Religion ist damit zugleich immer auch Philosophie der Religiosität, welche die Vernünftigkeit religiöser Überzeugungen und Lebensformen reflektiert.

1.2 Vorgeschichte, Entstehung und Entwicklung der religionsphilosophischen Disziplin

Die philosophische Reflexion auf Religion bzw. auf Phänomene, die wir heute mit dem Begriff ‚Religion‘ bezeichnen, ist so alt wie die (westliche) Philosophie selbst und überdies keineswegs nur innerhalb der ‚abendländischen‘ Philosophie anzutreffen. Dennoch ist es wichtig, sich vor Augen zu führen, dass die heutige Disziplin der Religionsphilosophie ein Produkt der westlichen Moderne ist. Auch wenn sich die Religionsphilosophie im 21. Jh. allmählich stärker für die Vielfalt nicht-europäischer Religionen öffnet, so ist doch zu berücksichtigen, dass die meisten ihrer Grundbegriffe, Fragestellungen und Lösungsansätze ursprünglich einem Kontext entstammen, der sehr stark von der Religion des Christentums und der mit dieser verbundenen philosophischen Theologie bzw. Metaphysik geprägt war. Es ist daher unumgänglich, die christliche bzw. im weiteren Sinne monotheistische Vorgeschichte der Religionsphilosophie wenigstens in den Grundzügen zu kennen, weil ansonsten auch die Entstehung dieser Disziplin am Ende des 18. Jh.s sowie ihre weitere Entwicklung im 19. und 20. Jh. bis heute unverständlich blieben.

1.2.1 Von der Kritik am Mythos zum Monotheismus: Philosophie und Religion in der Antike

Antagonismus oder Kontinuität: Das Verhältnis zwischen Philosophie und Religion kann grundsätzlich als ein Antagonismus oder aber als eine Kontinuitätsbeziehung beschrieben werden. Setzt man den (europäischen) Beginn religionsphilosophischer Überlegungen in der griechischen Antike an, so lässt sich, angefangen mit Thales im 6. Jh. v. Chr., die Selbstunterscheidung philosophischen Denkens von religiösen Kulten und Mythen geradezu als Gründungsdokument der Philosophie begreifen. Die Emanzipation des Logos vom Mythos bestand jedoch nicht – oder jedenfalls nicht hauptsächlich – in einer bloßen Zurückweisung der Religion seitens der Philosophie. Sie manifestierte sich vielmehr in unterschiedlichen Formen der kritischen Bezugnahme, rationalisierenden Deutung oder gar gezielten Überbietung von Religion. Dabei waren es in der griechisch-römischen Antike und während jenes tausendjährigen Zeitabschnitts, den wir aus europäischer Perspektive als „Mittelalter" bezeichnen, nicht in erster Linie die Gehalte des Religiösen, über die Philosophie und Religion in einen Widerstreit gerieten. Vielmehr teilten (und teilen) sowohl Religion als auch Philosophie seit der Achsenzeit des 8. bis 2. Jh.s v. Chr. ein eminentes Interesse an den großen und letzten Fragen des menschlichen Weltaufenthalts: Woher kommt die Welt und wohin geht sie? Worumwillen leben Menschen? Wie finden wir Erlösung vom Leiden und vom Bösen? Gibt es ein Leben nach dem Tod?
Mythos versus Logos: Unterschiedlich sind dagegen die Methoden, derer sich Religion und Philosophie bei der Beantwortung dieser und weiterer fundamentaler Fragen bedienen. Setzt die Religion vor allem auf die narrative Sinnstiftung durch Mythen sowie auf den performativen Vollzug kollektiver Riten, so vertraut die Philosophie seit ihren griechischen Anfängen auf die Erschließungskraft des *logos,* der Vernunft, um Einsichten in die Beschaffenheit der Welt, unser Erkenntnisvermögen und die Begründbarkeit moralischer Normen zu gewinnen. Aus diesem Vertrauen auf den *logos* heraus kritisierte der vorsokratische Philosoph Heraklit die Göttererzählungen der homerischen Epen und machte sich der Komödiendichter Aristophanes über die mythologische Deutung von Himmelsereignissen lustig (vgl. Schaeffler 2002, 23). Philosophie konfrontiert religiöse Mythen und Glaubenswahrheiten mit einem erkenntniskritisch verschärften Wahrheitsanspruch, wenn sie danach fragt, was genau eigentlich geglaubt werden soll und wie dieser Glaube begründet ist. Aus Sicht der Philosophie ist es nur dann rational zu glau-

ben, wenn der Glaube wahr ist, denn warum sollte es vernünftig sein, an etwas zu glauben, das nicht wahr oder möglicherweise sogar falsch ist?

Defizite des griechischen Mythos: Der Urkonflikt zwischen Mythos und Logos konnte möglicherweise gerade deswegen im antiken Griechenland ausbrechen, weil die griechische Religion in ihren Mythen und Riten keine zufriedenstellenden Antworten auf grundlegende Fragen menschlicher Existenz zu geben vermochte. Die nach dem Bild der Menschen gestalteten griechischen Götter fanden sich in einem existierenden Universum vor, in dem sie schicksalhaft agierten, und gaben den Menschen keine definitve Bestimmung vor. Die überlieferten Mythen, in denen sie die Hauptrollen spielten, waren durch das Wort des Dichters (Homer) in sprachlich gültige Form gebracht worden; sie speisten sich nicht aus göttlicher Offenbarung, enthielten keine frohe Botschaft und keine Glaubenssätze, sondern lieferten Götter wie Menschen letztlich irrationalen Kräften aus.

Der Ursprung der Spannung zwischen Religion und Philosophie: Die Sinn- und Erklärungsdefizite (wenn man sie so bezeichnen möchte) der mythischen Religion des antiken Griechenlands füllte die neu aufkommende Philosophie, die allerdings faktisch nur wenigen vorbehalten blieb. Auch wenn sich die klassische griechische Philosophie bisweilen selbst einer mythologisierenden Sprache und mythischer Bilder bediente, so artikulierte sich in ihr doch überwiegend eine intellektuelle Unzufriedenheit mit den tradierten Mythen. In anderen religiös-philosophischen Strömungen der Achsenzeit wie Buddhismus, Daoismus, Konfuzianismus, Zoroastrismus und Judentum brach der Gegensatz zwischen Mythos und Logos nicht in derselben Schärfe auf wie im antiken Griechenland, weil die außereuropäischen Weltbilder der Achsenzeit Formen der Wahrheitssuche und reflektierten Lebensführung ausbildeten, die entweder an die Stelle der überlieferten Mythen und Kultpraktiken der bestehenden Volksreligionen traten oder sich mit diesen verbanden (Habermas 2019/1, 443ff.). In ihnen war somit wesentlich stärker verbunden, was im antiken Griechenland auseinanderfiel: Hier erschöpfte sich Religion in rituellen Praktiken und mythischen Erzählungen, während Wahrheitsfragen nunmehr von einer außerreligiösen Instanz, nämlich der Philosophie als der Keimzelle von Wissenschaft, behandelt wurden, die sich gegenüber religiösen Riten und Mythen eher distanziert verhielt und überdies einer intellektuellen Elite vorbehalten blieb. Jürgen Habermas (*1929) diagnostiziert in diesem Zusammenhang eine *„bildungsreligiöse Entkoppelung der Lehre vom Kultus"* (Habermas 2019/1, 454). Bis zur Heraufkunft des Christentums galt diese eigentümliche, abendlandspezifische Arbeitsteilung auch für die römische Zivilisation.

Frühe Formen philosophischer Religionskritik: Die für die platonische Philosophie zentrale Unterscheidung zwischen der Welt der Erscheinungen und einer ‚wahren', unveränderlichen Wirklichkeit der Ideen ermöglichte es, über die narrative Sprache der Mythen hinauszugehen und durch vernünftiges Nachdenken nach den wahren Prinzipien des Seins zu suchen. So konstituierte sich die europäische Philosophie von Beginn an durch eine methodische Selbstunterscheidung von einer als defizitär erfahrenen Religion, die in ihren äußeren Erscheinungen kritikwürdig und in ihren inneren Gehalten ergänzungsbedürftig schien. Der vorsokratische Philosoph Xenophanes (um 580/570–475 v. Chr.) entdeckte bereits die kulturelle Relativität anthropomorpher Gottesvorstellungen, wenn er darauf hinwies, dass jedes Volk seine Götter nach seinem eigenen Bilde hervorbringt. Wenn Kühe oder Pferde Hände hätten, so würden sie sicherlich Götterbilder gestalten, die Kühen oder Pferden ähnlich sähen, lautete Xenophanes' Überlegung (Fragment 30), die ihn schließlich zu einem monotheistischen Gottesbegriff führte (Mansfeld/Primavesi 2012, 226; Lesher 2009). Andere vorsokratische Philosophen wie Protagoras (um 490–411 v. Chr.) bestritten die mögliche Erkennbarkeit der Götter oder verwiesen sie – wie Demokrit (um 460–370 v. Chr.) und Epikur (um 341–270 v. Chr.) – in eine eigene, vom materiellen Kosmos vollkommen getrennte, unzugängliche Sphäre.

Religiöse Themen in der klassischen griechischen Philosophie: In der klassischen Epoche der griechischen Philosophie haben sich Platon und Aristoteles ausführlich mit Problemen auseinandergesetzt, die auch heute noch zu den intensiv diskutierten Themen der Religionsphilosophie gehören, wie etwa mit der Unsterblichkeit der Seele, dem Ursprung des Universums und dem Wesen des Göttlichen. Platon und Aristoteles betrachteten ihre Durchdringung dieser Themen jedoch nicht als eine spezifisch religionsphilosophische Angelegenheit, zum einen, weil die philosophischen Disziplinen in der Antike noch nicht in derselben Weise ausdifferenziert waren wie in der Moderne, zum anderen aber auch, weil die genannten Themen für Aristoteles innerhalb der *prima philosophia,* der Ersten Philosophie, die von Aristoteles als „göttliche Wissenschaft" *(theologiké epistéme)* konzipiert wurde und später den Titel „Metaphysik" erhielt, zu behandeln waren. Als ‚göttlich' wird diese Wissenschaft in zweierlei Hinsicht bezeichnet: Zum einen handelt sie vom Göttlichen und zum anderen bezieht sie sich auf dasjenige Wissen, das Gott selbst in höchstem Maße besitzt.

Antike Lebenswegphilosophie: Philosophie in der Antike – besonders deutlich wird dies in den Schulen des Pythagoras, des Epikur und der Stoa – verstand sich darüber hinaus immer wieder auch eine als eine kontemplative Alternative zur Religion der tradierten Mythen und Kulte. Indem Philosophie für eine intellektuelle Elite einen Lebensweg aufzeigte, dessen Befolgung zu einem tugendhaften und glücklichen Leben führen sollte, erfuhren die tradierten Mythen und Rituale eine philosophische Neuinterpretation. In der pythagoreischen Schule führte dies zur Ausbildung einer an Zahlen orientierten Kosmologie und einer Ethik der Seelenreinigung. Der Lehre des Pythagoras kann überdies das Verdienst zugeschrieben werden, mit der Idee der unsterblichen Seele eine religionsgeschichtlich höchst folgenreiche Vorstellung in die Welt gesetzt zu haben (Macris 2009). Auch die platonische Ideenlehre kann als ein durch Erkenntnis und Kontemplation zu beschreitender Heilsweg aufgefasst werden, der die Seele von den Lasten der Körperlichkeit befreit und zur alles überstrahlenden Idee des Guten hinführt.

Das Christentum als ‚wahre Philosophie': Durch die Ausbreitung und letztendliche Durchsetzung des Christentums im Römischen Reich veränderte sich die antike Konstellation zwischen Philosophie und Religion grundlegend. Dem Christentum gelang es, Ritus, Mythos und Wahrheit zu einer neuen Einheit zu verbinden, indem es den griechischen Logos in die mythische Offenbarungserzählung vom Mensch gewordenen Gott, von seinem schmählichen Kreuzestod und seiner erlösenden Auferstehung integrierte. Bereits in der Weisheitsliteratur des Alten Testaments vermochten Juden und Christen eine ‚Liebe zur Weisheit' zu entdecken, deren Intentionen der griechischen Philosophie keineswegs fremd waren. Aber durch die Erscheinung Jesu Christi, dem Fleisch gewordenen Logos, sah sich die antike Philosophie in einer ganz neuen Weise herausgefordert. Im Unterschied zur griechischen und römischen Religion der mythischen Erzählungen und öffentlichen Kulte trat hier eine Religion mit dem Anspruch auf, eine universelle Wahrheit zu verkünden, wobei die Stellung dieser Wahrheit zur ‚heidnischen' Philosophie durchaus ambivalent war: Auf der einen Seite konnte Jesus Christus selber als eine Art Philosoph erscheinen, der gleichsam in sokratischer Tradition Menschen aus ihrem Alltag herausriss und sie mit den wesentlichen Grundfragen ihrer Existenz konfrontierte. Auf der anderen Seite stand die christliche Botschaft, die sich primär an die Armen – auch an die ‚Armen im Geiste' – richtete, im bewussten Gegensatz zur weltlichen Gelehrtenphilosophie der intellektuellen Eliten im Römischen Reich. So verkündete Paulus: „Denn das Wort vom Kreuz ist eine Torheit denen, die verloren werden; uns aber, die wir selig werden, ist es eine Gotteskraft." (1. Kor. 1,18) Die Ambivalenz zwischen Nähe und Distanz zur griechischen, philosophischen Weltweisheit wird sich durch die gesamte Geschichte des Christentums hindurchziehen. Ob dem Gott des Christentums besser durch geistige Armut, das *sacrificium intellectus,* oder aber durch scholastische Lehrgebäude gedient ist, bleibt im Grunde bis heute eine offene Frage.

Christliches Evangelium und griechische Philosophie: Es stellt eine geistesgeschichtliche Konstellation von kaum zu überschätzender Bedeutung dar, dass sich das Christentum seit seinen Anfängen, nämlich bereits in den Evangelien, vor allem im Johannes-Evangelium, in der Heidenmission des Paulus (verwiesen sei hier etwa auf die berühmte Aeropag-Rede) und bei den Kirchenvätern mit griechischer Philosophie amalgamierte und dass sich aus dieser Verbindung letztlich auch die Beziehungsdynamik zwischen Philosophie und Religion im Mittelalter speiste. Freilich blieb die Liaison der heidnischen Philosophie der griechischen Antike mit dem christlichen Evangelium stets umstritten, wie etwa die Frage des christlichen Theologen Tertullian (ca. 150–ca. 220) deutlich macht, was Athen denn eigentlich mit Jerusalem zu tun habe. Für den spätantiken christlichen Philosophen Augustinus (354–430) stellte demgegenüber das Christentum die Erfüllung auch der philosophischen Wahrheitssuche dar.

Zur Vertiefung: Christliche Philosophie der Spätantike – Augustinus

Augustinus, der 354 in Thagaste im heutigen Algerien geboren wurde und später Bischof von Hippo Regius wurde, wo er 430 starb, gehört zu den bedeutendsten **Kirchenvätern,** also denjenigen christlichen Autoren, die sich in den ersten Jahrhunderten nach dem Wirken Jesu Christi mit zum Teil argumentativen, zum Teil polemischen Mitteln um die präzise Formulierung der christlichen Lehre bemühten. Besondere Bedeutung kam in diesen ersten Jahrhunderten der christlichen Selbstreflexion (sehr früh z. B. bei Justin dem Märtyrer, ca. 100–165) dem Platonismus und dem **Neuplatonismus** (Plotin, Porphyrios) zu, wenn etwa Jesus Christus als erste

Emanation (von lat. *emanatio* = „Ausfließen") Gottes oder als „Logos des Einen" begriffen wurde, wie es bereits im Prolog des Johannes-Evangeliums angedeutet war.

Für Augustinus erfüllte die christliche Botschaft, was in der griechischen Philosophie angelegt war. Deswegen konnte er von einer **philosophia christiana** sprechen, die nach dem Grundsatz **credo ut intelligam** („ich glaube, damit ich einsehe") durch den Glauben zur Gotteserkenntnis führt. *Philosophia* als Liebe zur Weisheit und christliche Liebe zu Gott bzw. zu Jesus Christus streben für Augustinus nach demselben Ziel, sie ergänzen einander und harmonieren miteinander. Das Christentum ist den heidnischen Philosophien der Antike aber prinzipiell überlegen, weil sich die christliche Heilsbotschaft an alle Menschen und nicht nur an die Angehörigen einer intellektuellen Elite richtet.

Gotteserkenntnis, auch dies betont Augustinus ausdrücklich, ist kein theoretisches Wissen über den Kosmos, sondern ein sich in mehreren Etappen vollziehender Weg in die Innerlichkeit des eigenen Geistes. In seinen „Bekenntnissen" (*Confessiones,* 401), hat Augustinus seine persönliche Umkehr aus anfänglicher Selbstbezogenheit zur Liebe Gottes eindrucksvoll beschrieben. Die Evidenz Gottes erweist sich in der introspektiven Gewissheit der Selbsterfahrung, in der Geist, Erkenntnis und Liebe *(mens, notitia, amor)* zusammenwirken. Indem die durch eine fromme Lebensweise gereinigte Seele zur Erkenntnis aufsteigt, kehrt sie zugleich in ihren göttlichen Ursprung zurück. Und indem die Vernunft die Priorität der göttlichen Wahrheit anerkennt, gewinnt sie aufgrund der göttlichen Gnade und Liebe die Fähigkeit, die Wahrheit der Gegenstände zu erkennen.

Für Augustinus kann es nur dort wahre Religion geben, wo ein einziger Gott verehrt wird; der Polytheismus ist demnach unwahr. Innerhalb der wahren Religion gibt es wiederum Elemente, die von der Philosophie gleichsam selbstständig entdeckt werden können, und solche, die speziell auf der christlichen Botschaft beruhen. Augustinus hat damit die spätere Unterscheidung zwischen natürlicher und geoffenbarter Religion im Grundansatz bereits vorbereitet.

1.2.2 Von der natürlichen Theologie des Mittelalters zur neuzeitlichen Religionsphilosophie

Kulturräume des ‚Mittelalters': Innerhalb jener tausendjährigen Epoche, die aus europäischer Sicht das ‚Mittelalter' genannt wird, sollte man keinesfalls nur den lateinischen Westen betrachten, sondern ebenso das Byzantinische Reich mit seinem starken Einfluss des Griechischen sowie die islamische Welt, die sich seit dem 7./8. Jh. herausbildete. Antike Überlieferungen prägten alle drei miteinander vielfältig vernetzten Kulturräume, wenngleich in unterschiedlicher Weise und Akzentuierung. Auch die Präsenz der jüdischen Religion und Theologie in allen drei Kulturräumen stellt einen ausgesprochen wichtigen Faktor im mittelalterlichen Gespräch zwischen den monotheistischen Religionen: sowie mit der antiken griechischen Philosophie dar.

Die mittelalterliche Überlieferung der antiken Philosophie: Dabei waren die philologischen Voraussetzungen für eine adäquate Rezeption der antiken Philosophie im lateinischen Westen bei weitem am schlechtesten – zahlreiche Werke Platons und Aristoteles' waren dort bis in das Spätmittelalter hinein unbekannt. Im griechischen Byzanz wiederum waren zwar die philologischen Voraussetzungen für eine Auseinandersetzung mit den antiken Autoren gegeben; doch geschah diese in aller Regel unter dem Primat der christlichen Orthodoxie und führte über die Vermittlung des Neuplatonismus vor allem zur Ausbildung einer stark mystisch geprägten und nur in Ansätzen institutionalisierten Theologie. Auch in der islamischen Welt setzte die religiöse Orthodoxie (bei aller Wertschätzung für die griechische Philosophie bei namhaften muslimischen Philosophen) der Auseinandersetzung mit der antiken Philosophie oftmals enge Grenzen. Gleichwohl begann im 9. Jh. eine beeindruckende Übersetzungstätigkeit griechischer Werke ins Arabische, wovon der lateinische Westen später, ab dem 12. Jh., ungemein profitieren sollte. Ohne die Vorarbeiten, die muslimische und jüdische Autoren wie Ibn Sīnā (lat. Avicenna, 980–1037), Ibn Ruschd (lat. Averroes, 1126–1998) und Moses Maimonides (1138–1204) in der Rezeption und Kommentierung der aristotelischen Philosophie geleistet hatten, wären auch die großen theologischen Summen des bedeutendsten christlichen Philosophen des Mittelalters, Thomas von Aquin, kaum möglich gewesen.

Offenbarungstheologie und natürliche Theologie: In seiner *Summa theologica* (bzw. *Summa theologiae,* 1265–1273) behandelt Thomas von Aquin unter anderem die philosophische Gotteslehre, die Frage nach dem Ursprung des Bösen, die Lehre von der menschlichen Seele, die Morallehre sowie das Schicksal der Seelen nach dem Tod. All diese Themen können zweifellos als religionsphilosophisch bezeichnet werden, und doch hätten sich weder Thomas noch andere mittelalterliche Denker als Religionsphilosophen verstanden. Für sie war nicht die Unterscheidung der Philosophie von der Religion relevant – ganz im Gegenteil sollte die Philosophie als eine Tätigkeit der natürlichen Vernunft ihren Beitrag zur Erhellung der christlichen Religion leisten – und auch nicht die Unterscheidung einer Philosophie der Religion von anderen Disziplinen der Philosophie. Relevant war vielmehr eine andere Unterscheidung, nämlich zwischen Offenbarungstheologie *(theologia revelata)* und natürlicher Theologie *(theologia naturalis).* Letztere war im Grunde nichts anderes als Philosophie, die in den Dienst der Theologie gestellt wurde und in diesem Kontext fundamentale christliche Glaubenswahrheiten mit Hilfe der Vernunft zu begründen suchte.

Definition

Natürliche Theologie*(theologia naturalis),* auch als rationale oder philosophische Theologie bezeichnet, bemüht sich um eine Gotteserkenntnis auf der Basis vernünftiger Überlegungen (z. B. in Form von Argumenten für die Existenz Gottes). Demgegenüber stützt sich die Offenbarungstheologie auf Zeugnisse, denen ein göttlicher Ursprung zugeschrieben wird (insbesondere heilige Schriften). Offenbarungstheologie steht nicht im Gegensatz zur natürlichen Theologie, vielmehr ergänzt jene diese um religiöse Einsichten, die nicht durch die natürliche Vernunft gewonnen werden können. Den sachlichen Gegensatz zur natürlichen Theologie bilden dagegen Positionen, die eine rationale Erkennbarkeit Gottes bestreiten, insbesondere der Atheismus. Die Religionsphilosophie hat zwar die natürliche Theologie als philosophische Disziplin am Ende des 18. Jh.s abgelöst, aber auch heutzutage wird natürliche Theologie der Sache nach unter dem Dach der Religionsphilosophie, vor allem in ihrer analytischen Ausprägung, weiterhin betrieben.

Natürliche Religion bezeichnet seit dem Zeitalter der Aufklärung diejenigen Elemente der Religion, die der vernünftigen Erkenntnis zugänglich sind und die deswegen grundsätzlich von allen Menschen nachvollzogen werden können. Im Gegensatz hierzu steht die Offenbarungsreligion, die innerhalb einer spezifischen Tradition geglaubt und praktiziert wird. Üblicherweise gilt ein Theismus, der die Existenz eines höchstes Wesens als Ursache der Welt annimmt, als rational nachvollziehbare Grundlage natürlicher Religion.

Renaissance und Reformation: Nicht nur von einem aristotelischen Standpunkt – wie in der Scholastik des Spätmittelalters – ließ sich natürliche Theologie begründen, sondern auch von der platonischen Philosophie aus, die seit dem 15. Jh. in Westeuropa wieder zugänglich wurde und deren Wiederentdeckung das Renaissancezeitalter einläutete. Der Renaissance-Humanismus des 15. und 16. Jh.s kann als die erste von drei ideengeschichtlichen Bewegungen der Neuzeit betrachtet werden, durch welche die rationale, „natürliche" Theologie des Spätmittelters bis zum Ende des 18. Jh.s allmählich von der neuen Disziplin der Religionsphilosophie abgelöst werden sollte. Ein erster Schritt in diese Richtung, den Renaissance-Humanisten wie Erasmus von Rotterdam (1467–1536) unternahmen, bestand in der Anwendung der philologischen Texterschließungsmethoden, die zur Lektüre der griechischen und römischen Klassiker verwendet wurden, auf die christlichen Grundlagentexte. Die Forderung des sogenannten Bibelhumanismus, bei der Auslegung der biblischen Texte *ad fontes,* d. h. zu den originalen griechischen und hebräischen Quellen zurückzugehen, beeinflusste wiederum die zweite bedeutsame Bewegung auf dem Weg zur Religionsphilosophie, die Reformation Martin Luthers (1483–1546) und Johannes Calvins (1509–1564). Luther, der die Vernunft sogar als ‚des Teufels Hure' bezeichnete, lehnte die von der aristotelischen Philosophie geprägte rationale Theologie ab und betonte stattdessen den individuellen, auf die Heilige Schrift gegründeten Glauben und die Gnade Gottes. Diese antischolastische Einstellung des Protestantismus führte in der Folge zu einer deutlichen Trennung philosophischer Rationalität und religiöser Spiritualität (Habermas 2019/2, 7–59) und stellte somit eine entscheidende Voraussetzung für die Entstehung der modernen Religionsphilosophie dar. Auch die Konstituierung eines allgemeinen Begriffs von ‚Religion' steht in Bezug zur Reformation und den nachfolgenden Glaubenskriegen des 17. Jh.s, insbesondere dem Dreißigjährigen Krieg 1618–48, weil sich erst durch die rationale Betrachtung des den (christlichen) Konfessionen trotz aller Differenzen Gemeinsamen die Perspektive einer wechselseitigen Tolerierung unterschiedlicher Glaubensrichtungen aufzeigen ließ.

Philosophische Begründungen natürlicher Religion: Dass gerade im 17. und frühen 18. Jh. philosophische Bemühungen, die Existenz Gottes rational zu beweisen, eine veritable Blüte erlebten, scheint auf den ersten Blick gegen den Niedergang der natürlichen Theologie in diesem Zeitraum zu sprechen. Allerdings lösten sich die philosophischen Beiträge zur natürlichen Theologie in der frühen Neuzeit allmählich von einem offenbarungstheologisch fundierten Referenzrahmen. So postulierte Baruch de Spinoza (1632–1677) in seinem *Tractatus theologico-politicus* (1670) in Anknüpfung an das rationalistische Klarheitsideal Descartes' die ausschließliche Anwendung des *lumen naturale,* des natürlichen Lichts der Vernunft, auf die Auslegung der Heiligen Schrift. Durchaus damit vergleichbar lag die Zielrichtung des Deismus in einer Trennung der rational erfassbaren von den irrationalen Elementen der Religion, wobei sich die letzteren auf die Autorität von Offenbarungen und den Glauben an sie stützten. Gott als Schöpfer und moralischer Weltenrichter mochte sich vollkommen rational begründen lassen; übernatürliche Wunder und rein historisch verbürgte Gegebenheiten (wie das Leben und Sterben Jesu Christi) ließen sich dagegen nicht durch vernünftige Gründe rechtfertigen. In dieser Stoßrichtung argumentierten die Hauptvertreter des britischen Deismus, Lord Herbert of Cherbury (1583–1648), der bereits einen allgemeinen Religionsbegriff entwickelte, John Toland (1670–1722) und Matthew Tindal (1657–1733) sowie etwas später auch die französischen Aufklärungsphilosophen Voltaire (1694–1788) und Jean-Jacques Rousseau (1712–1778).

Entstehung der Religionsphilosopie im Aufklärungszeitalter: Mit den zuletzt genannten Denkern Voltaire und Rousseau befinden wir uns bereits in der – nach Renaissance und Reformation – dritten geistesgeschichtlichen Bewegung, die zur Heraufkunft der modernen Religionsphilosophie beigetragen hat: der Aufklärung. Im Zeitalter der Aufklärung wird die Philosophie der Religion sowohl dem Begriff als auch der Sache nach als neue philosophische Disziplin geprägt. Die vermutlich erstmalige Verwendung des Ausdrucks „Philosophie der Religion" im deutschen Sprachraum findet sich 1772 bei dem österreichischen Jesuiten Sigismund von Storchenau (1731–1798). In dessen zwölfbändigem Werk (7 Bände + 5 Bände „Zugaben zur Philosophie der Religion", 1772–1789) wird der titelgebende Terminus allerdings noch aus einer katholischen Perspektive in apologetischer Absicht verwendet, so dass das eigentlich innovative Moment der neuen Disziplin „Religionsphilosophie" hier noch gar nicht zum Ausdruck kommt: der Anspruch nämlich, rationale Überlegungen zur Religion anzustellen, die nicht mehr im Bannkreis einer bestimmten Theologie stehen.

Cudworths Prägung des Begriffs ‚Philosophy of Religion': Etwa hundert Jahre vor Storchenau hatte bereits der Cambridger Platoniker Ralph Cudworth (1617–1688) in seinem Hauptwerk *The True Intellectual System of the Universe* (1678) den Anspruch erhoben, ‚die' Philosophie der Religion vorzulegen. Auch Cudworth verfolgte in seiner breit angelegten Untersuchung, in der vorwiegend antike Positionen diskutiert werden, die apologetische Intention, den Atheismus zu widerlegen. Die eigentliche revolutionäre Umkehrung, welche die Religionsphilosophie gegenüber der natürlichen Theologie vollzieht, ist dagegen noch nicht bei Cudworth erkennbar, auch wenn er den Begriff der Religionsphilosophie *(Philosophy of Religion)* eingeführt hat, sondern erst bei David Hume (1711–1776).

Humes *Naturgeschichte der Religion:* In Humes *The Natural History of Religion;* (*Naturgeschichte der Religion* 1757) wird Religion als ein komplexes Phänomen betrachtet, das sich mit den Mitteln der natürlichen Vernunft untersuchen lässt. Die Vernunft sucht nicht länger Argumente für bereits vorausgesetzte Glaubenswahrheiten, sondern sie misst die Glaubwürdigkeit religiöser Wahrheiten an der Überzeugungskraft rationaler Argumente. Dieser Anspruch ist jedoch nicht als Ausdruck einer religionskritischen Hybris der Vernunft zu verstehen, sondern vielmehr als nachvollziehbare Reaktion auf die vorangegangenen historischen Erfahrungen der verheerenden Glaubenskriege, die insbesondere während des 17. Jh.s in Europa gewütet hatten. Angesichts der durch religiöse Spaltungen hervorgerufenen Gewaltexzesse galt es, den universellen rationalen und moralischen Kern des Religiösen gegenüber den bloß historisch-kulturellen Glaubensformen herauszuarbeiten. Während partikulare religiöse Konfessionen Menschengruppen äußerlich voneinander separieren, werden sie – so die Überzeugung der Aufklärungsphilosophie – durch die universelle Einheit des Moralischen in allen Religionen miteinander verbunden.

Die Transzendentalphilosophie Kants: Diese aufgeklärte Hoffnung trägt auch die Religionsphilosophie Immanuel Kants (1724–1804). Durch die berühmten drei Kritiken (*Kritik der reinen Vernunft* 1781/87, *Kritik der praktischen Vernunft* 1788, *Kritik der Urteilskraft* 1790) verhalf die kantische Transzendentalphilosophie letztlich auch der modernen Religionsphilosophie zum Durchbruch. Zunächst schien Kants Erkenntniskritik allerdings nur das negative Resultat mit sich zu bringen, dass der vormaligen Leibniz-Wolffschen Metaphysik sowie der philosophischen Theologie insgesamt die Argumentationsgrundlage entzogen wurde. Sachhaltiges Wissen lässt sich nämlich der *Kritik der reinen Vernunft* zufolge nur durch das Zusammenwirken von Anschauung und Begriff gewinnen. Da im Falle der natürlichen Theologie bzw. speziellen Metaphysik solche Anschauung aber nicht gewonnen werden kann, bewegt sie sich auf dem allzu dünnen Eis einer Spekulation aus bloßen Begriffen, die keine apodiktische (= unumstößliche) Gewissheit für ihre Aussagen beanspruchen kann. Bezogen auf die fundamentalen Fragen der speziellen Metaphysik nach der Unsterblichkeit der Seele, nach Anfang und Ende der Welt sowie nach der Existenz Gottes versucht die transzendentale Dialektik Kants nachzuweisen, dass unsere Vernunft sich bei der Beantwortung dieser metaphysischen Fragen unvermeidlich in Paralogismen und Antinomien, in Fehlschlüsse und Widersprüche, verstrickt. Auch Gottesbeweisversuchen jeglicher Art erteilt die kritische Transzendentalphilosophie eine klare Absage (▶ Abschn. 4.3.3).

Rehabilitierung der Religion im Anschluss an die Moral: Auf der anderen Seite rehabilitiert die Philosophie Kants jedoch den religiösen Glauben im Anschluss an die praktische Philosophie. Zwar bestimmt die reine Vernunft durch den kategorischen Imperativ in autonomer Weise das moralisch Gebotene, ohne dafür auf religiöse Gebote zurückgreifen zu müssen. Die Ethikbegründung kann rein rational aus dem Begriff der Freiheit als vernünftiger Selbstbestimmung erfolgen.

Aber sobald sich Menschen die Frage stellen, worumwillen sie überhaupt moralisch handeln, taucht Kant zufolge die Idee eines höchsten Guts auf, das in der Vereinigung von Glückswürdigkeit und Glückseligkeit besteht. Diese Vereinigung könne, so Kant, nur unter der doppelten Voraussetzung eines gerechten und liebenden Gottes sowie der persönlichen Unsterblichkeit bewirkt werden, die von der praktischen Vernunft postuliert werden. Somit begründet Kant einen Vernunftglauben im Sinne einer rational gerechtfertigten religiösen Hoffnung, einen Glauben, der keiner Offenbarungsgrundlage mehr bedarf, sondern ausschließlich auf Vernunftgründen basiert.

Zur Vertiefung: Immanuel Kants „Religionsschrift"
In seiner Schrift *Die Religion innerhalb der Grenzen der bloßen Vernunft* (1793), auch bekannt unter dem Kurztitel „Religionsschrift", setzt sich Kant ausdrücklich mit Religion auseinander, und zwar, wie bereits der einschränkende Titel des Buches anzeigt, mit Religion, soweit sie überhaupt zum Gegenstand vernünftiger Überlegungen werden kann. Ausgehend von einer anthropologisch fundierten Analyse des radikalen „Hange[s] zum Bösen in der menschlichen Natur" (Kant 1793, B 20ff.) begründet Kant die Notwendigkeit von Religion mit der Hoffnung auf eine übernatürliche Unterstützung der menschlichen Anlage zum Guten. Der letztendliche **Sieg des Guten über das Böse** soll sich in der Form eines „**Reichs Gottes auf Erden**" (Kant 1793, Drittes Stück, B 127ff.) manifestieren, das als **ethisches Gemeinwesen** den moralischen Kern der wahren Religion in sich aufgenommen haben wird. Einzelne Religionen, die sich Kants in diesem Punkt reduktionistischer Auffassung zufolge ohnehin nur durch historisch überlieferte Kulte und Lehren unterscheiden, werden im Zuge der Durchsetzung des reinen Religionsglaubens letztlich überflüssig geworden sein. Im letzten Stück der Religionsschrift, das einige ausgesprochen religionskritische Abschnitte zu der von Kant abgelehnten „statutarischen", d. h. der auf äußerlichen Lehren und Kulten gegründeten Religion enthält, legt Kant Reinterpretationen christlicher Lehren vor, die deren Übereinstimmung mit dem reinen Religionsglauben der Vernunft aufzeigen sollen. Kant hat in der ‚Religionsschrift' paradigmatisch Potentiale der neuen Disziplin ‚Religionsphilosophie' entfaltet, die auch für die folgende Entwicklung in vielerlei Hinsicht maßgeblich werden sollten.

Die okzidentale Entwicklung des Verhältnisses von Philosophie und Religion im 2. Jahrtausend n. Chr. hat somit von einer Situation, in der die Philosophie als ein durch Offenbarung ergänzungsbedürftiger Bestandteil der Theologie fungierte (Philosophie als ‚Magd der Theologie'), zur weitgehenden Autonomie einer Philosophie der Religion geführt, die religiöse Glaubenswahrheiten nunmehr gemäß ihrer Übereinstimmung oder Nicht-Übereinstimmung mit den Erkenntnismöglichkeiten der menschlichen Vernunft beurteilt. Diese Entwicklung besitzt freilich nur aus der Perspektive der philosophischen Erkenntnis Gültigkeit, nicht zwingend jedoch ebenfalls aus der Perspektive des Selbstverständnisses von Religion und Theologie.

1.2.3 Aufhebung der Religion? Religionsphilosophie im 19. Jahrhundert

Vom Idealismus zur Religionskritik: Wenn sich generell sagen lässt, dass Religion ein ausgesprochen wichtiges philosophisches Thema im 19. Jh. darstellte, so ist doch eine deutliche Zweiteilung in der philosophischen Auseinandersetzung mit Religion im Zeitraum zwischen 1800 und 1900 auszumachen: Während in der Philosophie der ersten Jahrhunderthälfte eine affirmative Bezugnahme auf Religion dominierte, war die zweite Jahrhunderthälfte stärker von Religionskritik und von philosophischen Versuchen geprägt, die Entstehung von Religion aus religionsexternen Ursachen zu erklären. Hinsichtlich der positiven Bezugnahme auf Religion seitens der Philosophie lassen sich wiederum zwei Ansätze voneinander unterscheiden: zum einen die Integration religiöser Gehalte in die idealistische Systemphilosophie der klassischen deutschen Philosophie, vor allem diejenige Georg Wilhelm Friedrich Hegels (1770–1831), zum anderen die antihegelianische, existenziell fundierte Aufwertung der individuellen Entscheidung zum Religiösen, die in der Philosophie Søren Kierkegaards (1813–1855) zum Ausdruck kommt. Zwischen den religionsphilosophischen Ansätzen Hegels und Kierkegaards lässt sich die späte Religionsphilosophie Friedrich Wilhelm Joseph Schellings (1775–1854) verorten. Dessen Unterscheidung von negativer und positiver Philosophie bringt den prinzipiellen Konflikt zwischen der Hegelschen Aufhebung des Religiösen in die Allgemeinheit des absoluten Geistes und dem individuell-existentiellen ,Sprung in den Glauben' Kierkegaards gleichsam auf den philosophischen Begriff.

Hegels und Schellings Deutungen des religiösen Bewusstseins: Mit der in verschiedenen Versionen vorliegenden *Philosophie der Mythologie* und der *Philosophie der Offenbarung* hat Schelling seit den späten 1820er Jahren eine eigenständige Deutung der religiösen Entwicklung der Menschheit vorgelegt, in der vor allem die komplexen Wechselbeziehungen zwischen philosophischer Vernunft und religiösem Bewusstsein in ihrer geschichtlichen Entfaltung dargestellt werden. Die von Schelling vorgenommene Unterscheidung in Mythologie und Offenbarung reflektiert dabei die seit der Aufklärung gängige Differenzierung in natürliche Religion und Offenbarungsreligion, die auch in Hegels *Vorlesungen über die Philosophie der Religion* (1821, 1824, 1827, 1831) eine wichtige Rolle spielt, wenn dort zwischen der ,bestimmten Religion' und der ,vollendeten Religion' unterschieden wird.

Die geschichtliche Entwicklung des Religiösen: Die idealistische Religionsphilosophie sah sich angesichts der von Kant vorgenommenen Grenzziehungen im Bereich der Erkenntnistheorie mit einer Situation konfrontiert, in der Gott nicht mehr unmittelbar, sondern nur noch über den Umweg seiner geschichtlichen Erscheinung in der Religion thematisiert werden konnte. Zwar erhebt Hegels Philosophie durchaus den Anspruch, das Absolute, also letztlich Gott, zu erkennen, und dies sogar in einer höheren, weil begrifflich durchsichtigeren Weise als die Religion, die Vorstellungen, Bildern und Erzählungen verhaftet bleibt. Doch haben gerade Hegels religionsphilosophische Vorlesungen die Eigenständigkeit der neuen Disziplin ‚Religionsphilosophie' ganz entscheidend mitbegründet. Zu deren Untersuchungsbereich gehören keineswegs nur, wie Kant meinte, die moralischen Aspekte von Religion, soweit sie mit dem rationalen Vernunftglauben übereinstimmen. Die idealistischen Religionsphilosophien Hegels und Schellings überschreiten die von Kant festgelegten Restriktionen, indem sie auch die spekulativen Gehalte und die geschichtliche Entwicklung der Religionen sowie außerdem die sozialen, ‚objektiven' Dimensionen religiöser Praxis in ihre philosophische Religionsdeutung miteinbeziehen. Dabei berücksichtigen sie durchaus ein breites Spektrum an kulturell divergierenden Religionsformen, deren spekulativen Wahrheitsgehalt sie zu ermitteln suchen. Die prinzipielle Folie, auf der dies geschieht, wird allerdings nach wie vor vom Christentum bereitgestellt, das als die offenbare, vollendete Religion qualitativ von allen anderen Religionen unterschieden ist.

Schleiermachers Bestimmung des Religiösen als Gefühl: Aufgrund ihrer vernunftbetonten Ausrichtung steht die Hegelsche Deutung der Religion als einer Erscheinungsform des absoluten Geistes dem kantischen Projekt letztlich immer noch näher als der romantischen, gefühlsbetonten Auslegung von Religion, die Friedrich Schleiermacher (1768–1834) favorisiert hat. Für Schleiermacher erreichen weder Metaphysik noch Moral die wahre Essenz des Religiösen, die vielmehr im „Sinn und Geschmack fürs Unendliche" (Schleiermacher 2012, 47) besteht. Die von der Aufklärungsphilosophie gesuchte Einheit des Religiösen findet sich nach dieser Lesart nicht in der Gottesvorstellung oder in einem universellen moralischen Kern aller Religionen, sondern in einem unmittelbaren Gefühl der Einheit von Allem im Universum. Die geschichtlich existierenden Religionen repräsentieren demgegenüber kulturelle Vermittlungen dieses Gefühls in partikularen Lehren, Praktiken und Symbolen.

Kierkegaards existenzielle Entscheidung zum religiösen Glauben: Dass sich die real existierende Religion im Sinne einer soziokulturellen Institution wie der Kirche niemals als adäquate Realisierung des Reiches Gottes verstehen dürfe, hat insbesondere Søren Kierkegaard hervorgehoben. Seine Religionsphilosophie zielt auf die existenzielle Wahl des Individuums ab, das sich zwischen den vielfältigen Verlockungen und Ablenkungsmöglichkeiten der Endlichkeit auf der einen und der Unendlichkeit des Religiösen auf der anderen Seite entscheiden muss: *Entweder – Oder*, wie der Titel von Kierkegaards Hauptwerk aus dem Jahr 1843 lautet.

Philosophische Religionskritik in der zweiten Hälfte des 19. Jh.s: Ein großer Teil der nachidealistischen Philosophie hat das Humesche Motiv einer skeptisch-rationalen Betrachtung des Religiösen wieder aufgegriffen und nach den Ursachen gefragt, die überhaupt zur Heraufkunft von Religion beitragen. So interpretierte Ludwig Feuerbach (1804–1872) die monotheistische Gottesvorstellung als Projektion der menschlichen Natur auf ein fiktives Wesen (*Das Wesen des Christentums*, 1841). Bei den kritischen Religionsdeutungen von Karl Marx (1813–1883), Friedrich Nietzsche (1844–1900) und Sigmund Freud (1856–1939) geht es um die Aufdeckung verborgener, den religiösen Personen selbst in der Regel nicht bewusster Interessen, Funktionen und Motive, welche die Entstehung und Etablierung von Religion begreiflich machen sollen. Da diese drei religionskritischen Ansätze an späterer Stelle (▶ Abschn. 4.1.2) noch ausführlicher behandelt werden, soll hier nicht näher auf sie eingegangen werden.

1.2.4 Religionsphilosophie im 20. Jahrhundert

Um die vielfältigen religionsphilosophischen Ansätze, die im 20. Jh. entwickelt wurden, ein wenig zu strukturieren, bietet sich eine Einteilung ihrer Entwicklung in drei Phasen an:

1. Nachidealistisches Interesse an der Religion: In den ersten Jahrzehnten des 20. Jh.s gab es in so verschiedenen Strömungen wie dem britischen Idealismus, dem amerikanischen Pragmatismus, dem Neukantianismus, der Phänomenologie sowie der Lebensphilosophie ein durchaus starkes Interesse an religionsbezogenen Fragestellungen. Abgesehen vom britischen Idealismus lässt sich in den genannten philosophischen Richtungen zugleich eine deutliche Abkehr von metaphysischer Spekulation und eine Hinwendung zu stärker erfahrungsbezogenen bzw. erfahrungswissenschaftlich fundierten Zugangsweisen zu religiösen Phänomenen feststellen.

2. Analytische und existenzialistische Religionskritik: Mit dem Aufkommen des Neo-Realismus und des logischen Positivismus bzw. Empirismus gerieten metaphysische, religiöse sowie auf Religion bezogene theoretische Aussagen unter einen generellen Sinnlosigkeitsverdacht, der von der Zwischenkriegszeit bis etwa zur Jahrhundertmitte zu einem deutlich schwindenden Interesse an Religionsphilosophie führte. Die erste Generation der analytischen Philosophie argumentierte ganz überwiegend religionskritisch, ja religionsfeindlich. Und auch der nach dem Zweiten Weltkrieg verbreitete französische Existenzialismus war, sieht man einmal von der christlichen Variante Gabriel Marcels (1889–1973) ab, durch seine führenden Vertreter Jean-Paul Sartre (1905–1980) und Albert Camus (1913–1960) überwiegend areligiös und atheistisch geprägt.

3. Analytische und phänomenologische Renaissance der Religionsphilosophie: In der zweiten Jahrhunderthälfte, verstärkt seit den 1960er Jahren, ist in Strömungen wie dem Neothomismus, der Prozessphilosophie, der philosophischen Hermeneutik, der Phänomenologie, vor allem aber auch in der analytischen Philosophie ein wiedererwachtes Interesse an religionsphilosophischen Fragestellungen festzustellen. Innerhab der analytischen Philosophie haben sich die Forschungsschwerpunkte dabei im Laufe der Jahrzehnte von Untersuchungen zur Bedeutung der religiösen Sprache hin zu einer analytisch erneuerten philosophischen Theologie verschoben. Das letzte Viertel des 20. Jh.s ist durch eine kontinuierliche Zunahme und Differenzierung religionsphilosophischer Debatten und Publikationen gekennzeichnet. Im internationalen Kontext gibt es heute mehr religionsphilosophische Publikationen, Gesellschaften und Fachzeitschriften als jemals zuvor in der Geschichte. Die immer wieder kritisierte und in Frage gestellte, aber nichtsdestoweniger wirksame interne Spaltung der westlichen Philosophie in eine analytische und eine kontinentale Richtung spiegelt sich im Übrigen auch in der Religionsphilosophie wider: Während die Religionsphilosophie angelsächsisch-analytischer Provenienz sich oftmals in der Tradition des klassischen Theismus verortet und Grundfragen der natürlichen Theologie mit dem verfeinerten Instrumentarium der logischen Analyse aufgreift, wird in der kontinentalen, an Phänomenologie, Hermeneutik und Poststrukturalismus orientierten Religionsphilosophie stärker die geschichtlich-kulturelle Situation reflektiert, die eine bruchlose Anknüpfung des Philosophierens an die vorkritische Metaphysik nicht zu erlauben scheint.

Pluralität religionsphilosophischer Ansätze: In Bezug auf die dritte, bis in die Gegenwart reichende Phase der religionsphilosophischen Entwicklung ist zu betonen, dass sowohl die analytische als auch die kontinentale Religionsphilosophie von einer immensen internen Vielfalt geprägt sind. So werden innerhalb der analytischen Religionsphilosophie nicht nur Fragestellungen des klassischen Theismus mit Methoden der modernen Logik traktiert, sondern es sind insbesondere zeitgenössische Entwicklungen etwa in der analytischen Epistemologie, der Wahrheits- und Bedeutungstheorie sowie im Verständnis von Rationalität, Erfahrung und Rechtfertigung, die eine vertiefte Behandlung eines breiten Spektrums an religionsphilosophischen Fragen ermöglichen. Und innerhalb der ‚kontinentalen' Religionsphilosophie sind die verschiedenen hermeneutischen, postmodernen, phänomenologischen, feministischen u. a. Ansätze und Positionen so divers, dass bereits ihre Zusammenfassung unter dem Etikett ‚kontinental' im Grunde absurd anmutet. Gemeinsam ist ihnen allenfalls, dass sie in ihrem Philosophieren über Gott keinen feststehenden Begriff eines höchsten Wesens (wie im klassischen und modernen Theismus) voraussetzen, sondern um ein Verständnis des Religiösen bemüht sind, das dem seit Hegel und Nietzsche mehrfach proklamierten Tod Gottes (▶ Abschn. 1.4.4) sowie der Fragilität humaner Existenz in der Moderne Rechnung tragen könnte.

Philosophische Beiträge außerhalb der Religionsphilosophie: Nicht alle im 20. Jh. entwickelten religionsphilosophischen Ansätze lassen sich einem der beiden Glieder des ohnehin allzu simplifizierenden Dualismus ‚analytisch' –‚kontinental' zuordnen. Hinzu kommt, dass namhafte Philosophierende wegweisende Beiträge zu religionsphilosophischen Fragen geliefert haben, die üblicherweise gar nicht der Religionsphilosophie im engeren Sinne zugerechnet werden. Hierzu gehören etwa Jacques Derrida (1930–2004), Michael Dummett (1925–2011), Jürgen Habermas (*1929), Robert Nozic (1938–2002), Hilary Putnam (1926–2016) und John Rawls (1921–2002).

Verhältnis von Theismus, Atheismus und Wissenschaft: Die (nicht nur) methodische Spaltung in eine analytische und eine kontinentale Religionsphilosophie wird überlagert vom inhaltlichen Grundlagenstreit zwischen religionsaffirmativen, theistischen auf der einen und religionskritischen, atheistischen Positionen auf der anderen Seite. Besonders innerhalb der analytischen Religionsphilosophie hatte die Wiederentdeckung des Theismus auch mit einer gewandelten Vorstellung von Naturwissenschaft und der mit ihr verbundenen Epistemologie zu tun: Galt dem logischen Positivismus bzw. Empirismus die naturwissenschaftliche Erkenntnis durch ihre Zurückführbarkeit auf empirische Protokollsätze noch als sichere Grundlage des Wissens, so wurde durch die wissenschaftlichen Revolutionen des 20. Jh.s insbesondere in der Physik auch der erkenntnistheoretische Fundationalismus (engl. *foundamentalism;* eine andere deutsche Übersetzung hierfür ist ‚Fundamentismus') zunehmend in Zweifel gezogen, der bis dahin gleichsam ein theoretisches Bollwerk gegen die Legitimität metaphysischer und religiöser Sätze gebildet hatte. Durch die allmähliche, wenngleich nicht unumstrittene Anerkennung genuin religiöser Erfahrungsweisen als legitimer Erkenntnisquellen konnte die Berechtigung religiöser Überzeugungen in Teilen der analytischen Religionsphilosophie neu begründet werden. Und auch naturwissenschaftliche Theorien wie etwa die *Big Bang*-Theorie konnten in diesem Kontext nunmehr zur Rechtfertigung religiöser Aussagen, insbesondere der Existenzbehauptung Gottes, herangezogen werden. Diese Beispiele machen zugleich deutlich, dass sich Religionsphilosophie heute fraglos in einem epistemischen Umfeld bewegt, das unaufhebbar säkular und von den empirischen Wissenschaften geprägt ist.

Aktuelle Tendenzen der Religionsphilosophie: Im Hinblick auf die notwendige Weiterentwicklung der Religionsphilosophie im 21. Jh. lassen sich mit einiger Berechtigung zwei maßgebliche Tendenzen ausmachen: zum einen die komparative und interkulturelle Einbeziehung außereuropäischer, auch nicht-theistischer Religionen in den religionsphilosophischen Diskurs, in dem (mono-)theistische bzw. christliche Positionen nach wie vor tonangebend sind, und zum anderen die verstärkte Behandlung ethisch und politisch relevanter Problemfelder wie Gendergerechtigkeit, Inter- und Transkulturalität sowie Ökologie (insbesondere Klima- und Artenschutz). Diese Themen beinhalten immer auch religiöse Komponenten, ebenso wie umgekehrt die Religionen in ihren Lehren und Praktiken zwangsläufig Aspekte von Gender, Kultur und dem menschlichen Umgang mit Natur implizieren (▶ Kap. 5). Deswegen sollte sich Religionsphilosophie im 21. Jh. nicht nur mit religiösen Glaubensüberzeugungen, sondern auch mit den religiösen Praktiken und Gemeinschaften beschäftigen, in denen sich diese Glaubensüberzeugungen konkret verkörpern.

1.3 Zum Verhältnis von Religion, Philosophie, Theologie und Religionswissenschaft

Religion kann aus verschiedenen wissenschaftlichen Perspektiven untersucht werden: aus der Perspektive der Soziologie, der Kulturgeschichte, der Psychologie, der Evolutionsbiologie, der Kognitionswissenschaft etc. All diese und weitere human- und sozialwissenschaftliche, teilweise auch naturwissenschaftliche Disziplinen teilen in Bezug auf die Religion das gemeinsame Ziel, dieses bedeutsame Element menschlichen Zusammenlebens näher zu erforschen, zu beschreiben und zu erklären. Im besten Fall arbeiten dabei mehrere Wissenschaften interdisziplinär zusammen.

Einige dieser wissenschaftlichen Disziplinen befassen sich explizit mit Religion, was sich bereits in Titeln wie Religionssoziologie, Religionsgeschichte, Religionspsychologie oder Religionswissenschaft ausdrückt. Auch die Theologie bzw. die verschiedenen konfessionsgebundenen Theologien können als wissenschaftliche Disziplinen betrachtet werden, deren Untersuchungsgegenstand die Religion ist. Allerdings stehen die Theologien in einem anderen Verhältnis zur Religion als etwa die Religionswissenschaften.

Wie situiert sich die Philosophie der Religion in diesem breiten Feld wissenschaftlicher Annäherungsweisen an Religion? Was ist das Spezifische, das sie von religionswissenschaftlichen und theologischen Zugängen unterscheidet? Und in welcher Relation steht die Religionsphilosophie eigentlich zur gelebten Religiosität gläubiger Menschen?

1.3.1   Religionsphilosophie innerhalb des Kanons der philosophischen Disziplinen

Übliche Einteilung der philosophischen Disziplinen: Eine gängige Unterteilung der philosophischen Disziplinen, die letztlich auf Aristoteles zurückgeht, trennt diese in die Bereiche der theoretischen und der praktischen Philosophie. Während die erstere die Frage: „Was kann ich wissen?" zu beantworten sucht, steht bei der letzteren die Frage: „Was soll ich tun?" im Vordergrund. Zu den Disziplinen der theoretischen Philosophie gehören vor allem (in alphabetischer Reihenfolge) Erkenntnistheorie, Logik, Metaphysik bzw. Ontologie, Sprachphilosophie und Wissenschaftstheorie; die Disziplinen der praktischen Philosophie bilden vorrangig Ethik, politische Philosophie, Rechtsphilosophie und Sozialphilosophie.

Jenseits der Trennung von theoretischer und praktischer Philosophie: Darüber hinaus gibt es jedoch auch philosophische Disziplinen, die sich nicht ohne weiteres der theoretischen oder praktischen Philosophie zuordnen lassen. Hierzu gehört vor allem die Ästhetik, sofern Theorien der sinnlichen Wahrnehmung und der ästhetischen Rezeption dem Bereich der Erkenntnis zuzuordnen sind, während werkästhetische Fragen zur Produktion von Kunstwerken oder ihrer sozialen und politischen Signifikanz auf die Sphäre des Handelns, also auf die praktische Philosophie, verweisen. Auch bei der Religionsphilosophie handelt es sich um eine philosophische Disziplin, die nicht eindeutig innerhalb der theoretischen oder der praktischen Philosophie zu verorten ist, weil sie Fragen aufwirft und Probleme behandelt, die ganz unterschiedliche Bereiche der Philosophie betreffen. Themen des klassischen Theismus bzw. der natürlichen Theologie wie die Demonstrierbarkeit der Existenz Gottes, die göttlichen Eigenschaften oder die Möglichkeit eines Lebens nach dem Tod gehören zweifellos zur Metaphysik, also zur theoretischen Philosophie. Dasselbe gilt auch für die Bestimmung der Besonderheiten religiöser Erfahrung und religiösen Glaubens im Unterschied zum propositionalen Wissen; hierbei handelt es sich um ein genuin erkenntnistheoretisches Anliegen. Fragen der praktischen Philosophie werden innerhalb der Religionsphilosophie vor allem dann aufgeworfen, wenn es um religiöse Moralsysteme, Wertvorstellungen und Heilsziele geht, also um dasjenige, was in den Religionen als gutes und richtiges Leben bestimmt wird. Ebenfalls gehört die in den letzten Jahrzehnten besonders intensiv diskutierte religionsphilosophische Frage nach dem Bösen in den Bereich der Ethik. Berührungspunkte zur politischen Philosophie und zur Sozialphilosophie weist die Religionsphilosophie auf, wenn sie Fragestellungen zur Rolle von Religion im Staat und in der politischen Öffentlichkeit, zu Genderaspekten (wie in der feministischen Religionsphilosophie) oder zum Umgang des Menschen mit der Natur behandelt, wobei dieses Thema wiederum auf Bereiche der angewandten Ethik wie Bio-, Tier- und Umweltethik verweist.

Das Spezifische religionsphilosophischen Fragens: Was unter ‚Religion' als Gegenstand philosophischen Fragens sinnvollerweise verstanden werden kann, wurde in ▶ Abschn. 1.1 zu klären versucht. Nunmehr geht es darum zu präzisieren, wie sich die genuin philosophische Perspektive auf Religion von anderen Perspektiven unterscheidet. Der Vergleich mit benachbarten philosophischen Disziplinen, die sich ebenfalls auf einen bestimmten Realitätsausschnitt bzw. ein bestimmtes Feld menschlicher Aktivität beziehen, kann dazu hilfreich sein. Denn ob es nun um die Philosophie der Musik, des Sports, der Medizin oder aber um die Philosophie der Religion geht: Die Besonderheit des philosophischen Zugriffs auf einen spezifischen Wirklichkeitsbereich kann prinzipiell darin gesehen werden, dass Philosophie an der Relation des in Frage stehenden Bereichs zur Gesamtheit unserer kognitiven und praktischen Vermögen und Potentiale interessiert ist. Sie fragt danach, was die ‚Natur‘ beziehungsweise, weniger essentialistisch ausgedrückt, das Bedeutungsspektrum einer Sache ist, welche begrifflichen Implikationen sie aufweist und welcher Status ihr innerhalb der menschlichen Verwirklichungsmöglichkeiten zugeschrieben werden kann. Bezogen auf Religion bedeutet dies, dass Religionsphilosophie danach fragt, welche Bedeutung fundamentale Einstellungen und Intuitionen haben, auf denen der religiöse Vollzug basiert, was die Begriffe, die im religiösen Diskurs zum Einsatz kommen, genau implizieren und wie Religion innerhalb der Vielfalt der theoretischen und praktischen Weltzugänge von Menschen ingesamt zu verorten ist.

Mehr als eine Bereichsphilosophie: In anderer Hinsicht ist der Vergleich mit benachbarten Teildisziplinen der Philosophie allerdings eher irreführend. Denn die Religionsphilosophie hat es nicht mit irgendeinem beliebigen Wirklichkeitsausschnitt zu tun, den sie auf ihre Bedeutung und ihren Zusammenhang mit dem Ganzen menschlicher Existenz hin befragt, sondern in der Thematisierung von Religion thematisiert Philosophie – unzweifelhaft gilt dies für den westlichen Kontext – stets zugleich auch ihr eigenes metaphysisches Erbe. Vor allem aber sind die fundamentalen Fragen, auf welche die Religionen sinnstiftende Antworten zu geben versprechen, der Philosophie keineswegs fremd, handelt es sich dabei doch um genau jene Fragen nach dem Ursprung und Ziel des menschlichen Weltaufenthalts, die auch das philosophische Nachdenken seit je bewegt haben.

Somit lässt sich festhalten, (1) dass Religionsphilosophie Fragestellungen aus mehreren Disziplinen der theoretischen wie der praktischen Philosophie behandelt, (2) dass sie formal betrachtet zu denjenigen philosophischen Teildisziplinen gehört, die einen spezifischen Wirklichkeitsbereich aus einer genuin philosophischen Perspektive untersuchen, und (3) dass sie sich von anderen ‚Bereichsphilosophien‘ gleichwohl deutlich unterscheidet, weil sie mit ihrem Wirklichkeitsausschnitt, der Religion, fundamentale Sinnfragen sowie – bezogen auf die okzidentale Tradition – eine gemeinsame Geschichte metaphysisch-theologischen Nachdenkens teilt.

1.3.2 Religionsphilosophie und Theologie

Theologie als Begegnungsort von Religion und Philosophie: Wie soeben schon deutlich geworden ist, verbindet die (westliche) Religionsphilosophie mit ihrem Untersuchungsgegenstand, der Religion, eine lange Geschichte des gemeinsamen Nachdenkens über metaphysische Fragen wie diejenige nach der Existenz und dem Wesen Gottes, nach der göttlichen Gerechtigkeit, nach dem Zusammenhang der göttlichen Attribute Allmacht, Allwissenheit und vollkommene Güte oder nach der Unsterblichkeit der Seele. Das wissenschaftliche Betätigungsfeld, auf dem

Religion und Philosophie im Okzident einander viele Jahrhunderte lang begegneten und wechselseitig inspirierten, war (und ist zum Teil noch heute) die Theologie, die Wissenschaft von Gott.

Gott der Philosophen oder Gott der Religion: Die vor allem von Aristoteles inspirierte philosophische Theologie war von der Offenbarungstheologie jedoch immer wieder mit der Frage konfrontiert worden, ob denn der mit den begrifflichen Mitteln der Vernunft aufgewiesene ‚Gott der Philosophen' tatsächlich derselbe sei wie der ‚Gott der Religion', der Gott Abrahams. Die rein rationalen Begründungsversuche einer natürlichen Religion seitens der neuzeitlichen Philosophie (etwa im Deismus) mussten einer Theologie, die der Offenbarung prinzipiell einen höheren Stellenwert zusprach als den Erkenntnisbemühungen menschlicher Vernunft, vollends verdächtig erscheinen.

Emanzipation der Religionsphilosophie von der Theologie: Im Zeitalter der Aufklärung entstand die moderne Religionsphilosophie gerade dadurch (▶ Abschn. 1.2.2), dass die autonom gewordene Philosophie ihre innere Allianz mit der Religion innerhalb der Theologie aufkündigte und Religion fortan gleichsam von außen, als humane Aktivität, betrachtete. Das Ziel der philosophischen Annäherung an Religion war nun nicht länger die rationale Begründung theologischer Gehalte, sondern die übersetzende Aneignung religiös formulierter Intuitionen im Medium der diskursiven, begrifflich operierenden Vernunft oder aber die philosophische Religionskritik.

Natürliche Theologie und analytische Philosophie: Mit dem Aufkommen einer eigenständigen analytischen Religionsphilosophie seit den 1970er Jahren, in der die Grundfragen des klassischen Theismus mit modernisiertem logisch-begrifflichem Instrumentarium wieder aufgegriffen werden, ist die natürliche Theologie gleichsam in die Religionsphilosophie re-integriert worden. Allerdings gilt es diesbezüglich zu unterscheiden zwischen einer natürlichen Theologie, die Bestandteil der heutigen analytischen Religionsphilosophie ist, und den verschiedenen katholischen, protestantischen, islamischen und jüdischen Theologien, die ihre eigenen, wenngleich oftmals von der Philosophie beeinflussten Wege gehen. In unserem Kontext geht es vor allem um die Beziehung der Religionsphilosophie zu diesen Theologien als eigenständigen wissenschaftlichen Disziplinen, und hier insbesondere um die christliche Theologie, weil diese bis in die heutige Zeit zentrale Themen und Fragestellungen der Religionsphilosophie mitgeprägt hat.

Gemeinsamkeiten und Unterschiede: Religionsphilosophie und Theologie haben zunächst einmal grundsätzlich gemeinsam, dass sie sich beide mit religionsbezogenen Fragen wie der Existenz Gottes und den Eigenschaften des religiösen Glaubens auseinandersetzen. Der entscheidende Unterschied zwischen beiden Disziplinen liegt darin, dass die Diskussion dieser Fragen in der Theologie innerhalb eines spezifischen religiösen Referenzrahmens erfolgt, der durch autoritative Vorgaben wie Offenbarungen und heilige Schriften festgesetzt ist. Religionsphilosophie bemüht sich demgegenüber darum, möglichst unvoreingenommen und vorurteilsfrei auf der Basis allgemeiner Rationalitätsstandards bzw. aus Vernunftgründen, jedenfalls nicht aus den Vorgaben einer einzelnen religiösen Tradition heraus, religiöse Einstellungen und Überzeugungen begrifflich und argumentativ nachzuvollziehen und rational zu deuten – andernfalls würde es sich nicht um Re-

ligionsphilosophie, sondern um ‚religiöse Philosophie' handeln. Religionsphilosophie kann nämlich im Unterschied zur Theologie die kulturellen Grenzen einzelner religiöser Traditionen überschreiten, während es der Theologie stets um die
Erhellung eines ganz bestimmten Glaubens zu tun ist, so dass sie letztlich immer
auch apologetische Absichten verfolgt. Wenn sich theologische Argumentationen
etwa auf die Autorität bestimmter religiöser Dokumente (z. B. die Bibel oder den
Koran) berufen, so ist dies in religionsphilosophischen Argumentationen keineswegs legitim, weil davon auszugehen ist, dass die betreffenden Dokumente weder
von anderen Religionsgemeinschaften noch aus einer säkularen, rationalen Perspektive als autoritative Beglaubigung anerkannt werden können.

Religionsphilosophie als Bestandteil systematischer Theologie: Natürliche
Theologie konnte deswegen mehrere Jahrhunderte lang eine direkte Schnittstelle
zwischen Philosophie und Theologie darstellen, weil hier im Ausgang von allgemein zugänglichen Tatsachen mit Hilfe der ‚natürlichen' Vernunft, unabhängig
von bestimmten Offenbarungen, auf metaphysische Erkenntnisse wie die Existenz und die Eigenschaften Gottes geschlossen wird (so etwa im kosmologischen
und im teleologischen Argument). Seitdem sich die Religionsphilosophie aber
verstärkt auch Fragen nach der epistemologischen Beschaffenheit des religiösen Glaubens angenommen hat, stellt sie über die natürliche Theologie hinaus einen integralen und unverzichtbaren Bestandteil heutiger systematischer Theologie dar.

Problematik religiöser Philosophien: Dass Theologie in ihren systematischen
Teilen generell einen ganz engen Bezug zur philosophischen Reflexion aufweist,
zeigt sich bereits daran, dass ihre wichtigsten Bereiche – Fundamentaltheologie,
Dogmatik und Moraltheologie – sich ebenso wie die Philosophie auf die Grundlagen und Grundfragen menschlicher Existenz richten und dass Theologie für
ihre Erkenntnisse allgemeine Wahrheitsansprüche erhebt. Manchmal wird deswegen auch geradezu von einer christlichen, jüdischen und islamischen *Philosophie* gesprochen (zur christlichen Philosophie vgl. Simmons 2019), ja gelegentlich
wird sogar Religionsphilosophie selbst vorwiegend im Sinne der philosophischen
Selbstreflexion eines bestimmten Glaubenssystems verstanden. Die Redeweise
von christlicher, jüdischer oder islamischer Philosophie ist allerdings nicht unproblematisch, da sie den zentralen Unterschied zwischen theologischer und philosophischer Reflexion verwässert, der eben darin besteht, dass sich Theologie stets
auf die Vorgaben einer vorausgesetzten Religion stützt, während Philosophie zumindest ihrem Anspruch nach religiöse Vorgaben gerade nicht voraussetzt, sondern sie kritisch hinterfragt und an allgemeinen Rationalitätskriterien misst.
Man muss nicht unbedingt so weit gehen wie Martin Heidegger (1889–1976), der
‚christliche Philosophie' einmal als „ein hölzernes Eisen und ein Mißverständ-
nis" (Heidegger 1935/1983, 9) bezeichnete; aber daran, dass Religionsphilosophie
möglichst eine gewisse intellektuelle Unabhängigkeit gegenüber einzelnen religiösen Traditionen an den Tag legen sollte, ist durchaus festzuhalten.

Religiöse Wahrheiten und religiöse Weltsichten: Gelten der Theologie die durch
Offenbarung zugänglichen religiösen Gehalte als *Wahrheiten,* um deren Verständnis sich die konfessionell gebundene Theologie zu bemühen hat, so werden dieselben Inhalte religionsphilosophisch als *Weltsichten* analysiert. In ihnen haben sich

kulturspezifische Erfahrungen sedimentiert, die als historisch kontingent betrachtet werden müssen und daher keinen universalen Geltungsanspruch erheben können, aber sie enthalten auch vernünftige Wahrheitsmomente, die den engeren kulturellen Kontext, dem sie entstammen, überschreiten.

Theologiedistanz interkultureller Religionsphilosophie: Wenn es um die Gottesfrage geht, steht die moderne Religionsphilosophie in enger Verbindung mit der (christlichen, jüdischen oder islamischen) Theologie. Die Differenz beider Disziplinen wird umso größer, je mehr sich die Religionsphilosophie interkulturell öffnet und Religionen wie Buddhismus und Daoismus stärker berücksichtigt, in deren Zentrum kein allmächtiges göttliches Wesen steht. Intellektuelle Unabhängigkeit von den spezifischen Vorgaben einer einzelnen religiösen Kultur (wie z. B. bestimmten Offenbarungstexten) sowie das Bemühen um Unvoreingenommenheit auch gegenüber nicht-theistischen Religionen stellen somit klare Unterscheidungsmerkmale religionsphilosophischer von theologischen Verfahrensweisen dar.

1.3.3   Religionsphilosophie und Religionswissenschaften

Verbindungen beider Disziplinen: Eine ebenso enge, wenn auch historisch deutlich weniger belastete Beziehung wie zwischen Religionsphilosophie und Theologie besteht zwischen Religionsphilosophie und Religionswissenschaft sowie weiteren Disziplinen in deren Umfeld wie Religionspsychologie und Religionssoziologie (weswegen wir im Folgenden den Plural ‚Religionswissenschaften' verwenden werden). All diese Wissenschaften verfolgen grundsätzlich das Ziel, religiöse Phänomene zu beschreiben und zu erklären, zu systematisieren und zu deuten. Während die (natürliche) Theologie wesentlich älter ist als die moderne Disziplin der Religionsphilosophie, sind die Religionswissenschaften (im Englischen *Religious Studies*) erst ein Produkt des 20. Jhs. und somit jünger als die Philosophie der Religion. Manches von dem, was die Philosophie in der zweiten Hälfte des 19. Jhs. über den Ursprung, die Entstehung und die gesellschaftliche Funktion der Religion behauptet hat, ließe sich rückblickend als religionswissenschaftliche Hypothese verstehen. Und umgekehrt haben manche religionswissenschaftlichen Theorien – hier wäre beispielweise an Mircea Eliade (1907–1986), Gustav Mensching (1901–1978), Ninan Smart (1927–2001) oder Wilfried Cantwell Smith (1916–2000) zu denken – ausgesprochen philosophischen Charakter.

Gemeinsamkeiten und Unterschiede: Eine messerscharfe Trennlinie zwischen Religionsphilosophie und Religionswissenschaften ist kaum zu ziehen; dafür sind die inhaltlichen Berührungspunkte beider Disziplinen viel zu zahlreich – wie dies ja ebenfalls, wenngleich in anderer Weise, für das Verhältnis von Religionsphilosophie und Theologie festgestellt wurde. Eine wesentliche Gemeinsamkeit lag hier in dem von beiden Disziplinen geteilten Interesse an der religiösen Wahrheit (v. a. in Bezug auf Gott), wobei sich jedoch die Erkenntnisquellen jeweils unterscheiden (bloße Vernunft im Falle der Religionsphilosophie – ein Zusammenwirken von Vernunft und Offenbarung im Falle der Theologie). Die Religionswissenschaften teilen mit der Religionsphilosophie die (zumindest angestrebte)

Unvoreingenommenheit und Unabhängigkeit gegenüber einzelnen religiösen Traditionen. Das religionswissenschaftliche Interesse richtet sich darauf, Religionen als wissenschaftlichen Untersuchungsgegenstand sowohl empirisch zu beschreiben als auch anhand kategorialer Systematiken und Theorien zu interpretieren. Der auf Religion bezogene Untersuchungsbereich der Religionswissenschaften ist dabei viel größer und umfassender als derjenige der Religionsphilosophie, da sich Religionswissenschaften prinzipiell für alles interessieren, was mit Religion als eigenständigem kulturellem Phänomen zu tun hat, etwa religiöse Rituale und Praktiken, Speisevorschriften, soziale Hierarchien, Glaubenssysteme, Kultgegenstände, heilige Stätten, Traditionsmechanismen etc. Religionsphilosophie, jedenfalls soweit sie in den letzten beiden Jahrhunderten überwiegend betrieben wurde, richtet sich demgegenüber wesentlich stärker auf die doktrinalen Aspekte der Religion, auf die Glaubenslehren, also auf all diejenigen religiösen Elemente, die im weitesten Sinne eine rationale Übersetzbarkeit in Begriffe, Argumente und systematische Gedankenzusammenhänge erlauben. Zwar gibt es, wie das anschließende Methodenkapitel (▶ Abschn. 1.4.2) noch zeigen wird, auch eine phänomenologische Betrachtungsweise des religiösen Vollzugs innerhalb der Religionsphilosophie, die ebenfalls nicht-doktrinale, symbolische und performative Bereiche religiösen Lebens betrachtet und deutet. Gerade hier sind die Übergänge zur religionswissenschaftlichen Phänomenologie besonders fließend. Gleichwohl ist aber auch die philosophische Phänomenologie der Religion primär an der Wahrheit der religiösen Weltsichten interessiert, die sich aus dem ergibt, was das philosophische Bewusstsein am Religiösen dechiffriert, was sich ihm am und im Religiösen ‚zeigt‘. Die objektivierende Distanz der Religionswissenschaften zu ihren Gegenständen ist zwangsläufig größer, da sie historische, systematische, soziologische oder psychologische Erkenntnisse *über* Religion gewinnen will, aber nicht die Kohärenz oder die rationale Rechtfertigung der in den Religionen geglaubten Gehalte rekonstruieren oder rational beurteilen möchte.

Methodische Differenzen: Neben dieser Differenz im erkenntnisleitenden Interesse gibt es ferner beträchtliche methodische Unterschiede zwischen Religionsphilosophie und Religionwissenschaften. Während letztere – je nach Untersuchungsinteresse – einen sozial- und kulturwissenschaftlichen ‚Methodenmix‘ aus dichter Beschreibung, partizipierender Beobachtung, quantitativer und qualitativer Analyse, hermeneutischen Verfahren der Texterschließung etc. anwenden, kommen in der Religionsphilosophie vorwiegend Methoden der argumentativen Analyse und Textinterpretation zum Einsatz, die sich auch in anderen Disziplinen der Philosophie finden lassen (▶ Abschn. 1.4). Innerhalb der Religionswissenschaften ist mittlerweile die Vorherrschaft primär linguistisch-diskursiver Zugangsweisen zur Religion deutlich zurückgegangen. Stattdessen werden inzwischen viel stärker die materiellen Verkörperungen des Religiösen und dessen sozioökonomische Voraussetzungen in den Blick genommen – ein *material turn* (Schilbrack 2019), der zwar innerhalb der analytisch geprägten Religionsphilosophie noch nicht mitvollzogen worden ist, der aber insofern ebenfalls philosophische Grundlagen hat, als er Einflüsse poststrukturalistischer Analysen von Machtfaktoren, etwa im Sinne Foucaults, erkennen lässt (▶ Abschn. 1.4.4).

Kooperation beider Disziplinen bei der Erforschung von Religion: Ein produktives Verhältnis zwischen Religionsphilosophie und Religionswissenschaften ließe sich als eine Art Arbeitsteilung beschreiben, von der im besten Fall beide Seiten profitieren können. Religionsphilosophische Argumentation ist auf Forschungsergebnisse der empirischen Religionswissenschaften angewiesen, insbesondere soweit diese die historische und kulturelle Einbettung religiöser Lehren betreffen. Einsichten der Religionsphilosophie sollten gesicherten religionswissenschaftlichen Erkenntnissen jedenfalls nicht widersprechen. Ob und inwieweit das auch für die Anwendung naturwissenschaftlicher, etwa kognitionspsychologischer Perspektiven in der religionswissenschaftlichen Forschung gilt, ist bislang noch eine offene Frage. Eine mögliche Aufgabe der Religionsphilosophie könnte diesbezüglich durchaus auch in der Kritik an einer einseitig naturalistisch-evolutionsbiologistischen Sichtweise auf religiöse Phänomene bestehen.

Wichtige Erkenntnisse vermögen die oftmals vergleichend verfahrenden Religionswissenschaften der Religionsphilosophie in Bezug auf inter- und transkulturelle Gemeinsamkeiten und Unterschiede zwischen religiösen Ideen, Ritualen und Symbolen zu liefern. Dadurch kann voreiligen Generalisierungen innerhalb der Religionsphilosophie sowie der (absichtlichen oder unabsichtlichen) Bevorzugung einer einzelnen religiösen Tradition Vorschub geleistet werden. Aber auch die Religionwissenschaften können methodische Instrumentarien und inhaltliche Einsichten, die in der Religionsphilosophie gewonnen wurden, mit Gewinn aufgreifen und im Hinblick z. B. auf die grundlegende kategoriale Systematisierung ihrer Forschung adaptieren.

Brückenfunktion der Religionsphilosophie: Im Hinblick auf die variablen Beziehungen zwischen Theologie, Religionsphilosophie und Religionswissenschaften ist abschließend zu bemerken, dass die Grenzziehungen zwischen diesen Disziplinen letztlich auf historischen Erfahrungen und Entscheidungen beruhen, die im 21. Jh. keineswegs mehr unumschränkte Gültigkeit besitzen. Weder können sich die Theologien heutzutage eines unverbrüchlich gültigen dogmatischen Kanons absolut sicher sein, noch können die Religionswissenschaften beanspruchen, vollkommen objektive und neutrale Erkenntnisse über ihren Untersuchungsgegenstand, die Religion, zu Tage zu fördern. Um so wichtiger ist angesichts dessen die interdisziplinäre Brückenfunktion der Religionsphilosophie, die als rationales Diskursmedium Verständnis sowohl für die theologische als auch für die säkular-religionswissenschaftliche Wahrheitssuche aufbringt. Den Religionswissenschaften kann sie dabei helfen, die fundamentale Dimension des Religiösen nicht vollständig in kultur- und naturwissenschaftliche Parameter aufzulösen, den Theologien hingegen, ebenjene Dimension nicht vollkommen abstrahiert von kulturellen und evolutionären humanen Lernprozessen zu betrachten.

1.3.4   Religionsphilosophie und gelebte Religiosität

In den beiden vorigen Abschnitten wurde gezeigt, dass Religionsphilosophie eine konstruktiv-kritische Funktion für benachbarte Disziplinen wie Religionswissenschaften und Theologie(n) einzunehmen vermag. Kann sie diese Aufgabe aber auch in Bezug auf religiöse Menschen selbst einnehmen? In welchem Verhältnis steht die Philosophie der Religion eigentlich zur gelebten Religiosität?

Der Gott der Philosophen: Manche Philosophierende haben die Differenz zwischen Religionsphilosophie und dem religiösen Vollzug sehr deutlich hervorgehoben. So hat Martin Heidegger in impliziter Anknüpfung an Blaise Pascal (1623–1662) und dessen Unterscheidung zwischen dem Gott der Philosophen und dem Gott Abrahams, d. h. dem personalen Gott der gelebten Religion, festgestellt:

» Dem Gott der Philosophen kann man nicht opfern. Vor ihm kann man weder in die Knie brechen noch vor ihm musizieren und tanzen. (Heidegger 1957, 70)

Beziehung der Religionsphilosophie zum religiösen Gegenstand: Aus dieser sicherlich zutreffenden Beobachtung lässt sich die Warnung vor der irrigen Vorstellung ableiten, dass Philosophie religiöse Einstellungen und Überzeugungen ohne weiteres zum Gegenstand rationaler Reflexion und Argumentation machen könne. Religiöse Überzeugungen wie z. B. „Jesus Christus erlöst alle, die an seine Auferstehung glauben" haben eine jeweils andere Bedeutung, wenn sie Bestandteil des Glaubenshaushalts eines religiösen Menschen sind oder wenn sie einer begrifflichen Analyse unterzogen werden. Besteht die Voraussetzung des Philosophierens generell im Streben nach intellektueller Autonomie, d. h. nach einer weitgehenden Unabhängigkeit von einschränkenden Denkvorgaben, dann ist Philosophie im Nachdenken über Religion geradezu verpflichtet, sich von einer allzu intimen Beziehung zu einem bestimmten religiösen Vollzug freizuhalten; andernfalls müsste sie als befangen gelten. Betrachtet sie beispielsweise in phänomenologischer Absicht religiöse Verehrungsweisen des Göttlichen, so darf sie sich die zu betrachtenden Verehrungsmodi selber nicht zu eigen machen, da sie ansonsten nicht die für die beschreibend-erklärende Beobachtung notwendige Distanz zum Gegenstand aufbringen könnte. Gleichwohl bedarf aber auch die Religionsphilosophie eines spezifischen Respekts, ja einer Art Demut gegenüber ihrem religiösen Untersuchungsgegenstand. Diese Demut deckt sich freilich nicht mit der Demut, die gläubige Menschen gegenüber Gott oder anderen transzendenten Wesenheiten oder Zuständen empfinden. Es ist sozusagen eine Demut zweiten Grades, die sich auf den Respekt vor dem religiösen Vollzug und vor dem Abstand, der ihn von jeglicher Reflexion über ihn trennt, bezieht. Dieser Respekt vor der gelebten Religiosität stellt eine geradezu ethische Voraussetzung des Philosophierens über Religion dar, die auch dezidiert religionskritische Formen der Religionsphilosophie beachten sollten.

Mögliche Auswirkungen von Religionsphilosophie auf Religiosität: Sofern religiöse Menschen religionsphilosophische Überlegungen überhaupt zur Kenntnis nehmen, kann dies sehr verschiedene Auswirkungen haben – je nachdem, welcher Typus von Religionsphilosophie in welcher Weise rezipiert wird und wie die religiösen Überzeugungen des betreffenden Individuums beschaffen sind. Es kann durchaus vorkommen, dass durch die kritische Arbeit der Philosophie bislang fest geglaubte religiöse Überzeugungen in Frage gestellt und in Zweifel gezogen werden. Eine mögliche Auswirkung des Philosophierens über Religion könnte somit in einer Schwächung des Glaubens bestehen. Aber auch der umgekehrte Fall ist möglich, dass nämlich Religionsphilosophie die persönlichen religiösen

Überzeugungen unterstützt und vertieft. In diesem Sinne hat etwa der protestantische Theologe Ernst Troeltsch (1865–1923) eine von ihm konzipierte Form der Religionsphilosophie als vermittelndes Bindeglied zwischen gelebter Religion und Theologie entworfen (Troeltsch 1909/1981), das in Bezug auf die konkrete Religiosität eine kritisch-regulierende Funktion übernehmen sollte.

Stellenwert der Philosophie innerhalb von Religionen: Angesichts der unübersehbaren weltweiten Vielfalt religiöser Bekenntnisse und Praxen lässt sich keine eindeutige Antwort auf die Frage geben, ob philosophisches Nachdenken intrinsisch zur Religion gehört oder nicht. Im Hinduismus und im Buddhismus finden sich zahlreiche theoretische Schulen, die teilweise hochkomplexe philosophische Argumentationen entwickelt haben. Gleichwohl wurde und wird hinduistische und buddhistische Spiritualität vielfach ohne expliziten und bewussten Bezug auf die spekulativen Systeme praktiziert, die diesen Religionen zugrunde liegen. Auch die jüdische, christliche und islamische Theologie war und ist im Wesentlichen eine Angelegenheit für gebildete Eliten, die an der begrifflichen Systematisierung von Glaubenslehren interessiert sind. Man kann sich sogar auf den Standpunkt stellen – und manche religiöse Bewegungen von christlichen Bettelorden bis zu Zen-Buddhisten haben genau dies getan –, dass eine moralische Lebensführung nach den jeweiligen religiösen Vorschriften oder die Andachts- und Meditationspraxis ungleich wichtiger für das Erlangen des spirituellen Heils sind als philosophisch-diskursive Spekulationen. Auf der anderen Seite des Spektrums stehen diejenigen, welche die existentielle Gemeinsamkeit des religiösen und des philosophischen Fragens nach dem Sinn des Lebens betonen. Demzufolge bedarf der religiöse Glaube eines auch kognitiv nachvollziehbaren Sinnfundaments, bei dessen begrifflicher Klärung und Ausarbeitung die Philosophie behilflich sein kann. Möglicherweise hat aber nur ein ganz bestimmter Typus von Religiosität derartige Affinitäten zum Philosophieren.

Individuelle und soziale Effekte von Religionsphilosophie und Religionskritik: Da empirisch betrachtet ohnehin die allermeisten religiösen Menschen derjenigen Religion angehören, in die sie zufällig hineingeboren wurden und die in ihrem familiären und soziokulturellen Umfeld praktiziert wird (für säkulare Einstellungen gilt dies übrigens ebenso), dürften die praktischen Auswirkungen der religionsphilosophischen Tätigkeit sowohl in ihren stärkenden wie in ihren zersetzenden Aspekten auf die gelebte Religiosität als recht gering zu veranschlagen sein. Für einzelne Individuen, insbesondere in gesellschaftlichen Umgebungen, die eine kritische Auseinandersetzung mit Religion begünstigen, kann die Beschäftigung mit Religionsphilosophie sicherlich Auswirkungen auf die eigene religiöse Praxis haben. Eine wesentlich größere gesellschaftliche Wirkung kann speziell religionskritisches Philosophieren hingegen entfalten, wenn es sich in epochalen geschichtlichen Umbruchphasen mit revolutionären Entwicklungen in Wirtschaft, Gesellschaft, Politik und Wissenschaft verbindet. Beispiele hierfür liefern das Zeitalter der Aufklärung und der Revolutionen im 18./19. Jh. sowie die kommunistischen Systeme des 20. Jh.s.

Religion als Inspirationsquelle für die Philosophie: Letztlich stellt es aber auch gar nicht das primäre Ziel der Religionsphilosophie dar, die religiöse Praxis gläubiger Menschen zu beeinflussen und zu verändern. Philosophie der Religion ist schließlich in erster Linie Philosophie – und das bedeutet, dass es vor allem darum geht, welche unverzichtbaren Beiträge Religion für das philosophische Denken zu liefern vermag. Sich hierüber fundiert Rechenschaft abzulegen, stellt die eigentliche Aufgabe religionsphilosophischen Nachdenkens dar.

Eine Inspirationsquelle für religionsphilosophische Überlegungen kann gelebte Religiosität vor allem dort sein, wo sie in ihrer Glaubenspraxis Einstellungen des Vertrauens auf ein letztes, unverbrüchliches Sinnfundament sichtbar macht, wo Empfindungen und Haltungen wechselseitiger Solidarität und Unterstützung innerhalb einer religiösen Gemeinschaft und darüber hinaus praktiziert werden, die als Modelle guten und gelingenden Lebens auch in säkularen Umwelten dienen können. Ferner kann der religiöse Umgang mit existenziellen Ausnahmemomenten, die Karl Jaspers als „Grenzsituationen" bezeichnet hat, der Philosophie bedenkenswerte Hinweise für ein profundes Verständnis von Phänomenen wie Schuld, Verfehlung, Angst, Entbehrung oder Verlust geben. Die Relation von Philosophie und gelebter Religion ist also nicht als Einbahnstraße zu verstehen; es ist keineswegs so, dass nur die Philosophie Auswirkungen auf die religiöse Praxis haben kann. Der Einfluss gelebter Religiosität auf die Philosophie der Religion ist vermutlich sogar als sehr viel bedeutsamer einzuschätzen, weil nur eine Religionsphilosophie, die ihre Begriffe, Argumente und Theorien auf die Phänomenalität der tatsächlichen Religionsausübung zurückbeziehen kann, der komplexen Realität des Religiösen gerecht wird.

1.4 Methodische Zugänge

Methodenvielfalt in der zeitgenössischen Religionsphilosophie: Als moderne philosophische Disziplin bedient sich Religionsphilosophie selbstverständlich derjenigen Methoden, die auch in anderen Disziplinen der Philosophie zum Einsatz kommen. Letztlich handelt es sich hierbei um methodische Zugangsweisen, die aus bedeutenden philosophischen Strömungen des 20. Jh.s hervorgegangen sind. Die vier für die Religionsphilosophie wichtigsten dieser methodischen Strömungen sollen im Folgenden vorgestellt werden: Hermeneutik und Existenzphilosophie (▶ Abschn. 1.4.1), Phänomenologie (▶ Abschn. 1.4.2), die Analytische Philosophie (▶ Abschn. 1.4.3), die in den englischsprachigen Fachdiskussionen der Religionsphilosophie führend ist, sowie schließlich ein plurales Feld von kritischen Ansätzen, die traditionelle Grenzziehungen zwischen Diskursen in Frage stellen und von denen viele als im weiteren Sinne poststrukturalistische Ansätze zu klassifizieren sind (▶ Abschn. 1.4.4).

Problematische Dominanz ‚westlicher' Perspektiven: Von einem interkulturellen Standpunkt aus betrachtet ist es nicht unproblematisch, dass all diese genannten Strömungen innerhalb der westlichen Philosophie entstanden sind. Jüdische und islamische Positionen sind zwar während des sogenannten Mittelalters innerhab der Theologie durchaus präsent und ausgesprochen wichtig gewesen. Gleichwohl hat letztlich in allen Epochen der westlichen Philosophie die christliche Religion eindeutig dominiert, und zwar auch noch dort, wo das Christentum von der modernen Philosophie aufs Schärfste kritisiert und attackiert worden ist. Genuine Zugangsweisen aus ostasiatischen Religionen wie Buddhismus, Daoismus, Hinduismus und Konfuzianismus kommen in der zeitgenössischen Religionsphilosophie immer noch viel zu kurz, und das, obwohl diese Religionen in der differenzierten Entwicklung ihrer zahlreichen Schulen philosophisch hochkomplexe Systeme ausgebildet haben.

Interkulturelle Öffnung religionsphilosophischer Methoden: Was für den Begriff der Religion gilt, trifft gleichermaßen auf die Philosophie der Religion zu: Sie ist in einem europäischen Kontext entstanden und bis heute dominieren in ihr Fragestellungen und Methoden, die viel stärkere Bezüge zu monotheistischen als zu anderen religiösen Traditionen aufweisen. Dieser Umstand ist einerseits problematisch, weil dadurch die Vielfalt philosophisch relevanter religiöser Auffassungen nur unzureichend berücksichtigt wird. Andererseits lässt sich aber auch nicht ignorieren, dass die moderne Religionsphilosophie im Laufe ihrer Entwicklung wissenschaftliche Standards für ihre Disziplin ausgebildet hat, auf die sich die internationale Fachdiskussion notwendigerweise beziehen muss. Die Lösung der Eurozentrismusproblematik innerhalb der Religionsphilosophie kann deswegen nicht in einem Verzicht auf die philosophischen Methoden des 20. Jh.s liegen, sondern vielmehr in einem interkulturellen Aufbrechen der einzelnen Strömungen (Hermeneutik, Phänomenologie, Analytische Philosophie und Poststrukturalismus), die sich aus der eigenen Theorieentwicklung heraus inter- und transkulturell erweitern müssen. Am besten kann diese Entwicklung vermutlich durch solche Positionen befördert werden, die aus einem nicht-westlichen religiösen Kontext heraus einen oder mehrere der genannten Ansätze rezipieren und interkulturell erweitern.

Affinitäten religionsphilosophischer Methoden zu Nachbardisziplinen: Die im Folgenden vorzustellenden methodischen Ansätze der Religionsphilosophie weisen jeweils Affinitäten zu unterschiedlichen Nachbardisziplinen auf, die sich mit Religion befassen: Hermeneutik und Existenzphilosophie zur Theologie, die Phänomenologie zur Religionswissenschaft, die analytische Philosophie: zu naturwissenschaftlichen (z. B. kognitionsbiologischen) Erforschungen von Religion und die poststrukturalistischen Ansätze zu Kulturwissenschaften, *Postcolonial Studies*, feministischer Theorie und *Queer Theory*.

1.4.1   Hermeneutik und Existenzphilosophie

Herkunft der Hermeneutik aus der Theologie: Bei der Hermeneutik und bei der Existenzphilosophie handelt es sich um Strömungen, die sowohl in der Religionsphilosophie als auch in der Theologie eine Rolle spielen. In unserem Kontext sind natürlich die religionsphilosophischen Bezüge maßgeblich. Gleichwohl ist es wichtig darauf hinzuweisen, dass die Hermeneutik lange Zeit vor allem eine theologische Hilfswissenschaft war, die sich mit der Auslegung der Heiligen Schrift beschäftigte; darüber hinaus gab es weitere philologische und juristische Anwendungsfelder der Hermeneutik.

Moderne philosophische Hermeneutik: Ungefähr im selben Zeitraum, in dem auch die Religionsphilosophie als eigenständige, sich von der Theologie zunehmend emanzipierende Disziplin entstand, also am Ende des 18. Jh.s, begründeten Friedrich Schlegel (1772–1829) und Friedrich Schleiermacher (1768–1834) die moderne, allgemeine Hermeneutik, die sich nunmehr generell mit der Kunst des Verstehens und Interpretierens befasste. Vor allem durch Wilhelm Dilthey (1833–1911) und Hans-Georg Gadamer (1900–2002) wurde die Hermeneutik als Lehre vom geisteswissenschaftlichen Sinnverstehen im 19. und 20. Jh. weiterentwickelt.

Einfluss der Daseinshermeneutik auf die Theologie: Die von Martin Heidegger in *Sein und Zeit* (1927) durchgeführte fundamentalontologische Hermeneutik des Daseins übte wiederum starken Einfluss auf die Entwicklung der theologischen Hermeneutik im 20. Jh., vor allem in Deutschland, aus. So beruht die demythologisierende Bibelhermeneutik des protestantischen Theologen Rudolf Bultmann (1884–1976) auf der philosophischen Existenzanalyse.

Religiöse Ambivalenz der Philosophie Heideggers: Innerhalb der Existenzphilosophie, die ohnehin niemals eine einheitliche Strömung darstellte, sind sowohl religionsaffirmative als auch religionskritische bzw. atheistische Positionen entwickelt worden. Heideggers Stellung zur Religion kann dabei als die unklarste und komplexeste im existenzphilosophischen Spektrum gelten. In seiner akademischen Laufbahn hatte sich Heidegger gegen die katholische Theologie und für die Philosophie entschieden; seine Daseinsanalyse in *Sein und Zeit* kommt ohne explizite religiöse Vorgaben aus (wenn sie auch unterschwellig von christlicher Konversionsmotivik durchsetzt sein mag); und die Aufgabe seiner Philosophie erblickte Heidegger unter anderem in einer destruierenden Freilegung dessen, was unter der metaphysischen Onto-theo-logie jahrhundertelang verborgen geblieben war: die anfängliche Erfahrung des Seins. Auf der anderen Seite ist aber gerade die metaphysikkritische Spätphilosophie Heideggers, die man Heideggers eigener Auffassung zufolge auch nicht mehr existenzphilosophisch interpretieren sollte, so sehr von einem proto- bzw. pseudoreligiösen Vokabular der Seinsbeschwörung geprägt, dass es schwer fällt, Heideggers Philosophie insgesamt als vollkommen areligiös oder antireligiös zu kennzeichnen.

Religionsaffirmative Existenzphilosophie: Eindeutig zu den religionsaffirmativen Positionen der Existenzphilosophie gehört dagegen der philosophische Glaube, den Karl Jaspers konzipiert hat (Jaspers 1962/63). Basierend auf existentiellen Grenzerfahrungen gehört dieser undogmatische Glaube keiner religiösen Konfession an, sondern sucht in der menschlichen Existenz Chiffren der Transzendenz zu entziffern. Dass die Existenzphilosophie aber durchaus auch eine Allianz mit konfessionell gebundem Glauben eingehen kann, beweist der christliche Existenzialismus Gabriel Marcels, der u. a. eine Philosophie des Dialogs entwickelte, die Parallelen zur Religionsphilosophie Martin Bubers (1878–1965) aufweist. Ebenso wie der philosophische Glaube Jaspers' verweisen Marcels philosophische Überlegungen auf die Existenzphilosophie Kierkegaards zurück.

Atheistische Existenzphilosophie: Diese lässt sich jedoch, wie Sartres Interpretation der Angst-Analysen Kierkegaards deutlich macht, auch im Sinne einer atheistischen Lesart deuten. Sartre führt diesbezüglich einen Gedanken fort, den bereits Heidegger in *Sein und Zeit* (1927) sowie in *Was ist Metaphysik?* (1930) gefasst hat: In der Konfrontation mit dem Nichts, die sich in der Stimmung der Angst ereignet, wird der/die Einzelne in einer Weise auf sich selbst, d. h. die eigene nackte Existenz, zurückgeworfen, die keine religiöse Rettung mehr beinhaltet. Der/die Einzelne ist gezwungen, im Angesicht des Nichts sich selbst zu wählen. In der Ausgestaltung dieser radikalen Kontingenzerfahrung hat der französische Existenzialismus mit seinen Hauptvertretern Sartre und Camus zu literarischen Formen gefunden, die teilweise Affinitäten zu religiösen Narrativen aufweisen (vgl. Deuser 2009, 46).

Die hermeneutische Religionsphilosophie Ricœurs: Sowohl von den existenziellen Religionsphilosophien Marcels und Jaspers' als auch von der hermeneutisch ausgerichteten protestantischen Theologie wurde einer der wichtigsten Vertreter religionsphilosophischer Hermeneutik innerhalb der französischen Philosophie des 20. Jh.s beeinflusst: Paul Ricœur (1913–2005). Ein zentrales Anliegen Ricœurs besteht in der Ausarbeitung einer zugleich phänomenologisch und hermeneutisch fundierten Philosophie des Selbst. Im Grunde wird damit ein altes Thema der speziellen Metaphysik, nämlich die Frage nach der Seele, wieder aufgegriffen, jedoch mit dem entscheidenden Unterschied, dass durch die dichte Beschreibung der personalen Identitätskonstitution des Selbst der Begriff einer substantiellen ‚Seele' obsolet wird. An deren Stelle tritt die ‚narrative Identität' des Selbst, das nur durch seinen vermittelten Selbstbezug, in dem es Anderem und zugleich sich selbst als Anderem begegnet, Realität gewinnt. Diese besondere Selbstbeziehung lässt sich Ricœur zufolge niemals in einer (natur-)wissenschaftlichen Außenperspektive begreifen, sondern nur im je eigenen, dabei aber zugleich stets auf Anderes bezogenen Verständnis des Selbst als eines leiblichen, zeitlichen und niemals abgeschlossenen. Ricœurs Hermeneutik des Selbst lässt die substanzmetaphysische Psychologie ebenso wie die subjektivitätstheoretische Reflexionsphilosophie gleichermaßen hinter sich. Die Gewissheit des Glaubens an eine unsterbliche Seele oder an das cartesische ‚Ich denke' weicht in Ricœurs Auslegung des Selbst einer stets nur in der narrativen Selbstvergewisserung möglichen ‚Bezeugung' *(attestation)*. In *Soi-même comme un autre (Das Selbst als ein Anderer;* 1990) unterscheidet Ricœur typologisch verschiedene hermeneutische Methoden voneinander, die jeweils unterschiedliche Relationalitätstypen zwischen Selbst und Anderem anzeigen (Angehrn 1999, 51ff.): (1) einen hermeneutischen Intentionalismus, der die subjektive Intention des Gemeinten zu verstehen sucht; (2) dessen Ausweitung zu objektivem und geschichtlichem Verstehen; (3) eine an der Religionskritik von Marx, Nietzsche und Freud geschulte ‚Hermeneutik des Verdachts', die kritische Selbstaufhellung und die Aufdeckung von Selbsttäuschungen, Missverständnissen und Illusionen anstrebt; (4) eine Hermeneutik des (symbolischen)

Sinnvernehmens nach dem Modell der theologischen Texthermeneutik; (5) die kreative Konstruktion und Interpretation der Wirklichkeit als sinnerzeugendes Entwerfen; (6) Dekonstruktion als ebenso kritisches wie produktives, unabschließbares Herausarbeiten dessen, was in Texten nicht ausgesprochen, marginalisiert und auf die unterdrückte Seite einer dualen Opposition gerückt wird. Durch die Differenzierung der genannten hermeneutischen Methoden und ihre Ausarbeitung in einer Hermeneutik des Selbst hat Ricœur die einstmals religiös fundierte Unverfügbarkeit der Person und die mit ihr verbundenen Verpflichtungen sich selbst und Anderen gegenüber religionsphilosophisch neu begründet. Ricœurs' Ansatz macht damit deutlich, dass es in der hermeneutischen Religionsphilosophie nicht nur um ein möglichst adäquates und zugleich produktives Verstehen religiöser Texte und Äußerungen in ihren geschichtlich-kulturellen Horizonten geht, sondern immer auch um die Selbstverständigung des Philosophierens und der Philosophierenden in der Auseinandersetzung mit religiösen Erfahrungen, Lehren und kulturell tradierten Dokumenten.

Analogische Hermeneutik in interkultureller Absicht: Im Hinblick auf eine dezidiert interkulturelle Orientierung der Philosophie hat Ram A. Mall (*1937) das Konzept einer ‚analogischen Hermeneutik' entwickelt (Mall 2002). Diese geht zwar von der prinzipiellen Autonomie kulturell divergierender Weltsichten aus, sucht aber gleichzeitig nach Überlappungen zwischen differenten Kulturräumen. Dieses Konzept lässt sich auch auf die Religionsphilosophie beziehen, insbesondere wenn es sich darum handelt, kulturbedingte Divergenzen zwischen Religionen ausfindig zu machen und gleichzeitig transkulturelle Gemeinsamkeiten herauszuarbeiten.

1.4.2 Phänomenologie

> **Definition**
>
> **Phänomenologie** ist die Lehre von den Erscheinungen. Als philosophische Strömung und Methode mit wissenschaftlichem Anspruch wurde sie von Edmund Husserl (1859–1938) begründet. Bei der phänomenologischen Methode geht es grundsätzlich darum, die Phänomene, so wie sie sich in unserem Bewusstsein zeigen, möglichst genau und vorurteilsfrei zu beschreiben. Angewendet auf die Religion bedeutet dies also, die religiösen Phänomene, d. h. die Erscheinungsweisen von Religion, so wie sie im Bewusstsein gegeben sind, zu explizieren.

Religiöse Noesis und religiöses Noema: Am Verstehen religiöser Äußerungen im weitesten Sinne ist nicht nur die Hermeneutik, sondern auch die Phänomenologie interessiert. An ihren philosophischen Begründer Edmund Husserl angelehnt lässt sich Phänomenologie als die transzendentale Wissenschaft des reinen Bewusstseins bezeichnen. mit Heidegger könnte man sie auch als das Zeigenlassen des Sich-Zeigenden, und zwar so, wie es sich von ihm selbst her zeigt, bestimmen. Und im Sinne des französischen Phänomenologen Maurice Merleau-Ponty

(1908–1961) ließe sich ebenfalls sagen, dass Phänomenologie darin besteht, die Welt neu sehen zu lernen. In jedem Fall ist phänomenologisches Philosophieren an der Gegebenheitsweise von Gegenständen im Bewusstsein interessiert, die es möglichst genau und unvoreingenommen zu beschreiben gilt. Gemäß der von Husserl eingeführten Unterscheidung zwischen intentionalem Akt *(noesis)* und intentionalem Objekt *(noema)* kann sich die Phänomenologie der Religion zum einen auf den lebensweltlichen Horizont richten, in dem sich der subjektive religiöse Glaube vollzieht, zum anderen auf die ‚Objekte‘ des Glaubens: Gott bzw. Götter, heilige Orte und Gegenstände etc. Wichtig ist dabei zu betonen, dass es für die Phänomenologie keine religiösen Noema ‚an sich‘ gibt; vielmehr erhalten Phänomene ihren religiösen Charakter erst durch die noetischen Akte des Bewusstseins, das seine Erfahrungen intentional interpretiert.

Religionsphänomenologie in den Religionswissenschaften: Haben wir im vorigen Kapitel zwischen einer philosophischen und einer theologischen Hermeneutik unterschieden, so ist es sinnvoll, ebenfalls zwischen phänomenologischer Religionsphilosophie und phänomenologischer Religionswissenschaft zu differenzieren. Beide sind in der ersten Hälfte des 20. Jh.s von der Phänomenologie Husserls geprägt worden, obwohl ‚Religion‘ nicht zu den zentralen Interessensgebieten des Erfinders der Phänomenologie gezählt werden kann. Gleichwohl haben sich Religionswissenschaftler wie Nathan Söderblom (1866–1931), Rudolf Otto (1869–1937), Gerardus van der Leeuw (1890–1950), Friedrich Heiler (1892–1967), Gustav Mensching (1901–1978) und Mircea Eliade (1907–1986) von der phänomenologischen Methode, insbesondere dem Aspekt der *Epoché,* der Einklammerung von Vorurteilen bei der Phänomenerfassung, inspirieren lassen. In ihrer phänomenologischen Erforschung von Religion wird besonderer Wert auf ein einfühlendes, miterlebendes Verständnis religiöser Phänomene gelegt. Auf diese Weise soll sich das ‚Wesen‘, der *Eidos* einer Religion bzw. der Religion schlechthin von sich selbst her zeigen. Als beispielhaft für ein daraus resultierendes essentialistisches Religionsverständnis (s. dazu auch ▶ Abschn. 1.1.1) kann Rudolf Ottos Bestimmung des ‚Heiligen‘ als des Wesenskerns des Religiösen genannt werden, ein Ansatz, den Husserl selbst sogar als den Beginn einer eigenständigen Phänomenologie des Religiösen betrachtete (Greisch 2002, 104).

Innere und äußere Aspekte des Religiösen: Die Religionsphänomenologie erlaubt über die Wesensbestimmung des Religiösen hinaus auch einen differenzierten Blick auf die Einbettung ästhetischer Komponenten wie Kultbilder, Ikonen, Architektur und Musik in das Gesamtgefüge des religiösen Vollzugs (van der Leeuw 1933). Ebenso wie der Phänomenologe Max Scheler (1874–1924) lehnt van der Leeuw eine Trennung zwischen Innerem und Äußerem im religiösen Leben ab. Subjektive Erfahrung und objektive Institutionen stehen innerhalb der Religion in einem engen Wechselverhältnis zueinander. Ein äußerlich vorhandener heiliger Ort kann im Inneren des Subjekts eine religiöse Erfahrung auslösen. Und diese wiederum bedarf sinnlich wahrnehmbarer Gesten und Worte, um sich zu äußern, so dass der Sinn des religiösen Ereignisses über die vereinzelte Erfahrung hinausweist. Phänomenologisch entscheidend ist das, was sich jeweils zeigt, unabhängig davon, ob es ein vermeintlich ‚nur‘ Inneres oder ein vermeintlich ‚nur‘ Äußeres ist.

Postphänomenologisches Stadium der Religionswissenschaften: Seit den 1970er Jahren ist die phänomenologische Methode innerhalb der Religionswissenschaft zunehmend problematisiert worden, zum einen, weil essentialistische und substantialistische Religionsdeutungen angesichts der Vielfalt religiöser Phänomene generell fragwürdig geworden sind, zum anderen aber auch, weil unklar ist, wie weit die phänomenologische Einfühlung in religiöses Bewusstsein überhaupt gehen darf, ohne letztlich in Theologie umzuschlagen oder aber unwissenschaftlich und beliebig zu werden. Aus diesen Gründen sind die Religionswissenschaften mittlerweile überwiegend in ein postphänomenologisches Stadium eingetreten (Pollack 2017, 21).

Die Religionsphänomenologie Schelers: Betrachtet man die Anwendung der phänomenologischen Methode innerhalb der Religionsphilosophie selbst, so lässt sich mit einigem Recht behaupten, dass die Religionsphilosophie Max Schelers die größte Familienähnlichkeit zu den phänomenologisch orientierten Religionswissenschaften der ersten Hälfte des 20. Jh.s aufweist. Denn auch Scheler ist zunächst vor allem an der essentialistischen Herausarbeitung einer „Wesensphänomenologie der Religion" (Scheler 1921) interessiert, die er von einer bloß rekonstruktiv vorgehenden Phänomenologie unterscheidet. Darüber hinaus analysiert Scheler auch die noetischen Akte des Menschen, die ihn für die Offenbarungsweisen des Göttlichen empfänglich machen. Einen faszinierenden Gedanken entwickelt Scheler in seiner Spätphilosophie mit der Idee eines „werdenden Gottes", an dessen Entwicklung der Mensch geschichtlich mitwirkt (Scheler1928; Mall 2006).

Heideggers Phänomenologie des religiösen Lebens: Zur selben Zeit, als Scheler seine Wesensphänomenologie der Religion entwickelte, hielt Martin Heidegger eine Vorlesung mit dem Titel *Einleitung in die Phänomenologie der Religion* (1920/21; erschienen in dem Band *Phänomenologie des religiösen Lebens,* Heidegger [2]2011), die sich vor allem an der faktischen christlichen Lebenserfahrung interessiert zeigte. Die spätere Kritik Heideggers an der metaphysischen Ontotheologie des Abendlandes kann dagegen nur noch sehr bedingt als phänomenologisch bezeichnet werden; für Heideggers Geschichte des ‚Seyns' sowie für das Ereignisdenken sollten Etiketten wie hermeneutisch, existenzphilosophisch oder phänomenologisch ohnedies keine Gültigkeit mehr besitzen.

Heidegger-Einfluss und jüdisch-christliche Motive in der französischen Phänomenologie: Die Philosophie Heideggers hat einen kaum zu überschätzenden Einfluss auf die französische Phänomenologie in der zweiten Hälfte des 20. Jh.s ausgeübt, und zwar gerade auch dort, wo sie sich gegenüber Heideggers neopaganen Beschwörungen eines anderen Anfangs aus dem ‚Ereignis' stärker jüdischen und christlichen Motiven zugewandt hat. Dies trifft insbesondere auf Emmanuel Levinas (1906–1995) zu, der die ‚Erste Philosophie' nicht länger in der Ontologie und Epistemologie, sondern in der Ethik situiert. Im Anspruch, der durch das Erscheinen des Antlitzes des Anderen ergeht, liegt eine unverrechenbare Epiphanie jenseits eines allgemeinen Seinsbegriffs. Auch die an Heideggers Metaphysikkritik anknüpfende Dekonstruktion Jacques Derridas sowie die in dessen Spätphilosophie verstärkt zu Tage tretenden ethischen und religionsbezogenen Überlegungen sind in diesem Zusammenhang zu nennen (▶ Abschn. 1.4.4).

Ein „theological turn"? Die Auseinandersetzung mit religiösen und theologischen Denkfiguren innerhalb der französischen Phänomenologie ist seit einigen Jahrzehnten so auffällig gewesen, dass bisweilen von einem *religious turn* bzw. einer theologischen Wende gesprochen wurde (Janicaud 1991; Levinas und Ricœur haben diese Kennzeichnung allerdings zurückgewiesen). Im Grunde geht die Phänomenologie in Frankreich damit den umgekehrten Weg, der in der ersten Jahrhunderthälfte religionsphänomenologisch beschritten wurde: Wurde hier die im Grunde religionsneutrale phänomenologische Methode auf religiöse Gehalte und Erscheinungen angewandt, so lässt sich die Phänomenologie nunmehr von genuin religiösen Motiven inspirieren.

Marions Unterscheidung zwischen Idol und Ikone: Exemplarisch hierfür steht Jean-Luc Marions (*1946) Suche nach postmetaphysischen Möglichkeiten eines Sprechens über Gott, das diesen nicht länger mit dem Sein identifiziert (Marion 1991). Relevant für Marions Ansatz ist die Unterscheidung zweier phänomenologischer Sichtweisen: eine, die sich auf das ‚Idol‘, und eine andere, die sich auf die ‚Ikone‘ bezieht. Während die idolische Perspektive das Göttliche als bloßen Reflex des Gläubigen betrachtet, entdeckt die ikonische Perspektive in religiös bedeutungsvollen Bildern und Konzepten etwas, das unseren Blick und unsere Sprache überschreitet. Das Objekt religiöser Intentionalität erweist sich hierin als transzendent und bezeichnet eine Grenze auch der phänomenologischen Beschreibung, denn es kann gerade nicht als das erfasst werden, als was es sich zeigt. Innerhalb der ikonischen Betrachtungsweise werden wir gesehen, bevor wir selber sehen können – hier macht sich wiederum der Einfluss Heideggers bemerkbar, wie im Übrigen auch in Marions Kennzeichnung der metaphysischen Theologie als ‚idolisch‘.

Antisubstantialistische Descartes-Deutung Marions: In einem anderen Zusammenhang hat sich Marion allerdings deutlich von Heidegger abgesetzt, nämlich in seiner Neuauslegung der Philosophie Descartes' (Marion 1981, 1986). Für Marion hat Descartes das Ego nicht substantialisiert und damit aus dem Seienden heraus verstanden, wie Heidegger meinte, sondern im Gegenteil die Substanz als Ego begriffen, das um seine eigene Fragilität und Endlichkeit weiß. Somit vermag gerade Descartes' Philosophie in Marions Lesart einen Ausweg aus der Substanzmetaphysik zu weisen.

Das gesättigte Phänomen: Auf Gedankenfiguren der Mystik und negativen Theologie verweist Marions Phänomenologie mit dem Begriff des ‚gesättigten Phänomens‘ (das allerdings nicht nur in religiösen Kontexten vorkommen kann): Treten wir der Fülle des Gegebenen tatsächlich vollkommen unvoreingenommen entgegen – so wie es Husserls Phänomenologie in der eidetischen Reduktion verlangt –, dann werden wir der unendlichen Unerschöpflichkeit der Phänomene gewahr.

Zur Vertiefung: Phänomenologie der Gabe

Ein besonderes Gewicht innerhalb der phänomenologisch ausgerichteten französischen Religionsphilosophie kommt der von Marion mitbegründeten Philosophie der Gabe zu. Phänomenologisch beschreibbare Akte des zwischenmenschlichen

Gebens, etwa im Bereich der liebenden Fürsorge, können im Hinblick auf die letzte Quelle des Gebens und Empfangens überhaupt weitergedacht werden. Im Deutschen liegt es nahe, hier auf das ,Es' abzuzielen, das im ,Es gibt' angesprochen wird; ein solches Denken der Gabe würde sich Heideggers postmetaphysischem Seinsdenken annähern. Ebenso bietet die Spur einer ursprünglichen Gabe aber auch theologische Möglichkeiten, die Angerufenheit durch Gott in neuer Weise zu denken, nämlich als eine Konstituierung des Selbst durch einen Ruf, vergleichbar mit der Namensgebung, der dem sich selbst gegebenen Selbst uneinholbar vorausliegt. Die ethischen Dimensionen der Gabe verweisen wiederum auf den ursprünglich appellierenden Anspruch des Anderen, der in Levinas' Philosophie eine eminent wichtige Rolle zukommt, sowie auf Derridas Denken der Spur. Dem Gedanken der Relationalität wird in der Phänomenologie der Gabe damit ein ontologischer Vorrang gegenüber dem Gedanken der Subjektivität zugewiesen.

Ahistorische, atheologische und nicht-reduktive Religionsphänomenologie: Ein wesentlicher Unterschied der phänomenologischen zur hermeneutischen Religionsphilosophie, mit der sie ansonsten zahlreiche Interessen und Zugangsweisen teilt, besteht darin, dass die Phänomenologie der Religion zu ahistorischen Beschreibungen neigt (vgl. Schaeffler 2002, 120, 243f.). Deswegen sind Verbindungen von Hermeneutik und Phänomenologie – wie etwa in der Philosophie Ricœurs – religionsphilosophisch besonders fruchtbar. Von der (natürlichen) Theologie wiederum ist die Phänomenologie der Religion dadurch deutlich abgegrenzt, dass sie keine deduktiven Argumentationen zur Stützung religiöser Glaubensüberzeugungen entwickelt, sondern das Verhältnis der religiösen Noesis und des religiösen Noema untersucht und möglichst unvoreingenommen beschreibt. Darin verfährt sie zugleich nicht-reduktiv, da sie davon ausgeht, dass es im Bewusstsein konstituierte religiöse Phänomene tatsächlich gibt.

Interkulturelle Öffnung der Phänomenologie: Das Interesse der zeitgenössischen Phänomenologie an religiösen Themen konzentriert sich bislang vorwiegend auf Gedanken und Motive, die dem jüdisch-christlichen Kontext entstammen. Vom systematischen Anspruch der Phänomenologie her spricht jedoch alles dafür, diese Beschränkung auf christliche bzw. theistische Denkfiguren und Phänomene aufzugeben und den phänomenologischen Blick künftig sehr viel stärker auch auf außereuropäische Religionsformen zu richten.

1.4.3 Analytische Philosophie

Dominanz der analytischen Philosophie: Der Einfluss analytischen Philosophierens ist wie in sämtlichen philosophischen Disziplinen auch in der Religionsphilosophie in den letzten Jahrzehnten dermaßen gestiegen, dass die Begriffe ,Philosophie' und ,Analytische Philosophie:' zumindest im universitären Kontext bisweilen geradezu synonym verwendet werden. Trotz der unbestreitbaren Verdienste, welche sich analytisches Philosophieren hinsichtlich argumentativer Präzision,

systematischer Klarheit und deutlichen Positionierungen in philosophischen Debatten erworben hat, würde eine vollkommene Gleichsetzung der Religionsphilosophie mit ihrer analytischen Ausprägung allerdings eine unzulässige Verkürzung
darstellen – sowohl im Hinblick auf die Fruchtbarkeit der in den vorigen Unter-
kapiteln dargestellten hermeneutischen und phänomenologischen Zugangsweisen
zur Religion als auch mit Blick auf die überfällige Einbeziehung inhaltlicher und
methodischer Ansätze aus nicht-westlichen Kontexten.

Sprachlogisch fundierte Religionskritik: Die starke Verbreitung analytischer
Zugänge in der zeitgenössischen Religionsphilosophie mag auf den ersten Blick
überraschen, waren doch die sprachanalytischen Ansätze der ersten Hälfte des
20. Jh.s (▶ Abschn. 1.2.4), insbesondere der von George Edward Moore (1873–
1958) und Bertrand Russell (1872–1970) beeinflusste logische Empirismus des
‚Wiener Kreises', ausdrücklich mit dem Ziel angetreten, alle Arten von Sätzen als
sinnlos zu erweisen, die sich nicht logisch oder empirisch beglaubigen ließen. Metaphysische und religiöse Aussagen fielen damit automatisch unter das Verdikt
kognitiver Bedeutungslosigkeit. Die logische Analyse von Eigennamen, Bedeutungen und Propositionen sollte sie endgültig aus dem Bereich des sinnvoll Sagbaren verbannen. Paradigmatisch hierfür stehen die systematisch durchnumme-
rierten Sätze des *Tractatus logico-philosophicus* (1921) von Ludwig Wittgenstein
(1889–1951), deren vorvorletzter die Ergebnisse des Gedankengangs folgendermaßen zusammenfasst:

> » 6.53 Die richtige Methode der Philosophie wäre eigentlich die: Nichts zu sagen,
> als was sich sagen läßt, also Sätze der Naturwissenschaft – also etwas, was
> mit Philosophie nichts zu tun hat –, und dann immer, wenn ein anderer etwas
> Metaphysisches sagen wollte, ihm nachzuweisen, daß er gewissen Zeichen in seinen
> Sätzen keine Bedeutung gegeben hat. (Wittgenstein 1984, 85)

In der Rezeption des *Tractatus* durch den Wiener Kreis der logischen Empiris-
ten wurden die durchaus ebenfalls vorhandenen Hinweise Wittgensteins auf das
sich zeigende, unaussprechliche Mystische (*Tractatus*, 6.522) geflissentlich ignoriert. Methodisch zentral war für diese frühe Phase analytischen Philosophierens
vor allem die Festlegung von Verifikationskriterien, die eine klare Unterscheidung
zwischen sinnvollen und sinnlosen Aussagen erlaubten. Alfred J. Ayers Werk *Language, Truth, and Logic* (1936) stellte in dieser Hinsicht einen methodischen Höhepunkt in der konsequenten Bestreitung der Sinnhaftigkeit religiöser Aussagen
dar (▶ Abschn. 4.1.3).

Nonkognitivismus oder neu begründeter Kognitivismus: Für eine analytisch orientierte Religionsphilosophie gab es angesichts dieses Frontalangriffs auf die Sinnhaftigkeit religiöser Aussagen letztlich nur zwei Möglichkeiten, um der sprachphilosophisch aufgewiesenen Irrationalitätsvermutung gegenüber allem Religiösen zu entgehen: Sie musste entweder die kognitive Bedeutungslosigkeit religiöser
Aussagen akzeptieren und deren Status ganz anders, nämlich nonkognitivistisch
bzw. antirealistisch im Sinne einer Autonomie der religiösen Sprache, interpretieren (darin besteht z. B. die Lösung der Wittgensteinschen Sprachspieltheorie des
Religiösen, ▶ Abschn. 2.2.3 und 2.3.3). Oder aber sie musste versuchen, das Verifikationsprinzip erkenntnistheoretisch in Frage zu stellen und religiöse Aussagen

dadurch letztlich doch als kognitiv bedeutungsvoll zu erweisen (dies ist die Lösung u. a. der reformierten Epistemologie Alvin Plantingas, ▶ Abschn. 2.2.4).

Natürliche Theologie mit analytischen Methoden: Da das empiristische Sinnkriterium des logischen Empirismus schon lange nicht mehr als überzeugende Verifikationsgrundlage für sinnvolle Propositionen gilt, ist die heutige analytische Religionsphilosophie überwiegend kognitivistisch ausgerichtet; d. h. sie geht – im Gegensatz zu ihrer Frühphase – davon aus, dass religiöse Aussagen kognitiv bedeutungsvoll sind und daher auch rational analysiert werden können. Deswegen werden in der analytischen Religionsphilosophie Grundfragen der früheren natürlichen Theologie – z. B. nach der Existenz Gottes und den göttlichen Attributen – wieder aufgegriffen und mit den differenzierten Methoden der logischen Formalisierung und präzisen Argumentation, die in der analytischen Philosophie des 20. Jh.s entwickelt wurden, neu diskutiert. Einen großen Teil der analytischen Religionsphilosophie könnte man deswegen auch als ‚analytische natürliche Theologie' charakterisieren.

Affinitäten von natürlicher Theologie und analytischer Philosophie: Dass analytische Philosophie und natürliche Theologie zueinander gefunden haben, hat sicherlich zu einem großen Anteil mit dem von beiden Seiten geteilten Ideal rationaler Klarheit und Eindeutigkeit zu tun. Im Unterschied zu hermeneutischen und phänomenologischen Methoden, die stärker die subjektive Bedeutungskonstitution religiöser Motive sowie deren metaphorische und kulturelle Bandbreite in den Blick nehmen, orientiert sich die analytische Religionsphilosophie an eindeutig formulierbaren Aussagen und deren Folgerungen, die in jedem einzelnen Schritt rational überprüfbar sein müssen. Damit kommt sie einem verbreiteten Unbehagen innerhalb der Theologie durchaus entgegen, die bei der hermeneutisch-kontextualisierenden Lesart religiöser Gehalte stets die Gefahr des Relativismus wittert. Der Theologie dürfte grundsätzlich ebenfalls entgegenkommen, dass sich die analytische Religionsphilosophie nicht an die Beschränkungen hält, die der Metaphysik seit der kritischen Transzendentalphilosophie Kants auferlegt wurden. Der adäquate philosophische Umgang mit der Gottesfrage besteht daher für die analytische Religionsphilosophie nicht in deren Ignorierung, Ersetzung oder negativ-nebulösen Umschreibung, sondern vielmehr in ihrer methodisch rigoros gesteuerten und an neuesten (natur-)wissenschaftlichen Erkenntnissen orientierten, systematisch-argumentativen Traktierung.

Zwischen Religiosität und Naturalismus: Ein weiterer, eher soziologischer Grund für die Herausbildung einer eigenständigen analytischen Religionsphilosophie ist in der gerade in den USA zu beobachtenden anhaltenden Bedeutung des Religiösen als eines eminent wichtigen privaten und gesellschaftlichen Faktors zu sehen. Die in weiten Teilen naturalistisch ausgerichtete analytische Philosophie musste im Zuge ihrer Ausweitung auf sämtliche Disziplinen der Philosophie schließlich auch auf die Relevanz des Religiösen für das Leben sehr vieler Menschen reagieren und sie mit ihrem logisch-naturalistischen Weltbild in Einklang zu bringen versuchen. Dies hat u. a. zur Entwicklung von modernisierten Gottesbeweisen geführt, die naturwissenschaftliche Erkenntnisse zur Stützung von Argumenten für die Existenz Gottes heranziehen.

Analytische Diskussionen weiterer religionsphilosophischer Themenfelder: Über die traditionellen Themen der natürlichen Theologie hinaus befasst sich die zeitgenössische analytische Religionsphilosophie längst mit zahlreichen weiteren religionsbezogenen Problemstellungen. Die Diskussionen profitieren dabei vielfach von Debatten, die in anderen philosophischen Disziplinen geführt werden: So wirken sich Diskussionen zur personalen Identität und zum Verhältnis von Körper und Geist auf die Thematisierung religiöser Überzeugungen von der Unsterblichkeit der Seele oder der Auferstehung der Toten aus; christlich-theologische Doktrinen wie die auf Jesus Christus bezogene Zwei-Naturen-Lehre oder die Trinität werden im Lichte neuerer ontologischer Ansätze erörtert; und die Thematik epistemologischer Dissense lässt sich mit Gewinn auch auf die Frage religiöser Diversität anwenden.

1.4.4   Kritische Theorie und Poststrukturalismus

Philosophieren über Religion nach dem Tod Gottes: Das Methodenspektrum innerhalb der zeitgenössischen Religionsphilosophie wäre unvollständig dargestellt, ließe man solche philosophischen Ansätze unerwähnt, die sich zwar in der Regel nicht als explizit „religionsphilosophisch" im Sinne einer klar abgezirkelten philosophischen Disziplin verstehen, die aber gerade durch ihre kritische Infragestellung disziplinärer Grenzen auch dem philosophischen Nachdenken über Religion wichtige Impulse liefern. Hierzu gehören zum einen Überlegungen zur Religion aus dem Umfeld der „Kritischen Theorie" bzw. der „Frankfurter Schule", zum anderen Auseinandersetzungen mit religiösen Motiven, die sich in weiterem Sinne als „poststrukturalistisch" oder „postmodern" charakterisieren lassen. Unter diesen Etiketten werden hier zwar höchst unterschiedliche Positionen zusammengefasst, denen aber gleichwohl gemeinsam ist, dass sich ihr philosophisches Interesse an Religion in einer historischen Situation artikuliert, die – trotz aller vielbeschworenen Renaissance des Religiösen – von einem Entzug Gottes geprägt zu sein scheint. Anders als die analytische Religionsphilosophie hat das postmetaphysische Philosophieren über Religion Nietzsches Aufschrei „Gott ist tot!" keineswegs ungehört verhallen lassen. Ihm eignet daher ein Moment unüberwindbarer Unsicherheit gegenüber der überkommenen Metaphysik. Als ebenso ungewiss wie der Glaube an einen Gott erscheint der Glaube an Logik und Argument als adäquaten Mitteln, sich dem möglicherweise für immer entzogenen Gott anzunähern.

> **Zur Vertiefung: Der Tod Gottes**
> Das Motiv von Gottes Tod ist untrennbar mit der **christlichen Religion** verknüpft. Dem Evangelium zufolge nimmt **Jesus Christus** als Sohn Gottes durch den **Kreuzestod** die Sünden der Menschheit in einem dramatischen Opfer auf sich. Die österliche Auferstehung Jesu Christi stellt die komplementäre Kehrseite des gewaltsamen Todes am Kreuz dar; das ewige Leben siegt damit gemäß der frohen Botschaft des Evangeliums endgültig über den Tod.

Eine philosophische Umdeutung erfährt dieses Motiv im 19. Jh., und zwar zunächst bei **G.W.F. Hegel**, der am Ende der Abhandlung *Glauben und Wissen* (1802) die Denkfigur des ‚**spekulativen Karfreitags**‘ einführt. Damit ist die negative Versenkung des natürlichen Verstandes in die Endlichkeit gemeint, aus der dialektisch-spekulativ die lebendige Positivität der absoluten Vernunft auferstehen soll (Wirtz 2006, 153ff.).

Philosophiegeschichtlich noch wesentlich prominenter ist die Aussage bzw. der Aufschrei „**Gott ist tot!**" jedoch durch jenen ‚tollen‘ (im Sinne von wahnsinnigen) Menschen geworden, dessen Auftritt **F. Nietzsche** im dritten Buch der *Fröhlichen Wissenschaft* (§ 125; 1882) inszeniert. Gott hat sich dieser Verkündigung zufolge keineswegs selbst für die Menschheit geopfert, sondern er ist vielmehr von der Menschheit getötet worden, die sich fortan dazu befähigen muss, ihr Dasein ohne ein letztes Sinn stiftendes Zentrum zu bestehen. Die Epoche des **Nihilismus**, die infolge der Ermordung Gottes heraufziehen wird, kann nach Nietzsches Auffassung nur durch den **Übermenschen,** der die **ewige Wiederkehr des Gleichen** zu bejahen vermag, abgelöst werden (s. Wirtz 2006, 248ff.).

Im Anschluss an Nietzsches Theorem ist in den USA seit den 1960er Jahren die ‚**Gott ist tot‘-Bewegung innerhalb der Theologie** aufgekommen, zu der u. a. Thomas J.J. Altizer (1927–2018), Paul van Buren (1924–1998), William Hamilton (1924–2012), und Mark C. Taylor (*1945) gezählt werden. In Frankreich lässt sich der protestantische Theologe Gabriel Vahanian (1927–2012) der ‚Gott ist tot‘-Theologie zuordnen, zu deren Entwicklung er mit seinem Buch *The Death of God* (1961) maßgeblich beigetragen hat.

Die ‚Gott ist tot‘-Theologie vertritt die Auffassung, dass der Kreuzestod Jesu Christi im buchstäblichen Sinne als Gottes Tod zu verstehen sei, d. h. als Tod ohne anschließende transzendente Versöhnung und Wiederauferstehung. **Atheismus und radikale Immanenz** erscheinen somit als konsequente Folgerungen aus dem Christentum selbst.

Die Frankfurter Schule: Bei namhaften Denkern, die sich der kritischen Theorie der Frankfurter Schule zuordnen lassen, wie Walter Benjamin (1892–1940), Max Horkheimer (1895–1973), Theodor W. Adorno (1903–1969) und Jürgen Habermas (*1929), ist bei allen Divergenzen eine doppelte, in sich gegenläufige Tendenz in der Auseinandersetzung mit Religion festzustellen: Der soziologische Blick auf gesellschaftliche Modernisierungsprozesse nötigt einerseits dazu, Religion als ein vergangenes, sich sukzessive auflösendes Relikt einer im Grunde vergangenen Phase der Menschheitsentwicklung zu betrachten. Andererseits scheint im Religiösen aber ein noch uneingelöstes Sinnpotential fortzubestehen, das als Negativ-Messianisches eine sich selbst verbietende Hoffnung auf letzte Gerechtigkeit nährt. Was Religion an Wahrem enthalten mag, scheint somit nur noch im Verzicht auf sie bewahrt werden zu können. Die angemessene philosophische Haltung zur Religion kann daher nicht anders als paradox sein: Sie sucht den Dialog mit einer Sphäre, deren diskursive Aneignung sie sich versagen muss.

Habermas' Genealogie von Glauben und Wissen: Diese Paradoxie durchzieht auch die seit der Friedenspreisrede „Glauben und Wissen" (2001) breit rezipierten Überlegungen von Jürgen Habermas zur Religion, die in dem zweibändigen Werk *Auch eine Geschichte der Philosophie* (2019) kulminieren. Habermas rekonstruiert hier die von ihm schon seit langem konstatierte gemeinsame Genealogie von Glauben und Wissen von der Achsenzeit bis zum Ende des 19. Jh.s. als eine Geschichte von Lernprozessen, die sich aus der Rückschau als Entwicklungsschritte ‚vernünftiger Freiheit' – so der hegelianisch anmutende Untertitel des zweiten Bandes – rational nachvollziehen lassen.

Brückenschläge zwischen kritischer Theorie und Poststrukturalismus: Es ist nicht zuletzt die Ambivalenz im Verhältnis zur Religion, welche die religionsbezogenen Überlegungen der kritischen Theoretiker der Frankfurter Schule mit poststrukturalistischen Ansätzen verbindet. Eine weitere Brücke zwischen beiden Spielarten kontinentalen Philosophierens, deren eine stärker in Deutschland vertreten war und ist, während der anderen überwiegend französische Philosoph:innen zugehören, kann in ihren jeweiligen Bezugnahmen auf die religionskritischen Theorien von Marx und Freud, zum Teil auch Nietzsche, gesehen werden. Vor allem aber verbindet beide Theorieströmungen die Überzeugung einer tiefgreifenden Krise der Rationalität, die an den geschichtlichen Verwerfungen des 20. Jh.s, den Totalitarismen und Vernichtungskriegen bis hin zum beispiellosen Menschheitsverbrechen des Holocaust, aber auch an sozialen und ökologischen Krisen infolge eines ungehemmten Kapitalismus ablesbar ist. Rationalistische Metanarrative, die das Weltgeschehen in einer großen Erzählung umfassend deuten, haben angesichts dieser Krisenfülle ihre Glaubwürdigkeit eingebüßt. Eine weitere Gemeinsamkeit von kritischer Theorie und Poststrukturalismus kann im ideologiekritischen Interesse an der Enthüllung von verborgenen Machtmechanismen, die im Namen von Wahrheit und Vernunft auftreten, gesehen werden.

Derridas Überlegungen zur Religion: Der französische Poststrukturalismus ist wenigstens zum Teil als eine aus der Phänomenologie hervorgegangene und diese zugleich kritisierende Strömung zu begreifen. Besonders deutlich wird dies in Jacques Derridas (1930–2004) von Nietzsches und Heideggers Metaphysikkritik beeinflusster Dekonstruktion, die in ihrer Frühphase (ebenso wie die sprachkritische analytische Philosophie) keinen Raum für metaphysische und theologische Spekulation mehr übrig zu lassen schien, auch wenn in Derridas Gedankenfigur der *différance* bisweilen Anklänge an negative Theologie (▶ Abschn. 2.1.2) vermutet wurden – eine Deutung, mit der sich Derrida in der Schrift *Comment ne pas parler. Dénégations* (*Wie nicht sprechen. Verneinungen,* 1986) differenziert auseinandergesetzt hat. In späteren Abhandlungen wie *Foi et savoir* (*Glauben und Wissen,* 2000) hat Derrida die Frage nach der Religion explizit thematisiert. Dennoch kann es aus Gründen, die in der Natur der dekonstruierenden Metaphysikkritik selbst liegen, keine systematische Religionsphilosophie dekonstruktiven Zuschnitts geben. Ähnlich wie in der an religiösen und theologischen Fragen interessierten französischen Phänomenologie konzentrieren sich Derridas Ausführungen zu religiösen Themen nahezu ausschließlich auf die monotheistischen Religionen Judentum, Christentum und Islam. Das ist insofern erstaunlich, als in der Rezeption der Derridaschen Dekonstruktion mehrfach auf strukturelle Parallelen zu buddhistischen Negationsfiguren hingewiesen wurde (etwa Park 2006; Schlieter 1999; Wang 2001).

Weitere poststrukturalistische Ansätze: Andere poststrukturalistische bzw. postmoderne Positionen, die insbesondere an Nietzsches „Gott ist tot"-Diagnose und dessen genealogische Methode anknüpfen, wurden von Gilles Deleuze (1925–1995), Michael Foucault (1926–1984) und Gianni Vattimo (*1936) entwickelt. Unmittelbar an Derridas Dekonstruktion und ihre Impulse für ein postmetaphysisches Sprechen über Religion schließen die philosophischen Überlegungen von John D. Caputo (*1941), Jean-Luc Nancy (*1940), Luce Irigaray (*1930) und Julia Kristeva (*1941) an, wobei in den beiden zuletzt genannten Positionen darüber hinaus ein psychoanalytisches fundiertes Interesse an Gender-bezogenen Aspekten von Religion eine wichtige Rolle spielt. Diese Ansätze lassen sich somit auch als Beiträge zu einer feministischen Religionsphilosophie verstehen (▶ Abschn. 5.2.3).

? Aufgaben und Anregungen

1. Erläutern Sie verschiedene Funktionen von Religion für den Zusammenhalt von Gesellschaften und nehmen Sie vor diesem Hintergrund Stellung zu der Frage, ob der Mensch als *homo religiosus* bezeichnet werden kann.
2. Benennen Sie die wichtigsten Definitionsarten des Religionsbegriffs und zeigen Sie deren Vor- und Nachteile auf.
3. Legen Sie dar, inwiefern sich Religionsphilosophie von der natürlichen (philosophischen) Theologie unterscheidet.
4. Beschreiben Sie das Verhältnis der Religionsphilosophie zur Theologie und zu den Religionswissenschaften.
5. Charakterisieren Sie die wichtigsten methodischen Ansätze innerhalb der zeitgenössischen Religionsphilosophie.

Literatur

Angehrn, Emil: „Selbstverständigung und Identität: Zur Hermeneutik des Selbst". In: Burkhard Liebsch (Hg.): *Hermeneutik des Selbst – im Zeichen des Anderen: Zur Philosophie Paul Ricœurs.* Freiburg 1999, 46–69.
Ayer, Alfred J.: *Language, Truth and Logic.* London 1936.
Balmer, Hans-Peter: *Wofür der göttliche Name steht. Religionsphilosophische Versuche.* Münster 2017.
Bellah, Robert N.: *Religion in Human Evolution. From the Palaeolithic to the Axial Age.* Cambridge (MA)/London 2011 (dt. Übers.: *Der Ursprung der Religion. Vom Paläolithikum bis zur Achsenzeit.* Hg. u. mit einer Einführung v. Hans Joas. Freiburg/Basel/Wien 2020).
Dawes, Gregory W.: *Religion, Philosophy and Knowledge.* London/New York 2016.
Dethloff, Klaus/Nagl, Ludwig/Wolfram, Friedrich (Hg.): *Religion, Moderne, Postmoderne. Philosophisch-theologische Erkundungen.* Wien 2002.
Deuser, Hermann: *Religionsphilosophie.* Berlin/New York 2009.
Durkheim, Emile: *Die elementaren Formen des religiösen Lebens.* Frankfurt a.M. 1981 (frz. 1912).
Eliade, Mircea: *Das Heilige und das Profane.* Köln 2008 (frz. 1957).
Eliade, Mircea: *Die Religionen und das Heilige. Elemente der Religionsgeschichte.* Berlin 1986 (frz. 1949).
Feuerbach, Ludwig: *Das Wesen des Christentums.* Stuttgart 1986 (1841).

Geertz, Clifford: „Religion as a Cultural System". In: Clifford Geertz: *The Interpretation of Cultures. Selected Essays.* New York 1973, 87–12. Dt.: „Religion als kulturelles System". In: Clifford Geertz: *Dichte Beschreibung: Beiträge zum Verstehen kultureller Systeme.* Frankfurt a.M. 1973, 44–95.

Girard, René: *La violence et le sacré.* Paris 1972. Dt.: *Das Heilige und die Gewalt.* Frankfurt a. M. 1994.

Greisch, Jean: *Le buisson ardent et les lumières de la raison: L'invention de la philosophie de la religion.* 3 Bde. Paris 2002–2004.

Habermas, Jürgen: *Auch eine Geschichte der Philosophie.* Bd. 1: *Die okzidentale Konstellation von Glauben und Wissen.* Bd. 2: *Vernünftige Freiheit. Spuren des Diskurses über Glauben und Wissen.* Berlin 2019.

Habermas, Jürgen: *Nachmetaphysisches Denken II. Aufsätze und Repliken.* Berlin 2012.

Hegel, Georg Wilhelm Friedrich: *Vorlesungen über die Philosophie der Religion* [1821–31]. In: ders.: *Vorlesungen. Ausgewählte Nachschriften und Manuskripte.* Bde. 3–5. Hg. v. Walter Jaeschke. Hamburg 1983–85.

Hegel, Georg Wilhelm Friedrich: „Glauben und Wissen oder die Reflexionsphilosophie der Subjektivität, in der Vollständigkeit ihrer Formen, als die Kantische, Jacobische und Fichtesche Philosophie" [1802]. In: *Jenaer kritische Schriften. Gesammelte Werke* Bd. 4. Hg. v. Hartmut Buchner u. Otto Pöggeler. Hamburg 1968, 313–414.

Heidegger, Martin: *Einführung in die Metaphysik.* Gesamtausgabe Bd. 40. Frankfurt a.M. 1983 (1935).

Heidegger, Martin: *Phänomenologie des religiösen Lebens.* Gesamtausgabe Bd. 60. Frankfurt a.M. ²2011 (1920/21).

Heidegger, Martin: *Sein und Zeit.* Tübingen 1993. Ebenfalls in: Gesamtausgabe Bd. 2. Frankfurt a.M. ²2018 (1927).

Heidegger, Martin: „Die onto-theo-logische Verfassung der Metaphysik". In: ders: *Identität und Differenz.* Pfullingen 1957, 35–73.

James, William: *The Varieties of Religious Experience.* Cambridge, Mass./London 1985. Dt.: *Die Vielfalt religiöser Erfahrung. Eine Studie über die menschliche Natur.* Frankfurt a.M./Leipzig 1997. (1901/02).

Janicaud, Dominique: *Le tournant théologique de la phénoménologie française.* Combas 1991. Dt.: *Die theologische Wende der französischen Phänomenologie.* Wien/Berlin 2014.

Jaspers, Karl: *Der philosophische Glaube angesichts der Offenbarung.* Karl Jaspers Gesamtausgabe. Bd. I/13. Hg. v. Bernd Weidmann. Basel 2016 (1962/63).

Jaspers, Karl: *Vom Ursprung und Ziel der Geschichte.* Karl Jaspers Gesamtausgabe Bd. I/10. Hg. v. Kurt Salamun. Basel 2017 (1949).

Kant, Immanuel: *Kritik der reinen Vernunft.* Hg. v. Jens Timmermann. Hamburg 2003 (1781/1787).

Kant, Immanuel: *Kritik der praktischen Vernunft.* Hg. v. Horst D. Brandt u. Heine F. Klemme. Hamburg 2003 (1788)..

Kant, Immanuel: *Kritik der Urteilskraft.* Hg. v. Heiner F. Klemme. Hamburg 2003 (1790).

Kant, Immanuel: *Die Religion innerhalb der Grenzen der bloßen Vernunft.* Mit einer Einl. u. Anm. hg. v. Bettina Stangneth. Hamburg 2003 (1793).

Kutschera, Franz von: *Vernunft und Glaube.* Berlin 1991.

Lanczkowski, Günter: *Geschichte der nichtchristlichen Religionen.* Frankfurt a.M. 1989.

Lesher, James H.: „Xenophanes". In: Graham Oppy/Nick Trakakis (Hg.): *The History of Western Philosophy of Religion.* Vol. 1: *Ancient Philosophy of Religion.* New York 2009, 41–52.

Luhmann, Niklas: *Die Funktion der Religion.* Frankfurt a.M. 1977.

Luhmann, Niklas: *Die Religion der Gesellschaft.* Hg. v. André Kieserling. Frankfurt a.M. 2000.

Macris: „Pythagoras". In: Oppy/Trakakis 2009, Vol. 1, 23–39.

Mall, Ram A.: „Andersverstehen ist nicht Falschverstehen. Das Erfordernis einer interkulturellen Verständigung". In: Wolfdietrich Schmied-Kowarzik (Hg.): *Verstehen und Verständigung. Ethnologie – Xenologie – Interkulturelle Philosophie.* Justin Stagl zum 60. Geburtstag. Würzburg 2002, 273–289.

Mall, Ram A.: „Schelers Religionsphilosophie. Eine interkulturell-interreligiöse-phänomenologische Perspektive". In: Christian Bernes/Wolfhart Henckmann/Heinz Leonardy (Hg.): *Solidarität. Person & Soziale Welt.* Würzburg 2006, 169–184.

Mansfeld, Japp/Primavesi, Oliver (Hg.): *Die Vorsokratiker.* Griechisch/Deutsch. Stuttgart 2012.

Marion, Jean-Luc: *Sur la théologie blanche de Descartes.* Paris 1981.

Marion, Jean-Luc: *Sur le prisme métaphysique de Descartes. Constitution et limites de l'onto-théo-logie dans la pensée cartésienne.* Paris 1986.

Marret, Robert Ranulph: *Anthropology.* New York 1912.

Marx, Karl: „Zur Kritik der Hegelschen Rechtsphilosophie. Einleitung". In: Karl Marx: *Werke, Artikel, Entwürfe März 1843 bis August 1844.* Karl Marx/Friedrich Engels Gesamtausgabe (MEGA). Erste Abt. Bd. 2. Berlini 2009, 170–183 (1844).

Nietzsche, Friedrich: *Die fröhliche Wissenschaft.* In: *Morgenröte. Idyllen aus Messina. Die fröhliche Wissenschaft.* Kritische Studienausgabe Bd. 3. München 1999, 343–651 (1882).

Panikkar, Raimon: „Religion, Philosophie und Kultur". In: *Polylog* 1 (1998), 13–38.

Park, Jin Y. (Hg.): *Buddhisms and Deconstructions.* Lanham (MD) 2006.

Pollack, Detlef: „Probleme der Definition von Religion". In: *Zeitschrift für Religion, Gesellschaft und Politik* 1 (2017), 7–35.

Riesebrodt, Martin: *Cultus und Heilsversprechen: Eine Theorie der Religionen.* München 2007.

Schaeffler, Richard: *Religionsphilosophie.* Freiburg/München 2002.

Scheler, Max: *Die Stellung des Menschen im Kosmos.* In: *Späte Schriften.* Gesammelte Werke Bd. 9. Bonn 1995 (1928).

Scheler, Max: *Vom Ewigen im Menschen.* Gesammelte Werke Bd. 5. Bonn 2000 (1921).

Schilbrack, Kevin: „The Material Turn in the Academic Study of Religions". In: *The Journal of Religion,* 99 (2019), 219–227.

Schleiermacher, Friedrich: *Über die Religion. Reden an die Gebildeten unter ihren Verächtern 1799/1806/1821.* Hg. v. Niklaus Peter, Frank Bestebreurtje u. Anna Büsching. Zürich 2012.

Schlieter, Jens: „Nagarjuna – ein buddhistischer Vorläufer der Dekonstruktion?« In: *Allgemeine Zeitschrift für Philosophie* 24 (1999), 155–168.

Simmons, J. Aaron (Hg.): *Christian Philosophy: Conceptions, Continuations, and Challenges.* Oxford 2019.

Simmel, Georg: „Zur Soziologie der Religion". In: *Neue Deutsche Rundschau* 9 (1898), 111–123.

Smith, Wilfred Cantwell: *The Meaning and End of Religion.* Minneapolis (MN) 1991 (1962).

Spinoza, Baruch de: *Theologisch-politischer Traktat (Tractatus theologico-politicus).* Hamburg 2012 (lat. 1670).

Storchenau, Sigismund von: *Die Philosophie der Religion.* 12 Bde. Hildesheim 2013/14 (1772–1789).

van der Leeuw, Gerardus: *Phänomenologie der Religion.* Tübingen ⁴1977 (1933).

van Gennep, Arnold: *Les rites de passage.* Paris 2011. Dt. *Übergangsriten.* Frankfurt/New York 1986 (1909).

Wang, Youxuan: *Buddhism and Deconstruction. Towards a Comparative Semiotics.* Richmond 2001.

Weber, Max: *Wirtschaft und Gesellschaft. Grundriss der verstehenden Soziologie.* Tübingen 1972 (1922).

Wirtz, Markus: *Geschichten des Nichts. Hegel, Nietzsche, Heidegger und das Problem der philosophischen Pluralität.* Freiburg/München 2006.

Wittgenstein, Ludwig: *Tractatus logico-philosophicus.* In: Werkausgabe Bd. 1. Frankfurt a.M. 1984, 7–85 (1921).

Weiterführende Literatur

Adams, Nicholas/Boyle, Nicholas/Disley, Liz (Hg.): *The Impact of Idealism. The Legacy of Post-Kantian German Thought.* Vol. IV: *Religion.* Cambridge/New York 2013.

Adams, Nicholas/Pattison, George/Ward, Graham (Hg.): *The Oxford Handbook of Theology and Modern European Thought.* Oxford 2013.

Aertsen, Jan A./Speer, Andreas (Hg.): *Was ist Philosophie im Mittelalter?* Akten des X. internationalen Kongresses für mittelalterliche Philosophie der Société internationale pour l'étude de la philosophie médiévale, 25.-30.8.1997 in Erfurt. Berlin 1998.

Appel, Kurt: *Zeit und Gott. Mythos und Logos der Zeit im Anschluss an Hegel und Schelling.* Paderborn 2007.

Arens, Edmund (Hg.): *Habermas und die Theologie. Beiträge zur theologischen Rezeption, Diskussion und Theorie kommunikativen Handelns.* Düsseldorf 1989.

Armstrong, Karen: *Eine kurze Geschichte des Mythos.* Berlin 2005.

Arnal, William Edward/McCutcheon, Russel T.: *The Sacred is the Profane. The Political Nature of „Religion".* New York 2013.

Asad, Talal: *Genealogies of Religion: Discipline and Reasons of Power in Christianity and Islam*. Baltimore (MD) 1993.

Axinn, Sidney: *The Logic of Hope: Extensions of Kant's View of Religion*. Amsterdam/Atlanta (GA) 1994.

Augustinus, Aurelius: *Confessiones (Bekenntnisse)*. Wiesbaden 2008 (lat. 401).

Badía Cabrera, Miguel A.: *Hume's Reflection on Religion*. Dordrecht 2001.

Bielik-Robson, Agata: „The Void of God, or the Paradox of the Pious Atheism: From Scholem to Derrida". In: *European Journal for Philosophy of Religion* 12 (2020), 109–132.

Blay, Martin/Schärl, Thomas/Tapp, Christian (Hg.): *Stets zu Diensten? Welche Philosophie braucht die Theologie heute?* Münster 2018.

Blumenberg, Hans: *Die Legitimität der Neuzeit*. Frankfurt a.M. 1966; ern. Ausgabe: Frankfurt a.M. 1988.

Calhoun, Craig/Mendieta, Eduardo/Vanantwerpen, Jonathan (Hg.): *Habermas and Religion*. Oxford 2013.

Caputo, John D.: *Cross and Cosmos. A Theology of Difficult Glory*. Bloomington (IN) 2019.

Caputo, John D.: *The Insistence of God. A Theology of Perhaps*. Bloomington (IN) 2013.

Caputo, John D.: *On Religion*. London 2001.

Caputo, John D.: *The Prayers and Tears of Jacques Derrida. Religion without Religion*. Bloomington (IN) u.a. 1997.

Caputo, John D. (Hg.): *The Religious: Blackwell Readings in Continental Philosophy*. Malden (MA) 2002.

Caputo, John D./Scanlon, Michael J. (Hg.): *God, the Gift, and Postmodernism*. Bloomington (IN) 1999.

Caputo, John D./Scanlon, Michael J. (Hg.): *Religion and Postmodernism. Transcendence and Beyond: A Postmodern Inquiry*. Bloomington (IN) 2007.

Caputo, John D./Vattimo, Gianni (Hg.): *After the Death of God*. New York 2007.

Carnap, Rudolf: „Überwindung der Metaphysik durch logische Analyse der Sprache". In: *Erkenntnis* 2 (1931/32), 219–241.

Czakó, István: *Geist und Unsterblichkeit. Grundprobleme der Religionsphilosophie und Eschatologie im Denken Søren Kierkegaards*. Berlin 2015.

Dalferth, Ingolf U.: *Die Wirklichkeit des Möglichen. Hermeneutische Religionsphilosophie*. Tübingen 2003.

Danz, Christian (Hg.): *Schelling und die historische Theologie des 19. Jahrhunderts*. Tübingen 2013.

Danz, Christian/Hunziker, Andreas (Hg.): *Gott denken – ohne Metaphysik? Zu einer aktuellen Kontroverse in Theologie und Philosophie*. Tübingen 2014.

Danz, Christian/Langthaler, Rudolf (Hg.): *Kritische und absolute Transzendenz. Religionsphilosophie und Philosophische Theologie bei Kant und Schelling*. Freiburg 2005.

Danz, Christian/Marszalek, Robert (Hg.): *Gott und das Absolute. Studien zur philosophischen Theologie im Deutschen Idealismus*. Wien/Berlin 2007.

Danz, Christian/Stoellger, Philipp (Hg.): *Hermeneutik der Religion*. Tübingen 2007.

DeRoo, Neal: „Phenomenological Spirituality and its Relation to Religion". In: *Forum Philosophicum: International Journal for Philosophy* 25 (2020), 53–70.

Derrida, Jacques: *Comment ne pas parler. Dénégations*. In: *Psyché. Inventions de l'autre*. Paris 1987, 535–59. Dt.: *Wie nicht sprechen. Verneinungen*. Wien 2006.

Derrida, Jacques: *Foi et Savoir*. Suivi de *Le Siècle et le Pardon*. Paris 2000. Dt.: „Glaube und Wissen. Die beiden Quellen der ‚Religion' an den Grenzen der bloßen Vernunft." In: Jacques Derrida/Gianni Vattimo (Hg.): *Die Religion*. Frankfurt a. M. 2001, 9–106.

Enders, Markus/Kühn, Rolf (Hg.): *Radikale Religionsphänomenologie. Ausgewählte Studien zur Phänomenologie*. Freiburg/München 2015.

Fackenheim, Emil L.: *The God Within. Kant, Schelling and Historicity*. Toronto/Bufallo/London 1996.

Farrell, Frank B.: *How Theology Shaped Twentieth-Century Philosophy*. New York 2019.

Feiermann, Jay R./Oviedo, Lluis (Hg.): *The Evolution of Religion, Religiosity, and Theology. A Multilevel and Multidisciplinary Approach*. London/New York 2020.

Feil, Ernst (Hg.): *Streitfall ‚Religion'. Diskussion zur Bestimmung und Abgrenzung des Religionsbegriffs*. Münster/Hamburg 2000.

Firestone, Christopher L.: *Kant and Theology at the Boundaries of Reason*. Surrey/Burlington (VT) 2009.

Firestone, Christopher L./Jacobs, Nathan: *In Defense of Kant's Religion*. Bloomington (IN) 2008.

Firestone, Christopher L./Jacons, Nathan (Hg.): *The Persistence of the Sacred in Modern Thought*. Notre Dame (IN) 2012.

Firestone, Christopher L./Palmquist, Stephen R. (Hg.): *Kant and the New Philosophy of Religion*. Bloomington/Indianapolis (IN) 2006.

Führding, Steffen: *Jenseits von Religion? Zur sozio-rhetorischen „Wende" in der Religionswissenschaft*. Bielefeld 2015.

Geyer, Carl-Friedrich: *Religion und Diskurs. Die Hellenisierung des Christentums aus der Perspektive der Religionsphilosphie*. Stuttgart 1988.

Gorski, Philipp: „The Origin and Nature of Religion: A Critical Realist View". In: *Harvard Theological Review* 111 (2018), 289–304.

Gregor, Brian: *Ricœur's Hermeneutics of Religion. Rebirth oft he Capable Self*. Lanham (MD) 2019.

Habermas, Jürgen: „Eine Hypothese zum gattungsgeschichtlichen Sinn des Ritus". In: *Nachmetaphysisches Denken II. Aufsätze und Repliken*. Berlin 2012, 77–95.

Habermas, Jürgen: *Zwischen Naturalismus und Religion. Philosophische Aufsätze*. Frankfurt a.M. 2005.

Habermas, Jürgen: „Glauben und Wissen. Friedenspreisrede 2001". In: Jürgen Habermas: *Zeitdiagnosen. Zwölf Essays 1980–2001*. Frankfurt a.M. 2003, 249–262.

Habermas, Jürgen/Ratzinger, Joseph: *Dialektik der Säkularisierung. Über Vernunft und Religion*. Freiburg 2005.

Heidegger, Martin: *Was ist Metaphysik?* Frankfurt a.M. 2007. Ebenfalls enthalten in: *Wegmarken*. Gesamtausgabe Bd. 9. Frankfurt a.M. ³2004, 103–122 (1929).

Hume, David: *The Natural History of Religion*. In: Tom L. Beauchamp (Hg.): *Dissertation on the Passions. The Natural History of Religion: A Critical Edition*. Oxford/New York 2007. Dt.: *Die Naturgeschichte der Religion*. Hamburg 1999 (1757).

Joas, Hans: *Braucht der Mensch Religion? Über Erfahrungen der Selbsttranszendenz*. Freiburg 2004.

Kanaris, Jim (Hg.): *Polyphonic Thinking and the Divine*. Amsterdam 2013.

Kierkegaard, Søren: *Entweder – Oder*. Teil I und II. München 2005 (dän. 1843).

Kierkegaard, Søren: *Furcht und Zittern. Die Wiederholung. Gesammelte Werke* Bd. 3. Jena 1923 (dän. 1843).

Knapp, Markus/Kobusch, Theo (Hg.): *Religion – Metaphysikkritik – Theologie im Kontext der Moderne*. Berlin 2001.

Krüger, Oliver: „,Religion' definieren. Eine wissenssoziologische Analyse religionsbezogener Enzyklopädistik". In: *Zeitschrift für Religions- und Geistesgeschichte* 69 (2017), 1–46.

Kühn, Rolf: *Französische Religionsphilosophie und -phänomenologie der Gegenwart. Metaphysische und post-metaphysische Positionen zur Erfahrungs(un)möglichkeit Gottes*. Freiburg 2013.

Lewis, Thomas: *Why Philosophy Matters for the Study of Religion*. Oxford 2015.

Lossl, Josef/Baker-Brian, Nicholas J. (Hg.): *A Companion to Religion in Late Antiquity*. Hoboken (N.J.) 2018.

Luckmann, Thomas *Die unsichtbare Religion*. Frankfurt a.M. 1991.

Marion, Jean-Luc: *Dieu sans l'être*. Paris 1991; ³2010.

Matern, Harald/Heit, Alexander/Popkes, Enno Edzard (Hg.): *Bibelhermeneutik und dogmatische Theologie nach Kant*. Tübingen 2016.

McClenon, James: *Wondrous Healing. Shamanism, Human Evolution and the Origin of Religion*. DeKalb 2002.

Michael, Craig/Stoddard, Brad (Hg.): *Stereotyping Religion. Critiquing Clichés*. New York (NY) 2017.

Mooren, Nadina: *Hegel und die Religion. Eine Untersuchung zum Verhältnis von Religion, Philosophie und Theologie in Hegels System*. Hamburg 2018.

Palmquist, Stephen R.: *Comprehensive Commentary on Kant's* Religion within the Bounds of Bare Reason. Malden, U.S./Oxford, UK 2016.

Palmquist, Stephen R.: *Kant's Critical Religion. Volume Two of Kant's System of Perspectives*. Aldershot u.a. 2000.

Panchuk, Michelle/Rea, Michael C. (Hg.): *Voices from the Edge: Centering Marginalized Perspectives in Analytic Theology.* Oxford 2020.

Pannenberg, Wolfhart: *Theologie und Philosophie. Ihr Verhältnis im Lichte ihrer gemeinsamen Geschichte.* Göttingen 1996.

Ricœur, Paul: *Soi-même comme un autre.* Paris 1990. Dt.: *Das Selbst als ein Anderer.* Paderborn 1996.

Schaber, Johannes/Thurner, Martin (Hg.): *Philosophie und Mystik – Theorie oder Lebensform?* Freiburg/München 2019.

Schalk, Peter (Hg.): *Religion in Asien? Studien zur Anwendbarkeit des Religionsbegriffs.* Uppsala 2013.

Scheer, Tanja Susanne (Hg.): *Natur, Mythos, Religion im antiken Griechenland/Nature, Myth, Religion in Ancient Greece.* Stuttgart 2019.

Scheerlinck, Ryan: *„Philosophie und Religion". Schellings Politische Philosophie.* Freiburg/München 2017.

Schelling, Friedrich Wilhelm Joseph: *Philosophie der Mythologie.* Nachschrift der letzten Münchener Vorlesungen 1841. Hg. v. Andreas Roser u. Holger Schulten mit einer Einl. v. Walter E. Ehrhardt. Stuttgart-Bad Cannstatt 1996.

Schelling, Friedrich Wilhelm Joseph: *Philosophie der Mythologie.* In: ders.: *Ausgewählte Schriften.* Bd. 6: 1842–1852. Zweiter Teilband. Frankfurt a.M. 1985 (1842).

Schelling, Friedrich Wilhelm Joseph: *Urfassung der Philosophie der Offenbarung.* Teilband 1. Hg. v. Walter E. Ehrhardt. Hamburg 1992 (1831/32).

Schewel, Benjamin *Seven Ways of Looking at Religion. The Major Narratives.* New Haven (CT) 2017.

Schilbrack, Kevin: *Philosophy and the Study of Religions: A Manifesto.* Malden (MA) 2014.

Schilbrack, Kevin: „What Does the Study of Religion Study?" In: *Harvard Theological Review* 111 (2018), 451–458.

Schlette, Heinz Robert (Hg.): *Religion – aber wie? Religionsphilosophische Perspektiven.* Würzburg 2002.

Schmidt, Bettina E.: *Einführung in die Religionsethnologie. Ideen und Konzepte.* Berlin 2015.

Simmel, Georg: *Die Religion.* Marburg 2011 (1906).

Smart, Ninian: *The World's Religions. Old Traditions and Modern Transformations.* Cambridge 1989.

Spinoza, Baruch de: *Ethik. In geometrischer Weise behandelt in fünf Teilen.* Übers. v. Jakob Stern. Berlin 2016 (lat. 1662–1665).

Spiro, Melford E.: „Religion: Problems of Definition and Meaning". In: Michael Banton (Hg.): *Anthropological Approaches to the Study of Religion.* London 1966, 85–126.

Spiro, Melford E.: „Religious Systems as Culturally Constituted Defense Mechanisms". In: Benjamin Kilborne/L.L. Langness (Hg.): *Culture and Human Nature. Theoretical Papers of Melford E. Spiro.* Chicago 1987, 145–160.

Stewart, Jon: *Hegel's Interpretation of the Religions of the World: The Logic of the Gods.* Oxford/New York 2018.

Thomas von Aquin: *Summa theologica.* Die deutsche Thomas-Ausgabe. Graz u.a. ²1981 (lat. 1265–1273).

Trakakis, Nick: *The End of Philosophy of Religion.* London/New York 2008.

Troeltsch, Ernst: „Wesen der Religion und der Religionswissenschaft" [1909]. In: *Zur religiösen Lage, Religionsphilosophie und Ethik. Gesammelte Schriften* Bd. 2. Aalen 1981, 452–499.

Vahanian, Gabriel: *The Death of God: The Culture of Our Post-Christian Era.* New York 1961. Dt.: *Kultur ohne Gott? Analysen und Thesen zur nachchristlichen Ära.* Göttingen 1973.

Valentin, Joachim: *Atheismus in der Spur Gottes. Theologie nach Jacques Derrida.* Mainz 1997.

Vanzo, Alberto/Anstey, Peter R. (Hg.): *Experiment, Speculation, and Religion in Early Modern Philosophy.* New York 2019.

Vattimo, Gianni: *Glauben – Philosophieren.* Stuttgart 1997.

Vernant, Jean-Pierre: *Mythos und Gesellschaft im alten Griechenland.* Frankfurt a.M. 1987.

Verweyen, Hansjürgen: *Philosophie und Theologie. Vom Mythos zum Logos zum Mythos.* Darmstadt 2015.

Vial, Theodore: *Modern Religion, Modern Race.* New York 2016.

Wagner, Hans: *Schriften zur Religion und zur Religionsphilosophie.* Hg. v. Reinhold Aschenberg. Paderborn 2017.

Walser, Stefen: *Beten denken. Studien zur religionsphilosophischen Gebetslehre Richard Schaefflers.* Freiburg/München 2015.

Walsh, Sylvia: *Kierkegaard and Religion. Personality, Character, and Virtue.* Cambridge (MA) 2018.

Ward, Graham (Hg.): *The Blackwell Companion to Postmodern Theology.* Oxford/Malden (MA) 2001.

Ward, Graham (Hg.): *The Postmodern God. A Theological Reader.* Oxford/Malden (MA) 1997.

Weidemann, Christian: *Die Unverzichtbarkeit natürlicher Theologie.* Freiburg/München 2007.

Wiebe, Donald: *The Irony of Theology and the Nature of Religious Thought.* Montreal/Quebec/Kingston (ON) 1991.

Wolterstorff, Nicholas: *Acting Liturgically. Philosophical Reflections on Religious Practice.* Oxford 2018.

Glauben und Wissen

Inhaltsverzeichnis

2.1   Das Verhältnis von Religiosität und
       Rationalität – 70

2.2   Die Epistemologie religiösen Glaubens – 90

2.3   Die Analyse religiöser Äußerungen – 104

       Literatur – 115

© Springer-Verlag GmbH Deutschland, ein Teil von Springer Nature 2022
M. Wirtz, *Religionsphilosophie*,
https://doi.org/10.1007/978-3-476-05711-2_3

Das Verhältnis zwischen Glauben und Wissen gehört zu den klassischen Themen religionsbezogener Reflexion. Es wird nicht erst innerhalb der modernen Religionsphilosophie diskutiert, sondern reicht wesentlich weiter zurück in die lange Geschichte des Verhältnisses zwischen Offenbarung und Vernunft insbesondere in den monotheistischen Traditionen. Freilich hat sich das, was unter ‚Glauben‘ und ‚Wissen‘ sowie ihrer Beziehung zueinander verstanden wird, mehrfach gewandelt und unterschiedliche Konstellationen ausgeprägt. Es wäre deswegen naiv, diese Begriffe einfach umstandslos vorauszusetzen und ihre Relation ohne Berücksichtigung der historischen Tiefendimension ihrer Entwicklung bestimmen zu wollen. Deswegen sollen in einem ersten Schritt (▶ Abschn. 2.1) zentrale Konfigurationen von Glauben und Wissen in ihrer philosophiegeschichtlichen Entfaltung vorgestellt werden. Der Rahmen dieser Einführung macht es dabei erforderlich, die räumlichen und zeitlichen Grenzen der zu betrachtenden Verhältnisse zwischen Glauben und Wissen recht eng zu ziehen: In kulturräumlicher Hinsicht werden wir uns vorwiegend auf die westliche Geistesgeschichte beschränken, in zeitlicher Hinsicht wird der Überblick mit den ersten nachchristlichen Jahrhunderten einsetzen. Denn erst durch die Symbiose von biblischer Offenbarung und christlicher Philosophie konnte die interne Spannung von Glauben und Wissen in ihrer spezifisch abendländischen Ausprägung überhaupt aufkommen – eine Spannung, die eine interessante Parallele im machtpolitischen Dualismus des Mittelalters von geistlicher und weltlicher Gewalt, verkörpert durch die Autoritäten des Papstes und des Kaisers, hat.

Vor dem Hintergrund der komplizierten Beziehungsgeschichte zwischen Religiosität und Rationalität führt ▶ Abschn. 2.2 in die systematischen Grundlagen der Epistemologie des religiösen Glaubens ein. Als ein Brennpunkt der Debatten in diesem wichtigen Bereich zeitgenössischer Religionsphilosophie lässt sich die Frage nach dem realistischen oder anti-realistischen bzw. nach dem kognitiven oder nicht-kognitiven Charakter religiöser Überzeugungen ausmachen. Die Analyse religiöser Äußerungen, die Gegenstand von ▶ Abschn. 2.3 ist, macht die Voraussetzungen und Wirkungen religiösen Glaubens in den Bereichen der religiösen Erfahrung und der religiösen Sprache zum Gegenstand. In diesem Zusammenhang werden auch pragmatisch-funktionale sowie existentielle Deutungen religiösen Glaubens betrachtet, die diesen nicht nur in seinen sprachlichen Äußerungsformen, sondern im Ganzen einer Lebensform betrachten.

2.1   Das Verhältnis von Religiosität und Rationalität

Religiosität zielt auf Glauben ab, Rationalität auf Wissen. Sobald man diese einfache und unmittelbar einleuchtende Unterscheidung ein wenig näher bedenkt, stellt man allerdings fest, dass sie in Wahrheit keineswegs so simpel ist, wie sie zunächst anmutet. Schließlich müssen Menschen in der religiösen Einstellung auch *wissen*, was sie glauben (z. B. dass Jesus Christus von den Toten auferstanden ist oder dass Mohammed Gottes Prophet ist); und Menschen in rationaler Einstellung müssen daran *glauben*, dass das, was sie wissen, auch tatsächlich stimmt, indem sie den Quellen ihres Wissens vertrauen, etwa ihrer Sinneswahrnehmung, ihrer Fähigkeit zum richtigen Schlussfolgern, glaubwürdigen Internetquellen oder wissenschaftlichen Koryphäen. Es ist geradezu vernunftgeboten, innerhalb unseres Alltags sehr vieles in diesem Sinne zu glauben: Denn würden wir permanent alles, was wir zu wissen glauben, in Frage stellen, so wären wir zwar gute Skeptizist:innen, hätten aber keine Chance mehr, uns in der Welt erfolgreich zu orientieren und in ihr zielgerichtet zu handeln.

Stehen Glauben und Wissen somit nicht in einem kontradiktorischen Gegensatz zueinander, so lassen sich Religiosität und Rationalität gleichwohl dadurch voneinander unterscheiden, dass Religiosität sich zur Fundierung des Glaubens in der Regel auf Instanzen stützt, die sie nicht selber produziert hat bzw. die sie als nicht selbst produzierte anerkennt: heilige Schriften, religiöse Institutionen, spirituelle Autoritäten bis hin zu Gott selbst als höchster glaubensbegründender Instanz. Rationalität beruft sich zur Fundierung des von ihr generierten Wissens dagegen auf Prozeduren und Maßstäbe, die sie als aktiv denkende Tätigkeit selber erzeugt. Die Adäquatheit ihrer Prozeduren der Wissensgewinnung muss sie zwar ständig anhand ihrer Bewährung in der Wirklichkeit überprüfen; aber auch diese Überprüfung orientiert sich am Maßstab rational reflektierter Erfahrung.

Ein Konflikt zwischen Religiosität und Rationalität kann also grundsätzlich deswegen entstehen, weil die vertrauenswürdigen Quellen des Glaubens und des Wissens zwischen autoritativer Vorgabe und autonomer Setzung differieren. Von den ersten nachchristlichen Jahrhunderten bis heute hat sich der darin begründete Konflikt in unterschiedlichen Szenarien abgespielt. In Spätantike und Mittelalter stellt sich die Relation zwischen Religiosität und Rationalität im Okzident vorwiegend als ein Kooperationsverhältnis von Offenbarung und Vernunft dar (▶ Abschn. 2.1.1), in der frühen Neuzeit als Trennung zwischen aus Gnade geschenktem Glauben und rationaler Deduktion (▶ Abschn. 2.1.2), im Zeitalter der Aufklärung als Konflikt zwischen tendenziell irrationaler Religion und aufklärender Vernunft (▶ Abschn. 2.1.3), seit der Mitte des 19. Jahrhunderts schließlich als unaufgelöste Spannung zwischen religiöser Transzendenz und wissenschaftlichem Naturalismus (▶ Abschn. 2.1.4). Am Leitfaden dieser in den einzelnen Epochen wechselnden Beziehungsgeflechte soll das Verhältnis von Religiosität und Rationalität im Folgenden rekonstruiert werden.

2.1.1 Offenbarung und Vernunft in Spätantike und Mittelalter

Offenbarung in den monotheistischen Religionen: Die monotheistischen Religionen Judentum, Christentum und Islam glauben daran, dass Gott, das höchste Wesen und der Schöpfer der Welt, in geschichtlichen Offenbarungen zu den Menschen gesprochen habe. Dieser Überzeugung zufolge hat es besondere Situationen gegeben, in denen Gott eine für Menschen empirisch wahrnehmbare materielle Gestalt angenommen hat, so etwa als brennender Dornbusch, der dem Mose erscheint (Ex 2,23–Ex 4,18), damit er das Volk Israel aus Ägypten führe, oder gar in Menschengestalt als der Erlöser und Heiland Jesus Christus. Derartige exzeptionelle Selbstoffenbarungen Gottes sind jedoch für ihre kulturelle Tradierung innerhalb einer Religionsgemeinschaft stets auf einen zweiten Typus von Offenbarung angewiesen, der sprachlich verfasst ist und in der Form von Erzählungen und Vorschriften davon kündet, was Gott mit den Menschen vorhat. Im Islam tritt diese Form der indirekten Offenbarung Allahs im Heiligen Koran sogar an die Stelle einer direkten Selbstoffenbarung Gottes, die der muslimische Glaube aufgrund der absoluten Unerkennbarkeit Gottes verneint. Es ist nicht Allah selbst, sondern der Engel Gabriel, der dem Propheten Mohammed das Wort Gottes, den Koran, offenbart. Dieser weist gegenüber der christlichen Bibel, die sich aus sehr heterogenen Textschichten zusammensetzt, eine wesentlich größere ‚Offenbarungshomogenität' auf.

Propositionale Reformulierung religiöser Aussagen: Manche der in den heiligen Schriften der Religionen überlieferten Erzählungen und Vorschriften lassen sich so interpretieren, dass sie eine Reformulierung in propositionalen Aussagesätzen zulassen. Derartige Propositionen, die sich von der narrativen Textoberfläche der heiligen Schriften gelöst haben, sind einem rationalen Nachvollzug zugänglich, der nicht mehr zwingend auf die ursprüngliche Offenbarungserzählung angewiesen ist. Aussagen wie „Die Welt wurde von einem allmächtigen Schöpfergott erschaffen" oder „Es ist geboten, seinen Mitmenschen zu helfen", die in religiösen Offenbarungsdokumenten enthalten sind, können durch abstrahierende Dekontextualisierung so verallgemeinert werden, dass sie zu Aussagen mit einem universellen Geltungsanspruch werden. Diese Generalisierung ist jedoch keineswegs bei sämtlichen religiösen Aussagen möglich. Somit stellt sich die Frage, zu welchen religiösen Aussagen die ‚natürliche' Vernunft bzw. die Philosophie auch ohne göttliche Offenbarung gelangen kann und welche dieser Aussagen in dem Sinne offenbarungsabhängig sind, dass sie einer religiösen Kontextualisierung innerhalb eines Offenbarungsgeschehens bedürfen, um sinnvoll verstanden und geglaubt werden zu können.

Vernunft und Offenbarung bei den Kirchenvätern: Bereits in den ersten nachchristlichen Jahrhunderten wurde von christlichen Autoren die Annahme entwickelt, dass die biblische Offenbarung auch Aussagen enthalte, die sich durch die Vernunft reformulieren und nachvollziehen lassen. Zugleich wurden schon in dieser frühen Phase christlicher Theologie unterschiedliche Verhältnisse zwischen Offenbarung und Vernunft ausgeprägt. Justin der Märtyrer (100–165), Clemens von Alexandria (150–215) und später Gregor von Nyssa (um 335/340–394) gelangten durch die griechische Philosophie zum christlichen Glauben, also gleichsam durch die platonischen Ideen zur Offenbarung der Evangelien. Anderen Kirchenvätern wie Tertullian (ca. 160–220) blieb die Verbindung von Philosophie und Christentum dagegen zeitlebens suspekt.

Augustinus' Versöhnung von Glauben und Wissen: Einen bedeutsamen systematischen Versuch zur Versöhnung von Glauben und Wissen unternahm Augustinus, indem er die christlich-katholische Lehre vor einem (neu-)platonischen Hintergrund auslegte. Gott selbst ist für Augustinus die ewige Wahrheit, nach der alle Menschen suchen. Im Glauben an Gott, der immer auch eine göttliche Gnade darstellt, erfüllt sich Augustinus zufolge das menschliche Streben nach Wahrheit, Weisheit und Wissen – und sogar das Streben nach dem wahren Glück, besteht dieses doch, wie schon die antiken Philosophen wussten, in der Anschauung des

Ewigen. Nach Augustinus entdecken wir dieses Ewige, das mit der Evidenz Gottes identisch ist, in uns selbst, wenn wir uns kontemplativ auf die eigene innere Erfahrung besinnen und dadurch für die göttliche Eingebung empfänglich werden. Einige Jahrhunderte später deutete Johannes Scotus Eriugena (800–877) diesen augustinischen Gedanken weiter aus. Für ihn vermag die Theophanie, die Erscheinung Gottes, sogar zur Einheit des Menschen mit Gott *(henosis)* zu führen. Denn indem Gott zum Menschen wurde *(inhumanatio),* kann der Mensch auch zu Gott werden *(deificatio).*

Priorität des Willens gegenüber der Vernunft: Augustinus zufolge reicht die theoretische Erkenntnis Gottes allerdings noch nicht aus, um ein wahrhaft gutes Leben zu führen. Dafür ist vielmehr der Wille ausschlaggebend, der sich entweder in egoistischer Manier auf den Menschen selbst *(amor sui)* oder aber auf Gott *(amor Dei)* richten kann. Die stärkere Gewichtung des Willens gegenüber der Vernunft hat, wenn man sie theologisch weiterdenkt, bedeutsame Konsequenzen für die Vorstellung des göttlichen Wesens und damit auch für die Relation von Offenbarung und Vernunft: Sollte nämlich in Gott selbst der Wille Priorität gegenüber der Vernunft besitzen, so käme der Offenbarung des göttlichen Willens eine viel größere Bedeutung für das religiöse Verständnis zu als der vernünftigen Erkenntnis. Gott hätte sich demnach durch nichts zu rechtfertigen; sein Wille stände über allem; und unsere Vernunft besäße keinen Maßstab, um das göttliche Sein oder Nichtsein, Handeln oder Nichthandeln zu beurteilen.

***Ratio fidei* in der hochmittelalterlichen Scholastik:** Autoren der Scholastik wie Anselm von Canterbury (1033–1109), Albertus Magnus (1193–1280) und Thomas von Aquin (1225–1274) haben demgegenüber für die Übereinstimmung des göttlichen Willens mit der Vernunft argumentiert. Anselm ging dabei sogar so weit, sämtliche zentralen christlichen Lehren durch die Vernunft beweisen zu wollen, so sehr war er von der *ratio fidei,* der Vernünftigkeit des Glaubens, überzeugt – gemäß den programmatischen Leitsprüchen *fides quaerens intellectum* („Glaube, der nach Einsicht verlangt") und *credo ut intelligam* („ich glaube, damit ich einsehen kann"). Thomas war in dieser Beziehung aufgrund seiner aristotelisch fundierten Erkenntnistheorie etwas vorsichtiger. Aber auch ihm zufolge ist das natürliche Gesetz, das an sich selbst gut und richtig ist und deswegen von Gott gewollt wird, der menschlichen Erkenntnis zugänglich – so wie diese auch auf natürlichem Weg mittels der Vernunft einen Teil der göttlichen Wahrheit, nämlich die Existenz Gottes und seine wichtigsten Eigenschaften wie Einheit, Vollkommenheit, Güte und Freiheit, erfassen kann. Da das durch die Vernunft erkennbare Gute und Wahre zum vollkommenen göttlichen Wesen gehört, müsste Gott, wenn er etwa die Sphäre des Guten und Wahren verlassen wollte, sein eigenes vollkommenes Wesen ändern, was logisch ausgeschlossen ist.

Zur Vertiefung: Vernunft und Offenbarung bei Thomas von Aquin

Angesichts der realistisch einzuschätzenden menschlichen Erkenntnisfähigkeit gibt es Thomas zufolge religiöse Wahrheiten, zu denen sich die **natürliche Vernunft** nicht von alleine aufschwingen kann, sondern zu deren Erkenntnis es göttlicher

Offenbarung bedarf. Hierzu gehören genuin christliche Lehren wie diejenige der Schöpfung aus dem Nichts, der göttlichen Trinität, der Menschwerdung Gottes, der Erbsünde, der Sakramente, des apokalyptischen Weltgerichts und der Auferstehung der Toten. Diese Doktrinen müssen als geoffenbarte Wahrheiten geglaubt werden. In epistemologischer Hinsicht ist der Offenbarungsglaube der rationalen Erkenntnis ebenbürtig, so dass jene Wahrheiten, die grundsätzlich von der natürlichen Vernunft erkannt werden können, ebenso gut als geoffenbarte Wahrheiten geglaubt werden dürfen. Die Relation zwischen Offenbarung und Vernunft ist demnach in thomistischer Sichtweise nicht als Gegensatz (wie zwischen Wahrheit und Falschheit) zu begreifen, sondern als die Unterscheidung zweier Erkenntnisquellen, die zum selben Ergebnis führen, wobei eine der beiden Quellen – die Offenbarung – eine größere Reichweite hat. Sie wird dem Menschen gleichsam ‚von oben' dargereicht, während theologische Einsichten auf der Basis natürlicher Vernunft in einer aufsteigenden Bewegung, die von der sinnlichen Erkenntnis anfängt, gewonnen werden.

Im Anschluss an Aristoteles bestimmt Thomas die Erste Philosophie qua Metaphysik als Wissenschaft von Gott, also Theologie. Sie ist Metaphysik, insofern sie das Seiende als Seiendes untersucht, und Erste Philosophie, insofern sie den ersten, universalen Grund alles Seienden (= Gott) untersucht.

Widersprüche auf propositionaler Ebene: Die Harmonie im Verhältnis von Offenbarung und Vernunft wird immer dann empfindlich gestört, wenn sich philosophische Erkenntnisse und Offenbarungswahrheiten auf einer propositionalen Ebene zu widersprechen scheinen. Ein solcher Widerspruch wurde in der Philosophie des Mittelalters z. B. hinsichtlich der aristotelischen Lehre von der Ewigkeit des Komsos und der monotheistischen Vorstellung einer Schöpfung der Welt aus dem Nichts *(creatio ex nihilo)* gesehen. Welche der beiden Lehren – und damit zugleich auch Erkenntnisquellen – sollte in Bezug auf die Wahrheitsfindung bevorzugt werden?

Lösungsansätze aus der jüdischen Theologie: Sowohl jüdische, christliche als auch muslimische Denker haben sich zwischen dem 9./10. und dem 13./14. Jh. intensiv mit der Problematik des Verhältnisses von religiöser Offenbarung und philosophischer Erkenntnis auseinandergesetzt. Innerhalb der jüdischen Religion hat Moses Maimonides (1138–1204) in seinem *Führer der Unschlüssigen* (1185/90) die ewigen Wahrheiten der Philosophie hinter der Oberfläche der wörtlichen Schriftbedeutung herauszuarbeiten versucht. Die durch die aristotelische Philosophie geschulte Vernunft enthüllt damit erst die wahre Bedeutung der heiligen Schrift. In Bezug auf die Frage nach der Ewigkeit der Welt oder ihrer Schöpfung aus dem Nichts hielt Maimonides allerdings die Schöpfungsthese für plausibler, da sie dem allmächtigen Willen Gottes besser entspreche (s. dazu ▶ Abschn. 3.4.1).

Die islamische Diskussion – al-Ghazālīs Philosophiekritik: Die islamische Diskussion des Verhältnisses von Offenbarung und Vernunft kommt im philosophisch-theologischen Streit zwischen Abū Ḥāmid al-Ghazālī (lat. Algazel, 1056–1111) und Ibn Ruschd (Averroes) zum Ausdruck. In der Abhandlung *Tahāfut* *al-falāsifa (Die Inkohärenz der Philosophen;* 1095) legte der Theologe und spätere Sufimystiker al-Ghazālī eine Evaluation von zwanzig philosophischen Lehren vor, die seiner Ansicht nach nicht mit dem muslimischen Glauben in Einklang zu bringen waren. Als eindeutig häretisch bezeichnete al-Ghazālī die philosophischen Ansichten über die Ewigkeit der Welt, über das göttliche Wissen um die Einzeldinge in ihrer Universalität, nicht jedoch in ihrer Individualität, sowie über die Auferstehung der immateriellen Seele, nicht aber des Leibes. Al-Ghazālī zufolge ist die Welt durch den freien Willen Gottes aus dem Nichts erschaffen worden; ferner widerspreche die Auffassung, dass Gott die Einzeldinge nur in einer allgemeinen Weise, nicht aber in ihrer Individualität kenne, der im Koran verbürgten Allwissenheit Gottes; und dies gelte auch für die von den Philosophen bestrittene leibliche Auferstehung.

In al-Ghazālīs Philosophiekritik, die mit genuin philosophischen Mitteln durchgeführt wurde, artikulierte sich ein innerhalb der islamischen Orthodoxie ohnehin weit verbreitetes Unbehagen gegenüber der Philosophie. Al-Ghazālīs Traktat führte jedoch zugleich zu einer weiteren Verbreitung gerade derjenigen Thesen, die er kritisiert hatte, sowie zu einer verstärkten Übernahme philosophischer Argumentationsweisen innerhalb der muslimischen Theologie.

Ibn Ruschds Rehabilitierungsversuch der Philosophie: Den Versuch einer ausdrücklichen Widerlegung von al-Ghazālīs Thesen unternahm einige Jahrzehnte später der vermutlich bedeutendste Philosoph des arabischen Spanien (al-Andalus), Ibn Ruschd. Im *Tahāfut al-tahāfut (Die Inkohärenz der Inkohärenz)* bemühte sich Averroes um eine punktgenaue Widerlegung der gegen die Philosophie gerichteten Abhandlung al-Ghazālīs. Darüber hinaus entstanden um 1180 weitere Schriften Ibn Ruschds, die sich mit dem Verhältnis von koranischer Offenbarung und Philosophie auseinandersetzen, insbesondere der *Fasl al-maqāl (Die entscheidende bzw. maßgebliche Abhandlung),* ein Rechtsgutachten *(fatwa)* über die Frage, ob das islamische Gesetz die Beschäftigung mit der Philosophie erlaube, verbiete oder sogar vorschreibe. Ibn Ruschd bestreitet darin die Auffassung al-Ghazālīs, dass es eine zweifache Wahrheit von koranischer Offenbarung und philosophischer Erkenntnis gebe, die sich im Widerstreit zueinander befänden. Vielmehr stünden beide Wahrheiten im Einklang miteinander; der Koran fordere sogar ausdrücklich die menschliche Bemühung um Erkenntnis. Die Einsichten, zu denen die (aristotelische) Philosophie kraft der Vernunft durch demonstrative Beweisführung gelangt, entsprechen daher Ibn Ruschd zufolge der Wahrheit, die jedoch faktisch nur von wenigen, die sich der Mühe des Philosophierens unterziehen, erkannt werden könne. Deswegen sei es, so Ibn Ruschd, notwendig, dass die Wahrheit in einer für die breite Masse begreiflicheren Form durch den Koran vermittelt würde.

Ibn Ruschd löst den potentiellen Widerstreit zwischen Offenbarung und Vernunft dadurch auf, dass er verschiedene Erkenntnisniveaus unterscheidet, welche die im Kern identische Wahrheit in unterschiedlichen Sprachmodi für kognitiv divergente Adressatengruppen darbieten. Wer sich nicht zur intellektuellen Höhe metaphysischer Erkenntnis aufzuschwingen vermag, dem mögem die Suren des Koran in ihrer oftmals plastischen Konkretheit genügen. Dabei ist zu unterscheiden (1) zwischen klaren und eindeutigen Koranversen, deren Bedeutung unmittelbar evident ist, (2) solchen Versen, die eine offenkundige und eine verborgene, nur dem geschulten Experten erkennbare Botschaft enthalten, und (3) interpretationsbedürftigen Versen, über deren symbolische Bedeutung auch unter Experten kein Konsens erzielt werden kann.

Zur Vertiefung: Die Rezeption der Philosophie Ibn Ruschds
Die Rezeptionsgeschichte der Philosophie Ibn Ruschds ist bemerkenswert. Während seine Thesen zum Verhältnis von Offenbarung und Philosophie in der damaligen muslimischen Welt nahezu unbeachtet blieben, bildete sich im 13. Jh. unter den christlichen Gelehrten Europas auf der Grundlage der Aristoteles-Kommentare des Ibn Ruschd der **lateinische Averroismus** heraus. Vielen katholischen Theologen waren dessen aristotelische Auffassungen allerdings suspekt, so dass es 1277 zur offiziellen Verurteilung von 219 philosophischen Thesen der Averroisten an der Pariser Sorbonne kam. Die Kirche argwöhnte, dass die Averroisten eine ,**doppelte Wahrheit**' propagierten, nämlich eine (wahre) philosophische und eine religiöse, die im Falle ihrer Nichtübereinstimmung mit der philosophischen Wahrheit hinter dieser zurücktreten müsse. Zusätzlichen Konfliktstoff enthielt die bereits von al-Fārābī (ca. 870–950) und später auch von Ibn Ruschd im Anschluss an Aristoteles vertretene Auffassung, dass die philosophische Lebensform letztlich die höchste sei, da die durch die Philosophie erreichbare Einsicht dem göttlichen Zustand so nahe komme wie sonst keine andere menschliche Tätigkeit. Vermutlich waren sich christliche und islamische Theologie selten so einig wie in ihrer von beiden Seiten geteilten Befürchtung, die Philosophie des Aristoteles könne den geoffenbarten Glaubensgehalten ihrer Religion widerstreiten.

Spätmittelalterlicher Voluntarismus: Eine weitere Gemeinsamkeit christlicher und islamischer Theologie kam innerhalb der abendländischen Philosophie im Spätmittelalter zum Durchbruch, nämlich eine voluntaristisch ausgerichtete Gotteslehre, die den göttlichen Willen gegenüber der Vernunft absolut setzte. Als Hauptvertreter dieser an Augustinus anknüpfenden Lehre gelten vor allem Roger Bacon (1214–1292), Heinrich von Gent (1217–1293), Duns Scotus (1266–1308) und William von Ockham (1287–1347). Die einzige Grenze, die der göttlichen Allmacht im theologischen Voluntarismus noch gesetzt wird, ist das Widerspruchsprinzip (Schröcker 2003). In methodischer Hinsicht wies Ockhams Nominalismus (die Auffassung, dass allgemeine Begriffe nur im Denken, nicht aber in der Realität existieren) um mehrere Jahrhunderte voraus in die Sprachkritik der frühen analytischen Philosophie. Und in inhaltlicher Hinsicht bereitete der theologische Voluntarismus der Spätscholastik jene Trennung zwischen Glauben und Wissen vor, die in der europäischen Neuzeit letztlich zur Freisetzung autonomer Erkenntnisgewinnung aus Erfahrung und Vernunft führen sollte. Hans Blumenberg (1920–1976) hat aus der Selbstbehauptung der menschlichen Vernunft angesichts der absoluten Allmacht Gottes, wie sie in der spätmittelalterlichen Theologie konzipiert wurde, geradezu *Die Legitimität der Neuzeit* (1966/1988) – so der Titel des umfangreichen Werks – rekonstruiert.

Kein vergleichbarer Epochenumbruch im Islam: Dass sich in der islamischen Welt im 15. und 16. Jh. kein vergleichbarer geistesgeschichtlicher Epochenwandel vollzog, wie er im Abendland durch Renaissance, Reformation und Aufklärung markiert wurde, hat zahlreiche komplexe historische Ursachen. Ein Grund kann darin gesehen werden, dass die Auslegung der Religion im Islam orthodoxen Eliten vorbehalten war, die einer eigenständigen philosophischen Wahrheitssuche überwiegend ablehnend gegenüberstanden. Zugleich bildeten sie aber keine zentrale Institution wie die katholische Kirche, dergegenüber sich der Individualismus des Glaubens wie im Protestantismus hätte durchsetzen können.

2.1.2 Glaube und Vernunft in der frühen europäischen Neuzeit

Die Unvergleichlichkeit Gottes: Eine bedeutsame Position in der Übergangsphase vom Spätmittelalter zur frühen Neuzeit repräsentiert die Philosophie des Nicolaus Cusanus (1401–1464). Sie nimmt nicht nur philosophiegeschichtlich, sondern auch systematisch eine vermittelnde Stellung ein, denn bei Cusanus finden sich Argumente sowohl für eine Zurückdrängung der Vernunft gegenüber dem Glauben als auch für eine Angewiesenheit des Glaubens auf Vernunft. Für das letztere spricht vor allem die Fundierung des Glaubens in der Tatsache, dass Gott existiert, eine Tatsache, die rational deduziert werden kann. Mit der Auffassung, dass es zwischen dem Endlichen und dem Unendlichen keinerlei gemeinsamen Maßstab gebe (*finiti ad infinitum nulla est proportio;* Cusanus 1440), wendet sich Cusanus allerdings klar gegen die scholastische Überzeugung einer analogisch begründeten, partiellen Erkennbarkeit Gottes durch die natürliche Vernunft. Da die Unendlichkeit Gottes auf keine, auch nicht auf analoge oder metaphorische Weise in Relation zur endlichen Vernunft des Menschen stehe, könne sich der Mensch keinerlei Begriff von den Eigenschaften Gottes machen. Zu behaupten, dass Gott als einziger und vollkommener existiere, sei ebenso wahr wie zu behaupten, dass Gott nicht als einziger und vollkommener existiere, da wir davon ausgehen müssen, dass unsere Vorstellungen von ‚Existenz‘, ‚Einzigkeit‘ und ‚Vollkommenheit‘ nichts mit der Wirklichkeit Gottes zu tun haben. Gott können deswegen alle Attribute nur symbolisch zugesprochen werden; ja, tatsächlich können ihm alle Attribute ebenso zu- wie abgesprochen werden, weil ohnehin keine dem Menschen bekannten Eigenschaften auf ihn zutreffen.

Negative Theologie: Nicolaus Cusanus beschreitet damit den Weg einer negativen Theologie:, die in der Tradition von Denkern wie Pseudo-Dionysius Areopagita (5./6. Jh.) und Maimonides steht. Ihr zufolge können wir von Gott immer nur aussagen, was er *nicht* ist, aber nicht, was er ist. Dieser ‚wissenden Unwissenheit‘ (*De docta ignorantia;* 1440) eignet ein sokratisches Moment, besteht die Weisheit des Philosophen doch nicht zuletzt darin zu wissen, worüber sich nichts wissen lässt. Die Annäherung an Gott, der von Nicolaus Cusanus auch als *non-aliud,* das Nicht-Andere, das sogar noch jenseits der Unterscheidung von Sein und Nichtsein liegt, oder als *possest,* als ‚Können-Ist‘ (*Trialogus de possest;* 1460), bezeichnet wird, kann angesichts der kognitiven Unzulänglichkeit des Menschen am besten in einem gläubigen Vertrauen, das mehr ist als ein propositionaler Glaube, geschehen.

Koinzidenz der Gegensätze: Die absolute Wahrheit, der zugleich absolute Notwendigkeit zukommt, kann Cusanus zufolge durch den endlichen menschlichen Intellekt zwar nicht begrifflich erfasst, wohl aber in der Koinzidenz der Gegensätze *(coincidentia oppositorum)* berührt werden. Weil das Maximum des ‚Unendlichen‘ ohne Gegensatz ist, fällt es mit dem unendlichen Minimum zusammen. Demgemäß ließe sich sagen, dass alle Dinge göttlichen Wesens seien, nämlich so, wie die Ursache (Gott) in ihrer Wirkung (den Dingen) enthalten ist, aber gleichzeitig auch, dass Gott in allen Dingen sei, nämlich so wie in einem Spiegelbild – was bedeutet, dass Gott selber zugleich auch nicht in den Dingen ist, so dass man Nicolaus Cusanus sicherlich keine pantheistischen Absichten unterstellen kann. Bei der Einsicht in das Zusammenfallen der Gegensätze unterscheidet Cusanus zwischen *ratio* und *intellectus:* Nur der letztere ist zur vertieften Erkenntnis der Koinzidenz befähigt. Und ähnlich wie Augustinus geht auch Nicolaus Cusanus davon aus, dass der Mensch zeitlebens danach strebt, Gott zu suchen, und nur in Gott letztlich Glück und Vollendung finden kann. Aber der Mensch besitzt außerdem eine *vis iudiciaria,* eine rationale Urteilskraft, die es ihm erlaubt, notwendige theoretische Wahrheiten und fundamentale moralische Gesetze durch seine Vernunft einzusehen.

Philosophieren angesichts religiöser und weltlicher Konflikte: Im Jahr 1453, in dem Byzanz an die Osmanen fiel und somit das oströmische Reich definitiv endete, verfasste Cusanus gleich zwei religionsphilosophisch bedeutsame Schriften. In *De visione Dei* beschreibt er das Verhältnis Gottes zur Welt als eines der wechselseitigen Sichtbarkeit/Unsichtbarkeit; der liebende Blick Gottes kann Cusanus zufolge vom Menschen erwidert werden. Die realen Religionskonflikte seiner Zeit mögen Cusanus zu der Schrift *De pace fidei* bewogen haben, in der ein interreligiöser Dialog in Gestalt eines fiktiven philosophischen Konzils inszeniert wird.

Martin Luthers Gewissheit des Glaubens: Nur wenige Jahrzehnte später, im Jahr 1517, markierte Martin Luthers berühmter Thesenanschlag, dessen Historizität freilich umstritten ist, eine weitere religionsgeschichtliche Epochenwende, die letztlich zur Spaltung der Christenheit in Katholiken und Protestanten führte. Für die Beziehung zwischen Glauben und Vernunft wurde vor allem Luthers Insistieren auf der Gewissheit des Glaubens wegweisend, die sich einzig und allein auf die biblischen Offenbarungszeugnisse und nicht auf rational gewonnene Überzeugungen stützen sollte *(sola scriptura/sola fide),* denn, wie Luther in der gegen Erasmus von Rotterdam gerichteten Schrift *De servo arbitrio (Vom unfreien Willensvermögen;* 1525) ausführte:

» Der heilige Geist ist kein Skeptiker! Er hat uns keine Zweifel oder bloße Meinungen in unsere Herzen geschrieben, sondern Wahrheitsgewissheiten, gewisser und fester als das Leben selbst und alle Erfahrung. (Luther 1525/2006, 233)

Vorrang des Glaubens bei Luther und Calvin: Für Luther bedarf der Glaube keines rationalen Beweises und keiner scholastischen Argumentation, denn er ist in erster Linie ein Geschenk der göttlichen Gnade. Rationale Argumente dürfen in Bezug auf den Glauben allenfalls eine dienende, unterstützende Rolle einnehmen;

aber niemals könne der wahre, gnadenhaft geschenkte Glaube durch vernünftige Argumentation beurteilt oder gerechtfertigt werden. Jürgen Habermas zufolge bekundet sich in dieser Auffassung Luthers Intention, „den performativen Eigensinn christlicher Glaubenswahrheiten vor deren theoretischer Vergegenständlichung in metaphysischen Grundbegriffen [zu] retten" (Habermas 2019, 2/13). Johannes Calvin wiederum begründete den Vorrang des Glaubens gegenüber dem Wissen mit dem inneren Zeugnis des Heiligen Geistes, das jeder Gläubige gleichsam von Natur aus in seinem Herzen trage und dem er nur Gehör schenken müsse, um an die Wahrheit der Offenbarung zu glauben. Mit dieser Auffassung beförderte der Protestantismus letztlich eine Trennung von Glauben und Wissen, die in der weiteren Entwicklung sowohl eine Verinnerlichung des Glaubens als auch eine Veräußerlichung des Wissens bewirken sollte.

Rationalistische Philosophie: Die Emanzipation von kirchlichen Autoritäten als den maßgeblichen Instanzen der Glaubensverkündigung und Wissensgewinnung bedeutete vor dem Hintergrund der wissenschaftlichen Revolutionen des 15. bis 17. Jh.s, dass nunmehr rationale und empirische Untersuchungen der Natur, auch der menschlichen Natur, als die geeigneten Wege zur Gewinnung wahrer Erkenntnisse angesehen wurden. Die Berufung auf Traditionen wie Offenbarungsdokumente oder die Lehren der ‚Alten', insbesondere des Aristoteles, wich einem neuen Zutrauen in die Leistungsfähigkeit der natürlichen Vernunft, auf der Basis allgemeingültiger, etwa mathematisch fundierter Prinzipien neues, innovatives Wissen generieren zu können. Hatten schon bei Nicolaus Cusanus neben optischen vor allem mathematische und geometrische Symbolisierungen eine große Rolle gespielt, so werden diese in der rationalistischen Philosophie bei René Descartes (1596–1650), Blaise Pascal (1623–1662), Baruch de Spinoza (1632–1677) und Gottfried Wilhelm Leibniz (1646–1716) zu privilegierten Medien eines evidenzbasierten Wissens, das auch den Theismus ohne Bezugnahme auf den Offenbarungsglauben neu und apodiktisch zu fundieren beansprucht. Besonders weit entfernt sich dabei Spinozas pantheistische Auffassung von Gott (*deus sive natura* = ‚Gott oder auch die Natur') als unendlicher, unpersönlicher Substanz vom einstmaligen theologischen Mainstream.

Subjektfundierung des Wissens (Descartes): In der Philosophie Descartes' tritt an die Stelle der radikalen Subjektfundierung des Glaubens, die der Protestantismus mit sich gebracht hatte, eine radikale Subjektfundierung des Wissens, das die unerschütterlichen Fundamente seiner Weltkonstruktion aus sich selbst, d. h. aus der Selbstgewissheit des sich selbst gegenwärtigen Denkens, erzeugt (Descartes 1641). Die Ausbalancierung dieser Selbstsetzung des modernen Subjekts durch die epistemologische Vorordnung des Gottesbegriffs in Descartes' Philosophie vermag allerdings kaum noch zu überzeugen; zu stark ist bereits die Sogkraft, die von der Idee des sich selbst setzenden Subjekts und seiner mentalen Weltkonstruktion ausgeht.

Ordnung des Geistes und Ordnung des Herzens (Pascal): Einen wacheren Sinn für den Zwiespalt zwischen rationaler Deduktion und gläubiger Erfahrung Gottes, als ihn Descartes an den Tag legte, bewies sein Zeitgenosse Blaise Pascal, der die Differenz zwischen Rationalität und Religiosität in die folgenden Worte fasste:

» Das Herz hat seine Ordnung, der Geist hat seine Ordnung, nämlich durch Grundsätze und Beweisführungen. Das Herz hat eine andre Ordnung. Man beweist nicht, dass man geliebt werden soll, indem man der Ordnung nach die Gründe zur Liebe ausführt; das wäre lächerlich. – Jesus Christus und der heilige Paulus sind weit mehr der Ordnung des Herzens gefolgt als der Ordnung des Geistes, denn sie wollten erwärmen, nicht belehren. (Pascal 1670/2010, Nr. 329, 313)

In Pascals Philosophie artikuliert sich ein existentielles Bewusstsein von der Fragilität des Menschen, der ständig zwischen den Polen der Unendlichkeit und des Nichts hin- und herschwankt, solange er nicht im Glauben seinen Frieden gefunden hat. Die Selbstbegrenzung der Vernunft angesichts der Unendlichkeit, die sie übersteigt, gehört für Pascal zu einem adäquaten Gebrauch der Vernunft. Mit seiner berühmten ‚Wette' hat Pascal darüber hinaus ein bis heute vieldiskutiertes Wahrscheinlichkeitsargument für die Rationalität religiösen Glaubens geliefert.

Zur Vertiefung: Die Pascalsche Wette

Pascals ‚Wette', die eigentlich gar keine richtige Wette ist, sondern eher als ein entscheidungstheoretisches **Kalkül der religiösen Hoffnung** bezeichnet werden kann, wird in einem Textstück der *Pensées* (*Gedanken;* 1670) entwickelt, das die Überschrift „Der Diskurs der Maschine" (je nach Ausgabe Fragment Nr. 233, 418 oder 680) trägt und mit den Worten **„Unendlich – Nichts"** beginnt. Pascal spielt mit der Überschrift auf Descartes' maschinelle Auffassung des menschlichen Körpers an, der durch äußerliche religiöse Handlungen wie Beten, Niederknien, regelmäßige Teilnahme an Gottesdiensten, aber auch durch mathematische Wahrheiten zur Aufnahme des Glaubens bereit gemacht werden kann. Von einer gläubigen Annahme der christlichen Botschaft, wie sie Pascal eigentlich vorschwebt, ist der ‚Maschinenglaube', in dessen Kontext die berühmte ‚Wette' steht, freilich noch weit entfernt.

In seiner ‚Wette' stellt Pascal mit geradezu spieltheoretischen Mitteln die Vorteile des Glaubens gegenüber dem Unglauben heraus (Pascal 1670/2010, Nr. 680, 505 ff.). Wenn wir den Glauben hypothetisch als ein Spiel betrachten, in das man einen gewissen Einsatz investiert (z. B. Gebete, Handlungen nach den Geboten Gottes etc.), dann könnte sich die Frage stellen, welche Alternative rationaler wäre: das Spiel irgendwann zu beenden oder aber mit vollem Einsatz weiter zu spielen. Beendet man das religiöse Spiel zu Lebzeiten, dann ist der gesamte bisherige Einsatz umsonst gewesen. Spielt man jedoch weiter, so eröffnen sich **zwei Möglichkeiten:** Entweder gab es in diesem Spiel niemals etwas zu gewinnen (in diesem Fall hätte man zumindest ein Leben nach religiösen Grundsätzen geführt und wäre in der Hoffnung auf den Gewinn eines ewigen Lebens in Glückseligkeit gestorben – den Betrug würde man als Toter ohnehin nicht mehr bemerken); oder aber es gibt tatsächlich das ewige Leben in Glückseligkeit zu gewinnen. Die **Wahl,** die der religiöse Spieler demnach zu treffen hat, ist eine zwischen sicherer Hoffnungslosigkeit, die mit dem Abbruch des religiösen Spiels einhergeht, und einer unsicheren Hoffnung, die entweder alles gewinnen oder nichts verlieren kann. Wenn wir also an Gott glauben und Gott tatsächlich existiert, so gewinnen wir die ewige Glückseligkeit. Wenn wir an Gott glauben und er nicht existiert, verlieren wir im Grunde nichts, sondern haben bestenfalls ein Leben voller Hoffnung auf der Basis moralisch schätzenswerter Eigenschaften geführt. Wenn wir aber nicht an Gott glauben und er existiert, so droht uns möglicherweise die ewige Verdammnis, weil wir das Glaubensangebot nicht angenommen haben. Wenn wir nicht an Gott glauben und er auch nicht existiert, gewinnen wir im Grunde nichts.

Gegenüber dem unendlichen Gewinn, den uns die Religion verheißt, scheint sich jeder endliche Einsatz zu lohnen. Pascal zieht aus dieser Konstellation die Schlussfolgerung, dass es eindeutig rationaler ist, im Spiel zu bleiben. Religiös zu leben scheint demzufolge wesentlich vernünftiger zu sein als irreligiös zu leben.

Vermittlungsbemühungen der Cambridger Platoniker: Dass auch im Zeitalter des Rationalismus nicht sämtliche philosophischen Strömungen die traditionsreiche Symbiose von Offenbarung und Vernunft ablehnten, beweist die Existenz der Cambridger Platoniker, die an neuplatonische Strömungen aus Antike, Mittelalter und Renaissance anknüpften und diese mit den Errungenschaften der neuen Wissenschaften zu vereinbaren suchten. In diesem Zusammenhang befassten sie sich mit Argumenten und Themenstellungen, die auch noch in der heutigen Religionsphilosophie diskutiert werden, wie etwa den Gottesbeweisen, dem Verhältnis von Glauben und Wissen bzw. Religion und Wissenschaft, religiöser Diversität und Toleranz (Taliaferro 2005).

2.1.3 Religion und Vernunft seit der Aufklärung

Die frühneuzeitliche Trennung zwischen einer Gewissheit des Glaubens, die sich ausschließlich auf die Gnade und die Offenbarung Gottes stützt, und einer Gewissheit der Vernunft, welche die Existenz Gottes für rational deduzierbar hält, weicht im Zeitalter der Aufklärung und der politischen Revolutionen allmählich einer anderen Trennung: derjenigen zwischen erneuerten rationalen Begründungsversuchen einer Komplementarität von Glauben und Wissen auf der einen und offen geäußerter Religionskritik auf der anderen Seite.

Skepsis gegenüber religiösen Geltungsansprüchen: Ansätze zu einer skeptischen Auffassung des Religiösen hatte es schon zuvor in den Reflexionen des Michel de Montaigne (1533–1592), in der materialistischen Staatsphilosophie Thomas Hobbes' (1588–1679) oder im Bibelkritizismus Spinozas gegeben. Auch in der frühen US-amerikanischen Philosophie, etwa bei Cadwallader Colden (1688–1776) und Joseph Priestly (1733–1804), finden sich materialistische, an Newton und Hobbes anknüpfende Konzeptionen, die so weit gehen, dass sie für theologische Erklärungen natürlicher Erscheinungen keinen Platz mehr zu lassen scheinen (Taliaferro 2005, 135 ff.). Seit der Aufklärung verstärken sich diese Tendenzen einer philosophisch fundierten Kritik an religiösen Geltungsansprüchen, die rationalen Beglaubigungsstandards nicht genügen. Die autonom gewordene Vernunft beansprucht nunmehr für sich das Recht, religiösen Glauben insgesamt beurteilen und evaluieren zu können; mit den Worten John Lockes (1632–1704) ausgedrückt: „reason must be our last judge and guide in everything" (Locke 1690, book 4, chap. 19, §14).

Der Verstand als Prüfungsinstanz religiöser Offenbarung: Zu den philosophischen Strömungen, die sich mit der strikten Trennung von Glauben und Wissen nicht zufrieden geben wollten, gehörte auch der Empirismus. In dem berühmten *Essay Concerning Human Understanding* (*Untersuchung über den menschlichen Verstand;* 1690) macht John Locke darauf aufmerksam, dass, falls sich der religiöse Glaube auf eine göttliche Offenbarung beziehe, durch den Verstand erst einmal geprüft werden müsse, ob es sich tatsächlich um eine authentische Offenbarung Gottes handle. Weil nur vom Verstand einsehbare Evidenzen eine Offenbarung wirklich glaubhaft machen können, kann man Lockes Position als Evidentialismus bezeichnen (s. dazu auch ▶ Abschn. 2.2.2). Eine durch Evidenzen beglaubigte religiöse Überzeugung kann Locke zufolge unserem Verstand niemals entgegengesetzt sein, im Gegenteil: Der wahre Glaube ist letztlich nichts anderes als eine feste Zustimmung zu dem, was entweder der eigene Verstand eingesehen hat oder was uns eine vertrauenswürdige Quelle mitteilt. Der Verstand gewinnt Wissen durch die Ableitung aus Ideen, die der Sinneswahrnehmung oder der Reflexion entstammen. Wenn wir nun dem Zeugnis einer Quelle vertrauen, benutzen wir zwar nicht direkt unseren Verstand, um zu Erkenntnissen zu gelangen, aber wir benutzen ihn gleichwohl indirekt, indem wir die Glaubwürdigkeit der Quelle rational beurteilen. Falls wir sicher wüssten, dass Gott tatsächlich die Quelle einer bestimmten Offenbarung sei, dann wäre dies, argumentiert Locke, ein sehr guter Grund, alle Propositionen, die in der Offenbarung verkündet werden, für wahr zu halten. Um aber nicht in das zu verfallen, was Locke „Enthusiasmus" nennt und was man heutzutage eher als „religiösen Fundamentalismus" bezeichnen würde, müssen wir über einen sehr hohen Grad an Evidenz verfügen, um sicher zu sein, dass es sich im Einzelfall tatsächlich um eine göttliche Offenbarung handelt und dass wir richtig verstehen, was uns die Offenbarung mitteilen will.

Locke zum Verhältnis von Glauben und Vernunft: Bei Locke erhält die Beziehung von religiösem Glauben und Vernunft eine erkenntnistheoretisch fundierte Grundlage. Nur wenn wir über hinreichende Gründe verfügen, ein Offenbarungszeugnis für wahr zu halten, ist der Glaube daran Locke zufolge gerechtfertigt. Glaubt jemand ‚einfach so' an eine göttliche Offenbarung, vielleicht aus einem Bauchgefühl heraus oder aus soziokulturellem Gruppenzwang, aber ohne Stützung durch rational einsehbare Gründe, dann ist es nach Locke ja dem bloßen Zufall überlassen, ob der betreffende Glaube sich auf eine wahre oder eine falsche Offenbarung bezieht. Besser sei es demgegenüber, auch im Bereich des Religiösen von seinen Geisteskräften Gebrauch zu machen, denn schließlich, so Locke Pointe in diesem Zusammenhang, hat uns niemand anderes als Gott diese geschenkt (Locke 1690, book 4, chap. 22, §23). Allzu viel Neues können wir aus einer religiösen Offenbarung Locke zufolge ohnehin nicht lernen, denn sie kann uns letztlich nichts offenbaren, was unsere auf Sinneswahrnehmung und Reflexion gegründete Erkenntnisfähigkeit übersteigen würde. Im Gegenteil: Steht eine geoffenbarte Proposition im Gegensatz zu unserem sicheren intuitiven

Wissen, so müssen wir sie auch nicht glauben, denn: „faith can never convince us of anything that contradicts our knowledge" („Der Glaube kann uns niemals von etwas überzeugen, was unserem Wissen widerspricht"; Locke 1690, book 4, chap. 28, §5).

Humes Skeptizismus: Die Anwendung empiristischer Erkenntniskriterien auf den religiösen Glauben konnte freilich auch geradewegs in den Skeptizismus führen, wie ihn David Hume in den *Dialogen über natürliche Religion*: (*Dialogues Concerning Natural Religion;* 1779) der Figur Philo in den Mund legt. Gegenüber den anderen beiden Dialogpartnern Demea, der das christliche Glaubensdogma vertritt, und Cleanthes, der eine abwägende theistische Position einnimmt, steht Philo für die Skepsis in theologischen Fragen. Wenn sich, so Philos Argument, unsere Vernunft bereits bei gewöhnlichen, sinnlich erfahrbaren Dingen sehr leicht irren kann, so sollte man bei der Erkenntnis eines so erhabenen und der Beobachtung vollkommen unzugänglichen Gegenstandes wie Gott besonders vorsichtig sein. Und selbst wenn man die Existenz Gottes als erster Ursache der Welt einräumen mag, so macht dies die Religionen mit all ihren Dogmen und Praktiken aus der Sicht Philos noch längst nicht wahr.

Kants transzendentale Selbstkritik der Vernunft: Am Ende des Aufklärungszeitalters, das von den empiristischen Erwägungen Lockes und Humes, aber ebenso vom religionskritischen Denken Voltaires (1694–1778) und Denis Diderots (1713–1784) geprägt war, unternahm Kant in seiner *Kritik der reinen Vernunft* (1781/1787) den bahnbrechenden Versuch einer transzendentalen Analyse des theoretischen Erkenntnisvermögens – und zwar in der ausdrücklichen Absicht, „das Wissen auf[zu]heben, um zum Glauben Platz zu bekommen" (Kant 1787, B XXX). Der religiöse Glaube sollte sich jedoch nicht mehr an die theoretische, sondern fortan an die praktische Vernunft anschließen – und als ein reiner moralischer Vernunftglaube alle empirischen und kultischen Eigenschaften der bloß ‚statutarischen', auf historischen Dogmen und rituellen Vorschriften beruhenden Religionen möglichst von sich abstreifen (▶ Abschn. 1.2.2).

Fichtes Offenbarungskritik: In enger Anlehnung an die Ergebnisse der kritischen Transzendentalphilosophie Kants legte Johann Gottlieb Fichte (1762–1814) im Jahr 1792 seinen *Versuch einer Kritik aller Offenbarung* vor, der zunächst irrtümlich für die seit langem von Kant erwartete Abhandlung über Religion gehalten wurde. Fichte spitzte in diesem Versuch einer philosophischen Offenbarungskritik, mit der er implizit an die oben dargestellten Erwägungen Lockes anknüpfte, den latenten Konflikt zwischen der Gesetzgebung durch praktische Vernunft oder durch Gott auf die Frage zu, welche Kriterien es der Vernunft erlauben, eine gegebene Offenbarung für eine authentische Selbstankündigung Gottes zu halten. Denn das Sittengesetz, so wie es Kant im kategorischen Imperativ formulierte, scheint mit einer doppelten Stimme zu sprechen: einmal mit der natürlichen Stimme der reinen praktischen Vernunft im Inneren des autonomen Subjekts, woraus sich die natürliche Religion ergibt, zum anderen von außen durch die sinnlich erfahrbare Offenbarung des göttlichen Gesetzgebers, wodurch die Offenbarungsreligion entsteht. Dass Fichte beide Quellen auf unterschiedliche Adressatengruppen zu beziehen versucht – durch Sinnlichkeit in besonderem

Maße affizierbare Menschen scheinen einer göttlichen Offenbarung bedürftig zu sein, damit sie überhaupt moralisch handeln können –, ändert allerdings nichts an dem grundsätzlichen Problem, das sich aufgrund der Dichotomie zwischen natürlicher und geoffenbarter Religion stellt: Die öffentliche Bekanntmachung des moralischen Gesetzes durch Offenbarungen, zu denen Gott selbst durch die Forderung des Sittengesetzes genötigt wird, da es nach Fichte zu seiner Pflicht gehört, die Moralität seiner Geschöpfe zu befördern, lässt eben diese Moralität zu einer bloß heteronomen bzw. zu bloßer Legalität herabsinken. Denn je stärker der religiöse Glaube ‚von außen‘ auf den Willen einwirkt, um so weniger autonom ist dieser; Religion, wenigstens die Offenbarungsreligion, scheint somit die Autonomie des moralischen Subjekts zu beeinträchtigen.

Repressionen infolge religionskritischer Äußerungen: Wie riskant religionsphilosophische Einlassungen am Ende des 18. Jh.s sein konnten, zeigen die hochschulpolitischen Repressionen, denen sich Kant und Fichte ausgesetzt sahen: Kant wurde 1794 durch ein Schreiben des preußischen Königs Friedrich Wilhelm III. für seine religionsphilosophischen Äußerungen massiv gerügt und dazu aufgefordert, öffentliche Äußerungen über Religion künftig zu unterlassen. Noch wesentlich schlimmer erging es Fichte fünf Jahre später, als er anlässlich des ‚Atheismusstreits‘ von seiner Professur an der Universität Jena zurücktreten musste.

Zur Vertiefung: Pantheismus- und Atheismusstreit

Den am Ende des 18. Jh.s innerhalb der klassischen deutschen Philosophie ausgetragenen Kontroversen ist gemeinsam, dass der Philosoph **Friedrich Heinrich Jacobi** (1743–1819) in beiden Auseinandersetzungen eine tragende Rolle spielte. Der **Pantheismus- oder Spinozismusstreit** wurde 1785 durch Jacobis Briefe „Ueber die Lehre des Spinoza" (Jacobi 1998, 1–146) an **Moses Mendelssohn** (1729–1786) eröffnet, in denen Jacobi über den angeblichen Spinozismus des mit Mendelssohn befreundeten, unlängst verstorbenen Dichters **Gotthold Ephraim Lessing** (1729–1781) berichtete. Jacobi präsentierte den Spinozismus dabei einerseits als das konsistenteste metaphysische System der Philosophie überhaupt, andererseits jedoch als den Inbegriff eines nihilistischen Rationalismus, der einen persönlichen Schöpfergott verneine. Der Vorwurf, Spinozist zu sein, wog daher schwer, schien er doch zugleich Atheismus und moralischen Fatalismus zu implizieren. Der Spinoza-Deutung Jacobis standen Interpretationen von **Johann Wolfgang von Goethe** (1749–1832) und **Johann Gottfried Herder** (1744–1803) entgegen, in denen der **Pantheismus** Spinozas wesentlich positiver aufgefasst wurde. Nachdem sich Kant 1786 in die Debatte eingeschaltet hatte und seine Position sowohl von der Jacobis als auch von derjenigen Mendelssohns abgegrenzt hatte, betrachtete Jacobi nunmehr die kritische Transzendentalphilosophie als Träger des **Nihilismus**.

Dies zeigte sich in der zweiten Kontroverse, dem **Atheismusstreit 1798/99,** der sich an **Johann Gottlieb Fichte**s Aufsatz „Über den Grund unseres Glaubens an eine göttliche Weltregierung" (1798; Fichte 1971, 175–189) entzündete. Fichte versuchte in diesem Text, der die Thesen seines Kollegen Friedrich Karl Forberg (1770–1848) verteidigte, zwar den Gottesbegriff für die Vernunft zu retten, identifizierte ihn aber mit der moralischen Weltordnung, jenseits derer kein persönliches göttliches Wesen mehr angenommen werden könne. Jacobi befeuerte die im Anschluss an Fichtes Aufsatz aufbrechende Kontroverse dadurch, dass er Fichte zwar persönlich gegen den Atheismusvorwurf in Schutz nahm, andererseits aber in seinem Antwortschreiben an Fichte deutlich machte, dass für ihn jeder Versuch einer philosophieimmanenten Gotteserkenntnis zwangsläufig zur Vernichtung Gottes und damit zum Nihilismus führen müsse. Infolge dieser Kontroverse wurden Fichte und Forberg des Atheismus und der **Asebie** (Gottlosigkeit) angeklagt. Fichte musste schließlich auf Druck des Weimarer Herzogs Carl August von seiner Jenaer Professur zurücktreten, Forberg verließ den Schuldienst.

Hegels Aufhebung des Gegensatzes von Glauben und Wissen: Jacobis Philosophie des Nicht-Wissens, die ein auf Gott bezogenes Wissen prinzipiell für unmöglich erklärt und einzig den Glauben als adäquate Einstellung zum Religiösen proklamiert, kann geradezu als der zeitgenössische Gegenentwurf zu den idealistischen Philosophien des Absoluten betrachtet werden. Als eine indirekte Reaktion auf den Atheismusstreit lässt sich Hegels 1802 erschienene Abhandlung „Glauben und Wissen oder die Reflexionsphilosophie der Subjektivität, in der Vollständigkeit ihrer Formen, als Kantische, Jacobische und Fichtesche Philosophie" verstehen. Hegel ist wie zahlreichen anderen Philosophierenden dieser Epoche an einer Überwindung des Gegensatzes von Glauben und Wissen gelegen. Diesen sieht er durch die Trennung eines endlichen Wissens, das nur im Bereich der Empirie zu inhaltsreichen Erkenntnissen gelangen kann, von einem Glauben ans Unendliche, der sich nur als vage Hoffnung oder dumpfes Gefühl artikuliert, erneut aufgebrochen. Im Medium einer allumfassenden Vernunft sollen, so Hegel, die endlichen Entgegensetzungen des Verstandes aufgehoben und der Begriff des Absoluten spekulativ neu gefasst werden. Am Ende der Abhandlung „Glaube und Wissen" entwickelt Hegel mit der Figur des ‚spekulativen Karfreitags' eine philosophische Umdeutung des Kreuzestodes Jesu Christi, in welcher der Schmerz über den Tod Gottes die in den Subjektivitätsphilosophien realisierte Negation repräsentiert, aus der aber letztlich „die höchste Totalität in ihrem ganzen Ernst und aus ihrem tiefsten Grunde [...] auferstehen kann, und muß" (Hegel 1802/1968, 414).

Erneute Entzweiung von Religion und Vernunft: Mit Blick auf die weitere nachidealistische Entwicklung des Verhältnisses von Religion und Vernunft im 19. Jh. ist zu konstatieren, dass die idealistische Synthese von Glauben und Wissen, insbesondere die von Hegel vorgelegte Deutung der Religion als einer Entwicklungsstufe des absoluten Geistes, nicht das letzte Wort behalten hat. In einer dialektischen Betrachtungsweise ließe sich sagen, dass sich nach Hegel Religion und Vernunft erneut entzweien, zum einen in eine existenzielle Individualisierung des Glaubens (Søren Kierkegaard), zum anderen in die Religionskritik der Junghegelianer Ludwig Feuerbach (1804–1872), David Friedrich Strauß (1808–1864), Bruno Bauer (1809–1882) und Karl Marx (1813–1883).

Schopenhauers Willensmetaphysik: Eine exzeptionelle Position innerhalb der wechselvollen Beziehungsgeschichte zwischen Glauben und Wissen seit der

Aufklärung nimmt die Philosophie Arthur Schopenhauers (1788–1860) ein. Diese knüpft zwar mit der transzendentalphilosophischen Distinktion zwischen Erscheinungen und ‚Ding-an-sich' an die Philosophie Kants an, entwickelt diese jedoch in eine gänzlich andere Richtung zu einer Metaphysik des Willens weiter. Die Religionen werden von Schopenhauer danach unterschieden, ob sie eine optimistische oder eine pessimistische Weltsicht vertreten, wobei die pessimistischen Religionen der philosophischen Einsicht in das sinnlose Walten des blinden, irrationalen Willens näherkommen. Zu den pessimistischen Religionen zählt Schopenhauer Buddhismus und Hinduismus sowie das Christentum, zu den optimistischen den griechischen Polytheismus, das Judentum und den Islam. Insbesondere in der buddhistischen Lehre vom Daseinsdurst, der für die Entstehung des Leidens verantwortlich gemacht wird, sah Schopenhauer seine Erkenntnis des unersättlichen Willens präformiert, wenngleich Schopenhauers Rezeption der ostasiatischen Religionen – ebenso wie bei den deutschen Idealisten – zum einen durch die Quellen- und Editionslage am Anfang des 19. Jh.s, zum anderen durch eurozentrische Vorurteile eingeschränkt war. Gleichwohl ist bemerkenswert, dass Buddhismus und Hinduismus in Schopenhauers Denken eine philosophische Aufwertung erfahren, die in der europäischen Philosophiegeschichte des 19. Jh.s singulär ist. Als typischer Denker des 19. Jh.s erweist sich Schopenhauer freilich darin, dass er die Wahrheit von Religionen stets im Hinblick auf deren Koinzidenz mit seinem eigenen philosophischen System beurteilt (Wicks 2009).

2.1.4   Religion und moderne Wissenschaft

Der Glaube an die wissenschaftliche Rationalität: In der nachidealistischen Religionskritik verstärkte sich eine Tendenz, die sich bereits im Aufklärungs- und Revolutionszeitalter angebahnt hatte (man denke etwa an den zeitweiligen Kult der Vernunft während der Französischen Revolution): die Erhebung der Vernunft selbst zum Gegenstand eines quasi-religiösen Glaubens, eines Glaubens an die Fähigkeit der Wissenschaft, die Welt der Natur und des Menschen durch die aktive Anwendung methodisch angeleiteter Rationalität immer vollständiger und genauer zu erklären und dadurch zugleich immer mehr, wie es Max Weber später bezeichnete, zu entzaubern.

Spannungsverhältnis von Religion und Wissenschaft: Das heutige Verhältnis zwischen Religion und Wissenschaft – wobei mit ‚Wissenschaft' hier verkürzt vor allem die modernen Naturwissenschaften gemeint sind – ist aus den in den vorigen Abschnitten dargestellten Entwicklungen innerhalb der Relation von Glauben und Wissen hervorgegangen. Die philosophische Auseinandersetzung zwischen beiden Sphären findet seit Hegels letztem großen systematischen Versöhnungsversuch in der von ihm mitbegründeten Religionsphilosophie statt (zur Entwicklung der Religionsphilosophie im 19. und 20. Jh. s. ▶ Abschn. 1.2.3 und 1.2.4). Seit etwa der Mitte des 19. Jh.s setzt sich die konfliktträchtige Beziehung von Glauben und Wissen aber auch im Verhältnis von Religion und empirischer Wissenschaft fort. Dieses Verhältnis ist bis heute von einer Grundspannung gekennzeichnet, die sich im schlechtesten Fall als unvermittelte Entgegensetzung von naturalistischer Wissenschaftsgläubigkeit und religiösem Fundamentalismus präsentiert.

In der Vergangenheit hat sich der institutionalisierte (christliche) Glaube mehrfach ablehnend gegenüber neuen wissenschaftlichen Erkenntnissen verhalten, wie etwa das Verbot der Auffassungen Nikolaus Kopernikus' (1473–1543) und Galileo Galileis (1564–1642) durch die katholische Kirche zeigt. Beide Forscher hatten erkannt, dass das bis dahin geltende, von der Kirche vertretene geozentrische Weltbild nicht stimmen konnte. Auch die Darwinsche Evolutionstheorie sieht sich bis heute, vor allem in den USA, Anfeindungen seitens des christlichen Fundamentalismus ausgesetzt.

> ▶ **Beispiel: Der Streit zwischen Galileo Galilei und der katholischen Kirche**
>
> Kernpunkt des berühmten Konflikts zwischen dem italienischen Universalgelehrten und Naturforscher Galileo Galilei und der katholischen: Kirche war die Wahrheit des kopernikanischen Weltbildes, demzufolge sich nicht die Sonne um die Erde dreht, sondern die Erde um die Sonne. Den Widerspruch zwischen den astronomischen Beobachtungen, die Kopernikus' heliozentrische Auffassung stützte, und einer wörtlichen Bibelauslegung, aus der sich das ptolemäische, geozentrische Weltbild ableiten ließ, suchte Galileo dadurch zu entschärfen, dass er die wörtliche Interpretation der Heiligen Schrift in naturwissenschaftlichen Angelegenheiten ablehnte.
>
> Im Jahr 1633 musste sich Galileo einem mehrmonatigen Inquisitionsprozess in Rom unterziehen, in dessen Verlauf er seine astronomischen Auffassungen wider besseres Wissen widerrufen musste. Ihm wurde vorgeworfen, gegen eine 17 Jahre zurückliegende Unterlassungsanordnung der katholischen: Kirche verstoßen zu haben, derzufolge Galileo auf die Verbreitung und Verteidigung der kopernikanischen Lehre verzichten sollte. Im Jahr 1630 war jedoch der *Dialogo di Galileo Galilei sopra i due Massimi Sistemi del Mondo Tolemaico e Copernicano (Dialog über die beiden hauptsächlichsten Weltsysteme, das ptolemäische und das kopernikanische)* erschienen, den die katholische Kirche als Verstoß gegen die 1616 ausgesprochene Unterlassungsanordnung interpretierte. Möglicherweise auch, um dem Schicksal Giordano Brunos zu entgehen, der im Jahr 1600 als verurteilter Ketzer auf dem Scheiterhaufen verbrannt war, beugte sich Galileo der Autorität der katholischen: Kirche, die freilich langfristig durch ihre gewaltsame Unterdrückung wissenschaftlicher Erkenntnisse größeren Schaden nahm, als der von der Inquisition gedemütigte Galileo zu seinen Lebzeiten ahnen konnte. 1992 ist Galileo Galilei durch Papst Johannes Paul II. rehabilitiert worden. Sein Prozess stellt bis heute eines der prominentesten Beispiele für den Konflikt zwischen Wissenschaft und religiösem Glauben dar (Dawes 2016a). ◀

Die Konfliktthese: Eine zusammenhängende *Geschichte der Konflikte zwischen Religion und Wissenschaft* hat unter eben diesem Titel (engl.: *History of the Conflict between Religion and Science;* 1875) erstmals der Naturwissenschaftler John William Draper (1811–1882), einer der Pioniere der Fotografie, vorgelegt. Rund zwei Jahrzehnte später betonte Andrew Dickson White (1832–1918), der erste Präsident der amerikanischen Cornell University, mit seinem Werk *A History of the Warfare of Science and Theology in Christendom* (1896) ähnlich wie Draper den permanenten Konflikt-, ja Kriegszustand, in dem sich Religion und Wissenschaft im Verhältnis zueinander befänden (Taliaferro 2005, 395 f.).

Die Komplementaritätsthese: Die Konfliktthese, die auch als ,Draper-White-These' bezeichnet wird, wurde auch bis ins 20. Jh. hinein wiederholt vertreten und findet bis heute überzeugte Anhänger:innen. Daneben gibt es aber durchaus auch ernstzunehmende Positionen, die der These einer Komplementarität von Religion und Wissenschaft zuneigen, indem sie entweder metaphysisch-theologische Grundlagen moderner Wissenschaft aufzeigen (so etwa Burtt 1925, Whitehead 1926) oder die Kompatibilität beider Bereiche herausstellen. So hat z. B. Ernan McMullin (1924–2011) die Vereinbarkeit des christlichen Glaubens mit der Darwinschen Evolutionstheorie zu demonstrieren versucht (McMullin 1985); und Ian Graeme Barbour (1923–2013) hat die interdisziplinäre Erforschung der Beziehungen zwischen Wissenschaft und Religion sogar als eigenes akademisches Fach begründet (Barbour 2000).

Barbours Typologie: Für das Verständnis der Beziehungen zwischen Religion und Wissenschaft ist die von Barbour vorgeschlagene Typologie hilfreich, derzufolge sich beide Bereiche je nach Perspektive im Modus des Konflikts (1), der Unabhängigkeit (2), des Dialogs (3) oder der Integration (4) befinden können (Barbour 1998, 77–105). Welcher Beziehungstyp stärker betont wird, hängt zu einem großen Teil davon ab, welche gemeinsame Basis für die Relation von Religion und Wissenschaft angenommen wird. Wenn man davon ausgeht, dass es sich bei Religion und Wissenschaft um vollkommen unterschiedliche Tätigkeitsfelder handelt, dann stehen beide Bereiche letztlich in gar keiner relevanten Beziehung zueinander, sie sind unter dieser Voraussetzung vielmehr vollkommen unabhängig voneinander (Modus 2).

Als deutlich voneinander getrennte Sphären können Religion und Wissenschaft gegebenenfalls in einen Dialog eintreten (Modus 3). Dieser kann sich sich etwa auf die Grundlagen und Voraussetzungen wissenschaftlicher Forschung und des religiösen Glaubens richten oder auch auf Grenzbereiche der Wissenschaft, die religiöse Antworten offenlassen bzw. sogar als plausibel erscheinen lassen. Ist man der Auffassung, dass sowohl in der Religion als auch in der Wissenschaft Aussagen über dieselbe Welt bzw. über dieselbe Wirklichkeit getroffen werden – Aussagen, die sich im Einklang, aber auch im Widerspruch zueinander befinden können –, so steht man grundsätzlich auf der Seite derer, die das Verhältnis von Religion und Wissenschaft für bedenkenswert halten. Daraus können Konflikte, aber auch Integrationsversuche erwachsen (Modus 1 oder 4).

Religiöse und wissenschaftliche Überzeugungen: Eine wichtige Gemeinsamkeit von Religion und Wissenschaft kann darin gesehen werden, dass beide Überzeugungen in Menschen bewirken. Menschen können z. B. davon überzeugt sein, dass der Islam die einzig wahre Religion ist oder dass eine bestimmte Meditationspraxis zur Erleuchtung führt, ebenso wie sie davon überzeugt sein können, dass die Evolutionstheorie die Entwicklung der Lebewesen auf der Erde zutreffend beschreibt. Von dieser gemeinsamen Basis ausgehend stellen sich allerdings mehrere Fragen: Beziehen sich religiöse und wissenschaftliche Überzeugungen inhaltlich auf denselben Gegenstandsbereich? Gibt es gemeinsame methodische Standards, anhand deren man überprüfen kann, ob eine (religiöse oder wissenschaftliche)

Überzeugung wahr oder zumindest gerechtfertigt ist? Ist die epistemische Einstellung bei religiösen und wissenschaftlichen Überzeugungen jeweils identisch, was man auch folgendermaßen formulieren könnte: Fühlt es sich gleich oder anders an, eine religiöse oder eine wissenschaftliche Überzeugung zu haben?

Die epistemische Grundlage des Konflikts: Diese Fragen führen bereits ganz dicht an die Epistemologie des religiösen Glaubens heran, die im folgenden ▶ Abschn. 2.2 thematisiert werden wird. Für das Problem der Verhältnisbestimmung von Religion und Wissenschaft ist ausschlaggebend, wie man die genannten Fragen beantwortet. Je stärker man dazu neigt, sie mit ‚Ja' zu beantworten, desto eher entsteht ein potentieller Konflikt zwischen Religion und Wissenschaft. Denn wenn beide Bereiche zu Überzeugungen führen, die sich auf denselben Gegenstandsbereich beziehen, aber untereinander nicht übereinstimmen, dann liegt zweifellos ein epistemischer Konflikt vor. So beziehen sich z. B. die religiöse Überzeugung ‚Gott hat den Menschen nach einem Plan erschaffen' und die wissenschaftliche Überzeugung ‚Der Mensch ist das Produkt der Evolution' offensichtlich auf denselben Gegenstandsbereich (den Menschen), aber sie widersprechen sich auf propositionaler Ebene. Religiöse Fundamentalisten, die bestimmte wissenschaftliche Überzeugungen ablehnen, gehen offensichtlich davon aus, dass sich bei derartigen Widersprüchen Religion und Wissenschaft sozusagen auf einem gemeinsamen Kampfplatz befinden, auf dem sie ihren Antagonismus austragen. Die gleiche Position nehmen aber auch wissenschaftliche Naturalisten ein, wenn sie unter Zuhilfenahme von Forschungsergebnissen gegen religiöse Überzeugungen argumentieren. Hier befinden wir uns also im Konfliktmodus, dem 1. Typ nach Barbours Einteilung.

Integrationsbemühungen: Der Integrationsmodus (Typ 4) manifestiert sich so, dass religiöse Annahmen oder theologische Erklärungen an vorliegende wissenschaftliche Theorien andocken, indem sie z. B. Erklärungslücken schließen oder ausgehend von wissenschaftlichen Befunden theologische Schlussfolgerungen ziehen. Dieses Verfahren ist im Grunde nichts anderes als natürliche Theologie, und seine Legitimität kann mit guten Gründen angezweifelt werden. Eine andere Form der Integration von Religion und Wissenschaft liegt wiederum dort vor, wo theologische Lehren im Lichte neuerer wissenschaftlicher Erkenntnisse reformuliert oder modifiziert werden. Modernisierte Varianten kosmologischer und teleologischer Argumente für die Existenz Gottes, die physikalische Theorien über den Big Bang oder die Naturkonstanten heranziehen, sind Beispiele hierfür (▶ Abschn. 3.3.1 und 3.3.2). Eine dritte Integrationsform besteht in der Entwicklung eines metaphysischen Systems, in das sowohl religiös-theologische als auch naturwissenschaftliche Erkenntnisse Eingang finden; die prozessphilosophische Metaphysik von Alfred North Whitehead (1861–1947) ließe sich hier als prominentes Beispiel anführen.

Religion als wissenschaftlicher Untersuchungsgegenstand: In den vier von Barbour unterschiedenen Beziehungsvarianten werden Religion und Wissenschaft als eigenständige Bereiche aufgefasst. Dies ändert sich, wenn Religion oder Religiosität selber zum wissenschaftlichen Untersuchungsgegenstand werden wie beispielsweise in der kognitionswissenschaftlichen bzw. neurobiologischen Erforschung von Religion. Diese begnügt sich nicht mit historischen Erklärungen der

Entstehung von Religion, sondern sie möchte nachvollziehen, welche kognitiven Prozesse am Zustandekommen religiöser Vorstellungen und ihren Wirkungen beteiligt sind. So soll etwa die Messung von Hirnströmen meditierender Mönche Auskunft über die reale Effektivität spiritueller Verfahren geben. Zweifellos können derartige kognitionswissenschaftliche Forschungen wichtige Beiträge zum Verständnis des komplexen Gesamtphänomens liefern, das Religion darstellt. Aus religionsphilosophischer Perspektive ist allerdings daran zu erinnern, (1) dass Religion nicht ausschließlich in den einzelnen Gehirnen der religiös Praktizierenden existiert, sondern vielmehr in der sozialen und symbolischen Verschaltung zahlreicher Gehirne und der daraus entstehenden kulturellen Verkörperung religiöser Praxis; (2) dass die Erklärungskraft neuronaler Experimente niemals die Autonomie des religiösen Glaubens sowie die Religionsfreiheit in Frage stellen kann und sollte; (3) dass die kognitionswissenschaftliche Interpretation von Religiosität als primär neurobiologischer Vorgang auf einem Naturalismus beruht, der von religiösen Menschen in der Regel keineswegs geteilt wird.

2.2   Die Epistemologie religiösen Glaubens

In allen Religionen, die über eine bloß rituelle Praxis hinausgehen und sprachlich formulierte Vorstellungen der göttlichen und weltlichen Ordnung entwickelt haben, werden Überzeugungen vertreten wie z. B.: „Es gibt einen allmächtigen und gütigen Gott, der die Welt geschaffen hat", „Gott hat verboten, andere Menschen zu töten", „Leiden entsteht durch den Daseinsdurst". Derartige religiöse Überzeugungen erheben Ansprüche auf Geltung und Wahrheit. In der Epistemologie bzw. Erkenntnistheorie des religiösen Glaubens wird danach gefragt, welche Geltungs- und Wahrheitsansprüche dies genau sind und wie sie gerechtfertigt werden können. Ferner wird die Frage diskutiert, inwieweit der religiöse Glaube auch Wissen impliziert und wie man ihn von (wissenschaftlich fundiertem) Wissen sowie anderen, nicht-religiösen Formen des Glaubens unterscheiden kann. Beansprucht religiöser Glaube Faktenwissen oder handelt es sich in erster Linie um ein normatives Wissen darum, wie man am besten leben sollte – oder beides? Welche Erkenntnisquellen nimmt der religiöse Glaube in Anspruch? Gibt es gute Gründe dafür, diese Erkenntnisquellen für zuverlässig zu halten?

Die genannten Fragen machen bereits deutlich, dass die Epistemologie des religiösen Glaubens eine auf religiöse Überzeugungen angewandte philosophische Erkenntnistheorie darstellt. Problemstellungen, die in der allgemeinen, heutzutage vorwiegend analytischen Erkenntnistheorie eine Rolle spielen, finden sich daher in der Epistemologie des religiösen Glaubens in einer religionsbezogenen Spezifizierung wieder, etwa die Frage nach der Verlässlichkeit unserer kognitiven Fähigkeiten, der Zusammenhang von Wahrheit, Rechtfertigung und Erkenntnis, die Problematisierung der Vertrauenswürdigkeit von Zeugen und Zeugnissen, Unterschiede zwischen Tatsachen und Interpretationen, der Umgang mit Dissensen etc.

Besonders wichtig ist in der Epistemologie des religiösen Glaubens der Zusammenhang zwischen Wahrheit und Rechtfertigung: Wenn man der Auffassung ist, dass religiöse Überzeugungen falsch sind, so wird man es konsequenterweise

für nicht gerechtfertigt halten, sie sich zu eigen zu machen. Wenn man sie hingegen für wahr hält, so ist man auch darin gerechtfertigt, die besagten Überzeugungen zu vertreten. In erkenntnistheoretischer Hinsicht interessanter ist allerdings
der Fall, wenn gar nicht mit Gewissheit entschieden werden kann, ob eine religiöse Überzeugung wahr oder falsch ist: Kann es dann trotzdem gerechtfertigt sein,
an ihr festzuhalten und sie in einer spezifisch religiösen Weise zu glauben? Oder
stellt der Agnostizismus, also die Urteilsenthaltung, im Falle einer epistemischen
Unsicherheits- oder Pattsituation die einzig konsequente Lösung dar?

In diesem Kapitel soll zunächst näher bestimmt werden, welche Formen von
Glauben in den Religionen vorkommen (▶ Abschn. 2.2.1). Hierfür erweist sich
die Differenzierung zwischen doxastischem (oder putativem) und fiduziellem
(oder kreditivem) Glauben als hilfreich. In der analytischen Erkenntnistheorie
des religiösen Glaubens lassen sich sodann zwei große Lager voneinander unterscheiden. Das eine Lager, zu dem realistische, kognitivistische und evidentialisti-
sche Positionen gehören (▶ Abschn. 2.2.2), vertritt die Ansicht, dass sich religiöse Überzeugungen auf wirklich existierende Sachverhalte beziehen (Realismus),
dass sie eine rational einsehbare Bedeutung haben (Kognitivismus) und dass sie
durch Gründe und Belege gerechtfertigt werden können und sollten (Evidentialismus). Das andere Lager versammelt antirealistische, nonkognitivistische und
nicht-evidentialistische Auffassungen (▶ Abschn. 2.2.3), die besagen, dass sich religiöse Überzeugungen nicht auf in der Wirklichkeit bestehende Sachverhalte beziehen (Antirealismus), dass sie keine rational einsehbare Bedeutung haben (Nonkognitivismus) und dass sie nicht durch den Hinweis auf bestimmte Gründe und
Evidenzen gerechtfertigt werden müssen (Nicht-Evidentialismus). Die Reformierte Epistemologie (▶ Abschn. 2.2.4), die von dem US-amerikanischen Religionsphilosophen Alvin Plantinga (*1932) entwickelt wurde, stellt im Grunde ebenfalls eine Form des Nicht-Evidentialismus dar, die sich vor allem gegen den sogenannten erkenntnistheoretischen ‚Fundationalismus‘ (bzw. ‚Fundamentismus‘)
richtet.

Viele der in diesem Kapitel auftretenden Fragen liegen im Grenzbereich zwi-
schen Erkenntnis- und Sprachphilosophie. Deswegen könnte man sie auch im
Rahmen einer Philosophie der religiösen Sprache darstellen. Für die vorliegende
Einführung erscheint es jedoch sinnvoller, zunächst den erkenntnistheoretischen
Kern der Probleme des religiösen Glaubens herauszuarbeiten und den Aspekt
der religiösen Sprache in einem eigenen Abschnitt (2.3.2) zu thematisieren.

2.2.1 Putatives und kreditives Glauben

Platon über die Differenz zwischen Glauben und Wissen: Bereits Platon hat sich
über die genaue Grenzziehung zwischen den erkenntnisbezogenen Einstellungen
des Wissens und des Glaubens bzw. Meinens wegweisende Gedanken gemacht.
Im *Politeia*-Dialog (477–478c) beschreibt Sokrates ‚Wissen‘ als auf das Seiende
bezogene Erkenntnis, während ‚Meinen‘ ein Mittleres zwischen Wissen und
Unwissen darstelle, da es dunkler als das Wissen, aber heller als das Nichtwissen

sei. Ebenso wird im platonischen Dialog *Gorgias* (454c–e) ,Wissen' als Überzeugung mit deutlicher Erkenntnis und ,Glauben' als Überzeugung ohne deutliche Erkenntnis bestimmt. Im Dialog *Menon* (97e–98b) weist Sokrates allerdings darauf hin, dass eine wahre Meinung für das praktische Handeln ebenso nützlich sein könne wie wirkliches Wissen.

Kant über Meinen, Wissen und Glauben: Eine Typologie verschiedener Formen des Überzeugtseins bzw. Fürwahrhaltens hat Immanuel Kant im dritten Abschnitt des „Kanons der reinen Vernunft" unter der Überschrift „Vom Meinen, Wissen und Glauben" vorgelegt. Kant differenziert dabei zwischen

1. ,Wissen' als „das sowohl subjektiv als objektiv zureichende Fürwahrhalten",
2. ,Meinen' als „ein mit Bewußtsein sowohl subjektiv, als objektiv unzureichendes Fürwahrhalten" und
3. ,Glauben' als subjektiv zureichendes, objektiv aber unzureichendes Fürwahrhalten (KrV, B 850).

Die Überzeugungsform des Glaubens kann sich in praktischer Beziehung entweder auf Zwecke der Geschicklichkeit beziehen – dann handelt es sich um einen pragmatischen Glauben – oder aber auf Zwecke der Sittlichkeit (KrV, B 851 ff.); in diesem Fall liegt ein moralischer Glaube vor, zu dem sich auch der von Kant entworfene Vernunftglaube zählen lässt. Diese beiden praktischen Glaubensarten sind wiederum von einem doktrinalen Glauben zu unterscheiden, den Kant als ein theoretisches Analogon zu praktischen Glaubensurteilen bezeichnet und zu dem beispielsweise die physikotheologisch: begründete Lehre vom Dasein Gottes gehört (KrV, B 854 f.).

Kriterien des Wissens: Die analytisch ausgerichtete Erkenntnistheorie berücksichtigt ebenso wie die kantische in erster Linie propositionales Wissen, also ein Wissen, in dem gewusst wird, dass sich etwas (ein Sachverhalt oder eine Tatsache) so und so verhält. Als zentrale Merkmale eines solchen Wissens lassen sich (1) Wahrheit, also das reale Zutreffen einer Proposition *p*, (2) Überzeugung, d. h. die persönliche Gewissheit des Fürwahrhaltens von *p*, und (3) Rechtfertigung, eine zureichende Begründung für das Fürwahrhalten von *p*, anführen (Hübner 2015, 10–17). Wissen gilt demnach als wahre und gerechtfertigte Überzeugung.

Der epistemische Status religiöser Überzeugungen: Religiöse Überzeugungen können vor allem deswegen nicht als propositionales Wissen gemäß der angeführten Definition gelten, weil es in der Regel keine Möglichkeit gibt, den in ihnen implizierten Wahrheitsanspruch (1) in einer intersubjektiv nachvollziehbaren Weise zu überprüfen. Inwieweit das religiöse Überzeugtsein dadurch grundsätzlich unter einen problematischen Rechtfertigungsdruck (3) gerät, ist strittig (▶ Abschn. 2.2.3).

Wahrscheinlichkeitsannahmen beim Meinen und Vermuten: Versteht man unter ,Meinen' im Sinne der oben angeführten Definition Kants ein subjektiv und objektiv unzureichendes Fürwahrhalten, dann stellt diese epistemische Einstellung gegenüber dem ,Wissen' einen defizienten Erkenntnismodus dar. Ich weiß z. B. nicht genau, ob die Straße dort hinten noch weitergeht, aber ich vermute es. Wenn ich etwas vermute oder meine, dass etwas so und so ist, dann nehme ich an, dass die Wahrscheinlichkeit von *p* größer ist als die Wahrscheinlichkeit von *nicht-p*. Je größer meine Wahrscheinlichkeitsvermutung in Bezug auf *p* ist, um so größer wird auch meine Überzeugung sein, dass *p* tatsächlich gilt. Wissen kann ich *p* aber erst, wenn nachprüfbare Wahrheit, sichere Überzeugung und gültige Rechtfertigung von *p* zusammentreffen.

Glauben als affirmative Einstellung gegenüber einer Proposition: ‚Glauben‘, für Kant ein subjektiv zureichendes, objektiv aber unzureichendes Fürwahrhalten, stellt ebenso wie das ‚Meinen‘ eine affirmative Einstellung gegenüber einer Proposition bzw. einem Sachverhalt dar. Wer eine Proposition *p* glaubt, ist in geringerem Maße von ihrer Wahrheit überzeugt als derjenige, der *p* weiß. Als gerechtfertigt kann ein „Glauben, dass *p*" dann gelten, wenn die zum Zeitpunkt des Glaubens erkennbare Wahrscheinlichkeit von *p* größer ist als diejenige von *nicht-p*.

Putativer/doxastischer Glaube: Auch religiöse Menschen haben Glaubensüberzeugungen, die sich in der eben beschriebenen Weise bestimmen lassen und die man als ‚putativ‘ oder, in der Terminologie Franz von Kutscheras, als ‚doxastisch‘ bezeichnen kann. Sie lassen sich auf die Formel ‚*S* glaubt, dass *p*‘ bringen. Diese Form des Glaubens steht nicht im Gegensatz zum Wissen, sondern zielt letztlich auf Wissen ab. Erst dieses kann die Gewissheit einer Überzeugung garantieren, die im Modus des Glaubens noch mit Ungewissheiten behaftet ist.

Kreditiver/fiduzieller Glaube: Dem doxastischen Glauben hat von Kutschera den fiduziellen Glauben gegenübergestellt, den man auch als kreditiven Glauben bezeichnen könnte, weil er auf dem Vertrauen (von lat. *credere* = Glauben, Vertrauen schenken) basiert, das einer Überzeugung, einer Sache oder auch einer Person entgegengebracht wird. Kreditives Glauben lässt sich in der Formel „*S* glaubt an *p*" ausdrücken. Es ist offensichtlich, dass diese Form des Glaubens eine signifikante Rolle in den Religionen spielt. Aber auch Wissen kommt nicht ohne kreditives Glauben aus. Dies wird deutlich, wenn wir beispielsweise bestimmten Wissensquellen (z. B. Lehrbüchern, Onlinelexika oder Professor:innen) Vertrauen schenken, indem wir das durch sie vermittelte Wissen für glaubwürdig und zuverlässig halten, auch wenn wir es im Einzelnen gar nicht selber nachprüfen können. Ferner benötigen wir ein grundlegendes Zutrauen in unsere Wahrnehmungsfähigkeit und unsere kognitiven Kompetenzen, um die Interpretation von Sinneseindrücken und ihre mögliche Formulierung in Gesetzmäßigkeiten überhaupt vornehmen zu können und für eine adäquate Deutung der Wirklichkeit zu halten. Kreditives Glauben stellt damit nicht nur eine psychologische, sondern auch eine wichtige epistemologische Voraussetzung für Wissen dar, denn in vielen Fällen sind wir vor allem durch das Vertrauen auf zuverlässige Erkenntnisquellen, denen wir Glauben schenken und die uns bislang nicht getäuscht zu haben scheinen, in unseren Überzeugungen gerechtfertigt.

Affektive und voliotionale Aspekte kreditiven Glaubens: Bezogen auf die mentale Form des subjektiven Überzeugtseins unterscheidet sich das kreditive (fiduzielle) vom putativen (doxastischen) Glauben vor allem dadurch, dass letzteres eine vorwiegend kognitive Einstellung darstellt, während kreditives Glauben darüber hinaus auch affektive und volitionale Aspekte einschließt. Wenn mich mein Kind fragt, ob ich glaube, dass ein bestimmtes Hindernis überwindbar ist, und ich antworte darauf: „Ich glaube schon", so kann dies putativ als eine bloße Vermutung, eine Meinungsäußerung über einen Sachverhalt gemeint sein. Ob das Hindernis wirklich überwindbar ist, kann nur durch den gelingenden oder misslingenden Versuch, es zu überwinden, gewusst wurden. Derselbe Satz „Ich glaube schon" kann aber auch als ein kreditives Glauben an die Fähigkeiten des Kindes interpretiert werden, ein Glauben, das zugleich Ermutigung und Ausdruck von Zuversicht ist und das als solches auch durch das faktische Scheitern am Hindernis nicht erschüttert werden kann.

Glaubensüberzeugungen als Vertrauensbekundungen: In konkreten Situationen des Glaubens gehen putativer und kreditiver Modus oftmals Allianzen ein. Eine propositional geäußerte Vermutung („Ich glaube, dass meine Mannschaft gewinnt") basiert sehr häufig auf einem emotional grundierten Zutrauen in Begleitumstände und Beteiligte des in Frage stehenden Sachverhalts („Ich glaube es, weil ich es meiner Mannschaft zutraue"). Ebenso verhält es sich beim religiösen Glauben: Religiöse Überzeugungen, die sich in propositionaler Form ausdrücken lassen (z. B.: „Ich glaube, dass es einen Gott gibt"; „Ich glaube, dass wir nach diesem Leben in anderer Form wiedergeboren werden"), vertreten Gläubige immer auch vor einem soziokulturellen und damit zugleich affektiv besetzten Hintergrund. Aus dem Glauben heraus gesprochene Aussagen sind daher nicht als isolierte kognitive Annahmen über bestimmte Sachverhalte zu verstehen, sondern sie stellen vor allem persönliche Vertrauensbekundungen dar – wenn sie nicht sogar nur performative Äußerungen einer unreflektierten rituellen Praxis sind.

Rationale Rechtfertigung kreditiven Glaubens: Die Rechtfertigung für propositionale (putative/doxatische) Glaubenssätze der Religionen basiert zu einem wesentlichen Teil auf einem kreditiven Glauben, der selbst nicht vollkommen rational zu rechtfertigen ist. Allerdings spielen auch in das Vertrauen, das Gläubige ihrer Religion entgegenbringen, durchaus rationale Gründe und Interessen hinein. Wenn ich z. B. fest daran glaube, dass ich nur durch die Erfüllung bestimmter religiöser Pflichten nach dem Tod eines glücklichen Lebens im Paradies teilhaftig werde, dann ist es rational gerechtfertigt, bestimmte religiöse Überzeugungen zu vertreten, die mit diesem Glauben in Verbindung stehen; denn schließlich steht hier nichts weniger als das persönliche Heil auf dem Spiel. Wären dieselben religiösen Überzeugungen nicht an die Aussicht auf ein ewiges Leben im Paradies oder aber die ewige Verdammnis gekoppelt, so wäre ihre Rechtfertigung durch das persönliche, rationale Interesse des Gläubigen deutlich geringer.

Konsequenzen für die philosophische Analyse religiösen Glaubens: Für den philosophischen Umgang mit religiösen Überzeugungen ergeben sich daraus bedeutsame Konsequenzen. Die rationale Analyse einer religiösen Lehre bezieht sich oftmals nur auf die propositionale Form, in der diese Lehre formuliert ist. Als bloße Proposition betrachtet, lassen sich beispielsweise die Voraussetzungen, die interne Kohärenz sowie die Konsequenzen einer religiösen Auffassung herausarbeiten. Religiöse Lehren, die fundamentalen Intuitionen unserer Selbst- und Welterfahrung direkt widersprechen, können im Rahmen einer solchen philosophischen Analyse kaum als glaubwürdig betrachtet werden. Gleichwohl sollte aber auch die rein rational-argumentative Analyse religiöser Überzeugungen den umgreifenden kreditiven Kontext nicht ignorieren, in dem diese Überzeugungen von

Gläubigen innegehabt werden. Die weitergehende Frage ist dann nämlich, in welcher Beziehung eigentlich der putative zum kreditiven Aspekt des Glaubens steht.

Propositionale Falschheit einer Glaubensüberzeugung: Erkenntnistheoretisch besonders interessant sind in diesem Zusammenhang Fälle, in denen die Falschheit einer religiösen Proposition erwiesen oder jedenfalls sehr wahrscheinlich ist. Nimmt man z. B. die Aussage des Alten Testaments, dass Gott die Welt in sieben Tagen erschaffen habe, wörtlich, so steht sie im Gegensatz zu gut begründeten und gerechtfertigten wissenschaftlichen Erkenntnissen. Inwieweit untergräbt aber das Wissen um die propositionale Falschheit einer religiösen Überzeugung zugleich auch den kreditiven Glauben, mit dem sie verbunden ist? Bestehen diesbezüglich epistemische Verpflichtungen des Gläubigen, beispielsweise sein Vertrauen in ein religiöses Gesamtsystem zu hinterfragen, wenn sich ein ganzes Set von Glaubenssätzen auf der propositionalen Ebene nicht mehr aufrechterhalten lässt?

Wie man diese Fragen beantwortet, hängt auch von der generellen Einschätzung des Verhältnisses von putativem (propositionalem/doxastischem) und kreditivem (fiduziellen) Glauben im Falle religiöser Überzeugungen ab. Die folgenden Abschnitte werden die zentralen Positionen, die hierzu innerhalb der Epistemologie des religiösen Glaubens entwickelt worden sind, darlegen.

2.2.2 Realismus, Kognitivismus und Evidentialismus

Realismus: Wir wollen uns zunächst erkenntnistheoretische Positionen ansehen, für die der rationale Gehalt religiöser Überzeugungen eine wichtige Rolle spielt. Hierzu gehören der Realismus, der Kognitivismus und der Evidentialismus. Der Realismus geht davon aus, dass sich religiöse Aussagen auf wirklich bestehende Sachverhalte beziehen bzw. dass sich Wahrheitsbedingungen für den propositionalen Gehalt religiöser Aussagen angeben lassen. Wenn z. B. ein Christ daran glaubt, dass Jesus Christus von den Toten auferstanden ist, dann bedeutet dies für den Realismus, dass er die Tatsache für wahr hält, „dass Jesus Christus von den Toten auferstanden ist". Die Rede von der Auferstehung ist demgemäß nicht metaphorisch oder symbolisch zu verstehen, sondern so, dass sie auf eine Tatsache referiert, eben auf die Tatsache der Auferstehung Jesu Christi. Der Realismus nimmt somit religiöse Aussagen wörtlich und betrachtet sie als Propositionen über Sachverhalte, die entweder bestehen (in diesem Fall ist die religöse Aussage wahr) oder nicht bestehen (in diesem Fall ist die religöse Aussage falsch). Wenn wir die im vorigen Kapitel aufgeführten zentralen Merkmale des Wissens – Wahrheit, Überzeugung und Rechtfertigung – in diesem Zusammenhang noch einmal heranziehen, dann lässt sich sagen, dass sich der Realismus in Bezug auf die Wahrheit religiöser Überzeugungen positioniert: Da diese für den Realismus Aussagen über wirkliche, objektiv bestehende Sachverhalte implizieren, ist eine religiöse Überzeugung genau dann wahr, wenn das, was sie behauptet, tatsächlich existiert.

Kognitivismus: Auf den Aspekt des subjektiven Überzeugtseins bezieht sich der Kognitivismus: Für ihn besitzen religiöse Überzeugungen einen kognitiven

Gehalt, der ihre rationale Rechtfertigung ermöglicht. Wenn wir im religiösen Sinne glauben (z. B. daran, dass Jesus Christus von den Toten auferstanden ist, oder daran, dass wir nach dem Tod hinsichtlich unserer guten und schlechten Taten beurteilt werden), dann wenden wir unsere rationalen Fähigkeiten auf religiöse Propositionen an. Der britische Religionsphilosoph Richard Swinburne (*1934) vertritt diesbezüglich die Ansicht, dass für religiöse Überzeugungen im Prinzip die gleichen Beurteilungskriterien gelten wie für wissenschaftliche Hypothesen. Aussagen, die wir für wahrscheinlicher und plausibler halten, werden wir gegenüber solchen, die wir für weniger wahrscheinlich und plausibel halten, rationalerweise vorziehen (Swinburne [2]2005). Ein Argument, das sich für den Kognitivismus anführen lässt, lautet, dass religiöse Aussagen verneint werden können und dass gläubige Menschen vermutlich nicht gleichzeitig eine religiöse Aussage *p* und ihre Negation *nicht-p* für wahr halten werden. Wenn ich glaube, dass Mohammed Gottes Prophet ist, dann ist dies rational nicht mit dem Glauben daran vereinbar, dass Mohammed nicht Gottes Prophet ist.

Evidentialismus: Realismus und Kognitivismus sind sich darin einig, dass religiöse Überzeugungen propositional zu verstehen sind. Der Evidentialismus hebt wiederum auf die Rechtfertigung religiöser Propositionen ab. Evidentialistischen Theorien zufolge ist ein Subjekt genau dann in seinen Überzeugungen gerechtfertigt, wenn es hinreichende Evidenzen, also offensichtlich einleuchtende Gründe, für seine Überzeugungen anzuführen vermag. Eine einflussreiche Argumentation für den Evidentialismus in Bezug auf Glaubensüberzeugungen jeglicher Art hat der britische Philosoph William Kingdon Clifford (1845–1879) in seinem 1877 veröffentlichten Essay „The Ethics of Belief" entwickelt. In diesem Text wird dargelegt, warum es in jedem Fall ungerechtfertigt ist, etwas ohne hinreichende Evidenz zu glauben. Laut Clifford, der damit in der Tradition von neuzeitlichen Denkern wie Descartes und Locke steht, ist eine Glaubensüberzeugung nur dann gerechtfertigt, wenn wir über eine hinreichende Evidenz für sie verfügen. Um die ethische Relevanz dieser epistemologischen Voraussetzung zu verdeutlichen, illustriert Clifford seinen Ansatz mit der Geschichte von einem Schiffsbesitzer, der sein bereits leicht abgewracktes Schiff für eine Atlantiküberquerung zur Verfügung stellt, wobei er ganz fest daran glaubt und darauf hofft, dass den Passagieren schon nichts passieren wird. Nach Clifford ist der Schiffsbesitzer im Falle eines Schiffsbruchs für den Tod der Passagiere voll verantwortlich, da es für seinen Glauben an ein Gelingen der Überfahrt keine hinreichenden Gründe gab. Da er keine nachvollziehbaren Gründe für seinen Glauben besaß, hatte der Schiffsbesitzer keinerlei Recht, an die Sicherheit seines Schiffes zu glauben. Gerechtfertigt im Glauben an eine Proposition *p* sind wir nur dann, wenn wir alle Gründe und Gegengründe in Bezug auf *p* sorgfältig geprüft und beurteilt haben. Ein bloßes Beiseitewischen von Zweifeln oder gar ein kühner Sprung in den Glauben reichen dafür nicht aus. Und weil dies so ist, wäre der Schiffsbesitzer auch dann nicht in seinem Glauben gerechtfertigt, wenn die Sache noch einmal gut ausgehen würde und die Passagiere sicher im Zielhafen landen würden. Denn in diesem Fall hätte der Schiffsbesitzer nur rein zufällig Glück gehabt.

Cliffords glaubensethischer Grundsatz: Cliffords Prinzip, keine Glaubensüberzeugung ohne hinreichende Evidenz zu vertreten, ist ethisch begründet: Weil aus

Glaubensüberzeugungen Handlungen folgen, durch die andere in Mitleidenschaft gezogen werden können, sollten wir uns genau überlegen, worauf wir unsere Überzeugungen stützen und wodurch sie gerechtfertigt sind. Andernfalls würden wir uns nämlich moralisch vollkommen verantwortungslos verhalten. Cliffords Grundsatz bezieht sich dabei nicht nur auf die einmalige Bildung von Glaubenssätzen, sondern auch auf deren ständige kritische Überprüfung. Unerschütterliche religiöse Glaubensgewissheit kann auf diesem Weg sicherlich nicht erreicht werden. Im Gegenteil müssten sich gläubige Menschen Cliffords Prinzip zufolge ihr Leben lang selber dazu verpflichten, ständig an ihren Glaubensüberzeugungen zu zweifeln, sich permanent über die Meinungen von areligiösen oder andersreligiösen Menschen zu informieren und immer wieder überzeugende Gründe zu finden, um ihren Glauben zu rechtfertigen. Tun sie dies nicht und glauben sie etwa auf der Basis unzureichender Evidenz, so schwächen sie die epistemischen Standards, die an Glaubensüberzeugungen zu stellen sind, in moralisch bedenklicher Weise ab.

Der Evidentialismus stellt die dominierende Position innerhalb der Ethik des Glaubens *(ethics of belief)* dar, einer Unterdisziplin der Erkenntnistheorie, die nach den Normen fragt, auf deren Basis Glaubensüberzeugungen gebildet werden bzw. gebildet werden sollten. Dem Evidentialismus zufolge sollte sich nicht nur die Bildung und Aufrechterhaltung einer Glaubensüberzeugung, sondern auch die Stärke, mit der wir sie glauben, am Grad der vorliegenden Evidenz orientieren.

Relevanz und Rechtfertigung: Eine abgeschwächte Variante des Evidentialismus unterscheidet Fälle, in denen tatsächlich eine hinreichende Evidenz für einen Glauben vorliegen sollte (z. B. in medizinischen oder militärischen Entscheidungssituationen), und alltäglichere, unbedeutendere Fälle, in denen wir ruhig an etwas glauben dürfen, auch wenn wir über keine hinreichende Evidenz für diesen Glauben verfügen (wenn z. B. jemand glaubt, dass sich noch Eis im Kühlschrank befindet). Da religiöse Glaubensüberzeugungen sowohl für die Subjekte, die sie haben, als auch bezogen auf die Inhalte, auf die sich beziehen, offensichtlich eine sehr hohe Relevanz besitzen, müsste man nach diesem Unterscheidungskriterium allerdings davon ausgehen, dass für religiöse Glaubensauffassungen unbedingt hinreichende Evidenzen vorliegen müssen. Solche Evidenzen können z. B. in verlässlichen und vertrauenswürdigen Zeugen, die Offenbarungserlebnisse bekunden, in eigenen spirituellen Erfahrungen oder auch in rationalen Argumenten (etwa für die Existenz Gottes) bestehen.

Alstons Rechtfertigung des Glaubens durch religiöse Erfahrung: Nach William P. Alston (1921–2009) muss man diesbezüglich zwischen mittelbarer Rechtfertigung (durch Gründe, Argumente etc.) und unmittelbarer Rechtfertigung (durch Erfahrung) unterscheiden (Alston 1991). Alston zufolge können Wahrnehmungen göttlicher Manifestationen durchaus Glaubensüberzeugungen mit einer eingeschränkten Bandbreite propositionaler Inhalte unmittelbar rechtfertigen. So kann z. B. eine lokalen Marienerscheinung zu dem Glauben führen, dass die Heilige Jungfrau Maria uns in unserem Leben unterstützt und hilft. Glaubensüberzeugungen, die auf diese Weise zustande kommen, bezeichnet Alston als ‚M-Überzeugungen‘ (wobei ‚M‘ für engl. *manifestation* steht). Ein vollständiges religiöses

Glaubenssystem bedarf jedoch zu seiner Rechtfertigung noch weiterer, über die ‚M-Überzeugungen' hinausreichender Gründe.

Problematik der Rechtfertigung durch religiöse Erfahrung: Gerade hinsichtlich individueller spiritueller oder transzendenter Erfahrungen stellt sich jedoch die Frage, welche Art von Erfahrung hier überhaupt legitimerweise als Evidenzbasis einer Glaubensüberzeugung gelten kann. Sollte etwa jede vermeintliche Wahrnehmung eines Engels oder Dämons, einer transzendenten Erscheinung oder eines göttlichen Befehls als Evidenz für einen daraus folgenden Glauben fungieren können – auch dann, wenn z. B. eine vermeintlich göttliche Stimme eindeutig Unmoralisches befiehlt wie z. B. Ungläubige zu töten? – Da man diese Frage offensichtlich verneinen muss, müsste der Evidentialismus religionsspezifische Kriterien für in Frage kommende Evidenzen, auf die sich ein religiöser Glaube stützen kann, vorlegen. Dies dürfte jedoch nicht einfach sein, da der religiöse Glaube oftmals eigene Evidenzformen entwickelt, die nicht unabhängig von diesem Glauben selber begründet werden können. Manche (wie z. B. Alvin Plantinga, ▶ Abschn. 2.2.4) haben daraus die Konsequenz gezogen, dass der Evidentialismus überhaupt nicht auf religiöse Glaubensauffassungen angewendet werden kann.

2.2.3 Antirealismus, Nonkognitivismus und Nicht-Evidentialismus

Die nun vorzustellenden Positionen aus der (vorwiegend analytischen) Erkenntnistheorie des religiösen Glaubens beantworten die Fragen nach der Wahrheit, nach dem Modus des Überzeugtseins und nach der Rechtfertigung von Glaubensüberzeugungen, indem sie die Auffassungen des Realismus, des Kognitivismus und des Evidentialismus jeweils bestreiten. Den daraus entstehenden Theorien des Anti-Realismus, des Nonkognitivismus und des Nicht-Evidentialismus ist gemeinsam, dass sie erkenntnisbezogene Begründungsformen, die üblicherweise für Glaubensüberzeugungen aller Art gelten, nicht auf den religiösen Glauben übertragen möchten. Denn dieser beinhaltet für sie eine eigene, religionsspezifische Normativität des Fürwahrhaltens.

Antirealismus: Der Antirealismus bestreitet, dass religiöse Glaubensauffassungen dadurch wahr sind oder wahr gemacht werden können, dass ihnen irgendwelche Tatsachen entsprechen. Er lässt sich somit als „eine Theorie religiöser Sprache, die in irgendeiner Form den realistischen Begriff der Wahrheit ablehnt" (Gäb 2014, 124), definieren. Auch wenn es auf den ersten Blick so aussehen mag, als handele es sich bei Glaubenssätzen wie „Gott ist allmächtig" oder „Es gibt ein ewiges Leben nach dem Tod" um Aussagen über Sachverhalte (S ist p), so ist dies der antirealistischen Auffassung zufolge mitnichten der Fall. Dem Antirealismus zufolge drücken religiöse Aussagen viel eher mentale Zustände der gläubigen Person wie etwa Ehrfurcht, Bewunderung, Zustimmung etc. aus, als dass sie Auskunft über reale Zustände, Ereignisse oder Sachverhalte in der Welt liefern würden. In seiner radikalen Form bestreitet der Antirealismus generell, dass religiöse Sätze irgendeinen propositionalen Gehalt aufweisen würden. Eine abgeschwächte Variante konzediert hingegen immerhin, dass sich religiöse Aussagen *auch* auf

Tatsachen beziehen, dass ihr spirituell relevanter Gehalt aber nicht hierin besteht, sondern z. B. in der performativen Beglaubigung einer bestimmten religiösen Einstellung oder in der Herbeiführung eines spirituellen Zustands. Im 20. Jahrhundert haben mehrere Philosophen, darunter Ludwig Wittgenstein (1889–1951), Richard Bevan Braithwaite (1900–1990), Richard Hare (1919–2002) und Dewi Z. Phillips (1934–2006) antirealistische Auffassungen in Bezug auf religiöse Aussagen vertreten. Das Anliegen dieser Philosophen bestand zum Teil darin, einen atheistischen Antirealismus, der die Sinnhaftigkeit religiöser Sätze etwa im Rahmen einer verifikationistischen Bedeutungstheorie grundsätzlich bestreitet, durch einen religionsaffirmativen Antirealismus, der gerade den spirituellen oder mystischen Eigensinn religiöser Äußerungen hervorhebt, zu ersetzen.

Nonkognitivismus: Der Nonkognitivismus ist oftmals mit dem Antirealismus verbunden, bezieht sich aber weniger auf den möglichen propositionalen Gehalt religiöser Aussagen als vielmehr auf den epistemischen Modus des Überzeugtseins von ihnen, also auf die Seite des gläubigen Subjekts. Für den Nonkognitivismus stellt Religiosität eine eigene Form des Überzeugtseins dar, die z. B. auf einen spezifisch religiösen Sinn *(sensus religiosus)* zurückgeführt wird, der einen besonderen Typ nicht rational ausweisbarer, aber gleichwohl nicht zwangsläufig irrationaler Überzeugungen ausbildet.

Expressivismus: Eine Spielart des Nonkognitivismus ist der Expressivismus, der religiöse Sätze wie „Gott liebt uns" ausschließlich als Ausdruck nicht-kognitiver Einstellungen des religiösen Subjekts interpretiert. Auch hier lässt sich wieder eine Differenzierung vornehmen in radikal nonkognitivistische bzw. expressivistische Auffassungen, die jeglichen rationalen Gehalt religiöser Überzeugungen leugnen, und moderateren Positionen, die einräumen, dass religiöse Überzeugungen auch rational nachvollziehbare Aspekte beinhalten, dass sie aber in erster Linie nicht-kognitive Zustände ausdrücken. Beispiele für derartige Zustände, Einstellungen und Haltungen sind z. B. das Grundvertrauen in einen letzten Sinn von allem, die Empfindung der gemeinschaftlichen Verbundenheit zu anderen Gläubigen, welche die eigenen Glaubensauffassungen teilen, oder auch ein existenziell verankertes Schuldgefühl.

Minimalismus: Eine andere Variante des Nonkognitivismus – und zugleich des Antirealismus – stellt der Minimalismus in Bezug auf die religiöse Sprache dar, der im 20. Jh. von Dewi Z. Phillips, Hilary Putnam und Ludwig Wittgenstein vertreten wurde (Scott 2015, 213). Für den späten Wittgenstein stellt jede Religion ein Sprachspiel mit eigenen Regeln dar, die interne Standards für die Wahrheit, Rechtfertigung und Referenz religiöser Sätze festlegen. Diese Standards besitzen nur für diejenigen Gültigkeit, die am religiösen Sprachspiel aktiv beteiligt sind. Für diese mag die Gültigkeit religiöser Sätze sogar gerechtfertigterweise absolut sein, auch wenn ein Außenstehender, der die religiösen Praktiken und Spielregeln aus der Beobachterperspektive betrachtet, dies in keiner Weise nachvollziehen kann. Gründe, die in einem bestimmten Sprachspiel (wie z. B. den Wissenschaften) Überzeugungskraft besitzen, besitzen in einem anderen Sprachspiel (wie z. B. den Religionen) vielleicht keine oder eine nur geringe bzw. für das jeweilige Sprachspiel irrelevante Überzeugungskraft. Wenn man die Rolle verstehen will, die bestimmte Begriffe oder Aussagen in einem Sprachspiel einnehmen, dann muss man sich dieser Auffassung zufolge das Leben ansehen, das in Verbindung mit diesen Begriffen und Aussagen geführt wird. Für die Beglaubigung einer religiösen Überzeugung wird damit die Veränderung, die der religiöse Glaube im Leben der Gläubigen bewirkt, ausschlaggebend. Das Hauptziel einer religiösen Überzeugung muss demzufolge nicht unbedingt in der rational nachvollziehbaren, propositionalen Wahrheit des betreffenden Satzes liegen, in dem sich die Überzeugung ausspricht. Glück, Sinn, Erleuchtung o. Ä. können alternative Ziele sein, deretwegen Überzeugungen innegehabt werden, und zwar weitgehend unabhängig von ihrem kognitiven Gehalt. Kann ein religiöses Heilsziel durch bestimmte Glaubensüberzeugungen besser erreicht werden als ohne diese Überzeugungen, dann ist es letztlich irrelevant, ob sie im propositionalen Sinne wahr sind oder ob es sich um reine Fiktionen handelt.

Umgang des Nonkognitivismus mit propositionalen Widersprüchen: Für die Rettung des nicht-kognitiven Eigensinns religiöser Glaubenssätze nimmt der minimalistische Nonkognitivismus allerdings die relativistische Annahme einer Vielheit inkommensurabler Wahrheitsdiskurse in Kauf, die jeweils ihre eigenen, ineinander unübersetzbaren Rechtfertigungsmaßstäbe ausbilden. Diese Annahme wird spätestens dann offenkundig problematisch, wenn sich religiöse und nicht-religiöse Aussagen auf einer propositionalen Ebene widersprechen, wie z. B. die Aussagen „Gott hat die Welt und die in ihr lebenden Wesen in sieben Tagen erschaffen" und „Die Erde und die auf ihr lebenden Wesen sind in einem viele Millionen Jahre dauernden Prozess entstanden". Der Nonkognitivismus müsste konsequenterweise bestreiten, dass in solchen Fällen überhaupt ein Widerspruch vorliegt, weil die beiden Aussagen vollkommen unterschiedlichen Diskurswelten mit je eigenen Spielregeln angehören. Gleichwohl scheint der Widerspruch zwischen beiden Sätzen so evident zu sein, dass seine Bestreitung vollkommen kontraintuitiv anmutet.

Nicht-Evidentialismus: Nicht-evidentialistische Theorien bestreiten, dass das neben Wahrheit und Überzeugung dritte Kriterium für begründetes Fürwahrhalten, nämlich die Rechtfertigung, in Bezug auf religiöse Glaubensüberzeugungen Gültigkeit besitzt. In abgeschwächter Form bestreiten sie zumindest, dass für religiöse Glaubensüberzeugungen dieselben Rechtfertigungskriterien gelten wie für andere Überzeugungen, für die wir (logische oder empirische) Evidenzen verlangen.

Die Clifford-James-Debatte: Bereits im frühen 20. Jh. wurde der Streit zwischen Evidentialismus und Nicht-Evidentialismus in der „Clifford-James-Debatte" ausgetragen. Gegenüber der bereits dargestellten Auffassung Cliffords, dass Glaubensüberzeugungen generell nur dann gerechtfertigt sind, wenn wir über eine adäquate Evidenz für sie verfügen, hat William James die Ansicht vertreten, dass wir manchmal das Recht haben, an etwas zu glauben, auch wenn wir über keine hinreichende Evidenz für diesen Glauben verfügen (James 1979). Damit will James nicht etwa sagen, dass wir beliebig glauben dürfen, was wir wollen, auch wenn wir nicht den geringsten Anhaltspunkt für das Zutreffen einer Glaubensüberzeugung haben, sondern dass in ganz bestimmten Situationen, in denen keine hinreichende Evidenz vorliegt, die rationale Urteilsenthaltung in Bezug auf einen Glauben nicht die beste Lösung darstellen kann. Es gibt James zufolge Fälle, in denen anstelle des Verstandes der mit Emotionen und Leidenschaften verbundene „Wille zu glauben" das letzte Entscheidungsrecht haben darf, ja

sogar haben sollte. Zu solchen Situationen, in denen wir vor für uns bedeutungsvollen, „lebendigen Optionen" stehen (James 1979, 32), gehört auch die religiöse
Entscheidungssituation. Selbst wenn wir über keine hinreichende Evidenz z. B. in
Bezug auf die Frage verfügen, ob es einen gerechten Gott gibt, der im Jenseits
eine moralisch gute Lebensführung belohnt und eine schlechte Lebensführung
bestraft, so kann es nach James dennoch besser sein, sich diese Überzeugung zu
eigen machen, weil sie möglicherweise ethische Güter impliziert, an denen wir
ein vitales Interesse haben (James' 1979, 30). James' Argument erinnert dabei ein
wenig an die Wette Pascals (s. Kasten in ▶ Abschn. 2.1.2 ‚Zur Vertiefung': „Die
Pascalsche Wette"), den James in diesem Zusammenhang auch ausdrücklich erwähnt, wenngleich ihm Pascals Wette als eine allzu unlebendige, rationalistische
Konstruktion erscheint. James' Argumentation besagt: Würden wir mit der Entscheidung zum religiösen Glauben so lange warten, bis wir hinreichende Evidenz
im Hinblick auf unsere religiösen Überzeugungen besäßen, so würden wir auf alles Gute, was Religion mit sich bringt, zeitlebens verzichten. Im Falle des Unglau-
bens bringen wir uns also selber in jedem Fall um die religiösen Güter, egal, ob
die Glaubensüberzeugungen sich letztlich als ‚wahr' oder als ‚falsch' herausstellen. Im Falle des religiösen Glaubens nehmen wir demgegenüber zwar das Risiko
des Irrtums in Kauf, aber falls unser religiöser Glaube am Ende doch wahr sein
sollte, dann werden wir sämtlicher Güter teilhaftig, die von diesem Glauben in
Aussicht gestellt werden. Es wäre in dieser speziellen Situation also geradezu fahr-
lässig, aufgrund mangelnder Rechtfertigung durch Evidenz auf einen Glauben zu
verzichten, der in hohem Maße positive Güter impliziert.

Die Berechtigung zu glauben angesichts der Ambiguität der Welt: Im Anschluss an James hat auch der britische Theologe und Religionsphilosoph John
Hick (1922–2012) das Recht einer religiösen Person auf ihren Glauben hervorgehoben, wenn nicht gerade eindeutig entkräftende Erfahrungen und Evidenzen
diesem Glauben entgegenstehen. Angesichts der unaufhebbaren Ambiguität der
Welt sind Hick zufolge nicht nur naturalistische Auffassungen gerechtfertigt, sondern grundsätzlich auch religiöse Interpretationen der Welt, die sich nicht auf logische und/oder empirische Evidenz berufen, sondern etwa auf die Aussagen heiliger Texte oder sakraler Autoritäten (Hick [2]2004).

Glauben ohne zu sehen: Gegen den Evidentialismus ließe sich ferner anführen,
dass er unter Umständen fundamentalen Ansprüchen, die Religionen an die Gläu-
bigkeit ihrer Anhänger:innen stellen, und damit religiösen Heilszielen widerspricht.
Das Beispiel der biblischen Erzählung vom ungläubigen Thomas illustriert mit Bezug auf das Christentum, warum auf Rechtfertigung durch (in diesem Fall empirische) Evidenz in Glaubensdingen möglicherweise besser verzichtet werden sollte.

▶ **Beispiel: Der ungläubige Thomas**

Aus einer Passage des Johannesevangeliums (20, 24–29) lässt sich bezogen auf den christlichen Kontext die Einsicht ableiten, dass empirische Evidenz gerade nicht als Rechtfertigung religiösen Glaubens eingefordert werden sollte. Denn genau diesen Fehler begeht
Thomas, einer der zwölf Apostel, der erst dann an die Auferstehung Jesu Christi glauben möchte, nachdem er die durch den Kreuzestod zugefügten Wundmale des Herrn an

dessen Händen mit eigenen Augen gesehen und sogar mit seinen Fingern ertastet hat. Jesus Christus erfüllt ihm zwar diese Forderung in der darauffolgenden Woche, indem er Thomas die Wundmale an seinen Händen sehen und fühlen lässt, worauf auch Thomas an die Auferstehung Jesus glaubt. Doch die anschließende Zurechtweisung des Thomas durch Jesus Christus (20, 29) macht deutlich, dass es für die Qualität des Glaubens besser gewesen wäre, wenn Thomas keine derartige empirische Beglaubigung verlangt hätte: „Weil du mich gesehen hast, glaubst du. Selig sind, die nicht sehen und doch glauben." – Ein Glaube, der keine Evidenzen verlangt, wird somit von höchster Stelle als wertvoller gegenüber einem auf Evidenzen pochenden Glauben charakterisiert. ◄

Fideismus: Wie das Beispiel zeigt, gibt es Situationen des Glaubens, in denen sich ein geringeres Maß an Evidenz positiv auf den Wert der religiösen Überzeugung auswirken kann. Dementsprechend vertritt der Fideismus die Auffassung, dass wir religiöse Glaubensüberzeugungen auch ohne, ja sogar gegen vorliegende Evidenzen vertreten können. So scheint alle Evidenz der Welt gegen Christi Auferstehung von den Toten zu sprechen – und doch handelt es sich hierbei um eine der wichtigsten christlichen Glaubensüberzeugungen überhaupt. Der Fideismus geht dementsprechend davon aus, dass ein kreditiver Glaube an p mit einer großen Menge an putativer Evidenz für *nicht-p* koexistieren kann. Aus fideistischer Sicht mag sich die Stärke kreditiven Glaubens sogar daran erweisen, dass trotz gegenteiliger Evidenzen an ihm festgehalten wird.

2.2.4 Reformierte Epistemologie

Gegen den klassischen ‚Fundationalismus' Bei der durch Alvin Plantinga begründeten „Reformierten Epistemologie", die in der Erkenntnistheorie des religiösen Glaubens intensiv diskutiert worden ist, handelt es sich ebenfalls um eine Form des Nicht-Evidentialismus. Die Reformierte Epistemologie attackiert die Herausforderung, die der klassische Evidentialismus für den theistischen Glauben darstellt, an zwei zentralen Stellen: Sie bestreitet (1), dass eine Person einen religiösen Glauben nur dann annehmen sollte, wenn dies für sie rational ist, und (2), dass ‚rational' bedeutet, dass ein Glaube sich auf andere Überzeugungen stützen können muss, die ihm Evidenz verleihen. Plantinga sucht diese beiden Prämissen des klassischen epistemologischen ‚Fundationalismus' (oder ‚Fundamentismus') zu unterminieren, indem er aufzeigt, dass die Akzeptanzkriterien für „berechtigterweise basale Glaubensüberzeugungen" (engl. *properly basic beliefs*), die der Evidentialismus angesetzt hat, viel zu eng seien. Dem Fundationalismus zufolge ist eine Überzeugung nur dann basal, wenn sie entweder selbstevident oder unkorrigierbar oder aufgrund momentaner sinnlicher Wahrnehmung evident ist. Fundierte bzw. inferentielle Überzeugungen stützen sich immer auf basale Überzeugungen. Eine gerechtfertigte Überzeugung muss entweder basal oder fundiert sein.
   Religiöse Überzeugungen als berechtigterweise basal: Auf religiöse Überzeugungen angewendet bedeutet dies, dass der Gottesglaube nur dann fundiert und somit gerechtfertigt wäre, wenn er sich auf andere basale Überzeugungen stützen könnte. Aus Plantingas Sicht stellt die Existenz Gottes für gläubige Menschen

aber überhaupt keine in diesem Sinne fundierte Überzeugung dar, sondern eine fundamentale Prämisse, die ihre gesamte Weltsicht durchdringt und die daher im epistemischen Sinne als „berechtigterweise basal" *(properly basic)* betrachtet werden muss. Der Glaube an Gott benötigt deswegen auch keine Rechtfertigung durch eine andere Überzeugung, auf deren Evidenz er sich berufen müsste. Vielmehr ist der Gottesglaube selbst eine basale Überzeugung (Plantinga 1981).

Gewährleistung durch den *sensus divinitatis*: Plantinga begründet die Basalität des Gottesglaubens mit einer angeborenen Tendenz des menschlichen Geistes, an die Existenz Gottes zu glauben. Aufgrund dieser natürlichen Anlage, die man als einen *sensus divinitatis* verstehen kann und von Gott selbst den Menschen eingepflanzt wurde, besteht für den im theistischen Sinne Gläubigen ebenso wenig Veranlassung, an seinem Glauben zu zweifeln, wie für den ‚Alltagsgläubigen', die momentane Anwesenheit seiner Lebenspartnerin oder einer Tasse Kaffee auf dem Tisch in Frage zu stellen. Der von Gott bzw. dem heiligen Geist selbst „gewährleistete Glaube" (*warranted belief;* Plantinga 2000) bedarf keiner weiteren rationalen Rechtfertigung, die Plantinga zufolge angesichts der elementaren Sündhaftigkeit des Menschen ohnehin nur unvollkommen ausfallen könnte. Rationale Argumente können allenfalls einen bereits verankerten religiösen Glauben nachträglich bestätigen und unterstützen, eventuell können sie auch religiös interessierte ‚Zaungäste' näher an den Glauben heranführen. Fundieren können rationale Argumente einen Gottesglauben jedoch nie, und das ist aus Plantingas Sicht auch nicht erforderlich.

Der „Große Kürbis-Einwand": Aus der Annahme eines religiösen Sinns, der uns ganz selbstverständlich zum Gottesglauben hinführt, wenn wir seine natürliche Tendenz nur gewähren lassen, entwickelt Plantinga ein Argument gegen einen nahe liegenden Einwand, den Plantinga selber anführt, um ihn anschließend zu entkräften: die sogenannte *„Great Pumpkin Objection"*, den „Großen-Kürbis-Einwand". Der Einwand lautet: Wenn der Glaube an Gott berechtigterweise basal sein soll, warum gilt dies dann nicht auch für alle möglichen anderen Glaubensüberzeugungen, die ich mir zu eigen machen kann? Kann nicht z. B. auch der Glaube an den alljährlich an Halloween wiederkehrenden Großen Kürbis als berechtigterweise basal betrachtet werden? – Plantinga verneint dies jedoch, indem er anführt, dass es in uns keine natürliche Tendenz gebe, an den Großen Kürbis zu glauben; und außerdem würde er ja ohnehin nicht existieren.

Schwächung des Sinns für das Göttliche durch den Sündenfall: Die Rückfrage, warum nicht alle Menschen automatisch an Gott glauben, wenn es doch einen angeboren Sinn für das Göttliche in uns gebe, beantwortet Plantinga mit dem Hinweis auf den Sündenfall: Dieser habe die natürliche Funktionsfähigkeit des *sensus divinitatis* stark eingeschränkt, so dass er nicht mehr bei allen Menschen intakt sei (Plantinga 2000). In manchen auserwählten Personen habe die Gnade Gottes jedoch die ursprüngliche korrekte Funktion des göttlichen Sinns wiederhergestellt, so dass diese einen stark ausgeprägten Gottesglauben aufwiesen. Aus diesem Grund glauben manche Menschen an Gott, andere jedoch nicht.

Eine calvinistische Erkenntnistheorie Es ist offenkundig, dass die Reformierte Epistemologie:, die neben Alvin Plantinga u. a. durch die US-amerikanischen Philosophen William Alston, George I. Mavrodes (*1926), Nicholas Wolterstorff (*1932) und Kelly James Clark (*1956) repräsentiert wird, außerordentlich stark vom reformierten Protestantismus in der Tradition Johann Calvins und Hermann Bavincks (1854–1921) beeinflusst ist. Die Reform der Erkenntnistheorie, die in dieser Strömung vorgeschlagen wird, entzieht nicht nur dem Evidentialismus bzw. Fundationalismus die Legitimationsgrundlage, sondern sie betreibt Epistemologie letztlich aus einer christlich-religiösen Weltsicht heraus.

Einwände gegen die Reformierte Epistemologie: Kritische Einwände gegen die Reformierte Erkenntnistheorie lassen sich auf mehreren Ebenen erheben. So ist bestritten worden, dass der Gottesglaube berechtigterweise basal sei, dass der klassische Fundationalismus inkohärent sei und dass religiöser Glaube auf propositionale Evidenz und Rechtfertigung verzichten könne (van Woudenberg 2008, 47 f.). Darüber hinaus ist fraglich, ob mangelnder Gottesglauben, den es schließlich nicht nur unter westlichen Atheist:innen, sondern etwa auch in der jahrtausendealten chinesischen Kultur gibt, tatsächlich plausibel auf die dysfunktionale Störung eines allen Menschen innewohnenden Sinnes für das Göttliche zurückgeführt werden kann. Mit welcher Berechtigung darf der einer ganz bestimmten religiösen Kultur zugehörige Sündenfall-Mythos als Erklärungsgrund den Angehörigen von Kulturen untergeschoben werden, die selbst über gar keine Sündenfall-Vorstellung in ihrem interpretativen Repertoir verfügen?

Glaube ohne Rechtfertigung: Auch das von Plantinga gelieferte Argument gegen den „Großen Kürbis-Einwand" vermag nicht restlos zu überzeugen, da es ebenfalls auf der außerordentlich starken Annahme eines angeborenen *sensus divinitatis* und seiner Schwächung seit dem Sündenfall basiert. Wenn jemand diesen Sinn einfach nicht in sich spürt, aber auch das Sündenfall-Narrativ als Erklärung für seinen ausbleibenden Gottesglauben nicht akzeptieren mag, dann liefert Plantingas Auffassung von berechtigterweise basalen Überzeugungen kein Kriterium mehr, um nicht tatsächlich alle möglichen Überzeugungen, die für nicht weiter rechtfertigungsbedüftig gehalten werden, basal zu nennen. Nicht nur der Glaube an den „Großen Kürbis", sondern beliebige spirituelle Eingebungen und fundamentalistisch verzerrte Weltsichten könnten sich auf die Reformierte Epistemologie berufen, um jeglicher Rechtfertigung enthoben zu sein.

2.3   Die Analyse religiöser Äußerungen

Die Epistemologie des religiösen Glaubens sieht sich immer wieder mit dem Umstand konfrontiert, dass religiöse Überzeugungen auf einen Bereich rekurrieren, den eine üblicherweise auf alltägliche und wissenschaftliche Überzeugungen konzentrierte Erkenntnistheorie nur sehr schwer fassen kann. Man mag diesen Bereich als sakral, spirituell, transzendent oder einfach als genuin religös kennzeichnen – der Kontakt zu ihm scheint jedenfalls in vielfältiger Weise die Bildung und Aufrechterhaltung religiöser Überzeugungen zu bestimmen. Deswegen ist es für die Religionsphilosophie unabdingbar, diesen weiten Bereich religiöser Erfahrungen ernst zu nehmen und zu analysieren, wie derartige Erfahrungen mit religiösen Überzeugungen zusammenhängen (▶ Abschn. 2.3.1).

Für die philosophische Einschätzung religiöser Überzeugungen ist es darüber hinaus keineswegs gleichgültig, dass und wie diese sprachlich formuliert werden.

Um die Besonderheiten religiöser Sprache zu verstehen, genügt es freilich nicht, religiöse Aussagen ausschließlich kognitivistisch zu interpretieren, so als würde es sich bei religiösen Sätzen um rein rationale Äußerungen mit propositionalem Gehalt handeln. Stattdessen muss Religionsphilosophie bei der Analyse sprachlicher Äußerungen von Religion ein hohes Maß an Sensibilität gerade auch für die metaphorischen und symbolischen, die expressiven und poetischen Aspekte religiöser Verlautbarungen aufbringen (▶ Abschn. 2.3.2).

Religiöse Äußerungen werden jedoch keineswegs nur in sprachlicher Form getätigt. Vielmehr sind die sprachlichen Bekundungen von Religiosität immer Teil eines umfassenden lebensweltlichen Kontextes, der ihre Bedeutung mitbestimmt und darüber hinaus mannigfaltige weitere Dimensionen beinhaltet, in denen sich Religiosität manifestiert, wie etwa kultische und rituelle Handlungsabläufe, individuelle und kollektive Formen der moralischen Lebensführung oder die organisatorische und rechtliche Einrichtung religiöser Gemeinschaften. In der Religionsphilosophie sind es vor allem pragmatisch und existentiell orientierte Ansätze, die dieser Vielfalt religiöser Lebensäußerungen besondere Aufmerksamkeit schenken (▶ Abschn. 2.3.3).

2.3.1 Religiöse Erfahrung

James' *Vielfalt religiöser Erfahrung*: Die Bedeutung religiöser Erfahrung für das philosophische Verständnis des Religiösen insgesamt hat bereits am Anfang des 20. Jh.s das bahnbrechende Werk *The Varieties of Religious Experience* (1901/02; dt.: *Die Vielfalt religiöser Erfahrung*) von William James herausgestellt. Die Bandbreite religiöser Erfahrungen umfasst so unterschiedliche Phänomene wie die mahāyāna-buddhistische Erfahrung der Leere, die persönliche Erfahrung der Liebe Gottes, die holistische oder pantheistische Erfahrung des Eingebundenseins in die All-Einheit des Ganzen, religiös motivierte Verzückungs- oder Verzweiflungszustände etc. Wer die Welt und sich selbst auf solcherlei Weise religiös erfährt, für den ist sie eine andere als für jemanden, der sie nicht in religiöser Weise zu erfahren vermag (James 1985, 407 f.). Deswegen generieren religiöse Erfahrungen nicht nur unterschiedliche Glaubensüberzeugungen, sondern vor allem auch spezifische Handlungen und Lebensweisen (▶ Abschn. 2.3.3).

Definitionsversuch der religiösen Erfahrung: In der Erkenntnistheorie des religiösen Glaubens gibt es unterschiedliche Auffassungen darüber, ob und inwieweit religiöse Erfahrungen dazu geeignet sind, religiöse Überzeugungen zu stützen und zu begründen. Bevor diese Frage geklärt werden kann, muss jedoch erst einmal näher eingegrenzt werden, was genau eine religiöse Erfahrung eigentlich ist.

Definition

Religiöse Erfahrungen sind erlebte Vorkommnisse, durch die Personen Kontakt zu Realitätsaspekten, Wesenheiten oder Zuständen erhalten, die nicht durch alltägliche Sinnes- oder Tastwahrnehmung oder Introspektion zugänglich sind und die für das erfahrende Subjekt eine religiöse Bedeutung erhalten (vgl. Gellmann 2015,

155). Häufig spricht man in diesem Zusammenhang auch von Erlebnissen des Mystischen oder des Numinosen (d. h. des Göttlichen, das zugleich Vertrauen erweckt und heiligen Schauder verursacht).

Realistische und antirealistische Auffassungen religiöser Erfahrung: Diese sicherlich praktikable Definition religiöser Erfahrung verweist indirekt bereits auf die besonderen Schwierigkeiten, vor die religiöse Erfahrungen die Religionsphilosophie stellen: Zum einen handelt es sich dem Anspruch nach um eine besondere Art von Erfahrungen, die nicht für jede und jeden ohne weiteres zugänglich und damit intersubjektiv nachprüfbar sind. Insofern steht die Philosophie oftmals ein wenig ratlos vor der gleichwohl entscheidenden Frage, ob das, was in der religiösen Erfahrung zugänglich wird, tatsächlich existiert (realistische Interpretation) oder ob sie ausschließlich auf den Bewusstseinszustand dessen zurückverweist, der die jeweilige religiöse Erfahrung macht (antirealistische Interpretation). Ebenso wie die propositionalen Gehalte von Glaubensüberzeugungen können also auch religiöse Erfahrungen realistisch oder antirealistisch aufgefasst werden. Der realistischen Interpretation zufolge repräsentieren religiöse Erfahrungen eine Wirklichkeit, die auch unabhängig von ihrem aktuellen Erfahrenwerden existiert.

Abgrenzung religiöser von nicht-religiösen Erfahrungen: Zum anderen liefert die genannte Definition religiöser Erfahrung kein trennscharfes Kriterium für die Abgrenzung zwischen alltäglichen und nicht-alltäglichen bzw. genuin religiösen Sinneswahrnehmungen oder Introspektionen. Wenn sich beispielsweise die an einem religiösen Ritual Teilnehmenden u. a. durch die Einnahme von Drogen in einen Rauschzustand versetzen, so mögen sie dadurch in Kontakt zu einer nicht-alltäglichen Realität treten bzw. die Realität während des Rituals vollkommen anders wahrnehmen; und würden sie nachträglich befragt, so würden sie vermutlich bestätigen, damit eine religiöse oder spirituelle Erfahrung gemacht zu haben. Ein möglicherweise subjektiv ganz ähnlich empfundenes Erlebnis des Rauschzustandes könnte sich eine Person aber auch außerhalb eines religiösen Rituals verschaffen, indem sie bestimmte Komponenten (wie etwa den Drogenkonsum) aus ihm herauslöst und isoliert praktiziert; diese Person würde vermutlich bestreiten, dass ihr Drogenkonsum irgendeine religiöse Bedeutung hatte. An diesem Beispiel zeigt sich, dass das genuin Religiöse einer Erfahrung offenbar nicht nur im momentanen subjektiven Erleben selbst liegt, sondern auch im kollektiv-sozialen Rahmen, in dem sich das Erlebte abspielt, sowie in der gleichzeitigen und nachträglichen Interpretation des Erlebten.

Kontextbezogenheit religiöser Erfahrungen: Auch in Bezug auf introspektive Erfahrungen scheint der jeweilige kulturelle Kontext eine wichtige Rolle dafür zu spielen, ob eine Erfahrung als religiös angesehen wird oder nicht. Stellen wir uns eine Person A vor, die meditiert und dabei die vorgeschriebenen Abläufe (Ausstattung des Raumes, Sitzpositionen, evtl. begleitende Klänge und Gebetsformeln) einer bestimmten spirituellen Tradition genau beachtet. Zweifellos wird A alle inneren Erfahrungen, die sie im Zuge der Meditationsübung macht, als religiös oder spirituell bewerten. Stellen wir uns jetzt aber eine andere Person B vor, die gar nicht an Religiosität oder Spiritualität interessiert ist und die ausschließlich deswegen Yogaübungen durchführt, um sich von beruflichem Stress ein wenig zu entspannen. Wenn B dabei ganz ähnliche introspektive Erfahrungen (z. B. das eigene Atmen wahrnehmen, das Schweifen der Gedanken beobachten, das allmähliche Zur-Ruhe-Kommen des Körpers und des Geistes empfinden) macht wie A, B jedoch diese Erfahrungen nicht als religiös/spirituell deuten möchte, inwiefern handelt es sich dann bei dem inneren Erleben von A tatsächlich um eine genuin religiöse Erfahrung? Besteht das Religiöse der Erfahrung letztlich im rituellen und kultischen Kontext, den A beachtet, während er B gleichgültig ist?

Soziokultureller Interpretationsrahmen für Erfahrungen: Man sieht an den genannten Beispielen, dass zu einer subjektiven Erfahrung oder einem individuellen Erlebnis noch etwas Entscheidendes hinzukommen muss, damit eine Erfahrung tatsächlich als religiös erlebt und gedeutet wird: nämlich ein soziokultureller Interpretationsrahmen, der es Individuen allererst ermöglicht, eine einzelne Erfahrung überhaupt als religiös wahrzunehmen und zu interpretieren. Der Einfluss dieses kulturellen Deutungsrahmens ist dem einzelnen Individuum (oder auch dem Kollektiv) in einer jeweiligen religiösen Erfahrung meistens gar nicht bewusst. Er zeigt sich aber daran, dass religiöse Erfahrungen, beispielsweise mystische Erlebnisse des Göttlichen oder Transzendenten, sobald sie bildlich oder sprachlich konkretisiert werden, in aller Regel auf kulturell bereitliegende Deutungsmuster Bezug nehmen, die vermutlich nicht bloß die Artikulation des Erfahrenen, sondern bereits dessen Erleben selbst strukturieren. So ist es z. B. extrem unwahrscheinlich, dass eine Person eine Marienerscheinung hat, wenn diese Person zuvor noch nie etwas vom Christentum gehört hat.

Möglichkeit neuer religiöser Erfahrungen: Gleichwohl erklärt das kulturelle Interpretationsmoment, das zur Konstitution religiöser Erfahrungen gehört, noch keineswegs die Erfahrung selbst. Außerdem müsste unverständlich bleiben, wie es überhaupt jemals zu *neuen* religiösen Erfahrungen kommen könnte, wenn kulturell bereits vorliegende Deutungsschablonen sämtliche spirituellen Erlebnisse vollständig prädeterminieren würden. Die Möglichkeit der geschichtlichen Entstehung von Religionen setzt voraus, dass religiöse Erfahrungen möglich sind, die sich nicht komplett aus einem bereits vorliegenden kulturellen Interpretationsreservoir ableiten lassen.

Direkte und indirekte religiöse Erfahrungen: Derartige Erfahrungen lassen sich als „direkte" im Unterschied zu „indirekten" religiösen Erfahrungen charakterisieren; James spricht in diesem Zusammenhang von einem religiösen Leben aus erster oder aus zweiter Hand (James 1985, 15). Direkte religiöse Erfahrungen beziehen sich auf eine unmittelbare persönliche Begegnung mit dem Göttlichen, Heiligen, Numinosen – mit dem, was Rudolf Otto das *mysterium tremendum et fascinans* („das Geheimnis, das Schauer und Faszination auslöst") nannte (Otto 2004) –, mit dem Mystischen, das sich in exzeptionellen Erlebniszuständen, aber durchaus auch urplötzlich in unscheinbarer Alltäglichkeit zeigen kann (man denke hier etwa an die Möglichkeit der Augenblickserleuchtung im Zen-Buddhismus). Solche direkten spirituellen Erfahrungen können am Anfang einer Entwicklung stehen, die sich nachträglich als eine neue Religion institutionalisiert. Die göttliche Eingebung des Korans an Mohammed oder die Einsicht in den Leidenszusammenhang allen Daseins, die Buddha unter dem Bodhi-Baum erlangte, sind besonders prominente Beispiele für direkte, religionsstiftende Erfahrungen. Aber es ist selbstverständlich auch möglich, innerhalb einer bereits existierenden Religion direkte religiöse Erfahrungen zu machen, wenn man z. B. das Gefühl hat, dass ein guter Engel einen in einer gefährlichen Situation beschützt hat oder wenn sich eine bestimmte Meditationspraxis subjektiv als wirksam erweist. Wie oben bereits gesagt, spielt jedoch in direkte religiöse Erfahrungen, die innerhalb bestehender Religionen gemacht werden, immer eine kulturelle Deutungskomponente mit hinein.

Paradoxie der direkt-indirekten Erfahrung im Ritus: Indirekte religiöse Erfahrungen beziehen sich auf den kreditiven Glauben an Institutionen, Personen, heilige Schriften, Kultgegenstände etc., die direkte religiöse Erfahrungen, die in der Vergangenheit einmal gemacht worden sind, transportieren bzw. konservieren. Ein Christ, der am Abendmahl partizipiert, bezieht sich damit in Form des Ritus auf das ursprüngliche Abendmahl Jesu Christi im Kreise seiner Jünger und macht dadurch eine indirekte religiöse Erfahrung im Unterschied zur direkten religiösen Erfahrung der Jünger, die damals beim ursprünglichen Abendmahl anwesend waren. Insofern lassen sich sämtliche Riten, in denen die Wiederholung eines mythischen Geschehens zelebriert wird, auch als Inszenierungen indirekter religiöser Erfahrung deuten. Der Ritus wird zwar von den an ihm Beteiligten als direkte Erfahrung erlebt, aber genau darin liegt die strukturelle Paradoxie der rituellen Inszenierung, dass sie nämlich das in der Vergangenheit Verwahrte und damit nur noch indirekt, über seine Spuren Zugängliche durch Wiederholung in einer direkten, aber eben inszenierten Präsenz re-aktualisiert.

Alstons doxastische Praxen: In stärker erkenntnistheoretischer Absicht hat William Alston eine direkte und eine indirekte Rechtfertigung von Überzeugungen bzw. von Glaubenspraktiken (sogenannten „doxastischen Praxen") durch Erfahrung unterschieden (Alston 1982, 1991, 1995). Bei einer direkten Rechtfertigung durch Erfahrung führt diese unmittelbar zur Bildung einer Überzeugung. Wenn ich z. B. eine Erscheinung der heiligen Jungfrau Maria direkt vor mir sehen würde, dann wäre ich in der Überzeugung, dass es sie gibt, unmittelbar gerechtfertigt. Bei der indirekten oder mittelbaren Rechtfertigung rechtfertigt eine Erfahrung dagegen eine Überzeugung Ü1 nicht unmittelbar, sondern zunächst einmal andere Überzeugungen Ü2, die dann ihrerseits Ü1 rechtfertigen. So kann ich aus der Erfahrung von Menschen, die in hohem Maße christliche Nächstenliebe praktizieren, die Überzeugung Ü2 gewinnen, dass die Ethik des Christentums überaus wertvoll ist. Die Überzeugung Ü2 kann dann ihrerseits rechtfertigen, dass ich mir die Überzeugung Ü1, dass Jesus der Messias sei, zu eigen mache. Ü1 wird somit indirekt durch die Erfahrung der Nächstenliebe gerechtfertigt.

Swinburnes Prinzip der Gutgläubigkeit: Während Alston dafür argumentiert, dass die indirekte doxastische Praxis, durch die wir zu religiösen Glaubensüberzeugungen gelangen, ebenso gerechtfertigt sein kann wie die auf direkter Erfahrung beruhende doxastische Praxis, ebnet Richard Swinburnes „Prinzip der Gutgläubigkeit" (*principle of credulity;* Swinburne [2]2004) die epistemische Differenz zwischen religiösen und nicht-religiösen Erfahrungen völlig ein. Sobald ich glaube, etwas wahrzunehmen, und meiner Annahme nichts entgegensteht, was sie als unplausibel erscheinen lässt, bin ich gerechtfertigt, an meine Wahrnehmung zu glauben, egal, ob ich einen Baum vor mir sehe oder den Heiligen Geist. Wie anhand einer solchen zum Grundsatz erhobenen Leichtgläubigkeit überhaupt noch zwischen alltäglichen Sinneswahrnehmungen und bloßen Einbildungen unterschieden werden kann, wird freilich nicht recht deutlich.

Nishidas Begriff der reinen Erfahrung: Der analytisch operierenden Religionsphilosophie, die vorrangig daran interessiert ist, den Erkenntniswert religiöser Erfahrung zu bestimmen, steht das Erfahren selbst zumeist äußerlich gegenüber. Im Werk des japanischen Philosophen Nishida Kitarō (1870–1945), des Begründers der Kyōto-Schule, wird demgegenüber die ‚reine Erfahrung‘ in den Rang eines sowohl in religiöser als auch in philosophischer Hinsicht fundamentalen, ursprünglichen Weltzugangs erhoben. In seiner frühen Studie *Über das Gute* (1911) entwickelt Nishida den Begriff der reinen Erfahrung, in der das Bewusstsein eine präreflexive Gegenwart erlebt, vor dem Hintergrund des Zen-Buddhismus, aber zugleich auch in Anknüpfung an mehrere Strömungen der westlichen Philosophie wie die Lebensphilosophie Henri Bergsons (1859–1941), die christliche Mystik, die kantische Philosophie, die Phänomenologie sowie – dieser Aspekt führt uns an den Ausgangspunkt des Kapitels zurück – die Religionsphilosophie William James'. Die reine Erfahrung geht der Trennung in Subjekt und Objekt, Geist und Natur voraus; sie lässt jenseits aller Dualismen eine primordiale Einheit erfahren, die Nishida mit dem Begriff Gottes in Verbindung bringt (Maraldo 1997, 820).

Kooperation phänomenologischer und analytischer Ansätze: Für die weitere religionsphilosophische Erforschung des komplexen und spannenden Gebiets religiöser Erfahrung wäre eine vertiefte Zusammenarbeit analytischer und phänomenologischer Ansätze sicherlich zu begrüßen, ebenso wie die Kooperation mit religionswissenschaftlichen und hier v. a. religionspsychologischen Zugängen. William James' *Die Vielfalt religiöser Erfahrung* ist in diesem Kontext als Inspirationsquelle und Referenzwerk von fortdauernder Aktualität.

2.3.2 Religiöse Sprache

Philosophische Relevanz der religiösen Sprache: Religiöse Glaubensüberzeugen sind zwar oftmals durch propositional nur schwer fassbare direkte oder indirekte religiöse Erfahrungen motiviert, sie werden aber nichtsdestotrotz häufig – ebenso wie andere erfahrungsfundierte Überzeugungen auch – sprachlich formuliert. Erst dadurch werden sie der philosophischen Analyse überhaupt zugänglich. Die Frage, welchen Status die religöse Sprache besitzt und wie sie philosophisch interpretiert werden kann, ist daher für die Religionsphilosophie ausgesprochen wichtig.

Religionsinterne Bedeutung von Sprache und Schrift: Für die außerordentlich große Bedeutung, die der Sprache auch religionsintern zugeschrieben wird, lassen sich viele prominente Beispiele anführen. So kann der Koran nach islamischer Auffassung strenggenommen nicht übersetzt werden, da er in arabischer Sprache geoffenbart wurde. Im Prolog des Johannes-Evangeliums wird das Wort (griech. *logos*) sogar als der Ursprung von allem benannt:

» Im Anfang war das Wort, / und das Wort war bei Gott, / und das Wort war Gott. Im Anfang war es bei Gott.
Alles ist durch das Wort geworden / und ohne das Wort wurde nichts, was geworden ist. (Joh 1,1–3)

Auch der in allen Weltreligionen praktizierte sorgfältige Umgang mit den heiligen Schriften zeugt von der sakralen Relevanz, die Sprache und Schrift besitzen – man denke etwa an die besondere Umsicht, mit der Torarollen in Synagogen aufbewahrt werden.

Propositionaler Gehalt und performativer Kontext: Sprachliche religiöse Äußerungen lassen sich grundsätzlich *als solche* betrachten, indem man das Augenmerk auf die assertorische Bedeutung der sprachlichen Äußerung selbst richtet, oder als *Sprechakte,* indem der performative Kontext der sprachlichen Äußerungen miteinbezogen wird. Viele religiöse Äußerungen können sinnvoll unter beiden Perspektiven interpretiert werden. So kann der Satz „Gott ist groß" als Proposition (*S* ist *p*) aufgefasst und hinsichtlich seiner Prämissen, seines Aussagegehaltes und seiner Konsequenzen im Zusammenhang mit anderen religiösen Sätzen untersucht werden. Er kann jedoch auch als Sprechakt gedeutet werden, wenn er beispielsweise als Gebetsruf eines Muezzins erklingt. Als Sprechakt macht der Satz „Gott ist groß" keine konstatierende Aussage über einen Gegenstand, dem eine Eigenschaft zugesprochen wird, sondern er dient performativ sowohl zur Lobpreisung Gottes als auch zur Erinnerung der gläubigen Muslim:innen an ihre Gebetspflichten.

Gebete als performative Sprechakte: Bei zahlreichen religiösen Sprachäußerungen steht die performative Komponente gegenüber der propositionalen Bedeutung eindeutig im Vordergrund. Besonders deutlich wird dies in Gebetsformeln, die zwar propositionale Gehalte zu transportieren scheinen, aber in erster Linie Vollzüge der Glaubensbekundung darstellen. Der Satz „Denn dein ist das Reich und die Kraft und die Herrlichkeit in Ewigkeit" aus dem „Vater unser"-Gebet beinhaltet zwar ein ganzes Bündel von Aussagen über göttliche Eigenschaften, aber wenn dieser Satz im Gottesdienst von der Gemeinde gesprochen wird, dann vertreten die betenden Gläubigen in diesem Kontext keine theologischen Thesen, sondern sie richten sich im gemeinsamen Gebet an den göttlichen Adressaten, so dass das Sprechen der Gebetsformel gleichzeitig die Beziehung der Betenden zu Gott und ihre Beziehung untereinander als religiöse Gemeinschaft stabilisiert. Beim Gebet einer einzelnen Person handelt es sich äußerlich betrachtet um ein stummes oder verbal artikuliertes Selbstgespräch, in dem Wünsche, Ängste, Sorgen, Befürchtungen, aber auch Glückserfahrungen zum Ausdruck kommen. Aus der Binnenperspektive der gläubigen Person betrachtet stellt das Gebet dagegen eine direkte kommunikative Zwiesprache mit Gott dar. An ihn wendet sich die betende Person vorwiegend in den performativen Sprechakten des Bittens und des Dankens, wobei stillschweigend vorausgesetzt wird, dass der beredt schweigende Adressat der Gebete diese hört und möglicherweise sogar erhört.

Mantras: Wie für Gebete gilt auch für Mantras – einzelne Wörter oder kurze Phrasen, die im Hinduismus und im Buddhismus bei der Meditation gesprochen werden –, dass ihr performativer Vollzugssinn gegenüber ihrer propositionalen Bedeutung klar überwiegt: So macht etwa das tibetische Mantra „Das Juwel liegt im Lotus" *(Om Mani Padme Hum)* zwar eine konstative Aussage über den buddhistischen Heilsweg (das Juwel), dessen Weisheit in der Auflösung von Gier und Daseinsdurst (dem Lotus) besteht. Dieser propositionale Gehalt ist aber im Moment des meditativen Aussprechens weniger wichtig als der performative Sprechakt der Mantrameditation, deren Vollzug bereits einen Schritt des buddhistischen Heilswegs selbst darstellt.

Die philosophische Herausforderung religiöser Sprache: Es wurde bereits zuvor erläutert (▶ Abschn. 2.2.2 und 2.2.3), dass religiöse Aussagen sowohl realistisch bzw. kognitivistisch als auch nicht-realistisch bzw. nonkognitivistisch interpretiert werden können. Bezieht man den Aspekt des sprachlichen Mediums, in dem religiöse Aussagen geäußert werden, in die Analyse mit ein, dann zeigt sich, dass ihre philosophische Deutung noch viel komplexer ist, als es in der Epistemologie des religiösen Glaubens üblicherweise wahrgenommen wird. Denn unabhängig von einer realistischen oder antirealistischen Interpretation religiöser Aussagen liegen diese oftmals gar nicht in Form von konstatierenden Aussagesätzen vor, sondern sie verwenden eine poetische Sprache, deren Verständnis die Dechiffrierung von Analogien, Gleichnissen, Metaphern und Symbolen erfordert. Dass auch eine sich metaphorisch artikulierende Sprache wahrheitsfähig sein kann, hat die kanadische Theologin und Philosophin Janet Martin Soskice (*1951) herausgearbeitet (Soskice 1985). Ihr zufolge bieten Metaphern den Vorteil, dass wir uns mit ihnen auf Gegenstände – etwa Gott – beziehen können, zu denen wir keinen direkten epistemischen Zugang haben (Gäb 2019, 216).

Santayanas Betonung religiöser Imagination: Die Bedeutung der Imagination für das Verständnis religiöser Sprache hat auch der spanische Philosoph George Santayana 1905 in dem Buch *Reason in Religion* (der 3. Teil des mehrbändigen Werkes *The Life of* Reason) hervorgehoben. Santayana zufolge wäre es irreführend, religiöse Sätze als Behauptungen über Sachverhalte zu deuten; sie sind vielmehr Zeichen einer bestimmten moralischen Realität (Santayana 2014, 7 ff.).

Tillichs Symboltheorie der religiösen Sprache: Der protestantische: Theologe Paul Tillich (1886–1965) hat besonders den symbolischen Charakter der religiösen Sprache hervorgehoben, der auf eine Tiefendimension sowohl der Wirklichkeit als auch der menschlichen Seele verweist (Tillich ^{2}1978). An der religiösen Verwendung von Symbolen zeigt sich für Tillich die jeweilige Beziehung des Menschen zum Heiligen. Grundsätzlich kann alles Wirkliche zum Symbol werden, wenn es von einer sozialen Gruppe als solches anerkannt wird, wenn also diese Gruppe den Eindruck hat, durch dieses Symbol in Kontakt mit einer transzendenten Wirklichkeitsschicht zu treten. Allerdings dürfen die Symbole des Heiligen nicht mit diesem selbst verwechselt werden, andernfalls kommt es Tillich zufolge zu Götzendienst und ‚Dämonisierung'. Folglich unterscheidet Tillich zwischen einer nicht-symbolischen und einer symbolischen Rede von Gott. Die Auffassung Gottes als des Unbedingten ist demnach nicht-symbolisch gemeint, Aussagen wie „Gott hat seinen Sohn gesandt" müssen dagegen symbolisch interpretiert werden, da andernfalls kausale, temporale, relationale, räumliche u. a. Eigenschaften auf

Gott übertragen werden, die ihm nicht ‚an sich', sondern nur ‚für uns' zukommen.

Präzision religiöser Symbole: Dass religiöse Sprache – sowohl in Gebeten, Hymnen, rituellen Formeln und Mythen als auch in theologisch-philosophischen Traktaten – sich in vielfältiger Weise symbolisch und metaphorisch äußert, muss nicht zwangsläufig zu einer nonkognitivistischen Lesart religiöser Aussagen führen. Vielmehr spricht gegen den Nonkognitivismus, dass die religiös gebrauchten Metaphern und Symbole zumindest bezogen auf das jeweilige religiöse Referenzsystem keineswegs beliebig und austauschbar sind und dass auch die lebenspraktischen Reaktionen von Gläubigen auf derartige Metaphern und Symbole einer religionsinternen Logik folgen. So fordert z. B. das buddhistische *Nirvana,* obwohl es als Begriff allenfalls bildhaft umschrieben werden kann, zum Beschreiten des edlen achtfachen Pfades, also zu einer ganz bestimmten geregelten Lebensführung, auf. Ebenso mahnt das Symbol des christlichen Kreuzes die Gläubigen, in ihrem Lebenswandel die Nachfolge Jesu Christi anzutreten und Nächstenliebe zu praktizieren. Religiöse Metaphern und Symbole können anscheinend eine handlungsleitende Wirkung entfalten, von denen konstatierende Aussagesätze weit entfernt sind.

Kooperation hermeneutischer und analytischer Ansätze: Wurde zuvor festgestellt (▶ Abschn. 2.3.1), dass bei der philosophischen Untersuchung religiöser Erfahrung eine Zusammenarbeit phänomenologischer und analytischer Zugangsweisen sinnvoll ist, so scheint hinsichtlich der philosophischen Analyse der religiösen Sprache eine Kooperation zwischen hermeneutischen und analytischen Ansätzen vielversprechend zu sein.

2.3.3 Existenzielle und pragmatische Deutungen religiöser Lebensformen

Religiöser Glaube beruht nicht nur auf dem, *was* religiös jeweils erfahren wird und *wie* diese Erfahrungen sprachlich formuliert werden. Vielmehr sind religiöse Erfahrungen und religiöse Sprache stets eingebettet in übergreifende kollektive und individuelle Lebenszusammenhänge. Blendet man diese aus der religionsphilosophischen Betrachtung aus, so droht ein verkürztes Verständnis religiösen Glaubens. Ein besonderes Augenmerk auf die Lebensformen, in denen religiöse Glaubensüberzeugungen überhaupt erst entstehen und aufrechterhalten werden, haben die beiden ansonsten relativ weit auseinanderliegenden philosophischen Strömungen der Existenzphilosophie und des Pragmatismus gelegt. Einen Sonderfall der philosophischen Betrachtung religiöser Lebensformen stellt der Ansatz des späten Wittgenstein dar, der bisweilen auch als ‚Wittgensteinscher Fideismus' bezeichnet wird und u. a. von Norman Malcolm (1911–1990) und Dewi Z. Phillips weiterentwickelt wurde.

Kierkegaards Betonung des *Wie*, nicht des *Was* des Glaubens: Als Fideismus lässt sich auch die Position Søren Kierkegaards interpretieren, der in seinem existenziell engagierten Philosophieren der institutionalisierten Religion der Kirche eine radikale Subjektivierung der Glaubensentscheidung entgegengesetzt hat. Der religiöse Glaube kann für Kierkegaard nicht auf eine Annäherung an die Wahrheit objektiver, wissbarer Fakten gegründet sein, er zeigt sich vielmehr angesichts objektiver Ungewissheit in der „leidenschaftlichsten Innerlichkeit" (Kierkegaard 2005, 435), mit welcher der Sprung in den Glauben vollzogen wird. Der christliche Glaube, um den es Kierkegaard hierbei geht, entzieht sich einer rationalen Durchdringung, weil seine Botschaft im Kern eine Absurdität für den Verstand darstellt: Die Erscheinung der ewigen Wahrheit in Raum und Zeit durch Jesus Christus übersteigt die Fassungskraft des menschlichen Geistes, der angesichts der nicht aufzuhebenden Paradoxien des Glaubens nicht länger verzweifelt versuchen sollte, dessen Wahrheit rational zu begreifen. Entscheidend ist stattdessen, in welcher gelebten Beziehung das einzelne Subjekt zu dieser Wahrheit steht. Der Glaube soll in erster Linie das Leben des/der Gläubigen verändern. Kierkegaard trennt somit das Glauben im kreditiven Sinne völlig vom putativen Glauben ab: Die im kreditiven Glauben vollzogene existenzielle Selbstbindung lässt sich durch putative Gegenevidenzen keinesfalls erschüttern. Das *sacrificium intellectus,* die Opferung des Verstandes, erscheint somit geradezu als fundamentale Voraussetzung für wahrhaftigen religiösen Glauben. Allerdings beruht diese Aufopferung des Intellekts ihrerseits auf einer nicht vollkommen irrationalen Erwägung, die an Pascals Wette erinnert: Wenn ich zwischen der unendlichen Fülle Gottes und der existenziellen Verzweiflung der Endlichkeit zu wählen habe, in die mich ein Leben ohne Gott stürzt, dann sollte ich die Unendlichkeit Gottes wählen, auch wenn, ja gerade weil ich sie nicht begreife *(credo quia absurdum).*

Die pragmatische Bewährung von Religion im Leben: In der existenziell zu beglaubigenden, nicht objektiv begründbaren Entscheidung für den Glauben liegt eine Gemeinsamkeit zwischen Kierkegaards existenzphilosophischem und William James' pragmatistischem Ansatz, der ebenfalls den ‚Willen zu glauben' in den Vordergrund stellt (▶ Abschn. 2.3.1). Auch aus James' Sicht ist es für das religiöse Leben der Gläubigen nicht von primärer Relevanz, ob ihre Glaubensüberzeugungen in propositionalem Sinne wahr sind. Die Wirksamkeit religiöser Einstellungen zeigt sich vor allem in der Art und Weise, wie religiöse Menschen leben und wie sie ihre eigene Existenz in Bezug auf das Ganze der Wirklichkeit erleben. Wenn das Leben einer Person im Großen und Ganzen zu gelingen scheint (was sich u. a. daran zeigt, dass eine Person stabile Beziehungen zu anderen Personen aufbauen kann, dass sie im Allgemeinen gut mit den Wechselfällen des Lebens umgeht, dass sie niemals die Hoffnung und ein gewisses Grundvertrauen verliert) und wenn in diesem Leben der religiöse Glaube eine große Rolle spielt, dann bewährt sich aus James' pragmatistischer Sicht die religiöse Hypothese durch die gelebte Praxis. Im Anschluss an James hat John Dewey (1859–1952), ein weiterer Hauptvertreter des philosophischen Pragmatismus, in seiner 1934 veröffentlichten Schrift *A Common Faith* (Dewey 1960) ebenfalls die Bedeutung religiöser Erfahrung gegenüber der institutionalisierten Religion hervorgehoben.

Religion als Sprachspiel: Eine Zurückführung des Wahrheitswertes religiöser Überzeugungen auf die Lebensformen, in denen sie ihren Platz haben, unternimmt in anderer Weise auch Ludwig Wittgenstein und die ihm oftmals zugeschriebene

Variante des Fideismus. Betrachtet man eine Religion als ein bestimmtes Sprach-spiel, dessen Regeln man letztlich nur als am Spiel Beteiligter verstehen kann, dann transportieren die innerhalb dieses Sprachspiels geäußerten Sätze keine universell nachvollziehbare Bedeutung. Man würde Wittgensteins Religionsphilosophie al-lerdings missverstehen, wenn man sie einfach als nonkognitivistische Religionsdeu-tung im Gegensatz zu einer kognitivistischen Religionsauffassung begreifen würde. Vielmehr will Wittgenstein zeigen, dass dieser Gegensatz selbst im Grunde nicht sinnvoll ist, da sich die propositionale Bedeutung religiöser Sätze nicht von ihrem Gebrauch in einem religiösen Referenzsystem bzw. Sprachspiel isolieren lässt (Wittgenstein ²2001).

Fideistischer Sprachspiel-Relativismus? In Wittgensteins Auffassung religiöser Lebensformen wird der Glaube zweifellos von rationalem Rechtfertigungsdruck entlastet und in seinem unverrechenbaren Eigenwert anerkannt. Interpretiert man Wittgensteins Position jedoch in Richtung eines fideistischen Sprachspiel-Relati-vismus, dann gibt es von ihr aus keine vermittelnde Brücke mehr, die eine verstän-digungsorientierte Kommunikation zwischen unterschiedlichen religiösen Sprach-spielen sowie zwischen religiösen und säkularen Positionen ermöglichen könnte. Die Sprachspiel-Autonomie des religiösen Diskurses würde die Gläubigen dann gleichsam in das Gehäuse ihrer jeweiligen Lebensform einsperren.

Phillips' Verteidigung der Wittgensteinschen Religionsphilosophie: Einer der prominentesten Repräsentanten der an Wittgenstein anknüpfenden Religions-philosophie, Dewi Z. Phillips, hat allerdings bestritten, dass Wittgensteins Posi-tion zu derartigen Schlussfolgerungen berechtige, und zugleich das von Kai Ni-elsen (*1926) aufgebrachte Etikett des ‚Wittgensteinschen Fideismus‘ abgelehnt (Nielsen/Phillips 2005). Wittgenstein habe niemals eine vollständige Abgrenz-barkeit eines einzelnen Sprachspiels gegenüber anderen Sprachspielen behaup-tet, sondern gerade deren komplexen Netzwerke und Überlappungen in den Blick nehmen wollen. Phillips selbst geht es in seiner Anknüpfung an Wittgensteins philosophische Überlegungen zur Religion darum, sowohl religiösen als auch nicht-religiösen Standpunkten philosophisch Gerechtigkeit widerfahren zu lassen, nicht um die fideistische Verteidigung eines vermeintlich autonomen religiösen Sprachspiels. Die Grenze zwischen Glauben und Wissen verläuft in Phillips Deu-tung nicht entlang der Trennlinie zwischen Religion und Philosophie: Stattdessen müsse man zwischen solchen Positionen, die das Mysterium der Welt anerkennen, und solchen, die nach säkularen oder religiösen Erklärungen für sämtliche Ereig-nisse in der Welt sowie für die Welt als solche suchen, unterscheiden. Wittgen-steins Einsicht, dass es nicht möglich ist, eine Perspektive außerhalb irgendeines Sprachspiels einzunehmen (denn sobald man dies versucht, spielt man nur wiede-rum ein weiteres Sprachspiel, z. B. dasjenige der cartesischen Erkenntnistheorie), schafft Phillips zufolge in einer ähnlichen Weise Raum für das Religiöse, wie es Kants Erkenntniskritik geleistet hatte: Durch die Selbstbegrenzung des Erkenn-baren bzw. des Sagbaren wird ein hypothetischer Raum jenseits der Grenze frei gelassen, auf den sich religiöses Glauben in anderen Formen als denjenigen be-ziehen kann, die philosophische und wissenschaftliche Sprachspiele bereitstellen.

❓ Aufgaben und Anregungen

1. Namhafte Theologen wie Petrus Damiani (1006–1072) oder Martin Luther (1483–1546) haben die Vernunft und die philosophische Logik als eine Gefahr für den Glaubensgehorsam betrachtet. Stimmen Sie der Auffassung zu, dass die Vernunft eine Bedrohung für den religiösen Glauben darstellen kann? Inwiefern ist diese Befürchtung plausibel, inwiefern nicht?

2. Halten Sie die Pascalsche Wette für einen gangbaren Weg, um areligiöse Menschen von der Existenz Gottes und der Unsterblichkeit der Person zu überzeugen? (Falls nicht, warum nicht?)

3. Erwägen Sie, ob für die philosophische Beurteilung der Rationalität eines religiösen Glaubens ein religiöser oder ein areligiöser Standpunkt zielführender ist.

4. Finden Sie (jeweils mindestens zwei) Argumente für und gegen Alvin Plantingas These, dass religiöse Überzeugungen als ‚berechtigterweise basal‘ *(properly basic)* gelten können.

5. Wenn individuelle Erfahrungen der göttlichen Realität als Evidenz für den Glauben an Gott gelten können, stellen dann auch umgekehrt individuelle Erfahrungen der Abwesenheit einer göttlichen Realität Evidenzen für den Atheismus dar?

6. Nehmen Sie die Perspektive des Mitglieds einer von Ihnen ausgewählten Religionsgemeinschaft ein und beurteilen Sie von dort aus, ob Sie die pragmatische Auffassung von Religion als eines narrativen Rahmens, der ein erfülltes Leben ermöglicht, teilen können. Würde Ihnen dabei ein religiöser Anspruch auf propositionale Wahrheit fehlen? Wenn ja, warum?

Literatur

Al-Ghazālī, Abu-Hamid Muhammad: *Tahāfut al-falāsifa (Die Inkohärenz der Philosophen)* Engl. Übers.: *The Incoherence of the Philosophers. A parallel English-Arabic text.* Provo (UT) 199 (arab. 1095).

Alston, William P.: *Perceiving God. The Epistemology of Religious Experience.* Ithaca (NY)/London 1991. Dt.: *Gott wahrnehmen. Die Erkenntnistheorie religiöser Erfahrung.* Frankfurt a. M. u. a. 2006.

Alston, William P.: „Realism and the Christian Faith". In: *International Journal for Philosophy of Religion* 38 (1995), 37–60.

Alston, William P.: „Religious Experience and Relgous Belief". In: *Nous* 16 (1982), 3–12.

Barbour, Ian Graeme: *Religion and Science. Historical and Contemporary Issues.* London 1998.

Barbour, Ian Graeme: *When Science Meets Religion.* New York 2000.

Burtt, Edwin Arthur: *The Metaphysical Foundations of Modern Physical Sciences. A Historical and Critical Essay.* London 1925.

Clifford, William Kingdon: „The Ethics of Belief". In: *The Ethics of Belief and Other Essays.* Amherst (NY) 1999, 70–96 (1877).

Cusanus, Nicolaus: *De doctra ignorantia. Die belehrte Unwissenheit.* 3 Bde. Lateinisch-Deutsch. Hamburg 1994–1999 (lat. 1440).

Dawes, Gregory W.: *Galileo and the Conflict between Religion and Science.* London/New York 2016 (Dawes 2016a).

Descartes, René: *Meditationes de prima philosophia*. In: *Oeuvres philosophiques*. Bd. II: 1638–1642. Paris 2010, 169–505 (lateinischer u. französischer Text). Dt.: *Meditationen über die Erste Philosophie*. Stuttgart 1986 (1641).

Dewey, John: *A Common Faith*. Chelsea (MI) 1960. Dt.: „Ein allgemeiner Glaube". In: John Dewey: *Erfahrung, Erkenntnis und Wert*. Frankfurt a.m: 2004, 229–292 (1934).

Fichte, Johann Gottlieb: „Ueber den Grund unseres Glaubens an eine göttliche Weltregierung". In: *Fichtes Werke*. Bd. V: *Zur Religionsphilosophie*. Hg. v. Immanuel Hermann Fichte Berlin 1971, 175–189 (1798).

Gäb, Sebastian: *Wahrheit, Bedeutung und Glaube. Zum Problem des religiösen Realismus*. Münster 2014.

Gäb, Sebastian: „Religiöse Sprache". In: Klaus Viertbauer/Georg Gasser (Hg.): *Handbuch Analytische Religionsphilosophie. Akteure – Diskurse – Perspektiven*. Berlin 2019, 208–220.

Gellman, Jerome: „Religious Eperience". In: Graham Oppy (Hg.): *The Routledge Handbook of Contemporary Philosophy of Religion*. London/New York 2015, 155–166.

Habermas, Jürgen: *Auch eine Geschichte der Philosophie*. Bd. 1: *Die okzidentale Konstellation von Glauben und Wissen*. Bd. 2: *Vernünftige Freiheit. Spuren des Diskurses über Glauben und Wissen*. Berlin 2019.

Hegel, Georg Wilhelm Friedrich: „Glauben und Wissen oder die Reflexionsphilosophie der Subjektivität, in der Vollständigkeit ihrer Formen, als die Kantische, Jacobische und Fichtesche Philosophie". In: ders.: *Jenaer kritische Schriften. Gesammelte Werke* Bd. 4. Hg. v. Hartmut Buchner u. Otto Pöggeler. Hamburg 1968, 313–414 (1802).

Hick, John: *An Interpretation of Religion*. New Haven (CT) [2]2004.

Hübner, Johannes: *Einführung in die theoretische Philosophie*. Stuttgart 2015.

Jacobi, Friedrich Heinrich: „Über die Lehre des Spinoza in Briefen an den Herrn Moses Mendelssohn" [1785]. In: Friedrich Heinrich Jacobi: *Schriften zum Spinozastreit*. Werke Bd. 1,1. Hg. v. Klaus Hammacher u. Irmgard-Maria Piske. Hamburg 1998, 1–146 (1785).

James, William: *The Varieties of Religious Experience*. Cambridge (MA)/London 1985. Dt.: *Die Vielfalt religiöser Erfahrung. Eine Studie über die menschliche Natur*. Frankfurt a. M./Leipzig 1997 (1901/02).

James, William: *The Will to Believe and Other Essays in Popular Philosophy*. Cambridge (MA)/London 1979 (1897).

Kant, Immanuel: *Kritik der reinen Vernunft*. Hg. v. Jens Timmermann. Hamburg 2003 (1781/1787).

Kierkegaard, Søren: *Philosophische Brosamen und Unwissenschafliche Nachschrift*. Hg. v. Hermann Diem u. Walter Rets. München 2005 (dän. 1843/1846).

Locke, John: *An Essay Concerning Human Understanding*. New York 1959. Dt.: *Versuch über den menschlichen Verstand*. Hamburg 2006 (1690).

Luther, Martin: *De servo arbitrio/Vom unfreien Willensvermögen*. In: Martin Luther:. Lateinisch-Deutsche Studienausgabe. Bd. 1: *Der Mensch vor Gott*. Unter Mitarbeit v. Michael Beyer hg. v. Wilfried Härle. Leipzig 2006, 219–662 (1525).

Maraldo, John: „Contemporary Japanese Philosophy". In: Brian Carr/Indira Mahalingam (Hg.): *Companion Encyclopeda of Asian Philosophy*. London/New York 1997, 810–835.

McMullin, EMvrnan (Hg.): *Evolution and Creation*. Notre Dame (IN) 1985.

Nielsen, Kai/Phillips, Dewi Z.: *Wittgensteinian Fideism?* London 2005.

Otto, Rudolf: *Das Heilige. Über das Irrationale in der Idee des Göttlichen und sein Verhältnis zum Rationalen*. München 2004 (1917).

Pascal, Blaise: *Pensées. Opuscules et lettres*. Hg. v. Philippe Sellier. Paris 2010. Dt.: *Pensées/Gedanken*. Darmstadt 2016 (frz. 1670).

Plantinga, Alvin: *Warranted Christian Belief*. New York 2000.

Plantinga, Alvin: „Is Belief in God Properly Basic?" In: *Nous* 15 (1981), 41–51.

Santayana, George: *Reason in Religion*. In: *The Life of Reason or the Phases of Human Progress. The Works of George Santayana*. Vol. VII, Book Three. Cambridge (MA)/London 2014 (1905).

Schröcker, Hubert: *Das Verhältnis der Allmacht Gottes zum Kontradiktionsprinzip nach Wilhelm von Ockham*. Berlin 2003.

Scott, Michael: „Realism and Anti-Realism". In: Graham Oppy (Hg.): *The Routledge Handbook of Contemporary Philosophy of Religion*. London/New York 2015, 205–218.

Soskice, Janet M.: *Metaphor and Religious Language*. Oxford 1985.

Swinburne, Richard: *The Existence of God*. Oxford ²2004.

Swinburne, Richard: *Faith and Reason*. Oxford ²2005. Dt.: *Glaube und Vernunft*. Würzburg 2009.

Taliaferro, Charles: *Evidence and Faith. Philosophy and Religion since the Seventeenth Century*. New York 2005.

Tillich, Paul: „Das Wesen der religiösen Sprache". In: *Gesammelte Werke*. Hg. v. Renate Albrecht. Bd. 5: *Die Frage nach dem Unbedingten. Schriften zur Religionsphilosophie*. Berlin ²1978, 213–222 (1955).

White, Andrew Dickson: *A History of the Warfare of Science with Theology in Christendom*. London 1896.

Whitehead, Alfred North: *Science and the Modern World*. Cambridge 1926.

Wicks, Robert: „Arthur Schopenhauer". In: Graham Oppy/Nick Trakakais (Hg.): *The History of Western Philosophy of Religion*. Vol. 4: *Nineteenth-Century Philosophy of Religion*. New York 2009, 81–93.

Wittgenstein, Ludwig: *Vorlesungen und Gespräche über Ästhetik, Psychoanalyse und religiösen Glauben*. Frankfurt a. M. ²2001.

Woudenberg, René van: „Reformed Epistemology". In: Paul Copan/Chad Meister (Hg.): *Philosophy of Religion: Classic and Contemporary Issues*. Malden (MA)/Oxford 2008, 37–50.

Weiterführende Literatur

Abraham, William J./Aquino, Frederick D. (Hg.): *The Oxford Handbook of the Epistemology of Theology*. Oxford 2017.

Adamson, Peter: *In the Age of Averroes: Arabic Philosophy in the Sixth/Twelfth Century*. London 2011.

Aertsen, Jan A./Emery, Kent, Jr./Speer, Andreas (Hg.): *Nach der Verurteilung von 1277: Philosophie und Theologie an der Universität von Paris im letzten Viertel des 13. Jahrhunderts. Studien und Texte*. Berlin 2001.

Anselm von Canterbury: *Proslogion/Anrede*. Lateinisch/Deutsch. Ditzingen 2005 (lat. 1077/78).

Appelqvist, Hanne: „Wittgenstein on the Grounds of Religious Faith: A Kantian Proposal". In: *European Journal of Philosophy* 26 (2018), 1026–1040.

Arndt, Andreas/Bal, Karol/Ottmann, Henning (Hg.): *Glauben und Wissen*. Hegel-Jahrbuch 2003 (Erster Teil), 2004 (Zweiter Teil), 2005 (Dritter Teil). Berlin 2003–2005.

Arndt, Andreas/Iber, Christian/Kruck, Günter (Hg.): *Staat und Religion in Hegels Rechtsphilosophie*. Berlin 2009.

Arnswald, Ulrich/Weiberg, Anja (Hg.): *Der Denker als Seiltänzer – Ludwig Wittgenstein über Religion, Mystik und Ethik*. Düsseldorf 2001.

Arrigton, Robert L./Addis, Mark (Hg.): *Wittgenstein and the Philosophy of Religion*. London u. a. 2001.

Audi, Robert: „Belief, faith and acceptance". In: *International Journal for Philosophy of Religion*, 63 (2008), 87–102.

Audi, Robert: „Faith, Belief, And Will: Toward a Volitional Stance Theory of Faith". In: *Sophia* 58 (2019), 409–422.

Axtell, Guy: „William James on Pragmatism and Religion." In: Jacob Goodson (Hg.): *William James, Moral Philosophy, and the Ethical Life: The Cries of the Wounded*. London 2018, 317–336.

Blum, Paul Richard: *Nicholas of Cusa on Peace, Religion, and Wisdom in Renaissance Context*. Regensburg 2018.

Blumenberg, Hans: *Die Legitimität der Neuzeit*. Frankfurt a. M. 1966; ern. Ausgabe: Frankfurt a. M. 1988.

Carrette, Jeremy: *William James' Hidden Religious Imagination: A Universe of Relations*. New York 2013.

Carroll, Thomas D.: *Wittgenstein within the Philosophy of Religion*. Basingstoke/New York 2014.

Chandler, Jake/Harrison, Victoria S. (Hg.): *Probability in the Philosophy of Religion*. Oxford 2012.

Clayton, Philip/Simpson, Zachary (Hg.): *The Oxford Handbook of Religion and Science*. New York 2006.

Crisp, Oliver D. (et al., Hg.): *Theology and Philosophy: Faith and Reason*. London 2013.

Cusanus, Nicolaus: *De pace fidei (Vom Frieden zwischen den Religionen)*. Frankfurt a. M. 2002 (lat. 1453/54).

Cusanus, Nicolaus: *De visione dei*. Dt. Übers. in: *Textauswahl in deutscher Übersetzung*. Heft 3: *De visione dei/Das Sehen Gottes*. Trier 2007. Engl. Übers. in: Jasper Hopkins: *Nicholas of Cusa's Dialectical Mysticism: Text, Translation, and Interpretive Study of* De visione dei. Minneapolis (MN) 1985 (lat. 1453).

Cusanus, Nicolaus: *Trialogus de possest. Dreiergespräch über das Können-Ist*. Lateinisch-Deutsch. Hamburg 1991 (lat. 1460).

Dawes, Gregory W.: *Religion, Philosophy and Knowledge*. London/New York 2016 (Dawes 2016b).

De Cruz, Helen/Nichols, Ryan (Hg.): *Advances in Religion, Cognitive Science, and Experimental Philosophy*. London 2017.

Deuser, Hermann: *Religion: Kosmologie und Evolution. Sieben religionsphilosophische Essays*. Tübingen 2014.

Deuser, Hermann/Kleinert, Markus (Hg.): *Sokratische Ortlosigkeit: Kierkegaards Idee des religiösen Schriftstellers*. Freiburg/München 2019.

Di Ceglie, Roberto: „Preambles of Faith and Modern Accounts of Aquina's Thought". In: *International Philosophical Quarterly*, 58 (2018), 437–451.

Demmel, Maximiliane: *Der Begriff der Reinen Erfahrung bei Nishida Kitarô und William James und sein Einfluss auf Nishidas Verständnis von religiöser Erfahrung*. München 2004.

Draper, John William: *History of the Conflict between Religion and Science*. London 1885 (1875).

Fadeeva, Yuliya: „Wittgenstein on Understanding Religious Beliefs: Some Remarks Against Incommensurability and Scepticism". In: *Wittgenstein-Studien* 11 (2020), 53–78.

Famerée, Joseph/Rodrigues, Paulo (Hg.): *The Genesis of Concepts and the Confrontation of Rationalities: Theology, Philosophy, Science*. Leuven 2018.

Fehige, Joerg H.Y.: „Hilary Putnams Semi-Fideismus". In: *Theologische Quartalsschrift* 187 (2007), 214–233.

Fichte, Johann Gottlieb: *Versuch einer Kritik aller Offenbarung*. Hamburg 1983 (1972).

Fogelin, Robert J.: *Hume's Presence in the Dialogues Concerning Natural Religion*. New York 2017.

Franks Davis, Caroline: *The Evidential Force of Religious Experience*. New York 1989.

Gäb, Sebastian: „Languages of Ineffability. The Rediscovery of Apophaticism in Contemporary Analytic Philosophy of Religion". In: Sebastian Hüsch (Hg.): *Negative Knowledge*. Tübingen 2020, 191–206.

Galilei, Galileo: *Dialog über die beiden hauptsächlichsten Weltsysteme*. Wiesbaden 2014 (ital. 1630).

Geivett, R. Douglas/Sweetman, Brendan (Hg.): *Contemporary Perspectives on Religious Epistemology*. Oxford 2004.

Graham, Gordon: *Wittgenstein and Natural Religion*. Oxford 2014.

Griffith-Dickson, Gwen: *Human and Divine. An Introduction to the Philosophy of Religious Experience*. London 2000.

Harrison, Peter (Hg.): *The Cambridge Companion to Science and Religion*. Cambridge 2010.

Hume, David: *Dialogues Concerning Natural Religion*. New York 1947. Dt.: *Dialoge über natürliche Religion*. Stuttgart 1986 (1779).

Ibn Ruschd: *Die entscheidende Abhandlung und die Urteilsfällung über das Verhältnis von Gesetz und Philosophie*. Übers. u. hg. v. Franz Schupp. Hamburg 2009 (arab. 1179).

Ibn Ruschd: *Tahafut al-Tahafut (The Incoherence of the Incoherence)*. Translated from the Arabic with introduction and notes by Simon van den Bergh. Cambridge 1987 (arab. um 1180).

Jordan, Jeff (Hg.): *Gambling on God. Essays on Pascal's Wager*. Lanham (MD) 1994.

Jordan, Jeff/Howard-Snyder, Daniel (Hg.): *Faith, Freedom and Rationality*. Lanham (MD) 1996.

Kleinert, Markus/Schulz, Heiko (Hg.): *Natur, Religion, Wissenschaft. Beiträge zur Religionsphilosophie Hermann Deusers*. Tübingen 2017.

Kvanvig, Jonathan L.: *Faith and Humility*. Oxford 2018.

Lamont, John: *Divine Faith*. London 2004.

Maimonides: *Führer der Unschlüssigen*. Buch 1–3. Hamburg 1995 (judäo-arab. 1190).

Matheson, Jonathan: „Disagreement Skepticism and the Rationality of Religious Belief". In: Kevin McCain/Ted Poston (Hg.): *The Mystery of Skepticism: New Explorations*. Leiden 2019, 83–104.

Moser, Paul K./Meister, Chad (Hg.): *The Cambridge Companion to Religious Experience*. Cambridge/New York 2020.

Niederbacher, Bruno: „Zur Epistemologie des theistischen Glaubens. Gotteserkenntnis nach Alvin Plantinga". In: *Theologie und Philosophie* 74 (1999), 1–16.

Nishida, Kitarō: *Über das Gute*. Frankfurt a. M. 1989 (jap. 1911).

Padgett, Alan G. (Hg.): *Reason and the Christian Religion. Essays in Honor of Richard Swinburne*- Oxford 1994.

Platon: *Gorgias*. In: Platon: *Werke in acht Bänden*. Griechisch und Deutsch. Dt. Übers. v. Friedrich Schleiermacher. Zweiter Band. Darmstadt 1973 (gr. um 390/387 v. Chr.).

Platon: *Menon*. In: Platon: *Werke in acht Bänden*. Zweiter Band. Darmstadt 1973 (gr. um 385 v. Chr.).

Platon: *Der Staat (Politeia)*. In: Platon: *Werke in acht Bänden*. Vierter Band. Darmstadt 1971 (gr. ca. 390/370 v. Chr.).

Schaeffler, Richard: *Das Gute, das Schöne und das Heilige. Eigenart und Bedingungen der ethischen, der ästhetischen und der religiösen Erfahrung*. Freiburg/München 2019.

Schaeffler, Richard: *Philosophisch von Gott reden. Überlegungen zum Verhältnis einer Philosophischen Theologie zur christlichen Glaubensverkündigung*. Freiburg/München 2006.

Schmidt, Jochen/Schulz, Heiko (Hg.): *Religion und Irrationalität. Historisch-systematische Perspektiven*. Tübingen 2013.

Schmuck, Martin: *Peirces 'Religion of Science'. Studien zu den Grundlagen einer naturalistischen Theologie*. Tübingen 2015.

Schönecker, Dieter (Hg.): *Plantinga's 'Warranted Christian Belief'. Critical Essays with a Reply by Alvin Plantinga*. Berlin 2015.

Schopenhauer, Arthur: *Die Welt als Wille und Vorstellung*. In: *Sämtliche Werke*. Bde. I & II. Frankfurt a. M. 1986 (1819).

Schopenhauer, Arthur: *Parerga und Paralipomena*. In: *Sämtliche Werke*. Bde. IV & V. Frankfurt a. M. 1986 (1851).

Thomas von Aquin: *Summa contra gentiles*. Lat-Dt. 4 Bde. Darmstadt 2009 (lat. um 1260).

Thomas von Aquin: *Summa theologica*. Die deutsche Thomas-Ausgabe. Graz u. a. [2]1981 (lat. 1265–1273).

Uhl, Florian/Boelderl, Artur R. (Hg.): *Die Sprachen der Religion*. Berlin 2003.

Uhl, Florian/Boelderl, Artur R. (Hg.): *Zwischen Verzückung und Vezweiflung. Dimensionen religiöser Erfahrung*. Düsseldorf 2001.

Van der Meer, Jitse M. (Hg.): *Facets of Faith and Science*. 2 Bde. Lanham (MD) 1996.

Ward, Keith: *The Big Questions in Science and Religion*. Conshohocken (PA) 2008.

Welte, Bernhard: *Geschichtlichkeit und Offenbarung*. Frankfurt a. M. 1993.

Westphal, Merold: *Kierkegaard's Concept of Faith*. Grand Rapids (MI) 2014.

Whitaker, Robert A.: „Faith and Disbelief". In: *International Journal for Philosophy of Religion*, 85 (2019), 149–172.

Williams, Clifford: *Existential Reasons for Belief in God. A Defense of Desires and Emotions for Faith*. Downers Grove (IL) 2011.

Williams, Clifford: *Religion and the Meaning of Life. An Existential Approach*. Cambridge/New York 2020.

Wirtz, Markus: *Religiöse Vernunft. Glauben und Wissen in interkultureller Perspektive*. Freiburg/München 2018.

Theistische Religionsphilosophie

Inhaltsverzeichnis

3.1   Begriff Gottes und göttliche Attribute – 122

3.2   Klassische Gottesbeweise – 134

3.3   Modernisierte Argumente für die Existenz Gottes – 145

3.4   Philosophisch-theologische Differenzen zwischen den theistischen Religionen – 159

Literatur – 177

© Springer-Verlag GmbH Deutschland, ein Teil von Springer Nature 2022
M. Wirtz, *Religionsphilosophie*,
https://doi.org/10.1007/978-3-476-05711-2_4

Seitdem sich die Religionsphilosophie von der natürlichen Theologie emanzipiert hat, ist sie ihrem Selbstverständnis nach eine autonome philosophische Disziplin, die sich mit Religion im weiteren Sinne befasst (▶ Abschn. 1.2.2). Aufgrund ihrer Herkunft aus der natürlichen Theologie und ihrer weiteren Entwicklung in einem kulturellen und intellektuellen Umfeld, das trotz Säkularisierung und Modernisierung weiterhin stark vom Christentum geprägt war, hat die Religionsphilosophie ihre Themen und Begrifflichkeiten allerdings in enger Orientierung an der christlichen Religion ausgebildet. Diese zumindest implizite Dominanz christlicher bzw., weiter gefasst, (mono-)theistischer Konzepte prägt die Religionsphilosophie bis heute. Und seit dem Aufblühen analytischer Religionsphilosophie, die in weiten Teilen theistische Problemstellungen behandelt, ist natürliche Theologie in methodisch erneuerter Form sogar zu einem festen Bestandteil zeitgenössischer Religionsphilosophie geworden (▶ Abschn. 1.4.3). Zwar wäre es verkürzt, die Philosophie der Religion insgesamt, wie es bisweilen geschieht, auf theistische Religionsphilosophie zu reduzieren. Aus den genannten historischen Gründen, aber auch, weil die meisten der heutigen Weltreligionen theistische Konzepte beinhalten, stellt die Frage nach Gott bzw. dem Göttlichen nach wie vor eine der wichtigsten religionsphilosophischen Fragen überhaupt dar.

Um sich dieser Frage anzunähern, gilt es zunächst, den Begriff Gottes sowie die Eigenschaften, die üblicherweise mit dem Begriff Gottes als verbunden gedacht werden, näher zu bestimmen (▶ Abschn. 3.1). Sodann werden die wichtigsten klassischen Beweise für die Existenz Gottes in den Blick genommen, insbesondere der kosmologische, der teleologische und der ontologische Gottesbeweis (▶ Abschn. 3.2). Im Anschluss daran werden moderne religionsphilosophische Varianten dieser Argumente vorgestellt (▶ Abschn. 3.3). Während sich philosophische Diskussionen über göttliche Eigenschaften und über Argumente für die Existenz Gottes in der Regel auf alle monotheistischen Religionen beziehen, gibt es darüber hinaus eine ganze Reihe philosophisch relevanter Unterschiede in den Gottesauffassungen des Judentums, des Christentums, des Islams und des Hinduismus, die eine eigene Erörterung verdienen (▶ Abschn. 3.4).

3.1 Begriff Gottes und göttliche Attribute

Bei dem Gottesbegriff, um den es im Folgenden gehen soll, handelt es sich um den philosophischen Begriff eines Gottes, zu dem, wie man angelehnt an die mittelalterliche Philosophie sagen könnte, die natürliche Vernunft aus eigener Kraft gelangen kann, also ohne die Zuhilfenahme einer bestimmten religiösen Offenbarung. Inwieweit sich dieser rein rational gewonnene Gottesbegriff mit dem Gott deckt, der in den monotheistischen Religionen verehrt wird, dem Gott Abrahams, ist umstritten (▶ Abschn. 1.3.4). Für den religiösen Glaubensvollzug macht es sicherlich einen Unterschied, ob jemand versucht, durch bloßes Nachdenken den Begriff eines höchsten Wesens zu fassen, oder ob sich jemand ganz persönlich von Gott angesprochen fühlt. Diese Differenz in den Zugangsweisen zum Göttlichen darf allerdings nicht mit dem Referenzobjekt dieser Zugangsweisen verwechselt werden. Auch wenn die Annäherungen völlig verschieden sind, so können sie sich gleichwohl auf dasselbe Objekt beziehen. Ob man eine Beethoven-Sonate spielt oder analysiert, ist in Bezug auf die Handlung unterschieden, nicht aber in Bezug auf das Objekt der Handlung. Deswegen spricht einiges für die Auffassung, dass die Idee oder der Begriff Gottes, der philosophisch gefasst werden kann, grundsätzlich auf denselben Gott referiert, der im Judentum, im Christentum und im Islam religiös verehrt wird. Weil dieser Gottesbegriff aber weder die Differenzen der monotheistischen Religionen noch den Unterschied zwischen rationaler Erkundung und kreditivem Glauben reflektiert, ist er notwendigerweise abstrakt.

Nach der Betrachtung des philosophischen Gottesbegriffs (▶ Abschn. 3.1.1) wird der Schwerpunkt des Kapitels auf den wichtigsten Eigenschaften liegen, die traditionellerweise als mit Gott verbunden gedacht werden (▶ Abschn. 3.1.2). Weil unter diesen Attributen der göttlichen Voraussicht eine besondere Relevanz für das Verständnis menschlicher Freiheit zukommt, wird diese Eigenschaft separat betrachtet (▶ Abschn. 3.1.3).

3.1.1 Der Begriff Gottes

Gott als höchstes Wesen und höchste Realität: Der kleinste gemeinsame Nenner eines Begriffs von Gott, auf den sich vermutlich sowohl die monotheistischen Religionen als auch die meisten Philosophien einigen können, besteht in der Bestimmung Gottes als des höchsten Wesens und der höchsten Realität. In dieser abstrakten Definition sind implizit mehrere Aussagen über Gott enthalten:

- Gott ist als höchste *Realität* das höchste Sein, d. h. er ist das vollkommenste von allem Seienden überhaupt und zugleich in vollkommenstem Maße seiend.
- Gott ist als die *höchste* Realität notwendigerweise ontologisch unabhängig, d. h. Gottes Sein beruht nicht auf irgendetwas anderem, es ist absolut.
- Gott besitzt als höchstes *Wesen* Selbstbewusstsein und Personalität, sein Wesen ist der lebendige Geist; oftmals wird es auch als Liebe gekennzeichnet. Aufgrund dessen können Menschen eine persönliche Beziehung zu Gott aufbauen.
- Gott ist als *höchstes* Wesen transzendent gegenüber allen anderen Wesen und der Welt insgesamt; da er alles Andere an Seinsfülle unendlich überragt, steht dieses zu Gott im Verhältnis des kontingenten Seienden (des zufällig und abhängig Existierenden) zum absoluten Sein (dem notwendig und unabhängig Existierenden).

Einzigkeit Gottes: Die aufgezählten Seinsbestimmungen beziehen sich auf denjenigen Gott, der nicht nur im numerischen Sinne einer ist, sondern der, weil er das höchste Wesen und die höchste Realität bedeutet, nur ein einziger sein kann. Er schließt durch seine bloße Definition alle anderen Götter aus. Von der erkannten Einzigkeit des einen Gottes aus wird die Vielheit der Götter zu einer bloßen Fiktion herabgesetzt. Die mannigfaltigen Götter, die in zahlreichen Religionen jenseits der großen Weltreligionen verehrt wurden und werden, existieren aus einer monotheistischen Perspektive nicht wirklich. Demgegenüber ist der eine Gott, der zugleich höchste Realität und höchstes Wesen ist, nicht nur wirklich, sondern er ist sogar das Wirklichste alles Wirklichen überhaupt.

Alternative Gottesverständnisse: Alternativ zur skizzierten monotheistischen Definition Gottes ließe sich auch ein religionswissenschaftlicher oder religionsphilosophischer Begriff von ‚Gott' bilden, der darunter grundsätzlich jede transzendente, mächtige Wesenheit oder transzendente Realität versteht, die von Menschen irgendwann einmal verehrt worden ist. Ein solches Gotteskonzept würde auch den Polytheismus mitumfassen. Weitere alternative Gottesbegriffe legen das Göttliche pantheistisch oder panentheistisch aus (s. Kasten „Definition"). Auch ein prozesstheologisches Gottesverständnis unterscheidet sich deutlich von dem metaphysischen Begriff eines einzigen Gottes, der zugleich höchstes Wesen und höchste Realität ist (▶ Abschn. 3.1.3). Weil dieser metaphysische Gottesbegriff das Gottesverständnis von der griechischen Philosophie über die Theologie des Mittelalters bis zur neuzeitlichen Philosophie maßgeblich geprägt hat, wird sich die folgende Darstellung vorwiegend an ihm orientieren.

Definition

Pantheismus (griech. *pān* = alles) bezeichnet die Auffassung, dass Gott mit der Gesamtheit der Natur bzw. der Welt identisch sei. Es gibt demzufolge keinen getrennt von der Welt existierenden Gott. Pantheistische Überzeugungen wurden in der abendländischen Philosophiegeschichte u. a. von den Stoikern, von Giordano Bruno (1548–1600) und von Baruch de Spinoza (1632–1677) vertreten.

Panentheismus (griech. *en* = in) ist der Glaube an das Enthaltensein der Welt in Gott, wobei sich das Göttliche nicht im Weltlichen erschöpft. Somit wäre Gott zwar in der Immanenz der Welt vorhanden, könnte aber – anders als im Pantheismus – zugleich als transzendent gegenüber der Welt gedacht werden. Gott und Welt sind im Panentheismus, dessen Begriff von dem deutschen Philosophen Karl Christian Friedrich Krause (1781–1832) geprägt wurde, nicht miteinander identisch, aber auch nicht getrennt. Im angelsächsischen Sprachraum wurde der Panentheismus v. a. durch Charles Hartshorne in die religionsphilosophische Diskussion eingebracht. Die philosophische Position, die der Begriff bezeichnet, ist jedoch sehr viel älter und wurde von den frühen Hochkulturen (Ägypten, Indien, China) bis heute immer wieder prominent vertreten (Göcke 2019).

Religionsspezifische Konkretisierungen des Gottesbegriffs: Zusätzlich zu den vorhin aufgelisteten fundamentalen Bestimmungen hat der Begriff des einen, einzigen Gottes in seinen mannigfachen historischen und kulturellen Verwendungsweisen etwa im antiken Griechenland, in Indien, in den abrahamatischen Religionen Judentum, Christentum und Islam unterschiedliche Ausdeutungen erfahren. So macht es in Bezug auf das Gottesverständnis einen bedeutsamen Unterschied, ob man Gott für den Schöpfer des gesamten Universums hält (wie in den monotheistischen Religionen) oder ob man in ihm ‚nur' die höchste Macht innerhalb eines ewig existierenden Universums sieht (wie im griechischen Theismus und in einigen Strömungen der klassischen indischen Philosophie). Auch die interreligiös strittige Frage, ob sich Gott in Menschengestalt geoffenbart habe (wie es im Christentum geglaubt wird) oder nicht, ist für den Gottesbegriff von hoher Relevanz.

Das Sein Gottes: Lässt man religiös-kulturelle Spezifizierungen, so essentiell sie für das Gottesverständnis auch sein mögen, zunächst beiseite und versucht, sich nur auf das philosophische Kondensat des Gottesbegriffs zu konzentrieren, dann gewinnt das Verhältnis von Gott und Sein eine besondere Bedeutung. Dass Gott als höchstes Wesen und höchste Realität allem Seienden Existenz, Dauerhaftigkeit und Individualität verleiht, dass also jegliches Seiende nur durch Gott zu dem wird, was es ist, dürfte vor dem Hintergrund der Annahme eines höchsten Wesens einleuchten. Wie verhält es sich aber mit dem göttlichen Sein selbst? Ist dieses als Seiendheit in absoluter Perfektion zu verstehen – eine Auffassung, die z. B. Anselm von Canterbury vertreten hat – oder ist das Sein Gottes von einer unzugänglichen Dunkelheit, da es mit keinem anderen Seienden zu vergleichen ist? Diese Richtung ist seit Pseudo-Dionysius Areopagita von der negativen, apophatischen Theologie eingeschlagen worden (▶ Abschn. 2.1.2). Ihr steht die kataphatische Theologie gegenüber, die es für möglich hält, positive Aussagen über Gottes Sein zu machen (▶ Abschn. 3.4.2, Kasten „Zur Vertiefung: Christliche Mystik und negative Theologie"). Aus der Kombination der Zuschreibung von positiv zusprechenden *(via affirmativa)*, negativ absprechenden *(via negativa)* und auf die Unübersteigbarkeit hinweisenden *(via eminentiae)* Eigenschaften an Gott ergibt sich die sogenannte ‚dreigliedrige Transformation' der spätantiken und mittelalterlichen Analogielehre.

Gott als Ursprung und Ziel der Welt: Wenn man eine eindeutige Positionierung zugunsten der positiven oder negativen Theologie vermeiden will, so könnte man als vermittelnde Position festhalten, dass Gott jedenfalls nicht von dieser Welt ist, dass er vielmehr (im Sinne Platons) das Maß aller seienden Dinge sowie (im Sinne Aristoteles') die erste Ursache alles Seienden ist. Als Urheber und Grund alles Seienden stellt Gott zugleich das Ziel der Welt dar. So wie die Welt aus ihm hervorgegangen ist, so wird sie auch wieder in seinen Grund zurückkehren.

Schwierigkeiten einer rein begrifflichen Artikulation: Aussagen wie „Gott ist nicht von dieser Welt" oder „Gott ist der Grund und das Ziel der Welt" mögen zwar aufgrund einer jahrhundertelangen kulturellen Prägung durch den Monotheismus als irgendwie verständlich erscheinen. Metaphysisch streng genommen sind sie es jedoch keineswegs, denn bereits Aussagen über einen so weitgefassten Gegenstand wie die ‚Welt' lassen sich nur schwer rechtfertigen, haben wir – worauf Ludwig Wittgenstein hingewiesen hat – doch keinerlei Möglichkeit, einen Standpunkt einzunehmen, der die Welt als Ganzes in den Blick nehmen könnte. Wir können immer nur über Sachverhalte *innerhalb* der Welt sprechen, aber nicht über die Welt als ganze und folglich auch nicht über ihre mögliche Ursache und ihr mögliches Ziel. Religionen können sich immerhin darauf berufen, dass die Transzendenz Gottes durch geschichtliche Offenbarungen in die Welt hineinragt, so dass die Stimme Gottes zumindest indirekt dechiffrierbar ist. Die philosophische Suche nach einer angemessenen Bestimmung Gottes, die sich nicht auf Offenbarungsdokumente stützen mag, ist dagegen auf eine rein rationale begriffliche Artikulation des Gottesbegriffs angewiesen, die folgende Kriterien erfüllen muss: Der Begriff Gottes muss in sich logisch konsistent sein. Er darf fundamentalen Einsichten und Erfahrungen, die wir ansonsten mit der Welt machen, nicht widersprechen (wenn er sogar dazu beitragen sollte, sie plausibler zu erklären, ist es natürlich umso besser). Und schließlich sind Gründe für die Möglichkeit der Existenz eines Wesens, das dem Begriff Gottes entspricht, anzuführen. Die innere logische Konsistenz des Gottesbegriffs ist dann gewährleistet, wenn sich die zentralen göttlichen Attribute nicht wechselseitig ausschließen (▶ Abschn. 3.1.2). Als kohärent kann der Begriff Gottes gelten, wenn er mit fundamentalen sonstigen Annahmen, die wir über die Welt haben, koexistieren kann (▶ Abschn. 3.1.3). Und die Möglichkeit der Existenz dessen, worauf der Begriff Gottes referiert, kann entweder durch den Nachweis der Unmöglichkeit der Nichtexistenz Gottes (wie in den klassischen Gottesbeweisen, ▶ Abschn. 3.2) oder zumindest durch den Nachweis der Unmöglichkeit eines Beweises der Unmöglichkeit Gottes demonstriert werden.

3.1.2 Göttliche Eigenschaften

Problematik der Eigenschaftszuschreibung an Gott: Die Zuschreibung von Eigenschaften an Gott unterscheidet sich von der Zuschreibung von Eigenschaften an Gegenstände, die wir im Alltag oder in wissenschaftlichen Zusammenhängen vornehmen. Normalerweise gehen wir nämlich davon aus, dass Prädikate mehreren Gegenständen zukommen. So können z. B. verschiedene Gegenstände die Eigenschaft ‚rot sein‘ oder ‚glatt sein‘ besitzen. Im Falle Gottes verhält es sich damit jedoch anders, da aufgrund der vorausgesetzten Einzigkeit und Vollkommenheit des göttlichen Wesens nur dieses selbst die ihm zugeschriebenen Attribute instantiieren kann. Hinzu kommt, dass die Einfachheit Gottes *(simplicitas Dei)* im Grunde gar keine Pluralität verschiedener Eigenschaften, deren Träger Gott wäre, erlaubt. Vielmehr besteht die Einfachheit Gottes gerade darin, die von uns unterschiedenen Eigenschaften nicht bloß zu *haben,* sondern diese zu *sein,* worauf bereits Anselm von Canterbury hingewiesen hat (Schärtl 2019, 124).

    Unterschied zwischen göttlichen Attributen und der Existenz Gottes: Die Rede von göttlichen Eigenschaften oder Attributen ist ferner mit den generellen Deutungsproblemen religiöser Aussagen behaftet, die zuvor in den Kapiteln zur „Epistemologie des religiösen Glaubens" (▶ Abschn. 2.2) und zur „Analyse religiöser Äußerungen" (▶ Abschn. 2.3) dargestellt worden sind. Ob Gott die Eigenschaften, von denen wir annehmen, dass er sie besitzt, in tatsächlicher (realistischer), in analoger oder aber in metaphorischer Weise zugeschrieben werden dürfen, kann je nach epistemologischer, sprachphilosophischer oder theologischer Auffassung unterschiedlich beurteilt werden. Religionsphilosophisch kann man die Sachlage folgendermaßen betrachten: Es geht zunächst einmal gar nicht darum zu wissen, ob Gott die ihm zugeschriebenen Eigenschaften tatsächlich besitzt (oder möglicherweise ganz andere). Vielmehr müssen wir umgekehrt rein rational davon ausgehen, dass (nur) ein Wesen, das die im Folgenden genannten Attribute besitzt bzw. ‚ist‘, Gott genannt werden darf. Ob ein solches Wesen existiert, ist demgegenüber eine ganz andere Frage, der wir uns im Zusammenhang mit Argumenten für die Existenz Gottes zuwenden werden (▶ Abschn. 3.2).

Gott als vollkommenes Seiendes *(perfect being)*: Fragt man danach, welche Eigenschaften ein göttliches Wesen – unabhängig davon, ob es existiert oder nicht – besitzen muss, um mit Recht ‚göttlich‘ genannt werden zu dürfen, so ist zunächst vorauszusetzen, dass ein solches Wesen all seine Attribute in höchsten Maße und in absoluter Vollendung verkörpert. Gott ist das vollkommene Sein schlechthin, er stellt gleichsam, wie man in platonischer bzw. augustinischer Tradition sagen könnte, das Ideal einer jeden Eigenschaft dar, von der die irdischen Instanziierungen nur blasse Abbilder sind. Zugleich darf keine seiner Eigenschaften der göttlichen Vollkommenheit widersprechen.

Einheit der göttlichen Attribute und Einfachheit Gottes: Wenn im Folgenden verschiedene Eigenschaften vorgestellt werden, die traditionellerweise als göttliche Attribute genannt werden, dann muss man sich dabei immer wieder klar machen, dass sich das göttliche Wesen nicht aus einer Addition dieser einzelnen Eigenschaften zusammensetzt, sondern dass das göttliche Sein alle Attribute in eins und zugleich umfasst. Die göttlichen Eigenschaften unterscheiden sich nur für unsere Erkenntnisbemühungen voneinander, tatsächlich müssen sie jedoch als im Wesen Gottes geeint gedacht werden, weil sich Gott durch eine einzigartige Einfachheit auszeichnet. Er ist weder in physischer noch in metaphysischer Hinsicht teilbar, sondern ein Ganzes, d. h. nicht aus verschiedenen Bestandteilen Zusammengesetztes. Auch Existenz und Essenz (‚Wesen‘) sind in Gott eins. Dass eine strikte Absonderung der göttlichen Attribute voneinander nicht möglich und sinnvoll ist, zeigt sich auch daran, dass sich manche der göttlichen Eigenschaften wechselseitig implizieren (wie z. B. Allwissenheit und Allmacht oder Omnipräsenz und Ewigkeit). Manche göttlichen Attribute scheinen freilich auch in einem problematischen Spannungsverhältnis zueinander zu stehen, wodurch kritische Nachfragen hinsichtlich der inneren Kohärenz der göttlichen Eigenschaften angeregt werden.

Allmacht: Eines der zentralen Attribute, die Gott innerhalb der Philosophie, aber auch innerhalb der monotheistischen Religionen seit je zugeschrieben worden sind, ist seine Fähigkeit, alles tun und hervorbringen zu können, was er will. Als vollkommenstes Wesen muss Gott zwangsläufig auch über den größtmöglichen Handlungsspielraum verfügen. Kein Wesen kann jemals mächtiger sein als Gott. In vorzüglicher Weise manifestiert sich die Allmacht Gottes in seiner Schöpfung der Welt aus dem Nichts *(creatio ex nihilo)* sowie in der fortgesetzten schöpferischen Erhaltung der Welt *(creatio continua, creatio evolutiva)*, aber der Auffassung vieler Religionen zufolge auch in Gottes Fähigkeit, durch Offenbarungen und Wunder direkt in den Lauf der Welt einzugreifen. Das Attribut der Allmacht impliziert, dass Gott zu intentionalem Handeln fähig ist, d. h. er verfügt über Bewusstsein und Willen, so dass die Eigenschaft der Allmacht zugleich eng mit der Personalität Gottes verbunden ist.

Inhärente Widersprüche uneingeschränkter Allmacht: Die Grenzenlosigkeit der göttlichen Allmacht hat die Frage provoziert, ob Gott denn auch (aus unserer menschlichen Perpektive) Unmögliches oder Unmoralisches bewirken könnte – falls nicht, so müsste seine Allmacht offenbar als eingeschränkt betrachtet

werden, was einen inhärenten Widerspruch darstellt: Eine eingeschränkte Allmacht ist gar keine Allmacht. Eine mögliche Bewältigungsstrategie dieses Problems besteht darin zu definieren, dass Gott selbst der letzte Grund alles Möglichen und Moralischen ist. Gott legt nicht nur das Wirkliche, sondern auch das
Mögliche und Unmögliche, das Moralische und Unmoralische fest. Deswegen
sind empirische Ereignisse, welche die meisten aufgeklärten Menschen für vollkommen ausgeschlossen halten würden – wie z. B. eine Jungfrauengeburt –, für
Gott kinderleicht zu bewerkstelligen. Und Geschehnisse, von denen wir aus
menschlicher Sicht sagen würden, dass sie moralisch nicht zu rechtfertigen sind
(so etwa die absichtsvoll herbeigeführte Vernichtung ganzer Landstriche z. B. im
Rahmen einer Sintflut, von der das Alte Testament berichtet), können aus der
Sicht des allmächtigen Gottes wohlbegründet sein.

> ▶ **Beispiel: Das Steinparadox**

Ein bekanntes Argument gegen die Allmacht Gottes bzw., genauer gesagt, gegen die
Möglichkeit der Eigenschaftszuschreibung „allmächtig" an ein Wesen lässt sich aus
dem sogenannten „Steinparadox" gewinnen. Der Ausgangspunkt dieses Paradoxons
ist die Frage: Ist Gott dazu in der Lage, (a) einen Stein zu erschaffen, den er (b) selbst
nicht heben kann? (Schärtl 2019, 127.)

Bejaht man (a), so wird Gottes Allmacht automatisch durch (b) begrenzt, denn
dann gäbe es ja einen von Gott erschaffenen Stein, den er selber nicht heben kann. Verneint man hingegen (a), so ist die göttliche Allmacht durch (a) begrenzt, denn dann
könnte Gott keinen Stein erschaffen, den er selbst nicht heben kann.

Das aus dem Paradoxon hervorgehende Dilemma ist schwieriger zu beheben als die
zuvor genannten Einwände gegen die göttliche Allmacht, weil es hierbei um einen Sachverhalt geht, den wir nicht aus empirischen, sondern aus logischen Gründen für unmöglich halten müssen. Eine mögliche Auflösung dieses Dilemmas besteht in der Feststellung, dass unmögliche Sachverhalte (wie z. B. ein Stein, der so schwer ist, dass er von
seinem allmächtigen Produzenten nicht hochgehoben werden kann) grundsätzlich nicht
hervorgebracht werden *können* – und zwar nicht deswegen, weil dies Gottes Allmacht
übersteigen würde, sondern weil sich ‚Allmacht' prinzipiell nur auf diejenigen Sachverhalte bezieht, deren Existenz keinen logischen Widerspruch beinhaltet. Wenn ein Sachverhalt aus Gründen der inneren logischen Unmöglichkeit aber gar nicht hervorgebracht werden kann, so fällt er auch nicht in den ‚Zuständigkeitsbereich' der Allmacht.

Dieses Argument löst nicht nur das „Steinparadox" auf, sondern es lässt sich auch
auf alle anderen Fälle logischer Unmöglichkeiten, die angeblich Gottes Allmacht ein-
schränken, anwenden: So kann auch der allmächtige Gott nicht bewirken, dass $2+2$
nicht 4, sondern 5 oder 5000 ergibt, dass eine Sache zugleich existiert und nicht existiert oder dass es ihn selber niemals gegeben hätte (vorausgesetzt, es gibt ihn). Die
Klasse der möglichen Zustände, die Gott hervorrufen kann, ist damit auf die Klasse
der widerspruchsfrei beschreibbaren Zustände beschränkt. ◀

Präzisere Allmachtsdefinition: Allmacht sollte daher als die Fähigkeit von x definiert werden, jeden beliebigen Sachverhalt p hervorbringen zu können, „der sich
im für x zugänglichen Raum der Möglichkeiten befindet" und dessen „Aktualisie-

rung ihm aufgrund seiner Natur/seines Wesens möglich ist" (Schärtl 2019, 130). Die zuletzt genannte Einschränkung impliziert auch, dass Gott nichts tun oder hervorbringen kann, was seiner moralischen Perfektion, die Teil seiner Natur ist, widerstreitet. Man kann dies auch so ausdrücken, dass Gottes Güte seiner eigenen Allmacht eine Grenze setzt, so dass es ihm schlechterdings unmöglich ist, etwas Schlechtes zu wollen oder zu bewirken.

Allwissenheit: Die göttliche Eigenschaft der Allwissenheit lässt sich so definieren, dass Gott von jedem wahrheitsfähigen Satz p weiß, ob p wahr oder falsch ist. In dieser Definition wird vorausgesetzt, dass Gott propositionales Wissen besitzt, so wie wir Menschen es kennen. Propositionales Wissen ist vor allem dadurch charakterisiert, dass es sich auf Sachverhalte bezieht, denen es korrespondiert, dass es einem Subjekt als Überzeugung bewusst ist und dass es gültige Kriterien gibt, durch die sich das Gewusste rechtfertigen lässt. Es ist allerdings fraglich, ob sich Gottes Allwissenheit auf ein solchermaßen bestimmtes Wissen beziehen kann. Nimmt man die göttliche Eigenschaft der Ewigkeit ernst und legt man die Allwissenheit Gottes dementsprechend eternalistisch aus, so muss es sich bei ihr nicht um ein allumfassendes propositionales Wissen, sondern vielmehr um eine simultane, intuitive und universelle Kenntnis der Wesensstrukturen alles Seienden handeln. Demzufolge erstreckt sich die Allwissenheit Gottes nicht auf die Menge sämtlicher wissbarer Einzeltatsachen innerhalb der Welt, sie muss ferner nicht von einem Subjekt in einem Prozess der Erkenntnisgewinnung erst erworben und festgehalten werden und sie muss auch nicht gerechtfertigt werden, da sie ihrerseits den letzten Maßstab und Grund alles Wissbaren bildet.

Vollkommene Güte: Gottes Güte bezieht sich auf zwei verschiedene, wenngleich miteinander zusammenhängende Aspekte: Zum einen meint sie, dass Gott den Inbegriff des Guten schlechthin darstellt, gewissermaßen die platonische ewige Idee des Guten, die allen anderen zeitlichen Dingen erst ihr Gutsein verleiht. Dieses absolut Gute Gottes ist zugleich der Maßstab, an dem sich menschliches Leben orientieren soll. In einer zweiten Bedeutung besagt die Allgüte Gottes soviel wie moralische Vollkommenheit, d. h. dass Gott in allem, was er tut, moralisch gut handelt. Die Kombination dieses zweiten Aspektes der vollkommenen Güte Gottes mit dem Attribut der Allmacht hat die Theodizeeproblematik provoziert, also die Frage, wie ein allmächtiger und allgütiger Gott das offensichtliche Leid und Übel in der Welt zulassen kann (▶ Abschn. 4.1.1).

Aseität, Notwendigkeit und Transzendenz: ‚Aseität' ist die Eigenschaft Gottes, durch sich selbst zu sein, also nicht auf etwas Anderem zu beruhen. Das Sein Gottes ist damit – im Unterschied zu allem anderen Seienden, das sich ja der göttlichen Schöpfungstätigkeit verdankt und somit kontingent ist – unverursacht, absolut und notwendig. Gott kann nicht nicht sein. Weil sich Gott durch seine notwendige Existenz ontologisch radikal von allem anderen Seienden unterscheidet, ist er diesem gegenüber zugleich transzendent.

Ewigkeit: Dass Gott ewig sei, bedeutet zunächst und vor allem, dass Gottes Sein keinen zeitlichen Anfang und kein zeitliches Ende hat. Ferner wird die flüchtige, veränderliche Natur zeitlicher Existenz in der platonischen Tradition, in der auch der philosophische Theismus steht, als generell unvereinbar mit dem Leben eines absolut vollkommenen Wesens aufgefasst. Jenseits dieser fundamentalen Bestimmungen der göttlichen Ewigkeit kann diese entweder in einem temporalen oder aber in einem nicht-temporalen Sinne aufgefasst werden: In der temporalen bzw. sempiternalistischen (von lat. *semper* = immer) Lesart bedeutet sie, dass Gottes Sein eine unendliche Dauer aufweist, die sich sowohl in die Vergangenheit als auch in die Zukunft hinein ins Unendliche erstreckt. Jede aktuelle Gegenwart Gottes hat somit eine unendliche Abfolge von Jetztpunkten vor sich und hinter sich. In der atemporalen bzw. eternalistischen Deutung handelt es sich bei Gottes Ewigkeit hingegen um einen nicht in zeitlichen Kategorien fassbaren Zustand absoluter (d. h. nicht-punktueller, zeitloser) Gegenwart und Simultanität. Während in der klassischen Vollkommenheitstheologie die eternalistische Auffassung dominierte, scheinen sich inzwischen sempiternalistische Deutungen stärker zu etablieren (vgl. Wiertz 2019).

Unveränderlichkeit: Unabhängig von ihrer temporalen oder atemporalen Auslegung impliziert die Ewigkeit Gottes seine Unveränderlichkeit. Diese wiederum lässt sich aus der Vollkommenheit Gottes ableiten, denn ein perfektes Seiendes existiert immer schon in einem optimalen Zustand, demgegenüber jede Veränderung nur eine Verschlechterung bedeuten könnte. Und da Veränderung stets mit Zeitlichkeit in Beziehung steht, folgt aus der Unveränderlichkeit Gottes unabdingbar seine Zeitlosigkeit (d. h. seine Unabhängigkeit vom Zeitfluss, dem alles Weltliche unterworfen ist) und seine Ewigkeit. Auch von der Einfachheit Gottes her lässt sich für das Ewigkeitsattribut argumentieren: Bei einem temporal verfassten Wesen folgen unterscheidbare Lebensabschnitte aufeinander, so dass sich das Leben eines Individuums aus verschiedenen retrospekiv erkennbaren Teilen zusammensetzt. Da Gottes Einfachheit aber keinerlei Teilbarkeit der göttlichen Ganzheit erlaubt, ist ein temporaler Modus für Gottes Sein undenkbar. Vielmehr ist Gott souverän gegenüber der Zeit, als deren Schöpfer er aus theistischer Sicht betrachtet werden muss.

Omnipräsenz: Die göttliche Eigenschaft der Omnipräsenz (Allgegenwart) hat sowohl einen räumlichen als auch einen zeitlichen Aspekt. In der letzteren Hinsicht schließt sie nahtlos an das Attribut der Ewigkeit an und besagt, dass Gott immer, zu jeder Zeit bzw. in zeitloser Präsenz, also ewig da ist. In räumlicher Hinsicht bedeutet die Allgegenwart Gottes, dass er zugleich überall ist. Dies ist nicht so zu verstehen, als würden sämtliche Teile des physikalischen Raumes jeweils ein Gott-Element enthalten, sondern in dem Sinne, das Gott als allmächtiger Schöpfer von Raum und Zeit über diesen steht und ihren einschränkenden Bedingungen nicht unterworfen ist. Zugleich stellt die Omnipräsenz Gottes eine Voraussetzung seiner Allwissenheit dar, denn nur ein Wesen, dass immer und überall gegenwärtig ist, kann ein umfassendes Wissen von allem Seienden besitzen.

Immaterialität: Ein omnipräsentes Wesen kann keinen materiellen Körper besitzen, da sich materielle Körper immer an einer bestimmten Stelle in Raum und Zeit befinden. Und sofern man davon ausgeht, dass Körperlichkeit Materialität voraussetzt, lässt sich schlussfolgern, dass Gottes Sein nicht-körperlicher Natur sein muss. In den monotheistischen Religionen sowie in der theistischen Philosophie wird daher generell – anders als in polytheistischen Religionen sowie im Pantheismus – die Unkörperlichkeit Gottes als ein bedeutsames göttliches Attribut hervorgehoben. (Eine spezifische Ausnahme bildet hierbei der christliche Inkarnationsgedanke, der im Zusammenhang mit der Trinitätstheologie gesehen werden muss; ▶ Abschn. 3.4.2).

Personalität: Die Eigenschaft der Personalität gehört im Grunde nicht zu den göttlichen Attributen, die der klassische Theismus aufzählt. Da die monotheistischen Religionen aber daran glauben, dass sich ihnen ein persönlicher Gott offenbart hat, muss die Personalität Gottes am Schluss dieses Abschnitts zu den göttlichen Eigenschaften zumindest Erwähnung finden. Auch in theistischen Debatten der analytischen Religionsphilosophie wird in der Regel ein personaler Gott angenommen. Auf den ersten Blick scheint die Eigenschaft der Personalität allerdings anderen göttlichen Attributen wie etwa der Immaterialität, Allgegenwart und Ewigkeit zu widersprechen. Setzt Personalität nicht immer Körperlichkeit und Zeitlichkeit voraus? Es ist offensichtlich, dass man diese Frage verneinen muss, sobald man Gott, aber auch etwa auch die unsterbliche Seele als Kern der Person, begrifflich zu umschreiben sucht. Auch wenn der Personenbegriff nicht vollkommen präzise zu definieren ist, so scheinen doch Kompetenzen wie Selbstbewusstsein, rationale Urteilskraft, Intentionalität und Kommunikationsfähigkeit in jedem Fall zum Begriff einer Person zu gehören. Man muss also voraussetzen, dass es möglich ist, die genannten Kompetenzen von materieller Körperlichkeit zu trennen, um von einer Personalität Gottes reden zu können.

Zur Vertiefung: Die Konsistenz der göttlichen Attribute
Zu der komplizierten Frage, wie die verschiedenen Attribute Gottes eigentlich untereinander zusammenhängen, hat der britische Religionsphilosoph Yujin Nagasawa (*1975) einen interessanten Lösungsvorschlag unterbreitet. Nagasawa zufolge besitzt Gott nicht jede einzelne Eigenschaft in ihrer maximalen Größe, sondern er besitzt alle seine Attribute zusammengenommen in einer maximal konsistenten Weise (Nagasawa 2017). Dem kritischen Einwand, dass bestimmte Eigenschaften Gottes wie etwa Allmacht und vollkommene Güte doch überhaupt nicht zusammenpassen (angesichts des existierenden Übels in der Welt, ▶ Abschn. 4.1.1), wird damit ein bedenkenswertes Argument entgegengehalten.

3.1.3 Göttliche Voraussicht versus menschliche Freiheit: Offener Theismus und Prozesstheologie

Das Problem der göttlichen Voraussicht: Ein bedeutsames Problem, das aufs Engste mit den göttlichen Eigenschaften der Allwissenheit und Ewigkeit verbunden ist, das aber innerhalb der Religionsphilosophie auch als eigenständiger Themenbereich diskutiert wird, stellt die Kompatibilität der göttlichen Voraussicht mit der menschlichen Freiheit bzw. mit der generellen Offenheit der Zukunft dar. Diese Problematik, deren Kern bereits von Aristoteles, Cicero und Augustinus erkannt wurde, lässt sich wie folgt beschreiben: Ein allwissender Gott (bzw. eine allwissende ‚Vorsehung') weiß zu jeder Zeit, dass sich eine Person x in der Zukunft für y entscheiden wird (und nicht z. B. für z). Das bedeutet aber, dass x gar nicht die Wahl hat, sich für y oder z zu entscheiden, da ja immer schon feststeht, dass sie y wählen wird. Würde sie sich dennoch unerwartet für z entscheiden, so gäbe es einen Sachverhalt, der sich Gottes Allwissenheit entziehen würde. Wenn diese als zentrale Eigenschaft Gottes aufrecht erhalten werden soll, so bedeutet dies offenbar, dass es keine menschliche Willensfreiheit gibt (Rogers 2008).

Boethius' Diskussion des göttlichen Vorherwissens: Der römische neuplatonische Philosoph Boethius (um 476–525) hat in seinem Hauptwerk *Consolatio philosophiae* (*Der Trost der Philosophie,* um 525) ausführlich diskutiert, wie sich das göttliche Wissen um zukünftige Ereignisse mit der menschlichen Willensfreiheit vereinbaren lässt. Wenn Gott ein präzises Wissen von all dem besitzen sollte, was in der Zukunft geschehen wird, dann würden freie Willensentscheidungen offenbar ihre Grundlage verlieren, die eben gerade darin besteht, dass vor einer Entscheidung offen ist, wie sie ausfallen wird. Dies hätte wiederum dramatische ethische Konsequenzen: Weder Sünde noch bußfertige Umkehr könnten der persönlichen Verantwortung der Gläubigen zugerechnet werden, da doch von vorneherein feststand, wie sich die Gläubigen entscheiden würden bzw. zu entscheiden glaubten. Der Lösungsansatz, den die personifizierte Philosophie in Boethius' *Consolatio* vorschlägt, macht den besonderen Status von Gottes zeitlosem Wissen geltend (Marenbon 2009). Da Gott alles aus der Perspektive seiner ewigen Gegenwart weiß, tangiert sein Vorauswissen nicht die weltliche Zeitlichkeit, die sich in den Dimensionen der Vergangenheit, Gegenwart und Zukunft abspielt. Gott sieht und weiß in seiner unvergänglichen Präsenz simultan ebenso die Ereignisse, die mit Notwendigkeit eintreten, wie auch jene, die nicht mit Notwendigkeit eintreten wie z. B. freie Willensentschlüsse. Und deswegen wird der freie Wille des Menschen, der in seinem Vollzug die Indeterminiertheit des Zukünftigen voraussetzt, durch Gottes Voraussicht nicht beeinträchtigt.

Anselms eternalistische Lösung: Innerhalb der mittelalterlichen Philosophie haben sich u. a. Anselm von Canterbury (1033–1109), Petrus Abaelardus (1079–1142), Thomas von Aquin (1225–1274) und Wilhelm von Ockham (1288–1347) mit der von Boethius aufgeworfenen Problematik des göttlichen Wissens um kontingente zukünftige Ereignisse befasst. An dieser Stelle soll nur auf Anselms eternalistische Variante der Boethianischen Lösung eingangen werden. Anselm zufolge ergibt sich die Notwendigkeit des göttlichen Wissens um freie Willensentscheidungen von Menschen aus deren Willensentscheidung selbst. Da für den göttlichen Geist alles simultan präsent ist, wird die aus irdischer Perspektive zeitlich erstreckte Abfolge von freiem Entschluss, Willensentscheidung und daraus folgender Handlung zu einem einzigen Akt, dessen Grund die Freiheit des Willens ist. Obwohl diese keine ontologisch vollkommen neuen Dinge in der Welt hervorbringen kann, da alles Seiende von Gott geschaffen ist, hat sie doch in der Entscheidungssituation die Wahl zwischen verschiedenen Optionen – z. B. sich für oder gegen die göttliche Ordnung zu entscheiden. Gott weiß zwar in seiner ewigen Gegenwart, wofür wir uns jeweils entscheiden; aber dieses Wissen ist nicht der determinierende Grund für die Entscheidung, sondern es ist umgekehrt unsere freie Entscheidung, die Grund des göttlichen Wissens um sie ist (Rogers 2008).

Eternalismus versus Präsentismus: Im Hintergrund von Anselms Versuch, für einen Kompatibilismus von göttlicher Vorsehung und menschlicher Willensfreiheit zu argumentieren, steht eine Konzeption, die sich in der Terminologie der heutigen Zeitphilosophie als ‚eternalistisch' im Sinne des sogenannten Vierdimensionalismus charakterisieren lässt. Im Gegensatz zum Präsentismus, der nur die jeweilige Gegenwart für seiend hält, behauptet der Eternalismus die gleichwertige Realität von Vergangenheit, Gegenwart und Zukunft – jedoch nicht im Sinne eines Zeitflusses, der sich durch die drei Zeitdimensionen hindurchbewegt, sondern als statische, eben vierdimensionale Strukturiertheit alles Seienden. Übertragt man die eternalistische Sichtweise auf die Simultanität des göttlichen Wissens, so ergibt sich – im Einklang mit den Auffassungen Boethius' und Anselms –, dass Gott keine Zukunft ‚voraussieht', die es noch gar nicht gibt, sondern dass er alles, was überhaupt je geschieht, gleichzeitig kennt.

Sempiternalistischer Lösungsansatz: Ein Einwand gegen die eternalistische Lösung lautet, dass es gar nicht möglich sei, alle vergangenen, gegenwärtigen und zukünftigen Sachverhalte in ewiger Simultanität zu kennen, weil die Zukunft grundsätzlich die Eigenschaft aufweist, offen zu sein. Der sempiternalistische Lösungsansatz räumt deswegen gegenüber dem Eternalismus die Möglichkeit kontingenter zukünftiger Ereignisse ein, die nicht bereits eingetreten sind, vertritt aber zugleich die Auffassung, dass Gott aufgrund seiner Vollkommenheit wahre Überzeugungen hinsichtlich derartiger Ereignisse bilden kann. Ferner könne Gott aufgrund seines allmächtigen freien Willens zukünftige Ereignisse beeinflussen; und er habe sogar die Macht, die gesamte Welt, die sich permanent aus der Vergangenheit in die Zukunft hinein entwickelt, wieder aufzulösen, so dass es dann auch keinerlei Zukunft mehr gäbe.

Göttliche Allwissenheit und Gnade im Islam und im Protestantismus: Im Islam sowie im lutherischen Protestantismus wird der Aspekt der göttlichen Allmacht und Allwissenheit gegenüber der menschlichen Willensfreiheit stärker betont als in anderen theistischen Strömungen. So wird im Koran des Öfteren darauf verwiesen, dass dem Menschen die Entscheidung für oder gegen den Glauben an Allah zwar frei steht, dass aber Gott andererseits selber festgelegt hat und daher schon im voraus weiß, wer sich für und wer sich gegen ihn entscheiden wird. Eine harte Strafe für ihren Unglauben haben die Letzteren gleichwohl zu gewärtigen – sofern nicht Allahs Barmherzigkeit bzw. die Gnade Gottes im Lutherschen Sinne die göttliche Strafgerechtigkeit letztlich doch überwiegen sollte.

Scientia media: Eine andere Möglichkeit, göttliche Voraussicht und menschliche Freiheit in Einklang zu bringen, liegt in der Differenzierung verschiedener Wissensformen, auf die sich die göttliche Allwissenheit beziehen kann. Die Grundidee hierzu geht auf den spanischen jesuitischen Theologen Luis de Molina (1535–1600) zurück, der zwischen einer *scientia naturalis,* einer *scientia libera* und einer *scientia media* unterschied. In der *scientia media,* dem ‚mittleren Wissen', verfügt Gott über die Erkenntnis darüber, wie sich seine Geschöpfe unter den von ihm geschaffenen Bedingungen frei entscheiden (de Molina 2018).

Offener Theismus: An diesen Gedanken knüpft innerhalb der zeitgenössischen Diskussion William Hasker (*1935) an, der einen sog. ‚offenen Theismus' *(open theism)* vertritt (Hasker 1989). Diesem zufolge ist die Zukunft offen und ungewiss und entzieht sich der göttlichen Allwissenheit, insofern prinzpiell nur Dinge und Ereignisse sicher gewusst werden können, die momentan geschehen oder bereits geschehen sind. Vor dem Hintergrund dieser Annahme wird menschliche Freiheit mit göttlicher Voraussicht durch das Argument kompatibel, dass es angesichts der Offenheit der Zukunft im Grunde kein sicheres göttliches Wissen um zukünftige Ereignisse wie z. B. nicht-determinierte Willensentschlüsse geben kann. Als weitere Vertreter:innen eines offenen Theismus gelten u. a. die US-amerikanischen Philosoph:innen Norman Kretzmann, Brian Leftow, Katherin Rogers, Eleonore Stump sowie der britische Philosoph Paul Helm.

Prozesstheologie: Der offene Theismus kann in einer Weise weitergedacht werden, die grundlegende Revisionen am klassischen theistischen Begriff eines unveränderlichen, ewigen und allmächtigen Gottes erforderlich macht. Dies geschieht innerhalb der Prozesstheologie, die Gott nicht als abgeschlossenes Seiendes denkt, sondern als eine an der Entwicklung der Welt partizipierende Macht, die Zukunftsräume eröffnet und frei handelnde Wesen zum Guten ermutigt, ohne dieses direkt in ihnen bewirken zu können. Ähnliche Überlegungen hat bereits lange vor der Ausarbeitung einer expliziten Prozessphilosophie (etwa bei Nicholas Rescher) und Prozesstheologie (etwa bei Charles Hartshorne) der Phänomenologie Max Scheler (1874–1928) mit seiner Idee eines ‚werdenden Gottes‘ formuliert. Dass ein Gott, der selber im Hinblick auf die Zukunft offen und noch unbestimmt ist, mit der menschlichen Willensfreiheit leichter in Übereinstimmung zu bringen ist als ein statischer und allwissender Gott, mag durchaus einleuchten. Man muss sich jedoch im Klaren darüber sein, dass eine prozessuale Gottesauffassung nicht ohne weiteres mit dem Gottesbegriff der *perfect being*-Theologie kompatibel ist, welche die religionsphilosophischen und theologischen Diskussionen nach wie vor bestimmt.

3.2   Klassische Gottesbeweise

Im vorigen Kapitel wurden der Begriff und die Eigenschaften eines höchsten Wesens bzw. eines vollkommenen Seienden dargestellt, das im klassischen Theismus als ‚Gott‘ bezeichnet wird. Eine andere Frage ist, ob ein solches Wesen, das die beschriebenen göttlichen Eigenschaften besitzt, tatsächlich existiert. Die monotheistischen Religionen können sich zur positiven Beantwortung dieser Frage auf Offenbarungsdokumente berufen, denen zufolge sich Gott durch die Beauftragung von Propheten mit gezielten Botschaften direkt an die Menschen gerichtet hat. Das Christentum glaubt sogar an eine geschichtliche Inkarnation Gottes selbst in Menschengestalt (Jesus Christus). Der rein philosophische Theismus darf sich freilich nicht ohne weiteres auf solche Offenbarungszeugnisse stützen. Und ob individuelle religiös-spirituelle Erfahrungen als hinreichender Beweis für die Existenz Gottes dienen können, ist aus philosophischer Sicht zumindest fraglich. Die natürliche bzw. philosophische Theologie hat gegenüber der Berufung auf religiöse Traditionen und spirituelle Erfahrungen einen anderen Weg beschritten, um die Existenz Gottes zu begründen, nämlich den Weg rationaler Beweisführung. Der methodische Anspruch der klassischen Gottesbeweise war es, mittels logischer

Deduktion zur apodiktischen Wahrheit der Aussage „Gott existiert" zu gelangen. Der kosmologische Gottesbeweis (▸ Abschn. 3.2.1) geht dabei von der Begründungsbedürftigkeit des Universums bzw. des Seienden überhaupt aus. Der teleologische Gottesbeweis (▸ Abschn. 3.2.2) setzt bei der zweckmäßigen Ordnung im Universum bzw. innerhalb des Seienden an, die einen Schöpfergott erforderlich zu machen scheint. Der ontologische Gottesbeweis (▸ Abschn. 3.2.3) beginnt im Unterschied zu den beiden zuvor genannten Beweisformen nicht bei etwas empirisch Gegebenem, sondern er sucht aus dem Begriff Gottes selbst dessen notwendige Existenz abzuleiten; deswegen handelt es sich hier um einen apriorischen Beweis. Jeden der genannten klassischen Gottesbeweise gibt es in verschiedenen Varianten; der nachfolgende Überblick konzentriert sich auf die Kernbestandteile des jeweiligen Arguments. Neben den drei genannten Beweistypen gibt es noch weitere Arten von Gottesbeweisen (▸ Abschn. 3.2.4) wie etwa das moralische Argument Kants, die ebenfalls erwähnt werden müssen.

Die folgende Darstellung der klassischen Gottesbeweise wird sich ebenso wie das anschließende ▸ Abschn. 3.3, in dem es um die modernisierten Formen protheistischer Argumente geht, auf die jeweiligen Argumentationen zugunsten der Existenz Gottes konzentrieren. Selbstredend haben alle philosophischen Versuche, die Existenz Gottes mit rein rationalen Mitteln zu demonstrieren, auch immer wieder scharfe Kritik auf sich gezogen. Die Einwände gegen diese Versuche werden separat in ▸ Abschn. 4.1.3 im Zusammenhang mit theismuskritischer Religionsphilosophie vorgestellt.

3.2.1 Der kosmologische Gottesbeweis

Beweisschritte: Grundsätzlich schließt der kosmologische Gottesbeweis von der Existenz des Seienden (bzw. der Welt oder des Universums) auf eine erste Ursache, die das Seiende hervorgebracht hat und die sodann mit Gott identifiziert wird. Die einzelnen Schritte des kosmologischen Beweises lassen sich folgendermaßen darstellen:

- *(Prämisse 1)* Alles kontingente (also nicht-notwendige), bewegte Seiende hat eine Ursache.
- *(Prämisse 2)* Innerhalb des kontigenten, bewegten Seienden kann man nicht ins Unendliche zurückgehen; es wird aber ein Erstes benötigt, weil es ansonsten weder Bewegung noch Kausalität gäbe.
- *(Konklusion)* Es muss also eine erste notwendige Ursache, einen unbewegten Beweger außerhalb des Seienden geben.
- *(weitere Schlussfolgerung)* Diese erste notwendige Ursache alles Seienden, der unbewegte Beweger, ist Gott.

Die „Fünf Wege" des Thomas von Aquin: In dieser Rekonstruktion des kosmologischen Gottesbeweises sind drei Aspekte miteinander verbunden worden, die Thomas von Aquin in den ersten drei seiner berühmten „Fünf Wege" *(Quinque viae)* zum Erweis des Daseins Gottes unterschieden hat (*Summa theologica*, Teil I, q.2, a.3). Demzufolge gelangen wir zu Gott über

1. den Begriff der Bewegung,
2. den Begriff der Wirkursache,
3. den Begriff des Möglichen und Notwendigen.

Der erste Weg: Auf dem ersten Weg gelangen wir zu Gott, indem wir feststellen, dass jedes Objekt von einem anderen Objekt bewegt wird, dass aber innerhalb der Kette der Bewegungen ein Rückgang ins Unendliche, ein infiniter Regress, nicht möglich ist. Es muss einen ersten Grund für Bewegung überhaupt geben, einen unbewegten Beweger, der den Anstoß für jegliche Bewegung innerhalb des Seienden gegeben hat.

Der zweite Weg: Der zweite Weg geht von der Beobachtung aus, dass ein jegliches Ding von einer Wirkursache hervorgebracht wird. Auch hier ist es nicht möglich, in der Abfolge der Ursache-Wirkungs-Ketten ins Unendliche zurückzugehen. Es bedarf daher der Annahme einer ersten und obersten Wirkursache, die nicht ihrerseits durch eine andere Wirkursache hervorgebracht wurde; und diese wird von Thomas mit jenem vollkommenen Wesen gleichgesetzt, das in den Religionen als Gott verehrt wird.

Der dritte Weg: Der dritte Weg nimmt seinen Ausgangspunkt bei der einfachen und unbestreitbaren Annahme, dass es kontingentes Seiendes gibt, also Seiendes, von dem möglich wäre, dass es auch nicht sein könnte. Kontingentes Seiendes bedarf zu seiner Existenz eines notwendig Seienden, auf dem es beruht; denn es ist sozusagen ontologisch unselbstständig.

Kosmologisch begründete Notwendigkeit Gottes: Alle drei Wege führen letztlich zu demselben Resultat: dass nämlich unsere Vernunft einen allmächtigen Schöpfergott annehmen muss, weil andernfalls die Existenz des Seienden bzw. des Weltganzen nicht erklärbar ist. Im Grunde wird damit zugleich gesagt, dass nicht die Existenz Gottes einer einsehbaren Begründung bedarf, sondern vielmehr die Existenz des Universums, in dem wir leben. Denn nur durch Gott, den unverursachten Verursacher, kann es Seiendes, Bewegung und Kausalität überhaupt geben. Der kosmologische Gottesbeweis begründet somit die Existenz Gottes indirekt, indem er die Existenzmöglichkeit des Seienden durch die Annahme eines notwendig existierenden Gottes begründet.

Platons sich selbst bewegende Seele: Lange vor Thomas hatten schon Platon und Aristoteles Überlegungen entwickelt, in denen die Grundstruktur des kosmologischen Arguments vorgeprägt wurde. So wird im 10. Buch des platonischen Dialogs *Nomoi (Gesetze)* dargelegt, dass die sich selbst bewegende, göttliche Seele ursprünglicher als alle Körper sei und erst den Anstoß zu deren Bewegung und Veränderung gebe (*Nomoi*, 890 b ff.), da nichts, was von einem anderen bewegt werde, die Kette der Bewegungen jemals in Gang setzen könne.

Aristoteles' unbewegter Beweger: Die Notwendigkeit eines ewig unbewegten Wesens, die in Thomas' drittem Weg thematisiert wird, hat wiederum Aristoteles in der *Metaphysik* (Buch XII, Kap. 6 b ff.) begründet. Aristoteles ging zwar – anders als die mittelalterliche Philosophie – von der Ewigkeit der Bewegung aus und versuchte auf dieser Basis die Notwendigkeit eines wirklich existierenden unbewegten Bewegers zu demonstrieren. Sein Argument ließ sich aber offensichtlich aus seiner ursprünglichen kosmologischen Einbettung herauslösen und in den gänzlich anderen theologischen Kontext der mittelalterlichen (jüdisch, christlich oder islamisch geprägten) Philosophie implementieren.

Das *Kalām*-Argument: Die schöpfungstheologische Neuausrichtung des aristotelischen Arguments vom ‚unbewegten Beweger' zeigt sich besonders deutlich im *„Kalām"*-Argument der islamischen Theologie (das arabische Wort ‚*kalām*' bezeichnet ein systematisches theologisches Streitgespräch). Dieses Argument geht in seiner ersten Prämisse – im Gegensatz zur antiken, aristotelischen Kosmologie – von einem zeitlichen Weltanfang aus:

- *(Prämisse 1)* Das Universum hat irgendwann begonnen zu existieren.
- *(Prämisse 2)* Alles, was zu existieren beginnt, hat eine Ursache.
- *(Konklusion)* Das Universum hat eine Ursache (= Gott).

Reichweite des kosmologischen Arguments: Durch das kosmologische Argument wird zunächst einmal nur die Existenz eines unbewegten Bewegers als Grund alles Seienden bewiesen, der zugleich Ursache seiner selbst und absolut notwendig ist. Weitere der zuvor vorgestellten Attribute Gottes können dagegen allenfalls indirekt aus dem Resultat des kosmologischen Gottesbeweises abgeleitet werden.

Leibniz' kosmologischer Gottesbeweis: In der frühen Neuzeit haben Philosophen wie Samuel Clarke (1675–1729; *A Demonstration of the Being and Attributes of God,* 1704) und Gottfried Wilhelm Leibniz (1646–1716; *Versuche in der Theodicée über die Güte Gottes, die Freiheit des Menschen und den Ursprung des Übels,* 1710, §§ 36–39) weitere Varianten des kosmologischen Gottesbeweises entwickelt, die mit dem Prinzip des zureichenden Grundes operieren. Im kosmologischen Argument wird nämlich nicht nur die *ontologische* Voraussetzung gemacht, dass alle existierenden Dinge Ursachen haben, sondern zugleich auch die *epistemologische* Voraussetzung, dass alle Sachverhalte einen zureichenden Erklärungsgrund besitzen müssen. Nichts existiert ohne Grund *(nihil est sine ratione),* wie der entsprechende berühmte Grundsatz Leibniz' lautet. Das kontingente Seiende innerhalb der Welt und die Welt insgesamt wird demzufolge im kosmologischen Argument als etwas betrachtet, das einer notwendigen, extramundanen Ursache bedarf, um existieren zu können. Korrespondierend hierzu gilt der Sachverhalt, dass überhaupt etwas existiert und nicht vielmehr nichts, als etwas Erklärungsbedürftiges, das einen zureichenden, rational einsehbaren Grund haben muss. Denn auch wenn sich sämtliche innerweltlichen Tatsachen durch innerweltliche Gründe erklären ließen, so wäre die metaphysische Frage, warum es überhaupt Tatsachen gibt, damit noch keineswegs beantwortet. Deswegen muss Leibniz zufolge ein letzter Grund alles Seienden angenommen werden, der selber keinen zureichenden Grund mehr benötigt. Und dieser Grund wird, wie in allen Varianten des kosmologischen Gottesbeweises, mit Gott identifiziert.

Kants „Abgrund für die menschliche Vernunft": Auf Gott selbst als ersten Grund alles Seienden kann das Prinzip des zureichenden Grundes anscheinend nicht angewendet werden. Grundsätzlich wäre die Frage ja durchaus berechtigt, worin denn Gott selbst eigentlich seinerseits seinen Grund habe. Immanuel Kant hat in demjenigen Kapitel der *Kritik der Vernunft,* das „Von der Unmöglichkeit eines kosmologischen Beweises vom Dasein Gottes" handelt, auf die Fähigkeit der spekulativen Vernunft hingewiesen, eben diese Frage zu formulieren, die Gott als das höchste, unbedingt notwendige Wesen theoretisch an sich selber richten könnte: „Ich bin von Ewigkeit zu Ewigkeit, außer mir ist nichts, ohne das, was bloß durch meinen Willen etwas ist; *aber woher bin ich denn?*" (KrV, A 613/B 641). In diesem Gedanken erblickte Kant den wahren „Abgrund für die menschliche Vernunft" (KrV, A 613/B 641).

3.2.2   Der teleologische (physikotheologische) Gottesbeweis

Religiöse Verankerung teleologischen Denkens: Teleologische Argumente für die Existenz Gottes sind im religiösen Denken vieler Kulturen tief verankert. Die primär logisch und erkenntnistheoretisch ausgerichtete Nyāya-Schule, eine der sechs orthodoxen Strömungen der klassischen indischen Philosophie, verglich die göttliche Weltordnung mit der Ordnung des menschlichen Körpers und menschlicher Artefakte (Collins 2013, 411; ▶ Abschn. 3.4.4). Auch in der Bibel und im Koran finden sich mehrere Textstellen, in denen die Vollkommenheit der natürlichen Ordnung als augenfälliger Beleg für die Allmacht und Weisheit Gottes dargestellt wird (s. etwa Ps 19 sowie die Koransuren 16 und 30).

Struktur des teleologischen Beweises: Der teleologische Gottesbeweis in der Philosophie geht ebenso wie der kosmologische Beweis von der Erfahrung von Seiendem aus, es handelt sich also um einen *a posteriori* geführten Beweis. Während der kosmologische Gottesbeweis beim kontingenten Seienden schlechthin ansetzt, um sodann nachzuweisen, dass dieses einer notwendigen Ursache bedarf, um existieren zu können, nimmt der teleologische Gottesbeweis seinen Ausgangspunkt bei der komplexen Ordnung, die wir in der Welt und in der Natur vorfinden. Betrachten wir diese, so nehmen wir wahr, dass in vielen Bereichen – z. B. im System der Planeten, im Zusammenspiel von meteorologischen Verhältnissen, Pflanzen und Tieren auf der Erde, im Bau von tierischen und menschlichen Organismen – eine zweckvolle, zielgerichtete Interaktion von Teilen das Funktionieren eines höheren Ganzen zu bewirken scheint. Der teleologische Gottesbeweis sucht angesichts dieser Erfahrung von Zweckmäßigkeit innerhalb der Natur zu demonstrieren, dass es eine bewusste, machtvolle und vollkommene Realität, einen Weltschöpfer, geben muss, der die Welt und die Natur nach einem intelligenten Plan gestaltet und eingerichtet hat. Die Beweisführung lässt sich folgendermaßen darstellen:

- *(Prämisse 1)* Ziele und Zwecke werden stets von einem intelligenten und mit einem freien Willen ausgestatteten Wesen gesetzt.
- *(Prämisse 2)* In der Ordnung der Natur entdecken wir Ziele und Zwecke.
- *(Konklusion)* Also muss die Ordnung der Natur auf einem intelligenten und mit einem freien Willen ausgestatten Wesen beruhen.
- *(weitere Schlussfolgerung)* Dieses intelligente und mit einem freien Willen ausgestattete Wesen ist Gott.

Thomas' fünfter Weg: Der fünfte Weg des Thomas von Aquin stellt die klassische Form eines teleologischen Arguments dar. Für Thomas ist insbesondere die zweckmäßige Einrichtung von Dingen erklärungsbedürftig, die selber nicht zu intentionalem Denken und Handeln in der Lage sind. Die Tatsache, dass solche Dinge (die natürlichen Körperdinge, also z. B. Pflanzen und Tiere) regelmäßig ihre Ziele erreichen, obwohl sie über kein Bewusstsein verfügen, lässt sich offenbar nur durch die Annahme eines vernünftigen Wesens begreifen, das die natürlichen Dinge auf ihr Ziel hinordnet. Und wie schon in den vorangegangenen vier Wegen (der vierte Weg wird in ▶ Abschn. 3.2.3 kurz betrachtet) wird dieses Wesen, der *gubernator* (Lenker), am Ende des Arguments mit Gott identifiziert.

Gott als Erklärungsgrund natürlicher Zweckmäßigkeit: Thomas' Argumentationsgang liegt ein sogenannter abduktiver Schluss zugrunde: Die erste Prämisse besteht in einer unerklärlich scheinenden Tatsache A (in unserem Fall ist A die Zielgerichtetheit der nicht-denkenden Naturdinge). Die zweite Prämisse führt einen hypothetischen Erklärungsgrund B für A ein (in unserem Fall: einen intelligenten Urheber der natürlichen Zielgerichtetheit). Die Konklusion besteht nun darin, dass die Realität von B angenommen werden darf, weil dadurch A erklärbar wird. Die Existenz Gottes wird somit dadurch bewiesen, dass sie die Zweckmäßigkeit innerhalb der Natur erklärbar macht, welche ohne die Existenzannahme Gottes unerklärlich bliebe.

Der physikotheologische Gottesbeweis der Neuzeit: Thomas' fünfter Weg ist noch ganz in der aristotelischen Teleologieauffassung verwurzelt, derzufolge die Naturdinge eine interne Ausrichtung auf Zwecke besitzen. In der Neuzeit veränderte sich durch das Aufkommen der empirischen Naturwissenschaften mit ihren präziseren Beobachtungsmethoden und mathematisierten Erklärungsansätzen der Blick auf die Phänomene der Natur. Allerdings schienen die naturwissenschaftlichen Forschungsergebnisse bis zur Mitte des 19. Jh.s – genauer gesagt: bis zur Entwicklung der Darwinschen Evolutionstheorie – die Vorstellung einer intelligenten göttlichen Planung der Natur eher zu befördern als zu widerlegen. Das hierauf basierende Argument für die Existenz Gottes, das in dieser Zeit entwickelt wurde, ist der physikotheologische Gottesbeweis. (Durch diese Bezeichnung lässt sich der Beweis vom mittelalterlichen teleologischen Gottesbeweis unterscheiden, auch wenn die Terminologie hier keineswegs eindeutig ist und beide Argumente oftmals als teleologisch bezeichnet werden.)

Paleys Uhrmacher-Argument: Einen berühmten physikotheologischen Gottesbeweis hat der britische Theologe William Paley (1743–1805) in seiner *Natural Theology* (1802) in Form des ‚Uhrmacher-Arguments' vorgelegt. Im Zentrum dieses Arguments steht die Analogie zwischen einer Uhr, deren kompliziertes Räderwerk einen intelligenten Hersteller erfordert, und dem Kosmos der Natur, dessen funktionierender Gesamtzusammenhang ebenfalls einen intelligenten Urheber voraussetzen muss. Wenn wir zufällig irgendwo eine Uhr und einen Stein finden und uns fragen, woher diese Gegenstände stammen, dann werden wir, so Paley, bei der Uhr unmittelbar vermuten, dass ein Uhrmacher sie zweckmäßig konstruiert hat, damit die Uhr funktionieren kann. Durch einen Analogieschluss dürfen wir nun ebenfalls schlussfolgern, dass auch die Naturdinge (wie der gefundene Stein) von einem intelligenten ‚Werkzeugmacher' erdacht worden sind. Da das Funktionieren des Naturzusammenhangs offensichtlich nicht von menschlicher Intelligenz bewirkt wurde, muss eine nicht-menschliche Intelligenz als Urheber der Naturdinge angenommen werden; und diese Intelligenz muss bedeutend

größer als die menschliche sein. Wenn man nun darüber nachdenkt, wie ein Wesen beschaffen sein müsste, das in der Lage wäre, den Ordnungszusammenhang
der Natur zu stiften, so wird man zu der Schlussfolgerung gelangen, dass es sich
hierbei nur um Gott, das vollkommenste Seiende, handeln kann.

Humes Kritik der Physikotheologie: Bereits vor der Veröffentlichung von Paleys ‚Uhrmacher-Argument‘ hatte David Hume (bzw. der Skeptiker Philo) in
den *Dialogen über natürliche Religion* (1779) die Legitimität des induktiven Ana-
logieschlusses bestritten, der per logischer Inferenz aus der Beschaffenheit einiger Teile des Universums (wie von Menschen zweckvoll geschaffenen Häusern,
Schiffen oder Maschinen) auf die Beschaffenheit des gesamten Universums folgert. Uns steht, so Hume bzw. Philo, kein zweites Universum zur Verfügung, anhand dessen wir die vermeintlich zweckvolle Einrichtung des uns bekannten Universums durch einen Vergleich beurteilen könnten. Für Verfechter des physikotheologischen Gottesbeweises wie Paley mochte freilich bereits die Einsicht in die
zweckhafte Einrichtung eines so komplizierten Organs, wie es etwa das menschliche Auge ist, genügen, um sich von der Notwendigkeit der Annahme eines intelligenten Schöpfers zu überzeugen.

Darwins Evolutionstheorie: Letztendlich waren es nicht die im 18. Jh. entwickelten kritischen Argumente Humes und Kants gegen den physikotheologischen
Gottesbeweis, die ihn (vorübergehend) zu Fall brachten, sondern die Darwinsche
Evolutionstheorie des 19. Jh.s, durch die teleologisches Denken innerhalb der Naturwissenschaften insgesamt diskreditiert wurde. Erst neuere naturwissenschaftliche Erkenntnisse aus der zweiten Hälfte des 20. Jh.s sollten Design-Argumenten für die Existenz Gottes wieder eine neue Legitimationsgrundlage verleihen
(▶ Abschn. 3.3.2).

3.2.3   Der ontologische Gottesbeweis

Ein apriorischer Beweis: Der ontologische Gottesbeweis unterscheidet sich von
den zuvor dargestellten Gottesbeweisen vor allem dadurch, dass er nicht von einer Erfahrungsgrundlage ausgeht, sondern *a priori* geführt wird, d. h. in der von
Kant eingeführten Terminologie: vor aller Erfahrung, mit rein begrifflichen Mitteln. Kant war es auch, der im Kontext seiner berühmten Widerlegung der Gottesbeweise in der *Kritik der reinen Vernunft* (1781/87) den ontologischen Gottesbeweis explizit als solchen bezeichnet und ihn zusammen mit dem kosmologischen und dem physikotheologischen Beweis als einzig mögliche „Beweisarten
vom Dasein Gottes aus spekulativer Vernunft" (A 590/B 618) zusammengestellt
hat.

Anselms Argument: Die klassische Form des ontologischen Gottesbeweises
hat Anselm von Canterbury in seinem *Proslogion* (1077/78) vorgelegt. Sein Ausgangspunkt ist die allgemein zustimmungsfähige Bestimmung Gottes als desjeni-
gen, über das hinaus nichts Größeres gedacht werden kann. Selbst ein ungläubiger Dummkopf müsse zugeben, so Anselm, dass ein solcher Begriff im Verstand
gebildet werden könne. Von dort aus entwickelt Anselm die folgende Beweisführung:

- *(Prämisse 1)* Es kann ein Seiendes gedacht werden, über das hinaus nichts Größeres gedacht werden kann (= Gott).
- *(Prämisse 2)* Wenn dieses Seiende nur im Verstand existieren würde, so wäre ein noch größeres Seiendes denkbar, nämlich eines, das auch in Wirklichkeit existiert.
- *(Konklusion)* Also muss dasjenige Seiende, über das hinaus nichts Größeres gedacht werden kann, sowohl im Verstand als auch in der Wirklichkeit existieren.
- *(Implikation der Konklusion nach Prämisse 1)* Gott existiert in Wirklichkeit.

Der entscheidende Punkt in Anselms Argument ist also die Überlegung, dass ein Seiendes, das sowohl im Verstand als auch in der Wirklichkeit existiert, ‚größer‘ ist als ein Seiendes, das nur im Verstand als bloßer Begriff vorliegt. Daraus schließt Anselm auf die reale Existenz Gottes, da wir nicht in der Lage sind, den vollständigen Begriff Gottes (eben als das größtmögliche Seiende) überhaupt zu denken, ohne dabei seine Existenz immer schon vorauszusetzen. Jemand, der Gottes Nicht-Existenz behauptet, widerspricht sich demzufolge selbst, denn wenn er/sie den Begriff Gottes wirklich verstanden hätte, müsste er/sie wissen, dass dieser dessen Existenz notwendigerweise impliziert. Bonaventura (1221–1274) hat den gleichen Gedanken etwas einfacher formuliert als Anselm: *„Si Deus est Deus, Deus est"* („Wenn Gott Gott ist, ist Gott"; *De mysterio trinitatis*, [1254/55], 1891, 48).

Der vierte Weg des Thomas: Nicht erst Kant, sondern bereits Thomas von Aquin hat allerdings die Methode der Anselmschen Beweisführung in Zweifel gezogen, indem er u. a. darauf hinwies, dass die Behauptung des Toren, es existiere kein Seiendes, über das hinaus nichts Größeres gedacht werden könne, keineswegs inkonsistent sei (Leftow 2018). Wie bereits gesehen ist auch Thomas davon überzeugt, dass der natürlichen Vernunft mehrere Wege offenstehen, um Gottes Existenz rational zu demonstrieren. Aber Thomas geht dabei methodisch stets von einer innerweltlichen Erfahrung mit bestimmten Eigenschaften des Seienden aus, welche die Annahme Gottes zwingend erforderlich machen. So setzt der vierte Weg des Thomas (*Summa theologica*, I, q.2, a.3) den Begriff eines größten und vollkommenen Wesens, an dem Anselms Beweisführung ansetzt, nicht einfach voraus, sondern er entwickelt ihn erst aus der Beobachtung unterschiedlicher Vollkommenheitsgrade von Seiendem, die wir in der Welt vorfinden. Der Argumentationsgang ist dabei folgendermaßen:

- *(Prämisse 1)* Aus der Beobachtung unterschiedlicher Vollkommenheitsgrade folgt, dass es für jeden Seinsbereich ein in höchstem Grade Seiendes gibt, an dem die jeweiligen Vollkommenheitsgrade gemessen werden können.
- *(Prämisse 2)* Das Vollkommenste eines jeden Seinsbereichs ist zugleich dessen Ursache.
- *(Konklusion)* Es gibt eine Ursache des Seienden und des Vollkommenen schlechthin.
- *(weitere Schlussfolgerung)* Diese Ursache ist Gott.

Thomas' vierter Weg demonstriert die Existenz Gottes somit in einer gegenüber Anselms ontologischem Beweis gegenläufigen Richtung: Nicht weil aus der

Größe und Vollkommenheit Gottes dessen Existenz folgt, können wir Gott beweisen, sondern weil wir uns die Existenz von Vollkommenheit innerhalb des Seienden nicht anders als durch die Voraussetzung eines vollkommensten Seienden (= Gott) erklären können.

Descartes' ontologischer Beweis: Nach der Hochscholastik erlebte der ontologische Gottesbeweis erst wieder im Rationalismus der frühen Neuzeit eine Blütezeit. René Descartes (1596–1650) zufolge ist uns die Existenz Gottes, d. h. eines höchst vollkommenen Seienden, klar und deutlich mit der Erkenntnis seines Wesens gegeben (Descartes, V. Meditation, 1641/1996, 115–129). Sofern Existenz eine Vollkommenheit ist, kann es dem vollkommensten Wesen, dem *ens perfectissimum,* nicht an Existenz fehlen, so wenig wie es einen Berg ohne ein Tal geben kann. Descartes betont dabei, dass es nicht unser Denken ist, das Gott Existenz beilegen würde, sondern dass es umgekehrt die notwendige Existenz Gottes ist, die uns keine andere Wahl lässt, als Gottes Dasein zu bejahen. Diese aller Erfahrung vorausliegende Einsicht in das Dasein Gottes steht sogar noch über dem zentralen cartesischen Grundsatz „Ich denke, also bin ich" *(„Ego cogito ergo sum"),* denn dieser kann nur im jeweiligen Vollzug des Denkens und Zweifelns aktualisiert werden, während die angeborene Idee Gottes als einer unendlichen und vollkommenen Substanz immer und unerschütterlich im Bewusstsein vorhanden ist. Und diese Idee kann nur von Gott selbst in einem endlichen Wesen hervorgebracht worden sein, sofern der metaphysische Grundsatz gilt, dass das Prinzipiierende dem Prinzipiierten stets vorausgeht (Seubert 2013, 188). Die Idee Gottes ist es denn auch, welche für Descartes die Realität der Außenwelt verbürgt, an der das denkende Ich allenfalls versuchsweise und vorübergehend zweifeln kann, indem es einen bösen Täuschergott *(genius malignus)* annimmt, der uns die wahre Realität permanent vorenthält. Da wir aber in uns tatsächlich die Idee eines guten, unendlichen und vollkommenen Gottes vorfinden, die nur von Gott selbst herrühren kann, haben wir keinen Grund, in der Position des radikalen methodischen Zweifels zu verharren.

Descartes über die Idee des Vollkommenen: Implizit greift Descartes' in dem in der V. der *Meditationes de prima philosophia* (1641) formulierten ontologischen Gottesbeweis das Argument der Vollkommenheitsgrade aus Thomas' viertem Weg wieder auf. Denn auch für Descartes gilt, dass jede endliche Vollkommenheit auf ein unendliches Vollkommenstes verweist, das als maßgebender Grund für alle singulären Vollkommenheiten fungiert. Wir könnten, so Descartes in der III. Meditation, noch nicht einmal wissen, dass wir selber unvollkommen sind, besäßen wir nicht in uns die Idee des Vollkommenen.

Spinozas absolute Substanz: Für Baruch de Spinoza (1632–1677) wiederum folgt die Existenz Gottes notwendig aus seinem Vermögen, existieren zu können – ein Vermögen, welches das höchste Wesen, die absolute unendliche Substanz, in höchstem Grade besitzen muss (*Ehica,* 1662–65).

Leibniz' Beweis der Möglichkeit Gottes: Gleich mehrere rationalistische Gottesbeweise hat Leibniz vorgelegt, der Descartes' ontologischen Beweis zwar für stichhaltig, aber zugleich für unvollständig hielt, da zunächst einmal die Möglichkeit von Gottes Existenz bewiesen werden müsse. Das entsprechende, mit dem

Möglichkeitsbegriff operierende Argument (*Monadologie* [1714], § 45) lässt sich wie folgt rekonstruieren:

- *(Prämisse 1)* Wenn ein Wesen möglich ist, aus dessen Essenz seine Existenz folgt (= ein notwendiges Seiendes), dann existiert es.
- *(Prämisse 2)* Gott ist ein Wesen, aus dessen Essenz seine Existenz folgt (= ein notwendiges Seiendes).
- *(Konklusion)* Wenn Gott möglich ist, dann existiert er.

Gott wird von Leibniz als ein Seiendes aufgefasst, dessen Wesen in einer Verbindung von einfachen, positiven und absoluten Vollkommenheiten besteht. Möglich ist Gott genau dann, wenn seine vollkommenen Eigenschaften untereinander kompatibel sind. Dass sie dies sind, sucht Leibniz mittels einer Analyse der Einfachheit, Positivität und Absolutheit der göttlichen Perfektionen aufzuweisen. Wenn die absoluten (d. h. unbegrenzten) Eigenschaften Gottes zugleich einfach (d. h. nicht von anderen Eigenschaften abhängig) und positiv (d. h. nicht-negierend) sind, dann sind sie untereinander kompatibel (Leftow 2005; van Inwagen 2010).

Weitere protheistische Argumente von Leibniz: Mit der Einbeziehung des Möglichkeitsbegriffs hat Leibniz modallogische Reformulierungen des ontologischen Arguments, wie sie im 20. Jh. unternommen wurden (▶ Abschn. 3.3.3), bereits ansatzweise vorweggenommen. Ein weiterer von Leibniz entwickelter Gottesbeweis basiert auf dem Argument, dass alles, was möglich ist, auf einem notwendigen Grund beruhen müsse. Ein wiederum anderes protheistisches Argument Leibniz' bezieht sich auf das simultane Zusammenbestehen der verschiedenen Substanzen (= Monaden), die nur durch eine gemeinsame Ursache (Gott) erklärbar sei (Seubert 2013, 196 f.).

3.2.4 Weitere traditionelle Argumente für die Existenz Gottes

Argumente auf der Basis von Wundern: Neben den dargestellten kosmologischen, teleologischen und ontologischen Gottesbeweisformen gibt es noch weitere klassische Argumente bzw. Beweisversuche für die Existenz Gottes. Hierzu gehören Argumente, die sich auf Wunder oder besondere religiöse bzw. spirituelle Erfahrungen stützen. Derartige Erlebnisse, die den gewöhnlichen, erwartbaren Lauf der Dinge offenkundig überschreiten, sind z. B. die unwahrscheinliche Rettung aus einer existenziell bedrohlichen Notlage, Traumvisionen bzw. -auditionen (also visuelle oder auditive Eingebungen), die sich nachträglich in der Realität zu bestätigen scheinen, die unwahrscheinliche spontane Heilung einer schweren Erkrankung oder auch mystische Erfahrungszustände des entgrenzten Eins-Seins mit dem Göttlichen. Solche subjektiven Erfahrungen lassen sich als Indizien für die Existenz eines übernatürlichen Wesens (= Gott) interpretieren, das die erlebten Geschehnisse hervorgerufen hat. Voraussetzung für diese Deutung ist, dass sich die herangezogenen Erlebnisse nicht auf ‚natürlichem' Weg erklären lassen, dass sie also die gängigen Naturgesetze in einer außergewöhnlichen Weise außer Kraft setzen oder ignorieren und nur durch die Heranziehung eines göttlichen Wesens als Erklärungsgrund plausibel gemacht werden können. In der Philosophie (d. h. innerhalb der natürlichen Theologie bzw. der modernen Religionsphilosophie) werden derartige Argumente seit Humes Kritik an religiösen Wundern allerdings in der Regel nicht für valide gehalten, da für empirische Erscheinungen generell nach rational einsehbaren Gründen bzw. Ursachen gesucht werden sollte, zu denen transzendente Wesenheiten per se nicht zählen können.

Kants ethikotheologischer Ansatz: Demgegenüber haben moralische Argumente für die Existenz Gottes unter Philosophierenden mehr Anklang gefunden, und zwar gerade auch unter solchen, welche die klassischen ontologischen, kosmologischen und teleologischen Beweise ablehnen. Hierzu gehört insbesondere Immanuel Kant, der in der *Kritik der reinen Vernunft* die klassischen Gottesbeweise einer fundamentalen, erkenntnistheoretisch begründeten Kritik unterzogen hat. Kants eigenes Argument für die Postulierung der Existenz Gottes wird deswegen auch nicht mehr aus der theoretischen, sondern aus der praktischen Vernunft heraus entwickelt (Wirtz 2018, 216 ff.). Der Kern von Kants moralischem bzw. ethikotheologischem Argument liegt in dem Gedanken, dass wir Menschen uns die Sinnhaftigkeit unseres moralischen Handelns nur unter der Annahme eines allmächtigen Weltenrichters (= Gottes) plausibel machen können. Nur Gott kann die letztendliche Übereinstimmung von Glückswürdigkeit und Glückseligkeit bewirken, die Kant zufolge das ‚höchste Gut‘ darstellt. Die Möglichkeit eines Endzwecks moralischen Handelns muss „ohne einen Welturheber und Regierer, der zugleich moralischer Gesetzgeber ist" (Kant, *Kritik der Urteilskraft,* B 434), unbegreiflich bleiben.

Einfachere Fassung des moralischen Arguments: Kants Argument, das nicht mit dem apodiktischen Wahrheitsanspruch der klassischen Gottesbeweise auftritt, sondern nur das Postulat der Existenz Gottes rational begründen will, unterscheidet sich dadurch von simpleren Varianten des moralischen Arguments, dass es auf einer strikt autonomen Ethik basiert. Eine einfachere Form des moralischen Arguments würde nämlich folgendermaßen aussehen:

- *(Prämisse 1)* Moralische Vorschriften benötigen zu ihrer Geltung eine allmächtige Instanz, die sie in Kraft setzt.
- *(Prämisse 2)* Moralische Vorschriften gelten.
- *(Konklusion)* Es gibt eine allmächtige Instanz (= Gott), welche die Geltung moralischer Vorschriften garantiert.

Verbindung zur *Divine Command Theory*: Im Umkehrschluss bedeutet dies: Wenn es Gott nicht gäbe, wenn also die Konklusion bestritten würde, so würde auch Prämisse 2 hinfällig, die wiederum Prämisse 1 voraussetzt. Diese Form des moralischen Arguments lässt sich mit der sogenannten *Divine Command Theory* in Verbindung bringen, welche die Geltung moralischer Normen auf einen göttlichen Willen, der diese Normen gebietet, zurückführt. Das Problem einer solchen ‚Ethik des göttlichen Gebots‘ *(Divine Command Ethics)* ist, worauf prinzipiell schon Platon mit seinem *Euthypron*-Dilemma aufmerksam gemacht hat (▶ Abschn. 2.1.1), dass durch (vermeintliche) göttliche Befehle auch Handlungen geboten werden könnten, die fundamentalen moralischen Intuitionen widersprechen, z. B. die Ermordung Ungläubiger. Und selbst wenn man nicht bereit ist, diese Konsequenz aus der *Divine Command Ethics* zu ziehen (indem man z. B. darauf hinweist, dass Gott stets nur etwas Gutes gebieten kann, da er selbst das in höchstem Maße Gute ist), so ist eine Ethik des göttlichen Gebots gleichwohl kaum mit einer autonomen Ethik vereinbar.

Kants moralisches Argument: Das moralische Argument Kants entgeht dieser Schwierigkeit, indem Kant die religiöse Einstellung grundsätzlich als die „Erkenntnis unserer Pflichten als göttlicher Gebote" (*Kritik der praktischen Vernunft,* A 233) bestimmt – und eben nicht als die Erkenntnis der göttlichen Gebote als unserer Pflichten. Diese können nämlich durch den kategorischen Imperativ, die Universalisierungsverpflichtung unserer Handlungsgrundsätze, rein rational aus der Autonomie des menschlichen Freiheitsvermögens abgeleitet werden, ohne dass man sich hierbei auf göttliche Gebote, religiöse Vorgaben etc. berufen müsste. Erst wenn sich das Subjekt fragt, zu welchem Zweck es die ohnehin mit absoluter Verbindlichkeit geltenden moralischen Pflichten befolgen soll, kommt die Idee Gottes gleichsam indirekt ins Spiel, nämlich als diejenige Instanz, welche die Übereinstimmung von Glückseligkeit und Glückswürdigkeit letztlich herbeiführen kann. Das moralische Argument Kants lässt sich demgemäß folgendermaßen rekonstruieren (Wirtz 2018, 217):

- *(Prämisse 1)* Der Endzweck moralischen Wollens und Handelns besteht in der Realisierung des höchsten Guts, d. h. der Übereinstimmung von Glückswürdigkeit und Glückseligkeit.
- *(Prämisse 2)* Nur unter der Voraussetzung, dass es einen moralischen Welturheber (= Gott) gibt, ist das höchste Gut möglich.
- *(Konklusion)* Nur unter der Voraussetzung der Existenz Gottes gibt es einen Endzweck moralischen Wollens und Handelns.

Gott wird somit im moralischen Argument Kants nicht zu einem Gegenstand des theoretischen Wissens, sondern des begründeten Hoffens: „Nur dann, wenn Religion dazu kommt, tritt auch die Hoffnung ein, der Glückseligkeit dereinst in dem Maße teilhaftig zu werden, als wir darauf bedacht gewesen, ihrer nicht unwürdig zu sein." (Kant, *Kritik der praktischen Vernunft*, A 234).

3.3 Modernisierte Argumente für die Existenz Gottes

Die erkenntnistheoretisch fundierte Kritik Kants an den Gottesbeweisen wird innerhalb der analytischen Religionsphilosophie seit etwa den 1970er Jahren nicht mehr fraglos als berechtigt anerkannt. In diesem Punkt besteht ein wesentlicher Unterschied zwischen der analytischen und den kontinentalen Strömungen der Religionsphilosophie: Auch analytische Philosoph:innen, welche die Plausibilität bestimmter Argumente für die Existenz Gottes bestreiten, sind in der Regel von der grundsätzlichen rationalen Diskutierbarkeit derartiger Argumente überzeugt – anders als kontinentale Philosoph:innen, die zumeist von einem postmetaphysischen Standpunkt aus über Religion, Religiosität und Gott nachdenken. Die zeitgenössische Rede von ‚Argumenten' für die Existenz Gottes (und nicht mehr von ‚Beweisen') innerhalb der analytischen Religionsphilosophie signalisiert allerdings, dass der apodiktische Wahrheitsanspruch, mit dem traditionelle Gottesbeweise innerhalb der natürlichen Theologie einstmals aufgetreten sind, heutzutage kaum mehr vertreten wird. Dennoch beanspruchen auch die modernisierten Nachfahren der Gottesbeweise selbstverständlich, gültige Argumente zu sein.

Traditionell hat die Auffassung, dass sich die Existenz Gottes auf rationalem Weg beweisen oder zumindest gut begründen lasse, innerhalb der katholischen Theologie eine größere Rolle gespielt als innerhalb der protestantischen Theologie. So mag es ein wenig überraschen, dass prominente Vertreter der analytischen Religionsphilosophie, die modernisierte Argumente für die Existenz Gottes entwickelt haben, dem Protestantismus, ja sogar evangelikalen Strömungen zuzuordnen sind (so etwa der US-amerikanische Religionsphilosoph William Lane Craig, *1949). Häufig verbindet sich bei heutigen Philosoph:innen, die für die Existenz Gottes argumentieren, eine implizite apologetische Absicht mit der Einbeziehung neuerer logischer Verfahren bzw. naturwissenschaftlicher Theorien.

Analog zur Darstellung der klassischen Gottesbeweise im vorigen Kapitel werden zunächst modernisierte Varianten des kosmologischen Arguments vorgestellt (▶ Abschn. 3.3.1), zu denen auch probabilistische Argumente gezählt werden können. Im Anschluss daran wird es um Design-Argumente gehen (▶ Abschn. 3.3.2), den modernen Nachfahren teleologischer bzw. physikotheologischer Gottesbeweise. Modallogische Argumente für die Existenz Gottes, die in der Tradition des ontologischen Gottesbeweises stehen (insbesondere in dessen Leibnizscher Fassung), werden in ▶ Abschn. 3.3.3 betrachtet. Und schließlich werden weitere Argumente für die Existenz Gottes aufgeführt (▶ Abschn. 3.3.4), die sich nicht den gängigen Varianten der kosmologischen, teleologischen und ontologischen Argumente zuordnen lassen. Hierunter fallen insbesondere solche Argumenttypen, die nicht von einem abstrakten Begriff Gottes ausgehen, für dessen Realität argumentiert wird, um ihn dann in einem zweiten Schritt mit dem Gott des religiösen Glaubens zu identifizieren, sondern die bei eben diesem Gott des gelebten religiösen Glaubens ansetzen, um darauf basierend Argumente für dessen Existenz zu entwickeln.

3.3.1   Kosmologische und probabilistische Argumente

Einbeziehung physikalischer Erkenntnisse: Modernisierte kosmologische Argumente behalten den grundsätzlichen Ansatz des klassischen kosmologischen Gottesbeweises bei, von der Tatsache des Universums (bzw. des kontingenten Seienden) auszugehen und von dessen Erklärungsbedürftigkeit auf die Existenz eines göttlichen Schöpfers zu schließen. Innovativ ist bei den neueren Varianten dieses Arguments vor allem die Art und Weise der Einbeziehung physikalischer Erkenntnisse, insbesondere der Urknalltheorie und des Modells eines expandierenden Universums. Tatsächlich hat sich die Ausgangslage für kosmologische Argumente seit der physikalischen Etablierung der Urknalltheorie in den 1930er Jahren keineswegs verschlechtert. Stand die christliche Vorstellung einer göttlichen Schöpfung aus dem Nichts stets im Widerspruch zur aristotelischen Kosmologie, die einen anfangslosen Kosmos annahm, so postuliert die moderne Physik in ihrem Standardmodell des *Big Bang* einen Weltanfang, hinter den mit naturwissenschaftlichen Mitteln nicht zurückgegangen werden kann. Modernisierte kosmologische Argumente nutzen gleichsam die Erklärungslücke, welche die Astrophysik in Bezug auf die Ursache des Urknalls offen lassen muss.

Craigs Argument aus dem expandierenden Universum: Eine der bekanntesten Aktualisierungen des kosmologischen Arguments stammt von William Lane Craig (2008, 83–97), der sich hierbei auf das physikalische Modell des expandierenden Universums, aber auch auf das Kalām-Argument der klassiscghen islamischen Philosphie stützt (▸ Abschn. 3.2.1). Dies zeigt sich bereits anhand der Ausgangsprämisse (1), die besagt, dass alles, was zeitlich beginnt, eine Existenzursache besitzen muss. Das physikalische Standardmodell geht davon aus, dass das Universum einen zeitlichen Anfang hat, nämlich das singuläre Ereignis des Urknalls, von dem aus es unablässig expandiert. Physikalische Erklärungsmodelle setzen erst ab einem Zeitpunkt von ca. $5,4 \times 10^{-44}$ s (der sogenannten ‚Planck-Zeit‘) nach der Anfangssingularität des ‚Urknalls‘ ein; was ‚davor‘ liegt, ist mit physikalischen Gesetzen nicht zu erfassen. Neben diesem Befund bezieht Craig aus der modernen Physik ebenfalls den Zweiten Hauptsatz der Thermodynamik, das Entropiegesetz, in seine Argumentation ein: Die zu beobachtende ständige Zunahme an Entropie im Universum impliziert, dass das Universum nicht seit einer unendlichen Zeitdauer bestehen kann, sondern dass es einen zeitlichen Beginn haben muss – denn bei einer aktualen Unendlichkeit müsste die maximale Entropie im Universum längst erreicht sein (Löffler 2019, 98). Als Prämisse (2) ist also festzuhalten, dass das Universum einen zeitlichen Anfang hat und somit, wie sich als Konklusion aus den beiden Prämissen ergibt, eine Existenzursache haben muss.

Als mögliche Kandidaten für die Existenzursache des Universums kommen entweder (a) eine materielle, naturgesetzliche Verursachung oder (b) eine personale Aktivität in Frage. Prämisse (2) impliziert jedoch in Übereinstimmung mit der Urknalltheorie, dass die Naturgesetze erst mit dem bzw. nach dem *Big Bang* einsetzen konnten, weil es zuvor noch keine Materie gab, für die sie hätten gelten können. Folglich kommt als Existenzursache des Universums nur (b) in Frage. Eine personale Aktivität, die zur Hervorbringung jener punktförmigen Singularität, aus dem heraus sich das expandierende Universum entwickelt hat, hinreichend ist, lässt auf bestimmte notwendige Eigenschaften des oder der Ausführenden dieser Tätigkeit schließen: Es muss sich um eine Person handeln, die der Zeit enthoben, frei, intelligent und allmächtig ist. Da eine Person mit eben diesen Eigenschaften in den theistischen Religionen als Gott verehrt wird, liegt es nahe, die gesuchte Person mit Gott zu identifizieren. Somit ergibt sich als Resultat des modernisierten kosmologischen Arguments wie schon im klassischen kosmologischen Gottesbeweis, dass Gott das Universum erschaffen habe.

Das henologische Prinzip: Craigs Argument arbeitet – ebenso wie Leibniz' kosmologischer Gottesbeweis – mit dem Prinzip des zureichenden Grundes, das für sämtliche kontingenten Tatsachen die mögliche Angabe einer Existenzursache bzw. eines Erklärungsgrundes vorsieht. Da aber in Bezug auf das Universum, insbesondere auf die im kosmologischen Standardmodell enthaltene Anfangssingularität, keinerlei naturgesetzliche Ursachen ausgemacht werden können, wird im kosmologischen Argument eine transzendente Ursache angenommen, was natürlich einen nicht ganz unproblematischen Wechsel des Referenzrahmens potentieller Ursachen darstellt. Außerdem wird im kosmologischen Argument stillschweigend vorausgesetzt, dass es sich um genau *eine* Ursache des Universums handeln müsse. Dieses ‚henologische Prinzip‘ (Henologie = die Lehre vom Einen) müsste jedoch strenggenommen noch einmal eigens begründet werden. Und schließlich ist auch die Identifikation der einen Existenzursache des Universums mit dem Gott der Religionen im modernisierten kosmologischen Argument zwar durch die Angabe von bestimmten Attributen der personalen Ursache des Universums durchaus naheliegend, aber keineswegs zwingend.

Swinburnes Kumulativargument: Der Eindruck, dass Argumente für die Existenz Gottes oftmals zwar Plausibilität und Kohärenz zu besitzen scheinen, dass sie aber auch nicht völlig gegen Einwände und Kritik immun sind, hat Richard Swinburne (*The Existence of God*, [2]2004) auf den Gedanken gebracht, mehrere plausible Argumente für die Existenz Gottes zu einem kumulativen Argument zu vereinigen (Löffler 2019, 105 f.). Die Wahrscheinlichkeit der Hypothese, dass es Gott gibt, wird dem probabilistischen Kalkül zufolge wahrscheinlicher, wenn mehrere Argumente dafür sprechen, von denen vielleicht keines restlos überzeugt, die in ihrer Summe aber eine Befürwortung von Gottes Dasein eher nahelegen als dessen Bestreitung. Man könnte Swinburnes probalistisch-kumulative Argumentationsstrategie mit einem Indizienbeweis vergleichen: Auch wenn es den einen schlagenden Beweis vielleicht nicht geben mag, so lassen sich doch viele kleine Indizien anführen, die sich letztlich zu einem überzeugenden Gesamtbild ergänzen. Anders als etwa bei den thomistischen Wegen, die von der Erklärungsbedürftigkeit beobachtbarer Phänomene (wie der Bewegung oder der Kontingenz des Seienden) auf die Existenz Gottes schließen, beginnt Swinburne mit der Hypothese „Gott existiert“ und sucht diese durch eine Reihe von Evidenzen und Argumenten kumulativ zu belegen. Epistemologisch zentral sind hierbei für Swinburne die Kriterien der Einfachheit *(simplicity)* und des Erklärungsbereichs *(scope),* wobei sich die Einfachheit nicht auf das klassische ontologische Attribut der Einheit Gottes in Bezug auf seine Attribute bezieht (► Abschn. 3.1.2), sondern im Sinne von ‚Ockhams Rasiermesser‘ als Bevorzugung der jeweils einfachsten Erklärung gemeint ist.

Die Wahrscheinlichkeit von Gottes Existenz: Die kosmologischen Aspekte von Swinburnes Argument sind eingebettet in eine umfassendere Argumentation, die auf die rationale Rechtfertigung religiöser Erfahrungen abzielt. Letztlich soll argumentativ nachgewiesen werden, dass die Wahrscheinlichkeit von Gottes Existenz größer als 0,5 ist bzw. zwischen 0,5 und 1 liegt. Lässt sich philosophisch nachweisen, dass die Wahrscheinlichkeit von Gottes Existenz auch nur ein wenig größer als 0,5 ist, so mag der fehlende Rest zur „1“ der vollen Überzeugung durch den persönlichen Glauben ausgefüllt werden.

Die Wahrscheinlichkeit des Universums mit und ohne Gott: Unter denjenigen Momenten des physikalischen Universums, die so unwahrscheinlich anmuten, dass sie Swinburne zufolge nur durch die Annahme Gottes plausibel gemacht werden können, taucht auch die bloße Existenz des Universums auf, die ja bereits im traditionellen kosmologischen Gottesbeweis (► Abschn. 3.2.1) den Ausgangspunkt der Argumentation bildete. Für Swinburne ist die Wahrscheinlichkeit, dass es Gott ist, dem das Universum seine Existenz verdankt, aufgrund des oben genannten Einfachheitskriteriums einer guten Erklärung größer als die Wahrscheinlichkeit, dass das Universum irgendwelche komplexen Ursachen hat, die wir nicht durchschauen können. Es stellt sich allerdings die Frage, ob eine Wahrscheinlichkeitsprüfung im Falle der Existenzursachen des Universums überhaupt zulässig bzw. von unserer menschlichen Perspektive aus möglich ist (vgl. Löffler 2019, 108). Schließlich verfügen wir in Anbetracht der Existenz des Universums über keinerlei Kriterien, die es uns erlauben würden, über die Wahrscheinlichkeit oder Unwahrscheinlichkeit eines solchen Ereignisses kompetent zu urteilen. Wir müssten, um dies zu können, in der Lage sein, eine neutrale Position außerhalb des Universums einzunehmen, um von dort aus die Wahrscheinlichkeit des Auftretens des Universums abschätzen zu können. Und selbst dann wäre es fragwürdig, woran diese Wahrscheinlichkeit eigentlich gemessen werden soll. Wenn die einzige Alternative zum Universum das Nichts wäre, so müsste die Wahrscheinlichkeit des Universums 0 betragen, wenn es kein Universum gäbe, oder aber 1, sofern es (mindestens) ein Universum gibt. Die Existenzannahme Gottes kann immerhin die grundsätzliche Wahrscheinlichkeit dafür erhöhen, dass aus einem hypothetischen Nichts-Zustand heraus ein Universum hervorgebracht wird. Da wir aber wiederum keine Möglichkeit haben einzuschätzen, wie wahrscheinlich oder unwahrscheinlich die Existenz des Universums in Gottes Willen ist, wenn es kein Universum gibt, können wir diesbezüglich auch keine probabilistischen Urteile fällen. In Anbetracht der sicheren Tatsache, dass es ein Universum gibt, beträgt dessen Wahrscheinlichkeit mit göttlicher oder ohne göttliche Ursache genau 1.

Die übrigen in Swinburnes kumulativ-probabilistischem Argument aufgezählten Aspekte, die für Gottes Existenz angeführt werden, passen eher zur Gruppe der Design-Argumente, die im Folgenden betrachtet werden sollen.

3.3.2 Design-Argumente

Gott als intelligenter Designer: Design-Argumente stützen sich in der Tradition der teleologischen und physikotheologischen Gottesbeweise auf Erscheinungen in der Natur, deren Komplexität und zweckmäßige Einrichtung einen ‚intelligenten Designer‘ erforderlich zu machen scheinen. Dieser wird dann in einem weiteren Schritt mit dem Schöpfergott der theistischen Religionen identifiziert. In Swinburnes kumulativem Argument für die Existenz Gottes werden – neben der Existenztatsache des physikalischen Universums – mehrere Design-Aspekte aufgeführt, deren Auftreten sich Swinburne zufolge plausibler erklären lässt, wenn man einen Gott als Urheber annimmt, als wenn man auf diese Annahme verzichten würde. Bei diesen Aspekten handelt es sich um

1. die beobachtbare Ordnung innerhalb des Universums,
2. das Vorkommen von Lebewesen mit Bewusstsein,
3. die Korrespondenz zwischen den Bedürfnissen von Lebewesen und ihrer Umwelt,

4. das Auftreten von Wundern,
5. die Feinabstimmung der Naturkonstanten.

Die Aspekte (1) bis (3) sind grundsätzlich bereits aus dem klassischen teleologischen bzw. physikotheologischen Gottesbeweis bekannt. Das zentrale Argument lautet hier, dass zielgerichtete und zweckvolle Erscheinungen in der Natur, wie sie sich in den Aspekten (1) bis (3) manifestieren, am besten durch die Annahme eines intelligenten Schöpfers erklärbar sind. Aus der empirischen Prämisse des Vorkommens bestimmter Naturmerkmale und der explanatorischen Prämisse eines intelligenten ‚Designers‘ wird somit auf die notwendige Existenz eines solchen Designers (= Gott) geschlossen.

Wunder als Hinweise auf die Aktivität Gottes: Aspekt (4), das Auftreten von Wundern, verlässt nicht nur das übliche teleologische Argumentationsschema, sondern er steht sogar in einer problematischen Spannung zu dem Argument, dass die harmonische und regelmäßige Ordnung in der Natur auf Gottes planvoller Einrichtung basiere. Das Auftreten von Wundern lässt sich als ein situatives, unerwartetes Durchbrechen der naturgesetzlichen Ordnung verstehen, das Gottes direktes Eingreifen in den Ablauf der Natur zeigen soll und dadurch seine Existenz verbürgt. Wenn aber diese natürliche Ordnung bereits Gottes Werk ist, wie es das teleologische Argument behauptet, dann wird in den Wundern die Negation dieses Werkes ebenfalls zu einem Beleg für die Existenz Gottes. Logisch-formal betrachtet wird dadurch sowohl ein Phänomen A (die Ordnung in der Natur) als auch seine Negation ¬A als Evidenz für die Existenz Gottes geltend gemacht. Damit jedoch wird das Argument beliebig, denn wenn eine Beobachtung und ihr Gegenteil für Gottes Existenz sprechen sollen, dann können sie in logischer Hinsicht ebenso gut für Gottes Nicht-Existenz sprechen. Entweder betrachtet man also gemäß dem klassischen teleologischen Argument die gesamte Ordnung der Natur als ein Wunder, das nur durch göttliche Schöpfung einsehbar ist, oder aber man deutet die natürliche Ordnung als einen blinden Materiezusammenhang, innerhalb dessen Wundererscheinungen von Zeit zu Zeit Spuren des Göttlichen aufscheinen lassen. Entscheidet man sich für die erste Option, so stellt Aspekt (4) kein überzeugendes Element in Swinburnes kumulativem Argument dar.

Der anthropische Charakter des Universums: Es ist vor allem Aspekt (2), die Tatsache des Vorkommens bewussten Lebens im Universum, der zu einer Renaissance des teleologischen Arguments in Gestalt des ‚Intelligent Design‘-Postulats geführt hat. Schon wenige Jahrzehnte nach der weitgehenden Etablierung der Darwinschen Evolutionstheorie lieferte der britische Theologe und Religionsphilosoph Frederik Robert Tennant (1866–1957) in seinem Werk *Philosophical Theology* (1928/30) eine neuartige Verteidigung des teleologischen Arguments, indem er auf den anthropischen Charakter des Universums hinwies. Damit ist der Umstand gemeint, dass das Universum exakt so eingerichtet ist, dass menschliches Leben möglich werden konnte. Und da sich dieser Umstand nicht aus natürlichen Ursachen erklären lässt, ist die wahrscheinlichste Erklärung Tennant zufolge, dass Gott die anthropische Beschaffenheit des Universums bewusst geplant hat. Der *fine tuning*-Gedanke, der besagt, dass die physikalischen Größen und Naturgesetze so fein aufeinander abgestimmt sind, damit sie menschliches Leben gestatten, ist in Tennants Erwägungen bereits antizipiert. Eine Differenzierung zwischen einem ‚schwachen' und einem ‚starken' anthropischen Prinzip hat der australische Physiker Brandon Carter (*1942) vorgenommen: Dem schwachen anthropischen Prinzip zufolge setzt die Existenz von uns Menschen spezifische Ausgangsbedingungen des Universums voraus, die den privilegierten Status bewussten Lebens an einem bestimmten Ort des Universums ermöglichen. Daraus lässt sich freilich noch kein Argument für die Existenz Gottes ableiten. Dies gelingt erst unter der Annahme des starken anthropischen Prinzips, demzufolge die Ausgangsbedingungen des Universums von vorneherein auf die Existenz bewusster Lebewesen zugeschnitten waren. Wenn dies zutrifft, liegt die Überlegung nahe, dass ein intelligenter Designer, also Gott, die Ausgangsbedingungen genauso eingerichtet hat, dass bewusstes Leben möglich werden konnte. Die teleologische Implikation des starken anthropischen Prinzips ist offensichtlich.

Erklärungslücken der Evolutionstheorie: Einer der führenden zeitgenössischen Repräsentanten der US-amerikanischen ‚Intelligent Design'-Bewegung, der Biochemiker Michael J. Behe (*1952), hat ein Design-Argument entwickelt, in dem Aspekt (3) aus Swirnburnes Kumulativargument, die Korrespondenz zwischen den Bedürfnissen von Lebewesen und ihrer Umwelt, herangezogen wird. Behes Überlegung schließt an von Darwin selbst eingeräumte Schwierigkeiten der Evolutionstheorie bei der Erklärung komplexer biologischer Systeme (wie z. B. des Auges) an. Behe zufolge lassen sich solche komplexen Systeme durch die blinden und zufälligen Mutations- und Selektionsprozesse der Evolution nicht überzeugend erklären. Ihr Auftreten wird laut Behe erst durch die Annahme einer gezielten Gestaltung durch einen intelligenten Akteur plausibel, der dann wie im klassischen teleologischen Beweis in einem weiteren Schritt mit Gott identifiziert wird (Behe 2000).

Collins' *fine tuning*-Argument: Ein prominentes Argument aus den Aspekten (2) und (5), also dem Vorkommen von bewussten Lebewesen und dem *fine tuning* der Naturkonstanten, wird von dem US-amerikanischen Philosophen Robin Collins (*1941) vertreten. In Collins' Argumentation geht es nicht wie bei Behes Argument darum, vermeintliche oder tatsächliche Erklärungslücken der biologischen Evolutionstheorie durch die Einführung eines intelligenten Designers zu schließen, sondern Erkenntnisse aus der modernen Physik für eine Wahrscheinlichkeitserwägung zugunsten der Existenz Gottes zu nutzen (Collins 2013). Anhand von Swinburnes probabilistischem Argument wurde die grundsätzliche Überlegung, die einem solchen Kalkül zugrunde liegt, bereits vorgestellt: Man geht von einem empirischen Befund aus und kalkuliert dann, ob die Wahrscheinlichkeit von dessen Auftreten unter der Annahme der Existenz oder aber der Nicht-Existenz eines intelligenten Planers (= Gottes) größer wäre. Beim kosmologischen Argument bezieht sich dieses Kalkül auf die Existenz des Universums insgesamt bzw. auf dessen Ausgangsbedingungen in der Anfangssingularität des Urknalls, beim Design-Argument auf die Existenz bewusster Lebewesen in einem Universum, dessen physikalische Konstanten passgenau aufeinander abgestimmt sein müssen, damit bewusstes Leben überhaupt auf einem Planeten entstehen konnte. Zu den physikalischen Konstanten, jenen fundamentalen ‚Kennziffern' der Natur, durch welche die grundlegenden Strukturen des Universums festgelegt werden, gehören etwa die Gravitationskonstante G, elektromagnetische Konstanten wie die Elementarladung *e,* atomare Konstanten wie die Elektronenmasse *me* oder auch die Lichtgeschwindigkeit *c.* Wäre auch nur eine der physikalischen Grundkonstanten in den vier Naturkräften der Gravitation, der schwachen und starken Wechselwirkung sowie des Elektromagnetismus minimal anders, als sie faktisch ist, so wäre es vermutlich nie zur Bildung von stabilen Atomen, Sternen und Galaxien und erst recht nicht zur Entstehung von Lebewesen auf Kohlenstoffbasis gekommen. Jede der physikalischen Konstanten muss also einen ganz spezifischen Wert besitzen, und vor allem müssen die Konstanten untereinander in einem ganz engen Bereich aufeinander abgestimmt sein, damit auf mindestens einem Planeten im Universum Leben, bewusstes zumal, entstehen konnte. Die Wahrscheinlichkeit eines zufällig zustande gekommenen *fine tuning* gilt den Verfechtern des Design-Arguments als dermaßen gering, dass sie die Erklärung der physikalischen Feinabstimmung durch einen intelligenten Planer, also einen Schöpfergott, für weitaus plausibler halten.

Collins zufolge hat das teleologische Argument für die Existenz Gottes durch die modernen physikalischen Erkenntnisse eine deutliche Stärkung erfahren, welche die durch die Darwinsche Evolutionstheorie erlittene Schwächung mindestens aufwiegt. Die Ordnung in der Natur wird im modernisierten teleologischen Argument nicht mehr nur deswegen auf einen intelligenten Designer zurückgeführt, weil uns das zweckhafte Zusammenwirken natürlicher Kräfte in qualitativer Hinsicht beeindruckt, sondern weil die Naturkonstanten einen ganz bestimmten, quantitativ bezifferbaren Wert besitzen, der genau so sein muss, wie er ist, um intelligentes Leben im Universum zu ermöglichen.

Die Passung der Naturgesetze: Ein weiterer Aspekt, auf den Collins in seinem Design-Argument rekurriert, besteht in der Intelligibilität der Naturgesetze, für die ebenfalls ein *fine tuning* postuliert werden muss. Dies zeigt beispielsweise die haargenaue Passung von Kohlenstoff, Sauerstoff und Wasser auf der Erde in Bezug auf die elektromagnetische Strahlung. Würde diese nämlich innerhalb eines breiteren Spektrums im Bereich des Sichtbaren absorbiert, als es der Fall ist, wären die Entstehungsmöglichkeiten für Leben auf der Erde drastisch eingeschränkt.

Abhängigkeit von den Naturwissenschaften: Design-Argumente als die legitimen Erben teleologischer und physikotheologischer Gottesbeweise befinden sich also am Beginn des 21. Jh.s in einer komfortableren argumentativen Position als am Ende des 19. Jh.s, zur Zeit des Durchbruchs der Evolutionstheorie. Durch die verstärkte Einbeziehung aktueller naturwissenschaftlicher Erkenntnisse in die Argumentation ist ihre Überzeugungskraft freilich zu einem großen Teil abhängig vom jeweils vorherrschenden Paradigma etwa innerhalb der Physik. Sollte sich diese beispielsweise in Zukunft stärker der Theorie von Multiversen zuwenden, würde das Wahrscheinlichkeitskalkül, das sowohl in den modernisierten kosmologischen als auch in den Design-Argumenten in Anschlag gebracht wird, argumentativ schwächer werden. Denn mit einer wachsenden bzw. unendlichen Anzahl möglicher Universen steigt die Wahrscheinlichkeit, dass sich in einem dieser Universen bewusstes Leben entwickeln kann; die Notwendigkeit, einen intelligenten Designer zu postulieren, sinkt wiederum in Korrelation hierzu.

3.3.3   Modallogische Argumente

Fortschritte der modernen Logik: Sind es beim kosmologischen und teleologischen Argument für die Existenz Gottes neuere naturwissenschaftliche und hier vor allem physikalische Erkenntnisse gewesen, die seit den 1970er Jahren den Anstoß zur Neuformulierung dieser Argumente gegeben haben, so waren es beim ontologischen Argument Entwicklungen in der modernen Logik, die neue und präzisere Fassungen dieses Argumenttyps erlaubten. Speziell sind es modallogische Argumente, die als die rechtmäßigen Nachfolger des ontologischen Gottesbeweises betrachtet werden können. Sie basieren in der Regel auf der von dem US-amerikanischen Philosophen Saul Aaron Kripke (*1940) entwickelten Semantik möglicher Welten. Modallogische Argumente für die Existenz Gottes wurden u. a. von dem österreichischen Mathematiker und Philosophen Kurt Gödel (1906–1978), dem tschechischen Mathematiker und Philosophen Pavel Tichý (1936–1994) sowie den US-amerikanischen Philosophen Charles Hartshorne (1897–2000), David Lewis (1941–2001), Norman Malcolm (1911–1990) und Alvin Plantinga (*1932) ausgearbeitet. Da diese Argumente zumeist in einer modallogischen Formelsprache präsentiert werden, in der es auf jedes technische Detail der einzelnen Begründungsschritte ankommt, können sie im Rahmen dieser Einführung nicht ausführlicher rekonstruiert werden (s. dazu Oppy 2018). Stattdessen soll hier nur der zentrale Gedanke modallogischer Argumente herausgestellt werden.

   Folgerung von der Möglichkeit auf die Existenz Gottes: Die entscheidende Überlegung des modallogischen Arguments lautet folgendermaßen: Wenn es in einer möglichen Welt der Fall sein kann, dass ein System aller positiven Eigenschaften (= Gott G) kompatibel ist, dann folgt aus der Möglichkeit Gottes notwendigerweise auch die Existenz Gottes. Die Möglichkeit Gottes wird dadurch erwiesen, dass die interne Kompatibilität eines Systems aller (maximal) positiven Eigenschaften in einer möglichen Welt widerspruchsfrei denkbar ist. Formalisiert lässt sich dies als $G \rightarrow \Box\ G$ ausdrücken ($\Box$ steht für: „es ist notwendig, dass es der Fall ist"). Darauf basierend kann man modallogisch folgern: $\Diamond\ G \rightarrow \Diamond\ \Box$ $G;$ d. h.: wenn es möglich ist, dass Gott existiert, dann ist es möglicherweise notwendig, dass Gott existiert. Da es in bestimmten Systemen der Modallogik möglich ist, Zwischenstufen von Modalitäten gewissermaßen ‚wegzukürzen', kann man nun aus $\Diamond\ \Box\ G$, also aus der möglichen Notwendigkeit Gottes, auf $\Box\ G$, die tatsächliche Notwendigkeit Gottes, und damit auf G, die Existenz Gottes, schließen. Die Anselmsche Tradition, in der dieses Argument steht (▶ Abschn. 3.2.3), ist offenkundig, wenngleich das modallogische Schlussverfahren in der Frühscholastik noch nicht explizit bekannt war. Der US-amerikanische Philosoph Robert Adams (*1937) hat gleichwohl Anselms ontologischen Gottesbeweis einer modallogischen Rekonstruktion unterzogen (Adams 1971).

   Plantingas modallogisches Argument: In der Anselmschen Tradition steht auch Alvin Plantingas Variante des modallogischen Arguments (Plantinga 1974, 1998), die mit den sich wechselseitig inkludierenden Begriffen der maximalen Exzellenz *(maximal excellence)* und der maximalen Größe *(unsurpassable greatness)* operiert. Unter der maximalen Exzellenz werden die klassischen Attribute Gottes (Allmächtigkeit, Allwissenheit, moralische Vollkommenheit) zusammengefasst (▶ Abschn. 3.1.2). Maximale Größe bezieht sich demgegenüber auf die Instanziierung maximaler Exzellenz in jeder (logisch) möglichen Welt, d. h. auf die notwendige Existenz einer maximal exzellenten Entität. Plantingas Argument lässt sich in den folgenden Schritten wiedergeben:

(1)   Wenn es möglich ist, dass Gott existiert, dann existiert er in einer möglichen Welt.

(2)   Wenn Gott notwendigerweise existiert, dann existiert er in jeder möglichen Welt.

(3)   Gott kommt maximale Exzellenz zu (zu der auch notwendige Existenz gehört).

(4)   Da Gott maximal exzellent ist, ist er in jeder möglichen Welt maximal exzellent, also maximal groß (bzw. großartig).

(5)   Wenn Gott maximal groß ist, muss er in jeder möglichen Welt existieren.

(6)   Aus 1–5 folgt: Gott existiert (in jeder möglichen Welt, also auch in unserer aktualen Welt).

Beurteilung des Arguments: Die modallogische Schlussfolgerung dieses Arguments kann als korrekt gelten – vorausgesetzt, man hält die in (1) vorausgesetzte Existenz Gottes, also eines Wesens, das alle in ▶ Abschn. 3.1.2 dargestellten göttlichen Attribute zugleich besitzt, überhaupt für möglich. Umstritten ist allerdings, ob durch das modallogische Argument mit zwingender Evidenz bewiesen wird, dass der in den Religionen verehrte Gott tatsächlich existiert. Auch wenn Plantinga durch den Einsatz der Modallogik das zentrale Argument Kants gegen den ontologischen Gottesbeweis, dass nämlich Existenz kein sachhaltiges Prädikat sei (▶ Abschn. 4.1.3), elegant umschifft, hat der Schluss von der Existenz Gottes in einer möglichen Welt auf seine Existenz in allen möglichen Welten, darunter der unsrigen, einen merkwürdigen Beigeschmack. Schließlich kennen wir mit Sicherheit nur unser eigenes Universum und erwarten daher vermutlich als Antwort auf die Frage: „Existiert Gott?" keine Demonstration von Gottes Existenz in einer logisch möglichen Welt, sondern einen nachvollziehbaren Hinweis auf Gottes Dasein als gütiges und gerechtes Gegenüber, an das wir uns mit unseren Sorgen und Nöten wenden können. Insofern markiert das modallogische Argument nochmals den tiefen Graben, der zwischen einem philosophisch deduzierbaren Gottesbegriff und dem Gott der Religionen besteht.

Stellenwert modallogischer Argumente: Insgesamt werden modallogische Argumente für die Existenz Gottes in der gegenwärtigen Religionsphilosophie deutlich weniger intensiv diskutiert als kosmologische und Design-Argumente. Dass sie überhaupt auf Interesse stoßen, macht deutlich, dass die erkenntnistheoretisch begründete Fundamentalkritik Kants am ontologischen Gottesbeweis innerhalb der analytischen Religionsphilosophie heutzutage längst nicht mehr fraglos akzeptiert wird.

Zusammenhang der klassischen Gottesbeweise: Die bis hierhin vorgestellten modernisierten Varianten der klassischen Gottesbeweise scheinen deren zentrale Argumente, angereichert durch neuere naturwissenschaftliche Erkenntnisse und verfeinert durch die technischen Hilfsmittel moderner Logik, grundsätzlich fortzuschreiben. Dennoch gibt es einen wichtigen Unterschied zwischen den klassischen und den modernen Argumenten für die Existenz Gottes, der in der Diskussion bislang noch nicht zureichend beachtet worden ist. Dieser Unterschied betrifft die Art und Weise, wie die klassischen und die modernen Argumente für Gottes Existenz jeweils untereinander zusammenhängen. Die Ergebnisse der klassischen Gottesbeweise können kohärent so zusammengefasst werden, dass sie übereinstimmend ein vollkommenes und notwendig existierendes Wesen demonstrieren, bei dem Sein und Wesen identisch sind (ontologischer Gottesbeweis), welches das Universum erschaffen hat (kosmologischer Gottesbeweis) und welches für die Ordnung und Zweckmäßigkeit in der Natur verantwortlich ist (teleologischer Gottesbeweis). Wegen dieser internen Zusammenstimmung der verschiedenen Gottesbeweisformen hat Thomas von Aquin von verschiedenen Wegen des menschlichen Geistes gesprochen, auf denen er zu einer Erkenntnis Gottes gelangen kann. Die Wege sind zwar verschieden (wobei Thomas den Weg des ontologischen Gottesbeweises eindeutig nicht präferiert hat), sie gelangen aber alle zu demselben Ziel. Kant ging hinsichtlich der systematischen Einheit der klassischen Gottesbeweise sogar noch weiter, indem er unterstellte, dass sich alle Gottesbeweise letztlich auf den ontologischen Beweis zurückführen ließen. Beim kosmologischen Argument habe, so Kant, der reine Vernunftbegriff Gottes „bloß seinen Anzug und Stimme verändert" (Kant, KrV, B 634), um sich den Anschein einer Erfahrungsgrundlage zu geben; gleichwohl werde auch hier, genau wie beim ontologischen Argument, unzulässigerweise vom Begriff auf das Dasein eines höchsten Wesens geschlossen. Entscheidend ist aber in unserem Zusammenhang nicht Kants Kritik an jeglichen Gottesbeweisversuchen (▶ Abschn. 4.1.3), sondern dass auch Kant von der systematischen Einheit der drei Beweisformen ausging.

Zusammenhang der modernisierten protheistischen Argumente: Die modernisierten Argumente für die Existenz Gottes lassen sich dagegen nicht zu einer stimmigen Einheit zusammenfassen. Vielmehr ergibt sich eine problematische Spannung insbesondere zwischen Design-Argumenten und modallogischen Argumenten, wenn man versucht, beide Argumenttypen zusammenzudenken. Design-Argumente, die auf der Feinabstimmung der Naturkonstanten beruhen, entfalten ihre größte Überzeugungskraft, wenn es genau ein Universum gibt, nämlich unseres. Deswegen gilt die Multiversum-Theorie, derzufolge es viele, möglicherweise unendlich viele Universen gibt, als ernst zu nehmender Konkurrent zur Design-Theorie. Denn je mehr hypothetische Universen angenommen werden, umso größer ist die Wahrscheinlichkeit, dass sich in einem von ihnen (bewusstes und intelligentes) Leben entwickelt hat. Geht man von einer potentiell unendlichen Anzahl von Universen aus, so benötigt man keinen intelligenten Designer mehr, der die Feinabstimmung in unserem Universum bewerkstelligt hat, weil bei einer unendlichen Zahl kosmischer Konstellationen auch eine solche eintreffen wird, die intelligentes Leben ermöglicht. Eine Vielzahl möglicher Welten vermindert also im Falle des Design-Arguments die Notwendigkeit der Existenzannahme Gottes und damit die probabilistische Überzeugungskraft des gesamten Arguments.

Modallogische Notwendigkeit oder intelligentes Design: Nun ist es aber eben die Annahme einer unendlichen Vielzahl möglicher Welten, mit denen das modallogische Argument die notwendige Existenz Gottes zu demonstrieren sucht. Ist dieses Argument jedoch gültig, so benötigen wir keinen intelligenten Designer mehr, der unser Universum so geschaffen hat, wie wir es kennen. Und umgekehrt gilt: Wenn die Feinabstimmung innerhalb unseres Universums extrem unwahrscheinlich ist, weil dieses Universum das einzig mögliche und wirkliche ist, und wenn wir deswegen einen intelligenten Schöpfergott als Urheber des *fine tuning* annehmen, dann können wir nicht gleichzeitig seine notwendige Existenz in allen möglichen Welten postulieren – denn dadurch würden wir das probalistische Kalkül des Design-Arguments aushebeln. Sollte sich Gottes Existenz nur dadurch mit Gewissheit beweisen lassen, dass man unendlich viele mögliche Welten voraussetzt, dann entfällt damit zugleich seine Erklärungsfunktion als intelligenter Designer innerhalb des teleologischen Arguments. Man sieht also, dass sich die modernisierten pro-theistischen Argumente in diesem Punkt deutlich von den klassischen Gottesbeweisen unterscheiden.

3.3.4   Weitere protheistische Argumente

Copans moralisches Argument: Innerhalb der theistisch ausgerichteten Religionsphilosophie werden noch weitere zumeist induktive Argumente für die Existenz Gottes vertreten, die sich nicht den in den vorigen Abschnitten dargestellten Formen zuordnen lassen. Teilweise handelt es sich hierbei um Argumente, für die es bereits klassische Vorbilder gibt. Dies gilt etwa für das moralische Argument, wie es der US-amerikanische Theologe und Philosoph Paul Copan (*1962) vertritt (Copan 2013, 422–432). Anders als bei Kants moralischem Argument für das Dasein Gottes schließt die modernisierte Variante dieses Arguments nicht an eine autonom begründete Ethik an, die zum Vernunftglauben an Gott erweitert wird, sondern sie möchte vielmehr darlegen, dass sich universale moralische Werte letztlich nur im Rekurs auf Gott begründen lassen. Ähnlich wie bei der probabilistischen Überlegung, die in kosmologischen und in Design-Argumenten Anwendung findet, soll der Theismus eine vergleichsweise größere Plausibilität und Wahrscheinlichkeit beanspruchen können als die konkurrierende Theorie des Naturalismus, wenn es um die Frage geht, wie universell gültige moralische Werte eigentlich in die Welt kommen. Naturalistische Positionen, die einen moralischen Realismus vertreten und dabei das Verbot naturalistischer Fehlschlüsse bedenkenlos übertreten, können Copan zufolge nicht plausibel erklären (auch nicht durch Emergenz oder Supervenienz aus natürlichen Eigenschaften), wie aus einem rein materiellen, wertfreien Universum moralische Werte hervorgehen können. Menschliche Handlungen müssten sich aus der Perspektive des Naturalismus wissenschaftlich vollständig aus natürlichen Ursachen erklären lassen; für objektive moralische Werte wäre in einer ausschließlich physikalischen Welt kein Platz. Deswegen lässt sich das Faktum moralischer Werte, so Copan, sehr viel besser verstehen, wenn wir einen gütigen Gott voraussetzen, nach dessen Bild moralisch verantwortliche Personen geschaffen worden sind.

Das Argument aus dem Bewusstsein: Copan bezieht in seine von der reformierten Epistemologie Plantingas beeinflusste Argumentation auch Aspekte des modallogischen Arguments sowie des Design-Arguments mit ein, wenn er sich darauf beruft, dass Gott in allen möglichen Welten existiere und dass eine planlose Evolution niemals dazu fähig sei, moralisch verantwortungsvolle Lebewesen hervorzubringen. In diesem Zusammenhang rekurriert Copan auf ein weiteres Argument für die Existenz Gottes, das eine ähnliche Begründungsstruktur wie das moralische Argument aufweist und überdies Affinitäten zum Design-Argument hat: das Argument aus dem Bewusstsein. Dieses Argument macht den Umstand geltend, dass sich die Entstehung des Bewusstseins im Rahmen des Naturalismus (bislang jedenfalls) nicht restlos und überzeugend erklären lässt. Wenn man dagegen Gott als einen bewussten Schöpfer anführt, der bewusste Menschen nach seinem Bild geschaffen hat, so lässt sich sehr viel besser erklären, warum es Bewusstsein im Universum gibt. Auch das Vertrauen, das wir unseren kognitiven Leistungen entgegenbringen, ist aus dieser Sicht sehr viel besser gerechtfertigt, wenn wir unser Vernunftvermögen auf einen göttlichen Schöpfer zurückführen, als wenn wir unsere kognitiven Kompetenzen aus evolutionären Anpassungprozessen herzuleiten versuchen.

Das Argument aus religiösen Erfahrungen: Ein weiterer Argumenttyp, der gleichfalls in einer langen Traditionslinie steht (► Abschn. 3.2.4), aber heutzutage innerhalb neuerer epistemologischer Ansätze begründet wird, stützt sich auf außergewöhnliche religiöse Erfahrungen bzw. auf Wunder als Rechtfertigungen für die Existenzannahme Gottes. Wenn von den zuvor dargestellten modernisierten Argumenten für die Existenz Gottes gesagt wurde, dass sie Kants Fundamentalkritik an den Gottesbeweisen nicht länger akzeptieren mögen, so gilt für Argumente, die aus Wundern und anderen exzeptionellen spirituellen Erfahrungen gewonnen werden, das Gleiche in Bezug auf Humes Kritik an religiösen Wundern. Hume hatte in dem Kapitel „Of Miracles" seines Hauptwerks *An Enquiry into Human Understanding* (1748) die skeptische Auffassung vertreten, dass die Wahrscheinlichkeit eines Irrtums oder einer Täuschung immer und in jedem Fall größer sei als die Wahrscheinlichkeit eines Wunders; deswegen seien wir niemals dazu berechtigt, ein Phänomen für ein Wunder zu halten. In der heutigen analytischen Religionsphilosophie vorgeschlagene inferentielle (schlussfolgernde) Argumente aus religiösen Erfahrungen auf Gottes Dasein lassen sich von Humes Verdikt offenbar nicht länger beeindrucken. Sie berufen sich darauf, dass die Annahme Gottes als Ursache bestimmter unerklärlich scheinender Ereignisse eine viel bessere Erklärung darstellen könnte als die Annahme natürlicher Ursachen oder der skeptische Verzicht auf eine Erklärung.

Problematik des Wunderglaubens: Eine grundsätzliche Herausforderung für protheistische Argumente aus Wundern stellt ihre mangelnde Verallgemeinerungsfähigkeit dar. Nur solche Wunder, die sich mit sehr großer Wahrscheinlichkeit auf das Wirken Gottes zurückführen lassen, können in einem Argument verwendet werden, als dessen Schlussfolgerung sich die Aussage „Also existiert Gott" ergibt. Wie aber bereits Hume erkannt hatte, warten sehr viele Religionen mit den verschiedensten Wundererscheinungen auf, die sie als Belege für die Wahrheit ihrer spezifischen Offenbarung anführen. Es ist nicht nur extrem unwahrscheinlich, dass all diese Wunderereignisse auf göttliche Interventionen zurückzuführen sind. Eine solche weitestgehende Akzeptanz jeglicher religiöser Wunder läge auch gar nicht im Interesse der einzelnen Religionen, denen es doch in erster Linie darauf ankommt, dass die spezifische Wahrheit der von ihnen jeweils angeführten Wunder geglaubt werde. Aus einer skeptischen, an Hume orientierten Perspektive muss man angesichts dieser Situation zu dem Ergebnis kommen, dass sich die Wunderbehauptungen verschiedener Religionen wechselseitig neutralisieren. Denn wenn das Wunder *1* als Beleg für Religion *A* gelten soll, dann kann nicht Wunder *2* zugleich ein gültiger Beleg für Religion *B* sein (unter der Voraussetzung, dass die Religionen *A* und *B* inkompatible Wahrheitsansprüche erheben). Um dies an einem konkreten Beispiel zu illustrieren: Das Wunder der Auferstehung Jesu Christi lässt sich als Beleg für die Wahrheit des Christentums anführen. Akzeptiert man diesen Beleg, dann kann man aber nicht gleichzeitig das Wunder des Korans, in dem Tod und Auferstehung Jesu Christi ausdrücklich bestritten werden, als Beleg für die Wahrheit des Islams ansehen. Und umgekehrt: Wer das Wunder des Korans als Beleg für die Existenz Gottes akzeptiert, muss im gleichen Atemzug das Wunder der Auferstehung Jesu Christi ablehnen. Wie könnte nun von einem gleichsam neutralen Standpunkt aus entschieden werden, welches Wunder ‚wahr‘ ist, so dass es als Beleg für die Wahrheit der Aussage „Gott existiert" herangezogen werden darf? Da es einen solchen Standpunkt offensichtlich nicht gibt, erweist sich das protheistische Argument aus Wundern als zirkulär: Nicht die Wahrheit des jeweiligen Wunders demonstriert die Existenz Gottes, sondern eine bereits vorausgesetzte Disposition zum religiösen Glauben an die Existenz Gottes motiviert dazu, eine Erscheinung als ein Wunder zu interpretieren.

Ein weiteres Problem der Fundierung des Gottesglaubens auf Wundern liegt darin, dass viele Ereignisse, die zunächst als Wunder angesehen wurden, nachträglich auf natürlichem Wege erklärt werden konnten. Ein vorwiegend durch Wunder gerechtfertigter religiöser Glaube macht sich also letztlich von der Entwicklung der empirischen Wissenschaften und ihren Erklärungsmöglichkeiten abhängig.

Die Evidenz religiöser Wahrnehmungen: Eine Variante des Arguments aus religiöser Erfahrung beruft sich auf die subjektive Evidenz religiöser und spiritueller *Wahrnehmungen*. Der maßgebliche Gedanke hierbei ist, dass für auf Wahrnehmungen basierende religiöse Überzeugungen ähnliche Verlässlichkeitskriterien angewendet werden können wie für sonstige Überzeugungen, die wir auf der Basis alltäglicher Erfahrungen bilden (▶ Abschn. 2.3.1). Durch die kriteriengeleitete Prüfung religiöser Wahrnehmungen könnten Irrtümer und Täuschungen weitgehend ausgeschlossen werden, so William Alston (1921–2009; 1991). Ein Problem dieses Arguments liegt darin, dass religiöse Wahrnehmungen erst einmal versprachlicht, d. h. in Aussagesätzen formuliert werden müssen, um Überzeugungen zu konstituieren, was gerade bei außergewöhnlichen mystischen Erfahrungen schwierig sein dürfte. Auf sinnlichen Wahrnehmungen beruhende Alltagserfahrungen können wir in der Regel mit anderen teilen und dadurch relativ verlässliche Überzeugungen bilden. Bei spirituellen Wahrnehmungen, die nur von einer einzelnen Person erfahren werden, fehlt dagegen die Überprüfungs- und damit auch Korrekturmöglichkeit der individuellen Wahrnehmung durch andere.

Theologisch-transzendentale Überlegungen: Innerhalb der protestantischen Theologie hat Wolfhart Pannenberg (1928–2014) ein protheistisches Argument aus der transzendentalen Erfahrung der Gesamtwirklichkeit entwickelt, das an Überlegungen Kants zu einem individuierten All der Realität als Ideal der reinen Vernunft (KrV B 599 ff.) anknüpft (Pannenberg 1973). Transzendentale Überlegungen – im Sinne eines erkenntnismäßigen ,Vorgriffs auf das Sein' – spielen auch bei dem katholischen Theologen Karl Rahner (1904–1984) eine Rolle. Unser Streben nach einer umfassenden Erkenntnis der Wirklichkeit verweise letztlich auf das Sein Gottes, in dem es allererst seine Erfüllung finden könne (Rahner 1997, 2005). Rahner greift damit auf einen augustinischen Gedanken zurück (▶ Abschn. 1.2.1, Kasten „Zur Vertiefung: Christliche Philosophie der Spätantike – Augustinus").

Überblickt man die Diskussionlage zu protheistischen Argumenten, so ist im Hinblick auf die analytische Religionsphilosophie festzustellen, dass solche Argumente nach wie vor sehr kontrovers und lebhaft diskutiert werden. Ganz anders sieht dies in den ,kontinentalen' (phänomenologischen, hermeneutischen, poststrukturalistischen) Strömungen der Religionsphilosophie aus: Die grundsätzliche Kritik von Philosophen wie Hume und Kant an der rationalen Beweisbarkeit von Gottes Existenz werden in diesen Strömungen weiterhin ganz überwiegend anerkannt, so dass sich die philosophische Reflexion auf Religion hier andere Betätigungsfelder und Interpretationsspielräume erschließen muss wie z. B. die Reflexion auf Kultur- und Gender-Aspekte von Religion.

3.4 Philosophisch-theologische Differenzen zwischen den theistischen Religionen

Die Darstellung der verschiedenen Argumente für das Dasein Gottes, die innerhalb der Religionsphilosophie entwickelt wurden und werden, hat stellenweise bereits deutlich gemacht, dass von einem rein rational demonstrierten Begriff Gottes bis zum Gott der Religionen, der von Milliarden Gläubigen angebetet und verehrt, bisweilen auch gefürchtet wird, ein weiter Weg zurückzulegen ist. Auf den abstrakten Begriff Gottes, der in kosmologischen, teleologischen und ontologischen Argumenten zugleich vorausgesetzt und begründet wird, mögen sich sowohl theistisch orientierte Philosoph:innen als auch Anhänger:innen der monotheistischen Religionen verständigen können. Bei protheistischen Argumenten, die sich auf Moral, Wunder oder religiöse Wahrnehmungen berufen, wird dieser Konsens hingegen schon etwas brüchiger, da hier spirituelle Erfahrungen ins Spiel kommen, die faktisch immer nur innerhalb eines ganz bestimmten religiösen Kontextes gemacht werden können. Diese religiösen Kontexte stehen jedoch, wie oben bereits am Beispiel der religiös interpretierten Wunder gezeigt wurde, in vielfachen Differenzen, ja bisweilen Gegensätzen zueinander. Aus diesem Grund tut die theistisch ausgerichtete Religionsphilosophie gut daran, nicht nur rein rationale Beweise und Argumente zugunsten der Existenz Gottes zu entwickeln und zu diskutieren; sondern sie sollte sich ebenso auch in die einzelnen theistischen Religionen hineinbegeben und deren Gottesvorstellungen und spezifische Zugangsweisen zu Gott philosophisch bedenken. Dies schützt auch davor, dass etwaige religiöse Vorprägungen der Philosophierenden allzu ungefiltert in die philosophische Argumentation einfließen und dadurch die Berücksichtigung unterschiedlicher religiöser Auffassungen unbemerkt verzerren. Manche religionsphilosophischen Positionen wie die reformierte Epistemologie markieren freilich ganz bewusst einen konfessionsgebundenen Standpunkt, den sie argumentativ zu verteidigen suchen; und dies ist selbstverständlich auch legitim, solange es bewusst geschieht und nicht dazu führt, dass sich eine Position gegen die rationalen Einwände und divergierenden Auffassungen anderer Positionen vollkommen immunisiert. Die Legitimität bewusst eingenommener religiös gebundener Standpunkte innerhalb der Religionsphilosophie erweist sich vor allem auch an den religionsphilosophisch bedeutsamen Beiträgen aus den theistischen Religionen des Judentums, des Christentums, des Islams sowie aus denjenigen orthodoxen Schulen des Hinduismus, die theistische Auffassungen vertreten. Einigen philosophisch relevanten Gemeinsamkeiten und Differenzen zwischen diesen theistischen Traditionen soll im Folgenden nachgegangen werden.

3.4.1   Jüdischer Theismus

Gottes Erwählung des Volkes Israel: Das Judentum ist die älteste der drei monotheistischen Religionen, die den Glauben an einen allmächtigen und vollkommenen Gott und dessen Offenbarung durch Propheten, die in in heiligen Schriften überliefert ist, miteinander teilen (vgl. dazu etwa Psalm 106 im Alten Testament; Matthäus-Evangelium 5, 48; die Koran-Sure 31, 9–10). Judentum, Christentum und Islam werden gelegentlich auch zusammenfassend als abrahamitische Religionen bezeichnet, da alle drei ihre Traditionen auf den hebräischen Stammvater Abraham zurückführen, dessen mythische Lebenszeit auf das 20./21. Jh. v. Chr. datiert wird. Die Geschichte von Abrahams Gottesglaubens ist – neben vielen anderen Erzählungen des Volkes Israel – in der hebräischen Bibel (Tanach) überliefert, welche die heiligen Texte des Judentums enthält und im Christentum mit einem leicht veränderten Kanon als ,Altes Testament' Bestandteil der Bibel ist. Für den jüdischen Theismus ist charakteristisch, dass sich Gott in seiner geschichtlichen Beziehung zum auserwählten Volk Israel manifestiert, insbesondere in dessen Auszug aus der ägyptischen Gefangenschaft und dem darauffolgenden Einzug ins gelobte Land unter der Führung Moses', wie es im Buch „Exodus" berichtet wird. Der Bund zwischen Gott und seinen Gläubigen wird seit der zweiten Zerstörung des Jerusalemer Tempels durch die Römer im Jahr 70 n. Chr. im Gemeindekultus sowie im moralischen, an die mosaischen Gesetze gebundenen Lebenswandel der Gläubigen wach gehalten. Hierzu gehören beispielsweise regelmäßige, den Tagesablauf strukturierende Gebete, die Feier der drei religiösen Hauptfeste (Pessach, Schabbuot, Sukkot) und die alltägliche Beachtung ritueller Vorschriften etwa in den Bereichen Ernährung, Hygiene und Sexualität. Wichtig ist dabei der freie Wille des Menschen, der sich ganz bewusst für die Befolgung der religiösen Praxis entscheidet. Fluchtpunkt des jüdischen Monotheismus ist der Messianismus, die Erwartung einer allumfassenden Erlösung am Ende der Tage. Die Frage, ob diese Erlösung auch ein individuelles Weiterleben der einzelnen Person nach dem Tod impliziert, wird in verschiedenen Richtungen des Judentums unterschiedlich beantwortet; spätere hebräische Schriften des Tanach wie das Buch Ezechiel oder auch Maimonides haben diese Frage bejaht.

Mosaisches Gesetz und griechische Philosophie: Ähnlich wie im Christentum und später im Islam entwickelte sich die Dynamik philosophischer Reflexion innerhalb des Judentums aus der kognitiven Spannung zwischen religiöser Offenbarung, in diesem Fall dem mosaischen Gesetz, und antiker Philosophie, insbesondere derjenigen Platons und Aristoteles'. Beide achsenzeitliche Geistesgestalten – Judentum und griechische Philosophie – wurden jedoch erst in der Epoche des Hellenismus, also mehrere Jahrhunderte nach ihrer parallelen Entstehung, gedanklich zueinander in Beziehung gesetzt. Bei Philon von Alexandria (um 15/10 v. Chr.–50 n. Chr.), dem bekanntesten Denker des hellenistischen Judentums, führte dies zu einer philosophischen Symbiose aus dem Geist des Platonismus (Runia 2009).

Kulturelle Grenzgänge zwischen Tanach und Vernunft: In der Spätantike und im Mittelalter wurden theologische und philosophische Diskussionen innerhalb des Diasporajudentums geführt, das in vielfachem Austausch mit seiner christlichen, seit dem 7./8. Jh. auch muslimischen Umgebung stand. Davon zeugt etwa das Wirken des Rabbiners und Philosophen Sa'adia ben Josef mit dem Ehrentitel „Gaon" (auch: Saadya Gaon; 882–942), der Schriften sowohl in hebräischer als auch in arabischer Sprache verfasste, darunter das *Buch der Glaubenslehren und Überzeugungen* (933; im arabischen Original: *Kitāb al-mukhtār fī al-amanāt wa-l-i'tiqadāt,* 933; hebräisch: *Sefer ha-Emunot we-ha-De'ot*). Hierbei handelt es sich um die erste philosophisch argumentierende Darstellung der jüdischen Glaubensdoktrinen. Ebenfalls ein kultureller Grenzgänger zwischen hebräischer und arabischer Sprache war der im spanischen, seinerzeit muslimischen Córdoba geborene Moses Maimonides (1138–1204), die herausragende Gestalt der jüdischen Philosophie des Mittelalters. In seinem Hauptwerk *More Nevuchim* (judäo-arab. *Dalālat alḥā'irīn;* dt. „Führer der Unschlüssigen", 1190) suchte er nachzuweisen, dass die Lehren der jüdischen Tradition mit der Vernunft in Einklang stehen. Die Propheten seien Menschen, bei denen die Emanation Gottes mittels des aktiven Intellekts sowohl auf die Vernunft als auch auf die Vorstellungskraft einwirke; bei den Gelehrten wirke sie dagegen ausschließlich auf die Vernunft ein.

Aristoteles und die Tora über den Anfang der Welt: Eine zentrale metaphysische Frage, die Maimonides ebenso wie viele andere Philosophen aus den drei monotheistischen Religionen umtrieb, betraf den Anfang der Dinge, der von den griechischen Philosophen, insbesondere von Aristoteles, ganz anders beschrieben wurde als in der Tora. Während diese den göttlichen Willen als ursächlich für die Entstehung des Weltganzen begriff, ging die griechische Philosophie von der Ewigkeit des Kosmos aus. Maimonides widersprach Aristoteles aber auch in ethischen Fragen; so wandte er sich gegen die aristotelische Auffassung, dass das höchste Gut in der theoretischen Kontemplation bestehe, und kritisierte Aristoteles' Einteilung der Tugenden.

Gersonides' Synthese: Levi ben Gershom (auch bekannt unter dem Namen Gersonides; 1288–1344) hat diese Diskussionen am Anfang des 14. Jh.s aufgegriffen und die Lehren des Aristoteles über ihre Vermittlung durch Averroes und Maimonides erneut mit der jüdischen Offenbarung zusammengedacht. Obwohl Gersonides dabei eigentlich eine Synthese beider Erkenntnisquellen anstrebte, schien die philosophische Wahrheit in manchen Punkten doch plausibler und deutlicher zu sein als diejenige der heiligen Schriften. Hinsichtlich der Debatte bezüglich der Ewigkeit oder Erschaffenheit der Welt orientierte sich Gersonides an einem platonischen, aus dem *Timaios*-Dialog gewonnenen Modell, das von der göttlichen Schöpfung der Welt aus einer ewigen, formlosen Materie ausgeht (Rudavsky 2009).

Die Andersheit Gottes: Neben solchen auch über religiöse Grenzen hinweg geführten philosophischen Diskussionen suchten christliche Autoren des Mittelalters wie z. B. Peter Abelard bisweilen den Rat jüdischer Gelehrter bei Übersetzungs- und Interpretationsfragen hebräischer Termini des Alten Testaments. Die christliche Theologie wurde dadurch zwangsläufig immer auch mit einem Monotheismus konfrontiert, der – ganz ähnlich wie der islamische – keinen trinitarischen Gottesbegriff und auch keine mit dem Christentum kompatible Erlösungsvorstellung kennt. Der jüdische Theismus zieht traditionell eine deutliche Grenze zwischen Säkularem und Göttlichem und betont die unergründliche Andersheit Gottes gegenüber allen stets fehlbaren Vorstellungen und Projektionen, die wir uns bezogen auf Gott machen. Dem Schöpfer des Himmels und der Erde, von dem sich kein Mensch ein Bild machen soll und dessen Name (JHWH) nicht missbraucht werden darf, ist unbedingter Gehorsam entgegenzubringen; seine Gebote sind möglichst buchstabengetreu zu erfüllen.

Jüdische Aufklärung (Haskala): Jenseits des orthodoxen und talmudischen jüdischen Theismus hat sich im Zeitalter der Aufklärung eine stärker vernunftbetonte sowie auf Toleranz und Emanzipation ausgerichtete Bewegung innerhalb des Judentums herausgebildet, die Haskala. Einer ihrer prominentesten Vertreter war der Philosoph Moses Mendelssohn (1729–1786), der dem Dichter Gotthold Ephraim Lessing als Vorbild für die Hauptfigur seines Dramas *Nathan der Weise* (1779) diente. Mendelssohns Schrift *Jerusalem oder über religiöse Macht und Judentum* (1783) zählt zu den wichtigsten Werken der jüdischen Aufklärung. Mendelssohn vertritt darin einen Konvergenzgedanken von natürlicher Vernunft und göttlicher Liebe, der es grundsätzlich allen Menschen ermöglicht, Gottes Wahrheit zu erkennen. Ähnlich wie Kant in seiner ‚Religionsschrift' unterscheidet auch Mendelssohn den universellen Gottesbezug der Vernunft von speziellen Offenbarungen, in denen die religiösen Regeln einer bestimmten Religion festgelegt werden. Für Mendelssohn steht die jüdische Religion in größerem Einklang mit der Vernunft als das Christentum, da dieses auf übersinnliche Offenbarungswahrheiten rekurriere, während der Kern des Judentums in praktischen Gesetzen für das soziale Zusammenleben liege.

Jüdische Religionsphilosophie im 20. Jh.: Die fortschreitende Assimilation des reformierten Judentums in Europa und Nordamerika führte im Laufe des 19. Jh.s immer häufiger zu einer Aufgabe orthodoxer religiöser Praktiken und zu einer Wandlung doktrinaler Auffassungen hin zu einer stärker ethisch akzentuierten Religiosität, wie sie bereits Mendelssohn vertreten hatte. In der ersten Hälfte des 20. Jh.s haben vor allem zwei deutsche Philosophen herausragende Beiträge zu einer vom Judentum inspirierten Religionsphilosophie geliefert: zum einen der Neukantianer Hermann Cohen (1842–1918), der in Anspielung auf Kants ‚Religionsschrift' das 1919 posthum publizierte Werk *Religion der Vernunft aus den Quellen des Judentums* verfasste, und zum anderen Cohens zeitweiliger Schüler Franz Rosenzweig (1886–1929), dessen religionsphilosophisches Hauptwerk *Der Stern der Erlösung* nur zwei Jahre später (1921) veröffentlicht wurde. Beide Denker sind stark vom deutschen Idealismus geprägt, wobei der Akzent bei Cohen stärker auf der Religionsphilosophie Hegels, bei Rosenzweig auf der ‚positiven' Philosopie Schellings liegt. Vom späten Schelling übernimmt Rosenzweig den Gedanken, dass die existentiell gelebten Beziehungen zwischen Mensch, Welt und Gott letztlich nicht aus der Vernunft deduzierbar sind. Daher müsse sich das Denken, wenn es Religiosität wirklich begreifen wolle, von der Allgemeinheit des Begriffs zur Konkretion geschichtlicher Offenbarung umwenden (vgl. Schmied-Kowarzik 2006).

Großen Einfluss auf die theistische Religionsphilosophie des 20. Jh.s übte ferner das Denken des österreichisch-israelischen Religionsphilosophen Martin Buber (1878–1965) aus. In seinem Werk *Ich und Du* aus dem Jahr 1923 verbindet Buber existenzphilosophische, der Philosophie Kierkegaards entlehnte Motive mit mystischen Denkfiguren, die auf die Strömung des Chassidismus zurückgehen.

Zur Vertiefung: Jüdische Mystik

Der im Mittelalter aufgekommene **Chassidismus** (hebr. *hassid:* heilig) stellt nur eine von mehreren mystischen Strömungen innerhalb des Judentums dar. Schon im 6./5. Jh. v. Chr. ist die **Merkaba-Mystik** entstanden, die ähnlich wie im Platonismus den Aufstieg des Geistes zur Schau Gottes beschreibt. Eine andere mystische Strömung ist aus dem zwischen dem 6. und 3. Jh. v. Chr. zusammengestellten Buch **Sepher (Sofar)** hervorgegangen, in dem aus den 10 Elementarzahlen *(sephirot)* und den 22 Buchstaben des Alphabets eine esoterische Lehre zur Erkenntnis der Geheimnisse der Schöpfung entfaltet wird. Als weitere mystische Richtung des Judentums, die sich seit dem 13. Jh. durchaus als Gegenbewegung zur arabojüdischen, an Aristoteles ausgerichteten Philosophie verstand, ist die **Kabbala** zu nennen, die Elemente der zuvor genannten mystischen Strömungen mit neuplatonischen Aspekten verbindet; so werden die Elementarzahlen ‚Sephirot' in der Kabbala als die zehn göttlichen Emanationen interpretiert. Auch die Einteilung des Menschen in drei Seelenteile wird aus der platonischen Philosophie übernommen. Die mystische Einswerdung mit Gott ereignet sich, nachdem zuvor das Selbst mit sich eins geworden ist und sich dadurch zugleich selber preisgegeben hat.

Jüdische Philosophie in Frankreich: Die fundamentale Bedeutung des ‚Du', des Anderen als unverfügbares Gegenüber, wird auch in der Philososophie Emmanuel Levinas' (1905–1995) hervorgehoben. Levinas' von der Auseinandersetzung mit der Phänomenologie Husserls und Heideggers geprägte Philosophie artikuliert die Bemühung um eine nicht-ontologisierende Rede von Transzendenz, ja von Gott, der in der jüdischen Tradition die unverfügbare Andersheit schlechthin bedeutet (Levinas 1982). Der von Levinas ins Spiel gebrachte Gedanke einer Transzendenz, die jenseits der aktiven Intentionalität des Bewusstseins nur von einem des-interessierten, geduldigen Denken gleichsam passiv berührt werden kann, hat auf die phänomenologische Religionsphilosophie in Frankreich (etwa bei Jean-Luc Marion, ► Abschn. 1.4.2) nachhaltigen Einfluss ausgeübt. Neben Levinas war es insbesondere der französisch-israelische Philosoph André Neher (1914–1988), der vom Judentum inspiriertes philosophisches Denken in Frankreich nach der Shoa wieder erneuerte. Neher ging es in seinem religionsphilosophischen Denken unter anderem um das Verhältnis zwischen dem individuellen religiösen Weg einzelner Völker ('Hebräismus') und dem universellen Heilsversprechen Gottes ('Noachismus', auf die Rettung Noahs vor der Sintflut anspielend) – ein Gedanke, an den gegenwärtige religionsphilosophische Diskussionen um religiöse Diversität durchaus anknüpfen könnten.

3.4.2   Christlicher Theismus

Die Erlösung der Menschheit durch Jesus Christus: Das theologische Alleinstellungsmerkmal des Christentums innerhalb der drei monotheistischen Offenbarungsreligionen stellt ohne jeden Zweifel die einzigartige Bedeutung Jesu Christi als Gottes Sohn und Erlöser der Menschheit dar. Wenngleich das Christentum auf den hebräischen Schriften des Tanach, dem im Christentum sogenannten 'Alten Testament', und dem darin berichteten Wirken Gottes in der Geschichte des Volkes Israel basiert, so fügt das 'Neue Testament' dieser Heilsgeschichte das Evangelium, die 'frohe Botschaft' von Jesu Leben und Wirkung, hinzu und lenkt sie damit in eine gänzlich andere Richtung.

Trinitarische Theologie: Durch die Identifikation des gekreuzigten und wiederauferstandenen Messias mit Gott selbst, gleichsam als dessen uns Menschen zugewandte Seite, und die Hinzunahme des Heiligen Geistes hat das Christentum eine komplexe trinitarische Theologie hervorgebracht. Dass die heilige Dreifaltigkeit von Vater, Sohn und Heiligem Geist nicht im Sinne dreier eigenständiger Gottheiten oder autonomer Substanzen aufgefasst werden dürfe (Drei-Hypostasen-Lehre), aber auch nicht als eine vollkommen differenzlose Einheit (Ein-Hypostasen-Lehre), wurde nach langen und erbittert geführten theologischen Diskussionen auf mehreren Konzilien zwischen dem 4. und 7. Jh. festgeschrieben. Dem Konzil von Nicäa (325) zufolge ist Jesus Christus wesensgleich (griechisch *homoússios*) mit Gottvater. Die gedankliche Auseinandersetzung mit der göttlichen Trinität wurde in der Folgezeit jenseits der Grenzen der natürlichen Theologie als genuine Domäne der Offenbarungstheologie betrachtet. Gleichwohl hat der Trinitätsgedanke außerordentlich großen Einfluss auch auf die spätere Religionsphilosophie, namentlich des deutschen Idealismus, ausgeübt.

Nachfragen zur Trinität: Wenn man den christlichen Trinitätsgedanken nicht als reines Offenbarungsgeheimnis auf sich beruhen lassen möchte, sondern ihn auch rational nachvollziehen will, so müssen Antworten auf zwei fundamentale Fragen gefunden werden: (1) Wie kann Gott zugleich eine und drei Personen sein? (2) Wie kann sich eine übernatürliche Person in einem Menschen (Jesus Christus) inkarnieren und dennoch göttlich bleiben? (Zu beiden Fragen vgl. Morris 2002, 159–184.)

Dreifaltigkeit als interpersonale Relation und Liebe: Eine spekulative Antwort auf die erste Frage lässt sich dem Werk *De Trinitate* des französischen Theologen Richard von Sankt-Viktor (1110–1173) entnehmen. Trinität wird darin als eine interpersonale Relation, als Liebe zwischen Gott dem Vater, Gott dem Sohn und dem Heiligen Geist als ‚Mitgeliebtem‘ *(condilectus)* ausgelegt. Die Einheit Gottes liegt demzufolge in der liebenden Gemeinschaft, in der die Hypostasen der Dreifaltigkeit miteinander verbunden sind. Eine solche sozial-relationale Deutung der Trinität wird auch in der zeitgenössischen Theologie vertreten (Bishop 2015; Moltmann 1991, 1986). Philosophisch gut begründete Versuche von Seiten der feministischen Theologie, an der Stelle des Heiligen Geistes eine weibliche Figur wie die Gottesmutter Maria zu etablieren, haben sich bislang nicht durchsetzen können.

Die Gott-Menschlichkeit Jesu Christi: Da die oben aufgeworfene zweite Frage nach der Natur des inkarnierten Gottes die Kompetenzen der philosophischen Rationalität bei weitem überschreitet, sieht sich ein rationales Verständnis der ‚Gott-Menschlichkeit‘ Christi auf die kirchlicherseits festgelegten Dogmen und Doktrinen verwiesen. Diese wurden auf mehreren ökumenischen Konzilien (u. a. in Ephesos, Nizäa, Chalcedon und Konstantinopel) zwischen dem 4. und 7. Jh. formuliert und haben letztlich die christologische Zwei-Naturen-Lehre festgeschrieben, derzufolge Jesus alle notwendigen göttlichen und alle notwendigen menschlichen Eigenschaften ungemischt und ungetrennt besessen habe. Damit entschied sich die Kirche sowohl gegen den Nestorianismus, der einen Dualismus der Naturen Jesu lehrte, als auch gegen den Monophysitismus, der die Auflösung der menschlichen in der göttlichen Natur Jesu vertrat.

Die christliche Synthese von Jerusalem und Athen in Rom: Aber nicht nur durch den spekulativen Reiz des Trinitätsgedankens, sondern bereits durch die Durchdringung weiter Teile des Neuen Testaments (v. a. des Johannes-Evangeliums und der Paulus-Briefe) mit griechisch inspiriertem Gedankengut weist das Christentum schon in seinen heiligen Gründungsdokumenten Affinitäten zu philosophischem Denken auf (▶ Abschn. 1.2.1). Dem christlichen Theismus ist es dadurch gelungen, zwei völlig verschiedene achsenzeitliche Geistesgestalten, nämlich jüdische Religion und griechische Philosophie, zu einer neuen Synthese zu vereinigen, die im Jahr 380 nach zeitweise heftigen Christenverfolgungen sogar zur Staatsreligion des Römischen Reiches erhoben wurde. Nach dem Untergang des weströmischen Reiches fand die spannungsreiche Verbindung von christlicher Kirche und römischem Staat ihre Fortsetzung im fränkischen Reich und im Heiligen Römischen Reich (deutscher Nation). Im byzantinischen Reich, das seit dem morgenländischen Schisma 1054 vom römisch-katholischen Christentum theologisch getrennt war und das griechisch geprägte orthodoxe Christentum verkörperte, bestand die oströmische Reichstradition noch bis zur Eroberung Konstantinopels durch die Osmanen im Jahr 1453 fort.

Christliche Ethik: Ein Unterschied christlicher Religiosität im Vergleich zum Judentum und zum Islam kann darin gesehen werden, dass die religiösen Pflichten für das Gros der Christen (sieht man einmal vom streng geregelten Leben der Mönche, Nonnen und Priester ab) relativ unspezifisch gefasst sind und von der individuellen Glaubenspraxis mit Leben erfüllt werden müssen. Die beiden zentralen Gebote des Christentums, Gott und seinen Nächsten so zu lieben wie sich selbst, können und müssen von gläubigen Christen in ihrer jeweiligen Lebenssituation so ausgelegt werden, dass sie mit ihrem Glauben, Wollen und Handeln nach bestem Wissen und Gewissen in der Nachfolge Jesu Christi stehen. Die ethisch-religiöse Forderung der Gottes- und Nächstenliebe ist zweifellos unbestimmter als z. B. die religiöse Vorschrift, genau 10 % seiner Einkünfte den Armen und Bedürftigen zu spenden oder am heiligen Wochentag keine Geräte zu bedienen. Dennoch sollte man diese interreligiöse Differenz des jeweiligen Präzisierungsgrads religiöser Vorschriften auch nicht überbewerten, finden sich doch faktisch in allen monotheistischen Religionen Anhänger:innen, welche die Gebote ihrer Religion eher halbherzig oder nur rein äußerlich einhalten, und solche, die eine geradezu ekzessive Frömmigkeit bis hin zum religiösen Fundamentalismus an den Tag legen. Diejenigen jüdischen, christlichen und muslimischen Gläubigen, die zwischen beiden Extremen ein ausgewogenes Maß an Religiosität praktizieren, können sich vermutlich am ehesten darauf einigen, dass sie alle Gott deswegen verehren, weil er der Schöpfer und das Ziel von allem ist und weil er den Menschen, die ihn verehren, das ultimative Heil, die Erlösung am Ende aller Tage, versprochen hat.

Leben nach dem Tod: Im Christentum zeigt sich Gottes Gnade und Gerechtigkeit vor allem in der erwarteten ultimativen Bewertung des persönlichen Lebens nach dem Tode. Je nachdem, ob man Gottes Glaubensangebot angenommen und in der Nachfolge Christi zu leben versucht hat, wird jede/r Einzelne entweder das ewige Leben oder aber die ewige Verdammnis erhalten. Daneben gibt es im Christentum allerdings auch die Auffassung einer universellen Heilzusage Gottes, die auch Nicht-Christinnen und -Christen einschließt. Ob diese Heilzusage dann an Stelle der Religionszugehörigkeit den moralischen Lebenswandel stärker gewichten oder ob sie sich als reiner, undurchschaubarer Gnadenakt äußern würde, stellt einen weiteren theologischen Streitpunkt dar. Über die konkrete Existenzform der Person nach dem physischen Tod lässt sich selbstverständlich nur spekulieren. Die christlichen Theologien scheinen allerdings übereinstimmend davon auszugehen, dass die unsterbliche Seele auch nach dem Tod des physischen Körpers eines Leibes bedarf. Der ,spirituelle Körper' wird von Gott neu verliehen – ob erst am Ende aller Tage oder bereits nach dem individuellen Tod jeder einzelnen Person, kann auch von der Theologie nicht abschließend geklärt werden.

Nähe und Ferne des christlichen Gottes: Die bis hierhin genannten Unterscheidungsmerkmale des christlichen Theismus – der Trinitätsgedanke, die Moral der Gottes- und Nächstenliebe, die individuelle Heilserwartung eines ewigen Lebens nach dem Tod – rufen eine für das Christentum charakteristische Spannung zwischen der Nähe und der Ferne Gottes hervor. Dadurch, dass sich Gott nach christlichem Verständnis in Jesus Christus als Mensch und Gott zugleich geoffenbart hat, wurde in einer simultanen Bewegung Gott vermenschlicht und der Mensch vergöttlicht. Auch wenn selbstverständlich im Christentum genau wie im Judentum und im Islam die vollkommene Unerkennbarkeit und Andersheit des unendlichen und transzendenten göttlichen Wesens betont wird, so scheint doch Gott durch seine historische Inkarnation in Jesus Christus der Menschenwelt gleichsam nähergerückt zu sein. Darin liegt zugleich aber auch die mögliche Gefahr eines anthropomorphen, also an menschliche Dimensionen angepassten Gottesbildes.

Die Provokation des Leidens: Zur Inkarnation Gottes in Jesus Christus gehört essentiell die Erfahrung des Leidens im Kreuzestod Christi, der auch als Solidarisierung Gottes mit allen Leidenden und Schwachen in der Welt dechiffriert werden kann. Dass sich ein allmächtiger Gott in der *kenosis,* der Entäußerung und ‚Selbst-Entgöttlichung‘, selber erniedrigt und sich als ein vermeintlicher Aufwiegler gegen den römischen Staat schmählich hinrichten lässt, stellte ohne jeden Zweifel eine enorme Provokation dar, die religionsgeschichtlich durch das Christentum in die Welt gekommen ist. Nur durch die (freilich nachträgliche) Interpretation des Kreuzestodes, dass der allmächtige Gott durch diesen Akt sämtliche Sünden der Menschheit auf sich genommen und ihr zugleich das ewige Leben geschenkt habe, die er durch seine eigene österliche Auferstehung von den Toten beglaubigt hat, kann der Tod Gottes den christlichen Theismus vollenden, ohne ihn zu zerstören.

Christliche Theologien über die Unnahbarkeit Gottes: In den verschiedenen katholischen, orthodoxen und protestantischen Theologien des Christentums (und auch wiederum innerhalb dieser Theologietraditionen selbst) wird die rationale Zugänglichkeit zum Göttlichen unterschiedlich beurteilt. Letztlich geht es dabei um die Frage, ob die Unvergleichlichkeit Gottes in dem Sinne unvergleichlich ist, dass wir sie mit nichts uns Bekanntem vergleichen können (dies wäre die Position der negativen Theologie, aber, wenngleich mit anderer Akzentsetzung, auch des Protestantismus) oder ob wir die göttliche Unvergleichlichkeit gerade daran ermessen, dass wir sie mit unseren – stets unzureichenden – Maßstäben analogisch vergleichen (diese Ausrichtung ist tendenziell innerhalb der katholischen Theologie vorherrschend). Auf den ersten Blick scheint es so, als böte die zweite Interpretationsrichtung wesentlich mehr Anknüpfungsmöglichkeiten für die philosophische Reflexion über das Göttliche. Dass dem aber nicht zwangsläufig so ist, beweist neben dem enormen Einfluss, den die protestantische Theologie gerade aufgrund ihrer stärkeren Trennung des Glaubens vom Wissen auf die moderne Religionsphilosophie ausgeübt hat, auch die oftmals mit der negativen Theologie verbundene philosophische Mystik des Christentums.

Zur Vertiefung: Christliche Mystik und negative Theologie

Die historisch früheste Verwendung des Adjektivs ‚mystisch‘ findet sich in der Schrift *Peri mystikes theologias (Mystische Theologie)* des **Pseudo-Dionysius Areopagita** (frühes 6. Jh.), in der die Methode der **verneinenden (apophatischen = entsagenden)** im Unterschied zur bejahenden **(kataphatischen = bestätigenden) Theologie** dargelegt wird. Der Aufstieg zur Transzendenz, der hier im Sinne eines **christlich uminterpretierten Neuplatonismus** vorgestellt wird, erfordert eine Entleerung des Wissens und der Sprache, die sich als *via negativa,* als verneinender Weg, vollzieht.

Er wird beschritten, indem Gott alle affirmativen Eigenschaften abgesprochen werden. Durch die Reinigung von allen positiven Zuschreibungen an das Göttliche erwirbt der Geist eine Disposition, die ihn für die nicht-begriffliche Erfassung des Absoluten empfänglich macht.

Der spätmittelalterliche Theologe und Philosoph **Meister Eckhart** (1260–1328) hat diesbezüglich ebenfalls darauf aufmerksam gemacht, dass dem Menschen eine Vereinigung mit Gott erst dann möglich sei, wenn er dem Göttlichen in vollkommener Offenheit und Armut gegenübertrete (Quint 1985, 319 f.). Das Individuum muss sich sowohl von irdischen Fesseln als auch von einengenden geistigen Bestimmungen befreien, um in seiner Armut der ,**Leer-Fülle**' Gottes zu entsprechen, ja diese Leer-Fülle letztlich selber zu werden und zu sein. Im Zustand des Einsseins mit dem Göttlichen ist Eckhart zufolge alles Leid getilgt; es herrschen dann nur noch Liebe und Freude im Geist.

Während Meister Eckhart eine eher vernunftbezogene Mystik vertritt, repräsentieren andere Mystiker der katholischen Tradition wie Bernhard von Clairvaux (1090–1153), Bonaventura (1221–1274), Teresa von Ávila (1515–1582) und Johannes vom Kreuz (1542–1591) eine **Erlebnismystik,** die auch Visionen und Auditionen sowie spirituelle Ektaseerfahrungen einschließen. Innerhalb der protestantischen Tradition sind Jakob Böhme (1575–1624), George Fox (1624–1691), einer der Gründerväter der Quäker, und William Law (1686–1761) als bedeutende Mystiker zu nennen.

Neben der Einheits- und Erlebnismystik gibt es im Christentum aber auch eine alltäglichere Form mystischen Erlebens, die man als ,**Gemeinschaftsmystik**' (*communion mysticism;* vgl. Stewart 2016, 7) bezeichnen könnte und die im lebendigen Erfülltsein von Jesus Christus besteht. Das persönliche Selbst verliert sich dabei nicht in einer differenzlosen Einheit mit Gott, sondern es erfährt sich durch Christus als transformiert und neu geboren.

3.4.3   Islamischer Theismus

Purer Monotheismus: Im Zentrum des islamischen Theismus steht der Glaube an den einen Gott Allah als der höchsten und vollkommenen Realität, die alles Seiende erschaffen hat. Ferner gehört zu den essentiellen Glaubensüberzeugungen des Islam, dass der Koran das unmittelbare Wort Gottes darstellt und dass Mohammed (571–632), der die Offenbarung des Korans in mehreren Auditionen und Visionen durch den Erzengel Gabriel empfangen hat, der Prophet Gottes ist. Als ,Siegel der Propheten' steht Mohammed nach muslimischer Auffassung am Ende einer langen Kette von Gottgesandten, zu der auch Jesus (ʿĪsā ibn Maryam) gehört, der freilich – und dies stellt in theologischer Hinsicht die zentrale Differenz zum christlichen Theimsus dar – keineswegs Gottes Sohn war, sondern nur einer von mehreren Propheten, dessen Botschaft obendrein missverstanden bzw. nachträglich verzerrt wurde. Dem Koran zufolge hat Jesus nicht den Kreuzestod erlitten, sondern ist von Gott unmittelbar in den Himmel aufgenommen worden (vgl. Sure 4, 157–159). Die gesamte Leidens- und Auferstehungsgeschichte Jesu als Herzstück des christlichen Glaubens wird somit im Koran abgelehnt. Folgerichtig wird auch die trinitarische Gottesvorstellung des Christentums aus islamischer Perspektive als Tritheismus, also als ein Drei-Götter-Glaube, betrachtet und als eine Form des Polytheismus kritisiert (Sure 4, 171; 19, 35).

Allmacht und Barmherzigkeit Allahs: Durchaus ähnlich wie im Judentum wird auch im Islam die radikale, für den Menschen vollkommen undurchschaubare Andersheit Gottes hervorgehoben. Neben der göttlichen Allmacht, Allwissenheit und Gerechtigkeit wird im Koran immer wieder die Barmherzigkeit und Gnade Allahs betont – ein zentraler Aspekt des islamischen Theismus, der vor allem in liberaleren Strömungen der islamischen Gegenwartstheologie der Gegenwart herausgearbeitet wird (vgl. Khorchide 2015). Dieser Interpretationsrichtung zufolge richtet sich die koranische Botschaft an den von Gott verliehenen freien Willen der Menschen, die vor die Entscheidung gestellt sind, ob sie mit Gott kooperieren wollen oder nicht. Entscheiden sie sich dafür, so ist es ihre Bestimmung, die Liebe und Barmherzigkeit, die sie in Allah erkannt haben, in der Welt zu realisieren. Einer fundamentalistischen oder gar terroristische Akte legitimierenden Instrumentalisierung des Korans wird durch eine solche Deutung ein Riegel vorgeschoben.

Rationale islamische Theologie (Mu'tazila): Heutige fundamentalistische Strömungen innerhalb des Islams können sich ebenfalls nicht auf die Glanzzeit der islamischen Philosophie berufen. Diese ist in jener Epoche zu situieren, die aus westlich-europäischer Sicht als Früh- und Hochmittelalter bezeichnet wird. Seit dem späten 8. Jh. entstand von Bagdad und Basra aus eine rational orientierte Strömung innerhalb der islamischen Theologie, die sich um ein genaueres Verständnis der koranischen Offenbarung bemühte und in diesem Zusammenhang explizit auch philosophische Fragestellungen (etwa der Ontologie oder der Handlungstheorie) aufwarf: die Mu'tazila. Die Mu'taziliten nutzten in ihren theologischen Auslegungen Werkzeuge der Argumentation und Logik, die auch in islamischen Rechtsschulen verwendet wurden, und entwickelten mit dem Kalām eine eigene Form der rationalen Auseinandersetzung, deren Anhänger als Mutakallimūn bezeichnet werden. Rationalistische Zugänge in der islamischen Theologie gab es also bereits vor der breiteren Rezeption der griechischen, insbesondere aristotelischen Philosophie.

Der Koran als Quelle der Weisheit: Die fundamentale Autorität der koranischen Offenbarung wurde von den Mu'taziliten nicht in Frage gestellt, wenngleich sie den Koran als von Gott erschaffen betrachteten – anders als die Schule der Aschariten, die sich mit ihrer Auffassung eines unerschaffenen, ewigen Korans letztlich durchsetzen konnte. Generell lässt sich sagen, dass für die muslimische Theologie die koranische Offenbarung mindestens ebensosehr eine Quelle der Erleuchtung und Weisheit darstellt wie für christliche Theologie die biblische Offenbarung –,mindestens' deswegen, weil der Koran nach muslimischer Überzeugung das direkte Wort Gottes ist, nicht nur eine Sammlung göttlich inspirierter Schriften wie die Bibel. Dementsprechend bezeichnete der Philosoph, Theologe und Mystiker al-Ghazālī den Koran in seiner Schrift *Die Nische der Lichter* (Anfang des 12. Jh.s) als die „Sonne der Vernunft".

Klassische islamische Philosophie: Innerhalb der islamischen Philosophie, die sich zwischen dem 9. und 12. Jh. entwickelte, lassen sich drei Denkschulen unterscheiden: die peripatetische, die mystische (s. Kasten „Zur Vertiefung: Islamische Mystik – Sufismus") und die illuminationistische Strömung. Die peripatetische Schule, deren Namen auf die gleichnamige antike Schule des Aristoteles verweist, stützte ihre philosophisch-theologische Durchdringung der islamischen Offenbarung am stärksten auf die antike griechische Philosophie. Übersetzungen philosophischer Texte vom Griechischen ins Arabische wurden vor allem unter dem siebten Kalifen der Abassiden, a-Ma'mūn ibn Hārūn ar-Raschīd, der von 813 bis 833 in Bagdad regierte, verstärkt durchgeführt. Sie bildeten die Grundlage für die weitere Kommentartätigkeit sowie die Entwicklung eigenständiger philosophischer und theologischer Positionen. Die peripatetische, also die aristotelische Strömung der islamischen Philosophie wird auch als *falsafa* bezeichnet, das arabische Lehnwort für ‚Philosophie'. Ihre Hauptvertreter waren al-Kindī (ca. 800–873), al-Fārābī (872–950), Ibn Sīnā (lat. Avicenna, 980–1037), Ibn Tufail (1106–1185) und Ibn Ruschd (lat. Averroes, 1126–1198). Sie traten als Kommentatoren von aristotelischen, aber auch neuplatonischen Schriften (die zumeist ebenfalls Aristoteles zugeschrieben wurden) auf und schufen eine Synthese zwischen griechischem und islamischem Denken, die von jüdischen und christlichen Autoren intensiv rezipiert wurde und dadurch enormen Einfluss auf die europäische Wissenskultur des Hoch- und Spätmittelalters ausübte.

Die Gottesauffassung der peripatetischen Schule: Der sich durch den Koran offenbarende Gott wird in der peripatetischen Schule mit dem Ersten Prinzip identifiziert, das zugleich aristotelisch im Sinne der Erstursache und neuplatonisch im Sinne des Einen verstanden wird. Aus der Notwendigkeit des Ersten und Einen folgt zugleich seine Ewigkeit, weil Gott niemals nicht-existent sein kann. Im Unterschied dazu sind die von ihm geschaffenen Dinge kontingent und von seiner Allmacht abhängig. Weil der Theismus, der in der *falsafa* vertreten wird, Gott mit dem vollkommenen Sein identifiziert, lässt er sich eindeutig der *perfect being*-Theologie zuordnen.

Orthodoxe Kritik an der *falsafa*: Theologische Probleme traten innerhalb der *falsafa* insbesondere dann auf, wenn kognitive Konflikte zwischen philosophischer Erkenntnis und koranischer Offenbarung entstanden, die von einigen Philosophen zugunsten der philosophisch erkannten Wahrheit entschieden wurden (▶ Abschn. 2.1.1). Von Seiten der islamischen Orthodoxie wurde deswegen immer wieder angezweifelt, ob die Auseinandersetzung mit der vorislamischen Philosophie überhaupt eine sinnvolle und zulässige Beschäftigung darstelle. Kritisch eingestellt gegenüber den vermeintlich überlegenen Wahrheitsansprüchen der Peripatetiker war der Philosoph und Theologe al-Ghazālī, der zwar selber bestens in der griechischen Philosophie geschult war, aber gleichwohl der Vernunfterkenntnis misstraute und letztlich der Mystik den Vorzug vor dem rein rationalen Denken gab (zum diesbezüglichen Streit zwischen al-Ghazālī und Ibn Ruschd ▶ Abschn. 2.1.1). Für die theologische Deutung des Korans betrachtete al-Ghazālī philosophisch und logisch fundierte Argumentationsmethoden jedoch als durchaus nützlich.

Illuminationsphilosophie: Tatsächlich sind die aus der Philosophie stammenden Methoden rationaler Argumentation innerhalb des sunnitischen Islams nach dem 14. Jh. weitgehend in der orthodoxen Theologie aufgegangen, während im schiitischen Islam innerhalb der Illuminationsphilosophie (*ḥikma ishrāqiyya* oder kürzer: *ishrāqi*) neuplatonische Traditionen fortgeschrieben wurden, wobei das Philosophieren vielfach theosophische Züge einer spekulativen Lichtmetaphysik annahm.

Zur Vertiefung: Islamische Mystik – Sufismus

Ausgehend von der koranischen Offenbarung suchen die **Sufis** nach einer besonderen Beziehung zu Gott. Sie leben als **Derwische** oder **Fakire,** ein Lebensstil, der vor allem Armut (arab. *faqr*) impliziert, womit nicht nur der weitgehende Verzicht auf materiellen Besitz gemeint ist, sondern vor allem eine geistige Bedürfnislosigkeit, die sich ganz auf die Versenkung in Gott ausrichtet. Rituellen Praktiken wie der **Rezitation** einzelner Koranverse, der meditativen **Kontemplation**, der spirituellen Einkehr und auch der rauschhaften **Ekstase,** etwa beim **Tanz der Derwische,** werden im Sufismus eine wesentlich größere Rolle für den religiösen Weg zugesprochen als etwa der juristisch genauen Beachtung einzelner Vorschriften oder der analytisch-reflexiven Durchdringung theologischer Aussagen. Trotz der generellen Ablehnung theologischer Spekulation haben aber auch dem Sufismus nahestehende islamische Mystiker wie **al-Ghazālī** und **Ibn al-'Arabī** (1165–1240) wichtige philosophische Werke verfasst, in denen die mystische Weisheit *(ma'rifa)* umschrieben wird.

Für den Sufismus gilt, was im Grunde alle mystischen Strömungen der Welreligionen miteinander verbindet: Das Wesentliche der mystischen Erfahrung des Einsseins mit dem Göttlichen kann letztlich nur von denjenigen nachvollzogen werden, die sich auf den mystischen Weg, in diesem Fall des Sufismus, begeben. Es kann nicht in öffentlich zugänglicher, allgemein verständlicher Sprache expliziert, allenfalls kann es poetisch-umschreibend angedeutet werden.

Mit den mystischen Strömungen anderer Religionen teilt der Sufismus ferner das Schicksal, von der herrschenden religiösen Orthodoxie stets sehr kritisch beäugt worden zu sein. Vor allem die Geringschätzung theologischer Gelehrsamkeit und der Wunsch nach einer Vereinigung mit Gott galt vielen muslimischen Theologen als Gotteslästerung. In der Folge wurden etwa die bedeutenden Mystiker al-Halladj (858–922) und Schihab ad-Din Yahya Suhrawardi (1154–1191), der Begründer der Illuminationsphilosophie, wegen angeblicher Ketzerei angeklagt und hingerichtet (vgl. Hendrich 2011, 115).

Islamische Philosophie in der Neuzeit: Das oft bemerkte, auf einem komplexen politischen, sozialen und kulturellen Ursachengeflecht beruhende Fehlen einer innerislamischen Aufklärungsbewegung, die mit der jüdischen und christlichen des 18. Jh.s vergleichbar wäre, trägt bis heute zu einer bedauerlichen Unterrepräsentanz islamischen Denkens auch in religionsphilosophischen Diskursen bei. Islamische Philosophie sollte jedoch nicht in erster Linie als eine Unterabteilung mittelalterlicher Philosophie betrachtet werden, zum einen, weil diese Epochenbezeichnung in Bezug auf den Islam keinen Sinn ergibt, und zum anderen, weil auch nach der Phase der klassischen islamischen Philosophie in der muslimischen

Welt selbstverständlich weiterhin philosophiert wurde (Albertini 2011, 389–396). Stellvertretend für viele andere, im Westen oftmals allzu wenig bekannte islamische Denker seien hier nur der persische Philosoph Mullā Ṣadrā (1572–1640), welcher der Illuminationsphilosphie zuzurechnen ist, und der pakistanische Dichter und Philosoph Muhammad Iqbal (1877–1938) gennant. Es steht – auch in Anbetracht der großen Bedeutung des Islam als zweitgrößter Weltreligion mit annähernd zwei Milliarden Gläubigen – zu vermuten, dass das Bild islamischer Philosophie und Theologie durch weitere Forschungen zunehmend differenzierter werden wird und dass dadurch auch die religionsphilosophische Auseinandersetzung mit dem islamischen Theismus weitere Impulse erhalten wird. Sowohl potentiell gewaltbereite Fundamentalismen innerhalb des Islams als auch vielfach im Westen kursierende Zerrbilder der islamischen Religion und Theologie werden dadurch hoffentlich zunehmend in die Defensive geraten.

3.4.4   Hinduistischer Theismus

Das religiöse Fundament der Veden: Der Hinduismus als die vorherrschende Religion des indischen Subkontinents unterscheidet sich in mehrfacher Hinsicht fundamental von den monotheistischen bzw. abrahamitischen Religionen. Anders als im Judentum, Christentum und Islam lässt sich keine religiöse Stifterfigur, keine klar umrissene religiöse Botschaft und auch kein allgemeingültiges Glaubensbekenntnis des Hinduismus ausmachen. Im Grunde handelt es sich bei der als Hinduismus bezeichneten Religion um eine komplexe Vielfalt von Gottesvorstellungen, Kulten, spirituellen Praktiken und religiösen Gruppen, die diese unterschiedlichen Elemente verkörpern und mit Leben erfüllen. Die gemeinsame Basis der verschiedenen religiösen Traditionen des Hinduismus bildet der Rückbezug auf die heiligen Schriften der Veden (das Sanskrit-Wort *veda* bedeutet ‚Wissen‘), deren Ursprünge bis ins 2. Jahrtausend v. Chr. datiert werden. Der älteste Teil der Veden, der *Ṛg-veda,* enthält vor allem Hymnen sowie rituelle Gebetsverse und Opfervorschriften, aber auch bereits metaphysische Spekulationen über den Anfang der Welt. Zwischen 700 und 200 v. Chr. wurden die *Upanishaden* aufgeschrieben, die eine philosophisch-spekulative Interpretation der Veden erkennen lassen und *Brahman*, das Absolute, sowie *Ātman*, das Selbst, in den Vordergrund der Betrachtung stellen. In einem langen Zeitraum zwischen 400 v. Chr. und 400 n. Chr. entstand das bekannteste Sanskritepos *Mahābhārata*, das auch die in philosophischer Hinsicht bedeutsame *Bhagavadgītā* enthält. In diesem spirituellen Versepos kommt das Spannungsverhältnis zwischen dem aktivistischen Lebensentwurf *(pavṛtti)* der älteren, ritualistischen Vedentradition und dem weltentsagenden Quietismus *(nivṛtti)* der Upanishaden zum Austrag.

Die klassischen Schulen der indischen Philosophie: Seit dem 5. Jh. v. Chr. bildeten sich die klassischen Schulen der indischen Philosophie heraus, die als *darśanas* bezeichnet werden. Der Sanskrit-Begriff *darśana,* der auf die Wortwurzel *dṛś =* ‚sehen‘ zurückgeht, kann als indisches Äquivalent des westlichen Philosophiebegriffs aufgefasst werden. In den *darśanas* wurden Denksysteme in Form von *sūtras* (einprägsamen Lehrsätzen) aufgezeichnet, die durch exegetische Kom-

mentare *(bhāṣya, vārttika, nibandha)* erläutert wurden. Die klassischen *darśanas* der indischen Philosophie lassen sich nach verschiedenen Gesichtspunkten gruppieren. Zunächst sind sechs orthodoxe und drei heterodoxe Schulen voneinander zu unterscheiden, je nachdem, ob in den jeweiligen Schulen die Autorität der vedischen Traditionen anerkannt wird oder nicht. Die heterodoxen Systeme stehen den Veden kritisch gegenüber; zu ihnen gehören v. a. der Buddhismus, der Jainismus und die Cārvāka-Schule. Da diese drei heterodoxen Strömungen nicht-theistisch sind (wenngleich in jeweils unterschiedlicher Weise), werden sie in
▶ Abschn. 4.1.2 vorgestellt.

Komplexe Vielfalt an Gottesvorstellungen: Die verbindende Bezugnahme der orthodoxen indischen Denkschulen auf die Autorität der Veden bedeutet jedoch nicht, dass sie auch gemeinsame philosophische oder theologische Grundauffassungen miteinander teilen würden. Im Gegenteil manifestiert sich der philosophische Pluralismus der hinduistischen Religion darin, dass er personale und apersonale Gottesvorstellungen, monotheistische, polytheistische und sogar atheistische Positionen umfasst. Die scheinbare logische Inkompatibilität dieser Positionen wird im Hinduismus nicht so starr gesehen wie in der westlichen Tradition, was aber keineswegs auf einen Mangel an gedanklicher Präzision zurückzuführen ist, sondern vielmehr auf die Fähigkeit, Übergänge und Perspektivenwechsel zwischen Konzepten stärker zu betonen. So können Göttergestalten ineinander übergehen oder einander verdrängen, was sich am Beispiel des Gottes Indra zeigen lässt, der den Gott Varuna als mächtigsten Gott ablöste und in den Veden als der höchste Gott dargestellt wird. Zusammen mit seinen Brüdern Agni, dem Gott des Feuers, und Vayu, dem Gott des Windes, bildete Indra eine von mehreren Göttertriaden des Hinduismus, dem trinitarische Verbindungen in der Sphäre des Göttlichen keineswegs fremd sind. (Eine andere frühvedische Triade repräsentierten die Götter Varuna, Mitra und Aryaman). Später gingen Eigenschaften Indras auf die Götter Vishnu, den Gott der Erhaltung, und Shiva, den Gott der Zerstörung über, die zusammen mit Brahman, dem Schöpfergott, wiederum eine neue Trinität *(trimurti)* bildeten. Indra versank dagegen weitgehend in der Bedeutungslosigkeit.

Theismus als eine Perspektive unter anderen: In den verschiedenen Strömungen der klassischen indischen Philosophie lassen sich theistische und nicht-theistische Auffassungen nicht immer klar einer einzelnen Schule zuordnen. Vielmehr haben diese Schulen Systeme entwickelt, die sich oftmals sowohl in einer theistischen als auch in einer nicht-theistischen Lesart interpretieren lassen. So wird nicht ausgeschlossen, dass die Vielfalt der Götter letztlich nur verschiedene Namen für die eine transzendente und höchste Realität bereitstellen, die wiederum personal oder apersonal ausgelegt werden kann. Monistische, dualistische und pluralistische Theorien reflektieren somit auf einer philosophischen Ebene, was sich in den indischen Gottesvorstellungen als apersonaler Monismus, Monotheismus (den man als einen Dualismus interpretieren kann, da er Gott und Welt voneinander unterscheidet) und Polytheismus ausgeprägt hat.

Für die primär an den monotheistischen Offenbarungsreligionen ausgerichtete ‚westliche' Religionsphilosophie ist es ausgesprochen lehrreich, anhand der hinduistischen Religion zu begreifen, dass sich die Relationsbestimmungen zwischen

Glauben und Wissen, Religion und Philosophie, auch in ganz anderen Konstellationen strukturieren lassen, als es die christlich geprägte Denkkultur lange Zeit vorgegeben hat. Ideen eines personalen Schöpfergottes werden zwar auch im Hinduismus verschiedentlich erwogen, aber insgesamt spielen Theismus und Theologie bei weitem nicht die zentrale Rolle, die sie in den vom Judentum, Christentum und Islam beeinflussten religiösen Philosophien einnehmen.

Methodische Einteilung der sechs orthodoxen Schulen: Die sechs orthodoxen Schulen *(āstika darśanas)* der klassischen indischen Philosophie kann man (1) bezogen auf ihre methodische Herangehensweise in zwei Gruppen und (2) bezogen auf ihren systematischen Gehalt in drei Gruppen einteilen (vgl. Mall 2012, 60 ff.). Im Hinblick auf (1) werden die orthodoxen Schulen, die eine stärker spirituelle und metaphysische Richtung vertreten, unter der Bezeichnung *adhyātmavidyā* zusammengefasst. Zu ihnen gehören Sāṃkhya, Yoga und Vedānta. Daneben gibt es diejenigen Schulen, die eine stärker logisch-wissenschafliche Ausrichtung haben; zu dieser *ānvīkṣikī* genannten Gruppe gehören die Richtungen Mīmāṃsā, Nyāya und Vaiśeṣika. Der rationale und systematische Zugang zu den verschiedensten logischen, metaphysischen, erkenntnistheoretischen und sprachphilosophischen Problemen qualifiziert die zuletzt genannten drei Schulen ohne jeden Zweifel als genuin philosophisch, obwohl sie ebenso wie die spirituell orientierten Schulen innerhalb des breiten Stroms der hinduistischen Religion entstanden sind. Rationales Philosophieren musste daher in Indien keine gegenüber Mythos und Offenbarungsreligion externe oder kritische Perspektive einnehmen, wie es in Europa zweimal, nämlich in der antiken griechischen Philosophie und in der neuzeitlichen Philosophie der Aufklärung, geschah. Vielmehr bot die indische Religion genügend Raum für mentale Aktivitäten, die zwischen spiritueller Meditationspraxis (Yoga) und logischer Analyse (Nyāya) ein vielfältiges Spektrum an Betätigungsfeldern ausprägten.

Sāṃkhya-Yoga: Bezogen auf (2) ist es üblich, die sechs orthodoxen Systeme paarweise zusammenzufassen. Das erste dieser Paare, Sāṃkhya-Yoga, verbindet die dualistische Metaphysik der Sāṃkhya-Schule, in der eine Urmaterie *(prakṛti)* vom Ursubjekt *(puruṣa)* unterschieden wird, mit der spirituell und meditativ ausgerichteten Yoga-Lehre. Diese beiden Schulen werden im Rahmen der nicht-theistischen Religionsphilosophien vorgestellt (▶ Abschn. 4.1.1), obwohl im Sāṃkhya teilweise auch theistische Auffassungen vertreten werden.

Nyāya-Vaiśeṣika: Das zweite Paar Nyāya-Vaiśeṣika stellt die logisch, sprachphilosophisch und erkenntnistheoretisch orientierte Nyāya-Schule mit dem primär ontologisch-metaphysisch, aber auch ethisch ausgerichteten Vaiśeṣika zusammen. In beiden Schulen wird auf der Basis einer empiristischen Grundauffassung ein minimalistischer Theismus vertreten, der die Gott *(Īśvara)* zugeschriebenen Kräfte gegenüber dem allmächtigen Schöpfergott des Monotheismus deutlich reduzierter ansetzt. Demzufolge ist *Īśvara* zwar der Urheber der Veden, nicht jedoch der Welt. Gleichwohl finden sich im Nyāya durchaus Elemente natürlicher Theologie, die z. B. kosmologische und teleologische Argumente für die Existenz eines personalen Gottes beinhalten.

Theistische Auffassungen im Vaiśeṣika: Auch im Vaiśeṣika, der einen atomistischen Pluralismus vertritt, sind teilweise theistische Auffassungen verbreitet. So wird in einer Schrift des Praśastapāda aus dem 5. Jh. v. Chr. der Weltenherrscher Maheśvara (Shiva) als Schöpfer der Welt benannt. Allerdings kommt diesem Gott keine absolute Allmacht zu, die in der Lage dazu wäre, die Welt aus dem absoluten Nichts heraus zu erschaffen. Vielmehr setzt dieser Gott, vergleichbar mit dem Demiurgen in Platons Dialog *Timaios* oder dem unbewegten Beweger des Aristoteles, das Weltenrad in Bewegung, indem er die Atome ordnet.

Mīmāṃsā-Vedānta: Im dritten Paar Mīmāṃsā-Vedānta wird die hermeneutische, nicht-theistische Vedenauslegung der Mīmāṃsā (oder Pūrvamīmāṃsā)-Schule mit der Vedānta-Philosophie verknüpft, die eng an die philosophischen Betrachtungen der *Upanishaden* anknüpft. Im Zentrum der Vedānta-Lehre steht die Beziehung von Atman und Brahman (s. Kasten „Zur Vertiefung: Hinduistische Mystik – Identität von Atman und Brahman"). Die Beziehung von Atman und Brahman wird im Advaita-Vedānta monistisch, im Dvaita-Vedānta dualistisch und im Viśiṣṭādvaita-Vedānta eingeschränkt nicht-dualistisch ausgelegt (Mall 2012, 74). Als bedeutendste Vertreter dieser drei Auslegungsrichtungen des Vedānta gelten die Philosophen Śaṅkara (Ende des 8./Anfang des 9. Jh.s) für den Advaita-Vedānta, Madhva (bzw. Madhvacharya 1238–1317) für den Dvaita-Vedānta und Rāmānuja (1017–1137) für die Viśiṣṭādvaita-Lehre. Letztere verbindet eine personale Gottesauffassung *(sagua)* mit einem ontologischen Dualismus von Gott und seiner Schöpfung, die als dessen Körper aufgefasst wird. Aber selbst ein theistischer Philosoph wie Rāmānuja lehnte rationale Argumente für die Existenz Gottes ab und berief sich zu deren Begründung auf die Autorität der heiligen Schriften.

Der Dvaita-Vedānta stellt eine monotheistische, auf den Gott Vishnu bezogene Denkrichtung dar. Den Monismus des Advaita-Vedānta (▶ Abschn. 4.2.1) und dessen apersonale Brahman-Auslegung *(nigurna)* lehnt der Dvaita-Vedānta mit einem Argument ab, das in ähnlicher Form aus westlichen Pantheismus-Diskussionen geläufig ist: Wenn der Monismus Recht hätte, dann müsste Brahman auch mit den sündhaften und leidenden Wesen in der Welt identisch sein – eine Position, die angesichts der Vollkommenheit Brahmans aus der Sicht des Dvaita-Vedāntas nicht aufrechtzuerhalten ist.

Zur Vertiefung: Hinduistische Mystik – Identität von Atman und Brahman
Mystische Praktiken innerhalb der hinduistischen Religion gewannen ab dem 1. Jahrtausend v. Chr. zunehmend an Bedeutung; in der vorausgegangenen, noch älteren vedischen Phase hatten vor allem Opferrituale eine wichtige Rolle gespielt. Durchaus auch als Opposition gegen eine äußerlich ritualisierte Kultpraxis traten an der Wende vom 2. zum 1. Jahrtausend Strömungen auf, die den Opferkult in der Weise internalisierten, dass fortan die Opferung des eigenen Egos das Ziel der spirituellen Übungen darstellen sollte. **Meditation** und **Askese** waren dabei die wichtigsten Komponenten eines Heilsweges, der nicht mehr nur den Brahmanen, also der Priesterkaste, sondern auch Angehörigen der Kriegerkaste offenstehen sollte. An den **Upanishaden** ist dieser Wandel im Religionsverständnis ablesbar.

Die zentrale philosophische Idee der vedāntischen Mystik, wie sie in den *Upanishaden* zum Ausdruck kommt, ist die einer letzten **Einheit von ātman, dem eigenen Selbst, und brahman, dem Grund der Welt.** Durch die Befangenheit im Schleier der *māyā,* die uns die scheinbare Realität der sinnlich wahrnehmbaren Welt vorspiegelt, wird diese Einheit von mikrokosmischem Atman und makrokosmischem Brahman jedoch zumeist nicht erkannt. Aufgrund der fundamentalen Unwissenheit *(avidyā)* identifiziert sich der Mensch mit seinem empirischen Ich *(jīva)* und erfährt sich als von der Objektwelt getrennte, eigenständige Entität. Das Nichtwissen und die Begierde verstricken den Menschen aufgrund des **Prinzips der Tatvergeltung (karma)** in den **Kreislauf der Wiedergeburten.**

Die Erkenntnis der Einheit des wahren Selbst mit *brahman* wird in den *Upanishaden* in der berühmten Formel **tat tvam asi („Das bist du")** ausgesprochen: „Diese feinste Substanz durchzieht das All, das ist das Wahre, das ist das Selbst, das bist du [...]." (Chandogya-Upanishad 6.8.7; Übers. Hillebrandt; zit. nach Küng 2005, 375.)

Weil der Dualismus von *ātman* und *brahman* in Wahrheit illusorisch ist, lässt sich über das jeweilige Wesen von *ātman* und *brahman* im Grunde nur sagen, worin dieses nicht besteht. Es gibt daher auch im vedāntischen Hinduismus eine ausgeprägte negative Theologie, die zu einem höheren Nichtwissen führt, das sich auf die Ungeschiedenheit von *ātman* und *brahman* im reinen Bewusstsein bezieht (Brück 2007, 235 ff.).

❓ Aufgaben und Anregungen

1. Versuchen Sie, die folgenden Attribute Gottes in eine logisch stimmige Reihenfolge zu bringen, so dass eine Eigenschaft aus der anderen hervorgeht: Notwendigkeit – Allmacht – Einheit – moralische Perfektion – Aseität – Ewigkeit – Allwissenheit. Welche der genannten Eigenschaften implizieren einander?

2. Wäre ein allmächtiges Wesen, das sowohl Gutes als auch Böses vollbringen könnte, mächtiger als der Gott der monotheistischen Religionen, sofern vorausgesetzt wird, dass der Gott der monotheistischen Religionen ausschließlich Gutes wollen und hervorbringen kann?

3. Macht die Urknalltheorie (also die Theorie, dass das Universum vor ca. 13,8 Mrd. Jahren aus einem singulären Ereignis entstand) die Annahme eines Schöpfergottes wahrscheinlicher als die Auffassung von einem anfangslosen Universum, wie sie etwa in der antiken Kosmologie vertreten wurde?

4. Beurteilen Sie, ob es mit Blick auf unsere Erkenntnisfähigkeiten zulässig oder unzulässig ist, nach einer notwendigen Ursache für die Existenz des Universums zu suchen und diese Ursache als ‚Gott' zu bezeichnen.

5. Dem Forschungsprinzip „Ockhams Rasiermesser" zufolge sollte man bei wissenschaftlichen Erklärungen einfachere gegenüber komplizierteren Theorien bevorzugen. Entspricht dieser Forderung eher eine naturalistische Theorie des Universums und des Lebens oder eine Theorie, die einen intelligenten Designer als Erklärung der Existenz des Universums und des Lebens heranzieht? Welche der beiden Theorien ist ‚einfacher'?

6. Überprüfen Sie, ob sich das modallogische Argument für die Existenz Gottes auch umkehren lässt: Folgt aus der Möglichkeit der Nicht-Existenz Gottes, dass Gottes Existenz nicht notwendig und damit unmöglich ist?
7. Steht die trinitarische Gottesauffassung des Christentums in einem logischen Widerspruch zur Einheit Gottes? Mit welchen argumentativen Strategien lässt sich die Gefahr des Polytheismus, die in der Trinitätslehre liegt, abwenden?

Literatur

Albertini, Tamara: „Reintroducing Islamic Philosophy: The Persisting Problem of ‚Smaller Orientalisms‘“. In: Jay L. Garfield/William Edelglass (Hg.): *The Oxford Handbook of World Philosophy*. Oxford/New York 2011, 389–396.

Behe, Michael J.: „Evidence for Design at the Foundation of Life“. In: Michael J. Behe/William A. Dembski/Stephen C. Meyer (Hg.): *Science and Evidence for Design in the Universe*. San Francisco 2000, 113–129.

Bishop, John: „Christian Conceptions of God“. In: Graham Oppy (Hg.): *The Routledge Handbook of Contemporary Philosophy of Religion*. London/New York 2015, 138–151.

Brück, Michael von: „Mystik im Hinduismus“. In: Hans-Joachim Simm (Hg.): *Die Religionen der Welt. Ein Almanach zur Eröffnung des Verlags der Weltreligionen*. Frankfurt a. M./Leipzig 2007, 217–239.

Collins, Robin: „The Teleological Argument“. In: Copan, Paul/Meister, Chad (Hg.): *The Routledge Companion to Philosophy of Religion*. London/New York ²2013, 411–421.

Hasker, William: *God, Time, and Knowledge*. Ithaca (NY) 1989.

Hendrich, Geert: *Arabisch-islamische Philosophie. Geschichte und Gegenwart*. Freiburg/München 2011.

Khorchide, Mouhanad: *Islam ist Barmherzigkeit. Grundzüge einer modernen Religion*. Freiburg 2015.

Küng, Hans (Hg.): *Hinduismus. Die klassischen Schriften*. [*Die heiligen Schriften der Welt*]. Kreuzlingen/München 2005.

Leftow, Brian: „Aquinas“. In: Graham Oppy (Hg.): *Ontological Arguments*. Cambridge/New York 2018, 44–52.

Leftow, Brian: „The Ontological Argument“. In: William W. Wainwright (Hg.): *The Oxford Handbook of Philosophy of Religion*. Oxford/New York 2005, 80–115.

Levinas, Emmanuel: *De Dieu qui vient à l'idée*. Paris 1982. Dt.: *Wenn Gott ins Denken einfällt. Diskurse über die Betroffenheit von Transzendenz*. Freiburg/München 2004.

Löffler, Winfried: „Argumente für die Existenz Gottes: Struktur und Anliegen“. In: Klaus Viertbauer/Georg Gasser (Hg.): *Handbuch Analytische Religionsphilosophie. Akteure – Diskurse – Perspektiven*. Stuttgart 2019, 91–109.

Mall, Ram Adhar: *Indische Philosophie – Vom Denkweg zum Lebensweg. Eine interkulturelle Perspektive*. Freiburg/München 2012.

Meister Eckehart: *Deutsche Predigten und Traktate*. Hg. u. übers. v. Josef Quint. München 1985 (1294–1327).

Molina, Luis de: *Liberi arbitrii cum gratiae donis, divina praescientia, providentia, pradestinatione et reprobatione concordia*, disputatio 52. *Göttlicher Plan und menschliche Freiheit*. Lat.-Dt. Hamburg 2018 (lat. 1588).

Moltmann, Jürgen: *In der Geschichte des dreieinigen Gottes. Beiträge zur trinitarischen Theologie*. München 1991.

Moltmann, Jürgen: *Trinität und Reich Gottes. Zur Gotteslehre*. Gütersloh 1986.

Morris, Thomas V.: *Our Idea of God. An Introduction to Philosophical Theology*. Vancouver 2002.

Nagasawa, Yujin: *Maximal God. A New Defense of Perfect Being Theism*. Oxford 2017.

Oppy, Graham (Hg.): *Ontological Arguments*. Cambridge/New York 2018.

Pannenberg, Wolfhart: *Wissenschaftstheorie und Theologie*. Frankfurt a. M. 1973.

Rahner, Karl: *Hörer des Wortes. Zur Grundlegung einer Religonsphilosophie* [1941]. Freiburg u. a. 1997.

Rahner, Karl: *Grundkurs des Glaubens* [1976]. Freiburg 2005.

Rogers, Katherin A.: „God, Time, and Freedom". In: Paul Copan/Chad Meister (Hg.): *Philosophy of Religion: Classic and Contemporary Issues.* Malden (MA) 2008, 202–214.

Rudavsky, Tamar: „Gersonides". In: Graham Oppy/Nick Trakakis (Hg.): *The History of Western Philosophy of Religion.* Vol. 2: *Medieval Philosophy of Religion.* New York 2009, 209–221.

Runia, David T.: „Philo of Alexandria". In: Graham Oppy/Nick Trakakis (Hg.): *The History of Western Philosophy of Religion.* Vol. 1: *Ancient Philosophy of Religion.* New York 2009, 133–144.

Schmied-Kowarzik, Wolfdietrich: *Rosenzweig im Gespräch mit Ehrenberg, Cohen und Buber.* Freiburg/München 2006.

Seubert, Harald: *Zwischen Religion und Vernunft. Vermessung eines Terrains.* Baden-Baden 2013.

van Inwagen, Peter: „Ontological Arguments". In: Charles Taliaferro/Paul Draper/Philip L. Quinn (Hg.): *A Companion to Philosophy of Religion.* Malden (MA)/Oxford 2010, 349–367.

Weiterführende Literatur

Adams, Robert: „Divine Necessity". In: *Journal of Philosophy* 80 (1983), 741–752.

Adams, Robert: „The Logical Structure of Anselm's Argument". In: *The Philosophical Review* 80 (1971), 41–48.

Adamson, Peter: *Al-Kindī.* New York 2007.

Adamson, Peter: *In the Age of Averroes: Arabic Philosophy in the Sixth/Twelfth Century.* London 2011.

Adamson, Peter/Taylor, Richard C. (Hg.): *The Cambridge Companion to Arabic Philosophy.* Cambridge 2005.

Al-Ghazālī, Abu-Hamid Muhammad: *Al-Munqiḏ min aḏ-ḏalāl (Der Erretter aus dem Irrtum).* Hamburg 1988 (arab. 1109).

Al-Ghazālī, Abu-Hamid Muhammad: *Die Nische der Lichter (Miškāt al-anwār).* Aus dem Arabischen übers., mit einer Einl., mit Anm. u. Indices hg. v. ʿAbd-Elṣamad ʿAbd-Elḥamīd Elschazlī. Hamburg 1987 (arab., nach 1106).

Alles, Thorben: „Gödels ontologischer Gottesbeweis im Kontext der Systematischen Theologie". In: *Neue Zeitschrift für Systematische Theologie und Religionswissenschaft* 62 (2020), 1–40.

Alston, William P.: *Perceiving God. The Epistemology of Religious Experience.* Ithaca (NY)/London 1991. Dt.: *Gott wahrnehmen. Die Erkenntnistheorie religiöser Erfahrung.* Frankfurt a. M. u. a. 2006.

Anselm von Canterbury: *Proslogion/Anrede.* Lateinisch/Deutsch. Ditzingen 2005 (lat. 1077/78).

Aristoteles: *Metaphysik. Bücher I(A)-VI(E).* Griechisch-Deutsch. Hamburg 1989 (gr. 4. Jh. v. Chr., kompiliert im 1. Jh. v. Chr.).

Aristoteles: *Metaphysik. Bücher VII(Z)-XIV(N).* Griechisch-Deutsch. Hamburg 1991.

Asmuth, Christoph/Drilo, Kazimir (Hg.): *Der Eine oder der Andere. „Gott" in der klassischen deutschen Philosophie und im Denken der Gegenwart.* Tübingen 2009.

Assel, Heinrich: *Geheimnis und Sakrament. Die Theologie des göttlichen Namens bei Kant, Cohen und Rosenzweig.* Göttingen 2001.

Augustinus, Aurelius: *De trinitate.* Lateinisch-deutsch. Hamburg 2003 (lat. 428).

Bailey, Andrew M.: *Monotheism and Human Nature.* Cambridge 2021.

Bienenstock, Myriam: *Cohen und Rosenzweig. Ihre Auseinandersetzung mit dem deutschen Idealismus.* Freiburg/München 2018.

Boethius: *Consolatio philosophiae.* Oxford 1999 (engl. Übers.; lat. 525).

Böhr, Christoph/Gerl-Falkovitz, Hanna-Barbara (Hg.): *Gott denken. Zur Philosophie von Religion.* Wiesbaden 2019.

Bonaventura: *De mysterio trinitatis.* In: Doctoris Seraphici S. Bonaventurae Opera omnia. Bd. V. Quaracchi 1891 (lat. 1254/55).

Buber, Martin: *Ich und Du.* Stuttgart 2008 (1923).

Buber, Martin: *Schriften zu Philosophie und Religion.* Gütersloh 2017.

Buckareff, Andrei A.: „Theistic Consubstantialism and Omniscience". In: *Religious Studies* 54 (2018), 233–245.

Buckareff, Andrei A./Nagasawa, Yujin (Hg.): *Alternative Concepts of God. Essays on the Metaphysics of the Divine.* Oxford 2016.

Cahn, Steven M./Shatz, David (Hg.): *Questions about God. Today's Philosophers Ponder the Divine.* Oxford 2002.

Campbell, Richard: *Rethinking Anselm's Arguments.* Leiden 2018.

Carter, Brandon: „Large Number *Coincidences* and the Anthropic Principle in Cosmology". In: Malcom Sim Longair (Hg.): *Confrontation of Cosmological Theories with Obversational Data (International Astronomical Union Symposium No. 63).* Dordrecht/Boston (MA) 1974, 291–298.

Ceming, Katharina: *Mystik im interkulturellen Vergleich.* Nordhausen 2005.

Clarke, Samuel: *A Demonstration of the Being and Attributes of God.* Cambridge/New York 1998.

Copan, Paul/Moser, Paul K. (Hg.): *The Rationality of Theism.* London 2003.

Cohen, Hermann: *Religion der Vernunft aus den Quellen des Judentums Eine jüdische Religionsphilosophie.* Wiesbaden 2008 (1919).

Copan, Paul: „The Moral Argument". In: Copan/Meister [2]2013, 422–432.

Craig, William Lane: *Divine Foreknowledge and Human Freedom. The Coherence of Theism I: Omniscience.* Leiden 1990.

Craig, William Lane: *God, Time, and Eternity. The Coherence of Theism II: Eternity.* Dordrecht 2001.

Craig, William Lane: „Cosmological Argument". In: Chad Meister/Paul Copan (Hg.): *Philosophy of Religion. Classic and Contemporary Issues.* Malden (MA) 2008, 83–97.

Craig, William Lane/Smith, Quentin (Hg.): *Theism, Atheism, and Big Bang Cosmology.* Oxford 1993.

Dagli, Caner K.: *Ibn al-'Arabī and Islamic Intellectual Culture. From Mysticism to Philosophy.* London/New York 2016.

Davis, Stephen T.: *God, Reason, and Theistic Proofs.* Grand Rapids (MI) 1997.

Dawes, Gregory W.: *Theism and Explanation.* London/New York 2009.

De Balbian, Ulrich: *Theorizing about a Mystical Approach.* Oxford 2018.

De Florio, Ciro/Frigerio, Aldo: *Divine Omniscience and Human Free Will. A Logical and Metaphysical Analysis.* Berlin/Heidelberg 2019.

Deng, Natalja: *God and Time.* Cambridge 2019.

De Poe, John M./McNabb, Tyler (Hg.): *Debating Christian Religious Epistemology. An Introduction to Five Views on the Knowledge of God.* New York 2020.

Descartes, René: *Meditationes de prima philosophia/Meditationen über die Grundlagen der Philosophie.* In: René Descartes: *Philosophische Schriften in einem Band.* Hamburg 1996 (lat. 1641).

Diagne, Souleymane Bachir: *Open to Reason: Muslim Philosophers in Conversation with the Western Tradition.* New York 2018.

Diagne, Souleymane Bachir: *Philosophieren im Islam.* Wien 2021.

Diamond, James Arthur: *Jewish Theology Unbound.* Oxford 2018.

Di Ceglie, Roberto: „Divine Hiddenness and the Suffering Unbeliever Argument". In: *European Journal for Philosophy of Religion* 12 (2020), 211–235.

Fakhry, Majid: *Al-Fārābī, Founder of Islamic Neoplatonism. His Life, Works and Influence.* Oxford 2002.

Fakhry, Majid: *Averroes (Ibn Rushd). His Life, Works and Influence.* Oxford 2006.

Fakhry, Majid: *Ethical Theories in Islam.* Leiden/New York/Köln [2]1994.

Fakhry, Majid: *A History of Islamic Philosophy.* New York [3]2005.

Fakhry, Majid: *Islamic Philosophy. A Beginner's Guide.* Oxford 1997.

Fakhry, Majid: *Philosophy, Dogma and the Impact of Greek Thought in Islam.* Aldershot 1994.

Fakhry, Majid: *A Short Introduction to Islamic Philosophy, Theology and Mysticism.* Oxford 1998.

Fales, Evan: *Divine Intervention: Metaphysical and Epistemological Puzzles.* New York 2010.

Farrugia, Robert: „Phenomenology of Interior Life and the Trinity". In: *Forum Philosophicum: International Journal for Philosophy*, 25 (2020), 71–88.

Feser, Eduard: *Fünf Gottesbeweise: Aristoteles, Plotin, Augustinus, Thomas von Aquin, Leibniz.* Heusenstamm 2018.

Fischer, John Martin (Hg.): *God, Foreknowledge, and Freedom.* Stanford (CA) 1989.

Forrest, Peter: *Developmental Theism. From Pure Will to Unbounded Love.* Oxford 2008.

Furlong, Peter: *The Challenges of Divine Determination. A Philosophical Analysis.* Cambridge 2019.

Gale, Richard M.: *On the Nature and Existence of God.* Cambridge 1992.

Gale, Richard M./Pruss, Alexander R. (Hg.): *The Existence of God.* Aldershot 2003.

Gale, Richard M./Pruss, Alexander R.: „A New Cosmological Argument". In: *Religious Studies* 35 (1999), 461–476.

Ganssle, Gregory E./Woodruff, David M. (Hg.): *God and Time. Essays on the Divine Nature.* New York 2001.

Gasser, Georg/Grössl, Johannes/Stump, Eleonore (Hg.): *Göttliches Vorherwissen und menschliche Freiheit. Beiträge aus der aktuellen analytischen Religionsphilosophie.* Stuttgart 2015.

Gellman, Jerome I.: *Mystical Experience of God. A Philosophical Inquiry.* Burlington (VT) 2001.

Gerhardt, Volker: *Der Sinn des Sinns. Versuch über das Göttliche.* München 2014.

Gestrich, Christof (Hg.): *Gott der Philosophen – Gott der Theologen. Zum Gesprächsstand nach der analytischen Wende.* Berlin 1999.

Gilgenbach, Felician: „‚Gott ist die Barmherzigkeit ‘. Analytische Diskussion einer These von Mouhanad Khorchide". In: *Theologie und Philosophie* 92 (2017), 215–245.

Glöckner, Richard: *Meister Eckhart, Philosoph und Mystiker des Christentums. Aus den deutschsprachigen Predigten und Traktaten: Texte und Interpretationen.* Berlin 2018.

Göcke, Benedikt Paul: „Panentheismus". In: Klaus Viertbauer/Georg Gasser (Hg.): *Handbuch Analytische Religionsphilosophie. Akteure – Diskurse – Perspektiven.* Berlin 2019, 283–294.

Gordon, Liran Shia: „‚All is Foreseen, and Freedom of Choice is Granted‘: A Scotistic Examination of God's Freedom, Divine Foreknowledge and the Arbitrary Use of Power". In: *Heythrop Journal* 60 (2019), 711–726.

Hartshorne, Charles: *Anselm's Discovery: A Re-Examination of the Ontological Proof for God's Existence.* La Salle (IL) 1991 (1967).

Hartshorne, Charles: *Aquinas to Whitehead: Seven Centuries of Metaphysics of Religion.* Milwaukee (WI) 1976.

Hartshorne, Charles: *The Divine Relativity. A Social Conception of God.* New Haven (CT) 1964 (1948).

Hartshorne, Charles: *The Logic of Perfection.* La Salle (IL) [4]1991 (1962).

Hartshorne, Charles: *Omnipotence and Other Theological Mistakes.* Albany (NY) 1984.

Hartshorne, Charles/Reese, William L. (Hg.): *Philosophers Speak of God.* Amherst (NY) 2000.

Hume, David: *Eine Untersuchung über den menschlichen Verstand.* Hamburg 1993 (engl. 1748).

Hume, David: *Dialogues Concerning Natural Religion* [1779]. New York 1947. Dt.: *Dialoge über natürliche Religion.* Stuttgart 1986 (1779).

Kanckos, Annika/Woltzenlogel Paleo, Bruno: „Variations of Gödel's Ontological Proof in a Natural Deduction Calculus". In: *Studia Logica* 105 (2017), 553–586.

Kant, Immanuel: *Kritik der reinen Vernunft.* Hg. v. Jens Timmermann. Hamburg 2003 (1781/1787).

Kant, Immanuel: *Kritik der praktischen Vernunft.* Hg. v. Horst D. Brandt u. Heine F. Klemme. Hamburg 2003 (1788).

Kant, Immanuel: *Kritik der Urteilskraft.* Hg. v. Heiner F. Klemme. Hamburg 2003 (1790).

Kobusch, Theo: *Christliche Philosophie. Die Entdeckung der Subjektivität.* Darmstadt 2006.

Koca, Ozgur: *Islam, Causality, and Freedom. From the Medieval to the Modern Era.* Cambridge 2020.

Landsmann, Klaas: „The Fine-Tuning Argument: Exploring the Improbability of Our Existence". In: Klaas Landsmann/Ellen van Wolde (Hg.): *The Challenge of Chance: A Multidisciplinary Approach for Science and the Humanities.* Heidelberg 2016, 111–130.

Lawson, Todd (Hg.): *Reason and Inspiration in Islam. Theology, Philosophy and Mysticism in Muslim Thought.* London 2005.

Leaman, Oliver: *An Introduction to Classical Islamic Philosophy.* Cambridge [u.a.] [2]2002.

Leibniz, Gottfried Wilhelm: *Versuche in der Theodicée über die Güte Gottes, die Freiheit des Menschen und den Ursprung des Übels.* Hamburg 2000 (frz. 1710).

Leibniz, Gottfried Wilhelm: *Monadologie.* Frz.-Dt. Stuttgart 1998 (frz. 1714).

Leon, Felipe/Rasmussen Josh, Joshua L.: *Is God the Best Explanation of Things? A Dialogue.* Basingstoke 2019.

Lessing, Gotthold Ephraim Lessing: *Nathan der Weise.* Ein dramatisches Gedicht in fünf Aufzügen. Stuttgart 2000 (1779).

Löffler, Winfried: „Die Attribute Gottes". In: Markus Schrenk (Hg.): *Handbuch Metaphysik.* Stuttgart 2017, 201–207.

Luomanen, Petri/Pessi, Anne Birgitta/Pyysiainen, Ilkka (Hg.): *Christianity and the Roots of Morality. Philosophical, Early Christian, and Empirical Perspectives.* Leiden/Boston (MA) 2017.

Maimonides, Moses: *Führer der Unschlüssigen.* Buch 1–3. Hamburg 1995 (jüdäo-arab. 1190).

Mann, William: „The Divine Attributes". In: *American Philosophical Quarterly* 12 (1975), 151–159.

Manson, Neil A. (Hg.): *God and Design. The Teleological Argument and Modern Science.* London 2003.

Marenbon, John: „Boethius". In: Graham Oppy/Nick Trakakis (Hg.): *The History of Western Philosophy of Religion.* Vol. 2: *Medieval Philosophy of Religion.* New York 2009, 19–32.

Martin, Richard C./Woodward, Mark Rhey/Atmaja, Dwi S. (Hg.): *Defenders of Reason in Islam: Mu'tazilism and Rational Theology from Medieval School to Modern Symbol.* Oxford 1997.

Marschler, Thomas/Schärtl, Thomas (Hg.): *Eigenschaften Gottes. Ein Gespräch zwischen systematischer Theologie und analytischer Philosophie.* Münster 2015.

McCabe, Herbert: *God Still Matters.* London/New York 2002.

McMullin, Ernan (Hg.): *Evolution and Creation.* Notre Dame (IN) 1985.

Mendelssohn, Moses: *Jerusalem oder über religiöse Macht und Judentum.* Hamburg 2010 (1783).

Metz, Thaddeus: *God, Soul and the Meaning of Life.* Cambridge 2019.

Mooney, Justin: „From a Cosmic Fine-Tuner to a Perfect Being". In: *Analysis* 79 (2019), 449–452.

Morris, Thomas V. (Hg.): *Divine and Human Action.* Ithaca (NY) 1988.

Moser, Paul K.: *The Evidence for God. Religious Knowledge Reexamined.* New York 2010.

Muck, Otto: *Philosophische Gotteslehre.* Düsseldorf ²1990.

Muck, Otto: „Eigenschaften Gottes im Licht des Gödelschen Arguments". In: *Theologie und Philosophie* 67 (1992), 60–85.

Müller, Klaus: *Gott erkennen. Das Abenteuer der Gottesbeweise.* Regensburg 2001.

Nazarova, Oksana: *Das Problem der Wiedergeburt und Neubegründung der Metaphysik am Beispiel der christlichen philosophischen Traditionen. Die russsische religiöse Philosophie (Simon L. Frank) und die deutschsprachige neuscholastische Philosophie (Emerich Coreth).* München 2018.

Neher, André: *Jüdische Identität. Einführung in das Judentum.* Hamburg 1995 (frz. 1977).

Paley, William: *Natural Theology or Evidence of the Existence and Attributes of the Deity, Collected from the Appearances of Nature.* Oxford 2006 (1802).

Plantinga, Alvin: *God, Freedom and Evil.* New York 1974.

Plantinga, Alvin: „The Ontological Argument". In: James F. Sennett (Hg.): *The Analytic Theist. An Alvin Plantinga Reader.* Grand Rapids (MI)/ Cambridge Mich./Cambridge, U.K. 1998, 50–71.

Platon: *Gesetze (Nomoi).* In: Platon: *Werke in acht Bänden.* Achter Band. Darmstadt 1977 (gr. um 350 v. Chr.).

Pseudo-Dionysius Aeropagita: *Über die mystische Theologie und Briefe (Peri mystikes theologias)* Stuttgart 1994 (gr., frühes 6. Jh.).

Quint, Josef (Hg.): *Meister Eckehart: Deutsche Predigten und Traktate.* München 1985.

Richard von Sankt-Viktor: *Die Dreieinigkeit (De trinitate).* Einsiedeln 1980 (lat. zw. 1162 u. 1173).

Rosenzweig, Franz: *Der Stern der Erlösung.* In: Franz Rosenzweig: *Der Mensch und sein Werk. Gesammelte Schriften I-IV.* Bd. II. Den Haag 1976ff (1921).

Saadya Gaon: *Book of Doctrines and Beliefs.* In: Hans Lewy/Alexander Altman/Isaak Heinemann (Hg.): *Three Jewish Philosophers.* New York 1985 (arab. 933).

Schaeffler, Richard: *Philosophische Einübung in die Theologie.* Bd. 1: *Zur Methode und zur theologischen Erkenntnislehre.* Bd. 2: *Philosophische Einübung in die Gotteslehre.* Bd. 3: *Philosophische Einübung in Ekklesiologie und Christologie.* Freiburg/München 2008.

Schaeffler, Richard: *Philosophisch von Gott reden. Überlegungen zum Verhältnis einer Philosophischen Theologie zur christlichen Glaubensverkündigung.* Freiburg/München 2006.

Schärtl, Thomas: *Theo-Grammatik. Zur Logik der Rede vom trinitarischen Gott.* Regensburg 2003.

Schärtl, Thomas: „Allmacht, Allwissenheit und Allgüte". In: Klaus Viertbauer/Georg Gasser Georg (Hg.): *Handbuch Analytische Religionsphilosophie. Akteure – Diskurse – Perspektiven.* Stuttgart 2019, 124–143.

Schärtl, Thomas: „Gottes Ewigkeit und Allwissenheit". In: *Theologie und Philosophie* 88 (2013), 321–339.

Schärtl, Thomas: „Trinität als Gegenstand der Analytischen Theologie". In: *Zeitschrift für Katholische Theologie* 135 (2013), 26–50.

Scheler, Max: *Die Stellung des Menschen im Kosmos* In: ders.: *Späte Schriften.* Gesammelte Werke Bd. 9. Bonn 1995 (1928).

Scheler, Max: *Vom Ewigen im Menschen.* Gesammelte Werke Bd. 5. Bonn 2000 (1921).

Schellenberg, John L.: *The Hiddenness Argument. Philosophy's New Challenge to Belief in God.* Oxford 2015.

Schimmel, Annemarie: *Mystische Dimensionen des Islam.* Frankfurt a.M./Leipzig 1995.

Schimmel, Annemarie: *Deciphering the Signs of God. A Phenomenological Approach to Islam.* Albany (NY) 1994.

Schleiff, Matthias: *Schöpfung, Zufall oder viele Universen? Ein teleologisches Argument aus der Feinabstimmung der Naturkonstanten.* Tübingen 2019.

Schmidtke, Sabine (Hg.): *The Oxford Handbook of Islamic Theology.* Oxford 2016.

Schmied-Kowarzik, Wolfdietrich: *Vom Gott der Philosophen. Religionsphilosophische Erkundungen.* Freiburg/München 2020.

Spinoza, Baruch de: *Ethik. In geometrischer Weise behandelt in fünf Teilen.* Übers. v. Jakob Stern. Berlin 2016 (lat. 1662–1665).

Stewart, David (Hg.): *Exploring the Philosophy of Religion.* London/New York 2016.

Swinburne, Richard: *The Existence of God.* Oxford ²2004.

Tennant, Frederik Robert: *Philosophical Theology* [1928/30]. 2 Bde. Cambridge 1968.

Thomas von Aquin: *Summa theologica* (1265–1273). Die deutsche Thomas-Ausgabe. Graz u.a. ²1981.

Torchia, Joseph: *Creation and Contingency in Early Patristic Thought: The Beginning of All Things.* Lanham (MD) 2019.

Turner, James T.: *On the Resurrection of the Dead. A New Metaphysics of Afterlife for Christian Thought.* New York 2019.

van Inwagen, Peter: *God, Knowledge and Mystery: Essays in Philosophical Theology.* Ithaca (NY) 1995.

Vannier, Marie-Anne (Hg.): *La naissance de Dieu dans l'âme chez Maître Eckhart et Nicolas de Cues.* Paris 2006.

Verseet, Joelle: *Die rationale Wahrscheinlichkeit der Existenz Gottes: Eine Abhandlung des kosmologischen Arguments bei Richard Swinburne und John Leslie Mackie.* Münster 2006.

Viertbauer, Klaus/Schmidinger, Heinrich (Hg.): *Glauben denken. Zur philosophischen Durchdringung der Gottesrede im 21. Jahrhundert.* Darmstadt 2016.

Wallace, Stan W. (Hg.): *Does God Exist? The Craig-Flew-Debate.* Aldershot/Burlington (VT) 2003.

Webb, William M.: „Petitionary Prayer for the Dead and the Boethian Concept of a Timeless God". In: *International Philosophical Quarterly* 59 (2019), 65–76.

Weiss, Daniel H.: *Paradox and the Prophets. Hermann Cohen and the Indirect Communication of Religion.* Oxford 2012.

Welti, Ernst: *Gründe für Gott. Ein Indizienbeweis.* München 2019.

Westkamp, Dirk: *Via negativa. Sprache und Methode der negativen Theologie.* München 2005.

Wierenga, Edward: *The Nature of God.* New York 1989.

Wiertel, Derek Joseph: „Classical Theism and the Problem of Animal Suffering". In: *Theological Studies* 78 (2017), 659–695.

Wiertz, Oliver J.: „Allgegenwart, (Außer-)Zeitlichkeit und Unveränderlichkeit". In: Klaus Viertbauer/ Georg Grasser (Hg.). *Handbuch Analytische Religionsphilosophie. Akteure – Diskurse – Perspektiven.* Stuttgart 2019, 159–174.

Wiertz, Oliver J.: „Der sensus divinitatis, die Erbsünde und das Problem menschlicher Freiheit gegenüber Gott". In: *Theologie und Philosophie* 81 (2006), 548–576.

Wirtz, Markus: *Religiöse Vernunft. Glauben und Wissen in interkultureller Perspektive.* Freiburg/München 2018.

Nicht-theistische Religionsphilosophie

Inhaltsverzeichnis

4.1   Nicht-theistische Denkschulen der klassischen
        indischen Philosophie – 185

4.2   Nicht-theistische Strömungen aus Ostasien –
        199

4.3   Westliche Theismuskritik – 215

        Literatur – 232

© Springer-Verlag GmbH Deutschland, ein Teil von Springer Nature 2022
M. Wirtz, *Religionsphilosophie*,
https://doi.org/10.1007/978-3-476-05711-2_5

Das 4. Kapitel befasst sich mit Religionsphilosophien, in denen die Idee eines personalen Schöpfergottes entweder keine besondere Rolle spielt oder aber kritisiert wird. Unter dem Oberbegriff nicht-theistischer Religionsphilosophie lassen sich somit Fragestellungen und Problemlösungsversuche aus weit auseinanderliegenden philosophischen Gedankenwelten bündeln. Ihre übergreifende systematische Gemeinsamkeit besteht darin, dass sie Religionsphilosophie ohne oder gegen den Glauben an einen allmächtigen Schöpfergott betreiben.

Anknüpfend an die in ▶ Abschn. 3.4.4 dargestellten theistischen Positionen der klassischen indischen Philosophie werden nunmehr die nicht-theistischen Positionen der orthodoxen und heterodoxen Schulen des indischen Denkens betrachtet, zu denen auch der Buddhismus gehört (4.1). Es folgt sodann eine Darstellung der wichtigsten nicht-theistischen Religionen/Philosophien aus Ostasien (4.2), wobei die Schwerpunkte auf den chinesischen Strömungen des Konfuzianismus und Daoismus sowie auf den ostasiatischen Weiterentwicklungen des Buddhismus liegen werden. ▶ Abschn. 4.3 befasst sich schließlich mit der europäischen Theismus- und Religionskritik der Neuzeit und Moderne. Denn die Kritik an der Religion und die Entwicklung contra-theistischer Argumente gehört ebenso zur Religionsphilosophie wie die Ausarbeitung pro-theistischer Argumente und die epistemische Rechtfertigung religiösen Glaubens.

Durch die Einbeziehung der klassischen indischen und chinesischen ‚Religionsphilosophie‘ erhält die Darstellung eine Kulturen übergreifende Ausrichtung, die dem Umstand Rechnung trägt, dass sich die Religionsphilosophie im 21. Jh. auf dem Weg zu einer globalen, inter- und transkulturellen Reflexion auf religiöse Phänomene befindet. In terminologischer Hinsicht ist hierbei allerdings zu beachten, dass der Begriff „Religionsphilosophie" bezogen auf die klassische indische und chinesische Philosophie eine andere Bedeutung annimmt als im Hinblick auf die moderne philosophische Disziplin, die aus der natürlichen Theologie des Christentums hervorgegangen ist (▶ Abschn. 1.2). Die im vorigen Abschnitt verwendete Schreibweise „Religionen/Philosophien aus Ostasien" soll signalisieren, dass sich die Beziehungen zwischen spirituellen und rationalen Aktivitäten innerhalb der religiösen Strömungen Indiens und Chinas strukturell deutlich anders gestaltet haben als in den monotheistischen Religionen und zumal im Christentum. Im Okzident wurde die antike Philosophie mit einer religiösen Offenbarungsbotschaft verknüpft, zu deren theologischer Systematisierung sie viele Jahrhunderte lang beitrug, bevor sich das philosophische und wissenschaftliche Denken in der Neuzeit von der christlichen Religion zunehmend emanzipierte. In den indischen und ostasiatischen Religionen/Philosophien entwickelte sich demgegenüber das philosophische Denken zumeist innerhalb eines religiös geprägten Kontextes und blieb über die Jahrhunderte hinweg ein integraler Bestandteil des jeweiligen spirituellen Bezugssystems (z. B. des Daoismus oder Buddhismus). Umgekehrt schlossen sich aber bisweilen auch religiöse Praktiken erst nachträglich an philosophische Lehren an (etwa im Falle des Konfuzianismus), so dass es auch in dieser Hinsicht keinen Anlass für eine Emanzipation des rationalen philosophischen Denkens von religiöser Offenbarung, wie sie die europäische Geistesgeschichte prägte, gab.

Gerade wegen der unterschiedlich ausgeprägten Relationen zwischen Spiritualität und Rationalität, die religiös-philosophische Strömungen aus Indien und China kennzeichnen, ist es mit Blick auf die zunehmend interkulturelle Orientierung der Religionsphilosophie unverzichtbar, sich intensiv mit den Philosophien des Hinduismus, des Buddhismus, des Jainismus, des Konfuzianismus, des Daoismus und weiterer ostasiatischer Religionen auseinanderzusetzen. Wenn Religionsphilosophie tatsächlich global werden soll, dann muss sie neben den monotheistischen Traditionen, aus denen sie selbst hervorgegangen ist, auch nicht-theistische Religiosität und Spiritualität verstärkt berücksichtigen.

Zwar sind die meisten Menschen im 21. Jh. offiziellen Zählungen zufolge Anhänger/innen monotheistischer Glaubensgemeinschaften (ca. 55 % der Weltbevölkerung, wobei ca. 30 % auf das Christentum, ca. 24 % auf dem Islam und ca. 1 % auf das Judentum entfallen; Quelle: PEW-Templeton Global Religious Futures Project; ► http://www.globalreligiousfutures.org). Aber eine immerhin sehr große Minderheit von 45 % der Menschheit ist entweder konfessionslos (ca. 15 %), gehört Weltreligionen an, die keinen dezidierten Monotheismus vertreten (ca. 15 % Hinduismus; ca. 7 % Buddhismus), oder lässt sich dem breiten Spektrum der Volks- und Stammesreligionen zuordnen, die polytheistische oder animistische Vorstellungen beinhalten (ca. 8 %). Angesichts dieser empirischen Verteilung der weltweiten religiösen Zugehörigkeiten wäre die Religionsphilosophie höchst einseitig und voreingenommen, wenn sie sich in ihren Untersuchungen auf Fragestellungen, die nur innerhalb monotheistischer Systeme relevant sind, beschränken würde.

4.1 Nicht-theistische Denkschulen der klassischen indischen Philosophie

Innerhalb der neun traditionellen Schulen der indischen Philosophie finden sich verschiedene Ausprägungen theistischer und nicht-theistischer Auffassungen. Dieses Kapitel wird sich ausschließlich auf die nicht-theistischen Strömungen des klassischen indischen Denkens konzentrieren (zu den theistischen Strömungen ► Abschn. 3.4.4). Die Darstellung wird sich dabei an der Grundunterscheidung der *darśanas* (Philosophiesysteme) zwischen orthodoxen *(āstika)* und heterodoxen Schulen *(nāstika)* orientieren, also denjenigen Schulen, welche die Autorität der vedischen Schriften anerkennen, und jenen, welche sie bestreiten. Zunächst sollen die orthodoxen Philosophieschulen betrachtet werden (4.1.1), unter denen Mīmāṃsā als atheistisch, Sāṃkhya als teilweise atheistisch, Yoga als minimal-theistisch und der Advaita-Vedānta als nicht-theistisch (im Sinne des Glaubens an einen personalen Schöpfergott) gelten können.

Eindeutig nicht-theistisch sind die heterodoxen Schulen der klassischen indischen Philosophie (4.1.2), zu denen auch der Buddhismus gezählt wird. Dieser hat sich im Laufe seiner jahrhundertelangen Entwicklung als eigenständige Weltreligion wiederum in viele verschiedene Schulen und Strömungen ausdifferenziert, die hier sowie in ► Abschn. 4.2.3 nur exemplarisch betrachtet werden können. Daneben gehören auch der Jainismus sowie die materialistische Cārvāka-Schule zu den nicht-theistischen heterodoxen Strömungen der indischen Philosophie.

Trotz der vielen verschiedenen Spielarten nicht-theistischer Auffassungen in den klassischen Denkschulen der indischen Philosophie war die religiöse Einstellung der Bewohner:innen des indischen Subkontinents zu keiner Zeit mehrheitlich atheistisch. Einer Volkszählung aus dem Jahr 2011 zufolge ordneten sich gerade einmal 0,003 % der indischen Bevölkerung dem Atheismus zu (▶ https://de.wikipedia.org/wiki/Atheismus_in_Indien). Man muss sich in diesem Zusammenhang vor Augen führen, dass es in der indischen Tradition stets eine Diskrepanz zwischen den oftmals sehr freigeistigen philosophischen Argumenten einer intellektuellen Elite auf der einen und der gelebten Volksfrömmigkeit auf der anderen Seite gegeben hat. Die spirituelle Praxis des Hinduismus bezieht sich zwar oftmals auf eine oder mehrere der klassischen Schulen zurück, allerdings nicht unbedingt in der Weise, dass sich deren subtile Gedankengänge in der von Ritualen und Festen geprägten Religiosität exakt widerspiegeln würden. (In den monotheistischen Religionen verhält es sich übrigens nicht grundsätzlich anders; auch dort gibt es bekanntlich eine deutliche Differenz zwischen theologischen Expert:innen und religiösen Laien.) Da es in unserem Kontext primär um die religionsphilosophischen Aspekte und nicht so sehr um die faktisch gelebte Religiosität und Spiritualität des Hinduismus geht, muss uns diese Diskrepanz hier nicht weiter beschäftigen.

4.1.1   Orthodoxe Schulen *(āstika darśanas)*

Sāṃkhya: Das Sāṃkhya, die Schule der ‚Aufzählung‘ (der Wirklichkeitsprinzipien), gilt als eines der ältesten Systeme der indischen Philosophie. Es verbindet eine metaphysisch-ontologische Deutung der Wirklichkeit mit dem spirituellen Ziel einer Befreiung des Selbst bzw. des Geistes. Innerhalb der orthodoxen, also der vedentreuen Richtungen des indischen Denkens wird das Sāṃkhya in eine enge Verbindung mit der Yoga-Schule gebracht, die als praktische Auslegung von Teilaspekten der Sāṃkhya-Philosophie aufgefasst werden kann. Die älteste erhaltene Quelle des Sāṃkhya ist der Text *Sāṃkhya-kārikā* von Īśvarakṛṣṇa (ca. 350–450), der sich wiederum auf ältere Überlieferungen beruft. Denkfiguren des Sāṃkhya finden sich bereits in den Upanishaden (z. B. in der *Chāndogya-* und in der *Śvetāśvatara*-Upanishade), in denen auch der legendäre Gründer dieser Denkrichtung, der Weise Kapila, erwähnt wird. Auch die *Bhagavad-gītā* ist von der Philosophie und Terminologie des Sāṃkhya beeinflusst. In diesen heiligen Schriften tritt das Sāṃkhya allerdings zumeist in einer theistischen Interpretation auf. Alleine an diesem Umstand lässt sich schon ablesen, dass die Sāṃkhya-Schule nicht als eindeutig atheistisch bezeichnet werden kann. Vielmehr existieren sowohl theistische *(seśvara)* als auch atheistische *(nirīśvara)* Strömungen innerhalb des Sāṃkhya.

Dualismus von Geist und Materie: Im Zentrum der Philosophie des Sāṃkhya steht ein metapyhsischer Dualismus zweier Urprinzipien: *puruṣa* (passiver Geist, ewiges, reines, unveränderliches Bewusstsein) und *prakṛti* (oder *pradhāna;* die Urmaterie, das aktive, dynamische und veränderliche Prinzip), aus deren Verbindung 23 weitere Prinzipien hervorgehen. Alles Existierende lässt sich auf der

Grundlage der insgesamt 25 Prinzipien *(tattvas)* analysieren, die das Wesen der Realität ausmachen. Diese wird im Sāṃkhya nicht – wie etwa im Advaita-Vedānta – als illusorisch aufgefasst. Das Ziel des Menschen besteht für die Sāṃkhya-Schule darin, das ursprüngliche Geistprinzip aus seiner Verbindung mit der Natur zu befreien. Dafür ist es erforderlich, die Zusammengesetztheit der Natur aus den drei Aspekten *(guṇas)* Reinheit *(sattva;* symbolisiert durch die Farbe Weiß), Bewegung *(rajas;* symbolisiert durch die Farbe Rot) und Ruhe/Trägheit *(tamas;* symbolisiert durch die Farbe Schwarz) einzusehen. Aus den Mischungen dieser drei sich wechselseitig bestimmenden Aspekte sind auch alle mentalen Zustände, Gedanken, Gefühle etc. zusammengesetzt.

Erlösung aus dem Kreislauf der Wiedergeburten: Das Verhältnis von Geist und Natur wird im Sāṃkhya durch das Bild eines farblosen Kristalls, in dem sich eine farbenprächtige Blume spiegelt, symbolisiert. Der Geist enthält für sich genommen keine der drei Aspekte der Natur, er reflektiert sie nur. Wird das unveränderliche Bewusstsein als die wahre Wirklichkeit des Geistes erkannt, so besteht die Möglichkeit, dem Kreislauf der Wiedergeburten und des Leidens *(saṃsāra)* zu entrinnen, in den uns jede einzelne Handlung *(karman)* immer wieder aufs Neue verstrickt. Ähnlich wie der Buddhismus basiert auch die Sāṃkhya-Philosophie auf der Einsicht in die Unbeständigkeit menschlichen Glücks und in das Leiden *(duḥka)* als bestimmende Konstante der Existenz. Selbst dann, wenn alle äußeren Probleme gelöst zu sein scheinen, bleibt im Inneren des Menschen eine nicht zu stillende Unruhe und Instabilität, so lange der Geist in die Natur versenkt bleibt. Erst durch die Lösung seiner Verbindung mit der Natur vermag er in einen Zustand des reinen Seins, *kaivalya,* zu gelangen.

Antitheistische Aspekte des Sāṃkhya: Antitheistische Argumente lassen sich insbesondere dem *Sāṃkhya-sūtra* entnehmen, einer Schrift aus dem 14. oder 15. Jh., deren Inhalte allerdings auf den mythischen Gründer der Sāṃkhya-Schule, Kapila, zurückgeführt werden. Der Text besteht aus 527 Aphorismen *(sūtras)* in 6 Abteilungen, die seit dem 15. Jh. mehrfach kommentiert wurden. Dass rationale Beweise für die Existenz Gottes möglich seien, wird im *Sāṃkhya-sūtra* ausdrücklich bestritten. Manche Kommentatoren haben daraus eine Erklärung des Universums abgeleitet, die von einer autonomen, spontanen Selbstentwicklung der Natur *(svabhāva)* ausgeht. Gott wird demnach weder als materielle noch als Wirkursache benötigt, da *prakṛti* und *puruṣa* diese Ursachen selbst repräsentieren. Die Entfaltung der Natur geschieht durch die Störung des anfänglichen Gleichgewichtszustands der Materie *(prakṛti)* durch die geistigen *puruṣas.* Das Ziel der Natur besteht letztlich darin, dass *prakṛti* von den *puruṣas* erfahren werde, um sich sodann von ihr lösen zu können (Mall 2012, 223). Vermutlich kommt man dem spezifischen Atheismus des Sāṃkhya näher, wenn man ihn – ähnlich wie im Falle des Buddhismus – als eine Form des spirituell begründeten Desinteresses an der Gottesfrage begreift: Für die Befreiung des Geistes im Sinne des Sāṃkhya scheint es schlicht irrelevant zu sein, ob es einen Gott gibt oder nicht.

Yoga: Diese Einstellung gegenüber der Frage nach der Existenz Gottes prägt im Prinzip auch die mit dem Sāṃkhya verbundene Strömung des Yoga, dessen zentraler Text das dem Gelehrten Patañjali zugeschriebene *Yoga-sūtra* ist. Das letztendliche Ziel der Yoga-Lehre besteht in der Erlangung eines Bewusstseinszustandes *(turiya)*, in dem eine vollkommene Ruhe des Geistes erreicht ist. Die Stufen des Yoga-Weges, der vor allem durch intensive Meditationsübungen zu beschreiten ist, lassen sich anhand der im Sāṃkhya unterschiedenen drei Aspekte aller natürlichen Manifestationen *(guṇas)* erläutern: Demnach geht es in einem ersten Schritt darum, die Trägheit *(tamas* = Schwarz) durch Dynamik *(rajas* = Rot) zu überwinden; diese muss sodann in den reinen Erleuchtungszustand *(sattva* = Weiß) transformiert werden. Gott *(Īśvara)* spielt auf diesem Weg als Meditationsfokus für die Yogins (d. h. die Yoga-Praktizierenden) eine gewisse Rolle, denn *Īśvara* verkörpert ein Selbst *(puruṣa)*, das niemals mit der Natur *(prakṛti)* verbunden wurde.

Spirituelle Bedeutung des Atmens im Yoga: Abgesehen von diesem theistischen Aspekt kommt der Yoga-Heilsweg ohne den Glauben an einen Schöpfergott aus. Stattdessen spielen im klassischen Yoga (Pātañjala-yoga) neben ethischen Voraussetzungen der richtigen Lebensführung vor allem *āsana*, die richtige Haltung, und *prāṇāyāma*, die Kontrolle des Atmens, eine zentrale Rolle. Durch letztere sollen auch die anderen Energieflüsse des Körpers beeinflusst werden, denn der Atemrhythmus repräsentiert die zyklische Bewegung des Lebens mit seinen vielfältigen Oszillationen, Vibrationen und periodischen Veränderungen. So spiegelt sich die Bewegung des Ein- und Ausatmens etwa im Wechsel von Tag und Nacht oder von Sommer und Winter. Achtet der/die Yogi/ni bewusst auf die Bewegung des Atmens, so gewinnt er/sie ein Bewusstsein vom fundamentalen Rhythmus des Lebens. Geht es anfänglich vor allem darum, regelmäßig und lange zu atmen, so lernt der/die Yogi/ni im fortgeschrittenen Stadium, die Atmung sowie weitere Körperfunktionen wie den Herzschlag und den Blutdruck zunehmend zu beherrschen – bis hin zum meditativ herbeigeführten, zeitweiligen Beinahe-Stillstand des vegetativen Nervensystems. Durch die Reduzierung von *tamas* und *rajas* auf ein absolutes Minimum vermag sich der Geist im *sattva*-Zustand ganz auf sein inneres Licht zu konzentrieren.

▶ Beispiele für unterschiedliche Yoga-Wege

Bhakti-yoga

Im Bhakti-yoga, dem Yoga der liebenden Verehrung, wird der – neben absolutem Sein und absolutem Bewusstsein – dritte Aspekt der höchsten Realität *(brahman)* betont, nämlich die absolute Schönheit. Wird im Sāṃkhya sowie im Pātañjala-Yoga eher der negative Aspekt der Befreiung des Selbst hervorgehoben, also die Loslösung des Geistes aus der Unbeständigkeit und Beschränktheit der *prakṛti*, so stellt das Bhakti-yoga die positive Seite der Befreiung in den Vordergrund, bei der das Selbst durch die Vereinigung mit dem höchsten Prinzip einen Zustand höchster spiritueller Glückseligkeit *(para-bhakti)* erfährt. Nach dieser Erfahrung ist die individuelle menschliche Erscheinung des/der Yogi/ni nur noch wie eine Maske, durch die das göttliche Selbst hindurchscheint.

Jñāna-yoga

Im Jñāna-yoga, dem Yoga des Wissens, kommt es vor allem darauf an, falsche Auffassungen vom Selbst *(ātman)* hinter sich zu lassen, die dazu führen, dass das Selbst mit äußerlichen Aspekten verwechselt wird, die in Wahrheit gar nicht das Selbst sind. Diese äußerlichen Aspekte werden recht weit gefasst und beinhalten auch Momente, welche die meisten Menschen vermutlich als durchaus zentral für die Konstitution persönlicher Identität betrachten würden: so etwa den Körper (mit Eigenschaften wie jung/alt, gesund/krank, schön/hässlich) inklusive seiner Wahrnehmungsorgane und Lebensenergien, den Geist, den Bewusstseinsstrom, Emotionen und Leidenschaften, Glaubensauffassungen, familiäre Beziehungen, Nationalität, Besitztümer etc. All diese Facetten des Ich gehören aus der Sicht des Jñāna-yoga zum Nicht-Selbst; sie werden vom reinen Bewusstsein des Selbst bloß wahrgenommen, ohne dieses jedoch in seinem Wesenskern zu betreffen.

Neben den bereits aufgeführten Formen des Yoga gibt es noch zahlreiche weitere Varianten wie Ashtanga- oder Raja-yoga (‚königlicher Yoga‘), Haṭha-yoga (‚Yoga der Kraft‘), Karma-yoga (‚Yoga der Tat‘) oder Kuṇḍalinī-yoga (‚Yoga der verborgenen Energie‘). Weitgehend reduziert auf die gymnastischen und gesundheitlichen Aspekte der entsprechenden Meditationsübungen ist Yoga längst auch im Westen weit verbreitet. In seiner authentischen Form spielt Sāṃkhya-Yoga, nicht zuletzt durch seine spirituelle Vermittlung in dem hinduistischen Grundlagentext *Bhagavad-gītā*, nach wie vor eine sehr wichtige Rolle für die indische Religiosität. Für den Politiker und Sozialreformer Bhimrao Ramji Ambedkar (1891–1956) war der legendäre Gründer des Sāṃkhya, Kapila, sogar der herausragendste unter allen klassischen Philosophen Indiens (Raghuramaraju 2018, 530). ◄

(Purva-)Mīmāṃsā: Der Ausdruck ‚Mīmāṃsā‘ (skrt. ‚Erörterung‘, ‚Reflexion‘, ‚Überlegung‘) bezeichnet eine Schule der klassischen indischen Philosophie, deren Hauptinteresse sich auf die exegetische Auslegung der Veden richtet, insbesondere auf die korrekte Ausdeutung der dort niedergelegten rituellen Vorschriften. Die von den Veden gebotenen Regeln *(vidhis)* werden in dieser Schule als die wichtigsten Aspekte der Offenbarung betrachtet, da sie den religiös Praktizierenden genau sagen, was sie zu tun und zu unterlassen haben, um ein im ethischen Sinne gutes Leben zu führen und positives Karma zu sammeln. Man kann diese Einstellung gegenüber den vedischen Texten als non-kognitivistisch (▶ Abschn. 2.2.3) deuten, da sie die religiösen Aussagen der Veden als spirituelle Imperative, nicht aber als rationalisierungsfähige Lehren auslegt.

Der Grundlagentext der Mīmāṃsā ist das *Mīmāṃsā-Sūtra* aus dem 3. Jh. n. Chr. Da sich die Erörterungen dieses Sutras vorwiegend auf den älteren Teil der Upanischaden beziehen, firmieren sie auch unter dem Namen Purva-Mīmāṃsā (*pūrva* = früher). Bedeutende Denker dieser Schule sind beispielsweise Prabhākara (6. Jh.) und Kumārila (7. Jh.), denen es vor allem um die Rechtfertigung der genauen Beachtung vedischer Rituale ging.

Atheismus der Mīmāṃsā-Schule: Die Mīmāṃsā-Schule gilt als nicht-theistisch bzw. atheistisch, da sie die Veden als eine ewige und autorlose Offenbarung (*apauruṣeyā*) der Wahrheit betrachtet. Die Regeln für die Zusammenstellung der Wörter und Phomeme, aus denen sich die Veden zusammensetzen, stehen aus Sicht der Mīmāṃsā unveränderlich fest. Historisch betrachtet verbirgt sich hinter der vermeintlichen Autorlosigkeit der vedischen Schriften die Tatsache, dass

die Veden insbesondere in ihren ältesten hymnischen Schichten jahrhundertelang mündlich tradiert worden waren, bevor sie schriftlich fixiert wurden, so dass
in der Tat keine eindeutige Autorschaft identifiziert werden kann. Aus der Sicht
der Mīmāṃsā stehen die Veden freilich außerhalb der menschlichen Geschichte.
Theistische Argumente werden in der Mīmāṃsā-Schule gerade deswegen kritisiert, um die absolute Autorität der Veden zu betonen. Diese spezielle Positionierung der Mīmāṃsā kann als eine Reaktion auf den Buddhismus betrachtet werden, der sowohl die Existenz Gottes als auch die Autorität der Veden bestritt. Die
Mīmāṃsā-Schule insistiert auf der einzigartigen Bedeutung der vedischen Offenbarung, ohne damit jedoch die Annahme eines Schöpfergottes zu verbinden. Aufgrund der behaupteten Ewigkeit der Veden wird in der Mīmāṃsā anders als in
den meisten anderen indischen Denkströmungen auch die Lehre von einer zykli-
schen Schöpfung und Zerstörung abgelehnt.

Sprachphilosophie: Für die Mīmāṃsā-Schule ist eine Sprachphilosophie kenn-
zeichnend, die eine exakte und nicht-willkürliche Entsprechung zwischen (den
vedischen) Worten und den durch sie bezeichneten Sachen annimmt. Kognitio-
nen, die auf der Basis der vedischen Aussagen gebildet werden, sind aufgrund dieser fundamentalen Korrespondenz zwischen Sprache und Realität inhärent gerechtfertigt. Da die Worte der Veden der ewigen Struktur des Kosmos entsprechen, werden unsere auf Sinneswahrnehmung basierenden Erkenntnisse durch die
vedische Offenbarung erweitert und vervollständigt.

Hermeneutik: Auf der Basis dieser in epistemologischer Hinsicht grundsätzlich optimistischen Sprachphilosophie hat die Mīmāṃsā-Schule eine komplexe
Hermeneutik für die Analyse vedischer Aussagen entwickelt. Dabei richtet sie
ihr Augenmerk besonders auf solche Fälle, in denen die genaue Bedeutung einer Aussage zunächst unklar ist, etwa wenn Zweifel hinsichtlich der Satzbedeu-
tung bestehen, wenn Hindernisse einem Verständnis entgegenstehen, wenn die
Bedeutung eines Satzes der Bedeutung eines anderen Satzes zu widersprechen
scheint oder wenn eine anscheinend unsinnige Aussage vorliegt. Das hermeneutische Verfahren der Erörterung *(adhikarana)*, das die Mīmāṃsā-Schule entwickelt hat, setzt sich aus fünf Schritten zusammen: (1) der Bestimmung des The-
mas *(viṣaya)*, (2) dem Zweifel an der vorliegenden Auffassung *(saṃśaya)*, (3) der
Darstellung der gegnerischen Ansicht *(pūrvapakṣa)*, (4) der Erwiderung auf die
gegnerische Ansicht *(uttara-pakṣa)* und (5) der Bezugnahme des Untersuchungs-
ergebnisses auf andere Textabschnitte *(samgati)* (Mall 2012, 74).

Uttara-Mīmāṃsā (Vedānta): Während Purva-Mīmāṃsā an die älteren, vorwiegend rituelle Vorschriften enthaltenden Teile der Veden anknüpft, schließt sich
Uttara-Mīmāṃsā („obere' Mīmāṃsā) an die Upanishaden an, also an die jüngeren Teile der Veden. Deswegen wird diese Schule noch häufiger als Vedānta bezeichnet, was wörtlich ‚Ende der Veden' bedeutet. Im Vedānta werden vedische
Passagen, die sich auf Erkenntnis und Wissen *(jñāna)* beziehen, gegenüber solchen, die rituelle Anordnungen beinhalten, bevorzugt interpretiert; hierin liegt
der zentrale inhaltliche Unterschied zwischen Purva- und Uttara-Mīmāṃsā bzw.
Vedānta.

Advaita-Vedānta: Von den drei Richtungen des Vedānta, Advaita-Vedānta,
Dvaita-Vedānta und Viśiṣṭādvaita-Vedānta (▶ Abschn. 3.4.4) kann einzig der

Advaita-Vedānta (*advaita* = Nicht-Zweiheit) als nicht-theistisch betrachtet werden, da er Brahman, das Absolute, monistisch und apersonal auslegt. Der Grundlagentext, auf den sich der Advaita-Vedānta interpretierend bezieht, ist das *Brahma-Sūtra* von Bādarāyaṇa (zwischen 500 und 200 v. Chr., die genauen Lebensdaten sind unbekannt). Die zentrale philosophische These des Advaita-Vedānta ist, dass es nur eine substantielle Realität gibt, in der das individuelle Selbst (*ātman*) mit dem Absoluten identisch ist. Somit wird sowohl die Auffassung einer Dualität von Schöpfer und Schöpfung als auch diejenige einer irreduziblen Pluralität des Seienden abgelehnt. Die wahrnehmbare Vielfalt der innerweltlichen Erscheinungen ist vielmehr eine traumähnliche, von Brahman abhängige Illusion *(māyā)*, die in der Erfahrung der Einheit von Atman und Brahman überwunden wird.

Der Philosoph Śaṅkara: Für den bedeutendsten philosophischen Repräsentanten des Advaita-Vedānta, Śaṅkara (ca. 788–ca. 820; die genauen Lebensdaten sind nicht bekannt), ist alles Wissen, das auf der Spaltung zwischen Subjekt und Objekt basiert, nur scheinbar, da es die fundamentale Einheit und Nicht-Dualität von allem ignoriert. Ātman, das Selbst, das Bewusstsein der Existenz, missversteht sich, wenn es durch die Zuschreibung äußerlicher Attribute und durch die Unterscheidung von anderem seine Identität zu gewinnen sucht. Vielmehr besteht die wahre Selbstidentität in der Nicht-Unterscheidung von und in der Identifikation mit der höchsten Realität (Brahman). Auf diesem Standpunkt zeigt sich, dass auch die Welt der Erscheinungen auf die schöpferische Kraft Brahmans zurückgeht. Jedoch hängen die Veränderungen, die wir beobachten, und die Unterscheidungen, die wir vornehmen, ausschließlich von unserer stets begrenzten Perspektive ab; sie sind daher nicht real.

Apersonale Auffassung der höchsten Realität: Dem Brahman zugeschriebene Bestimmungen wie ,höchste Realität' oder ,schöpferische Kraft' treffen zwar auch auf den Gott des Theismus zu. Der zentrale Unterschied zum Theismus liegt allerdings darin, dass Śaṅkara ebenso wie die meisten anderen Vertreter des Advaita-Vedānta die höchste Realität als ein apersonales Absolutes *(nirguṇā)* auslegen. Eigenschaften wie Bewusstsein und Personalität, ja selbst Einheit, die Gott im Theismus traditionell zugeschrieben werden, werden von Brahman, so wie er im Advaita-Vedānta interpretiert wird, transzendiert. Deswegen können rationale Argumentationen oder Schlussfolgerungen auch nicht zur Überwindung der Unwissenheit *(avidyā)* und zur Erkenntnis Brahmans führen, sondern einzig die auf die Veden gestützte, meditativ-intuitive Erfahrung des Einsseins mit der ultimativen Realität. Brahman ist – ähnlich wie in der negativen Theologie des Christentums – nur mit apophatischen, also verneinenden Bestimmungen zu charakterisieren (*neti, neti:* „nicht dies, nicht dies", und eben auch: *a-dvaita:* „nicht-zwei"; vgl. Mall 2012, 74).

Shivaismus: Mit den orthodoxen Schulen der klassischen indischen Philosophie sind keineswegs alle Strömungen hinduistischen Denkens benannt. Eine weitere bedeutende religiös-philosophische Richtung des Hinduismus, die nicht Brahman, sondern den Gott Shiva ins Zentrum stellt, ist der Shivaismus (oder Shaivismus). Beim kaschmirischen Shivaismus handelt es sich wie beim Advaita-Vedānta um eine monistische Schule, in der Shiva mit Ātman, dem wahren Selbst identifziert

wird. Anders als im Advaita-Vedānta wird Ātman im kaschmirischen Shivaismus aber nicht als bloß unbeteiligter Zuschauer, sondern als ein schöpferisches
Prinzip betrachtet. Als einer der bedeutendsten Philosophen und Mystiker des
Kaschmir-Shivaismus gilt Abhinavagupta (*um 950–1020), der in seinem Werk
Tantrāloka verschiedene shivaistische und tantrische Strömungen zu einem einheitlichen System synthetisierte.

4.1.2 Heterodoxe Schulen *(nāstika darśanas)*: Buddhismus, Jainismus und Cārvāka

Die heterodoxen Schulen der klassischen indischen Philosophie stimmen darin
überein, dass sie die Autorität der Veden ablehnen. Buddhismus und Jainismus,
die beide im 6./5. Jh. v. Chr. aufgekommen sind, verfügen über eigene heilige
Schriften. Die Cārvāka-Schule als radikal materialistische Strömung unterscheidet sich in ihren philosophischen Positionen noch einmal sehr deutlich von den
anderen heterodoxen Schulen.

Die ‚Vier Edlen Wahrheiten‘ Buddhas: Der Buddhismus geht auf die historische Figur Gautama Siddhārta Shākyamuni (563–483 oder 450–370 v. Chr.) zurück, der seit seinem Erweckungserlebnis als ‚Buddha‘ (= der Erwachte) bezeichnet wurde. Nach langer Meditation unter einer Pappel-Feige, dem Bodhi-Baum
(bodhi = Erleuchtung), hatte der Buddha die ‚Vier Edlen Wahrheiten‘ erkannt, die
bis heute das Fundament der buddhistischen Lehre *(dharma)* in allen Schulen
und Strömungen bilden:
1. die Wahrheit über das Leiden,
2. die Wahrheit über den Ursprung des Leidens,
3. die Wahrheit über die Beendigung des Leidens,
4. die Wahrheit vom Weg zur Beendigung des Leidens.

Die Grundtatsache des Leidens: In der ersten edlen Wahrheit wird die grundlegende Überzeugung des Buddhismus ausgesprochen, dass alles Leben Leiden ist.
Die zentrale Bedeutung, welche die Lehre Buddhas dem Leiden zumisst, versteht
man, wenn man ‚Leiden‘ in einem sehr weiten Sinne begreift und darunter jegliche Form von Schmerz, Unzufriedenheit und Unruhe fasst, die Lebewesen empfinden können. Auch ein von äußeren Unglücksfällen und Entbehrungen verschontes Leben – wie dasjenige des jungen Adeligen Siddhārta Gautama selbst –
wird zwangsläufig die Erfahrung des Leidens beinhalten. Denn auch reiche und
gesunde Menschen unterliegen der Vergänglichkeit und Unbeständigkeit *(anitya)*
des Lebens, sie werden alt, möglicherweise krank und müssen sterben; und alleine
der Gedanke daran mag dem scheinbar ungetrübten Glück bereits eine Prise Leiden hinzuzufügen.

Der Daseinsdurst als Ursache des Leidens: Der Buddha empfiehlt angesichts der
Universalität des Leidens, dieser Tatsache nicht auszuweichen, sondern vielmehr
zu untersuchen, woher das Leiden stammt und wie man es überwinden kann. Die
zweite edle Wahrheit erkennt den Ursprung des Leidens im Daseinsdurst, der uns

dazu führt, ständig etwas zu begehren und unsere Zufriedenheit von der Erfüllung dieses Begehrens abhängig zu machen. Im Erlöschen des Daseinsdurstes erkennt die dritte edle Wahrheit daher die einzige Möglichkeit, das Leiden dauerhaft zu überwinden.

Der ‚Edle Achtfache Pfad': Der in der vierten edlen Wahrheit benannte Weg zur Aufhebung des Daseinsdurstes konkretisiert sich im sogenannten ‚Edlen Achtfachen Pfad', der aus den Elementen (1) richtige Erkenntnis, (2) richtige Absicht, (3) richtige Rede, (4) richtiges Handeln, (5) richtiger Lebenserwerb, (6) richtiges Streben, (7) richtige Achtsamkeit und (8) richtige Versenkung besteht.

Anātman-Lehre: Innerhalb des breiten Spektrums indischer Spiritualität steht der Buddhismus für einen mittleren Weg, der die Befreiung vom Leiden weder durch materialistischen Sinnengenuss noch durch übertriebene Askese erreichen möchte. Mehrere zentrale Doktrinen des Hinduismus werden im Buddhismus aufgegriffen, so etwa die Lehre von der Wiedergeburt, vom Karma und von der spirituellen Befreiung aus dem Kreislauf der Wiedergeburten *(mokṣa)*. Sie erhalten jedoch im Buddhismus eine andere Bedeutung als in den orthodoxen indischen Schulen, da der Buddhismus ein fundamentales Konzept des Hinduismus ablehnt, nämlich die Idee des *Ātman*, des absoluten, ewigen Selbst. Demgegenüber vertritt der Buddhismus die entgegengesetzte *Anātman*-Lehre, die besagt, dass es sich bei der Vorstellung eines stabilen Ich um eine Täuschung handelt. Das Anhaften an einem vermeintlich dauerhaften Ich produziert immer neuen Daseinsdurst und dadurch auch immer wieder neues Leiden. Deswegen ist es gerade die Ich-Vorstellung, die als Ursache des Leidens durch den Edlen Achtfachen Pfad zu überwinden ist. An die Stelle des Glaubens an ein festes, permanentes Ich setzt der Buddhismus die Theorie der *Skandhas,* der fünf Daseinsfaktoren: materielle Form *(rūpa)*, Gefühle *(vedanā)*, Wahrnehmung *(samjnā)*, geistige Gewohnheiten/Formen *(samskāra)* und Bewusstsein *(vijnāna)*. Aus der Verbindung der Skandhas geht die Illusion eines dauerhaften Ichs hervor, das in Wahrheit aus verschiedenen Faktoren zusammengesetzt und unbeständig, d. h. dem permanenten Wandel ausgesetzt ist. Durch das Beschreiten des Edlen Achtfachen Pfads vermag sich das Bewusstsein zunehmend aus den Verstrickungen und Verunreinigungen *(āsavas)* des Geistes, die durch das alltägliche Anhaften an allen möglichen Dingen entstehen, zu befreien. Letztes Ziel dieses Prozesses ist das *nirvāṇa*, ein Zustand vollkommener Ruhe, in dem jeglicher Daseinsdurst erloschen ist.

Universalität der buddhistischen Botschaft: Nicht nur die Atman-Idee der Upanischaden, sondern auch der in Teilen des Hinduismus vorhandene Glaube an einen Schöpfergott (▶ Abschn. 3.4.4) sowie das mit dem Brahmanismus verbundene soziale Kastensystem werden im Buddhismus nicht akzeptiert. In der über soziokulturelle Schranken hinausreichenden Universalisierungsfähigkeit seiner religiösen Lehre und Praxis ist sicherlich einer der Gründe für die spätere Ausbreitung des Buddhismus im gesamten ostasiatischen Raum zu sehen. Hierin lässt sich wiederum eine strukturelle Ähnlichkeit zum Christentum erkennen, das ja ebenfalls als eine Kritik an der bestehenden Religionsausübung (in diesem Fall der jüdischen Orthodoxie) entstand und sich in der Folgezeit, nicht zuletzt aufgrund seiner an alle Menschen adressierten Heilsbotschaft, im gesamten Römischen Reich verbreitete.

Theravāda- und Mahāyāna-Buddhismus: Eine grundsätzliche Differenzierung innerhalb der vielen verschiedenen Strömungen des Buddhismus lässt sich durch die Unterscheidung zwischen Theravāda (der ‚Schule der Ältesten‘) und Mahāyāna (‚Großes Fahrzeug‘ oder ‚Großer Weg‘) vornehmen. Der im 2. Jh. n. Chr. ebenfalls in Indien entstandene Mahāyāna-Buddhismus wird deswegen als ‚großes Fahrzeug‘ bezeichnet, weil er die Erlösung sämtlicher Lebewesen anstrebt, also auch der religiösen Laien. Der ursprüngliche Buddhismus war nämlich in erster Linie eine Religion für Mönche und Nonnen (*bikṣu;* weibliche Form: *bikṣuṇī*), die sich für ein ganz dem Edlen Achtfachen Pfad gewidmetes Leben entschieden, um dadurch die Befreiung aus dem Kreislauf des Leidens zu erlangen. Die endgültige Befreiung war folglich nur wenigen vorbehalten. Deswegen werden die älteren Schulen des Buddhismus, zu denen auch der Theravāda gehört, aus der Sicht des Mahāyāna ein wenig despektierlich als Hīnayāna, ‚kleines Fahrzeug‘, bezeichnet. Im Mahāyāna spielen Bodhisattvas eine bedeutende Rolle; dabei handelt es sich um menschliche sowie transzendente Wesen, die ihre moralische Vollkommenheit, ihre ‚Buddhaschaft‘ dafür einsetzen, auch andere Lebewesen aus dem Kreislauf des Leidens zu befreien.

Abhidharma-**Philosophie:** Sowohl der Theravāda- als auch der Mahāyāna-Buddhismus bieten eine Fülle an philosophisch relevanten Positionen, Argumenten und Systemen. Die älteste systematische Auslegung der buddhistischen Lehren, der *Abhidharma,* den der dritte ‚Korb‘ des Pali-Kanons, der heiligen Schriften des Buddhismus in der Pali-Sprache, enthält, ist besonders in ontologischer Hinsicht bemerkenswert. Denn der klassische Buddhismus vertritt im Unterschied zu der in der abendländischen Philosophie (von Ausnahmen einmal abgesehen) vorherrschenden Substanzontologie eine Prozessontologie, in der die Wirklichkeit als eine permanent sich wandelnde Zusammensetzung kleinster Realitätsbestandteile, der *dharmas*, betrachtet wird. Das zentrale philosophische Konzept zur Beschreibung der prozessualen Realität ist *pratītya-samutpāda,* was sich als ‚bedingtes Entstehen‘ oder ‚Entstehen in Abhängigkeit‘ übersetzen lässt. Gemeint ist damit ein Geflecht universeller Kausalitätsbeziehungen, die sowohl in simultaner als auch in sukzessiver Perspektive den Gesamtzusammenhang der Welt hervorrufen. So bedingen sich beispielsweise die Gier und das Objekt der Begierde wechselseitig: die Gier sucht sich ein Objekt, und das Objekt reizt wiederum die Begierde. Dadurch entsteht ein Anhaftungszusammenhang, der zur Entstehung von Leiden führen kann, wenn beispielsweise das begehrte Objekt nicht mehr verfügbar ist. Sukzessives Entstehen in Abhängigkeit lässt sich z. B. anhand einer moralisch verwerflichen Tat konkretisieren, deren Folgen etwa als psychisches Leiden sowohl bei den Tätern als auch bei den Opfern lange anhaltende Wirkungen zeitigen können, oftmals sogar bis in die nächste und übernächste Generation.

Buddhistische Prozessontologie und Atheismus: Von einer prozessontologischen Auffassung aus ist es viel schwieriger, zu einem Gottesbegriff zu gelangen, der unter ‚Gott‘ eine ewige und unveränderliche Person versteht, die das unerreichbare Vorbild alles kontingenten Seienden darstellt. Die Idee der Person, die im Theismus auf den Schöpfergott bezogen wird, ist innerhalb des klassischen Buddhismus negativ mit dem leidvollen Gesamtzusammenhang des prozessual verfassten Seienden verbunden. Insofern das Anhaften an der Idee eines personalen Ich zu mehr Daseinsdurst und Leiden führt, sollte sie eher überwunden als im absoluten Ich Gottes angebetet werden.

Stellenwert der buddhistischen Lehre: Der Theravāda-Buddhismus kann angesichts seiner prozessontologischen Grundposition als atheistisch bezeichnet werden. Allerdings handelt es sich hierbei nicht um einen offensiven Atheismus, sondern eher um eine Form des milden Agnostizismus, die der Buddha selbst mit der Dringlichkeit der Aufhebung des Leidens begründet hat: Angesichts unserer tiefen Verstrickungen in das Rad des Leidens sei es im Grunde müßig, nach der Existenz eines Schöpfergottes zu fragen. Anstatt uns mit metaphysischen Spekulationen zu beschäftigen, sollten wir uns lieber um die Aufhebung des Leidens durch das Beschreiten des Edlen Achtfachen Pfads bemühen. Dementsprechend konzentrieren sich die in den heiligen Schriften des Buddhismus, dem Pali-Kanon, überlieferten Erkenntnisse Buddhas auf diejenigen Einsichten, die für die Erlangung des Heilsziels notwendig sind. Der Buddha verlangt jedoch keinen blinden Glaubensgehorsam für die von ihm verkündeten Wahrheiten. Als Siddhārta Gautama hat der Buddha die Vier Edlen Wahrheiten zwar in einem exzeptionellen Moment der intuitiven Erkenntnis erfahren, der einem Offenbarungs- oder Erweckungserlebnis gleichkommt. In propositionaler Form können, ja sollen diese Wahrheiten aber von jedem und jeder Einzelnen noch einmal durch eigenes Nachdenken und Verstehen geprüft werden.

Weisheit, Ethik und Meditation: Die philosophische Suche nach Erkenntnis *(prajña),* insbesondere die theoretische Philosophie als Ontologie und Epistemologie, nimmt einen ambivalenten Status innerhalb des Buddhismus ein. Sie ist einerseits integraler Bestandteil des buddhistischen Heilswegs, zu dem neben richtiger Lebensführung und Meditation eben auch das kognitive Verständnis und die argumentative Reflexion der Einsichten des Buddha gehört. Andererseits aber reichen die theoretischen Einsichten, zu denen das philosophische Nachdenken gelangt, bei weitem nicht aus, um das buddhistische Heilsziel, das *nirvāṇa,* also das Verlassen des Kreislaufs des Leidens, zu erreichen. Wie die verschiedenen Tätigkeitsfelder, die der Edle Achtfache Pfad aufzählt, bereits deutlich machen, müssen dazu kognitive, moralische und kontemplative Aktivitäten, also *prajña* (Weisheit), *śīla* (Ethik) und *samādhi* (Meditation), in der richtigen Weise zusammenwirken. Entsprechend befindet sich unter den ,drei Juwelen', die den spirituell Praktizierenden Zuflucht bieten, zwar auch die buddhistische Lehre *(dharma);* ebenso wichtig sind aber das Vertrauen zum Buddha und die Zugehörigkeit zur buddhistischen Gemeinschaft *(sangha).*

Nāgārjunas ,Schule des Mittleren Wegs': Im Mahāyāna-Buddhismus, der nach seinem Selbststverständnis die ,zweite Drehung des Rades der Lehre' darstellt, wird der Gedanke des abhängigen Entstehens *(pratītya-samutpāda)* im Sinne einer universellen Leerheit *(śūnyatā)* von allem interpretiert: Da alles Existierende nur durch die Koexistenz mit allem anderen existiert, ist das Wesen jedes einzelnen Seienden leer. Nāgārjuna, der im 2. Jh. n. Chr. lebte und als der philosophische Begründer des Mahāyāna-Buddhismus gelten kann, beanspruchte mit seiner Auffassung von der Leerheit die ursprüngliche Botschaft des Buddha wiederzuherzustellen, die in den vielfältigen, zum Teil einander widersprechenden Schulen des Hīnayāna verloren gegangen sei. Nāgārjunas ,Schule des Mittleren Wegs' *(Mādhyamika)* bediente sich methodisch einer dekonstruktiven Form logischer

Argumentation, insbesondere des sogenannten ‚Urteilsviertkants‘, mit dem Ziel, letztlich *jede* philosophische Position als unhaltbar zu erweisen:

(1)	A (A trifft zu.)	A trifft zu.
(2)	¬ A	A trifft nicht zu.
(3)	A ∧ ¬ A	Sowohl A als auch Nicht-A treffen zu.
(4)	¬ (A ∧ ¬ A)	Weder A noch Nicht-A treffen zu.

Strömungen innerhalb des Mahāyāna-Buddhismus: In der Nachfolge des Mādhyamika finden sich unter den mannigfaltigen Mahāyāna-Strömungen sowohl eher auf logische Rationalität vertrauende Richtungen (so etwa der im tibetischen Buddhismus einflussreiche Prasaṅgika-Madhyamaka) als auch Schulen, die stärker die individuelle Meditationserfahrung betonen wie insbesondere Vijñānavāda, auch bekannt unter den Bezeichnungen Cittamātra (‚Nur-Geist‘) oder Yogācāra. Diese Schule, die einen radikalen Idealismus vertritt, demzufolge alles als wirklich Erscheinende rein geistigen Ursprungs ist, schreibt dem Buddha quasi-göttliche Prädikate zu, die an Eigenschaftszuschreibungen der *perfect being*-Theologie erinnern. Insofern lässt sich der Mahāyāna-Buddhismus nicht eindeutig als eine ‚atheistische Religion‘ kennzeichnen. Der Mahāyāna kennt vielmehr ein abgestuftes System von Buddhas, an deren Spitze der nicht darstellbare Ur-Buddha steht, gleichsam das Prinzip der Buddhaschaft schlechthin. Auf einer zweiten Ebene befinden sich die Dhyani-Buddhas, die Buddhas der fünf Himmelsrichtungen, zu denen man durch Meditation Kontakt aufnehmen kann. Unter ihnen kommt Amithabha, dem Buddha des Westens, eine besondere Bedeutung zu, da sich auf ihn die Schulen des Amitabha-Buddhismus beziehen. Die einzige gottähnliche Gestalt, die sowohl im Theravāda als auch im Mahāyāna sowie im tibetischen Buddhismus eine Rolle spielt, ist Maitreya, der kommende Buddha, welcher der Welt universale Liebe und Freundschaft schenken soll.

Vajrayāna: Als die ‚dritte Drehung des Rades‘ der buddhistischen Lehre ist im 4./5. Jh. n. Chr. der Vajrayāna oder Tantrayāna entstanden, der in philosophischer Hinsicht auf den Lehren des Mahāyāna basiert, diese aber um indische Traditionen aus den Bereichen der Mythologie und der kultischen Praxis erweitert. Für den buddhistischen Tantrismus existieren vielfältige kognitive und emotionale Zustände, die zum Medium der Bewusstseinserweckung im buddhistischen Sinne eingesetzt werden können. In diesem Kontext kommen auch symbolisch repräsentierte Gottheiten *(devatā)* zum Einsatz, so dass der tantrische Buddhismus nicht als genuin atheistische Strömung interpretiert werden kann.

Jainismus: Ebenso wie der Buddhismus geht auch der Jainismus auf einen historischen Gründer zurück, nämlich auf Mahāvīra, möglicherweise einen älteren Zeitgenossen Siddhārta Gautamas. Der Überlieferung zufolge lehnte Mahāvīra die brahmanischen Opferrituale, den Glauben an einen Schöpfergott sowie das Kastenwesen ab. Die heiligen Schriften der Jains gelten als Produkte vollkommener spiritueller Lehrer, der *tīrthaṅkaras,* die zwischen materieller und spiritueller Welt vermitteln. Der Jainismus nimmt insgesamt 24 *tīrthaṅkaras* im Laufe der

Geschichte an, als deren letzter Mahāvīra erschienen ist. Mit dem Buddhismus teilt der Jainismus ferner das Ziel individueller Erlösung und Befreiung aus dem endlosen Kreislauf der Wiedergeburten *(saṁsāra)*. Anders als der Buddhismus hat sich der Jainismus nicht über den indischen Subkontinent hinaus im ostasiatischen Raum verbreitet, wird aber – trotz jahrhundertelanger Unterdrückungen – bis heute in Indien von ca. 5 Mio. Anhänger:innen praktiziert.

Theoretische Philosophie des Jainismus: In die Philosophie des Jainismus sind verschiedene hinduistische und buddhistische Lehren eingeflossen, so dass es angesichts der komplexen Überlieferungsgeschichte nicht ganz einfach ist, die genuine philosophische Sichtweise des Jainismus zu rekonstruieren. Im Unterschied zum prozessontologisch ausgerichteten Buddhismus basiert der Jainismus auf einer Substanzontologie, die eine Pluralität ewiger Entitäten *(dravyas)* mit unveränderlichen Eigenschaften *(guṇa)* annimmt. Als dritte Kategorie kennt die jainistische Ontologie den veränderlichen Zustand bzw. Modus *(paryāya)*. Als höchste Substanz gilt die Seele, *jīva* oder auch *ātman* genannt, deren wichtigste Eigenschaft das Erkennen ist. Ihr ist die Nicht-Seele, *ajīva,* entgegengesetzt. Der Jainismus knüpft diesbezüglich an die orthodoxen Schulen der indischen Philosophie, etwa die dualistische Sāṃkhya-Schule, an (▶ Abschn. 4.2.1). Von besonderem philosophischem Interesse ist die siebenwertige pluralistische Logik, die der Jainismus ausgearbeitet hat (Ganeri 2002). Ihr zufolge können zwar Behauptungen mit einem kategorischen Wahrheitsanspruch aufgestellt werden; aber sie können stets nur innerhalb eines partikularen Systems unterstützender Aussagen gerechtfertigt werden.

Praktische Philosophie des Jainismus: Die Toleranz der jainistischen Logik gegenüber Aussagen, die sich nicht eindeutig einem der Wahrheitswerte ‚wahr‘ oder ‚falsch‘ zuordnen lassen, findet ihre Entsprechung in der Ethik des Jainismus, deren oberster Wert die Gewaltlosigkeit *(ahiṃsā)* ist. Weitere zentrale Werte sind, ähnlich wie im Buddhismus, Wahrhaftigkeit *(satya),* Nicht-Stehlen *(asteya),* Enthaltsamkeit *(brahmacarya)* und Besitzlosigkeit *(aparigraha).* Da es im Jainismus keinen Gott gibt, ist die Erlösung des Individuums (abgesehen von einer mehr oder weniger begünstigenden kosmischen Konstellation) vorwiegend von der eigenen ethischen Verantwortung abhängig. Spirituelle Wesen, die *yakṣīs,* die den *tīrthaṅkaras* zugeordnet sind, können dem Jainismus zufolge zwar Menschen auf ihrem Erlösungsweg unterstützen, letztlich ist aber jede/r Einzelne für die eigene Lebensführung verantwortlich. Für den Jainismus ist der Gottesglaube weder plausibel, da er nicht bewiesen werden kann, noch in ethischer Hinsicht wünschenswert, da er die Letztverantwortlichkeit auf den göttlichen Willen abwälzt. Aber auch die buddhistische Kritik am Theismus ist aus jainistischer Sicht nicht überzeugend, da sie mit der Ablehnung eines dauerhaften Selbst ebenfalls die individuelle Verantwortung untergräbt.

Eine Religion der Toleranz und des Pluralismus: Trotz seiner Ablehnung des Theismus ist der Jainismus gegenüber anderen Religionen ausgesprochen tolerant, obgleich ihm selbst diese Toleranz von theistischer Seite keineswegs immer entgegengebracht wurde. Öffentliche Diskussionen mit Vertreter:innen verschiedener Religionen, sogenannte *Sarva Dharma Sammelenas,* sind seit den 1930er Jahren Bestandteil religiöser Feierlichkeiten der Jains in Südindien. Auch darin manifestiert sich der jainistische Grundsatz des *anekāntavāda,* der Vielseitigkeit und Multiperspektivität, die sich in der Bejahung eines metaphysischen, logischen, ethischen und politischen Pluralismus äußert.

Indischer Materialismus: Als die letzte der heterodoxen Strömungen der klassischen indischen Philosophie ist die Cārvāka- bzw. Lokāyata-Schule zu erwähnen. Beide Bezeichnungen sind abwertend gemeint und bedeuten ungefähr so viel wie: ‚dem einfachen Volk nach dem Mund reden‘. Die Gegner der Cārvākas wollten durch diese Benennungen auf den verführerischen, aber ethisch fragwürdigen Hedonismus hinweisen, der aus ihrer Sicht die natürliche Folge einer radikal materialistischen Position war und möglicherweise den primitiven Wünschen der einfachen Bevölkerung entgegenkam. Tatsächlich ist die Cārvāka-Schule die einzige indische Denktradition, welche die Doktrinen von Karma, Wiedergeburt und Erlösung leugnet. Ihre Existenz macht deutlich, dass sich die indische Philosophie nicht durchweg als ‚spirituell‘ charakterisieren lässt. Vielmehr hat es von der vedischen Frühzeit bis in die Moderne immer auch materialistische und naturalistische Positionen innerhalb der indischen Philosophie gegeben, wenngleich diese in der Minderheit blieben. Die Cārvāka-Schule hat offenbar ältere materialistische Auffassungen aufgegriffen und systematisiert. Sie ist uns allerdings nur aus den Schriften ihrer Gegner bekannt, da keine eigenen Schriften der Cārvāka-Philosophie überliefert worden sind (Ghosh 2018).

Ontologie und Erkenntnistheorie des Cārvāka: Die metaphysische Grundlage des Cārvāka besteht in einer materialistischen Ontologie, derzufolge alles Seiende aus den vier Elementen Erde, Wasser, Licht und Luft zusammengesetzt ist. In erkenntnistheoretischer Hinsicht vertritt die Cārvāka-Schule einen radikalen Empirismus bzw. Sensualismus: Etwas, das sich nicht wahrnehmen lässt, existiert auch nicht. Deswegen wird im Cārvāka (ebenso wie im Buddhismus) die Auffassung eines dauerhaften Selbst abgelehnt, da sich ein solches der Beobachtbarkeit entzieht. Auch Gott existiert nicht, da keine Wahrnehmungsdaten von ihm vorliegen. Die Befreiung aus dem Kreislauf des Lebens, die in anderen indischen Schulen als spirituelle Erleuchtung beschrieben wird, erfolgt aus der Sicht des Cārvāka schlicht durch den physischen Tod. Den Karma-Gedanken lehnt die Cārvāka-Schule vor allem deswegen ab, weil sie – im Unterschied zu allen anderen indischen Denkschulen und in verblüffender Nähe zum Humeschen Skeptizismus – Kausalität ausschließlich als eine rein subjektive, gewohnheitsmäßige und akzidentelle Verbindung zweier Ereignisse auffasst und nicht als eine objektive, intrinsische, reale Beziehung.

Kritik an den Veden: Das Insistieren auf der Wahrnehmung als einziger zuverlässiger Erkenntnisquelle hat zur Folge, dass die Offenbarungen der Veden und die mit ihr verbundenen Auslegungsverfahren vom Cārvāka nicht akzeptiert werden. Darüber hinaus hat die Cārvāka-Schule die Veden einer rigorosen Kritik unterzogen, die allenfalls mit der atheistischen Bibelkritik der europäischen Aufklärung vergleichbar ist. Demnach hätten die Autoren der Veden regelmäßig fehlerhafte, widersprüchliche und obszöne Ausdrücke verwendet; und von den in den Veden beschriebenen Opfern und Ritualen profitiere einseitig nur die Priesterkaste. Götter und Priester sollten daher von politischen Angelegenheiten möglichst ferngehalten, Religion und Staat also getrennt werden.

Hedonismus: Die Cārvākas haben ferner eine fundamentale Intuition aller anderen indischen (orthodoxen ebenso wie heterodoxen) Philosophieschulen in Frage gestellt, dass nämlich materielle und körperliche Freuden deswegen keine erstrebenswerten Ziele seien, weil sie stets mit Leiden verbunden sind. Die Cārvāka-Schule leugnet dies zwar nicht, hält es aber für rationaler, diese Leiden in Kauf zu nehmen bzw. soweit möglich zu umgehen, um die größeren Vorteile zu erlangen, die mit den materiellen und körperlichen Freuden verbunden sind. Von den vier in der indischen Theorie der menschlichen Zwecke *(puruṣārtha)* aufgezählten Zielen (*artha:* ökonomischer Wohlstand; *dharma:* richtiges Handeln; *kāma:* Lust; *mokṣa:* Befreiung, Erlösung) akzeptiert die Cārvāka-Philosophie folgerichtig nur die Ziele *artha* und *kāma* (Ghosh 2018, 103). Gute und schlechte Aktionen können nicht in absoluter Weise voneinander unterschieden werden. Jedes Individuum strebt nach einer Maximierung von Freude und nach einer Minimierung von Schmerz; Handlungen sollten demgemäß danach beurteilt werden, ob sie diese Ziele in einer gegebenen Situation erreichen. Die Affinitäten dieser Position zu westlichen Philosophien wie derjenigen Epikurs oder auch des Utilitarismus sind offenkundig.

4.2 Nicht-theistische Strömungen aus Ostasien

Im Anschluss an die Darstellung der wichtigsten nicht-theistischen Denkschulen aus der klassischen indischen Philosophie sollen nun einige bedeutsame ostasiatische Strömungen vorgestellt werden, wobei der Schwerpunkt auf der klassischen chinesischen Philosophie liegen wird, die auf den gesamten ostasiatischen Raum, insbesondere Japan, Korea und Vietnam, ausgestrahlt hat. Für die Relationsbestimmung zwischen Religion und Philosophie, spiritueller Praxis und rationaler Reflexion, ist im Hinblick auf die chinesische Konstellation charakteristisch, dass diese sich der okzidentalen Dichotomie von ‚Religion' und ‚Philosophie' im Grunde entzieht. Man könnte diesbezüglich, wäre der Begriff nicht politisch vorbelastet, von einem „chinesischen Modell" sprechen, das sich sowohl von den im Abendland als auch von den in Indien ausgeprägten Beziehungsvarianten zwischen Religion und Philosophie deutlich unterscheidet. Im Okzident hat sich nach der antiken Begründung philosophischen Nachdenkens in Abhebung von der mythischen Weltauslegung und nach der vorwiegend dienenden Funktion der Philosophie im Kontext der christlichen Theologie des Mittelalters letztendlich in der Neuzeit die Trennung zwischen den Sphären des Glaubens und des Wissens durchgesetzt. Demgegenüber hat sich in Indien die philosophische Reflexion und Systematisierung sowie deren Ausdifferenzierung in vielfältige Denkschulen aus der intrinsischen religiösen Auseinandersetzung mit den heiligen Schriften der Veden sowie deren Kritik herausgebildet. Ein – im Übrigen keineswegs vollständiger – Bruch mit dieser besonderen Konstellation fand erst in der Moderne durch die gewaltsamen äußeren Eingriffe der britischen Kolonialherrschaft und die Implementierung westlicher Bildungsinstitutionen statt. Die chinesische Situation stellt sich noch einmal ganz anders dar, weil sich hier auf der Basis jahrtausendealter religiöser Traditionen, von denen etwa das „Buch der Wandlungen" (*Yìjīng* 易經) Zeugnis ablegt, bis zur Han-Zeit (206 v. Chr.-220 n. Chr.) mit dem Konfuzianismus und dem Daoismus zwei philosophische Deutungssysteme herausgebildet haben, die sich in der Folgezeit wiederum jeweils mit älteren höfischen und populären Glaubensvorstellungen und Praktiken verbanden und dadurch einen religiösen Charakter annahmen. Die Anverwandlung des ursprünglich indischen Buddhismus, deren Höhepunkt in der Tang-Zeit (6.–10. Jh.) erreicht wurde, stellt einen der bemerkenwertesten Akkulturationsprozesse der Menschheitsgeschichte dar. Aus Synthesen der drei zentralen Lehren Konfuzianismus, Daoismus und Buddhismus sind seit der Song-Zeit (10.–13. Jh.) wiederum neokonfuzianische Systeme hervorgegangen, die bis heute Referenzpole für die innerchinesische Philosophiediskussion darstellen. Ein deutlicher Bruch mit der konfuzianischen Tradition erfolgte erst am Anfang des 20. Jh.s im Gefolge der Konfrontation Chinas mit den westlichen Großmächten und wurde seit der Machtübernahme der Kommunistischen Partei im Jahr 1949 durch die ideologische Adaptation des Marxismus-Leninismus forciert; den traurigen Höhepunkt dieses Zivilisationsbruchs stellte Mao Zedongs Kulturrevolution zwischen 1966 und 1976 dar. Konfuzianisches ist ebenso wie daoistisches und buddhistisches Gedankengut gleichwohl nach wie vor unterschwellig in der chinesischen Gesellschaft und Kultur präsent; und seit den 1990er Jahren wird die konfuzianische Ethik von Seiten der chinesischen Regierung sogar ausdrücklich wieder gefördert.

Was im vorigen Kapitel in Bezug auf die faktisch gelebte indische Religiosität gesagt wurde, gilt im Prinzip auch für die Religionsausübung in China (hier freilich unter den Bedingungen einer prinzipiell areligiösen, kommunistischen Ein-Parteien-Diktatur): Es besteht eine große Diskrepanz zwischen den religiös-philosophischen Lehren des Konfuzianismus, Daoismus und Buddhismus und der praktizierten Volksfrömmigkeit. Diese unterliegt keinen hierarchisch organisierten religiösen Institutionen, sondern sie manifestiert sich in vielfältigen Kulten, die zumeist lokalen Gottheiten gewidmet sind. Zwischen daoistischen, buddhistischen oder konfuzianischen Tempeln und Amtsträgern besteht dabei kein wechselseitiges Ausschließungsverhältnis; vielmehr werden deren Dienste je nach rituellem Anlass in Anspruch genommen.

Die folgenden drei Abschnitte werden sich aber nicht auf die kultische Praxis der chinesischen Religion(en), sondern auf religionsphilosophisch relevante Aspekte des Konfuzianismus (4.2.1), des Daoismus (4.2.2) sowie des Buddhismus in dessen ostasiatischen Ausprägungen (4.2.3) konzentrieren. Die Vielfalt der klassischen chinesischen Philosophie wird damit keineswegs abgedeckt. In der sogenannten „Periode der Hundert Schulen" gab es, wie die Bezeichnung schon verrät, eine Fülle an divergierenden philosophischen Auffassungen. Als die wichtigsten unter ihnen benannte der Historiker und Astrologe Sīmǎ Tán (um 165–110 v. Chr.) neben den Konfuzianern und den Daoisten die Yin-Yang-Gelehrten, die Mohisten und die mit ihnen verbundene Logik-Schule (‚Schule der Namen') sowie die Legalisten. Da es sich bei Konfuzianismus, Daoismus und Buddhismus aber um die bei weitem einflussreichsten religiös-philosophischen Strömungen nicht nur für China, sondern für den gesamten ostasiatischen Raum handelt, soll die Darstellung auf sie beschränkt werden.

4.2.1 Konfuzianismus

Die Ethik des Konfuzius: Der Konfuzianismus geht zurück auf den Philosophen Konfuzius (vermutliche Lebensdaten: 551–479 v. Chr.), dessen Name die latinisierte Form des chinesischen *Kǒng Fūzǐ* 孔夫子 darstellt. Die üblichere chinesische Bezeichnung ist *Kǒng Zǐ* 孔子. Die Lehren des Konfuzius sind ausschließlich durch die nach seinem Tod zusammengestellten *Gespräche* (*Lún Yǔ* 論語) überliefert. Diese enthalten eine praktische Philosophie, die mit einer großen Sensibilität für die situativen Kontexte der jeweiligen moralischen Akteure Denkanstöße, aber auch konkrete Anweisungen für ein moralisch richtiges Leben sowie für eine gute Staatsführung gibt. Das ethische Leitbild dieser Philosophie ist die ‚Person von Rang‘ bzw. ‚von guter Qualität‘, *junzi* 君子. Dieser Begriff, der ursprünglich eine vornehme Abstammung bezeichnete, wurde von Konfuzius zu einer moralischen Kategorie umgedeutet. Ein ‚edler Mensch‘ hat sich demnach durch Bildung und Kultivierung seiner ethischen Tugenden gleichsam selber geadelt und verdient es, dass man ihm Respekt entgegenbringt. An vielen Stellen der *Lún Yǔ* zeigt sich, dass es Konfuzius in seiner Ethik auf die richtige Balance zwischen der Beachtung überlieferter ritueller Vorschriften (*li* 禮) und einer Ethik der Menschlichkeit (*rén* 仁) ankommt. Dies zeigt etwa die folgende Passage aus den *Lún Yǔ:*

» Dse-lu fragte, wie man den Geistern der Verstorbenen dienen müsse.
Der Meister sprach: Wenn man noch nicht einmal lebenden Menschen dienen kann, wie soll man dann den Geistern der Vestorbenen dienen können?
Darf ich dann nach dem Sinn des Todes fragen, fuhr Dse-lu fort.
Der Meister sprach: Wenn man noch nicht einmal das Leben versteht, was kann man dann schon vom Tod wissen? (*Lún Yǔ,* XI.12)

Offenbar schätzte Konfuzius den Dienst an den lebenden Mitmenschen moralisch noch höher ein als den kultisch-religiösen Dienst an den Verstorbenen. Man kann darin eine Vorordnung der Ethik gegenüber einer vorwiegend ritualisierten Religionsausübung erkennen, die Konfuzius zwar keineswegs ablehnte, aber mit dem Bewusstsein von Menschlichkeit erfüllen wollte. In Konfuzius' Antwort auf die zweite Frage in der zitierten Passage äußert sich wiederum eine Priorisierung lebenspraktischer moralischer Fragen vor abstrakten metaphysischen Problemen, die in anderer, auf die Bewältigung des Leidens abzielender Weise auch der Buddha vertreten hat. Tatsächlich finden sich in den *Lún Yǔ* keinerlei theoretische Erwägungen über den Anfang und das Ende der Welt, über Gott, über die Unsterblichkeit der Seele oder andere metaphyische Themen. Stattdessen sind die stets in eine konkrete Kommunikationssituation eingebetteten Gedanken des Konfuzius ganz auf Fragen der praktischen Philosophie, also der Ethik und der politischen Philosophie, gerichtet.

Verbindung von Riten und Menschlichkeit: Konfuzius ging es vor allem darum, die traditionellen Riten mit der Kultivierung von Empathie, Menschlichkeit (*rén* 仁) sowie Herzens- und Geistesbildung zu verbinden. Beide Aspekte, Menschlichkeit und Ritual, standen für Konfuzius nicht im Gegensatz zueinander; vielmehr stellte die bewusste Ausübung der rituellen Praxis für Konfuzius bereits eine Methode der Selbstkultivierung und -erziehung dar. Die überlieferten Riten und Texte stellten kulturell autorisierte Formen situativ angemessenen Verhaltens dar, auf die ein Individuum bei der Bildung seines Handlungsrepertoires zurückgreifen konnte und auch sollte.

Die Institutionalisierung des Konfuzianismus: Innerhalb der religiösen Kultur Chinas und Ostasiens ist Konfuzius keineswegs nur als Moralphilosoph betrachtet worden. Rund 350 Jahre nach seinem Tod begann in der späten Han-Zeit unter Kaiser Wǔdì (156–87 v. Chr.) die staatliche Institutionalisierung der konfuzianischen Lehre sowie die kultische Verehrung des Konfuzius, dem nunmehr übermenschliche Eigenschaften zugeschrieben wurden und der in Tempeln angebetet wurde – auch diese Entwicklung ist mit der Vergöttlichung des Buddhas in späteren Strömungen des Buddhismus durchaus vergleichbar. In der Regierungszeit des Kaisers Wǔdì wurden auch die sogenannten ‚Fünf Klassiker‘ der chinesischen Literatur kanonisiert, die von Konfuzius besonders zur Lektüre empfohlen worden waren:

- *das Buch der Wandlungen* (*yìjīng* 易經),
- *das Buch der Lieder* (*shījīng* 詩經),
- *das Buch der Urkunden* (*shūjīng* 書經),
- *das Buch der Riten* (*lǐjì* 禮記) und
- *die Frühlings- und Herbstannalen des Staates Lu* (*chūnqiū* 春秋).

Zu diesen fünf Werken kommen die vier kanonischen Bücher des Konfuzianismus selbst hinzu, die während der Song-Dynastie durch den neokonfuzianischen Philosophen Zhu Xi (1130–1200) kanonisiert wurden:

- das *Große Lernen* (*dà xué* 大學), ursprünglich ein Kapitel aus dem *Buch der Riten*,
- die *Gespräche* (*lún yǔ* 論語) des Konfuzius,
- *Mitte und Maß* (*zhōng yōng* 中庸), ein weiterer Abschnitt aus dem *Buch der Riten*, in dem der Weg zur Kultivierung der menschlichen Natur gelehrt wird,
- das Buch des Menzius (*méng zǐ* 孟子).

Diese konfuzianischen Klassiker bildeten vom Beginn des 14. bis zum Beginn des 20. Jh.s die Grundlage für die Beamtenprüfungen des chinesischen Staates.

Konfuzianismus als Religion: Ob der Konfuzianismus seit der Han-Zeit als eine Religion bezeichnet werden kann oder ob er nicht doch eher eine Ethik oder Staatsphilosophie darstellt, ist nach wie vor umstritten. Der Religionswissenschaftler Wilfred Cantwell Smith hat diese Problematik sehr treffend wie folgt charakterisiert:

> » Für den Moment können wir wieder einmal ganz einfach feststellen, dass die Frage: ‚Ist der Konfuzianismus eine Religion?‘ eine ist, die der Westen niemals beantworten und China niemals stellen konnte. (Smith 1991, 69; Übers. M. Wirtz)

Für die Auffassung, dass es sich beim Konfuzianismus zumindest *auch* um eine Religion handelt, spricht die religiöse Verehrungspraxis in vielen ostasiatischen

Ländern. Dementsprechend ist der Konfuzianismus in Südkorea und Indonesien auch offiziell als Religion anerkannt. Gegen die Auffassung vom Konfuzianismus als einer Religion lässt sich anführen, dass der antike Konfuzianismus und vor allem Konfuzius selbst, soweit seine diesbezügliche Einstellung aus den *Lún Yŭ* ersichtlich ist, gegenüber religiösen Glaubensvorstellungen eine agnostische Position bezogen hat. Sicherlich teilte er gewisse religiöse Auffassungen, wie sie zur Zeit der Zhou-Dynastie (1040–249 v. Chr.) verbreitet waren, insbesondere die Verehrung des Himmels (*tiān* 天), der für die Konfuzianer das Symbol für Ordnung und Harmonie schlechthin war und an dem sich die ethische Selbstkultivierung orientieren sollte. Aber wenn Konfuzius die überlieferten Rituale der Zhou-Dynastie als außerordentlich wertvoll einschätzte, so geschah dies nicht in erster Linie wegen der mit ihnen verbundenen Glaubensvorstellungen, sondern wegen der stabilisierenden Wirkung der Rituale für die Moral des Einzelnen und der Gemeinschaft. Denn Konfuzius lebte zu einer Zeit (der sogenannten ‚östlichen' Zhou-Dynastie), in der die rituellen Praktiken und Kulte der Zhou-Kultur zunehmend an Einfluss verloren und verschiedene Machtzentren miteinander konkurrierten. Vor diesem Hintergrund sah sich Konfuzius selbst als jemanden, der dazu berufen war, die traditionellen Rituale und Texte der älteren, ‚westlichen' Zhou-Dynastie durch Gelehrsamkeit zu bewahren und zu restaurieren. Die für die ältere chinesische Religion maßgebliche Frage, in welcher Weise Geister und Götter mit den Menschen interagieren, hat Konfuzius aber offenbar wenig interessiert. Ihm ging es primär um die moralisch richtige Interaktion zwischen Menschen in ihren unterschiedlichen sozialen Rollen und um die Selbstkultivierung jedes/jeder Einzelnen. Konfuzius war daher – anders als Jesus, Mohammed oder Buddha – kein Religionsstifter; auch in China selbst hat ihn erst der Philosoph Kāng Yŏuwéi (1858–1927) dazu stilisiert. Weder nahm Konfuzius für sich in Anspruch, die authentische Heilsbotschaft eines allmächtigen Gottes zu verkünden (wie im Falle Mohammeds) oder gar Gottes Sohn zu sein (wie im Falle Jesu), noch das ultimative Rezept für die Überwindung des Leidens gefunden zu haben (wie im Falle Buddhas). Stattdessen zeichnet sich das überlieferte Selbstverständnis des Konfuzius durch eine in den *Lún Yŭ* an vielen Stellen zum Ausdruck kommende Bescheidenheit aus: Er sei nur ein Lehrer, der nach eingehender Überprüfung Wissen weitergebe (VII.28); allenfalls nehme er für sich in Anspruch, unermüdlich im Lernen und Lehren voranzuschreiten (VII.34).

Der konfuzianische Heilsweg: Der ‚Weg des Himmels' (*tiāndào* 天道) besteht dementsprechend für den Konfuzianismus weder im gläubigen Vertrauen auf eine göttliche Offenbarungsbotschaft noch in der Befolgung bestimmter spiritueller Techniken, sondern vor allem in der Liebe zum Lernen und in der Ausbildung von Mitmenschlichkeit. Indem man sein ganzes Herz und seinen ganzen Verstand (im Chinesischen gibt es dafür einen einzigen Begriff: *xīn* 心, der Herz-Verstand) der Selbstbildung im Sinne der sittlichen Vervollkommnung der Persönlichkeit widmet, erfüllt man den Auftrag des Himmels (*tiānmìng* 天命) am besten. Dieser himmlische Auftrag richtet sich nach konfuzianischer Auffassung zwar primär an den Kaiser, den Sohn des Himmels. Moralische Vervollkommnung ist jedoch keineswegs nur der politischen Elite vorbehalten. Vielmehr sollte diese ja gerade aus denjenigen gebildet werden, die sich durch Selbstkultivierung dazu qualifiziert haben.

Goldene Regel und soziale Rollen: Konfuzius war davon überzeugt, dass eine harmonisch geordnete Gesellschaft dadurch entstehen kann, dass wir unsere Mitmenschen so behandeln, wie wir selber gerne von ihnen behandelt werden möchten. Die damit formulierte ‚Goldene Regel‘ der Moral wird bei Konfuzius ergänzt durch eine situative Sensibilität für soziale Rollen, die jeweils angemessene und ‚richtige‘ Verhaltensweisen präformieren. In politischer Hinsicht gehörte dazu vor allem die hierarchische Beziehung des weisen Kaisers zu seinem Volk, ohne die es für Konfuzius keine dauerhafte gesellschaftliche Stabilität geben konnte; im privaten Bereich wurde vor allem der Respekt der Kinder gegenüber den Eltern (*xiào* 孝) als wichtig angesehen.

Die Ethik des Menzius: Der zweite bedeutende Philosoph des antiken Konfuzianismus ist Menzius (*Mèngzǐ* 孟子; um 370–290 v. Chr.). Seine Moralphilosophie zeichnet sich besonders durch das positive Menschenbild aus, das ihr zugrunde liegt. Menzius zufolge ist der Mensch von Natur aus gut und wird allenfalls durch zivilisatorische Einflüsse verdorben – eine Auffassung, wie sie innerhalb der westlichen Aufklärung des 18. Jh.s ganz ähnlich von Jean-Jacques Rousseau vertreten worden ist. So wie Wasser, wenn es nicht am natürlichen Fluss gehindert wird, immer von oben nach unten fließt, so richtet sich der Mensch laut Menzius von seiner Natur her stets am Guten aus, sofern er nicht negativen Einflüssen unterliegt (*The Book of Mencius,* 6 A:2). Anknüpfend an die Ethik des Konfuzius, die Menzius weiterentwickelt, betont dieser die Notwendigkeit der Selbstbildung des Herzens und des Geistes (*xīn* 心), damit daraus die vier zentralen moralischen Tugenden hervorgehen können: Mitmenschlichkeit (*rén* 仁), Rechtschaffenheit (*yì* 義), Höflichkeit/Sittlichkeit (*lǐ* 禮) und Weisheit (*zhì* 智). Menzius gibt darüber hinaus auch die emotionalen Dispositionen an, die in der natürlichen Anlage zum Guten verwurzelt sind und den Menschen zur Ausbildung der Tugenden befähigen: Mitleid (für die Tugend der Mitmenschlichkeit), Scham (für die Tugend der Rechtschaffenheit), Respekt (für die Tugend der Höflichkeit/Sittlichkeit) und das Gefühl für die Unterscheidung zwischen richtig und falsch, gut und schlecht (für die Tugend der Weisheit).

Spontanes Mitgefühl als Grundlage von Mitmenschlichkeit: Dass jeder Mensch eine natürliche Anlage zum Mitgefühl in sich trägt, illustriert Menzius am Beispiel des Anblicks von einem Kind, das in einen Brunnen zu fallen droht. In einer solchen Situation verspüren wir einen sponaten Impuls zu helfen, der sich nicht durch Nutzenerwägungen oder egoistische Motive erklären lässt (wie z. B. dadurch, dass jemand durch die Rettungs des Kindes den Beifall seiner Mitmenschen erhalten möchte). Spontanes Mitgefühl ist für Menzius deswegen der Anfang aller Mitmenschlichkeit. Empathie sollte laut Menzius auch die politisch führende Klasse in einem Staat besitzen. Wenn die Regierung es nicht ertragen könne, das Volk leiden zu sehen, dann werde, so Menzius, das Regieren leicht von der Hand gehen, weil es dann von Mitmenschlichkeit geleitet werde.

Politische Wirksamkeit des Konfuzianismus: Was die konkrete politische Wirksamkeit des Konfuzianismus als Staatsideologie anbelangt, so manifestierte sich diese erst nach Menzius’ Tod in der Zeit der Han-Dynastie (ab 206 v. Chr.). Zu ihren Lebzeiten gelang es weder Menzius noch Konfuzius – ebenso wenig wie Platon im antiken Griechenland –, die zeitgenössischen Machthaber auf den richtigen Weg der guten Staatsführung zu geleiten.

Die Ethik des Xun Zi: Als dritte wichtige Figur des klassischen Konfuzianismus ist Xun Zi (*Xúnzǐ* 荀子; um 300–239 v. Chr.) zu nennen. Wie im Falle von Menzius *(Méngzǐ)* trägt der konfuzianische Text *Xúnzǐ* denselben Namen wie sein mutmaßlicher Autor. Gegenüber dem positiven Menschenbild des Menzius war Xun Zis anthropologische Grundauffassung eher pessimistisch bzw. negativ, weswegen er von den vier Tugenden des Menzius besonders viel Wert auf die Ausbildung von Sittlichkeit und Rechtschaffenheit (*lǐyì* 禮義) legte. Als Ideal schwebte Xun Zi eine Art Kooperation zwischen dem Wirken des Himmels (*tiān* 天) und den menschlichen Angelegenheiten vor, die durch Moral und Recht geregelt und durch künstlerische Betätigung verschönert werden sollten. Xun Zis Vorstellung von *tiān* 天 kommt unter allen konfuzianischen Klassikertexten dem Bild einer dauerhaften göttlichen Ordnung am nächsten; gleichwohl lässt sich aber auch Xun Zis Position nicht als theistisch bezeichnen.

Ambivalenz des antiken Konfuzianismus: Der antike Konfuzianismus kann einerseits als eine konservative Bewegung betrachtet werden, der es in erster Linie um die Bewahrung älterer religiöser Traditionen ging, andererseits aber auch als ein deutlicher Bruch mit eben diesen Traditionen. Von seinem Selbstverständnis her hat sich der Konfuzianismus sicherlich im zuerst genannten Sinne als eine restaurative Strömung verstanden. Rückblickend erscheint der zivilisatorische Sprung, der durch die moralphilosophische Reflexion und das ethische Ideal der Selbstkultivierung im Konfuzianismus gemacht wurde, dennoch eher als ein Abrücken von den primär auf Ritualen, Opfern und Orakeln basierenden Praktiken der jahrtausendealten chinesischen Religion, auch wenn diese am Hof und im Volk weiterhin lebendig blieb.

Chinesische Kosmologie: Der Konfuzianismus ist gleichwohl ebenso wie der Daoismus tief verwurzelt in älteren kosmologischen Vorstellungen Chinas, was weniger in den Ethiken des Konfuzius und Menzius offensichtlich ist als in den neokonfuzianischen Systemen, die erst viele Jahrhunderte später seit der Song-Dynastie (960–1279) unter Einbeziehung daoistischer und buddhistischer Einflüsse entwickelt wurden. Zu den weit in die chinesische Kultur- und Religionsgeschichte zurückreichenden kosmologischen Ideen gehören die Konzepte von Himmel und Erde (*tiāndì* 天地), vom rechten Weg (*dào* 道), von der Lebensenergie (*qì* 氣), von der Veränderung (*yì* 易), von der Komplementarität polar entgegengesetzter Kräfte (*yīn yáng* 陰陽) sowie die Lehre von den fünf Elementen (*wǔxíng* 五行), die seit der Han-Zeit sogar zu einem wichtigen Aspekt der kaiserlichen Herrschaftsideologie wurde. Den harmonischen Zusammenhang zwischen Kosmologie und Ethik hat der neokonfuzianische Philosoph Zhang Zai (1020–1077) als die ‚Einheit von Himmel und Menschheit' (*tian ren he yi* 天人合一) bezeichnet.

Die chinesische Kosmologie entwirft insgesamt das Bild eines sich dynamisch wandelnden Weltgeschehens, in dem die Bereiche der Menschen, der Götter und anderer Wesen (etwa Ahnen, Geister oder Tiere) permanent interagieren. Von dieser prozessualen Weltsicht aus wird verständlich, warum weder im Konfuzianismus noch im Daoismus die Idee einer unveränderlichen Transzendenz, also die

Idee Gottes, eine besondere Rolle spielen konnte (Lai 2015, 101). Der nicht-theistische Charakter des Konfuzianismus speist sich somit aus zwei Quellen, zum einen aus dem metaphysischen Agnostizismus des weisen Lehrers Konfuzius, zum anderen aus der im chinesischen Denken tief verwurzelten Auffassung eines kontinuierlichen Wandels im Kosmos. Offensichtlich weist die dynamische Kosmologie der chinesischen Religion metaphysische Affinitäten zur buddhistischen Prozessontologie auf, was die chinesische Rezeption des Buddhismus zweifellos erleichtert hat.

4.2.2 Daoismus

Dào als metaphysisches Prinzip: Die Grundbegriffe der chinesischen Kosmologie wie *dào* 道, *qì* 氣, *yīn yáng* 陰陽 treten im Daoismus (oder Taoismus), der zweiten originären religiös-philosophischen Strömung Chinas, deutlicher hervor als im Konfuzianismus, auch wenn sie diesem keineswegs fremd sind. Aber im klassischen Konfuzianismus hat der Begriff *dào* 道 (übersetzbar als „Weg", „Sinn", „Wahrheit) eine vorwiegend moralische Bedeutung und ist auf menschliche Verhaltensweisen und den richtigen Lebenswandel bezogen. Im Daoismus erhält *dào* 道 eine naturphilosophische und kosmologische Ausrichtung. Man könnte auch sagen: *dào* 道 wird zu einem metaphysisch-ontologischen Prinzip, nämlich zum Grundprinzip des stetigen Wandels der Dinge. In dem Werk *Huainanzi* (淮南子; 2. Jh. v. Chr.) wird das *dào* 道 als der Anfang von allem beschrieben, aus dem zunächst die nebelhafte Leere und dann Raum und Zeit hervorgehen. Daraus entwickelt sich die Lebensenergie *qì* 氣, die sich in die Bereiche des Himmels und der Erde aufspaltet, aus deren komplementärer Zusammengehörigkeit *yīn yáng* 陰陽 entstehen. Diese verursachen die vier Jahreszeiten, aus denen wiederum die unzähligen Dinge produziert werden (*Huainanzi*, 3/18/18–23).

   Yin und Yang: In ähnlicher Weise wird in der Schrift *Xici zhuan* 繫辭轉, einem Kommentar aus der Han-Zeit zum *Yìjīng* 易經, dem *Buch der Wandlungen,* das *Yin-Yang*-Schema als universelles Erklärungsmodell für alle möglichen Wandlungsprozesse herangezogen, neben den Jahreszeiten etwa auch für den menschlichen Lebenszyklus oder für den Aufstieg und Fall von Herrscherdynastien. Ein weiterer daoistischer Text aus der frühen Han-Zeit, *Mawangdui Laozi B* (馬王堆 老子乙), enthält eine Auflistung der vielen unterschiedlichen Bereiche, in denen sich *Yin* und *Yang* manifestieren:

- Demanch steht *Yin* für: Erde, Herbst, Winter, Nacht, Untätigkeit, das Untere, das Weibliche, Jugend, Einfachheit, Fremdbestimmtheit, Ruhe, Empfangen.
- *Yang* repräsentiert demgegenüber: Himmel, Frühling, Sommer, Tag, Tätigkeit, das Obere, das Männliche, Alter, Vornehmheit, Selbstbestimmtheit, Rede, Geben.

Yin und *Yang* sind in all diesen Domänen nicht als Gegensätze oder Antagonismen zu verstehen, sondern als interdependente Pole, die komplementär zusammenwirken.

Laozi und das *Dàodéjīng*: Der eigentliche Grundlagentext des philosophischen Daoismus ist das *Dàodéjīng* (道德經), das zwischen 800 und 200 v. Chr. entstanden ist und dessen Autorschaft dem legendären Weisen Laozi (*Lǎozǐ* 老子) zugeschrieben wird. Die genauen Lebensdaten Laozis sind nicht bekannt; er soll ungefähr zeitgleich mit Konfuzius im 6. Jh. v. Chr. gelebt haben. Der Legende nach hat Laozi das kryptische, aus nur etwa 5000 Schriftzeichen bestehende *Dàodéjīng*, das zum weltweit meistübersetzten Buch nach der Bibel werden sollte, einem Zöllner diktiert, bevor er sich, auf einem Ochsen reitend, als Einsiedler für immer in die Berge zurückzog. Tatsächlich ist nicht einmal gesichert, ob Laozi das *Dàodéjīng* wirklich verfasst hat; möglicherweise handelt es sich um eine spätere Zusammenstellung von Texten unbekannter Autoren.

***Dào* als namenloser Ursprung von allem:** Das *Dàodéjīng* besteht aus zwei Teilen, dem *Dàojīng*, dem Buch vom *dào*, und dem *Déjīng*, dem Buch von der Tugend. Wie in dem oben zitierten, später entstandenen Werk *Huainanzi* wird auch im *Dàodéjīng* das *dào* als der namenlose Anfang von allem umschrieben, der sich mit Worten nicht fassen lässt. Dasjenige *dào*, das benannt werden kann, ist bereits nicht mehr das wahre *dào*, stammt aber von diesem ab, so wie ein Kind von der Mutter abstammt. Ein Gott im Sinne des Theismus als das in höchstem Maße Seiende kann aus daoistischer Perspektive nicht der Ursprung von allem sein, da dieser als formlos, unbestimmt und ‚un-seiend‘ gedacht wird.

Präsenz und Leere: Generell zeichnet den Daoismus eine Affirmation der Präsenz (*yǒu* 有) aus, eine Wertschätzung des Lebens in seiner unendlichen Fülle. Die Nicht-Präsenz oder Leere (*wú* 無) bedeutet nicht die bloße Negation des lebendigen Daseins – so wie das Nichts in der abendländischen Philosophie die Verneinung des Seienden darstellt –, sondern die Leere ist selbst inmitten des Seins wirksam, so wie ein Behältnis (z. B. eine Vase oder ein Glas) erst durch den leeren Raum, den es gewährt, seine Funktion erfüllt.

Die grundlegende Orientierung, die das *dào* für das menschliche Leben bietet, wird in ▶ Abschn. 25 des *Dàodéjīng* folgendermaßen beschrieben:

» Die Menschen richten sich nach der Erde. (*ren fa di* 人法地)
Die Erde richtet sich nach dem Himmel. (*di fa tian* 地法天)
Der Himmel richtet sich nach dem *dào*. (*tian fa dao* 天法道)
Das *dào* richtet sich nach dem natürlichen Von-sich-selbst-her-Sein.
(*dao fa ziran* 道法自然). (Dàodéjīng, Nr. 25, Übers. M. Wirtz)

***Dào* und *dé*:** Eine ethische Bedeutung gewinnt das *dào* in seiner Relation zum *dé*, ein Begriff, der bisweilen mit ‚Tugend‘, manchmal aber auch mit ‚Sinn‘ oder ‚Leben‘ übersetzt wird. Dem *Dàodéjīng* zufolge besitzt die höchste Tugend der- bzw. diejenige, die sich gar nicht um Tugend zu bemühen braucht, weil sie bereits vollkommen ist. So heißt es über den Weisen:

» Er will nicht selber scheinen, darum wird er erleuchtet. Er will nichts selber sein, darum wird er herrlich. Er rühmt sich selber nicht, darum vollbringt er Werke. Er tut sich nicht selber hervor, darum wird er erhoben. (Dàodéjīng, Nr. 22, Übers. R. Wilhelm)

Wúwéi (Nichthandeln): Die weise Zurückhaltung, die umso mehr bewirkt, je weniger sie zu erreichen versucht, wird im Daoismus als *wúwéi* (無為 = Nichthandeln) bezeichnet. Damit ist keine bloße Untätigkeit oder Passivität gemeint, sondern vielmehr ein Handeln, das sich im Einklang mit den natürlichen Tendenzen einer Situation befindet (*zìránwéi* 自然為). Denn aus der Sicht des Daoismus führt es nur zu schädlichen Konsequenzen, wenn man versucht, den immanenten Lauf der Dinge künstlich und gewaltsam zu verändern (*yǒuwéi* 有為). Deswegen ist der Daoismus im Unterschied zum Konfuzianismus kulturellen Institutionen und sozialen Konventionen gegenüber kritisch eingestellt, da sie – ebenso wie die Begriffssprache – die Wirklichkeit in künstliche Bereiche einteilen und dadurch den Menschen von der ursprünglichen Quelle der natürlichen Indifferenz und lebendigen Spontaneität entfernen. Die nachhaltigste Wirkung kann gerade dadurch erzielt werden, dass sich das Tun einfach an das natürliche *dào* 道 anschmiegt: Es wird nichts getan, aber nichts bleibt ungetan. Diese fundamentale Einsicht des Daoismus bezieht sich auf das harmonische Zusammenwirken von Naturprozessen, auf die gelingende Lebensführung von Menschen, aber ebenso auch auf die politische Führung des Staates, die ebenfalls genau dann am meisten bewirkt, wenn sie am wenigsten willentlich anrichtet. Jeglichem politischem Aktionismus erteilt der Daoismus damit eine klare Absage.

Die Philosophie des Zhuangzi: In die gleiche Richtung zielt die sprachkritische Empfehlung des neben Laozi zweiten bedeutenden Philosophen des Daoismus, Zhuangzi (*Zhuāngzǐ* 莊子; um 370–300 v. Chr.), überflüssige Worte zu vermeiden. Denn für Zhuangzi muss die menschliche Sprache aufgrund ihrer begrifflichen Unterscheidungen, in die sie die Realität hineinzwängt, die Einfachheit des *dào* notwendigerweise verfehlen. Damit vertritt Zhuangzi eine völlig andere Sprachauffassung als Konfuzius, für den der richtige Gebrauch der Wörter eine essentielle Voraussetzung für gutes Handeln darstellt (vgl. *Lún Yǔ*, XIII.3). Zhuangzi lässt in dem nach ihm benannten, wahrscheinlich aber nicht ausschließlich von ihm verfassten Buch *Zhuāngzǐ* 莊子 Konfuzius mehrfach in einer paradoxen Doppelfunktion aufteten: zum einen als Konterpart und fiktiven Gesprächspartner des Laozi, der die starre Moralität des Konfuzius als menschliches Konstrukt entlarvt; zum anderen aber auch als einen Weisen, der ganz im Sinne des Daoismus selber die konfuzianische Moral als künstliches Regelsystem kritisiert, das er in dieser Form gar nicht gewollt habe. Zhuangzi nimmt hier in literarischer Form auf die philosophischen Differenzen zwischen Konfuzianismus und Daoismus Bezug, die vor allem in der unterschiedlichen Beurteilung der Maßstäbe für angemessenes ethisches und politisches Handeln liegen. Während der Konfuzianismus die Bedeutung von Selbstkultivierung, Ritualen, sozialen Rollen und kulturellen Institutionen hervorhebt, betont der Daoismus die Ausrichtung des Handelns an der natürlichen Fließrichtung des *dào*. Die ideale Person, die dem *dào* gemäß lebt und zu den Wurzeln des Lebens zurückgekehrt ist, wird im Daoismus als *zhì rén* 至人 oder auch *zhēn rén* 真人 bezeichnet. Sie verbindet Zhuangzi zufolge äußere Königlichkeit mit innerer Heiligkeit und lässt sich durch keine äußerlichen Widrigkeiten erschüttern (Chung 2006, 44 ff.; Lai 2015, 108). Durch den Einklang mit der Lebensenergie *qì* 氣 vermag eine solche Person den Zustand der Leerheit (*xu* 虛), d. h. einer absoluten mentalen Indifferenz, zu erreichen und dadurch das *dào* vollends zu realisieren. Eine derartige Person bedarf weder konfuzianischer Selbstkultivierung noch schamanistischer oder anderer religiöser Praktiken. Unter diesem Gesichtspunkt ist der Daoismus in die transkulturelle Tradition der Mystik einzuordnen.

In Bezug auf die Entwicklung der daoistischen Lehre steht Zhuangzi in einer ähnlichen Relation zu Laozi wie Menzius zu Konfuzius: Zhunagzi sieht sich als Bewahrer der ursprünglichen Lehre des Laozi, die er interpretativ anverwandelt und dadurch zugleich weiterentwickelt. So konkretisiert er die Beziehung zwischen Herrscher und Untertanen, indem er dem Herrscher das Nichthandeln (*wúwéi* 無為), den Untertanen aber das Handeln (*yǒuwéi* 有為) zuweist. Würden nämlich die Untertanen nicht handeln, so wären sie keine Untertanen; würden aber die Herrscher handeln, so wären sie keine Herrscher (Chung 2006, 40 ff.). Der Philosoph Guo Xiang (252–312), Verfasser eines bedeutenden Kommentars zum Buch *Zhuāngzǐ,* hat diese Unterscheidung einerseits aufgegriffen, andererseits relativiert, indem er die Identität von *yǒuwéi* und *wúwéi* im absoluten *wúwéi* postulierte (Chung 2006, 126).

Indifferenz gegenüber dem Tod: Hinsichtlich der existentiellen Frage nach dem persönlichen Umgang mit dem Tod zeichnet sich die daoistische Lebenskunst des Zhuangzi durch ein fundamentales Einverständnis mit der permanenten Transformation aller Dinge aus, zu der auch der menschliche Tod gehört. Es ist nicht der Glaube an ein Weiterleben nach dem Tod oder an einen rettenden Gott, der im Daoismus die menschliche Angst vor dem Tod überwindet, sondern vielmehr die Einsicht in den natürlichen Lauf der Dinge (*ziran* 自然). Tote genießen Zhangzi zufolge überdies den Vorteil, dass sie sich nicht mehr um die menschlichen Angelenheiten und Probleme kümmern müssen (Chung 2006, 37 f.).

Daoismus als Religion: Ähnlich wie im Falle des Konfuzianismus haben sich die philosophischen Lehren des antiken Daoismus seit der Han-Zeit (206 v.-220 n. Chr.) mit älteren religiösen Elementen und kosmologischen Glaubensvorstellungen zur daoistischen Religion verbunden. Der Ursprung des Daoismus wurde dabei weit hinter die Lebenszeit Laozis in die Regierungszeit des legendären ‚Gelben Kaisers' Huáng Dí ins 3. Jahrtausend v. Chr. zurückdatiert. Das mit diesem Kaiser verbundene Standardwerk *Huángdì Nèijīng (Die Medizin des Gelben Kaisers)*, das Wissen über Akupunktur, Akupressur und weitere Bereiche der traditionellen chinesischen Medizin enthielt, wurde aber vermutlich erst viel später, nämlich im 3. Jh. v. Chr., aus verschiedenen älteren Werken zusammengestellt und lässt Einflüsse daoistischer Ideen erkennen. Umgekehrt prägten und prägen alte medizinisch-magische Rituale und hygienisch-gymnastische Übungen die religiöse Praxis des Daoismus, bei der es vor allem darum geht, die Person in Einklang mit dem natürlichen Fluss des *dào* zu bringen und die innere Lebenskraft zu nähren. Körper und Geist werden dabei als ein Kontinuum vorgestellt, das von der Lebensenergie *qì* 氣 durchströmt ist und als ein Mikrokosmos übergeordnete natürliche Relationen widerspiegelt, so wie der Makrokosmos als ein einziger großer Organismus betrachtet werden kann. Psychophysische und asketische, auch ekstatische Techniken, die sich dem kosmischen Wandel von *Yin* und *Yang* anpassen, sollen ein möglichst langes und gesundes Leben ermöglichen. Spezifische Methoden des Atmens wie *qìgōng* 氣功, aber auch strenge Ernährungsvorschriften sollen im Sinne einer inneren Alchemie den unsterblichen Körper, der in je-dem/jeder schlummert, wecken. Denn für den Daoismus kann es keine Seele ohne einen dazugehörigen Körper geben.

4.2.3   Buddhismus in China und Japan

Buddhismus als dritte religiös-philosophische Lehre Chinas: Dass sich der aus In-dien stammende Buddhismus überhaupt in China ausbreiten und nach einem Jahrhunderte andauernden ‚Einsickerungsprozess‘ über zentralasiatische Handels-routen wie die Seidenstraße langfristig etablieren konnte, gehört ohne Übertrei-bung zu den erstaunlichsten Inkulturationsprozessen der Menschheitsgeschichte. Schließlich handelte es sich bei der indischen und der chinesischen Kultur hin-sichtlich der Sprache, der sozialen und politischen Struktur sowie der religiösen Vorstellungen um vollkommen verschiedene Zivilisationen. Die erfolgreiche Ver-breitung des Buddhismus im ostasiatischen Raum hing zweifellos mit seiner Fä-higkeit zusammen, bestehende religiöse Kulte und Vorstellungen nicht zu verdrän-gen, sondern sie so zu transformieren, dass sie mit der Lehre des Buddha zusam-menbestehen konnten. Zugleich musste der Buddhismus, um in China Fuß fassen zu können, bis zu einem gewissen Grade sinisiert werden. Im Ergebnis führte dies zu einer keineswegs spannungsfreien, aber letztlich doch fruchtbaren Koexis-tenz des Buddhismus, der ‚dritten Lehre‘, mit den anderen beiden großen Leh-ren Chinas, dem Konfuzianismus und dem Daoismus. In der religiös-philosophi-schen Betrachtung dieser drei Systeme wurde oftmals weniger die Verschieden-heit als vielmehr die ‚Einheit der drei religiösen Lehren‘ (*sanjiao heyi* 三較合一) hervorgehoben, ihre letztendliche Harmonie, Konvergenz und wechselseitige In-klusion (Cheng 2013, 40). Gleichwohl wurde der Buddhismus von konfuziani-schen und daoistischen Gelehrten immer wieder auch als eine ‚ausländische Re-ligion‘ denunziert, die wenig zur praktischen Lebensbewältigung beitrage, son-dern den Menschen eine vorwiegend pessimistische Einstellung vermittle. So warf etwa der neokonfuzianische Philosoph Chèng Hào (1032–1085) dem Buddhisms vor, eine selbstbezogene Religion zu sein, die unfähig zur Regelung der mensch-lichen Angelegenheiten sei. Die Buddhisten würden den Menschen mit dem Rad der Wiedergeburten Angst einjagen und das Yin-Yang-Prinzip nicht richtig ver-stehen (Chan 1963, 542 f.).

 Die Übersetzung des Buddhismus ins Chinesische: Der chinesischen Schulen des Buddhismus lassen sich dem Mahāyāna, also dem ‚Großen Fahrzeug‘ (▶ Ab-schn. 4.2.2), zuordnen. In Tibet sowie in einigen weiteren Regionen Chinas ist au-ßerdem der aus dem Mahāyāna abgeleitete Vajrayāna-Buddhismus verbreitet. Vor allem nach dem Ende der Han-Dynastie im 3. Jh. n. Chr. gewann der Buddhismus zunehmend an Einfluss in China. Die buddhistische Lehre schien nunmehr eine spirituelle Antwort auf den Verlust der staatlichen Einheit zu liefern, den die chi-nesische Zivilisation bis ins 6. Jh. hinein mehrfach verarbeiten musste. Vorauset-zung für die Rezeption des Buddhismus in China war eine beeindruckende Über-setzungstätigkeit der in Sanskarit und Pāli verfassten buddhistischen Schriften ins Chinesische. Dabei bedienten sich die Übersetzer, zumeist mehrsprachige Mönche, in zahlreichen Fällen daoistischer Termini, um buddhistische Konzepte in die chinesische Sprache zu übertragen. In philosophischer Hinsicht war dieses Verfahren nicht vollkommen willkürlich, gibt es doch tatsächlich einige auffällige Berührungspunkte zwischen Daoismus und Buddhismus, insbesondere hinsichtlich der ontologischen Bedeutung, die der Leere (Sanskrit: *súnyatā;* Chinesisch: *wú* 無) zugeschrieben wird, aber auch hinsichlich des mentalen Trainings und spiritueller Techniken. Gleichwohl handelte es sich teilweise um verzerrende Assimilitationen des Buddhismus an daoistische Lehren, die allerdings für die weitere Verbreitung des Buddhismus in China sowohl im Volk als auch unter den Gelehrten durchaus hilfreich waren.

Buddhismus in und nach der Tang-Zeit: Den Höhepunkt seines Einflusses in China erreichte der Buddhismus während der Tang-Dynastie (618–907). Beosnders die Kaiser Taizong (Regierungszeit 626–649) und Gaozong (650–683) förderten das Studium buddhistischer Schriften sowie den Bau von Pagoden und Tempelanlagen. In der späten Tang-Zeit hatten sich die buddhistischen Klöster so stark verbreitet, dass sich der vom Daoismus geprägte Kaiser Wuzong (814–846) gezwungen sah, per Edikt tausende Klöster zu schließen und die buddhistischen Mönche und Nonnen wieder ins Laienleben zurückzuführen, nicht zuletzt um sie fortan wieder steuerpflichtig werden zu lassen. Von diesem Aderlass hat sich der chinesische Buddhismus nie wieder ganz erholt, auch wenn seine Lehren den Neokonfuzianismus der Song-Dynastie (960–1279) beeinflussten und er als eine der drei Lehren auch in den darauffolgenden Jahrhunderten die religiöse und philosophische Kultur Chinas weiterhin entscheidend mitprägte. Zu einer philosophischen Renaissance des Buddhismus in der späten Ming-Dynastie haben die Philosophen Yunqi Zhuhong (1535–1615), Hanshan Deqing (1546–1623) sowie Zhi Xu (1599–1655) beigetragen.

Chinesische Schulen des Buddhismus: Zu den wichtigsten Strömungen, die der chinesische Buddhismus hervorgebracht bzw. auf der Basis indischer Schulen weiterentwickelt hat – man spricht von 13 großen buddhistischen Schulen in China –, gehören die Schule des Reinen Landes *(Jìngtǔ zōng),* in welcher der transzendente Buddha Amitabha verehrt wird, die Tientai-Schule *(Tiāntái zōng),* in deren Zentrum das Lotos-Sutra steht, sowie die Huayan-Schule *(Huáyán zōng),* die sich auf das Avatamsaka-Sutra bezieht und eine All-Einheitslehre der universellen, wechselseitigen Spiegelung aller Dinge vertritt.

Chán-(Zen-)Buddhismus: Den höchsten Bekanntheitsgrad von allen chinesischen Schulen des Buddhismus hat zweifellos der Chán-Buddhismus (im Folgenden jap. Zen-Buddhismus) erlangt, die Schule der Augenblickserleuchtung. Der Legende nach soll der indische Patriarch Bodhidharma, der im 6. Jh. n. Chr. lebte, das Lankāvatāra-Sūtra (die „Schrift über die Ankunft des Buddha in Lanka") von Indien nach China gebracht haben. In diesem Text wird als die wahre Realität die Nicht-Dualität beschrieben, die sich nicht mit Worten vermitteln, sondern nur erfahren lässt. Dieses Sutra stellt die philosophische Grundlage des Zen-Buddhismus dar.

Buddhismus der Augenblickserleuchtung: Charakteristisch für den Zen-Buddhismus ist die Ablehnung komplizierter Rituale, Doktrinen und Theorien. Stattdessen werden Intuition und meditative Praxis als entscheidend für die Erlangung des spirituellen Heilsziels betrachtet, das auch innerhalb dieser buddhistischen Strömung in der Befreiung vom Leiden und dem letztendlichen Eingang ins *nirvāṇa* gesehen wird. Wie der Daoismus bestreitet auch der Zen-Buddhismus, dass die Wirklichkeit mit sprachlich-diskursiven Mitteln erkannt werden könne. Philosophische und metaphysische Lehren können nicht die absolute Wahrheit enthalten, da sie stets einseitig sind und den Geist in Fixierungen verstricken, die es zu überwinden gilt. In ontologischer Hinsicht folgt der Zen der Lehre des Mādhyamika, die besagt, dass nichts in der Welt aus sich selbst heraus besteht. Die Leerheit ist das Wesen aller Dinge. Auch der Geist ist, wenn er nicht an einzelnen Dingen und am eigenen Ego haften bleibt, immer schon leer und ruhig. Diese ursprüngliche Leere und Ruhe des Geistes möchte der Zen-Buddhismus durch spontane Erleuchtung *(satori)* wiedergewinnen.

Der Zen sieht sich als die wahre Realisierung der Intentionen des historischen Buddha. Einer Überliefung zufolge habe dieser seine Lehre dadurch vermittelt, dass er eines Abends schlicht eine Blume hochgehalten und zwischen seinen Fingern gedreht habe. Einzig Buddhas Schüler Mahakasyapa habe verstanden, dass der Buddha auf diese Weise seine Lehre kundtun wollte. In der Nachfolge dieser ersten Dharma-Übertragung (Dharma = Lehre) geschieht die Weitergabe der in der Zen-Meditation gewonnenen Einsicht im Rahmen des Meister-Schüler-Verhältnisses nicht primär durch Worte, sondern durch momentane, plötzliche Erweckungserlebnisse, die durchaus auch schmerzhaft sein können.

Kōans: Auch wenn philosophische Theorien und das Studium heiliger Schriften im Zen generell eher geringgeschätzt werden, so hat auch diese buddhistische Strömung eine bedeutsame schriftliche Tradition hervorgebracht. Aus ihr ragen besonders die Sammlungen von Kōans hervor, kurzen Anekdoten über Zen-Meister und ihre Schüler, die in der Regel eine paradoxe oder sinnlos anmutende Pointe oder Aufforderung des Meisters enthalten (wie z. B. jene, darauf zu achten, wie es klingt, mit nur einer Hand zu klatschen). Durch das Mittel der Paradoxie sollen mentale Knoten aufgesprengt werden, die den Schüler an der intuitiven Erkenntnis der Wahrheit hindern.

Zazen: Der Zen kann als die alltagstauglichste Strömung des Buddhismus angesehen werden. Die Sitzmeditation des Zazen kann im Prinzip überall dort praktiziert werden, wo der Geist zur Ruhe kommen kann. Im Hinblick auf das Verhältnis zur äußeren Realität sollen die Zen-Praktizierenden durch die Meditation, die sie von der unmittelbaren Affirmation des Wirklichen zunächst entfernt, in der Erleuchtung eine ursprüngliche Nähe zu den Dingen wiedergewinnen. Dies kommt in dem berühmten Dreisatz zum Ausdruck:

(1)   Ein Berg ist ein Berg.

(2)   Ein Berg ist nicht ein Berg.

(3)   Ein Berg ist ein Berg.

Während der erste Satz die einfache, unreflektierte Identität eines wahrgenommenen Gegenstands mit sich selbst ausdrückt, wird dieses naive Bewusstsein im zweiten Satz negiert. Dies ist der Bewusstseinszustand dessen, der sich auf den Zen-Weg begeben hat und der die Wirklichkeit nun nicht mehr in der Form einfacher, unmittelbarer Identität wahrzunehmen vermag. Im Erleuchtungszustand schließlich ist eine neue Form der Identität gewonnen, in dem sich das Bewusstsein selbst mit dem So-Sein des Gegenstandes (in diesem Fall einem Berg) identifiziert.

Japanische Schulen des Buddhismus: Der Zen stellt nur eine von vielen buddhistischen Strömungen Japans dar, die ihre Ursprünge zumeist in chinesischen Schulen haben. Um das Jahr 550 wurde der Buddhismus in Japan eingeführt, wo er im Laufe der Zeit neben der traditionellen Religion des Shintō und dem Konfuzianismus zu einer von drei Religionen wurde, die sich, ähnlich wie in China, nicht wechselseitig ausschlossen, sondern vielmehr ergänzten. Der Regent Shōtoku Taishi (574–622), dem auch die erste schriftliche Verfassung Japans zugeschrieben wird, erhob den Buddhismus bereits im Jahr 594 zur Staatsreligion. Besondere staatliche Förderung erfuhr der Buddhismus während der Nara-Zeit (710–794). Kaiser Shōmu ließ während seiner Regierungszeit (724–749) zahlreiche bedeutende Tempel errichten, unter denen Tōdaji, der Große Tempel des Ostens in Nara, mit seiner riesigen bronzenen Buddhastatue (Daibutsu) hervorragt. In der Heian-Zeit (794–1185) kam zu den sechs buddhistischen Schulen der Nara-Zeit der aus China importierte Tantra-Buddhismus hinzu. Den Zen-Buddhismus soll der Überlieferung zufolge der japanische Mönch Dōgen Zenji (1200–1253) von China nach Japan gebracht haben. Dort bildeten sich auf der Basis entsprechender chinesischer Strömungen zwei konkurrierende Zen-Schulen heraus, Sōtō-shū und Rinzai-shū. Neben dem Zen-Buddhismus gewann während der Kamakura-Zeit (1185–1333) als weitere bedeutende Strömung der Buddhismus des Reinen Landes (Amitabha-Buddhismus; jap. Jōdo-shū) an Bedeutung, der großen Wert auf das Vertrauen in die rettende Kraft des Buddha legt und somit als ,Glaubensbuddhismus' bezeichnet werden kann. Außerdem bildete sich im 13. Jh. der Nichiren-Buddhismus heraus, der seinen Namen dem gleichnamigen Mönch und Gelehrten verdankt. Nichiren (1222–1282) bezog sich in seiner Lehre vor allem auf das Lotos-Sutra, einen der wichtigsten Grundlagentexte des Mahāyāna-Buddhismus, in dem Erlösung vom Leiden und die Erlangung der Buddahschaft für alle Menschen in Aussicht gestellt wird. Seit dem späten 13. Jh. wurde der chinesische Neokonfuzianismus von japanischen Zen-Mönchen intensiv rezipiert.

Die Kyōto-Schule: Im 20. Jh. sind zu den klassischen buddhistischen Schulen neue Positionen einer im weiteren Sinne buddhistischen Philosophie Japans hinzugekommen. Innerhalb der Kyōto-Schule verbanden Philosophen wie Kitarō Nishida (1870–1945), Hajime Tanabe (1885–1962) und Keiji Nishitani (1900–1990) Elemente der buddhistischen Tradition mit der modernen europäischen Philosophie, insbesondere der Transzendentalphilosophie, der Hegelschen Dialektik und der Phänomenologie Husserls und Heideggers. So sind in den für die Denker der Kyōto-Schule zentralen Begriff des ,absoluten Nichts' Elemente der buddhistischen und der europäischen Denktradition eingegangen (Ohashi 2012). Nicht nur die Grenzen zwischen abendländischer und ostasiatischer Philosophie geraten bei den Denkern der Kyōto-Schule in Bewegung, sondern auch diejenigen zwischen Religion und Philosophie, sofern die Inspirationsquellen des fundamentalen Gedankens des ‚Nichts' bzw. der ‚Leere' teilweise buddhistischen Ursprungs sind. Was mit dem ‚absoluten Nichts' bzw. der ‚Leere' innerhalb der Kyōto-Schule intendiert ist, lässt sich nur nachvollziehen, wenn dieser Begriff auf die zentrale Einsicht des Mahāyāna-Buddhismus zurückbezogen wird, dass die wechselseitige Abhängigkeit aller Erscheinungen zugleich ihre konstitutive Leerheit und Wesenlosigkeit bedeutet, die als das ruhende Gemeinsame der vielfältigen Phänomene zu begreifen ist. Die Gemeinsamkeiten und Unterschiede der Auffassungen vom ‚absoluten Nichts' im Zen-Buddhismus und in der christlichen Mystik hat der japanische Philosoph Shizuteru Ueda (1926–2019) herausgearbeitet (Ueda 2011).

Zur Vertiefung: Japanische Religionsphilosophie – Keiji Nishitani

Keiji Nishitani (1900–1990), Schüler von Kitarō Nishida, dem Begründer der **Kyōto-Schule**, gilt als Japans wichtigster Religionsphilosoph sowie als einer der bedeutendsten ‚Zen-Philosophen' des 20. Jh.s. Die Bezeichnung ‚Zen-Philosoph' ist freilich irreführend, ging es Nishitani doch weniger um eine philosophisch-theoretische Durchdringung des Zen-Buddhismus als vielmehr um eine persönliche **Verbindung von philosophischer Reflexion und meditativer Zen-Praxis**. Nishitani sah deutlich die Grenzen rein intellektueller Bemühungen um Erkenntnis und Einsicht und suchte daher auch vom Standpunkt des Zen-Praktizierenden aus zu philosophieren. Denn in der Religion geht es Nishitani zufolge darum, der wahrhaften Wirklichkeit real, und nicht nur abstrakt-ideal, zu begegnen (Nishitani 1982, 47).

In seinem religionsphilosophischen Hauptwerk **Was ist Religion?** (jap. *Shūkyō towa nanika*, 1961; engl. *Religion and Nothingness*, 1982; dt. Übers. 1982), das sich aus sechs Essays zusammensetzt, erteilt Nishitani funktionalistischen Auffassungen von Religion eine klare Absage: Religion ist nicht deswegen notwendig, weil sie in irgendeiner Form nützlich wäre, sondern weil sie auf den Ursprung des Lebens zurückführt (Nishitani 1982, 42). Das Verhältnis von Religion und Wissenschaft sowie der **Nihilismus des technischen Zeitalters** sind die zentralen Probleme, mit denen sich Nishitanis Religionsphilosophie auseinandersetzt. Die nihilistische Mechanisierung beginnt für Nishitani dort, wo der Mensch sich selbst außerhalb der Naturgesetze ansiedelt, mit dem Ziel, diese zur Befriedigung seiner Begierden zu nutzen (Nishitani 1982, 155 ff.). Wahre Freiheit bedeutet für Nishitani nicht subjektive Autonomie im Gegensatz zur Natur, sondern – und damit schließt sich Nishitani an die buddhistische Tradition an – Einsicht in die Leere und in die Tatsache der universellen Interdependenz von allem, was die Negation der Selbst-Zentriertheit einschließt (Nishitani 1982, 253; Maraldo 1997, 821 f.). Westliche Positionen wie Empirismus und Materialismus, die den Menschen objektivieren, aber auch der individualistische Existenzialismus sind Nishitanis Überzeugung zufolge nicht dazu in der Lage, die großen existenziellen Fragen des Lebens und des Todes adäquat zu beantworten. Das aus dem Buddhismus abgeleitete **„Feld der Leere"**, auf das Nishitani aufmerksam macht (Nishitani 1982, 260, 424), vermag dagegen die subjektive Verwurzelung des Natürlichen in leiblich verkörperten Personen und die impersonalen, nicht-sub-jektiven Aspekte des Selbst, Gottes und der Welt, zu integrieren.

Nishitanis Religionsphilosophie stellt ein herausragendes Beispiel für einen genuin interkulturellen Ansatz in der Religionsphilosophie dar, da sie aus dem Zen-Buddhisms gewonnene Grundeinsichten mit einer profunden Rezeption europäischer Philosophie (u. a. Aristoteles, Plotin, Augustinus, Meister Eckhart, Pascal, Hegel, Schelling, Nietzsche, Heidegger) verbindet (Ohahsi 2012, 237 ff.).

4.3　Westliche Theismuskritik

Nicht-theistische Religionsphilosophie hat im Okzident eine völlig andere Bedeutung als in den zuvor dargestellten religiösen Kulturen Ostasiens. Der Glaube an einen allmächtigen Schöpfergott stellte innerhalb der klasssischen indischen Philosophie nur eine von mehreren spirituellen Optionen dar und und innerhalb der klassischen chinesischen Philosophie erlangte er niemals eine überragende Bedeutung. Die abendländische Philosophie und Theologie jedoch prägte der Monotheismus viele Jahrhunderte lang von der Spätantike bis in die frühe Moderne maßgeblich. Nicht-theistische Philosophie konnte sich vor diesem Hintergrund im Abendland nur *gegen* den Theismus, als philosophische Kritik am Gottesglauben, entwickeln.

Die Infragestellung des Gottesglaubens hat im westlichen Denken der Neuzeit verschiedene Formen angenommen. Aus dem Inneren der theistischen, insbesondere der christlichen Tradition heraus ist die Frage nach der Möglichkeit eines allmächtigen und vollkommen guten Gottes angesichts des Bösen ‚des Übels und des Leidens in der Welt gestellt worden; die prominenteste philosophische Antwort diese Frage stellt Leibniz' Theodizee dar (4.3.1). Während diese Problematik oftmals aus der Binnenperspektive eines religiös interessierten philosophischen Denkens diskutiert wird, vollzieht sich der größte Teil der modernen philosophischen Religionskritik jedoch aus einer irreligiösen oder antireligiösen Außenperspektive. Von ihr aus werden entweder die Ursachen und Bedürfnisse genealogisch nachvollzogen, die überhaupt zur Entstehung von Religion geführt haben (4.3.2), oder es wird die Rationalität des Gottesglaubens aus logischen und wissenschaftlichen Erwägungen heraus in Zweifel gezogen (4.3.3). In diesem Zusammenhang wird auch die philosophische Kritik an den im 3. Kapitel (3.2 und 3.3.) vorgestellten Argumenten für die Existenz Gottes zu Wort kommen.

3.1　Das Problem des Leidens und die Theodizee

Das Grundproblem: Eine der gewichtigsten kritischen Rückfragen an den Gottesglauben lässt sich zugespitzt folgendermaßen formulieren: Warum lässt ein allmächtiger, vollkommen guter und gerechter Gott so viel Schlechtes in der Welt zu?

Übel, Leiden und Böses: Dass Schlechtes in der Welt vorkommt, dürften selbst solche Menschen zugeben, die sich selbst als sehr glücklich und optimistisch einschätzen würden. Dieses Schlechte lässt sich genauer spezifizieren als Übel, als Leiden und als Böses. Unter die Übel fallen diejenigen zumeist negativ bewerteten Komponenten der Existenz, die selbst bei einem bestmöglichen Verlauf des Lebens unvermeidlich eintreten (sogenannte natürliche Übel); hierzu gehören insbesondere das Alter und der Tod. Auch Naturkatastrophen wie Erdbeben, Überflutungen, Vulkanausbrüche oder Epidemien gehören in diese Kategorie. Leiden zeichnen sich dadurch aus, dass sie von Individuen empfunden werden. Sie können sowohl physischer als auch psychischer Natur sein und sehr verschiedene Ursachen haben: Krankheiten, die Trennung von geliebten Personen, Arbeitsplatzverlust, Erfahrungen von Gewalt, Ungerechtigkeit, Unterdrückung etc. In jedem Fall sind Leiden für das betroffene Individuum unangenehm, schmerzhaft, ja bisweilen unerträglich. Das Böse wiederum besteht in der Fähigkeit, willentlich zu schaden und zu vernichten. Es ist das moralische Übel, das Menschen einander antun, indem sie einander auf alle möglichen Arten beneiden, bekämpfen, manipulieren, quälen und zerstören.

Überwindung des Leidens im Buddhismus: Im Buddhismus ist die Erkenntnis des Leidenscharakters allen Daseins Gegenstand der ersten der ‚Vier Edlen Wahrheiten‘ (► Abschn. 4.2.2). Die Überwindung dieses universellen Leidens stellt das spirituelle Heilsziel des Buddhismus dar, der in seiner ursprünglichen Form keinen Schöpfergott kennt, der für das Leiden in der Welt persönlich haftbar gemacht werden könnte. In denjenigen Religionen jedoch, die an einen Schöpfergott glauben, stellt sich angesichts der verschiedenen Formen des Übels in der Welt unweigerlich die Frage, warum Gott, wenn er allmächtig und gütig ist, nichts gegen das ganze Leid, insbesondere das übermäßige und offensichtlich ungerechte, unternimmt.

Das Laktanz-Trilemma: Die logische Kollision des offensichtlichen Schlechten in der Welt mit den perfekten Eigenschaften Gottes wird im sogenannten „Laktanz-Trilemma" zum Ausdruck gebracht, das auf die Schrift *De ira Dei* („Vom Zorn Gottes") des Kirchenvaters Lactantius (240–320) zurückgeht, der den Gedanken seinerseits auf Epikur zurückführte. Dieser beschrieb das Problem folgendermaßen:

> » Entweder will Gott die Übel in der Welt abschaffen und kann es nicht, dann ist er schwach; oder er kann es und will es nicht, dann ist er schlecht; oder er kann es nicht und will es nicht, dann ist er schwach und schlecht und in jedem Fall kein Gott; oder er kann es und will es, woher kommen dann die Übel? Und warum beseitigt er sie nicht? (Epikur, Fragment 374, in: Jürß/Müller/Schmidt 1973, 377)

Ergänzt man die von Epikur und Laktanz benannte Problematik noch um das göttliche Attribut der Allwissenheit, so ergibt sich, dass von den Eigenschaften der Allmacht, Allwissenheit und vollkommenen Güte stets nur zwei miteinander kompatibel sind, sofern es Übles in der Welt gibt. Somit wäre Gott entweder
— allmächtig und gut, aber nicht allwissend (so dass er möglicherweise gar nicht weiß, wie sehr viele seiner Geschöpfe leiden), oder

- allmächtig und allwissend, aber nicht gut (sonst müsste er ja das Leiden beenden, wenn er davon wüsste und in der Lage dazu wäre, ihm ein Ende zu setzen), oder
- gut und allwissend, aber nicht allmächtig (vielleicht würde Gott ja gerne das ihm bekannte Leiden stoppen, ist dazu aber nicht in der Lage).

Die Unvereinbarkeit Gottes mit dem Übel: Lactantius selbst vertrat zwar eine apologetische, also das Übel rechtfertigende Position (da nämlich nur durch das Übel auch das Gute erkannt werden könne), aber er hat gleichwohl in dem nach ihm benannten Trilemma das Problem klar formuliert, das in der schwer einsehbaren Vereinbarkeit der zentralen göttlichen Eigenschaften mit dem Leiden und dem Bösen in der Welt besteht. Diese Unvereinbarkeit kann entweder deduktiv als logische Inkompatibilität oder induktiv als zumindest sehr starker Beleg gegen die Existenzannahme Gottes betrachtet werden. Die erste Variante bezeichnet man als das logische Problem des Übels, die zweite als das Beleg- oder Evidenzproblem des Übels (im Englischen: *evidential problem of evil*).

Drei Lösungsstrategien: Drei prinzipielle Strategien, mit diesem Problem philosophisch umzugehen, lassen sich als Antwortversuche auf die Frage nach dem Leiden und dem Bösen ausmachen:

Drei Lösungsstrategien: Drei prinzipielle Strategien, mit diesem Problem philosophisch umzugehen, lassen sich als Antwortversuche auf die Frage nach dem Leiden und dem Bösen ausmachen:

(1) Rechtfertigungen Gottes angesichts des Übels Einige Philosoph:innen haben sich darum bemüht, Gründe ausfindig zu machen, die rechtfertigen sollen, warum der Glaube an einen allmächtigen Gott trotz des unbestreitbar existierenden Schlechten in der Welt rational ist. Der Grundgedanke dabei ist, dass Leiden immer dann als sinnvoll und gerechtfertigt gelten kann, wenn es einem übergeordneten, größeren Guten dient. Man kann sich dies in Analogie zu einer medizinischen Behandlung vorstellen, bei der eine schmerzhafte Therapie oder Operation bisweilen erforderlich ist, um den erwünschten Heilungserfolg zu erzielen. Beim Leiden in der Welt könnte es sich ebenfalls um ein notwendiges Mittel handeln, das für das Erreichen eines höheren Zwecks billigend in Kauf genommen werden muss.

Leiden für einen höheren Zweck: Als einen solchen höheren Zweck könnte man beispielsweise die Existenz der menschlichen Gattung betrachten, die zwar das Leiden und den Tod unzähliger anderer Lebewesen (z. B. durch evolutionsbedingte Verdrängung, Jagd, Viehzucht, Ausrottung oder Vernichtung von Lebensräumen) zur Folge hat, die aber aufgrund der besonderen geistigen Fähigkeiten des Menschen gleichwohl als intrinsisch höchst wertvoll gilt (Ward 2008, 79 f.). Ein anderer Zweck, um dessentwillen Leiden als sinnvoll angesehen werden kann, besteht in der Kultivierung des moralischen Charakters sowie der Ausbildung ethischer Tugenden und Haltungen wie Mitleid, Freigebigkeit oder Nächstenliebe, die ohne die Existenz von Leiden nicht möglich wären. Dieses Argument ist bereits von dem Kirchenvater Irenäus von Lyon (135-ca. 200) vertreten worden; in neuerer Zeit hat es John Hick erneut aufgegriffen. Gegen diese Form der

Rechtfertigung des Leidens ließe sich freilich einwenden, dass nicht einzusehen ist, warum manche Lebewesen leiden müssen, damit *andere* daran ihre Moralität ausbilden können; und überdies ist es ja keineswegs immer so, dass die Tatsache des Leidens zu moralisch wünschenswerten Einstellungen und Handlungen führt. Vielmehr kann die Erfahrung des Leidens auch Bitterkeit und Resignation hervorrufen.

Auch das Weiterleben nach dem Tod in einem Zustand ewiger Glückseligkeit ließe sich als ein höherer Zweck, der das Leiden in dieser Welt rechtfertigen könnte, auffassen. Alle Leiden und Schmerzen des irdischen Daseins werden dann getilgt sein; Gott wird die Guten und Gerechten belohnen und die Bösen und Ungerechten bestrafen, so dass sich zumindest für die erste Gruppe (die Guten und Gerechten) letztlich alle Übel des Erdendaseins durch ihre Kompensation im unendlichen Paradies „gelohnt" haben.

Dass wir trotz aller Leidenserfahrungen aber bereits jetzt und hier das Privileg genießen dürfen, in der besten aller möglichen Welten zu leben, ist das Ergebnis der von Gottfried Wilhelm Leibniz 1710 entworfenen Theodizee, einer speziellen Form der ‚Rechtfertigung Gottes' (von griech. *theos* = Gott und *dike* = Recht, Gerechtigkeit), die bisweilen zu Unrecht mit dem Gesamtkomplex des Problems des Übels gleichgesetzt wird.

Zur Vertiefung: Leibniz' Theodizee

Bereits sehr früh in seinem philosophischen Schaffen, nämlich 1670 in der Schrift *Von der Allmacht und Allwissenheit Gottes und der Freiheit des Menschen,* hatte sich Gottfried Wilhelm Leibniz mit dem **Problem des Übels** auseinandergesetzt. Seine ausgereifte Lösung des Problems legte er allerdings erst in den 1710 veröffentlichten *Versuchen in der Theodicée über die Güte Gottes, die Freiheit des Menschen und den Ursprung des Übels* vor, die vor allem gegen die Auffassungen des französischen Philosophen Pierre Bayle (1647–1706) gerichtet waren. Dieser hatte die Theodizeefrage fideistisch mit einer Trennung von Glauben und vernünftiger Einsicht, die aus eigenen Kräften die Paradoxien des Glaubens nicht zufriedenstellend lösen kann, beantwortet.

Leibniz ist dagegen davon überzeugt, dass sich die Theodizeeproblematik auf rationalem Weg behandeln lässt. Seine methodische Idee ist, den im Problem des Übels implizierten Vorwurf gegen den allmächtigen Schöpfergott als eine fiktive Gerichtsverhandlung zu inszenieren, bei der Anklage und Verteidigung wechselseitig Argumente in der ‚Streitsache Gottes' *(causa Dei)* vorbringen. Da die Existenz des Angeklagten von der Anklage nicht durchgängig anerkannt wird, geht es in der Verhandlung einzig und allein um die Frage der logischen Kompatibilität von Gottes angenommenen Eigenschaften mit den Leiden und Übeln in der Welt.

Leibniz stellt sich in diesem Theodizee-Prozess auf die Seite der Verteidigung Gottes, der auf der Basis des kosmologischen Gottesbeweises als notwendiger, allmächtiger Urheber der kontingenten Welt bestimmt wird. Aus der Vielzahl möglicher Welten, die sich der unendliche Verstand Gottes ausmalen konnte, musste eine zur Schöpfung ausgewählt werden. Leibniz' Argument besteht nun darin, dass er aus der Vollkommenheit Gottes die Schlussfolgerung ableitet, Gott habe mit der vorliegenden Welt nach einem **universellen Kalkül** *(calculus universalis)* **die beste aller möglichen** Welten geschaffen. Eine Welt ohne jegliche Übel hätte gar nicht erschaffen werden können. Die Welt, in der wir leben, stellt insgesamt betrachtet die bestmögliche Verbindung von größtmöglichlicher Vielfalt und größtmöglicher Ordnung dar.

Bekannte und unbekannte Gründe Gottes: Generell sind bei der Strategie der Rechtfertigung Gottes durch Gründe, welche die in der Welt vorkommenden Übel als sinnvoll und notwendig erscheinen lassen, zwei Arten von Gründen zu unterscheiden: zum einen Gründe, die explizit benannt werden können (wie z. B. die bejahenswerte Existenz der besten aller möglichen Welten oder eine nur durch Leiden erreichbare absolute Versöhnung im Jenseits), zum anderen Gründe, die man zwar nicht kennt, von denen man aber unterstellt, dass Gott über sie verfügt. Dieser Auffassung zufolge, die auch als skeptischer Theismus bezeichnet wird, bleibt zwar mysteriös, warum es sinnloses Leiden geben muss, aber wir sollten darauf vertrauen, dass Gott gute Gründe dafür hat. Die Akzeptanz vollkommen unbekannter Gründe oder Zwecke für das Leiden in der Welt setzt freilich ein sehr starkes Vertrauen in Gott und eine Relativierung der menschlichen Erkenntnisfähigkeiten voraus; damit kommt diese Position dem Lutherschen Protestantismus sehr nahe.

Die problematische Verborgenheit Gottes: Aus der Verborgenheit der Gründe Gottes bzw. Gottes selbst lässt sich freilich auch ein Argument gegen die Existenz Gottes konstruieren, das von John L. Schellenberg in die Diskussion eingebrachte *divine hiddenness*-Argument (Schellenberg 2015). Es macht geltend, dass keine rationale Erklärung dafür vorliegt, warum sich ein allmächtiger und gütiger Gott nicht viel deutlicher zu erkennen gibt, als er es *de facto* tut. Würde er sich deutlicher zeigen, so gäbe es für Atheist:innen und Agnostiker:innen keine guten Gründe mehr, seine Existenz anzuzweifeln. Ebenso wie beim Problem des Übels und des Leidens scheint Gott die Probleme, die aus seiner Verborgenheit erwachsen, entweder nicht zu kennen oder er kann bzw. will sie nicht lösen. Weil die Verborgenheit Gottes somit im Grunde nach einer weiteren Theodizee verlangt, ist die Berufung auf verborgene Gründe Gottes für das Leiden in der Welt keine befriedigende Lösung für das Problem des Übels.

(2) Das antitheistische Argument aus dem Übel Aus dem Widerspruch zwischen den Gott zugeschriebenen Eigenschaften (Allmacht, Allwissenheit, vollkommene Güte und Gerechtigkeit) und dem faktisch existierenden Übel in der Welt lässt sich ein antitheistisches Argument konstruieren, das aus den folgenden Schritten besteht:

(A)   Wenn Gott existiert, ist er allmächtig, allwissend und vollkommen gut.

(B)   Ein allmächtiges, allwissendes und vollkommen gutes Wesen würde nicht zulassen, dass es Böses (bzw. Übles) gibt.

(C)   Aber es gibt Böses (bzw. Übles).

Schlussfolgerung: Also existiert Gott nicht.

Negation Gottes oder seiner Eigenschaften: Die Negation Gottes kann sich entweder, wie in diesem Argument, auf die gesamte Existenz Gottes richten oder nur auf bestimmte göttliche Attribute, deren konsistenter Zusammenhang bestritten wird, so dass es notwendig wird, Abstriche entweder bei der göttlichen Allmacht oder bei der göttlichen Allwissenheit oder bei der göttlichen Güte zu machen; Prämisse (A) des oben genannten Arguments wird damit allerdings außer Kraft gesetzt.

Abschwächung der göttlichen Attribute: Den Weg der Abschwächung göttlicher Eigenschaften haben beispielsweise indische Theisten beschritten, die das Problem des Bösen dadurch gelöst haben, dass sie Gottes Fähigkeiten herabstuften. Wenn auch Gott dem universellen Karma unterliegt, so ist er nicht allmächtig; er könnte aber dennoch als Schöpfer dieser Welt in Frage kommen, insbesondere wenn man die Welt als ein zweckfreies Spiel *(līlā)* betrachtet, für das Gott keinerlei moralische Verantwortung trägt. In der griechischen Philosophie stößt man bei Heraklit auf einen ähnlichen Gedanken im Bild des spielenden Dionysos-Kindes, das in verantwortungsfreier Spielfreude die Welt zusammenbastelt. Auch in Platons *Timaios* wird die Welt nicht durch einen allmächtigen Schöpfergott aus dem Nichts erschaffen, sondern durch den Demiurgen, der sie aus bereits vorliegender Materie formt.

In der modernen Religionsphilosophie finden sich ebenfalls Proponenten einer Abschwächung des Allmachts- und des Allwissenheitsattributs Gottes, so etwa John Stuart Mill (1806–1873), William James, Alfred North Whitehead, Charles Hartshorne und John B. Cobb (*1925). Die prozesstheologische Sichtweise, der mehrere dieser Philosophen anhängen, legt es nahe, alles Zukünftige aus dem göttlichen Macht- und Kenntnisbereich auszuschließen (▶ Abschn. 3.1.3). Man muss sich allerdings darüber im Klaren sein, dass ein in seiner Macht und seinem Wissen beschränktes höchstes Wesen nicht mehr mit dem Gott des *perfect being*-Theismus gleichzusetzen ist.

Das Argument der unschuldig leidenden Kinder: Nimmt man die Verantwortung des allmächtigen und allwissenden Gottes für seine Schöpfung ernst, so kann die Tatsache des Leidens sehr wohl einen gewichtigen Einwand gegen die Existenz eines guten Gottes darstellen. In eindringlicher literarischer Form hat der russische Schriftsteller Fjodor M. Dostojewskij (1821–1881) im 5. Buch seines Romans *Die Brüder Karamasow* (1878–1880) das Unverständnis über Gottes Heilsplan in einer Rede des Iwan Karamasow zum Ausdruck gebracht. Besonders die Leiden unschuldiger Kinder könnten, so Iwan Karamasow, um keinen Preis gerechtfertigt werden:

》 Höre: wenn alle leiden müssen, um mit ihrem Leiden die ewige Harmonie zu erkaufen, was haben dann die Kinder damit zu tun? Sag mir das bitte! Es ist gar nicht zu begreifen, weswegen auch sie leiden und mit ihrem Leiden die Harmonie erkaufen müssen. (Dostojewski: Die Brüder Karamasow, 1991, 329)

Gottes Zulassen des Holocaust: Diese Aussage ist ganz offenkundig gegen Leibniz' Theodizee gerichtet, der Iwan Karamasow die Qualen und Tränen auch nur eines einzigen unschuldigen Kindes entgegenhält. Ein gleichgerichtetes Argument gegen die Existenz bzw. die zentralen Eigenschaften Gottes ließe sich aus dem Menschheitsverbrechen des Holocaust im 20. Jh. gewinnen: Die Tatsache, dass Auschwitz möglich war, dass Gott also die unsagbaren Leiden der ermordeten Menschen, unter denen sich ja auch viele Kinder befanden, nicht verhindert hat, lässt sich als Argument gegen die Existenz eines allmächtigen, allgütigen und allwissenden Gottes verwenden. Wie sich dieses Argument angesichts des faktischen Nicht-Eingreifens des abwesenden Gottes *(deus absconditus)* auch bei himmelschreienden Ungerechtigkeiten und Leiden entkräften ließe, ist nicht abzusehen. Das Gleiche gilt entsprechend für alle anderen Genozide, Massenmorde und Gräueltaten der Menschheitsgeschichte, aber auch für Naturkatastrophen wie das Erdbeben von Lissabon am 1.11.1755, das den Glauben an einen guten und gerechten Gott in Europa nachhaltig erschütterte (Voltaires sarkatische Erzählung *Candide oder Der Optimismus* von 1759 belegt dies eindrucksvoll), oder verheerende Epidemien der jüngeren Zeit wie Aids oder Corona.

Entsetzliche Übel: Den Philosophen John Leslie Mackie (1917–1981) und William L. Rowe (1931–2015) zufolge liegt die Beweislast eindeutig auf der Seite des Theismus, der eine plausible Erklärung dafür anbieten müsste, warum Gott bei entsetzlichen Übeln nicht eingreift bzw. warum er die Welt nicht so eingerichtet hat, dass wenigstens die allerschlimmsten sinnlosen Übel gar nicht erst auftreten. Auch die US-amerikanische Religionsphilosophin Marilyn McCord Adams (1943–2017) hat die Existenz besonders entsetzlicher Übel *(horrendous evils;* Adams 2000) als Herausforderung für den Gottesglauben erkannt. Ihr eigener diesbezüglicher Lösungsvorschlag besteht in einer Anknüpfung an den erlösenden Wert des Märtyrertums, der sich auf viele Fälle schrecklichen Leidens übertragen lasse. Durch furchbares Leiden könne der/die Gläubige Adams zufolge eine innigere Beziehung zu Gott, speziell zum gekreuzigten Jesus, erlangen. Das Karamasow-Argument der unschuldig leidenden Kinder scheint dadurch freilich nicht entkräftet werden zu können.

Gott als Angeklagter oder als Nicht-Existierender: Solange Gott durch die Frage nach dem schrecklichen und sinnlosen Leiden angeklagt wird, ist der Glaube an seine Existenz noch intakt. In der Rolle des Angeklagten bleibt er der unnahbare Adressat eines verzweifelten Verstehenwollens, das nach Gründen für die Existenz des Üblen in der Welt verlangt, wenn es doch jemanden gibt, der es beseitigen könnte. Erst wenn die logische Unvereinbarkeit zwischen einem vollkommenen Gott und der Fülle des Leidens durch keine vermittelnden Gründe mehr zu heilen ist, ergibt sich als rational zu rechtfertigende Lösung für das Problem die Einsicht in die Nichtexistenz Gottes.

(3) Der nicht-göttliche Ursprung des Bösen Eine dritte Strategie des Umgangs mit dem Übel besteht darin, Gründe für sein Auftreten in Bereichen zu suchen, die Gottes Allmacht, Allwissenheit und Güte unangetastet lassen. In augustinischer Tradition ist es der freie Wille des Menschen, der als Urheber des Bösen betrachtet wird. Gott selber erschafft, wie schon Platon deklarierte, ausschließlich Gutes, wozu auch der freie Wille gehört, selbst wenn dieser aufgrund der bösen Absichten von Menschen negative Konsequenzen haben kann. Für diese ist Gott jedoch nicht direkt verantwortlich zu machen. Nach dieser Überzeugung ist

es besser, dass Menschen aus freier Willensentscheidung auch Falsches und Böses tun können, als dass sie automatenhaft stets das Richtige tun müssen. Ähnliche Argumente aus dem freien Willen sind auch in der neueren analytischen Religionsphilosophie entwickelt worden, etwa von John Hick, Alvin Plantinga und
Richard Swinburne. Plantinga (1974) macht in seiner Verteidigung auf der Basis des freien Willens *(free will defense)* insbesondere geltend, dass es für Gott logisch unmöglich wäre, Kreaturen mit freiem Willen auszustatten und dabei zu garantieren, dass sie niemals Böses tun würden. Insgesamt überwiege in der Welt
aber das Gute gegenüber dem Bösen. Letztlich gelangen wir damit wieder zur
Leibnizschen Auffassung der Welt als der besten aller möglichen.

Erklärungslücken dieser Strategie: In der Verteidigungsstrategie aus dem freien
Willen bleibt die Frage offen, warum Gott, falls es ihn gibt, den Menschen nicht
so erschaffen hat, dass er aus freien Stücken stets das Gute vollbringt oder wenigstens nicht allzu großes Unheil anrichtet. Vor allem aber kann die Sinnhaftigkeit von schrecklichen Leiden und Übeln, die gar nicht auf den Menschen als Urheber zurückzuführen sind (z. B. Krankheiten und Naturkatastrophen), durch
das Argument aus dem freien Willen nicht zufriedenstellend begründet werden.
Und solche von manchen Religionsphilosoph:innen (auch Plantinga) vorgeschla-
genen Erklärungsansätze, die natürliche Übel auf das Wirken des Teufels oder
auf pädagogische Strafen Gottes infolge des Sündenfalls zurückführen (Stump
2010), erscheinen als dermaßen spekulativ, dass sie die rationalen Kompetenzen
aufgeklärter Religionsphilosophie allzu deutlich überschreiten. Schließlich würde
die Existenz eines eigenmächtig das Übel hervorrufenden Teufels die Allmacht
Gottes ebenso untergraben wie das Übel selbst. Und warum unschuldige Kinder
heute wegen eines vor Urzeiten angeblich geschehenen ‚Sündenfalls‘ leiden müssen, lässt sich beim besten Willen nicht rational einsichtig machen.

4.3.2   Theismuskritik als Analyse des Ursprungs von Religion

Leiden als Ursache des Gottesglaubens: Erfahrungen des Leidens und des Übels
können, wie im vorigen Kapitel gezeigt, als gewichtiges Argument gegen die Existenz eines allmächtigen und gütigen Gottes eingesetzt werden. Oftmals fungieren sie aber auch als Erklärungsansatz für die Entstehung von Religion bzw. des
Glaubens an einen Gott. Das mag auf den ersten Blick paradox anmuten, denn
die Leiden und Übel in der Welt scheinen doch um vieles empörender zu sein,
wenn es jemanden gäbe, der sie aufgrund seiner unbegrenzten Macht und Güte
jederzeit beseitigen könnte. Aber den meisten Gläubigen ist dieser Widerspruch
entweder nicht bewusst oder sie halten eine oder mehrere der zuvor aufgeführten
Rechtfertigungsmöglichkeiten Gottes bzw. des Gottesglaubens angesichts des Leidens für plausibel. Für theismuskritische Positionen, die an einer Untersuchung
der Entstehungsursachen des Gottesglaubens interessiert sind, spielt das Theodi-
zeeproblem und die innere Kohärenz des Glaubens angesichts des Übels ohnehin
keine zentrale Rolle. Ihnen geht es vielmehr darum, aus einer säkularen, huma-
nistischen und/oder naturalistischen Perspektive aufzuzeigen, wie aus bestimmten

Erfahrungen von Leiden, Angst und Unwissenheit die religiöse Gottesidee hervorgeht. Der Glaube an Götter und vor allem an einen allmächtigen Schöpfergott wird aus dieser Perspektive zu einem Symptom, zu einem erklärungsbedürftigen Phänomen, dessen religionsexterne Gründe genealogisch herauszuarbeiten sind. Die Frage ist hierbei also nicht, ob es Gott gibt oder ob sich der Glaube an ihn angesichts des Übels und des Bösen in der Welt rechtfertigen lässt, sondern welche Erfahrungen, Motive und Interessen Menschen überhaupt dazu bringen, sich ein allmächtiges Wesen vorzustellen und ihm Verehrung entgegenzubringen.

Der Glaube als Trost: Die Suche nach den Gründen und Ursachen für die Entstehung religiösen Glaubens geht bis in die Antike zurück. So wies etwa der hellenistische Geschichtsschreiber Diodoros (ca. 90–30 v. Chr.) auf den Umstand hin, dass dem Menschen kein uneingeschränktes Glück auf Erden beschieden ist; die zahlreichen Desaster und Probleme, denen er zeitlebens ausgesetzt ist, motivieren ihn dazu, Götter zu verehren und zu fürchten, die er in einer Situation vollständigen Wohlbefindens wahrscheinlich vernachlässigen würde. Eine wesentliche Ursache des Glaubens an Götter liegt demzufolge in der alltäglichen Erfahrung von unvermeidbaren Schwierigkeiten und Hindernissen, die unserem Glück entgegenstehen und die uns die Fragilität unserer Existenz ständig vor Augen führen. Angesichts dieser Erfahrung bietet der Glaube an Götter Geborgenheit und Trost. Zugleich impliziert Diodors Beobachtung die Vermutung, dass der religiöse Glaube mit zunehmendem Wohlstand und Glück an Relevanz einbüßt – eine Auffassung, die der soziologischen Säkularisierungsthese ähnelt, derzufolge Religionen im Zuge fortschreitender Modernisierung in demokratischen und liberalen Industriegesellschaften zunehmend an Einfluss verlieren. (Diese These konnte freilich nur teilweise empirisch bestätigt werden – für die USA trifft sie z. B. nicht zu.)

Glauben aus Furcht: Furcht angesichts unerklärlicher, bedrohlicher Naturereignisse (z. B. seltene Wetterphänomene, Dürren, Überschwemmungen, Pandemien etc.) wurde bereits in der Antike als entscheidender Grund für das Aufkommen religiöser Vorstellungen angenommen. „Die Furcht ließ zuerst auf der Erde die Götter entstehen", heißt es bei dem römischen Dichter Publius Papinius Statius (40–96; *Thebais* III, Vers 661). Auch David Hume hat in seiner *Natural History of Religion* (1755) Furcht und Unwissenheit der Menschen als die zentralen Ursachen für die Entstehung von Religion herausgestellt. In Göttern werden demnach die Quellen des Glücks und des Unglücks personifiziert, das die Menschen herbeisehnen bzw. abwenden möchten. Im 20. Jh. hat Bertrand Russell die Erklärung von Religion aus der Angst vor dem Unbekannten in seinem Essay *Why I Am Not a Christian* (*Warum ich kein Christ mehr bin;* 1927) aufgegriffen.

Die Priestertrugthese: Eine stärker machtpolitisch ausgerichtete Erklärung für den religiösen Gottesglauben stellt die Priestertrugthese dar, die in der frühen Aufklärung entwickelt wurde. Religionen sind dieser Auffassung zufolge von selbsternannten spirituellen Eliten erfunden worden, die in erster Linie an der Beherrschung der Massen mittels raffinierter Täuschungen interessiert waren. Einen Urtext dieser Form moderner Religionskritik stellt das Testament *(Mémoire)* des Abbé Jean Meslier (1664–1729) dar, in dem die Fehler, Lügen und Betrügereien religiöser Gemeinschaften radikal angeprangert werden.

Der „Fragmentenstreit": Täuschungsvorwürfe gegen die Offenbarungsreligion wurden auch während des sogenannten „Fragmentenstreits" im 18. Jh. erhoben. In dieser theologischen Kontroverse standen sich die bibelkritischen Vertreter der Aufklärung und die lutherische orthodoxe Theologie unversöhnlich gegenüber. Infolge der posthumen Veröffentlichung der *Apologie oder Schutzschrift für die vernünftigen Verehrer Gottes* von Hermann Samuel Reimarus (1694–1768) unter dem Titel *Fragmente eines Ungenannten* durch Gotthold Ephraim Lessing im Jahr 1774 wurde ein aggressiv und polemisch geführter Streit ausgelöst, der nachhaltige Auswirkungen auf die Entwicklung der Vernunftreligion innerhalb der klassischen deutschen Philosophie haben sollte. Die toleranten Deisten Reimarus und Lessing hielten freilich noch an der Idee einer natürlichen Religion und einer für alle Menschen nachvollziehbaren Gottesidee fest. Ihre Kritik richtete sich vielmehr gegen Ungereimtheiten und offensichtliche Fehler der biblischen Offenbarung, die sie als bewusste Fälschungen und Täuschungen entlarvten.

Sades blasphemische Religionskritik: Beim Marquis de Sade liest sich die Theorie vom Priesterbetrug nur zwanzig Jahre später ungleich provokativer, radikalisierter und blasphemischer. Mit französischen Aufklärern des frühen 18. Jh.s wie Meslier und Voltaire teilt Sade die Überzeugung, dass die religiöse Idee eines allmächtigen Gottes die Welt letztlich schlechter macht, als sie eigentlich sein müsste. In de Sades philosophisch-pornographischem Werk *Die Philosophie im Boudoir* (1795), das die literarische Gattung aufklärerischer Erziehungsschriften ebenso parodiert wie die platonischen Dialoge, heißt es in einem längeren Exkurs über die Entstehung bzw. Erfindung der Religion:

» […] man hat begriffen, daß dieser wahrhafte Gott, den die ersten Gesetzgeber mit Bedacht erfanden, nichts anderes als ein weiteres Mittel in ihren Händen war, um uns an die Kette zu legen, und daß, da sie allein sich das Recht vorbehielten, dieses Gespenst zum Sprechen zu bringen, sie recht gut verstanden, es nur das sagen zu lassen, was der Unterstützung der lächerlichen Gesetze diente, mit denen sie danach trachteten, uns unter das Joch zu bringen. (de Sade: Die Philosophie im Boudoir, 1995, 280)

Feuerbachs Projektionsthese: Die im 19. Jh. zahlreich entwickelten Theorien zur Entstehung des Gottesglaubens knüpften in der Regel entweder an die Priestertrugthese oder an die bereits von Hume vertretene Theorie der anthromorphen Projektion an. Eine berühmte Variante der Projektionsthese stammt von Ludwig Feuerbach. Vor allem in der Schrift *Das Wesen des Christentums* (1841) legte Feuerbach seine Auffassung von Religion als einer Art Traum der Menschheit dar, aus dem diese tunlichst erwachen sollte, um ihre Potentiale endlich voll entfalten zu können. In der Gottesidee spaltet der Mensch, so Feuerbach, seine besten Eigenschaften von sich ab und verehrt sie sodann in der idealen, vom menschlichen Wesen getrennten Person Gottes. Der zum erlösungsbedürftigen Sünder herabgestufte Mensch entfremdet sich damit von sich selbst. Um diese Selbstentfremdung des Menschen aufzuheben, bedarf es einer Umkehrung des hegelschen Blickwinkels: Nicht der absolute Geist ist es, der sich in den menschlichen Individuen objektiviert und realisiert, vielmehr verhält es sich für Feuerbach so, dass sich die realen menschlichen Individuen in der abstrakten Chimäre Gottes selbst verlieren.

Theologie entpuppt sich somit als verkappte Anthropologie: Wer über Gott spricht, redet in Wahrheit immer vom Menschen. So ist in Feuerbachs Deutung die reale Basis der christlichen Trinitätslehre nichts anderes als die Erfahrung der liebenden Verbindung zwischen Menschen. Erst wenn die Menschen den Gottesglauben als ihre eigene Projektion begreifen, können sie zu befreiten und solidarischen Individuen heranreifen; für Feuerbach läge darin zugleich die wahre Realisierung des (anthropologisch umgedeuteten) Christentums.

In weiteren Schriften zur Religion, vor allem in *Das Wesen der Religion* (1846), hat Feuerbach seine eigene Projektionsthese allerdings relativiert und sich von der hegelschen Interpretation des Christentums als der höchsten Stufe von Religiosität distanziert. Stattdessen rückten nun verstärkt auch ‚Naturreligionen‘ in den Fokus der Betrachtung, in denen die menschliche Abhängigkeit von der Natur verarbeitet wird.

Marx' Erklärung der Droge ‚Religion‘: Im Anschluss an Feuerbach und die Linkshegelianer hat auch Karl Marx Religion als eine Art Traumwelt begriffen, in die sich Menschen aufgrund realer sozioökonomischer Ausbeutungsverhältnisse flüchten:

» Die Religion ist der Seufzer der bedrängten Kreatur, das Gemüt einer herzlosen Welt, wie sie der Geist geistloser Zustände ist. Sie ist das *Opium* des Volks. (Marx 1844/2009, 171)

Aus Marx' anthropozentrischer Sicht betäuben sich religiöse Menschen mit der Aussicht auf ein nach dem Tod von Gott bereitgestelltes glückliches Jenseits, anstatt für die Verbesserung ihrer entfremdeten Lebenssituation zu kämpfen. Hat man einmal verstanden, dass der Glaube an einen Gott nichts anderes als eine Form der Wirklichkeitsflucht darstellt, die reale Defizite kompensieren soll (verkehrtes Bewusstsein, wie es Marx nennt), dann sollte man sich von diesem Glauben zu befreien suchen und sich den wirklichen Problemen der Arbeits- und Wirtschaftswelt zuwenden. Eine endgültige Emanzipation von der Religion kann allerdings erst dann gelingen, wenn die kapitalistischen Voraussetzungen der Ausbeutung und Entfremdung, aus denen die Religion erwächst, endgültig beseitigt sind.

Marx zielte mit der Formel von der Religion als dem ‚Opium des Volkes‘ auf die Selbstbetäubung des ausgebeuteten und entfremdeten Proletariats ab. Mit der geringfügig veränderten Formulierung ‚Opium für das Volk‘ knüpfte Wladimir Iljitsch Lenin (1870–1924) dagegen stärker an die Priestertrugthese an: Nach dieser Lesart stellt Religion in erster Linie ein Instrument der Unterdrückung des Proletariats in den Händen der Bourgeoisie dar (Lenin 1905/1981).

Nietzsches Genealogie des Christentums: Ebenfalls in der Tradition der Priestertrugthese steht die Religionskritik Friedrich Nietzsches. Sein innovativer methodischer Ansatz besteht darin, den Ursachen von Religion und Gottesglauben mittels einer Genealogie, also einer Rekonstruktion der Entstehung religiöser Wertvorstellungen, auf den Grund zu gehen (*Zur Genealogie der Moral*, 1887). Das entscheidende Interpretament, an dem sich Nietzsches religiöse Genealogie vollzieht, ist der Nihilismus. Dieser erscheint zunächst als Diagnose des kulturellen Zustands, in dem sich die europäische Menschheit nach dem von ihr selbst vollstreckten ‚Tod Gottes' befindet (▶ Abschn. 1.4.4, Kasten „Zur Vertiefung: Der Tod Gottes"). Die genealogische Erforschung der religiösen Werte des Christentums offenbart jedoch in einem weiteren Schritt, dass nicht erst die Ermordung, sondern bereits die Erfindung Gottes auf einem nihilistischen Ressentiment beruhte. Dem Leben feindlich gesonnene Menschengruppen, die nicht in der Lage dazu waren, die grausamen und dionysischen Aspekte des Daseins willensstark zu bejahen, erfanden Nietzsche zufolge ein allmächtiges Wesen, das fortan die Werte der ‚Sklavenmoral', d. h. die Moral der Unterdrückten und Willensschwachen, der ‚Zu-kurz-Gekommenen', sanktionierte. Die bis dahin Besten und Edelsten wurden in diesem Moralsystem als ‚böse' abqualifiziert, während sich die vormals Schlechten und Schwachen nunmehr als die moralisch Guten wähnen durften. In dieser Verkehrung der ursprünglichen Rangordnung erblickt Nietzsche den wahren Sinn der Botschaft des christlichen Evangeliums, durch das „die Niedrigen erhöht und die Hohen erniedrigt" werden sollen (Lk 1, 51–53). Die (christliche) Religion wird damit als ein Dekadenz-Phänomen entlarvt, dem im Zuge einer Umwertung der platonisch-christlichen Werte die Bejahung der ewigen Wiederkehr des Gleichen entgegenzuhalten ist, um den Nihilismus in der Figur des zukünftigen Übermenschen zu überwinden.

Religiöses Wunschdenken nach Freud: Die bei Nietzsche bereits anklingenden psychologischen Motive zur Erklärung des Gottesglaubens verdichten sich bei Sigmund Freud zu einer umfassenden Projektionstheorie, die Religion nicht als Priesterbetrug, sondern als eine Form der kollektiven Illusion und des tief verwurzelten Wunschdenkens interpretiert. In den Schriften *Totem und Tabu* (1913), *Die Zukunft einer Illusion* (1927) und *Der Mann Moses und die monotheistische Religion* (1939) deutet Freud die Religion als eine im Kern infantil-neurotische Reaktion auf die menschliche Hilflosigkeit, die sich in der Gottesidee einen schützenden Vater erschafft. Die Religion erfüllt im Erwachsenenalter jene Funktion der Internalisierung gesellschaftlicher Normen, die beim Kind und Heranwachsenden das elterliche Über-Ich repräsentiert. Amerikanische Anthropologen wie Weston La Barre (1911–1996), Melford E. Spiro (1920–2014), Anthony Wallace (1923–2015) haben Freuds Überlegungen zum Ursprung des Gottesglaubens im 20. Jh. weiterentwickelt.

Kognitionswissenschaftliche Erklärungen von Religion: Neuere psychologische Theorien zur Entstehung von Religion beziehen sich oftmals auf die Darwinsche Evolutionstheorie sowie auf kognitions- und neurowissenschaftliche Deutungsansätze (vgl. Dennett 2006). Diese führen die Formierung religiöser Glaubensvorstellungen auf evolutionär entstandene kognitive und emotionale Fähigkeiten des Menschen zurück, die sich in der Wahrnehmung und Auseinandersetzung mit der Welt herausgebildet haben. Eine wichtige kognitive Funktion, auf die das Aufkommen von Gottesvorstellungen zurückgeführt wird, besteht im *‚hypersensitive agency detection device'* (abgekürzt: HADD; im Deutschen etwas umständlich übersetzbar mit ‚hyperempfindliche Vorrichtung zur Entdeckung von Handlungsträgern'). Die mit HADD gemeinte kognitive Disposition, Erscheinungen in der Umwelt spontan auf die Tätigkeiten von Lebewesen zurückzuführen, stellte einen evolutionären Wettbewerbsvorteil dar, solange es darum ging, sich aufmerksam und schnell in einer natürlichen Umwelt zu bewegen, in der ständig Feinde und Gefahren lauerten. Das Rascheln im Gebüsch unmittelbar auf ein gefährliches Tier zurückzuführen, auch wenn es sich später vielleicht als bloße Bewegung des Windes herausstellte, konnte unter Umständen überlebenswichtig sein. Aber dieselbe Funktion unseres Gehirns hat uns der HADD-Theorie zufolge auch dazu gebracht, persönliche Mächte als Urheber makrokosmischer Phänomene, ja des Universums insgesamt anzunehmen (Guthrie 1995). Der Gottesglaube stellt aus dieser Perspektive gleichsam eine Fehlfunktion bzw. eine Übersteuerung des HADD dar. Weil wir aber lernfähige Lebewesen sind, ist unser Gehirn grundsätzlich dazu in der Lage, derartige Fehlsteuerungen seiner eigenen Kompetenzen zu erkennen und sie zu korrigieren.

4.3.3 Religionskritik im Namen von Logik und Wissenschaft

Der im vorigen Kapitel dargestellten genealogischen Religionskritik liegt die Überzeugung zugrunde, dass gläubige Menschen einer Täuschung unterliegen: Sie glauben an etwas (Gott), das zwar dem Anspruch nach der Grund von allem sein soll, das aber tatsächlich als eine überaus wirksame Illusion aus bestimmten sozialen, ökonomischen, politischen, psychologischen oder evolutionsbiologischen Ursachen hervorgegangen ist. Sind diese Ursachen erst einmal plausibel identifiziert worden, so dürfte es dem Gottesglauben wesentlich schwerer fallen, als eine rational zu rechtfertigende Überzeugung aufzutreten, sofern er nicht in den Nonkognitivismus bzw. Fideismus ausweichen möchte.

Der Gottesglaube als Irrtum: Die im Namen von Logik und Wissenschaft auftretenden Formen der Religionskritik, um die es nun gehen soll, betrachten den Glauben an Gott nicht in erster Linie als eine Täuschung oder eine Lüge, der die Gläubigen auf den Leim gegangen sind, sondern als einen Irrtum. Sie bemühen sich daher, die propositionale Falschheit religiöser Aussagen aufzuzeigen.

Humes Argumente gegen theologische Schlüsse: Der neuzeitliche Ahnherr dieses Ansatzes ist David Hume, der in den Sektionen X und XI seiner *Untersuchung über den menschlichen Verstand (An Enquiry Concerning Human Understanding,* 1748) sowohl den Wunderglauben, den er als die Basis aller Religion begreift, als auch die politisch-gesellschaftliche Notwendigkeit von Religion in Frage stellt. Der rational allenfalls in Frage kommende physikotheologische Schluss von der Ordnung in der Natur auf einen Schöpfergott krankt wiederum Hume zufolge an einer nicht nachvollziehbaren Überfrachtung der angeblich perfekten Ursache (Gott) gegenüber ihrer nicht-perfekten Wirkung (der Welt). Sollten tatsächlich Götter die Urheber des Universums sein, dann müssten sie „genau jenen Grad an Macht, Intelligenz und Güte [besitzen], der in ihren Werken erscheint" (Hume 1998, 174). Den Göttern bzw. Gott werden jedoch wesentlich größere, ja unendliche Eigenschaften zugeschrieben, ohne dass die von ihnen bzw. ihm erschaffene Welt dies rechtfertigen könnte. Ein weiteres Argument Humes gegen den physikotheologischen Gottesbeweis rekurriert auf unsere bloß relative Erkenntnis von Kausalitätsbeziehungen: Ursache-Wirkungs-Verhältnisse können wir nur dort feststellen, wo wir Regelmäßigkeiten beobachten, denn es ist Hume zufolge einzig die Gewohnheit, die uns zur Annahme von Kausalitäten veranlasst. Die Erschaffung der Welt stellt jedoch einen einmaligen Akt dar, so dass wir in diesem Fall überhaupt keine regelmäßigen Beziehungen von zwei Ereignissen A und B beobachten können, die ein Kausalitätsverhältnis nahelegen würden.

Im 12. Teil der *Dialoge über die natürliche Religion (Dialogues Concerning Natural Religion)* kritisiert der Gesprächspartner Philo den von Cleanthes vorgebrachten Analogieschluss von der intelligenten Erzeugung menschlicher Artefakte auf die Erzeugung des Universums durch eine vollkommene Intelligenz. Selbst wenn wir die uns bekannte Welt als vollkommen betrachten würden, so wären wir noch lange nicht dazu berechtigt, deswegen einen vollkommen Urheber der Welt anzunehmen, denn es wäre ja durchaus möglich, dass unsere Welt am Ende einer langen Kette von unvollkommenen Fehlversuchen geschaffen worden ist. Die Analogie zwischen menschlichen Artefakten und dem Universum würde eine solche Annahme sogar nahelegen, benötigen Menschen doch in der Regel mehrere Versuche, um etwas (annähernd) Vollkommenes herzustellen. Auch die Einzigkeit Gottes lässt sich durch die genannte Analogie des physikotheologischen Arguments nicht beweisen, denn da Menschen häufig miteinander kooperieren, wenn sie etwas herstellen, könnte ja durchaus auch ein fleißiges Kollektiv mehrerer jeweils unvollkommener Gottheiten anstelle eines einziges vollkommenen Gottes die Welt erschaffen haben. Hume folgert aus derartigen Überlegungen zwar (noch) nicht, dass es Gott nicht gebe; seine rationale Beweisbarkeit lässt sich aus den genannten guten Gründen allerdings bestreiten.

Kants Widerlegung des ontologischen Gottesbeweises: Während sich Humes Gottesbeweiskritik auf das physikotheologische Argument konzentriert, identifiziert Kant in der *Kritik der reinen Vernunft* (A 590/B 618) den ontologischen Gottesbeweis als die Grundlage aller Versuche, Gottes Existenz mit den Mitteln reiner Vernunft zu beweisen. Denn Kant zufolge überdeckt der empirische Ausgangspunkt, den der physikotheologische und der kosmologische Gottesbeweis jeweils zu Grunde legen, nur, dass diese beiden Beweisformen ebenso wie der ontologische Gottesbeweis den Begriff eines absolut notwendigen Wesens in unzulässiger Weise verwenden. Dieser Begriff könne, so Kant, allenfalls als ein Grenzbegriff, als ‚Ideal der reinen Vernunft‘, fungieren, in dem wir uns einen individuierten Inbegriff aller Realitäten denken; aber wir sind aus erkenntnistheoretischen Gründen nicht dazu berechtigt, die Existenz eines höchsten Wesens zu behaupten. Kants Hauptargument zur Entkräftung des ontologischen Gottesbeweises besteht in der Einsicht, dass es sich bei dem Existenzprädikat nicht um ein ‚reales‘ Prädikat handelt, das dem Inhalt eines Begriffs eine sachhaltige Bestimmung hinzufügt. Wenn wir einem Ding Existenz zuschreiben, dann bedeutet dies, dass wir es im raumzeitlichen Erfahrungs- und Anschauungsraum identifizieren. Weil aber eine empirische Erfahrbarkeit Gottes aufgrund der in der *Kritk der reinen Vernunft* aufgewiesenen Grenzen unseres Verstandesgebrauchs prinzipiell unmöglich ist, kann der ontologische Gottesbeweis nicht halten, was er verspricht: nämlich aus rein apriorischen Begriffen das absolut notwendige Dasein Gottes beweisen zu wollen (vgl. Wirtz 2018, 176 ff.).

Der Logiker und Philosoph Gottlob Frege (1848–1925) hat das kantische Argument gegen den ontologischen Beweis noch präziser gefasst, indem er Existenz als einen Begriff zweiter Stufe bestimmt hat, der nicht Merkmal eines Begriffs erster Stufe sein könne. So könne Existenz z. B. keine Vollkommenheit darstellen, wie es Descartes in seinem ontologischen Gottesbeweis postuliert hatte.

Kants Widerlegung des kosmologischen Gottesbeweises: Der kosmologische Gottesbeweis wiederum stützt sich der Analyse Kants zufolge (*Kritik der reinen Vernunft*, A 603/B 631 ff.) auf zwei Zeugen, „nämlich *einen* reinen Vernunftzeugen und *einen* anderen von empirischer Beglaubigung" (A 606/B 634). Mit dem empirischen Zeugen ist der Ausgangspunkt des kosmologischen Arguments beim Seienden bzw. der Welt überhaupt gemeint, mit dem Vernunftzeugen die Schlussfolgerung von der absoluten Notwendigkeit eines Wesens als Welturschache auf dessen höchste Realität. Tatsächlich aber, so Kant, ist es nur dieser Schluss aus Begriffen, der das kosmologische Argument zu einem scheinbaren Beweis der Existenz Gottes macht. Der reine Vernunftzeuge habe „bloß seinen Anzug und Stimme verändert, um für einen zweiten gehalten zu werden" (A 606/B 634). Für die Beweiskraft des kosmologischen Arguments spiele die vorgeschobene Empirie in Wahrheit gar keine Rolle. Daher ist Kant der Überzeugung, mit seiner Widerlegung des ontologischen Gottesbeweises die entscheidenden Schlussfolgerungen des kosmologischen sowie des physikotheologischen Beweises ebenfalls entkräftet zu haben.

Paul Edwards' Verzicht auf eine Gesamterklärung: Eine eigenständige kritische Auseinandersetzung mit dem kosmologischen Argument in der Fassung der fünf (insbesondere der ersten drei) Wege des Thomas von Aquin hat der US-amerikanische Philosoph Paul Edwards (1923–2004) unternommen. Edwards (1959) macht u. a. geltend, dass es gar keiner gesonderten Erklärung des ‚Weltganzen' oder des ‚Seienden überhaupt' bedürfe, wenn man die einzelnen Teile und Ereignisse innerhalb der Welt wissenschaftlich schlüssig erklären könne. Es wäre demzufolge durchaus möglich, dass es eine unendliche Reihe kontigenter Erklärungen für Dinge und Ereignisse in der Welt gibt, aber keine Gesamterklärung für die Welt als solcher.

Die Metaphysikkritik des logischen Positivismus: Einer sprachphilosophisch begründeten Fundamentalkritik wurden religiöse und metaphysische Aussagen im logischen Empirismus bzw. Positivismus unterzogen (▶ Abschn. 1.4.3). Die Hauptvertreter des sogenannten Wiener Kreises wie Rudolf Carnap (1891–1970) befassten sich zwar nur am Rande mit expliziter Religionskritik, aber ihre Ideen übten gleichwohl Einfluss auf religionskritische Positionen aus, was besonders an der Abhandlung *Language, Truth and Logic* (1936) von Alfred J. Ayer (1910–1989) deutlich wird. Ayer zufolge gibt es zwei Sorten von bedeutungstragenden Aussagen, nämlich analytische und synthetische (bereits Kant hatte ja diese beiden Urteilsarten unterschieden). Analytische Aussagen werden in der Logik und Mathematik gemacht, sie sind allesamt tautologisch. Synthetische Aussagen beziehen sich auf die empirische Welt, sie finden sich vor allem in den (Natur-)Wissenschaften. Da Aussagen über Gott oder etwas so Unbestimmtes wie Transzendenz weder in die eine noch in die andere Rubrik gehören, sind sie für Ayer bedeutungslos bzw. unsinnig. Später hat Ayer seine eigene Position allerdings abgeschwächt. Ohnehin war dem empiristischen Verifikationsprinzip für Bedeutungen, das der logische Positivismus vertrat, nur eine relativ kurze Lebendauer beschieden. Dem logischen Positivismus gelang es letztlich nicht, eine überzeugende Demarkationslinie zwischen sinnvollen und sinnlosen Aussagen zu ziehen, die nicht auch die Formulierung naturwissenschaftlicher Theorien in Mitleidenschaft gezogen hätte. Spätestens mit der von Willard Van Orman Quine (1908–2000) formulierten Kritik an der Unterscheidung zwischen ‚analytisch‘ und ‚synthetisch‘ (*Zwei Dogmen des Empirismus;* 1951/1979) wurden die Weichen für eine analytische Metaphysik gestellt, die zwar zunächst vom Naturalismus ausging (etwa bei David Lewis), zunehmend aber auch Interesse an religiös-metaphysischen Aussagen entwickelte (u. a. bei Peter van Inwagen).

Flews „Gärtnerparabel“: Gleichwohl haben die Ideen des logischen Positivismus zur empiristischen Bedeutungsverifikation innerhalb der analytischen Philosophie weitergewirkt. Dies zeigt etwa der von dem britischen Philosophen Antony Flew (1923–2010) unternommene Versuch, das wissenschaftstheoretische Falsifikationsprinzip Karl Poppers (1902–1994) auf das Gebiet der Religion zu übertragen. In dem Aufsatz „Theologie und Falsifikation“ (1950/51) illustriert Flew das Problem der Falsifikation in Bezug auf religiöse Aussagen anhand der ursprünglich von seinem Kollegen John Wisdom (1904–1993) erfundenen ‚Gärtnerparabel‘. In dieser Parabel geht es um eine mit verschiedenen Blumen bewachsene Lichtung im Dschungel, die von zwei Forschern entdeckt wird. Der eine der beiden Forscher (nennen wir ihn A) ist fest davon überzeugt, dass ein Gärtner diese Lichtung eingerichtet haben müsse, der andere Forscher (B) bestreitet die Existenz eines solchen Gärtners. Da sich der Gärtner im weiteren Verlauf jedoch niemals blicken lässt, muss A schließlich einräumen, dass es sich um einen unsichtbaren, ja unkörperlichen Gärtner handeln muss, der seinen Garten stets nur heimlich bewirtschaftet. Daraufhin möchte B wissen, was einen solchen Gärtner denn eigentlich von einem imaginären bzw. einem nicht-existenten Gärtner unterscheidet.

Der Tod der tausend Modifikationen: Überträgt man diese Parabel auf den Gottesglauben, so erkennt man Flew zufolge das grundsätzliche Problem theistischer Aussagen, dass sie nämlich zunehmend abstrakte und metaphysisch verdünnte Angaben über Gott machen, die eine Falsifikation, also eine nachprüfbare Widerlegung, überhaupt nicht zulassen. Gläubige versäumen es zumeist, valide Kriterien anzugeben, unter denen sie bereit wären, ihren Glauben als falsch zu akzeptieren, wenn er durch überprüfbare Gegenevidenzen erschüttert würde. Lieber passen sie ihre Ausgangsbehauptung so lange an, bis von ihr kein greifbarer Inhalt mehr übrig bleibt; sie stirbt dadurch den ‚Tod der tausend Modifikationen‘.

Die Unwahrscheinlichkeit Gottes: Neben derartigen wissenschaftstheoretischen Überlegungen, die den Status theologischer Aussagen insgesamt betreffen, stehen dezidierte philosophische Auseinandersetzungen mit protheistischen Argumenten. In dem Buch *The Miracle of Theism* (*Das Wunder des Theismus;* 1982) nimmt John Leslie Mackie eine sorgfältige Abwägung von klassischen und modernen Argumenten für und gegen die Existenz Gottes vor und gelangt am Ende seiner Untersuchung zu einer atheistischen Antwort auf die Gottesfrage. Die Existenz Gottes sei letztlich noch viel unwahrscheinlicher als die Existenz einer Welt ohne Gott – so das gegen Swinburnes probalistisches Argument (▶ Abschn. 3.3.1) gerichtete Fazit Mackies.

Neuer Atheismus: Eine szientistisch fundierte, überaus harsche Form der Religionskritik üben die Vertreter des „Neuen Atheismus" *(New Atheism)* im engeren Sinne, zu denen Richard Dawkins (*1951), Daniel Dennett (*1942), Sam Harris (*1967) und Christopher Hitchens (1949–2011) gezählt werden. In der zeitgenössischen analytischen Religionsphilosophie erfahren die Thesen des Neuen Atheismus nur geringe Beachtung, so wie umgekehrt dessen Hauptvertreter kaum auf die Argumente theistischer Religionsphilosoph:innen eingehen. Die ‚Neuen Atheisten' vertreten erstens die Auffassung, dass der Gottesglaube irrational und im Lichte naturwissenschaftlicher Erklärungen nicht zu rechtfertigen sei, und zweitens, dass er aufgrund seiner Irrationalität eine Gefahr für das gesellschaftliche Zusammenleben darstelle. Die teilweise polemische und wenig differenzierte Religionskritik des Neuen Atheismus lässt sich nur vor dem Hintergrund der spezifischen Bedeutung von Religion in der US-amerikanischen Öffentlichkeit zureichend begreifen. Angesichts der weiten Verbreitung kreationistischer Auffassungen, religiös begründeter Homophobie und ultrakonservativer politischer Einstellungen bei vielen christlichen Fundamentalisten in den USA erscheint ein wissenschaftlich begründeter Frontalangriff auf den Gottesglauben eher nachvollziehbar als in zahlreichen europäischen Staaten, in denen die christlichen Kirchen angesichts steigender Austrittszahlen zunehmend Schwierigkeiten haben, überhaupt ihren Platz in einer überwiegend säkularisierten Gesellschaft zu behaupten.

Dawkins Bestreitung der Einfachheit Gottes: Ein philosophisches Argument, das Dawkins (*Der Gotteswahn;* 2006) gegen die Annahme Gottes als des Schöpfers der Welt anführt, besteht in der Bestreitung der angeblichen Einfachheit Gottes. Schon Hume hatte darauf aufmerksam gemacht, dass man nicht berechtigt ist, von einem unvollkommenen Universum auf einen vollkommenen Urheber zu schließen. Dawkins macht nunmehr geltend, dass wir ebenfalls keine Berechtigung dazu haben, von einem komplexen Universum auf einen einfachen Urheber zu schließen. Es sei viel plausibler anzunehmen, dass die komplexen, intelligenten Lebewesen, die wir sind, aus einer langen natürlichen Evolution hervorgegangen sind. Die Gotteshypothese setzt demgegenüber in einer unzulässigen *petitio principii* (d. h. der Verwendung eines unbewiesenen Satzes als Beweisgrund zu einem anderen Satz) den Gott, der allererst zu beweisen wäre, als Grund von allem einfach voraus. Nicht die Ungläubigen müssten beweisen, dass es Gott nicht gibt, vielmehr tragen die Gläubigen die Beweislast für die These, dass es Gott gebe. Die zahlreichen Privilegien, die Religionsgemeinschaften auch in aufgeklärten Gesellschaften immer noch eingeräumt werden, hält Dawkins angesichts der wissenschaftlichen Unhaltbarkeit der Gotteshypothese für vollkommen ungerechtfertigt.

❓ Aufgaben und Anregungen

1. Der indische Philosoph Śaṅkara betrachtet Brahman, die höchste Realität, als ein apersonales Absolutes. Inwieweit weist diese Konzeption Ähnlichkeiten zum *dào* (道) des chinesischen Philosophen Laozi auf? Wo sehen Sie Unterschiede zwischen beiden Konzeptionen?

2. Lässt sich das buddhistische *nirvāṇa* mit Paradiesvorstellungen der monothe- istischen Religionen Christentum und Islam vergleichen? Beziehen Sie in Ihre Überlegungen auch die buddhistische *anātman*-Lehre und die Interpretation des Todes in verschiedenen religiösen Traditionen ein.

3. Gegen das Argument aus dem Übel, dem Leiden und dem Bösen wird von Sei- ten des Theismus angeführt, dass Gott mit der menschlichen Freiheit notwendi- gerweise auch die Möglichkeit des Übels, des Leidens und des Bösen erschaffen habe. Eine Welt ohne Freiheit sei jedoch in jedem Fall schlechter als eine Welt, in der durch Freiheit auch Böses geschehen könne. Stimmen Sie dem zu? Be- gründen Sie Ihre Antwort.

4. Lassen sich religiöse Glaubensüberzeugungen in erster Linie auf die menschli- che Furcht (z. B. vor den Wechselfällen des Lebens, vor dem Tod, vor der eige- nen Bedeutungslosigkeit) zurückführen? Und falls ja, stellt dies ein Argument gegen die Glaubwürdigkeit religiöser Überzeugungen dar?

5. Trifft David Humes Kritik an der Physikotheologie auch moderne Design-Ar- gumente, die sich auf biologische und physikalische Erkenntnisse (beispiels- weise zur Feinabstimmung der Naturkonstanten) berufen?

Literatur

Chung, Chen-Yu: *Daoismus und Gelassenheit. Eine interkulturelle Perspektive.* Nordhausen 2006.

Dennett, Daniel: *Breaking the Spell: Religions as a Natural Phenomenom.* London u.a. 2006 (dt. Übers.: *Den Bann brechen. Religion als natürliches Phänomen.* Frankfurt a.M. 2008).

Ganeri, Jobardon: „Jaina Logic and the Philosophical Basis of Pluralism". In: *History and Philosophy of Logic*, 23 (2002), 267–281.

Ghosh, Raghunath: „Indian Materialism". In: Purushottama Bilimoria et al. (Hg.): *History of Indian Philosophy.* London/New York 2018, 99–109.

Hume, David: *The Natural History of Religion.* In: Tom L. Beauchamp (Hg.): *Dissertation on the Pas- sions. The Natural History of Religion: A Critical Edition.* Oxford/New York 2007. Dt. Übers.: *Die Naturgeschichte der Religion.* Hamburg 1999 (1757).

Lai, Karyn L.: „Cosmology, Divinity and Self-Cultivation in Chinese Thought". In: Graham Oppy (Hg.): *The Routledge Handbook of Contemporary Philosophy of Religion.* London/New York 2015, 93–113.

Maraldo, John: „Contemporary Japanese Philosophy". In: Brian Carr/Indira Mahalingam (Hg.): *Companion Encyclopeda of Asian Philosophy.* London/New York 1997, 810–835.

Nishitani, Keiji: *Was ist Religion?* Frankfurt a.M. 1982 (jap. 1961).

Ohashi, Ryôsuke (Hg.): *Die Philosophie der Kyôto-Schule. Texte und Einführung.* Freiburg 2012.

Raghuramaraju, A.: „Modern Philosophy in India". In: Bilimoria 2018, 526–535.

Schellenberg, John L.: *The Hiddenness Argument. Philosophy's New Challenge to Belief in God.* Ox- ford 2015.

Stump, Eleonore: *Wandering in Darkness. Narrative and the Problem of Suffering.* Oxford 2010.

Ueda, Shizuteru: *Wer und was bin ich? Zur Phänomenologie des Selbst im Zen-Buddhismus.* Freiburg 2011.

Ward, Keith: *The Big Questions in Science and Religion.* Conshohocken (PA) 2008.

Wirtz, Markus: *Religiöse Vernunft. Glauben und Wissen in interkultureller Perspektive.* Freiburg/Mün- chen 2018.

Weiterführende Literatur

Abhinavagupta: *The Tantrāloka of Abhinava Gupta. With Commentary by Rajanaja Jayaratha.* Neu-Delhi 2009 (skr., 10. Jh.).

Adams, Marilyn McCord: *Horrendous Evils and the Goodness of God.* Ithaca (NY)/London 1999.

Augustine, Jonathan Morris/Yamamoto, Seisaku (Hg.): *The Philosophy of Nishitani Keiji 1900–1990. Lectures on Religion and Modernity.* London/New York 2012.

Auweele, Denis Vanden: „Atheism, Radical Evil, and Kant." In: *Philosophy and Theology* 22 (2010), 155–176.

Ayer, Alfred J.: *Language, Truth and Logic.* London 1936.

Bilimoria, Purushottama (Hg.): *History of Indian Philosophy.* London/New York 2018.

Burton, David F.: *Buddhism: A Contemporary Philosophical Investigation.* London 2017.

Carter, Robert E.: *The Nothingness Beyond God. An Introduction to the Philosophy of Nishida Kitarō.* New York 1989.

Cassell, Paul: *Religion, Emergence, and the Origins of Meaning: Beyond Durkheim and Rappaport.* Leiden/Boston 2015.

Cheng, Chung-ying: „Chinese Religions". In: Paul Copan/Chad Meister (Hg.): *The Routledge Companion to Philosophy of Religion.* London/New York ²2013, 39–55.

Cleary, Thomas (Übers.): *The Book of Leadership and Strategy (Huai nan zi). Lessons of the Chinese Masters: Translations from the Taoist Classic Huainanzi.* Boston (MA)/London 1992.

Cort, John E./Dundas, Paul/Jacobsen, Knut A./Wiley, Kristi L. (Hg.): *Brill's Encyclopedia of Jainism.* Leiden/Boston 2020.

Dalai Lama XIV.: *Einführung in den Buddhismus. Die Harvard-Vorlesungen.* Freiburg u.a. 1993.

Dawkins, Richard: *Atheismus für Anfänger. Warum wir Gott für ein sinnerfülltes Leben nicht brauchen.* Berlin 2020.

Dawkins, Richard: *The God Delusion.* Boston (MA) 2006 (dt. Übers.: *Der Gotteswahn.* Berlin 2007).

De Balbian, Ulrich: *Theorizing about a Mystical Approach.* Oxford 2018.

De Cruz, Helen/De Smedt, Johan: *A Natural History of Natural Theology. The Cognitive Science of Theology and Philosophy of Religion.* Cambridge (MA) 2015.

De Cruz, Helen/Nichols, Ryan (Hg.): *Advances in Religion, Cognitive Science, and Experimental Philosophy.* London 2017.

De Smedt, Johan/De Cruz, Helen: *The Challenge of Evolution to Religion.* Cambridge/New York 2020.

Detel, Wolfgang: *Warum wir nichts über Gott wissen können.* Hamburg 2018.

Dostojewski, Fjodor M.: *Die Brüder Karamasow.* München 1991 (russ. 1878–1880).

Edwards, Paul: „The Cosmological Argument". In: *The Rationalist Annual* (1959), 63–77.

Ellis, Robert Michael: *The Buddha's Middle Way: Experiential Judgement in His Life and Teaching.* Sheffield (UK) 2019.

Everitt, Nicholas: *The Non-Existence of God.* London/New York 2004.

Feiermann, Jay R./Oviedo, Lluis (Hg.): *The Evolution of Religion, Religiosity, and Theology. A Multilevel and Multidisciplinary Approach.* London/New York 2020.

Feuerbach, Ludwig: *Das Wesen des Christentums.* Stuttgart 1986 (1841).

Feuerbach, Ludwig: *Das Wesen der Religion.* Heidelberg 1983 (1846).

Flew, Antony: „Theology and Falsification". In: Joel Feinberg (Hg.): *Reason and Responsibility: Readings in Some Basic Problems of Philosophy.* Belmont (CA) 1968, 48–49 (1950/51).

Flood, Gavin: *Religion and the Philosophy of Life.* Oxford 2019.

Fogelin, Robert J.: *A Defense of Hume on Miracles.* Princeton 2003.

Frances, Bryan: „The Epistemology of Theistic Philosophers' Reactions to the Problem of Evil". In: *American Philosophical Quarterly*, 94 (2020), 547–572.

Franklin, James: „Antitheodicy and the Grading of Theodicies by Moral Offensiveness". In: *Sophia* 59 (2020), 563–576.

Franks, W. Paul/Davis, Richard Brian/Helm, Paul/Ruse, Michael/Wielenberg, Erick: *Explaining Evil: Four Views.* New York 2019.

Freud, Sigmund: *Totem und Tabu.* In: *Gesammelte Werke.* Neunter Band. Frankfurt a.M. 1986 (1913).

Freud, Sigmund: *Die Zukunft einer Illusion.* In: *Gesammelte Werke.* Vierzehnter Band: *Werke aus den Jahren 1925–1931.* Frankfurt a.M. 1991, 323–380 (1927).

Freud, Sigmund: *Der Mann Moses und die monotheistische Religion.* In: *Gesammelte Werke.* Sechzehnter Band: *Werke aus den Jahren 1932–1939.* Frankfurt a.M. 1981, 101–246 (1939).

Frick, Eckhard/Hamburger, Andreas (Hg.): *Freuds Religionskritik und der „Spiritual Turn“.* Ein Dialog zwischen Philosophie und Psychoanalyse. Stuttgart 2014.

Gan, Shaoping: *Die chinesische Philosophie. Die wichtigsten Philosophen, Werke, Schulen und Begriffe.* Darmstadt 1997.

Gasser, Georg: „Durch das Dunkel zum Heil? Eleonore Stumps Theodizee-Ansatz in ‚Wandering in Darkness‘“. In: *Neue Zeitschrift für systematische Theologie und Religionsphilosophie* 56 (2014), 202–222.

Goller, Hans: „Erschuf Gott das Gehirn oder das Gehirn Gott?“ In: *Zeitschrift für Katholische Theologie,* 131 (2009), 241–255.

Göller, Thomas (Hg.): *Grundlagen der Religionskritik.* Würzburg 2017.

Gorski, Philipp: „The Origin and Nature of Religion: A Critical Realist View“. In: *Harvard Theological Review* 111 (2018), 289–304.

Guthrie, Stewart Elliott: *Faces in the Clouds. A New Theory of Religion.* Oxford 1995.

Gutschmidt, Rico/Rentsch, Thomas (Hg.): *Gott ohne Theismus? Neue Positionen zu einer zeitlosen Fragen.* Münster 2016.

Harris, Sam: *The End of Faith. Religion, Terror and the Future of Reason.* London 2006.

Hume, David: *Eine Untersuchung über den menschlichen Verstand.* Stuttgart 1998 (engl. 1748).

Hume, David: *Dialogues Concerning Natural Religion.* New York 1947. Dt. Übers.: *Dialoge über natürliche Religion.* Stuttgart 1986. (1779).

Jäger, Henrik (Hg.): *Menzius. Dem Menschen gerecht. Ein Lesebuch.* Zürich 2010.

Jäger, Henrik (Hg.): *Mit den passenden Schuhen vergißt man die Füße – ein Zhuangzi-Lesebuch.* Zürich 2009.

Junginger, Horst/Faber, Richard (Hg.): *Philosophische Religionskritik. Von Cicero und Hume über Kant und Feuerbach bis zu Levinas und Habermas.* Würzburg 2021.

Jürgens, Bernd Sebastian: *B. R. Ambedkar – Religionsphilosophie eines Unberührbaren.* Frankfurt a.M. 1994.

Jürß, Fritz/Müller, Reimar/Schmidt, Ernst Günther (Hg.): *Griechische Atomisten. Texte und Kommentare zum materialistischen Denken in der Antike.* Leipzig 1973.

Kant, Immanuel: *Kritik der reinen Vernunft.* Hg. v. Jens Timmermann. Hamburg 2003 (1781/1787).

Konfuzius: *Gespräche (Lun-yu).* Stuttgart 1988 (chin., Datierung unsicher, zw. dem 5. u. 2. Jh. v. Chr.).

La Barre, Weston: *The Ghost Dance. Origins of Religion.* New York 1972.

Lagerwey, John: *Paradigm Shifts in Early and Modern Chinese Religion. A History.* Leiden 2019.

Lactantius: *De Ira Dei (Vom Zorne Gottes).* Lat.-Dt. Darmstadt 1957 (lat., frühes 4. Jh.)

Laotse: *Tao Te-King.* Wiesbaden 2004 (chin., Datierung unsicher, um 400 v. Chr.)

Le Bihan, Baptiste: „The No-Self View and the Meaning of Life“. In: *Philosophy East and West* 69 (2019), 419–438.

Leibniz, Gottfried Wilhelm: *Versuche in der Theodicée über die Güte Gottes, die Freiheit des Menschen und den Ursprung des Übels.* Hamburg 2000 (frz. 1710).

Lenin, Wladimir Iljitsch: „Sozialismus und Religion“. In: Ders.: *Über die Religion. Eine Auswahl.* Berlin 1981, 39–44 (russ. 1905).

Lessing, Gotthold Ephraim: *Theologiekritische Schriften I.* In: *Werke und Briefe.* Bd. 8: *Werke 1774–1778.* Berlin 1993.

Mackie, John Leslie: *The Miracle of Theism.* Oxford 1982. Dt.: *Das Wunder des Theismus. Argumente für und gegen die Existenz Gottes.* Stuttgart 1986.

Martin, Michael/Monnier, Ricki (Hg.): *The Improbability of God.* Amherst 2006.

Marx, Karl: „Zur Kritik der Hegelschen Rechtsphilosophie. Einleitung“. In: *Karl Marx: Werke, Artikel, Entwürfe März 1843 bis August 1844.* Karl Marx/Friedrich Engels Gesamtausgabe (MEGA). Erste Abt. Bd. 2. Berlini 2009, 170–183 (1844).

Marx, Karl/Engels, Friedrich: *Über Religion.* Berlin (Ost) ⁴1987.

Meslier, Jean: *Das Testament des Abbé Meslier. Die Grundschrift der modernen Religionskritik.* Hg.v. Hartmut Krauss. Osnabrück 2005 (frz. 1864).

Michaël, Tara: *Introduction aux voies du Yoga.* Paris 2016.

Miller, James: *China's Green Religion: Daoism and the Quest for a Sustainable Future.* New York 2017.

Moeller, Hans-Georg: *Daoism Explained: From the Dream of the Butterfly to the Fishnet Allegory.* Chicago/La Salle (IL) 2004.

Mooney, Justin: „How to Solve the Problem of Evil: A Deontological Strategy". In: *Faith and Philosophy* 36 (2019), 442–462.

Nāgārjuna: *Mūlamadhyamakakārikā.* Dt.: Bernhard Weber-Brosamer/Dieter M. Back: *Die Philosophie der Leere. Nāgārjunas Mūlamadhyamaka-Kārikās.* Wiesbaden 1997 (skr. 2./3. Jh. n. Chr.).

Nicholson, Andrew J.: „Hindu Disproofs of God. Refuting Vedāntic Theism in the Sāṃkhya-Sūtra". In: *The Oxford Handbook of Indian Philosophy.* Hg. v. Jonardon Ganeri. New York 2017, 598–619.

Nietzsche, Friedrich: *Die fröhliche Wissenschaft.* In: ders.: *Morgenröte. Idyllen aus Messina. Die fröhliche Wissenschaft.* Kritische Studienausgabe Bd. 3. München 1999, 343–651 (1882).

Nietzsche, Friedrich: *Jenseits von Gut und Böse. Zur Genealogie der Moral.* Kritische Studienausgabe Bd. 5. Hg. v. Giorgi Colli u. Mazzino Montinari. München 1999 (1886).

Nietzsche, Friedrich: *Der Antichrist. Fluch auf das Christentum.* In: ders.: *Der Fall Wagner u. a.* Kritische Studienausgabe Bd. 6. Hg. v. Giorgi Colli u. Mazzino Montinari. München 1999, 165–254 (1888).

Russell, Bertrand: *Warum ich kein Christ mehr bin. Über Religion, Moral und Humanität.* Hamburg 1968 (engl. 1927).

Sade, Marquis de: *Die Philosophie im Boudoir, oder Die lasterhaften Lehrmeister.* Köln 1995 (frz. 1795).

Plantinga, Alvin: *God, Freedom and Evil.* New York 1974.

Publius Papinius Statius: *Der Kampf um Theben (Thebais).* Würzburg 1998 (lat., 1. Jh. n. Chr).

Quine, Willard Van Orman: „Zwei Dogmen des Empirismus". In: ders.: *Von einem logischen Standpunkt. Neun logisch-philosophische Essays.* Frankfurt a.M./Berlin/Wien 1979, 27–50 (engl. 1951).

Reimarus, Hermann Samuel: *Apologie oder Schutzschrift für die vernünftigen Verehrer Gottes.* Frankfurt a.M. 1972 (1774).

Rowe, William: „The Problem of Evil and Some Varities of Atheism". In: *American Philosophical Quarterly* 16 (1979), 335–341.

Smith, Wilfred Cantwell: *The Meaning and End of Religion.* Minneapolis (MN) 1991 (1962).

Spiro, Melford E.: „Religious Systems as Culturally Constituted Defense Mechanisms". In: Benjamin Kilborne/L.L. Langness (Hg.): *Culture and Human Nature. Theoretical Papers of Melford E. Spiro.* Chicago 1987, 145–160.

Tremlin, Todd: *Minds and Gods. The Cognitive Foundations of Religion.* Oxford 2006.

Unno, Taitetsu (Hg.): *The Religious Philosophy of Nishitani Keiji. Encounter with Emptiness.* Berkeley (CA) 1989.

Unno, Taitetsu/Heisig, James W. (Hg.): *The Religious Philosophy of Tanabe Hajime. The Metanoetic Imperative.* Berkeley 1990.

Vallier, Kevin/Rasmussen, Joshua (Hg.): *A New Theist Response to the New Atheists.* New York 2020.

Van Eyghen, Hans/Peels, Rik/van den Brink, Gisjbert (Hg.): *New Developments in the Cognitive Science of Religion. The Rationality of Religious Belief.* New York 2018.

van Inwagen, Peter: *The Problem of Evil.* Oxford 2006.

Voltaire: *Candide – oder der Optimismus.* Wiesbaden 2006 (frz. 1759).

Vroom, Hendrik M.: „Interreligious Relations: Incongruent Relations and Rationalities". In: *Studies in Interreligious Dialogue,* 16 (2006), 59–71.

Wallace, Anthony: *Religion: An Anthropological View.* New York 1966.

Wallace, Stan W. (Hg.): *Does God Exist? The Craig-Flew-Debate.* Aldershot/Burlington (VT) 2003.

Wang, Youxuan: *Buddhism and Deconstruction. Towards a Comparative Semiotics.* Richmond 2001.

Wiertz, Oliver J.: „Lass nicht zu, dass ich jemals von dir getrennt werde. Eleonore Stumps thomasische Antwort auf das Argument aus dem Übel". In: *Theologie und Philosophie* 88 (2013), 575–583.

Wiertz, Oliver J.: „Das Problem des Übels in Richard Swinburnes Religionsphilosophie. Über Sinn und Grenzen seines theistischen Antwortversuches auf das Problem des Übels und dessen Bedeutung für die Theologie". In: *Theologie und Philosophie* 71 (1996), 224–256.

Wilson, David Sloan: *Darwin's Cathedral: Evolution, Religion, and the Nature of Society.* Chicago 2002.

Wirth, Gerhard (u.a., Hg.): *Diodoros, Griechische Weltgeschichte.* 10 Bde. Stuttgart 1992–2008.

Young, Lawrence A. (Hg.): *Rational Choice Theory and Religion. Summary and Assessment.* London/New York 1997.

Zeitgenössische Herausforderungen für die Religionsphilosophie

Inhaltsverzeichnis

5.1   „Säkulare Religiosität" – 238

5.2   Ethische Dimensionen, soziale Funktionen und politische Implikationen von Religion – 248

5.3   Religiöse Diversität – 261

         Literatur – 278

© Springer-Verlag GmbH Deutschland, ein Teil von Springer Nature 2022
M. Wirtz, *Religionsphilosophie*,
https://doi.org/10.1007/978-3-476-05711-2_6

Im abschließenden 5. Kapitel sollen die wichtigsten Herausforderungen beleuchtet werden, mit denen sich die Religionsphilosophie im 21. Jh. konfrontiert sieht. Bei diesen Herausforderungen handelt es sich zumeist nicht um gänzlich neue Themen, sondern vielmehr um Aspekte von Religiosität, die eine lange Vorgeschichte haben, aber in der Gegenwart z. B. durch Globalisierung, Migration, technische Innovationen und soziale Transformationsprozesse eine enorme Verstärkung und Intensivierung erfahren. Sie machen gleichwohl eine Neujustierung der Religionsphilosophie erforderlich, die sich viel stärker als bisher für interkulturelle Diversität und zeitgenössische Fragestellungen der praktischen Philosophie (beispielsweise der Umweltethik und der politischen Philosophie) öffnen muss, um ihre philosophische Relevanz behaupten zu können. Die argumentative Analyse theistischer Glaubensüberzeugungen, so wichtig sie in der Vergangenheit war und nach wie vor ist, sollte nur eines von vielen Untersuchungsfeldern darstellen, mit denen sich eine interkulturelle und diverse Philosophie der Religion im 21. Jh. beschäftigt.

Der widersprüchlichen Gleichzeitigkeit eines Rückzugs und einer Renaissance des Religiösen geht ▶ Abschn. 5.1 unter dem Titel „Säkulare Religiosität" nach. Der weltweit in unterschiedlichen Formen sich ausprägende Konflikt zwischen säkularem Liberalismus und religiösem Fundamentalismus schlägt längst in geradezu dialektischer Weise auf die beteiligten Parteien zurück: Transhumanistische Fantasien einer umfassenden technologischen Beherrschung von Leben und Tod werden zu Gegenständen quasi-religiöser Hoffnungen. Am anderen Ende des ideologischen Spektrums schreckt religiöse Strenggläubigkeit nicht davor zurück, modernste technische Mittel in Anspruch zu nehmen, wenn sie nur dazu dienen, der komplizierten Welt die eigene Heilsbotschaft mit roher Gewalt aufzupressen. Jenseits solcher höchst problematischen Variationen „säkularer Religiosität" bietet die komplexe Situation der Weltgesellschaft im 21. Jh. aber auch genügend Anlässe, um „ethische Dimensionen, soziale Funktionen und politische Implikationen von Religion" – so die Überschrift von ▶ Abschn. 5.2 – konstruktiv zu bedenken. Von den spannenden religionsphilosophischen Fragen, welche die ebenso sozialphilosophisch wie erkenntnistheoretisch brisante Problematik religiöser Diversität aufwirft, handelt schließlich ▶ Abschn. 5.3., das mit einem Ausblick auf eine interkulturell erweiterte Religionsphilosophie endet.

5.1 „Säkulare Religiosität"

Unter dem paradoxen Titel einer „säkularen Religiosität" sollen zwei verschiedene und gleichwohl miteinander verbundene Phänomenbereiche simultan benannt werden:

1. das individualisierte, auf die spirituellen Bedürfnisse des einzelnen Individuums zugeschnittene Fortleben von Religiosität unter den Bedingungen säkularer, liberal-demokratischer Marktgesellschaften, das sich als Subjektivierung von Religiosität beschreiben lässt und sich sowohl in einer postmodernen ‚Patchwork-Spiritualität' als auch in Form neureligiöser Bewegungen äußert (▶ Abschn. 5.1.1);

2. die objektivierende Verweltlichung von Religiosität durch ihre Kanalisierung
   in politische Ideologien, die Religion entweder ablehnen, um sich einige ihrer Eigenschaften umso skrupelloser auszuleihen, oder die sie sich – wie im
   Falle des islamistischen Terrorismus – nicht minder skrupellos auf die Fahnen
   schreiben, um in ihrem Namen an weltlicher Macht und Einfluss zu gewinnen,
   sowie die ebenfalls als eine Objektivierung von Religiosität beschreibbare Wis-
   senschafts- und Technikgläubigkeit, die sich etwa in den technizistischen Utopien des Transhumanismus artikuliert (▶ Abschn. 5.1.2).

Die genannten Phänomenkomplexe einer Religiosität unter säkularen Bedingungen fordern die religionsphilosophische Reflexion in besonderer Weise heraus,
denn sie lassen sich nicht ohne weiteres den großen Weltreligionen und den in ihnen enthaltenen oder an sie anschließenden philosophischen Systemen zuordnen.
Vielmehr handelt es sich um teilweise diffuse Positionen, die auf jeweils unterschiedlichen Verbindungen von Religiosität und Säkularisierung basieren. Deren
seit der Moderne kontinuierliche Abstoßung scheint sie offenbar nur um so enger
aneinander zu ketten. Es gilt daher, Religion und Säkularisierung nicht als bloße
Gegensätze, sondern ebenso in den hybriden Formen säkularisierter Religiosität
und religiöser Säkularisierung zu bedenken.

5.1.1 Subjektivierung von Religiosität: Postmoderne Patchwork-Spiritualität und neureligiöse Bewegungen

Individualisierte Religiosität der Postmoderne: Es gehört zu den besonderen Eigenschaften des diffusen Begriffs der ‚Postmoderne', dass er die Beliebigkeit, die
er designieren soll, selbst repräsentiert. Nichtsdestotrotz bietet es sich an, für die
Darstellung der radikalen Subjektivierung von Religion als Zeitgeistphänomen
auf den strapazierten Postmoderne-Begriff zurückzugreifen. Denn dessen Kon-
notationen des Relativismus und Ästhetizismus passen gut zu der individualisierten Patchwork-Spiritualität, die sich in einigen Gesellschaften Westeuropas seit
dem letzten Viertel des 20. Jh.s als Alternative zur konfessionellen Religionszugehörigkeit ausgebreitet hat. Die dezentrierte Religiosität der Postmoderne zeichnet sich dadurch aus, dass sich Individuen aus einem breiten spirituellen Ange-
bot bedienen und daraus persönliche Formen für ihr eigenes religiöses Leben zu-
sammenstellen können. Elemente aus unterschiedlichen religiösen und kulturellen
Traditionen – z. B. mystische Lehren, Meditationspraktiken, Anweisungen zu einer gesunden Lebensführung etc. – werden dabei synkretistisch so kombiniert,
dass es sich für das spirituell interessierte Individuum möglichst ‚richtig' anfühlt.
Den Maßstab für die Annahme einer spirituellen Empfehlung oder Vorschrift liefert also nicht die religiöse Gemeinschaft, die sich aus den Beziehungen gläubiger Individuen zusammensetzt, sondern das einzelne Individuum mit seinen religionsbezogenen Empfindungen und Bedürfnissen. Die auf die einzelne Person
bezogene Seite der Religion wird damit in der Patchwork-Spiritualität absolut gesetzt, während der soziale Aspekt des Religiösen, der in den großen Weltreligi-

onen eine überaus bedeutsame Rolle spielt, relativ vernachlässigt wird. Religion wird somit in der Postmoderne tendenziell deinstitutionalisiert; sie wird entweder vollständig auf die Ebene der einzelnen Individuen verlagert oder sie organisiert sich in sozialen Formaten, die mit traditionellen Institutionen wie etwa den christlichen Kirchen nur noch wenig gemeinsam haben.

Gesellschaftspolitischer Hintergrund: Die vermeintlich freie Entscheidung des Individuums für die eine oder andere religiöse Überzeugung, Übung oder Praxis ist nur innerhalb bereits sehr stark säkularisierter Gesellschaften möglich, in denen die traditionellen Religionen mit ihren vormals politisch einflussreichen Institutionen und Organisationen beträchtlich an Einfluss verloren haben. Die Freiheit des Subjekts, die sich im Zuge des seit dem Ende des 18. Jh.s in Westeuropa kontinuierlich voranschreitenden Säkularisierungsprozesses als einzig legitime Grundlage moralischen und politischen Handelns konstituiert hat, will schließlich auch die Art ihrer religiösen Selbstbeschränkung selbstständig wählen können.

Bergers häretischer Imperativ: Der US-amerikanische Religionssoziologe Peter L. Berger (1929–2017) hat bereits 1979 in seinem Buch *The Heretical Imperative* (dt. *Der Zwang zur Häresie,* 1980) die massiven Veränderungen in den Blick genommen, die Religiosität aufgrund des zunehmenden gesellschaftlichen Pluralismus widerfährt. Die Tatsache, dass Individuen die freie Wahl haben, Religion zu einem signifikanten Bestandteil ihrer Identität zu machen oder eben auch nicht, stellt ein Novum moderner westlicher Gesellschaften dar. Häresie, die Abweichung von einer religiösen Lehre, ist dadurch nicht länger die Ausnahme von einer geltenden Regel, sondern vielmehr die allgemeine Norm, da keine religiöse Lehre mehr genügend Bindekraft besitzt, um das religiöse Bewusstsein in einer Gesellschaft zu dominieren. Auch religiös und spirituell affine Individuen sind daher, wie man im Sinne des Sartreschen Existenzialismus sagen könnte, in der säkularen Moderne und verstärkt noch in der Postmoderne zur Freiheit des Wählens verurteilt.

Neue religiöse Bewegungen: Der Mangel an sozialer Vergemeinschaftung, den die individualisierte Patchwork-Spiritualität offenbart, wird in den sogenannten neuen religiösen und neospirituellen Bewegungen durch gruppenbildende Faktoren kompensiert. Egal, ob es sich dabei um traditionalistische und fundamentalistische Abspaltungen von den Weltreligionen (sogenannte „Sekten") handelt, um Synkretismen oder um vollständige Neugründungen: Auch die neoreligiösen Bewegungen lassen sich als Symptome des Bindekraftverlustes traditioneller Religionsgemeinschaften, insbesondere der christlichen Kirchen, innerhalb größtenteils säkularisierter Gesellschaften begreifen. Die Verbindung zur postmodernen Religiosität des vereinzelten Individuums stellen die neoreligiösen Gemeinschaften dadurch her, dass sie das spirituelle Fortkommen des einzelnen Mitglieds durch Eingliederung in eine exklusive Gemeinschaft in Aussicht stellen und dass sie sich zur Erreichung dieses Ziels aus dem riesigen Methodenfundus bedienen, den die religiösen Kulturen der Welt im Laufe der Jahrtausende entwickelt haben. Dabei machen manche neureligiösen Bewegungen auch vor Spielarten des Fetischismus und des Schamanismus nicht Halt, die in den großen Weltreligionen eigentlich als weitgehend überwunden gelten konnten.

▶ Beispiel: Neue religiöse Bewegungen in den USA

Besonders in den USA sind im Verlauf des 20. Jh.s zahlreiche neue religiöse Bewegungen entstanden. Manche von ihnen orientieren sich am christlichen Evangelium und nutzen intensiv die kommerziellen und medialen Möglichkeiten des US-amerikanischen Kapitalismus, um ihre Heilsbotschaft zu verbreiten. Andere wiederum greifen auf Glaubensauffassungen, Symbole und spirituelle Techniken zurück, die hinduistischen oder buddhistischen Kontexten entstammen und an die individualisierten Erlösungserwartungen westlicher Sinnsuchender angepasst werden. Eine weitere Gruppe neoreligiöser Bewegungen basiert auf völlig neuen Offenbarungen bzw. Schriften, die innerhalb der jeweiligen Bewegung als kanonisch angesehen werden. Ein prominentes Beispiel hierfür stellt die Organisation Scientology dar, deren Heilslehre aus dem Buch *Dianetics: The Modern Science of Modern Health* (1950) des Science-fiction-Schriftstellers L. Ron Hubbard (1911–1986) entwickelt wurde (Stausberg 2020, 341–363). Wie der Name „Scientology" bereits andeutet, handelt es sich bei der ‚religiösen' Lehre dieser Organisation um eine (pseudo-)wissenschaftliche Methode der Bewusstseinsreinigung mit dem Ziel der optimalen Entfaltung individueller Potentiale. Scientology stellt ein anschauliches Beispiel für eine Form säkularer Religiosität dar, die einzelne Elemente aus den Weltreligionen (wie z. B. den Bau und Unterhalt von Kirchengebäuden, die Kanonisierung von Personen und Texten, religiöse Versammlungen und Hierarchien) ausleiht, um sie mit einer quasi-szientistischen Ideologie zu verbinden.

Der Druck, den eine Organisation wie Scientology auf ihre Mitglieder ausübt, insbesondere auf solche, die sich von der jeweiligen Heilslehre wieder abwenden wollen, wird regelmäßig kritisiert. Noch verheerender kann sich die ideologische und institutionelle Abhängigkeit von Mitgliedern einer religiösen Gruppe auswirken, wenn diese ein verschwörungstheoretisches, endzeitliches Weltbild vertritt, das im schlimmsten Fall Gewalthandlungen befürwortet. Ein besonders entsetzliches Beispiel für die Folgen kollektiven (pseudo-)religiösen Wahns lieferte die Gruppe „Peoples Temple" des US-amerikanischen Predigers Jim Jones (1931–1978). In der Kolonie Jonestown, einem totalitären Sektenstaat im Dschungel Guayanas, kamen im November 1978 auf Befehl Jones' über 900 Menschen durch Suizid oder Ermordung zu Tode. (Stausberg 2020, 563 ff.) ◀

Philosophische Kritik an neoreligiösen Bewegungen: Für die Religionsphilosophie ist die individualisierte und pluralisierte Religiosität der Postmoderne vor allem in zweierlei Hinsicht von Interesse. Zum einen vermag die religionsphilosophische Reflexion einen heilsamen kritischen Blick auf die zumeist eklektischen religiösen Auffassungen und Praktiken der Patchwork-Spiritualität von einzelnen Individuen oder parzellierten neureligiösen Gemeinschaften zu werfen. In aller Regel basieren deren Überzeugungen nämlich – wenngleich häufig uneingestanden oder stark simplifiziert – auf den Lehren einer der Weltreligionen, die ihre anspruchsvolle philosophische Durchdringung bereits erfahren haben. So zehren etwa neue religiöse Bewegungen wie die 1954 gegründete, auch als ‚Moon-Bewegung' bekannte Vereinigungskirche *(The Holy Spirit Association for the Unification of World Christianity)* oder die 1966 gegründete „Internationale Gesellschaft für Krishna-Bewusstsein" (ISKCON) in ihren religiösen Auffassungen von den philosophischen Grundlagen christlicher bzw. hinduistischer Doktrinen. Häufig liegt das, was neoreligiöse Gemeinschaften tatsächlich an Neuem bringen, auf der Ebene einer charismatischen Führerschaft oder der Organisationsformate, wenn nicht gar bloß innovativer Finanzierungsmodelle. So manche esoterische Geheimlehre entpuppt sich bei näherem Hinsehen nur als neu verpackte Variante eines längst bekannten und philosophisch-begrifflich bereits durchdrungenen Elementes aus einer der großen Weltreligionen.

Korrekturbedürftigkeit der Säkularisierungsthese: Der andere Aspekt, der postmoderne Patchwork-Spiritualität und neureligiöse Bewegungen für die Religionsphilosophie bedenkenswert macht, besteht in ihrer Beziehung zur Säkularisierung. Nicht nur das partielle Wiedererstarken großer Weltreligionen wie des (insbesondere evangelikalen) Christentums und des Islams im 21. Jh., sondern eben auch das individualisierte Interesse an Religiosität, Spiritualität und Esoterik sowie die Existenz zahlreicher neuer religiöser Bewegungen haben deutliche Korrekturen an der Theorie eines mit der Moderne zwangsläufig einhergehenden Verschwindens von Religion erforderlich gemacht.

Taylors Gegenerzählung zur Säkularisierungstheorie: Den bislang monumentalsten und meistrezipierten Gegenentwurf zur linearen Säkularisierungstheorie hat der kanadische Philosoph und Politikwissenschaftler Charles Taylor (*1931) mit seinem Opus magnum *A Secular Age* (2007; dt. *Ein säkulares Zeitalter,* 2012) geliefert. In Taylors Rekonstruktion der Säkularisierungsepoche wird der einsinnige Wahrheitsdiskurs des Aufklärungsnarrativs, das die Emanzipation des autonomen, rationalen Individuums als zwangsläufige Entwicklung in Aussicht stellt, ersetzt durch eine kulturalistisch und hermeneutisch orientierte Erzählung, in der Säkularisierung als spezifische Orientierungsleistung handelnder und verstehender Individuen ausgelegt wird. Der Wandel von einer vom Gottesglauben durchdrungenen Gesellschaft zu einer Gesellschaft, in der Religionen zu wählbaren Optionen für Individuen geworden sind, ist demnach Ausdruck eines Wandels des gesamten In-der-Welt-Seins, um einen Terminus Heideggers zu verwenden. In der säkularen Moderne erkennt das Individuum die eigene Lebensdeutung reflexiv als eine Deutung unter vielen möglichen, wie schon Peter L. Berger herausgestellt hatte. Religiös zu sein stellt nunmehr eine mögliche Option dar, die mit der Alternative einer rein immanenten Welt- und Selbstdeutung konkurriert. Daraus erklärt sich auch, warum die Bindekraft kirchlich organisierter Religionsgemeinschaften in säkularisierten Gesellschaften tendenziell abnimmt, so dass Individuen nunmehr auf dem ‚Markt' der religiösen Optionen eine ganz persönliche, auf ihre spirituellen Bedürfnisse zugeschnittene Auswahl treffen können.

5.1.2 Objektivierung von Religiosität: Politische Ideologien und Technik-Utopien

Den gegenläufigen Aspekt zur diffundierenden Religiosität in postmoderner Patchwork-Spiritualität und neureligiösen Bewegungen stellt die objektivierende Verweltlichung des Religiösen dar. Diese äußert sich zum einen in Form politischer

Ideologien als quasi-religiösen Kompensationsformaten und zum anderen als technizistische Wissenschaftsgläubigkeit, welche die einstmals religiöse Hoffnung in futuristische Utopien projiziert. Bezogen auf die als Ersatzreligionen fungierenden politischen Ideologien lassen sich wiederum rein säkulare Weltanschauungen, die sich religiöse Erscheinungsformen und Praktiken ausleihen, von religiös grundierten Ideologien unterscheiden, die den Glauben für politische Ziele instrumentalisieren.

Totalitäre Ideologien: Das 20. Jh. hat mit den Herrschaftssystemen des Faschismus und des Kommunismus, deren verheerendste Ausprägungen der deutsche Nationalsozialismus und der sowjetische Stalinismus waren, besonders inhumane Ideologien hervorgebracht, die zwar Religion im traditionellen Sinne ablehnten, aber gleichwohl zahlreiche Elemente des Religiösen für ihre eigenen weltanschaulichen Zwecke eingesetzt haben: so etwa den Glauben an eine als absolut wahr gesetzte Heilslehre, das blinde Vertrauen in messianische Führer, kultische Verehrungsformen, Massenveranstaltungen mit kollektiven Rauscherlebnissen, die Fetischisierung gemeinschaftsstiftender Symbole und die Hoffnung auf eine in der Zukunft bevorstehende, endgültige Erlösung (z. B. in einer klassenlosen Gesellschaft oder in einem reinrassigen großgermanischen Reich). Dass es sich bei Faschismus und Kommunismus tatsächlich um säkulare Ersatzreligionen handelte, ist nach dem Ende des Zweiten Weltkrieges sowie nach dem Ende des Kalten Krieges dadurch deutlich geworden, dass die Hoffnungen, die ihre Ideologien entfacht hatten, auf eine materielle Weise enttäuscht wurden, an der etwa die großen Weltreligionen niemals hätten zerschellen können.

Kapitalismus als Religion? (Benjamin): Ob auch der Kapitalismus als eine Ersatzreligion bezeichnet werden kann, ist umstritten. Walter Benjamin hat in dem Fragment *Kapitalismus als Religion* (1921) einige Merkmale herausgearbeitet, die den Kapitalismus tatsächlich in die Nähe einer Religion rücken. Der Kapitalismus diene nämlich „essentiell der Befriedigung derselben Sorgen, Qualen, Unruhen, auf die ehemals die sogenannten Religionen Antwort gaben" (Benjamin 2003, 15). Vor allem im Element des Kultus, den der Kapitalismus im permanenten Konsum zelebriert, sieht Benjamin weitreichende Gemeinsamkeiten zwischen Kapitalismus und Religion. Ein weiteres verbindendes Merkmal liegt für Benjamin in der Universalisierung einer Verschuldung, die nicht mehr gesühnt werden muss, obwohl sie auf negativen Eigenschaften wie Habgier und Neid beruht, sondern die als Treibstoff des Kapitalismus geradezu systemrelevant ist. Letztlich ist es für Benjamin der Mensch selbst, der sich im Kapitalismus uneingestanden selbst vergöttlicht.

Kapitalismus und protestantische Ethik (Weber): Ein Jahr zuvor hatte Max Weber die überarbeitete Fassung seiner Studie *Die protestantische Ethik und der Geist des Kapitalismus* vorgelegt, die einen anderen Zusammenhang zwischen Kapitalismus und Religion herstellte: Weber zufolge hat die protestantische Moral, insbesondere die calvinistische Prädestinationslehre, einem Arbeitsethos Vorschub geleistet, durch das dem Kapitalismus zuträgliche Tugenden wie Sparsamkeit, Fleiß, Verzicht und Enthaltsamkeit gefördert wurden. Weber betrachtet also – anders als Benjamin – nicht den religionsaffinen Aspekt der Konsumentenseite, sondern die religiöse Grundlage des kapitalistischen Unternehmertums.

Das Kapital als realer Gott (Marx): Die möglicherweise vielschichtigste, auf jeden Fall aber dezidiert dialektische Deutung des Kapitalismus als einer Religion hatte jedoch bereits im 19. Jh. Karl Marx entwickelt: Für Marx ist das, was landläufig unter ,Religion' verstanden wird, nur der Reflex unerträglicher sozialer und wirtschaftlicher Zustände (▶ Abschn. 4.3.2). Tatsächlich haben eben diese Zustände im Kapitalismus Marx zufolge einen alles beherrschenden ,Gott' hervorgebracht, der allerdings zumeist nicht als solcher erkannt wird: das allmächtige Kapital nämlich, das sich im Kapitalismus selbstständig vermehrt und alle sozialen Beziehungen wie mit einem unsichtbaren Zwang auf sich hinordnet. Die Menschen dienen insofern im Entfremdungszustand des Kapitalismus unbewusst einem ,Gott', den sie selbst durch ihre Arbeits- und Tauschbeziehungen erschaffen haben. Die faktische Unterwerfung unter diesen Gott machen sie sich aber in der Regel nicht bewusst; stattdessen unterwerfen sie sich im religiösen Bewusstsein einem fiktiven Gott, der sie von ihrem Leiden an den bestehenden Verhältnissen erlösen soll.

Gegenargumente: Es lassen sich allerdings auch mehrere Argumente anführen, die gegen die Deutung des Kapitalismus als einer Religion sprechen. Wie Marx selber gezeigt hat, war die Durchsetzung kapitalistischer Wirtschaftsformen mit einer Zurückdrängung feudaler, religiös fundierter Gesellschaftsordnungen verbunden. Marx betrachtet das Kapital zwar als den wahren ,absoluten Geist' und in diesem Sinne als den ,Gott' des Kapitalismus, aber das, was die meisten Menschen als religiöses Bewusstsein und religiöses Verhalten bezeichnen würden, ist in den versachlichten Sozial- und Arbeitsbeziehungen der kapitalistischen Wirtschaftsordnung größtenteils untergegangen. Dieser Sichtweise zufolge zerstört der Kapitalismus die Religion, ohne sie adäquat ersetzen zu können. Ein damit verbundenes, aber stärker an Weber anschließendes Argument bezieht sich auf die im Kapitalismus vorherrschende Zweckrationalität des effektiven Produzierens und Investierens, die im Kern vollkommen areligiös ist. Die mentalen Dispositionen zur ökonomischen Zweckrationalität mögen zwar auf Elemente der protestantischen Ethik zurückführbar sein, ihre Realisierung führt jedoch zu letztlich irreligiösen Verhältnissen in Wirtschaft und Gesellschaft. Dass der Kapitalismus keine Ersatzreligion – wie etwa Faschismus oder Kommunismus – darstellt, die den Verlust traditioneller Religionen durch Nachahmung einiger ihrer Elemente kompensiert, lässt sich schließlich auch an der empirischen Tatsache aufzeigen, dass im größten und mächtigsten Staat des Kapitalismus, den USA, kapitalistische Wirtschaft und vitale christliche Religiosität durchaus nebeneinander bestehen können. Dieser Befund einer friedlichen Koexistenz von Kapitalismus und Religion widerspricht zwar den anderen beiden Gegenargumenten, die von einer Zerstörung bzw. Ablösung von Religiosität durch den entzaubernden Geist des Kapitalismus ausgehen; aber alle drei Argumente, auch wenn sie untereinander inkompatibel sind, kommen letztendlich zu dem Ergebnis, dass der Kapitalismus selbst nicht als eine Religion betrachtet werden kann. Entweder vernichtet er sie, ohne an ihre Stelle zu treten, oder er arrangiert sich mit ihr.

Religion als unersetzliche Kontingenzbewältigung: Die Substitution des Religiösen durch säkulare Heilslehren hat der deutsche Philosoph Hermann Lübbe (*1926) in seinem Hauptwerk *Religion nach der Aufklärung* (1986) problematisiert. In Lübbes Interpretation stellt sich die Ersetzung von Religion durch politi-

sche Ideologien als Folge des Orientierungsverlustes dar, der aus der Religionskritik der Aufklärung entstanden ist. Diese muss daher ihrerseits einer Kritik unterzogen werden, welche die unersetzbare Funktion von Religion herausarbeitet.
Lübbe verortet diese in der Bewältigung von absoluten Daseinskontingenzen, die
sich nicht durch menschliche Aktivitäten verändern lassen. Religion bedeutet daher so viel wie eine praktische Einübung ins Unverfügbare. Jenseits ihrer unverzichtbaren existenziellen Funktion betrachtet Lübbe Religionen allerdings als kognitiv unergiebig. Der Titel von Lübbes Werk beinhaltet zwei Bedeutungskompo-
nenten: Aufgrund ihrer funktionalen Unersetzbarkeit wird Religion nicht durch
Aufklärung beseitigt, es gibt sie also auch nach der Aufklärung; aber – und darin
liegt die zweite Bedeutung des Titels – Religion kann sich nach der Aufklärung
nur noch als aufgeklärte legitimieren.

Zur Vertiefung: Religiöser Fundamentalismus und Terrorismus im 21. Jahrhundert

Auswüchse von exzessivem religiösen Fundamentalismus, wie sie sich seit dem
Fanal des 11. September 2001 immer wieder in Form von Terroranschlägen ent-
laden haben, gehören selbstverständlich nicht zu den legitimen Formen einer ‚Religion nach der Aufklärung'. Aber auch der religiös-fundamentalistische Terrorismus stellt letztlich ein Säkularisierungsphänomen dar, das eine defizitäre Verarbeitung von Modernisierungsprozessen sowie eine misslungene Begegnung mit der
westlichen Aufklärung signalisiert. Die in der ersten Dekade des 21. Jh.s infolge der
Terroranschläge vom 11.9.2001 geführten Kriege der USA und ihrer Verbündeten
in Afghanistan und im Irak haben die explosive Lage in Teilen der islamischen Welt
nochmals verschäft. Das Gleiche gilt bedauerlicherweise auch für mehrere Bewegungen des sogenannten ‚Arabischen Frühlings' seit 2011, die sich aus guten Gründen gegen autoritär regierende Potentanten gerichtet haben, was allerdings in einigen Ländern, insbesondere in Libyen und Syrien, zu lang anhaltenden Bürger-
kriegen mit militärischer Beteiligung und Einmischung zahlreicher weiterer Staaten
geführt hat.

Für die Religionsphilosophie ist in diesem Kontext die Frage von Bedeutung,
inwieweit sich im Namen einer Religion ausgeübter Terrorismus – wie jener von Al-
Qaida oder dem sogenannten ‚Islamischen Staat' – von der jeweils vereinnahmten
Religion trennen lässt. Auf der einen Seite muss der Islam als Weltreligion und spirituelle Tradition, dessen zahlreiche Anhänger:innen ganz überwiegend friedlich
die muslimischen Gebote befolgen, vor den Verbrechen, die in seinem Namen verübt werden, in Schutz genommen werden. Auf der anderen Seite aber gehören auch
die Verbrechen und Kriege, die von einzelnen Mitgliedern einer Religionsgemeinschaft in deren Namen verübt werden, unvermeidlich zur Geschichte dieser Religion. Ebenso wie Kreuzzüge, Inquisitionsprozesse und pädophile Übergriffe von
Priestern ohne Zweifel in einer faktischen Beziehung zur Religion des Christentums stehen, sind Terroranschläge und kriegerische Konflikte etwa zwischen Sunniten und Schiiten Teil des Islams, auch wenn die meisten Christ:innen und Mus-
lim:innen ihre Religion vollkommen gewaltfrei praktizieren. Insofern lässt sich im

Namen einer Religion verübte Gewalt niemals vollständig von ihrem religiösen Bezugssystem trennen. Es ist jedoch jeweils nach den genauen politischen, sozialen, ökonomischen und kulturellen Ursachen zu suchen, die mit Religion verbundene Gewaltausübung in einem spezifischen Kontext zu erklären vermögen. Im Falle des islamistischen Terrorismus in den ersten beiden Jahrzehnten des 21. Jh.s fallen besonders die drastischen Widersprüche zwischen ideologischem Fundamentalismus und pragmatischer Modernität ins Auge: Die Verbreitung von Enthauptungsszenen über Plattformen wie YouTube macht den himmelschreienden Grad an misslungener Verarbeitung von Säkularisierungsfolgen deutlich, deren technische Errungenschaften für die Inszenierung barbarischer Rückwärtsgewandtheit in Anspruch genommen werden. Aus diesem Grund stellt der islamistische Terrorismus selbst eine radikale Verweltlichung von Religion dar: In der Verbindung von fundamentalistischer Engstirnigkeit, roher Gewalt und zweckrationaler Verwendung moderner Technik repräsentiert er das negative Zerrbild einer ‚Religion nach der Aufklärung‘, wie sie Lübbe in seinem Werk entworfen hat. Als fundamentalistischer Feind von Säkularisierung und Aufklärung ist der gewaltbereite Islamismus letztlich pure Ideologie, aber keine Religion.

Quasi-religiöser Technizismus: Ein gänzlich anders gelagerter Typus säkularer Objektivierung von Religiosität liegt in Formen starker Wissenschafts- und Technikgläubigkeit vor, die sich bis zu technizistischen Heilsutopien verdichten können. Orientiert sich der religiöse Fundamentalismus an einer fiktiven Vergangenheit (z. B. dem Islam zur Zeit Mohammeds), die möglichst originalgetreu restituiert werden soll, so entwirft der quasi-religiöse Technizismus das Bild einer erlösten Zukunft.

Die Faszination der Wissenschaft: Eine milde und unproblematische Variante des Wissenschaftsglaubens äußert sich in der Faszination gegenüber wissenschaftlichen Erkenntnissen, beispielsweise aus dem Bereich der Astrophysik, die durchaus eine Erfahrung des von Rudolf Otto als ‚heilig‘ beschriebenen *mysterium tremendum et fascinans* auslösen können, des zugleich zurückstoßenden und anziehenden Geheimnisvollen. Bereits Immanuel Kant erklärt im „Beschluß“ seiner *Kritik der praktischen Vernunft* (A 161 f.), dass „der bestirnte Himmel über mir“ eines von zwei Dingen sei, die „das Gemüt mit immer neuer und zunehmenden Bewunderung und Ehrfurcht“ erfüllen (der andere Aspekt war für Kant „das moralische Gesetz in mir“, also der kategorische Imperativ).

Naturwissenschaftlicher Glaube: Für viele Menschen lassen naturwissenschaftliche Forschungsergebnisse und Theorien keine andere Einstellung als einen naturalistischen Atheismus zu; andere sehen sich durch sie gerade in ihrem Gottesglauben bestätigt (s. dazu ▶ Abschn. 3.3 über „Modernisierte Argumente für die Existenz Gottes“). Zu einer Form objektivierter Religiosität werden naturwissenschaftliche Überzeugungen allerdings erst dann, wenn sie selber als Grundlage eines quasi-religiösen Glaubens fungieren, der den Rahmen des traditionellen Theismus hinter sich lässt. Der US-amerikanische Biologe Stuart Kauffman (*1939) etwa gelangt in seinem Buch *At Home in the Universe* (1995) auf der Basis der

Emergenztheorie zu einer rein naturalistischen Definition eines nicht-personalen Gottes, der so etwas wie die Kreativität innerhalb des Universums darstellen soll. Kauffman ist davon überzeugt, dass ein in dieser Weise naturwissenschaftlich fundierter Glaube die Kluft zwischen Vernunft und Glauben beseitigen und das Fundament einer neuen globalen Ethik bereitstellen könnte.

Religiöser Atheismus: Ein anderes Beispiel für eine wissenschaftlich objektivierte Religiosität liefert der US-amerikanische Philosoph Richard Dworkin (1931–2013) in *Religion without God* (2013). Dworkin vertritt die auf den ersten Blick paradox anmutende Position eines religiösen Atheismus, der auch ohne die Annahme eines Schöpfergottes von einer sinnvollen Ordnung im Universum überzeugt ist. Auch Atheist:innen können Dworkin zufolge Erfahrungen machen und Werte vertreten, die sich als ‚religiös' charakterisieren lassen, wenn sie beispielsweise die Schönheiten der Natur bewundern oder Verantwortung für ihr eigenes und das Leben anderer übernehmen. Ähnlich wie Kauffman ist auch Dworkin der Auffassung, dass es religiös bedingte Konflikte entschärfen könnte, wenn man den Religionsbegriff naturwissenschaftlich fundieren und vom Gottesglauben trennen würde.

Transhumanismen: In eine noch größere Nähe zum religiösen Glauben gerät das Vertrauen in Naturwissenschaft und Technologie in den verschiedenen Strömungen des Transhumanismus. Diese streben eine technisch unterstützte Weiterentwicklung der menschlichen Spezies an, zu der als ein anzustrebendes Fernziel auch die Überwindung von Krankheiten und Tod gehört. Insbesondere beim zuletzt genannten Punkt, der ‚Abschaffung' des Todes, geriert sich der Transhumanismus als vermeintlich bessere Alternative zu den Religionen, in denen an eine Fortexistenz in einem transzendenten Jenseits oder (im Falle der Karma-Vorstellung) in anderen Körpern geglaubt wird. Stattdessen propagiert der Transhumanismus gentechnische oder computergestützte Verfahren, durch die das individuelle menschliche Leben deutlich, möglicherweise sogar ins Unendliche, verlängert werden soll. Abgesehen davon, dass derartige Verfahren zur Zeit trotz gewaltiger Finanzierungsanstrengungen von Tech-Unternehmen des Silicon Valley bislang noch nicht zur Verfügung stehen, stellen sich angesichts der zugrunde liegenden technologischen Ideologie einige brisante ethische Fragen: Welche Personen hätten das Recht auf deutlich lebensverlängernde Maßnahmen? Diejenigen, die sich derartige Behandlungen finanziell leisten können, oder möglicherweise ausgewählte Personen, die aus bestimmten Gründen (etwa wegen für die Menschheit besonders nützlicher Fähigkeiten) als unentbehrlich erscheinen? Welche Instanz wäre nach welchen Kriterien dazu berechtigt, Geburten- und Sterberaten so zu steuern, dass keine massive Überbevölkerung oder eine dystopische Situation hierarchisierter ‚Lebensberechtigungen' entsteht? So lange der Transhumanismus diese und weitere ethische Fragen nicht beantworten kann, ist es aus religionsphilosophischer Sicht ratsam, mit der existentiellen Tatsache des Todes anders umzugehen, als auf technologische Maßnahmen zur Verlängerung der physischen Lebensdauer zu hoffen und dadurch der Auseinandersetzung mit der eigenen Endlichkeit auszuweichen. Religionen bieten demgegenüber ein kulturgeschichtlich tief verwurzeltes und erprobtes Repertoire an Möglichkeiten, den Tod nicht als etwas Endgültiges, sondern als ein Durchgangsstadium zu einer neuen Daseinsform zu betrachten. Und auch die Philosophie liefert zahlreiche Beispiele für einen würdigen und ‚weisen' Umgang mit der eigenen Sterblichkeit, selbst dann, wenn man diese – anders als in vielen Religionen – als das absolute Ende der je eigenen Individualität begreifen sollte.

5.2 Ethische Dimensionen, soziale Funktionen und politische Implikationen von Religion

Das Verhältnis von Religion und Säkularismus, das im vorigen ▶ Abschn. 5.1 unter den vielfältigen Aspekten einer ‚säkularen Religiosität' erörtert wurde, prägt auch die Auseinandersetzung mit Religion innerhalb der Hauptdisziplinen der praktischen Philosophie, nämlich der Ethik und der politischen Philosophie. Zunächst soll das facettenreiche Beziehungsgeflecht von „Religion und Ethik" (▶ Abschn. 5.2.1) betrachtet werden, bei dem es zum einen um die Frage geht, wie eine religiös fundierte Moral in Relation zu einer rein säkularen Ethik philosophisch beurteilt werden kann, und zum anderen um die potentiellen Beiträge, welche die Religionen zu aktuellen Diskussionen in verschiedenen Bereichen der angewandten Ethik leisten können. Mit sozialen Funktionen und politischen Implikationen von Religion befasst sich ▶ Abschn. 5.2.2, der die Rolle von „Religion in der politischen Öffentlichkeit" liberaler, demokratisch verfasster Rechtsstaaten diskutiert. Ein eigenständiges Untersuchungsfeld zeitgenössischer Religionsphilosophie, das aber längst auf die religionsphilosophische Disziplin insgesamt ausstrahlt, hat die feministische Theorie erschlossen, indem sie bislang vernachlässigte Gender-Aspekte von Religion – aber zugleich auch von Philosophie – in den Fokus der Reflexion gerückt hat (▶ Abschn. 5.2.3).

5.2.1   Religion und Ethik

Religiöse Verankerung von Moral: ‚Ethik' ist die normative Theorie moralischer Einstellungen von Individuen und Gruppen sowie ihrer Auffassungen vom guten Leben. In den meisten Epochen und Kulturen war und ist Moral mit Religion insofern eng verbunden, als Religionen bestimmte Werte, Tugenden, Handlungen und Verhaltensweisen zur Erreichung ihrer Heilsziele empfehlen. Religionen liefern ihren Anhängern ein reichhaltiges Arsenal an Vorschriften zur moralisch richtigen Lebensführung und verfügen in der Regel über ausgeprägte Unterscheidungen von Gut und Böse. Dadurch üben sie einen großen Einfluss auf das moralische Denken und Fühlen von Menschen aus, die in religiös geprägten Gesellschaften leben. Religionen neigen außerdem dazu, die Übertretung ihrer Gebote mit starken Sanktionsdrohungen und Strafen zu versehen. Diese werden entweder von der religiösen Gemeinschaft und ihren autorisierten Repräsentanten selbst vollzogen oder auf eine transzendente, Ehrfurcht gebietende Instanz übertragen, etwa einen allmächtigen Gott, der die einzelnen Menschen nach ihrem irdischen Tod anhand ihrer Lebensführung beurteilt, richtet und belohnt oder bestraft. Viele Menschen in Gesellschaften, in denen Religion eine bedeutende Rolle spielt, versuchen wahrscheinlich vor allem deswegen moralisch gut zu handeln, weil sie durch ihre Handlungen Werte realisieren wollen, die von ihrer religiösen Gemeinschaft und der transzendenten Instanz, die diese Gemeinschaft verehrt (= Gott), geschätzt werden.

Ethik mit oder ohne Religion: Sind Religion und Moral somit in der normativen Praxis sehr oft und eng miteinander verknüpft, so stellt sich für die philosophische Ethik gleichwohl die Frage, ob und inwieweit diese Verbindung eigentlich gerechtfertigt ist. Ist eine Ethik in normativer Hinsicht ‚besser‘ bzw. in theoretischer Hinsicht besser begründet, wenn sie mit einem religiösen Glauben verbunden ist oder wenn sie im Gegenteil auf diese Verbindung verzichtet?

Deontologische und konsequentialistische Ethik: Dem russischen Schriftsteller Lew Tolstoj (1828–1910) zufolge kann man den Versuch, Moralität ohne jegliche Religion zu begründen, mit dem vergeblichen Bemühen eines Kindes vergleichen, das eine Blume ausreißt und sie sodann ohne Wurzeln wieder in den Boden einzupflanzen versucht (Tolstoi 1964, 31 f.). Gleichwohl haben die wichtigsten Strömungen der modernen Ethik, die deontologische Ethik und konsequentialistische Ethiken wie der Utilitarismus, genau dies versucht: Moral ohne Rekurs auf eine transzendente Instanz oder eine Religionsgemeinschaft rational zu begründen. Für die Verfechter säkularer Ethik ist dies – anders als Tolstoj meinte – nicht nur möglich, sondern sogar besser, weil nur durch eine nicht-religiöse Moralbegründung die Autonomie der menschlichen Freiheit gewährleistet werden kann. Menschen sollten schließlich als freie und rationale Lebwesen vor allem deswegen moralisch handeln, weil sie vernünftigerweise einsehen, dass es gut ist, dies zu tun – und nicht weil sie damit den Willen eines Gottes oder religiöser Institutionen exekutieren.

Moralische Gebote als göttliche Befehle: Damit wenden sich die wichtigsten modernen Ethiktypen gegen die *Divine Command Theory,* die besagt, dass sich moralische Vorschriften letztlich auf göttliche Gebote und Verbote zurückführen lassen und dass sich die moralische Qualität von Handlungen an deren Übereinstimmung mit dem Willen Gottes bemisst. Eine Handlung X ist demzufolge genau dann moralisch falsch, wenn Gott X verbietet; und eine Handlung Y ist genau dann moralisch richtig, wenn Gott Y gebietet. Moralischen Vorschriften wird dadurch ein zugleich universaler und persönlicher Charakter verliehen, sofern man an einen personalen Schöpfergott glaubt, der sich mit seinen Geboten und Verboten an jeden einzelnen Menschen richtet. Die von Gott gewollte Moral muss dabei nicht zwingend in Form von ‚Befehlen‘ ausgesprochen werden, wie die englischsprachige Bezeichnung *Divine Command Theory* suggerieren könnte. Die heiligen Schriften der monotheistischen Religionen kennen durchaus unterschiedliche Formen der kommunikativen Ansprache Gottes – Empfehlungen und Warnungen, Einladungen und Ratschläge –, durch die Menschen das moralisch richtige Wollen und Handeln nahegebracht wird. Die *Divine Command Theory* impliziert allerdings zugleich auch, dass es ohne die Existenz Gottes und seine moralischen Forderungen an uns überhaupt keine Moralität geben würde. Ohne Gottes Gebote und Verbote würden wir in völligem Nihilismus versinken.

Das Euthyphron-Dilemma: Die Grundproblematik der *Divine Command Theory* hat bereits Platon in seinem *Euthyphron*-Dilemma, das auf den gleichnamigen

Dialog Platons zurückgeht, sehr pointiert beschrieben: (1) Sind moralische Normen deswegen gültig, weil sie von Gott befohlen werden, oder (2) werden moralische Normen von Gott befohlen, weil sie an sich gut sind? Wenn eine Pflicht nur dadurch verpflichtend ist, dass Gott sie befiehlt (Variante 1, die der *Divine Command Theory* entspricht), dann besitzen wir keinen rationalen Maßstab mehr, um diese Verpflichtung unabhängig vom blinden Glauben an den Willen Gottes zu beurteilen. Gottes Wille könnte sogar Handlungen anordnen, die grundlegende moralische Gebote offensichtlich verletzen, wie etwa die von Abraham geforderte Tötung seines eigenen Sohnes. Menschen, die entsetzliche Terroranschläge verüben, könnten zur Rechtfertigung ihrer Taten auf die Stimme Gottes verweisen, die ihnen diese Handlungen angeblich befohlen habe.

Abgeschwächte Version der *Divine Command Theory:* Das skizzierte Problem der moralischen Willkür wird in einer modifizierten Variante der *Divine Command Theory* dadurch abgeschwächt, dass die absolute Normativität Gottes nicht aus dessen Allmacht, sondern aus seiner vollkommenen Güte abgeleitet wird (diese Auffassung nähert sich der oben genannten Variante 2 an). Demnach wäre eine Einstellung oder Handlung X deswegen moralisch gut, weil sie von einem moralisch vollkommen Gott angeordnet wird. Allerdings wird hierbei ein Begriff von moralischer Vollkommenheit bereits vorausgesetzt, dem der Wille Gottes entsprechen soll.

Autonome Pflichtethik: Aus der Sicht der deontologischen Ethik Kants spricht dagegen nicht Gott, sondern allein der in unserer Vernunft selbst verankerte kategorische Imperativ zu unserem Gewissen. Das Sittengesetz verlangt von uns, dass wir unsere Handlungsgrundsätze auf ihre potentielle Verallgemeinerbarkeit überprüfen sollen. Bestehen unsere Handlungsmaximen diesen Universalisierungstest, so dürfen sie als moralisch gut gelten und sollten unseren freien Willen bestimmen, und zwar ganz unabhängig von empirischen Fragen wie denjenigen, ob wir dadurch glücklich werden oder die überlieferten Gebote einer Religionsgemeinschaft einhalten. Pflichten sind nicht deswegen Pflichten, weil Gott sie befiehlt; sondern wir dürfen sie nur im Nachhinein, d. h. nachdem wir sie durch unsere autonome Vernunft bereits als Pflichten erkannt haben, als Gebote Gottes ansehen, weil Gott kein pflichtwidriges Verhalten befehlen würde (s. dazu auch den Kasten „Zur Vertiefung: Die philosophische Deutung des Sohnesopfers Abrahms" in ▶ Abschn. 1.1.2). Dies ist jedoch nicht als eine Einschränkung der göttlichen Allmacht zu verstehen, sondern als Übereinstimmung von göttlicher Allmacht und moralischer Perfektion. Demzufolge hätte Gott zwar theoretisch die Macht, Unmoralisches zu bewirken oder anzuordnen, aber er verzichtet aufgrund seiner vollkommenen Güte auf die Anwendung dieser Macht – so wie er ja auch letztlich auf das Sohnesopfer Abrahams verzichtet.

Utilitarismus und praktische Rationalität: Für den Utilitarismus wiederum besteht das maßgebliche Kriterium für die moralische Beurteilung von Handlungen oder Regeln im Zuwachs an Glück bzw. in der Vermeidung von Leiden für möglichst viele von der jeweiligen Handlung oder Regel Betroffene. Auch wenn sich die kantische und die utilitaristische Ethik in ihrer deontologischen bzw. konsequentialistischen Moralbegründung massiv voneinander unterscheiden, so eint sie gleichwohl ihre ausschließliche Verortung in der praktischen Rationalität. Um zu wissen, was meine Pflichten sind, brauche ich keinen religiösen Text und keinen Priester zu Rate zu ziehen; es genügt aus der Perspektive der modernen Ethik vollkommen, hierzu die eigene Vernunft zu befragen. Moralität, das Wissen um Gut und Böse, ist damit unabhängig vom Willen Gottes.

Religion als Konsequenz der Moral bei Kant: Dennoch kommt gerade die kantische Ethik nicht ohne jeden Verweis auf Religion und den Gottesglauben aus. Die Begründung der moralischen Verpflichtung durch den kategorischen Imperativ und die mit seiner Beachtung verbundene Autonomie des Willens basiert zwar ausschließlich auf der reinen praktischen Vernunft. Dass wir moralisch handeln sollen und welche Pflichten wir einhalten müssen, ergibt sich für Kant glasklar aus den unabweisbaren Forderungen des moralischen Gesetzes, das alle Menschen in sich tragen. Wenn wir uns aber fragen, zu welchem Zweck wir eigentlich moralisch handeln, so benötigen wir Kant zufolge doch wieder eine religiöse Hoffnung auf einen allmächtigen, allwissenden, allgütigen und gerechten Gott, der die durch Moral erworbene Glückswürdigkeit des Individuums mit ewiger Glückseligkeit ausgleicht (s. dazu auch die Ausführungen zu Kants moralischem Argument für die Existenz Gottes in ▶ Abschn. 3.2.4).

Religiöse Motivation zum guten Handeln: Eine anderes Argument für die angebliche Angewiesenheit moralischen Handelns auf religiöse Überzeugungen bezieht sich auf die Handlungsmotivation. Die diesbezügliche These lautet, dass Menschen einer religiösen Motivation bedürfen, um moralisch handeln zu können (z. B. wegen der Aussicht auf ein ewiges glückliches Leben im Paradies als Belohnung für gute Taten) bzw. dass eine religiöse Motivation die Bereitschaft zu moralischem Handeln deutlich erhöht. Um die Validität dieser These zu beurteilen, muss man zwischen einer faktischen und einer normativen Perspektive unterscheiden. Faktisch mag es durchaus so sein, dass bei vielen Menschen religiöse Hoffnungen in moralisch relevanten Entscheidungssituationen eine entscheidende, ja vielleicht sogar eine ausschlaggebende Rolle spielen. Allerdings können auch irreligiöse Menschen in denselben Entscheidungssituationen zu ganz ähnlichen Entschlüssen und Handlungen gelangen, auch wenn bei ihnen jegliche religiöse Motivation dafür fehlt. Eine überzeugte Christin, die einer alten Person beim Überqueren der Straße behilflich ist, mag als Motivation für diese Handlung christliche Nächstenliebe angeben, wenn man sie fragen würde, warum sie ihre Handlung vollzogen hat. Die Atheistin, die ebenfalls einer alten Person hilft und nach ihren motivierenden Handlungsgründen gefragt wird, wird vermutlich keine religiöse Motivation angeben, aber dafür vielleicht Empathie, Menschenfreundlichkeit oder Pflichtbewusstsein. Dies scheint bereits die These zu widerlegen, dass eine religiöse Motivation für moralisch gutes, etwa altruistisches Handeln unerlässlich sei.

Kritik an der religiösen Motivation: Es scheint keine empirische Evidenz dafür zu geben, dass religiöse Menschen grundsätzlich motivierter zu moralisch gutem Handeln – beispielsweise zu altruistischem Verhalten – wären als irreligiöse. Und in normativer Hinsicht ließe sich gegen die religiöse Motivation sogar einwenden, dass Menschen weniger autonom handeln, wenn sie nicht aus Einsicht in die intrinsische Richtigkeit einer Handlungsweise und die durch sie realisierten Werte, Tugenden oder Prinzipien agieren, sondern in Erwartung der bzw. Furcht vor den religiösen Konsequenzen ihrer Handlung. Diejenigen, die eine religiöse Motivation für moralische Einstellungen und Handlungen für besser halten als eine rein säkulare, werden demgegenüber vermutlich einwenden, dass Religion das moralische Wollen und Handeln auf ein normativ Unbedingtes ausrichtet, auf die Idee eines absolut Guten, das jenseits der bloßen Interessen und Präferenzen sensibler und rationaler Lebewesen angesiedelt ist, da es auf den von Gott gesetzten Zweck des Universums insgesamt verweist. Allerdings könnte die Verfechterin einer rein säkularen Ethik darauf wiederum entgegen, dass die Idee eines unbedingt Guten nicht zwingend mit einer religiösen Gottesvorstellung verbunden sein müsse.

Moralische Gefahren von Religion: Die radikale Gegenthese zu jedweder religiösen Begründung von Moralität lautet, dass Religion geradezu schädlich für moralisch gutes Handeln sei, wie sich an den zahlreichen Beispielen von religiös motiviertem Hass, der Verfolgung und Tötung religiös Andersdenkender sowie den vielen im Namen der Religion geführten Kriege leicht aufzeigen ließe. In abgeschwächter Form klingt der Verdacht gegen die irrationalen und inhumanen Facetten von Religion in der Forderung nach, dass sich eine religiös begründete Moral an den Prinzipien einer rein säkularen Ethik, beispielsweise an den Menschenrechten, messen lassen müsse. Bejaht man diese Frage, so sind Religionen automatisch im Unrecht, sobald sie etwas vorschreiben, was den Menschenrechten zuwiderläuft.

Gemeinsamkeiten religiöser und säkularer Moral: Die Divergenzen zwischen einer religiösen und einer nicht-religiösen Moralbegründung werden zumindest teilweise entschärft, wenn man nicht so sehr den jeweiligen Begründungskontext betrachtet als vielmehr die normativen Gehalte der moralischen Gebote und Verbote selbst. Die in sämtlichen Kulturen in unterschiedlichen Versionen vorkommende ‚Goldene Regel‘ („Was du nicht willst, das man dir tu, das füg auch keinem andern zu!“ bzw., positiv formuliert: „Behandle andere so, wie du selber von ihnen behandelt werden möchtest!“) ist ein überzeugendes Beispiel für die Kompatibilität allgemeiner moralischer Grundsätze zwischen den Religionen sowie zwischen religiösen und säkularen Ethiken (vgl. Wirtz 2018, 450–459). In genau diese Richtung zielt auch das von dem Schweizer Theologen Hans Küng (1928–2021) initiierte ‚Projekt Weltethos‘ (Küng 1990). Der ethische Minimalkonsens, auf den sich die Weltreligionen Küng zufolge jenseits ihrer doktrinalen und kultischen Differenzen einigen könnten, wurde 1993 in der *Erklärung zum Weltethos* im Rahmen des ‚Parlaments der Weltreligionen‘ anhand von vier fundamentalen Grundsätzen formuliert, aus denen sich wiederum verallgemeinerbare ethische Verpflichtungen ergeben (nach: Küng 2002, 157–159):

1. Du sollst nicht töten! → Verpflichtung auf Gewaltlosigkeit und auf Ehrfurcht vor allem Leben
2. Du sollst nicht stehlen! → Verpflichtung auf Solidarität und Gerechtigkeit
3. Du sollst nicht lügen! → Verpflichtung auf Wahrheit und Toleranz
4. Du sollst keine Unzucht treiben! (Zeitgemäßer formuliert: Du sollst andere nicht zur Befriedigung deiner egoistischen Neigungen missbrauchen!) → Verpflichtung auf einen gleichberechtigten und partnerschaftlichen Umgang der diversen Geschlechter

Religion und Umweltethik: Im 21. Jh. sieht sich eine global ausgerichtete Ethik, die sich an den genannten Grundsätzen orientiert, vor gewaltige Herausforderungen gestellt (King 2000). Diese betreffen sowohl neue Entwicklungen im Bereich der Biotechnologie und der Reproduktionsmedizin als auch den Umgang des Menschen mit dem durch Emissionen verursachten Klimawandel sowie mit anderen Lebewesen, insbesondere Tieren, und der Biosphäre des Planeten Erde insgesamt. Angesichts der für die Menschheit geradezu überlebenswichtigen Fragen in den Bereichen der Bio- und Medizinethik sowie der ökologischen Ethik stellt es ein Desiderat der Religionsphilosophie war, neben den Differenzen verstärkt auch die Gemeinsamkeiten und Überlappungen der in den Religionen enthaltenen Ethiken herauszuarbeiten. In diese Richtung zielen etwa Überlegungen des US-amerikanischen Philosophen Frederick Ferré (1933–2013), die Religionen der Welt hinsichtlich umweltethischer Einstellungen gegenüber der Natur und der Biosphäre neu zu sichten und dadurch langfristig eine ‚ökologische Ökumene' zu erreichen (Ferré 2004). Eine größere Wertschätzung der natürlichen Umwelt im Denken und im Handeln kann im Falle der monotheistischen Religionen an Motive wie die Bewahrung der Schöpfung anknüpfen, die Gott dem Menschen als Sachwalter des Irdischen anvertraut hat. Ostasiatische Religionen wie Buddhismus und Daooismus können auf das Wissen um die wechselseitige Abhängigkeit von allem, auf das Mitgefühl mit allen Lebewesen, die dem Leiden unterworfen sind, oder auf das Vertrauen in die Prozesse des Natürlichen rekurrieren – allesamt Aspekte, die in den spirituellen Traditionen dieser Religionen tief verwurzelt sind. Bedeutsame umweltethische Potentiale enthalten auch indigene Religionen, in denen sich die intrinsische Verflochtenheit des Menschen mit natürlichen Prozessen rituell und mythisch niederschlägt. Eine Religion, in der beispielsweise Bäume als heilige Quellen des Lebens verehrt werden, dürfte größere Tabuschranken gegenüber einer von Profitgier getriebenen Abholzung von Wäldern errichten als eine Weltanschauung, die den Menschen von der restlichen Natur abspaltet und in Bäumen nur den verwertbaren Rohstoff sieht. Die säkulare ökologische Ethik kann von den zahlreichen religiösen Affinitäten zu einem verantwortungsbewussten Umgang mit der natürlichen Umwelt jedenfalls nur profitieren (Gottlieb [2]2004).

Globale Ethik: Einigkeit in der ethischen Beurteilung spezifischer kontroverser Themen wie z. B. Abtreibung, gleichgeschlechtliche Ehen, Präimplantationsdiagnostik, Tierrechte etc. wird man zwischen den Weltreligionen und säkularen Ethiken schon deswegen nicht erzielen können, weil auch innerhalb der einzelnen Religionsgemeinschaften und der rein säkularen Positionen unterschiedliche, ja zum Teil gegensätzliche moralische Standpunkte vertreten werden. Eine globale Ethik, die sich um die komparative Einbeziehung religiöser Ethiken bemüht, kann daher allenfalls sehr allgemeine moralische Grundsätze festhalten, die von unterschiedlichen religiösen und säkularen Weltsichten gleichermaßen geteilt werden. Hierzu können allgemeine moralische Vorschriften wie das Tötungsverbot und die Goldene Regel bzw. der kategorische Imperativ, aber auch bestimmte Tugenden und moralische Dispositionen gehören, die sowohl von religiösen als auch von säkularen Einstellungen aus als schätzenswert gelten: beispielsweise Empathie und

Gemeinsinn, die Fähigkeit zur Zurückstellung rein egoistischer Neigungen, Zuverlässigkeit und Wahrheitsliebe, Achtung und Respekt vor anderen Menschen und anderen Lebewesen überhaupt.

5.2.2   Religion in der politischen Öffentlichkeit

Die postsäkulare Situation: Die fortdauernde Präsenz von Religionen auch in liberalen Demokratien, deren gesellschaftliche Reproduktion auf wissenschaftlichen Erkenntnissen, technologischen Innovationen, einem egalitaristischem Rechtsstaat und einem kapitalistischem Wirtschaftssystem basiert, hat zu einer – um den von Jürgen Habermas geprägten Begriff zu verwenden – ,postsäkularen' Situation geführt (Habermas 2003). Entgegen der lange Zeit in der Religionssoziologie vorherrschenden, von Max Weber inspirierten Säkularisierungsthese (▶ Abschn. 5.1.1) hat die durch den wissenschaftlich-technischen, wirtschaftlichen und politischen Fortschritt der Moderne herbeigeführte ,Entzauberung' der Welt die Religion keineswegs zum Verschwinden gebracht. Vielmehr besteht sie auch in den teilweise oder überwiegend säkularisierten Marktgesellschaften der liberalen Demokratien in verwandelter Form fort. Im globalen Maßstab hat die politische Bedeutung von Religion in den letzten Jahrzehnten sogar zugenommen, was sich beispielsweise am Anwachsen des fundamentalistischen Islamismus in zahlreichen Ländern, am Einfluss evangelikaler Gruppen in den USA oder am Hindu-Nationalismus in Indien zeigen lässt. Diese Beispiele machen freilich auch deutlich, dass die politische Renaissance des Religiösen hochproblematische Aspekte impliziert, insbesondere wenn religiöse Identitäten politisch zur Abgrenzung gegen andere Identitäten instrumentalisiert und zur Rechtfertigung von Gewalt und Unterdrückung eingesetzt werden.

Ambivalente Beurteilung: Die Beurteilung der postsäkularen Konstellation aus einer säkularen Perspektive erweist sich daher als ambivalent. Einerseits sorgen Religionen auch unter den Bedingungen fortschreitender Säkularisierung innerhalb ihrer jeweiligen Glaubensgemeinschaften für ein oftmals beachtliches Maß an sozialer Kohäsion. Habermas' religionsbezogene Überlegungen zielen in Anbetracht dessen darauf ab, die kostbaren Solidaritätsressourcen, die u. a. auf der rituellen Partizipation der Gläubigen am kollektiven Religionsvollzug beruhen, auch in säkularisierten Gesellschaften zu bewahren, die ihre normativen Grundlagen möglicherweise nicht aus eigener Kraft generieren können (Habermas/Ratzinger 2005). Andererseits jedoch kann der weltanschauliche und kultische Zusammenhalt von Religionsgemeinschaften und die starke Identitätsstiftung, die sie bewirken, aus säkularer Sicht auch als ausgesprochen irritierend oder sogar bedrohlich empfunden werden, besonders dann, wenn das Erstarken religiöser Positionen und ihre selbstbewusste Artikulation im öffentlichen Raum den aufgeklärten und pluralistischen Konsens des demokratischen Diskurses herauszufordern scheinen. Vor allem stark traditionalistische und fundamentalistische Strömungen, die zwar die staatlich gewährleistete Religionsfreiheit gerne für sich in Anspruch nehmen, konkurrierenden Weltanschauungen aber keineswegs mit derselben Toleranz begegnen, die sie für sich selber einfordern, unterminieren die

berechtigten Erwartungen, die Bürger:innen in demokratisch verfassten Rechtsstaaten aneinander stellen dürfen: dass nämlich die eigene Lebensweise jede andere Lebensweise (nur) unter der Voraussetzung tolerieren und respektieren kann,
dass diese auch die je eigene toleriert und respektiert. Respekt stellt dabei gegenüber der Toleranz eine höherstufige Form der Anerkennung des Anderen dar, weil
Respekt eine Wertschätzung gegenüber der Identität des Anderen impliziert, welche der Toleranz als bloßer Duldung des Anderen abgeht.

Politischer Liberalismus: Die Frage, wie liberale und demokratische Rechtsstaaten mit der Herausforderung der postsäkularen Konstellation am besten umgehen sollen, wird in Disziplinen wie der politischen Philosophie und der Soziologie etwa seit der Jahrtausendwende intensiv diskutiert; und sie stellt sich
selbstverständlich auch für die Religionsphilosophie des 21. Jh.s mit besonderer
Dringlichkeit. In der Tradition des politischen Liberalismus gilt die konsequente
Trennung zwischen Staat und Religion als die überzeugendste Antwort auf den
weltanschaulichen Pluralismus in modernen Demokratien. Demzufolge können unterschiedliche religiöse und areligiöse Bekenntnisse innerhalb einer Gesellschaft dann am besten friedlich koexistieren, wenn die Religionsausübung als
ein individuelles Recht begriffen wird, von dem vorwiegend im privaten Bereich
Gebrauch gemacht wird, während die öffentliche Sphäre des politischen Diskurses weitgehend von den potentiellen Konflikten freigehalten wird, die aus weltanschaulichen Divergenzen über letzte Dinge erwachsen könnten. Es gehört dementsprechend zu den wichtigsten Aufgaben moderner demokratischer Staaten,
eine Sphäre des öffentlichen Vernunftsgebrauchs zu erzeugen, in der sich die Bür-
ger:innen jenseits fundamentaler weltanschaulicher Differenzen über gesellschaftliche Anliegen und Gerechtigkeitsfragen in rationalen Diskursen verständigen
können. Dabei sind die formalisierten Debatten zwischen den Repräsentant:innen
öffentlicher Institutionen vom informellen Meinungsstreit der medial vermittelten
politischen Öffentlichkeit zu unterscheiden.

Exklusion religiöser Äußerungen aus dem politischen Diskurs: US-amerikanische Philosophen wie John Rawls, Ronald Dworkin, Richard Rorty (1931–2007)
und Robert Audi (*1941) haben für eine generelle Beschränkung des politischen
Diskurses auf solche Gründe plädiert, die unabhängig von religiösen Bekenntnissen grundsätzlich für jede/n Bürger/in nachvollziehbar sein können. Weil die Differenzen zwischen unterschiedlichen religiösen Weltanschauungen diskursiv ohnehin nicht zu schlichten sind, da sie sich auf je spezifische Offenbarungen und
heilige Schriften berufen, sollten sie aus den politischen Verhandlungen der gewählten Volksvertreter:innen sowie aus dem öffentlichen Diskurs möglichst herausgehalten werden, um destabilisierende interreligiöse Konflikte nicht in die politische Sphäre hineinzutragen. Die Gründe, die innerhalb der politischen Diskussion, Beratung und Entscheidungsfindung einzig zählen dürfen, stammen zum
einen aus dem *common sense,* zum anderen aus den allgemein anerkannten Erkenntnissen der Wissenschaften – nicht aber aus allumfassenden religiösen und
philosophischen Lehren (Rawls 1993, 224). Deren Auffassungen dürfen Rawls zufolge allenfalls unter der Voraussetzung in politische Diskurse eingespeist werden,
dass dadurch die Grundwerte der bürgerlichen Freiheit und Gleichheit gestärkt
werden (Rawls 1997).

Problematischer Ausschluss religiöser Bürger:innen: Abgesehen davon aber, dass der Begriff des *common sense* selber aus einer umfassenden philosophischen Lehre abgeleitet ist, nämlich dem Liberalismus in der Tradition Lockes (▶ Abschn. 2.1.3.), ist es außerdem fraglich, ob ein Individuum, das am politischen Diskurs teilnehmen möchte, die geforderte Trennung zwischen allgemein-rationalen und persönlich-religiösen Gründen überhaupt stringent vornehmen kann. Schließlich können fundamentale religiöse Überzeugungen so sehr mit allen übrigen Auffassungen vom guten und richtigen Leben verbunden sein, dass sie von einem gläubigen Individuum nur um den Preis der Selbstverleugnung aus seinen politischen Ansichten herausgehalten werden können (Habermas 2009, 273 f.). Aus diesem Grund ist die liberale Forderung, religiös imprägnierte Ansichten im politischen Diskussionsprozess generell nicht zuzulassen, ausgesprochen problematisch, da sie viele religiöse Bürger:innen vom politischen Meinungsbildungsprozess, der für demokratische Öffentlichkeiten unverzichtbar ist, ausschließen würde.

Religionen im öffentlichen Raum: Manifeste Konflikte zwischen religiösen Bekenntnissen und säkularen Auffassungen vom politischen Gemeinwesen entzünden sich oftmals am Gebrauch religiöser Symbole in der Öffentlichkeit bzw. in staatlichen Institutionen wie etwa des christlichen Kreuzes oder des muslimischen Kopftuchs. Die religiöse Neutralität des liberalen, demokratischen Rechtsstaats muss dabei aber nicht zwingend im Sinne eines strikten Laizismus ausgelegt werden, der alle Zeichen des Religiösen aus dem öffentlichen Raum verbannen will. Eine derartige Interpretation religionsbezogener staatlicher Neutralität kann gerade auch als ein verallgemeinerter Säkularismus verstanden werden, der areligiöse Einstellungen ungerechtfertigterweise bevorzugt. Alternativ kann die weltanschauliche Neutralität des liberalen Rechtsstaats auch dadurch gewahrt werden, dass er säkulare Anschauungen und unterschiedliche religiöse Bekenntnisse gleich, d. h. nach denselben Prinzipien behandelt (Habermas 2009, 270). In den USA gilt diesbezüglich der durch die Verfassung garantierte Grundsatz, dass die Redefreiheit gleichermaßen für religiöse wie für irreligiöse Bekenntnisse gelten muss. Dementsprechend dürfen religiös fundierte Auffassungen an US-amerikanischen Schulen und Universitäten nicht per se aus dem Diskurs ausgeschlossen werden.

Staatliche Bekämpfung des religiösen Fundamentalismus: Restriktive Eingriffe des liberalen Staates in die Religionsfreiheit sind allerdings immer dann legitim, wenn politische Weltanschauungen im Namen einer Religion die liberale Verfassung des demokratischen Rechtsstaats selbst in Frage stellen. Seit dem Fanal der Terroranschläge vom 11. September 2001 steht besonders der politische Islamismus im Fokus der Öffentlichkeit, da er grundlegende Prinzipien freiheitlichen Zusammenlebens angreift und deswegen staatlicherseits beobachtet und mit den Mitteln des Rechtsstaats bekämpft werden muss. Vom islamistischen Fundamentalismus, der die liberale Demokratie ablehnt, fällt dabei oftmals ungerechtfertigterweise ein Schatten auf die ganz überwiegende Mehrheit der Musliminnen und Muslime in westlichen Gesellschaften, die ihre Religion vollkommen friedlich praktizieren und deren Religionsausübung keineswegs in Konflikt mit ihrer Rolle als Staatsbürger:innen steht.

Spielräume und Grenzen der Religionsfreiheit: Die besonderen Schwierigkeiten, vor die sich der säkulare Staat bei der Abwägung zwischen dem Recht auf Religionsfreiheit und konkurrierenden Rechten gerade im Falle des Islam gestellt sieht, zeigt sich an kontrovers diskutierten Themen wie dem bereits erwähnten Kopftuchstreit, der Jungenbeschneidung, der Teilnahme mulismischer Mädchen am Schwimmunterricht, der Rücksichtnahme auf religiöse Ernährungsgewohnheiten in Bildungseinrichtungen oder der Praxis des Schächtens. In all diesen Fällen kollidiert das von der Verfassung garantierte Recht auf freie Religionsausübung mit anderen wichtigen Rechtsgütern wie der weltanschaulichen Neutralität staatlicher Einrichtungen, dem Recht auf körperliche Unversehrtheit, dem staatlichen Bildungsauftrag oder dem Tierschutzgesetz. Ein spezifisch religionsphilosophischer Beitrag zu diesen Debatten könnte z. B. darin bestehen, auf der einen Seite das historische und systematische Verständnis für die religiöse Bedeutung bestimmter Praktiken zu vertiefen und die Wichtigkeit einer sauberen Trennung zwischen den rechtsstaatlich zu bestimmenden Spielräumen für die Religionsausübung und Maßnahmen zur Bekämpfung des religiösen Fundamentalismus zu betonen, auf der anderen Seite aber auch die prinzipielle Priorität individueller Bürger- und Menschenrechte vor jedweden kulturell-religiösen Gruppeninteressen bei der Güterabwägung hervorzuheben. Daraus ließe sich im Hinblick auf einen konkreten Streitfall wie der Teilnahme muslimischer Mädchen am schulischen Schwimmunterricht ableiten, dass diese Teilnahme nicht deswegen durchgesetzt werden sollte, um damit den Einfluss des Islams innerhalb der Gesellschaft zurückzudrängen, weil dieser angeblich fundamentalistische Einstellungen begünstige, sondern weil das im staatlichen Bildungsauftrag verankerte Recht des einzelnen Mädchens auf einen kompetenten Umgang mit seinen Bewegungsmöglichkeiten in Gewässern höher zu gewichten ist als die von einer religiösen Gruppe vertretenen traditionellen Auffassungen zur angemessenen Bekleidung von Mädchen. Ein Kompromiss in dieser Frage könnte beispielsweise in der von der jeweiligen Bildungsinstitution eingeräumten Möglichkeit zum Tragen eines sogenannten ‚Burkinis' bestehen.

Einbeziehung religiöser Beiträge in den politischen Diskurs: Geht es im Falle des religiösen Fundamentalismus um die staatliche Eindämmung extremistischer Auffassungen, die das friedliche Zusammenleben in pluralistischen Demokratien gefährden, so wird bei Streitfragen wie den soeben genannten das genaue Verhältnis der Religionsfreiheit zu anderen vom liberalen Rechtsstaat garantierten Freiheitsgütern austariert. Jenseits der staatlichen Limitationen des politischen Missbrauchs und des privaten Gebrauchs von Religion stellt sich jedoch im Hinblick auf den demokratischen Diskurs auch die Frage, ob religiöse Positionen nicht gerade unersetzbare konstruktive Beiträge zu gesellschaftlich relevanten Debatten zu leisten vermögen, die von säkularen Positionen ernst genommen und aufgegriffen werden sollten. Die US-amerikanischen Philosophen Philip L. Quinn (1940–2004) und Nicholas Wolterstorff (*1932), der irische Philosoph Brendan Sweetman (*1962) sowie die deutschen Philosophen Rainer Forst (*1964) und Jürgen Habermas haben diese Frage grundsätzlich bejaht. Die beiden zuletzt genannten Denker machen für das Einbringen religiöser Gründe in den politischen Diskurs allerdings die einschränkende Bedingung geltend, dass einem religiösen Kontext entstammende Äußerungen in eine allgemein verständliche, säkulare Sprache übersetzt werden müssen, um im Raum der öffentlichen Gründe zählen zu können (Forst 2003, 2015; Habermas 2009). Überdies kann eine konstruktive Einbringung religiös fundierter Beiträge zum politischen Diskurs nur von solchen Religionsgemeinschaften erwartet werden, die sich auf eine reflexive Verarbeitung der modernen Errungenschaften in den Bereichen der Wissenschaften und des Rechts bereits eingelassen haben. Denn nur von in dieser Weise reflexiven religiösen Positionen steht zu vermuten, dass sie mit säkularen Auffassungen grundlegende Basiswerte wie etwa die Anerkennung der unveräußerlichen Menschenwürde und einen moralisch-rechtlichen Egalitarismus teilen. Auf dieser gemeinsamen Grundlage können säkulare und religiöse Ansichten zu politisch und gesellschaftlich relevanten Themen – wie zum Beispiel der Sterbehilfe, des Einsatzes bewaffneter Drohnen oder der Einschränkung von Grundrechten im Falle einer Pandemie – in eine potentiell fruchtbare Diskussion miteinander eintreten.

Religiöse Bekenntnisse in öffentlichen Funktionen: Ebenso wie Rawls hält auch Habermas daran fest, dass sich die demokratisch gewählten Vertreter:innen staatlicher Institutionen in der Ausübung ihrer Ämter religiöser Bekenntnisse enthalten sollten. Mit dem Gottesbezug in manchen demokratischen Verfassungen sowie der Eidesformel „So wahr mir Gott helfe" bei der Amtseinführung von Regierungsmitgliedern ragen freilich auch heute noch genuin religiöse Elemente in den säkularen Staat hinein, die eine letzte Grenze menschlicher Verantwortlichkeit in politischen Belangen markieren.

5.2.3   Feministische Religionsphilosophie

Religiöse Genderkonstruktionen: Die für die Teilnahme am demokratischen Diskurs erforderliche Selbstreflexivität religiöser Positionen bezieht sich auch auf einen Aspekt, der innerhalb der Religionsphilosophie zunehmend größere Aufmerksamkeit gewinnt: die Frage von Geschlecht bzw. Gender sowie der partiellen Exklusion von Frauen in religiösen Gemeinschaften, aber auch innerhalb der Religionsphilosophie. Betrachtet man das historische Verhältnis zwischen Männern und Frauen in den Weltreligionen, so ist zu konstatieren, dass von einer Gleichberechtigung der Geschlechter keine Rede sein kann. Diese Feststellung betrifft zum einen soziale Aspekte der Partizipation von Frauen am religiösen Gemeinschaftsleben sowie an der Machtausübung in religiösen Institutionen. Zum anderen zielt die Frage nach Genderkonstruktionen in den Religionen aber auch auf die philosophisch-theologische Grundlegung von Religionen ab, in denen sich soziale Konstrukte und stereotype Auffassungen von ‚Männlichem' und ‚Weiblichem' niederschlagen, die von der metaphysisch-religiösen Theorie und Praxis wiederum sanktioniert und verstärkt werden. So führt, um ein besonders prominentes Beispiel heranzuziehen, vom Gott der monotheistischen Religionen ein direkter Weg zur sakralpolitischen Vorstellung eines männlichen Herrschers, etwa eines Königs oder Kaisers, und von dort zur sozialen Dominanz des Mannes innerhalb familiärer Gemeinschaften. In umgekehrter Richtung lässt sich diese Genealogie ebenfalls rekonstruieren, so dass die monotheistische Gottesvorstellung (in Anlehnung an Freuds Religionstheorie, ▶ Abschn. 4.1.2) als Resultat der patriarchalen Vaterrolle erscheint, die sich politisch in der Figur des königlichen Alleinherrschers manifestiert.

Wechselseitige Ignoranz von Feminismus und Religionsphilosophie: Obwohl Genderaspekte in allen Religionen faktisch eine außerordentlich große Bedeutung haben, da sich ein eminenter Anteil religiös fundierter Moral auf die Regelung der Sexualität und der Geschlechterverhältnisse bezieht, werden sie in der Religionsphilosophie erst seit wenigen Jahrzehnten eingehender untersucht; und es wäre nach wie vor übertrieben zu behaupten, dass vom Feminismus oder von der *Queer Theory* inspirierte Diskussionen im Zentrum heutiger Religionsphilosophie stehen würden. Umgekehrt hat sich allerdings auch die feministische Theorie lange Zeit nur wenig für religionsphilosophische Fragen interessiert (Anderson 2003). In der Theologie sind hingegen feministische Ansätze längst weiter verbreitet.

Grundlagen feministischer Religionsphilosophie: Als grundlegende Pionierarbeiten einer feministischen Religionsphilosophie sind *A Feminist Philosophy of Religion: The Rationality of Myths and Religious Beliefs* (1998) von der US-amerikanischen Philosophin Pamela Sue Anderson (1955–2017) sowie *Becoming Divine: Towards a Feminist Philosophy of Religion* (1999) von der kanadischen Philosophin Grace Jantzen (1948–2006) zu nennen. Der feministische Ansatz in der Religionsphilosophie schließt an vorwiegend innerhalb der ‚kontinentalen' Philosophie entwickelte differenztheoretische Überlegungen an, welche die soziokulturelle Kontextgebundenheit jedes philosophischen Standpunktes hervorheben. Demnach ist es nicht möglich, von einer vollkommen neutralen, objektiven Position aus zu philosophieren, weil in jedes Denken soziale und kulturelle Vorprägungen einfließen, die es unbewusst prägen und mit heimlichen Vorurteilen anreichern. Erst wenn das Denken auf seine eigenen unbewussten Prägungen reflektiert, können sie kritisch geprüft und gegebenenfalls überwunden werden.

Monotheismus und Maskulinität: Für die Begriffsbildungen, Problemstellungen und Methoden der Religionsphilosophie als intellektueller Praxis ist es keineswegs gleichgültig, dass sie bis heute überwiegend von männlichen Vertretern betrieben worden ist (Frankenberry 1998; Jantzen 1999; Joy 2004). Die monotheistische Gottesvorstellung eines allmächtigen Vaters wird in der theistischen Religionsphilosophie zwar zum Begriff eines vollkommenen Wesens (*perfect being*) abstrahiert, bleibt aber gleichwohl immer untergründig auf das väterliche Gottesbild bezogen. Am Ende kommen alle philosophischen Argumente für die Existenz Gottes darin überein, dass das höchste und vollkommene Wesen mit dem Gott der Religionen identisch ist. Und auch wenn dem philosophischen Gottesbegriff selbst keine geschlechtsspezifischen Attribute zugesprochen werden, so ist er aufgrund seiner intimen Beziehung zur christlichen Idee Gottes gleichwohl sehr viel stärker maskulin als feminin konnotiert. Gott ist primär ein ‚Er', ja der absolute ‚Er'. Die US-amerikanische kathologische Theologin und Philosophin Mary Daly (1928–2010) war eine der ersten Feministinnen, die auf diesen Zusammenhang aufmerksam gemacht haben: Dadurch, dass Gott als ‚Er' gedacht wird, wird das Männliche vergöttlicht (Daly 1973; Daly ist allerdings wegen transphober Äußerungen durchaus stark umstritten). Tatsächlich sind die Gestalten der heiligen Dreifaltigkeit – der Vater, der Sohn, der Heilige Geist – eindeutig männlich attribuiert. Die autoritative Kraft dieser Zuschreibung ist so stark, dass es einer nicht unbedeutenden kognitiven Anstrengung bedarf, um beim Begriff der Dreifaltigkeit alternativ etwa an die Mutter, die Tochter und die heilige Spiritualität zu denken. Denn das Bild, das sich die monotheistischen Religionen und in deren Geleit auch die theistische Religionsphilosophie von Gott machen, auch wenn sie sich kein Bild von ihm machen sollten, ist im Kern dasjenige einer omnipotenten, allwissenden, unzerstörbaren, unverletzlichen, ingeniösen und zugleich gnädigen Maskulinität. Wenn man in der religionskritischen Tradition Ludwig Feuerbachs davon ausgeht, dass nicht Gott den Menschen, sondern umgekehrt der Mensch Gott nach seinem Bilde geschaffen habe, dann muss dies aus feministischer Perspektive dahingehend präzisiert werden, dass speziell Männer ein Gottesbild geschaffen haben, das voller männlicher Stereotype ist. Die Glorifizierung eines allmächtigen Wesens bedeutet gleichzeitig die Glorifizierung von Dominanz, und Dominanz bedeutete in weiten Teilen der menschlichen Sozialgeschichte stets die Dominanz des Männlichen gegenüber dem Weiblichen (Welch 1989, 117). (Hier ließe sich freilich einwenden, dass insbesondere die Evangelien ein Bild von Jesus Christus zeichnen, das in scharfem Kontrast zu weltlichem Dominanzstreben steht.) Von feministischen Theolog:innen und Religionsphilosoph:innen, die sich kritisch mit traditionellen theistischen Vorstellungen auseinandersetzen, ist zweifellos noch eine Menge an Forschungs- und Aufklärungsarbeit zu leisten, um Bild und Begriff Gottes von seinen impliziten maskulinen Zuschreibungen zu befreien und das Göttliche gleichberechtigt als ebenso männlich wie weiblich bzw. geschlechtsneutral als weder männlich noch weiblich aufzufassen. In diesem Kontext ist von Interesse, dass es durchaus monotheistische Religionen wie die am Ende des 15. Jh.s begründete indische Sikh-Religion gibt, welche die Gestalt- und Geschlechtslosigkeit Gottes besonders betonen.

Feministische Ansätze aus der französischsprachigen Philosophie: In kritischer Auseinandersetzung mit der strukturalistischen Psychoanalyse Jaqcues Lacans (1901–1981) haben die französischsprachigen Philosophinnen Luce Irigaray (*1930) und Julia Kristeva (*1941) feministische Ansätze entwickelt, die sich ebenfalls mit Gender-Aspekten von Religion befassen. Beide Autorinnen erproben in je verschiedener Weise neue Ausdrucksformen des Göttlichen und des Heiligen und entwickeln eine Phänomenologie der lebendigen Erfahrung, welche die Grundlage einer von Projektionen befreiten ‚Ethik der Liebe‘ darstellen könnte. Ähnlich wie ihre US-amerikanischen Kolleginnen befragen auch Irigaray und Kristeva kritisch die maskulin konnotierten Attribute und religiösen Organisationsformen des traditionellen Theismus.

Diversität feministischer und queerer Positionen: Innerhalb der feministischen Religionsphilosophie gibt es mittlerweile eine Fülle an Stimmen, in denen sich diverse feministische und auch queere Theorieansätze artikulieren. Gemeinsam ist ihnen bei allen Divergenzen, dass sie auf Gender-Aspekte von Religion und religionsbezogener Reflexion aufmerksam machen, die immer schon unterschwellig wirksam waren, aber nur allzu selten philosophisch-begrifflich explizit gemacht wurden. Aufgrund ihrer großen Macht, Lebensformen von Individuen und Kol-

lektiven zu gestalten, hat Religion historisch sehr stark zur Verbreitung genderbe-
zogener Normen und Auffassungen beigetragen, und sie tut dies bis heute. Schon
aus diesem Grund kann die Auseinandersetzung mit Religion für feministische
und queere Theoriebildungen bedeutsame Erkenntnisgewinne liefern, so wie auf
der anderen Seite die Untersuchung von Gender-Aspekten von Religion für die
Religionsphilosophie des 21. Jh.s unverzichtbar geworden ist.

5.3 Religiöse Diversität

Mangelndes Diversitätsbewusstsein, das feministische Theorien weiten Teilen der
zeitgenössischen Religionsphilosophie vorwerfen, betrifft nicht nur den Aspekt
‚Gender‘, sondern ebenfalls den Aspekt ‚Kultur‘. Die seit der Entstehung der
Religionsphilosophie maßgebliche eurozentrische Perspektive auf Religion, die
durch die Dominanz analytischer, d. h. der englischsprachigen Kultur entstam-
mender Philosophie sogar noch verschärft worden ist, hat zu einer notorischen
Verengung des Themenspektrums auf Problemstellungen des Theismus oder sogar nur des christlichen Theismus geführt. Der globalen Diversität des Religiösen in der Weltgesellschaft des 21. Jh.s wird eine derartig einseitige philosophische Betrachtung von Religion offensichtlich nicht gerecht. Die Herausforderung
für die Religionsphilosophie wird vor diesem Hintergrund darin bestehen, sich
zunehmend für religiöse Diversität zu öffnen und die philosophisch relevanten
Konvergenzen und Divergenzen verschiedener Religionskulturen zu untersuchen.
Dementsprechend skizziert die US-amerikanische Religionsphilosophin Nancy
K. Frankenberry (*1947) die religionsphilosophische Agenda für die kommenden
Jahrzehnte folgendermaßen:

» Die nächste entscheidende Phase der Religionsphilosophie wird eine Auseinandersetzung mit und eine Untersuchung der Pluralität der Religionen erfordern.
   In methodischer Hinsicht wird das bedeuten, die Religionsgeschichte und die
   Kulturanthropologie ebenso stark zu berücksichtigen, wie dies frühere Praktizierende
   [der Religionsphilosophie] mit spekulativer Metaphysik und praktischer Theologie
   getan haben. (Frankenberry 1998, 194, Übers. aus dem Englischen M.Wirtz)

Eine für die kulturelle Diversität des Religiösen sensibilisierte Religionsphilosophie sollte zunächst die philosophischen Probleme identifizieren, die sich im Zusammenhang mit religiöser Pluralität stellen (▶ Abschn. 5.3.1). Zur weiteren Prä-
zisierung der Problemstellungen sowie zu ihrer philosophischen Bearbeitung
bietet sich eine Anknüpfung an die Erkenntnistheorie religiöser Dissense (▶ Abschn. 5.3.2) sowie an die Theologie des interreligiösen Dialogs (▶ Abschn. 5.3.3)
an. Eine fundierte philosophische Antwort auf die Vielfalt des Religiösen lässt
sich aber letztlich nur in einer dezidiert interkulturell orientierten Religionsphilosophie generieren (▶ Abschn. 5.3.4), welche die Ausrichtung an einem domi-
nanten kulturellen Paradigma sowohl in der Religion als auch in der Philosophie
zugunsten eines globalen Gesprächs der Weltreligionen und Weltphilosophien
hinter sich lässt.

5.3.1   Faktum und Problematik religiöser Diversität

Intrareligiöse Diversität: Religiöse Diversität lässt sich zum einen auf die Vielfalt an Auffassungen und Praktiken beziehen, die innerhalb einer Religionsgemeinschaft bestehen; in diesem Fall spricht man von *intrareligiöser Diversität*. So stellen z. B. Katholiken, Orthodoxe und Protestanten verschiedene Strömungen innerhalb des Christentums dar, Sunniten und Schiiten verschiedene Strömungen innerhalb des Islams, Anhänger:innen des Theravāda und des Mahāyāna verschiedene Strömungen innerhalb des Buddhismus. Und auch diese Strömungen selbst sind in sich noch einmal stark differenziert. Die unterschiedlichen Richtungen innerhalb einer Religionsgemeinschaft können untereinander stärker verfeindet sein als die Angehörigen ganz verschiedener Weltreligionen, wie religiöse Konflikte etwa zwischen Katholiken und Protestanten in Nordirland oder zwischen Sunniten und Schiiten im Irak zeigen. Der Glaubensstreit um geschichtliche oder symbolische Details innerhalb einer Religion, der von außen betrachtet völlig übertrieben oder wenig nachvollziehbar erscheinen mag, wird oftmals mit einer besonderen Heftigkeit ausgetragen, gerade weil die Konfliktparteien eine gemeinsame religiöse Basis miteinander teilen.

Interreligiöse Diversität: Zum anderen bezieht sich religiöse Diversität auf die Koexistenz verschiedener Weltreligionen; und dieser Aspekt der *interreligiösen Diversität* ist es auch, der in der Religionsphilosophie vorrangig Beachtung findet. Dass es weltweit eine große Vielfalt an Religionen gibt, die sich hinsichtlich ihrer Glaubensauffassungen, ihrer Vorstellungen vom guten Leben, ihrer Hoffnungen, ihrer kultischen und rituellen Praktiken, ihrer heiligen Schriften, Orte und Institutionen massiv voneinander unterscheiden, ist offensichtlich. Diese Tatsache scheint so selbstverständlich zu sein, dass darüber leicht vergessen wird, dass sie es keineswegs ist. Sie setzt nämlich bereits voraus, dass sich unterschiedliche Religionen gegenseitig als Arten einer gemeinsamen Gattung begreifen: eben der ‚Religion‘. Auch wenn beispielsweise eine fanatisierte evangelikale Christin felsenfest davon überzeugt sein mag, dass ihre strenggläubige muslimische Nachbarin einem fatalen religiösen Irrtum aufsitzt, so wird die Christin vermutlich nicht bestreiten, dass auch ihre Nachbarin einer Religionsgemeinschaft angehört bzw. einen religiösen Glauben lebt. Die strenggläubige Muslimin wird wahrscheinlich genau dasselbe über ihre evangelikale Nachbarin denken. Damit ist immerhin eine Situation gegeben, in der sich die Anhänger:innen verschiedener Religionen wechselseitig in genau dieser Rolle anerkennen (auch wenn sie davon überzeugt sein mögen, dass die jeweils andere Gruppe vollkommen falsch liegt). Religiöse Vielfalt setzt somit die Einheit eines pragmatischen und relativ weiten Religionsbegriffs voraus, der es erlaubt, disparate Phänomene als Manifestationen eines gemeinsamen religiösen ‚Patterns‘ aufzufassen.

Das soziologische Faktum religiöser Pluralität: Durch wirtschaftliche Globalisierung, Migration und Digitalisierung hat religiöse Pluralität, die es selbstverständlich auch in früheren Epochen (z. B. in der Zeit des Hellenismus und des Römischen Reichs oder im Zeitalter der europäischen Entdeckung und Kolonisierung Amerikas) gegeben hat, im 21. Jh. eine neue Dimension erreicht. Religiöse Vielfalt ist in vielen Staaten der Welt durch unmittelbare soziale Kontakte erfahr-

bar, weil sich ihre Bevölkerung aus Angehörigen unterschiedlicher religiöser Bekenntnisse zusammensetzt. Reisen ermöglichen es, verschiedenste religiöse Praktiken und Kultstätten aus nächster Nähe zu erleben. Und auch in Staaten mit einer
religiös sehr homogenen Bevölkerung sind Begegnungen mit anderen Religionen
durch deren virtuelle Präsenz in digitalen Medien in der Regel jederzeit möglich.
Diese Situation nötigt alle Religionen dazu, auf die faktische Koexistenz konkurrierender spiritueller Angebote zu reagieren. An Reaktionsmöglichkeiten steht ihnen dabei von aggressiver Missionierung über traditionalistische Abschottung bis
hin zu respektvoller Dialogbereitschaft ein breites Repertoire zur Verfügung.

Unterschiedliche Ausprägungen religiöser Pluralität: In den liberalen Demokratien des Westens koexistieren insbesondere die drei monotheistischen Religionen Judentum, Christentum und Islam vor dem Hintergrund je spezifischer his-
torisch-kultureller Voraussetzungen sowie der gemeinsamen Herausforderung
durch teilweise oder sogar größtenteils säkularisierte Gesellschaften. Andere Formen religiöser Diversität finden sich in den vom Kolonialismus und seinen anhaltenden Spätfolgen betroffenen Weltregionen des globalen Südens. Dies gilt insbesondere für Länder des subsaharischen Afrikas und Südamerikas sowie für Teile
Südostasiens und Ozeaniens, in denen vielfach traditionelle, indigene Religionen
von einer oder mehreren der großen Weltreligionen überlagert, häufig auch ver-
drängt worden sind. So ist der Anteil der indigenenen Religionen an der weltweiten Religionszugehörigkeit im Laufe des 20. Jh.s deutlich zurückgegangen. Oftmals leben traditionelle religiöse oder magische Praktiken freilich unter einer
christlichen oder muslimischen Oberfläche weiter.

Religiöse Diversität jenseits der großen Weltreligionen: Beim Thema der interreligiösen Diversität geht es demzufolge nicht ausschließlich um die ‚großen‘
Weltreligionen (die monotheistischen und ostasiatischen Religionen), sondern
auch um die religiöse Vielfalt des sogenannten globalen Südens, die sich nicht
ohne weiteres mit den Kategorien theistischer Metaphysik oder klassischer ostasiatischer Philosophieschulen erfassen lässt. Bislang hat sich die Religionsphilosophie beispielsweise kaum mit animistischen Glaubensvorstellungen auseinandergesetzt. Diese vorschnell als bloßen Aberglauben abzutun, stellt zweifellos einen
Akt eurozentrischer Arroganz und Ignoranz dar. Der in vielen indigenen Religionen der Welt verbreitete Glaube an eine ‚Beseeltheit‘ der Dinge (z. B. von Bäumen, Bergen, Flüssen) kann zu einem Respekt gegenüber der Natur sowie gegenüber den Verstorbenen (Ahnen) führen, der angesichts der zu erwartenden ökologischen Krisen des Anthropozäns in ethischer Hinsicht gebotener erscheint als
etwa die von den monotheistischen Religionen oftmals legitimierte Dominanz des
Menschen über andere Lebensformen, insbesondere die Tiere.

Inkompatible Wahrheitsansprüche der Religionen: Die bloße Tatsache religiöser Diversität an sich stellt noch kein Problem dar. Potentiell konflikträchtig
kann religiöse Vielfalt aber dadurch werden, dass viele Religionen nicht einfach
nur kulturell variierende, beliebig austauschbare Gebräuche und rituelle Praktiken hervorbringen, sondern dass sie mit dem Anspruch auftreten, den Menschen in das richtige Verhältnis zu sich selbst, zur ihn umgebenden Welt sowie
zum Ursprung von allem zu setzen. Religionen treten oftmals mit sehr starken,
bisweilen sogar mit absoluten Wahrheitsansprüchen auf. Einen absoluten Wahr-

heitsanspruch vertritt eine Religion dann, wenn sie verkündet, dass der von ihr empfohlene Heilsweg der einzig wahre sei. Weil Religionen starke, zugleich aber voneinander verschiedene, ja inkompatible Ansprüche auf Wahrheit erheben, befinden sie sich in einem potentiellen Konflikt zueinander. Im schlimmsten Fall kann der Kampf um die religiöse Wahrheit offen ausbrechen und gewaltsame Konflikte bis hin zu Religionskriegen auslösen.

Zusammenhang von Monotheismus und Gewalt: Die These, dass monotheistische Religionen einen besonderen Hang zur Gewalt hätten, da ihre Religionsausübung den Glauben an die Wahrheit des einen Gottes impliziert, ist vor allem im Anschluss an die Untersuchungen des deutschen Ägyptologen Jan Assmann (*1938) zur „mosaischen Unterscheidung" kontrovers diskutiert worden (Assmann 1998, 2003). Mit der ‚mosaischen Unterscheidung' ist jene Differenzbildung zwischen wahrer und falscher Religion gemeint, welche die Anhänger der falschen Religion zu Gegnern erklärt, die es notfalls mit Gewalt von der Wahrheit zu überzeugen gilt. Assmann hat seine Theorie primär anhand der Durchsetzung des Monotheismus innerhalb des biblischen Volkes der Israeliten entwickelt. Die Deutung des religionsgeschichtlichen Novums, das der Bund zwischen Jahwe und dem auserwählten Volk Israel darstellte, führt Assmann zu der generellen Einschätzung, dass polytheistische Religionen innerhalb ihrer jeweiligen Gemeinschaften prinzipiell friedfertiger agieren als monotheistische Religionen, die sich die ‚mosaische Unterscheidung' zu eigen gemacht haben (Assmann 1998, 69).

Inwieweit sich Assmanns Thesen auch auf interreligiöse Diversität übertragen lassen, ist umstritten. Repressalien gegenüber der christlichen Religionsausübung in einigen islamischen Ländern scheinen für die These zu sprechen, dass ein starker monotheistischer Wahrheitsanspruch mit der Unterdrückung konkurrierender Religionen einhergehen kann. Andererseits führt Polytheismus nicht zwangsläufig zu interreligiöser Toleranz. Die Ideologie des Hindu-Nationalismus in Indien lässt sich als Beispiel für eine Konstellation heranziehen, bei der eine Religion – der Hinduismus – intrareligiös ein breites Spektrum religiöser Positionen und spiritueller Praktiken zulässt, interreligiös jedoch in konfliktträchtigen Beziehungen zur monotheistischen Religion des Islam steht, dessen Anhänger:innen immerhin etwa 14 % der indischen Bevölkerung ausmachen.

Wie Religionen faktisch mit interreligiöser Diversität umgehen, ist eher eine religionssoziologische als eine religionsphilosophische Frage. Zu einer philosophischen Problematik wird religiöse Vielfalt erst dadurch, dass die erkenntnistheoretischen Implikationen und normativen Verpflichtungen, die mit genuin religiösen Wahrheitsansprüchen einhergehen, betrachtet und analysiert werden. Genau dies geschieht in der Erkenntnistheorie religiöser Dissense.

5.3.2 Die Erkenntnistheorie religiöser Dissense

Eine epistemische Pattsituation: Man kann die epistemische Konstellation, in der die verschiedenen Wahrheitsansprüche der Religionen zueinander stehen, mit einer Pattsituation vergleichen: Jede einzelne Religion behauptet zwar, über die zutreffende Diagnose und das passende Rezept für die Erlangung des spirituellen

Heils zu verfügen, aber da es keinen absoluten Maßstab gibt, auf den sich alle Religionen einigen könnten, um ihre Wahrheitsansprüche ‚objektiv' zu prüfen, kann der Streit zwischen den verschiedenen religiösen Wahrheiten offenbar nicht rational entschieden werden. Keine Religion ist so überzeugend (außer natürlich für die jeweiligen Anhänger:innen), dass sie alle anderen Religionen an Evidenz überragen würde.

Religiöser Evidentialismus: Eine Position, die man als ‚religiösen Evidentalismus' bezeichnen kann und der z. B. Richard Swinburne und William Lane Craig zuzuordnen sind, bestreitet allerdings genau diesen Befund und vertritt die Auffassung, dass man zentrale Glaubensüberzeugungen des Theismus rational und für alle Menschen einsichtig demonstrieren könne (Basinger 2020, 245). Aber auch diese Position ist nicht davor geschützt, in eine epistemische Situation zu geraten, in der ihre demonstrative religiöse Evidenz anderen ebenso gut begründeten Evidenzen gegenübersteht. Natürlich würden religiöse Evidentalisten in dieser Situation bestreiten, dass die Gegen-Evidenzen ebenso gut begründet seien wie die eigenen. Aber eben darüber ließe sich vermutlich kein Konsens erzielen, so dass erneut eine Patt-Situation entstehen würde.

Rationale interreligiöse Dissense: Andere Religionsphilosophen wie William Alston (1988) und Philip L. Quinn (2005) haben bestritten, dass es unbezweifelbar gültige rationale Kriterien gebe, nach denen über die Wahrheit und Falschheit von Religionen intersubjektiv verbindlich entschieden werden könne. Damit wird nicht zugleich behauptet, dass es überhaupt keine rationalen Kriterien für die Beurteilung religiöser Wahrheiten gebe. Wenn eine Religion beispielsweise behaupten sollte, dass Frauen weniger wert seien als Männer oder dass das Ziel des menschlichen Lebens darin bestehe, möglichst viele Lebewesen zu vernichten, so würde sie sich selbst disqualifizieren und erst gar nicht als gleichberechtigte Teilnehmerin am interreligiösen Meinungsstreit teilnehmen dürfen. Rationale interreligiöse Dissense können sich nur auf solche Wahrheiten beziehen, die in sich konsistent sind und für die prinzipiell zustimmungsfähige Gründe angeführt werden können. Derartige Dissense lassen sich als kontradiktorische Setzungen von These (T) und Gegenthese (GT) formulieren. Beispiele hierfür wären etwa:

(T)	Jesus Christus ist von den Toten auferstanden.	(GT)	Jesus Christus ist nicht von den Toten auferstanden.
(T)	Mohamed ist der letzte Prophet Gottes	(GT)	Mohamed ist nicht der letzte Prophet Gottes.
(T)	Die Seele existiert sukzessive in unterschiedlichen Reinkarnationen.	(GT)	Die Seele existiert nicht in unterschiedlichen Reinkarnationen.
(T)	Gott existiert.	(GT)	Gott existiert nicht.
(T)	Es gibt ein Leben nach dem Tod	(GT)	Es gibt kein Leben nach dem Tod.

Interreligiöse Dissense zu solchen und ähnlichen fundamentalen Themen können zwar mit rationalen Mitteln ausgetragen, jedoch nicht abschließend entschieden werden, da es offenkundig kein von allen Diskursbeteiligten akzeptiertes Set an verbindlichen Beurteilungskriterien (wie z. B. Plausibilität, interne Kohärenz, Wahrscheinlichkeit, begriffliche Präzision etc.) für religiöse Wahrheitsansprüche gibt.

Konsequenzen für den religiösen Glauben: Setzen wir also die oben geschilderte Pattsituation einer Vielzahl gut begründeter, aber inkompatibler religiöser Wahrheitsansprüche voraus, so fragt die Erkenntnistheorie religiöser Dissense danach, was diese Pattsituation für die Einstellung des religiösen Glaubens bedeutet und welche Reaktionsmöglichkeiten von Gläubigen in Anbetracht religiöser Diversität rational zu rechtfertigen sind. Sollten sie unbedingt an ihrer Überzeugung festhalten, wie es der Persistenzialismus empfiehlt, oder wären sie besser beraten, den Grad ihres Überzeugtseins angesichts religiöser Vielfalt abzuschwächen? Letzteres empfiehlt der Konziliantismus (Renusch 2014, 169 ff.). Religionssoziologische Befunde zum tatsächlichen Verhalten religiöser Menschen in pluralistischen Gesellschaften sowie zum faktischen Erwerb von Religionszugehörigkeiten werden in dieser erkenntnistheoretischen Debatte ganz bewusst ausgeblendet. Sehr viele Menschen entscheiden sich nämlich gar nicht nach einem rationalen Abwägungsprozess für oder gegen die Zugehörigkeit zu einer bestimmten Religion, sondern sie bleiben ganz überwiegend derjenigen religiösen – oder auch nicht-religiösen – Tradition verhaftet, mit der sie aufgewachsen sind.

Epistemische Verpflichtungen angesichts religiöser Diversität: Unter der hypothetischen Annahme, dass wir zu religiösen Überzeugungen auf ähnlichen Wegen gelangen wie zu anderen Überzeugungen über die Welt, stellen sich angesichts religiöser Diversität einige brenzlige Fragen an den religiösen Glauben: Wie ist es epistemisch zu rechtfertigen, die eigene Religion für die einzig wahre zu halten, wenn andere für ihre Religion genau denselben Anspruch erheben, ohne dass eine verbindliche Instanz diesen Dissens schlichten könnte? Müsste die skizzierte Patt-Situation religiöser Positionen nicht sogar zu einer Schwächung des je eigenen religiösen Glaubens führen (Kraft 2007)?

Religiöse Dissense als ‚peer-disagreements‘: Um diese Fragen zu beantworten, macht die Epistemologie religiöser Dissense Anleihen bei der allgemeinen Erkenntnistheorie von Dissensen, also Fällen von Nicht-Übereinstimmung. Von dort aus gelangt man zu der folgenden Überlegung: Wenn ich davon ausgehe, dass andere Menschen grundsätzlich über dieselben Erkenntnisfähigkeiten und -möglichkeiten wie ich selbst verfügen, wenn ich mit ihnen gleichzeitig sehr viele Ansichten über die Wirklichkeit teile, wenn es dann aber einen bestimmten Bereich gibt, in dem ein fundamentaler Dissens auftritt, der nicht ‚objektiv‘ entschieden werden kann, dann besteht eine epistemische Verpflichtung für mich, meine eigene Position in diesem Dissens zu hinterfragen und möglicherweise das starre Festhalten an ihr zu revidieren. Bei einem Dissens zwischen epistemisch Gleichrangigen (*epistemic peers*) muss ich sehr starke Gründe zur Rechtfertigung meiner eigenen Position vorbringen können, die meine Auffassung gegenüber konkurrierenden Auffassungen als plausibler erscheinen lassen und die zugleich von meinen Konkurent:innen als valide Gründe akzepiert werden können (Schellenberg 2000). Im Falle religiöser Dissense scheint jedoch keine der Streitparteien über derartige Gründe zu verfügen, die beiden Kriterien genügen würden. So scheinen sich die Wahrheitsansprüche der verschiedenen Religionen wechselseitig zu neutralisieren und es scheint angesichts dessen keinen rationalen Grund dafür zu geben, an der eigenen religiösen Überzeugung unbeirrt festzuhalten. Von dieser epistemologischen Perspektive aus betrachtet müsste religiöse Diversität, wenn gläubige Menschen ernsthaft über sie nachdenken, zwangsläufig zu einer allgemeinen Abschwächung der Religiosität, und zwar in allen Religionen, führen. Jedenfalls würde der Konziliantismus genau diese Reaktion für epistemisch angemessen halten.

Rechtfertigung des Persistenzialismus: Die Abschwächung der eigenen religiösen Überzeugung angesichts religiöser Vielfalt widerspricht jedoch zentralen Intuitionen und Kenntnissen über die Art und Weise, wie ein religiöser Glaube, der eben mehr bedeutet als ein bloßes Fürwahrhalten von Propositionen (▶ Abschn. 2.2.1), in der Regel von Gläubigen innegehabt und gelebt wird. Aufgrund seiner zentralen Bedeutung im Überzeugungshaushalt von Personen und seiner engen Verflechtung mit persönlichen und kollektiven Identitäten muss es einen religiösen Glauben nicht zwangsläufig schwächen, wenn er sich mit konkurrierenden Alternativen konfrontiert sieht. Der ‚Pluralitätstest' mag von manchen Gläubigen sogar als eine Art Glaubensprüfung betrachtet werden, die es erforderlich macht, sich umso fester an die Wahrheit der eigenen Religion zu binden. Bei andersreligiösen oder areligiösen Menschen könnte es sich schließlich, auch wenn sie in anderer Hinsicht als kompetent erscheinen mögen, um verblendete, irregeleitete oder gar von dämonischen Mächten besessene Personen handeln. Deswegen hält der Persistenzialismus eine Aufrechterhaltung der eigenen Position im Falle unentscheidbarer religiöser Dissense für die in epistemischer Hinsicht am besten begründete Haltung.

Fragwürdige epistemische Ebenbürtigkeit: Bereits die angenommene Voraussetzung, dass es sich bei interreligiösen Dissensen um Fälle von *peer disagreement,* also um die Nicht-Übereinstimmung epistemisch Ebenbürtiger handele, ist ausgesprochen fragwürdig. Religiöse Menschen betrachten sich im Hinblick auf ihre Beziehung zur religiösen Wahrheit wechselseitig gerade nicht als epistemisch ebenbürtig, da sie ihre jeweiligen Erkenntnisquellen (z. B. Offenbarungsschriften, Meditationserlebnisse, glaubwürdige Zeugenberichte über religiöse Gründergestalten) als exklusiv und einzigartig erachten. Deswegen vermögen sie auch in einer Situation der epistemischen Unentscheidbarkeit, in der alle Positionen gleichzeitig exklusive Zugänge zur religiösen Wahrheit behaupten, an ihrer je eigenen religiösen Überzeugung festzuhalten.

Atheismus als mögliche Konsequenz religiöser Diversität: Von ‚außen' betrachtet mag eine solche Reaktion als irrational erscheinen. Denn anstatt die je eigene religiöse Überzeugung zu bestärken, scheint die Patt-Situation gleichrangiger und zugleich inkompatibler religiöser Wahrheitsansprüche viel eher ein Argument für die Falschheit sämtlicher Religionen zu liefern. Religiöse Diversität kann somit auch zu einem Faktor der Religionskritik, ja des Atheismus werden. Ähnlich wie der Naturalismus, der Transzendenz als unwissenschaftlich ablehnt, könnte man aufgrund der wechselseitigen Relativierung aller Religionen zu dem Ergebnis gelangen, dass alle Religionen falsch seien.

Relativismus: Eine weitere mögliche Reaktion auf das religiöse Pluralitätsdilemma besteht in einem totalen Relativismus, der aus der Unentscheidbarkeit religiöser Wahrheitsfragen nicht auf die Falschheit aller Religionen, sondern im Gegenteil auf die unübersetzbare Einzigartigkeit jeder einzelnen Religion schließt. Aus dieser Perspektive sind letztlich alle Religionen wahr, weil sie so verschieden sind, dass ihre Wahrheitsansprüche nicht einmal zueinander in Beziehung gesetzt werden können.

Standardmodelle des Umgangs mit religiöser Diversität: In der philosophischen ebenso wie in der theologischen Diskussion religiöser Diversität wird jedoch in der Regel weder die eine noch die andere Extremposition vertreten. Stattdessen haben sich die folgenden drei Positionen zum epistemologischen Umgang mit religiöser Vielfalt etabliert:

— Der *Exklusivismus* vertritt die Ansicht, dass nur eine einzige Religion unter den vielen verschiedenen Religionen wahr sein kann. Alle anderen müssen folglich falsch sein. (Diesbezüglich kann man zwischen einem theologischen und einem religionsphilosophischen Exklusivismus unterscheiden: Der theologische Exklusivismus behauptet, dass nur die jeweils eigene Religion wahr sei, der religionsphilosophische Exklusivismus befürwortet hingegen etwas schwächer die epistemologische Möglichkeit, dass nur eine einzige Religion wahr sein könnte.)

— Der *Inklusivismus* akzeptiert die Vielfalt der Religionen von einer bestimmten religiösen Position aus unter der Maßgabe, dass die Wahrheitsgehalte aller anderen religiösen Positionen in der eigenen Position als der wahren Religion enthalten sind. Somit sind andere Religionen nicht gänzlich falsch, sondern sie beinhalten wahre Elemente, die freilich am Maßstab der wahren Religion zu beurteilen sind.

— Der religiöse *Pluralismus,* der vor allem von John Hick (1922–2012) entwickelt und vertreten wurde (Hick 1985; [2]2004), bezieht sämtliche Religionen auf eine transzendente Realität („the Real"), nach der alle Religionen streben, ohne sie jedoch in ihrer Fülle erfassen zu können. Die existierenden Religionen stellen kulturell unterschiedliche Reaktionen auf die eine ultimative Realität dar, so wie sie Menschen jeweils erscheint. Das Absolute ‚an sich' ist jedoch keiner einzelnen Religion exklusiv zugänglich. Gemeinsam ist den Religionen aber, dass sie eine Transformation der menschlichen Existenz von einer Selbstbezogenheit zu einer Bezogenheit auf das ‚Reale' bewirken.

Exklusivismus und Inklusivismus: Die beiden zuerst genannten Positionen kommen darin überein, dass sie es für rational gerechtfertigt halten, auch angesichts einer epistemischen Patt-Situation in religiösen Dissensen an einer einzigen religiösen Wahrheit festzuhalten. Man kann daher diese beiden Positionen auch als Repräsentantinnen eines semantischen Realismus deuten: Sie gehen davon aus, dass es letztlich eine religiöse Wahrheit gibt, die dem entspricht, was wirklich ist. Ein starker Exklusivismus impliziert die Auffassung, dass einzelne religiöse Überzeugungen einer nicht-wahren Religion selbst dann unwahr sind, wenn sie mit religiösen Überzeugungen der einzig wahren Religion offensichtlich übereinstimmen. Ein in diesem Sinne starker muslimischer Exklusivismus müsste demzufolge die christliche oder jüdische Überzeugung, dass es nur einen Gott gebe, ablehnen, obwohl der Islam genau dieselbe Überzeugung vertritt. Eine derartige Positionierung scheint auf den ersten Blick absurd und unlogisch zu sein. Sie könnte allenfalls durch einen sehr starken Holismus religiöser Überzeugungen gerechtfertigt werden, demzufolge eine einzelne religiöse Überzeugung nicht wahr sein kann, wenn der Gesamtkontext, in dem sie steht, falsch ist. Ein abgeschwächter Exklusivismus kann hingegen durchaus anerkennen, dass es auch in anderen als der einzig wahren Religion wahre religiöse Überzeugungen geben kann, sofern diese mit den Überzeugungen der wahren Religionen übereinstimmen oder kompatibel sind. Diese Form des Exklusivismus nähert sich dem Inklusivismus an.

Die pluralistische Hypothese John Hicks: Der Religionspluralismus John Hicks vertritt hingegen keinen semantischen Realismus in Bezug auf religiöse Überzeugungen. Vielmehr greift er auf den kritischen Idealismus Kants und dessen erkenntnistheoretische Unterscheidung zwischen ‚Erscheinung‘ (*phenomenon*) und ‚Ding an sich‘ (*noumenon*) zurück, wenn er die Vielfalt der Religionen als verschiedene Perspektiven auf das Absolute, so wie es uns erscheint, und nicht, wie es an sich ist, interpretiert. Religionen differieren daher zwar in phänomenaler Hinsicht voneinander, leisten aber in Bezug auf das transzendente Noumenale dasselbe. Deswegen ist es für die Anhänger:innen einer jeweiligen Religion Hick zufolge durchaus rational, auch angesichts religiöser Pluralität ihren Glaubensüberzeugungen treu zu bleiben. Relevante Unterscheidungen wie diejenige zwischen natürlicher und geoffenbarter Religion, die Kant in seiner eigenen Religionsphilosophie entwickelt, werden dagegen im Religionspluralismus Hickscher Provenienz nicht verarbeitet.

5.3.3 Interreligiöser Dialog und komparative Theologie

Theologie der Religionen: Bevor im abschließenden ▶ Abschn. 5.3.4 dargelegt werden soll, wie die Anknüpfung an bestimmte Aspekte der kantischen und nachkantischen Traditionslinie der Religionsphilosophie fruchtbare Impulse für den philosophischen Umgang mit religiöser Diversität zu liefern vermag, soll zuvor noch ein Blick auf die Auseinandersetzung mit religiöser Pluralität innerhalb der Theologie geworfen werden. Derjenige Bereich der Theologie, der sich mit den Geltungsansprüchen verschiedener Religionen befasst, wird als „Theologie der Religionen" bezeichnet. Im Prinzip sind die in der Erkenntnistheorie religiöser Dissense aufgeworfenen Probleme dieselben, mit denen sich auch die Theologien angesichts religiöser Diversität konfrontiert sehen, mit dem entscheidenden Unterschied allerdings, dass diese selber als Parteien im interreligiösen Dialog bzw. Dissens auftreten. Hinzu kommt der in vielen Religionen und Theologien enthaltene Auftrag zur Missionierung, also zur aktiven Überzeugungsarbeit, um die Anhänger:innen anderer Religionen zur Konversion zu bewegen.

Interreligiöse Dialoge aus exklusivistischer Perspektive: Die drei vorhin skizzierten Positionierungen des Exklusivismus, des Inklusivismus und des Pluralismus sind auch für die theologischen Grundlagen des interreligiösen Dialogs maßgeblich. Je nachdem, für welche der drei Positionen man sich entscheidet, wird auch die Interpretation des religiösen Missionierungsauftrags unterschiedlich ausfallen: Vom religiösen Exklusivismus aus betrachtet liegt es nahe, die Anänger:innen anderer Religionen von der eigenen Religion aktiv überzeugen zu wollen, wenn man davon ausgeht, dass im Grunde nur die eigene Religion Wahrheit enthält und exklusiv zum spirituellen Heil, ja zum ewigen Leben führt. Ein echter Dialog zwischen den Religionen dürfte allerdings kaum mit Gewinn zu führen sein, wenn alle Dialogbeteiligten einen exklusivistischen Standpunkt vertreten und allen Religionen außer ihrer eigenen absprechen, im Besitz der Wahrheit zu sein.

Interreligiöse Dialoge aus inklusivistischer Perspektive: Inklusivist:innen können immerhin Gemeinsamkeiten zwischen ihrer und den anderen Religionen identifizieren und von dort aus Brücken zu ihren Dialogpartner:innen bauen, die freilich ebenso wie beim Exklusivismus das Ziel haben, letztlich alle am Dialog Beteiligten zur einen religiösen Wahrheit hinzuleiten. Ein interreligiöser Dialog zwischen Inklusivist:innen ist jedoch dadurch möglich, dass jede einzelne Religion zwar in allen anderen nur Teilwahrheiten erkennt, diese aber als gemeinsame Schnittmengen des Gesprächs fungieren können. Unter dieser Voraussetzung können nicht zu schlichtende interreligiöse Divergenzen von allen Beteiligten zumindest toleriert werden.

Interreligiöse Dialoge aus pluralistischer Perspektive: Von einem religionspluralistischen Standpunkt aus, der neben Hick u. a. von dem US-amerikanischen Theologen Paul F. Knitter (*1939) sowie im deutschen Sprachraum von dem Theologen und Religionswissenschaftler Perry Schmidt-Leukel (*1954) weiterentwickelt worden ist, erübrigt sich eine aktive Missionierung, da dem Pluralismus zufolge jede Religion ihre spezifische Perspektive auf das Absolute als Antwort auf die menschliche Erlösungsbedürftigkeit entwickelt hat. Konversion stellt vor diesem Hintergrund bloß einen kulturellen Tausch der einen gegen die andere religiöse Perspektive dar; der religiösen Wahrheit, die keine Religion exklusiv für sich gepachtet hat, kommt man dadurch im Grunde nicht näher. Das einzige halbwegs zuverlässige Beurteilungskriterium für die ‚Wahrheit' einer religiösen Mythologie erblickt der religionstheologische Pluralismus Hicks in der Lebensweise, die aus der jeweiligen Religion folgt. Begünstigt diese moralisch schätzenswerte Dispositionen wie Empathie, Solidarität, Altruismus, Gewaltlosigkeit usw., so ist man in der pragmatischen Annahme gerechtfertigt, dass sich die religiöse Lebensform bewährt hat, dass sie ‚die richtige' für ihre Anhänger:innen ist. Für den interreligiösen Dialog ist die Einstellung des Pluralismus zweifellos förderlich, da sie eine Vielfalt an religiösen Perspektiven als gleichwertig akzeptiert.

Selbstanwendungsproblematik des religiösen Pluralismus: Eine andere Frage ist jedoch, ob die Gläubigen den religiösen Pluralismus auch auf ihren eigenen Glauben anwenden können, ohne dadurch in einen problematischen Widerspruch mit ihren religiösen Überzeugungen zu geraten: Der Pluralismus fordert schließlich dazu auf, die jeweils eigene Religion als eine bloß kulturelle Erscheinungsform zu betrachten, die gegenüber konkurrierenden spirituellen Perspektiven keinen Wahrheitsvorsprung beanspruchen darf. Dies bedeutet aber, dass man als Pluralist:in den eigenen Glauben in einer Weise relativieren müsste, die mit einem authentischen religiösen Bekenntnis unverträglich wäre. In der transzendenten göttlichen Realität, dem Fluchtpunkt, dem alle Religionen zustreben, verschwimmen die Grenzen zwischen Jahwe und Allah, dem dreifaltigen Gott des Christentums, Brahman und der Buddha-Natur. Einer gläubigen Muslimin dürfte es allerdings schwer fallen, die koranische Offenbarung für eine kulturelle Erfindung zu halten, die anderen religiösen Botschaften exakt gleichwertig ist; und dasselbe gilt auch für überzeugte Anhänger:innen anderer Religionen. Ihre authentischen Glaubensüberzeugungen sind mit der pluralistischen Hypothese nicht kompatibel. Darin liegt der vermutlich stichhaltigste Einwand gegen den religionstheologischen Pluralismus.

Komparative Theologie: Neben der Reflexion auf die Voraussetzungen und Gelingensbedingungen interreligiöser Dialoge stellt komparative Theologie einen vielversprechenden Ansatz für einen konstruktiven theologischen Umgang mit religiöser Diversität dar (von Stosch 2012; Bernhardt/von Stosch 2009). Im Unterschied zu den allgemeinen und recht abstrakten Standardmodellen des Exklusivismus, Inklusivismus und Pluralismus begibt sich komparative Theologie in konkrete religiöse Doktrinen und Praktiken hinein und arbeitet deren zugrunde liegenden Tiefenstrukturen heraus. Oberflächliche Gemeinsamkeiten können sich dadurch bei näherem Hinsehen als fundamentale Unterschieden herausstellen, allzu offensichtliche Divergenzen erweisen sich im Zuge eines differenzierten Vergleichs möglicherweise als strukturelle Familienähnlichkeiten.

Ziele von Religionsvergleichen: Für das theologische Erkenntnisinteresse besteht das Ziel komparativer Untersuchungen verschiedener Religionen sicherlich nicht darin, letztlich zu einer vollkommen pluralistischen Perspektive zu gelangen und am Ende gar den ursprünglichen Glauben zugunsten eines Glaubens an interreligiöse Tiefenstrukturen aufzugeben. Vielmehr wird komparative Theologie von den Prämissen eines bestimmten religiösen Bezugssystems ausgehen und andersreligiöse Vorstellungen zu den je eigenen religiösen Überzeugungen in Beziehung setzen. Durch die Entdeckung unerwarteter interreligiöser Gemeinsamkeiten können religiöse Überzeugungen durchaus gestärkt werden; zugleich erzeugen derartige Entdeckungen unter Umständen eine größere Nähe zwischen den Anhänger:innen verschiedener Religionen, die auf kulturell unterschiedlichen Wegen gleichwohl zu ähnlichen Auffassungen gelangt sind. Ein anderer konstruktiver Zweck von Religionsvergleichen besteht darin, die je eigenen Überzeugungen und Praxen im Lichte fremdreligiöser Vorstellungen neu zu betrachten und möglicherweise sogar Aspekte anderer Religionen in die eigene Glaubenspraxis zu übernehmen, soweit sie mit deren doktrinalen Grundlagen kompatibel sind. Als exemplarisch hierfür lässt sich die gelegentliche Übernahme fernöstlicher Meditationstechniken in christlichen Klöstern anführen. Die religiöse Auseinandersetzung mit einer Vielzahl spiritueller Möglichkeiten muss somit keinesfalls zur Schwächung oder Relativierung des eigenen Glaubens führen, sondern kann vielmehr eine Bereicherung und Intensivierung der eigenen religiösen Überzeugung und Praxis bedeuten. Der Soziologe Peter L. Berger hat dementsprechend bezogen auf die möglichen Umgangsweisen mit religiösem Pluralismus für eine ‚induktive Option' argumentiert, die von gemeinsamen menschlichen Grunderfahrungen in den unterschiedlichen religiösen Traditionen ihren Ausgang nimmt. Die ‚deduktive Option' würde dagegen einen Rückzug in vormodernen Traditionalismus und

Fundamentalismus bedeuten, eine Position, die man auch mit dem Exklusivismus identifizieren könnte. Die von Berger außerdem aufgeführte ‚reduktive Option' macht dagegen überaus starke Konzessionen an die säkulare Moderne und den religiösen Pluralismus, indem sie den transzendenten Eigenwert von Religion letztlich in Anthropologie und Ethik aufgehen lässt (Berger 1979).

Grundlagen komparativer Forschung in der Theologie: Die induktiv vorgehende, komparative Untersuchung von Religionen legt die interdisplinäre Kooperation mehrerer Disziplinen nahe (neben Theologie v. a. Religionswissenschaften, Religionssoziologie, Religionsphilosophie, die Philologien der jeweiligen Sprachen, in denen die Texte der zu untersuchenden Religionen verfasst sind, Ethnologie sowie Kulturanthropologie). Zur theoretischen Fundierung und methodischen Konzeption komparativer Theologie haben u. a. der britische Theologe Keith Ward (*1938), der US-amerikanische Philosoph und Theologe Robert Cummings Neville (*1939) sowie der US-amerikanische Theologe Francis Xavier Clooney (*1950) grundlegende Ansätze erarbeitet. Besondere Bedeutung kommt dabei der intensiven Lektüre von Texten aus verschiedenen religiösen Traditionen zu, die sowohl in ihrem jeweiligen spirituellen Eigensinn als auch in ihrer wechselseitigen Erhellung gelesen werden sollten (Clooney 2010, 55 ff.). Innerhalb der deutschsprachigen Forschungslandschaft hat u. a. der katholische Theologe Klaus von Stosch (*1971) dazu beigetragen, das Konzept der komparativen Theologie zu etablieren.

Die Weltparlamente der Religionen: Während komparative Theologie eine dezidiert wissenschaftliche Forschungstätigkeit darstellt, die von akademischen Expert:innen betrieben wird, finden interreligiöse Dialoge keineswegs nur auf universitärer Ebene statt, sondern auch zwischen religiösen Amtsträger:innen und Laien unterschiedlicher religiöser Bekenntnisse. Besonders herausgehobene Beispiele interreligiöser Dialoge stellen die Weltparlamente der Religionen dar, deren erstes am 11. September 1893 im Rahmen der Weltausstellung in Chicago stattfand (Stausberg 2020, 17 ff.). Das Datum „Nine-Eleven" könnte somit nicht nur für den bislang verheerendsten Zusammenstoß zwischen religiösem Fundamentalismus und westlichem Säkularismus stehen, nämlich für die Terroranschläge islamistischer Terroristen auf das World Trade Center und weitere Institutionen der Vereinigten Staaten von Amerika im Jahr 2001, sondern ebenso für den ersten Versuch, einen weltweiten friedlichen Dialog der Religionen in Gang zu setzen. Eine Wiederauflage erfuhr das Weltparlament der Religionen erst 100 Jahre später erneut in Chicago; auf dieser Versammlung im Jahr 1993 verabschiedete das „Parliament of the World's Religions" auch eine „Erklärung zum Weltethos" (Küng 2002), die gemeinsame moralische Grundsätze sämtlicher Weltreligionen formuliert (▶ Abschn. 5.2.1). Zwischen 1999 und 2018 haben sechs weitere interreligiöse Treffen auf globaler Ebene stattgefunden. Und auch wenn die Zusammenkünfte die während dieses Zeitraums in vielen Regionen der Welt eskalierende Gewalt, die im Namen von oder unter Berufung auf Religion verübt wurde, nicht verhindern konnten, so haben sie doch ein wichtiges Zeichen in die Welt gesendet, dass Religionen sich ihrer großen Verantwortung für ein menschenwürdiges, friedliches, sozial gerechtes und ökologisch nachhaltiges Zusammenleben bewusst sind.

5.3.4 Interkulturelle Religionsphilosophie

Bezogen auf die Problematik religiöser Diversität wurde in den vorangegangenen Kapiteln dargelegt, dass sich Religionssoziologie und politische Philosophie mit dem Faktum religiöser Pluralität und dessen Konsequenzen für das gesellschaftliche Zusammenleben auseinandersetzen, dass die Erkenntnistheorie religiöser Dissense die epistemischen Verpflichtungen untersucht, die aus religiöser Vielfalt für die rationale Rechtfertigung von Glaubensüberzeugungen erwachsen, und dass in der Theologie der Religionen Grundlagen für den interreligiösen Dialog sowie – innerhalb der komparativen Theologie – für systematische und zugleich ergebnisoffene Religionsvergleiche gelegt werden. Welche Rolle könnte aber der Religionsphilosophie über diese genannten Forschungsfelder hinaus bei der Thematisierung religiöser Diversität noch zufallen?

Unterschied zur Theologie der Religionen: Die interkulturelle Erweiterung der Religionsphilosophie, für deren Relevanz zum Abschluss dieser Einführung argumentiert werden soll, verfolgt im Prinzip ähnliche Intentionen wie interreligiös geführte Dialoge und komparative Ansätze innerhalb der Theologie, die im vorigen ▶ Abschn. 5.3.3 dargestellt worden sind. Allerdings erfolgen philosophische Erwägungen zu interreligiösen Dissensen nicht aus der engagierten Teilnehmendenperspektive religiöser Positionen, sondern aus der Sichtweise einer säkularen Rationalität, die sich freilich nicht selbst absolut setzen darf, um sich für die inhaltliche Auseinandersetzung mit religiösen Begriffen, Gedankenmotiven und Systemen offen zu halten. Von interreligiöser und komparativer Theologie unterscheidet sich interkulturelle Religionsphilosophie durch ihr Bemühen um eine religionsübergreifende Neutralität, die freilich niemals zur Gänze erreicht werden kann, weil selbstverständlich auch Philosophie nicht von einem Nullpunkt aus betrieben wird, sondern immer schon aus einer bestimmten kulturellen, gesellschaftlichen, historischen Situiertheit aus erfolgt. Gleichwohl ist *Epoché,* um in diesem Zusammenhang einen Grundbegriff der Husserlschen Phämenologie zu gebrauchen, d. h. die bewusste Reduktion von Vorurteilen im Vorfeld der Erfassung eines Gegenstandes, auch nicht vollkommen unerreichbar, und Religionsphilosophie, sofern sie nicht explizit von einem binnenreligiösen Standpunkt aus erfolgt, sollte sie zumindest anstreben. Sofern es ihr nämlich gelingt, so weit wie möglich vorurteilsfrei interreligiöse Konvergenzen und Divergenzen zu ermitteln, begrifflich zu fassen und argumentativ zu untersuchen, kann Religionsphilosophie zu einem rationalen Ausgangstragungsort für religiöse Dissense werden, zu einem unparteiischen Medium interreligiöser Verständigung.

Unterschied zur Epistemologie religiöser Dissense: Eine interkulturell orientierte Religionsphilosophie unterscheidet sich aber nicht nur von einer Theologie der Religionen, sondern auch vom philosophischen Umgang mit religiöser Diversität, der die Epistemologie religiöser Dissense (▶ Abschn. 5.3.2) charakterisiert. Die epistemischen Verpflichtungen, die mit religiösen Glaubensüberzeugungen einhergehen, werden innerhalb der religiösen Erkenntnistheorie zumeist vom Gehalt jener Glaubensüberzeugungen abstrahiert und auf einer Metaebene analysiert, die den Inhalt des Glaubens weitgehend unberücksichtigt lässt. An dieser Stelle kann eine interkulturelle Religionsphilosophie ansetzen, die bei der

Thematisierung religiöser Pluralität nicht nur auf die formale Dissensepistemologie der analytischen Erkenntnistheorie zurückgreift, sondern die sich darüber hinaus auf eine überaus gehaltvolle Traditionslinie der Religionsphilosophie besinnt, die von Kants religionsbezogenen Überlegungen über die Religionsphilosophien Hegels und Schellings bis in das postmetaphysische Nachdenken über den Zusammenhang von Glauben und Wissen bei Philosophen wie Derrida und Habermas reicht.

Kants Differenzierung der Vernunftvermögen: Der Rückgriff auf die Philosophie Kants bedarf dabei gerade im Hinblick auf deren interkulturelle Applizierbarkeit einer Erläuterung. Für eine interkulturell ausgerichtete Religionsphilosophie ist die von John Hick vorgenommene Übertragung der kantischen Unterscheidung von ‚noumenal‘ und ‚phänomenal‘ auf das Feld der religiösen Diversität problematisch, da sie fundamentale religiöse Überzeugungen auf die Ebene bloßer Erscheinungen herabzieht und offenkundige Divergenzen zwischen religiösen Auffassungen in einer unerkennbaren transzendenten Realität nivelliert, die angeblich allen Religionen zugrunde liegen soll. Die der theoretischen Philosophie Kants entlehnte Gedankenfigur, derer sich der religiöse Pluralismus bedient, mündet letztlich in einen verkappten Inklusivismus und kann daher die philosophische Problematik religiöser Diversität nicht zufriedenstellend lösen. Aber auch die Religionsphilosophie Kants selbst ist einerseits zu eindimensional auf ihre Anschlussfähigkeit an die praktische Philosophie (Ethik) und andererseits auf die metaphysischen Prämissen der christlichen Religion fixiert, als dass sie ohne weiteres zur Fundierung einer interkulturellen Religionsphilosophie im 21. Jh. übernommen werden könnte. Stattdessen lässt sich aber aus dem systematischen Aufbau der kantischen Philosophie insgesamt lernen, wie unterschiedliche Weltzugangsweisen unserer kognitiven Vermögen so differenziert betrachtet werden können, dass sie den verschiedenen Geltungsansprüchen, die unser Erkennen, Handeln und Erleben prägen, gerecht werden.

Hegels Religionsbegriff: Auf das Untersuchungsfeld der religiösen Diversität bezogen bedeutet dies, die kantische Unterscheidung in theoretische und praktische Vernunft sowie Urteilskraft auf die philosophische Untersuchung religiöser Positionen anzuwenden. Religiöse Überzeugungen sollten in der Religionsphilosophie nicht – wie es innerhalb der Epistemologie religiöser Dissense allzu oft geschieht – in ihrer abstrakten Formalität und subjektiven Gewissheit betrachtet werden, sondern vielmehr in ihren konkreten Gehalten. Diese Überzeugung liegt auch der ersten ausgearbeiteten Religionsphilosophie der Moderne zugrunde, nämlich derjenigen Hegels, der eine mit der kantischen Rationalitätsanalyse durchaus kompatible Dreiteilung des Religionsbegriffs vorschlägt (Hegel 1983–85; Wirtz 2018, 329 ff.):

1. die ‚objektiven‘ doktrinalen Gehalte der Religion, die das Moment der Allgemeinheit der Begriffs ausmachen;
2. das subjektive religiöse Bewusstsein, das die Sphäre der Differenz (nämlich des gläubigen Subjekts gegenüber den Glaubensgehalten) markiert;
3. der intersubjektiv-soziale Aspekt des religiösen Kultus einer Glaubensgemeinschaft, in dem die Differenz von Allgemeinheit und Besonderheit aufgehoben ist.

Zusammenhang mit den Geltungsansprüchen von Aussagen: Der Zusammenhang dieser von Hegel herausgearbeiteten Momente des Religionsbegriffs mit der kantischen Differenzierung verschiedener Vernunftformen ist darin zu sehen, dass die doktrinalen Gehalte von Religion (1) im Medium der theoretischen Vernunft sowie der reflektierenden Urteilskraft bedacht werden können. Das subjektive Bewusstsein (2) bezieht sich im doktrinalen Glauben mit der theoretischen Vernunft, im moralischen Glauben mit der praktischen Vernunft auf die objektiven Gehalte des Religiösen. Die soziale Praxis einer Religionsgemeinschaft (3) bezieht sich zum einen auf die praktische Vernunft, sofern sie die religiöse Ethik richtiger Lebensführung betrifft, zum anderen auf die Kompetenzen der Urteilskraft, die das religiöse Leben und Erleben innerhalb der kulturellen Symbolwelt einer Religion mit dem ästhetischen Sinn für das Schöne, Gute und Zweckmäßige verbindet. Zugleich spiegelt sich in Hegels Unterteilung des Religionsbegriffs auch die sprachphilosophisch rekonstruierbare Differenzierung der Geltungsansprüche von Aussagen wieder, nämlich (1) hinsichtlich der Wahrheit von Propositionen (bezogen auf den metaphysischen Gehalt sowie auf die konkrete Glaubensvorstellung religiöser Begriffe), (2) hinsichtlich der Richtigkeit moralischer Grundsätze (bezogen auf das subjektive religiöse Bewusstsein sowie auf das soziale und kultische Moment einer Religion), (3) hinsichtlich der Authentizität individueller und kollektiver Äußerungen des religiösen Lebens (bezogen auf die im Kultus objektivierten Gehalte einer Religion sowie auf subjektive religiöse Erlebnisse).

Religiöse Diversität im dialogischen Medium der Philosophie: Die Anwendung der beschriebenen Differenzierung des Religionsbegriffs auf das Problemfeld religiöser Diversität und interreligiöser Dissense eröffnet der Religionsphilosophie die Möglichkeit, die abstrakte Ebene unbestimmter Glaubensüberzeugungen zu verlassen und sich mit den konkreten Konvergenzen und Divergenzen religiöser Auffassungen auseinanderzusetzen. Historische Vorbilder für ein derartiges Selbstverständnis der Religionsphilosophie können antike und mittelalterliche Religionsdialoge liefern, zu deren philosophisch bedeutsamsten das von Petrus Abaelardus verfasste *Gespräch eines Philosophen, eines Juden und eines Christen* (1140–42) sowie die Schrift *De pace fidei (Über den Frieden zwischen den Religionen;* 1488) von Nicolas Cusanus gehören. Der ausschließlich monotheistische Gesichtspunkt, aus dem heraus diese fiktiven, philosophisch inszenierten Religionsgespräche geführt wurden, muss heutzutage freilich zugunsten einer interkulturellen Erweiterung des religionsphilosophischen Horizontes auf nicht-monotheistische Religionsformen aufgegeben werden. Zur Diversität des Religiösen, welche die Religionsphilosophie im 21. Jh. zu berücksichtigen hat, gehören neben den monotheistischen Religionen Judentum, Christentum und Islam, den ostasiatischen Weltreligionen Hinduismus und Buddhismus auch die klassischen chinesischen ‚Religionsphilosophien' des Konfuzianismus und des Daoismus, der Jainismus, das Bahaitum, indigene Religionen Nord- und Südamerikas, des subsaharischen Afrikas Australiens und Ozeaniens sowie neureligiöse Bewegungen, die erst im 19. und 20. Jh. entstanden sind. Selbstverständlich ist es unmöglich, dieser Fülle an religiösen Positionen in jeder einzelnen religionsphilosophischen Untersuchung gerecht zu werden. Dies ist aber auch nicht erforderlich. Das Ethos der

Interkulturalität kann durchaus auch in philosophisch initiierten Dialogen von
‚nur‘ zwei verschiedenen religiösen Positionen wirksam werden.

Interreligiöse Dialoge aus diversen philosophischen Perspektiven: Interkulturelle
Religionsphilosophie ist sich der kulturellen, historischen und sozialen Situiertheit philosophischer Reflexionsprozesse bewusst. Deswegen sind solche religionsphilosophischen Ansätze von besonderem Interesse, die okzidentale und außereuropäische Positionen aus einer nicht-westlichen Perspektive miteinander in ein
fruchtbares Gespräch bringen. Beispiele hierzu finden sich in der indischen Religionsphilosophie etwa bei Sarvepalli Radhakrishnan (1888–1975) und Poola
Tirupati Raju (1904–1992), in der japanischen Religionsphilosophie z. B. bei
Hajime Tanabe (1885–1962) und bei Keiji Nishitani (1900–1990). Methodische
Grundlagen eines religionsphilosophisch reflektierten interkulturellen Dialogs der
Religionen haben u. a. Raimon Panikkar (1918–2010), Ninian Smart (1927–2001)
und Joseph Runzo (*1948) erarbeitet. In Zukunft wird die interdisziplinäre Einbettung interkultureller Forschung im Bereich der Religionsphilosophie sicherlich
weiter an Bedeutung gewinnen. Zum einen wird Religionsphilosophie dabei den
genuin philosophischen Beitrag zur Erforschung von Religion innerhalb des breit-
gefächerten Spektrums der *Religious Studies* herausstellen müssen (Eckel/Sepight/
DuJardin 2021); zum anderen muss sie ihre Bedeutung auch innerhalb der akademischen Philosophie unter Beweis stellen, denn allzu oft wird Religionsphilosophie konfessionsgebunden an theologischen Fakultäten, nicht aber aus einer säkularen Perspektive an philosophischen Fakultäten gelehrt und erforscht, was ein
gravierendes Defizit darstellt.

Komparative Komplementarität religiöser Doktrinen: Im Hinblick auf die philosophischen Gehalte der Religionen, die im Medium einer diversitätssensib-
len Religionsphilosophie diskutiert werden können, lassen sich eine komparative,
eine genuin interkulturelle und eine transkulturelle Dimension voneinander unterscheiden. Diese Dimensionen stehen wiederum in Beziehung zu den Perspek-
tivierungen der Vernunft und den Momenten des Religionsbegriffs, die oben im
Rückgriff auf die Systematisierungen Kants und Hegels erläutert wurden. Komparative religionsphilosophische Untersuchungen sind insbesondere in Bezug auf
divergierende doktrinale Gehalte der Religionen ergiebig, bei denen es um die
philosophische Diskussion fundamentaler metaphysischer und ontologischer Auffassungen geht, die zwischen verschiedenen Religionen strittig sein können (etwa
der Dissens zwischen einer monotheistischen Deutung der Welt als Schöpfung eines allmächtigen Gottes und einer buddhistischen Deutung der Welt als Ergebnis
abhängigen Entstehens). Der philosophische Vergleich derartiger Weltbilddiver-
genzen wird diese entweder in ihrer unaufhebbaren und unentscheidbaren Gegen-
sätzlichkeit analytisch erfassen oder aber Komplementaritätsmomente dort ermitteln können, wo Widersprüche sich synthetisch aufeinander beziehen lassen.

Interkulturelle Kompatibilität religiöser Ethiken: Größere Chancen auf interreligiöse Übereinstimmungen als bei metaphysisch-ontologischen Dissensen zwischen den Religionen bieten sich bei der interkulturellen Diskussion normativer Grundsätze, moralischer Regeln und ethischer Einstellungen. Diese können
sich zwar von Religion zu Religion im Einzelnen durchaus sehr stark voneinander unterscheiden, besonders wenn man die unzähligen kultischen und rituellen

Verhaltensregeln hinzunimmt, welche die meisten Religionen im Laufe ihrer Geschichte entwickelt und tradiert haben. Gleichwohl lassen sich in Bezug auf fundamentale moralische Verpflichtungen bedeutsame Überlappungen und Schnittmengen zwischen verschiedenen religiösen Ethiken ausfindig machen, die überdies, wie bereits in ▶ Abschn. 5.2.1 angesprochen wurde, auch mit moralischen Grundeinsichten der (säkularen) praktischen Vernunft in Einklang zu bringen sind. Im Bereich der Ethik und Moral scheint daher die Annahme einer interkulturellen Kompatibilität religiöser Grundsätze gerechtfertigt – wie weit diese genau reicht, kann nur in speziellen interkulturellen Dialogen und Untersuchungen ermittelt werden.

Transkulturelle Konvergenz religiösen Erlebens: Der Gesichtspunkt der Transkulturalität betrifft wiederum den Bereich subjektiver Erfahrungen und kollektiver Vollzüge, die das religiöse Leben und Erleben maßgeblich prägen. In ihrer kulturellen Konkretion und empirischen Phänomenalität scheinen freilich die Unterschiede zwischen den spirituellen, mystischen, ekstatischen, kontemplativen Lebens- und Erlebnisformen der verschiedenen Religionen die Gemeinsamkeiten bei weitem zu überwiegen. Blickt man aber aus einer religionsphilosophischen Perspektive auf die strukturellen Gemeinsamkeiten religiösen Lebens und Erlebens, so entdeckt man vielmehr, dass deren Ausdrucksformen vielfach konvergieren.

Der Beitrag der Religionsphilosophie: Auch eine globale, inklusive, kritische, interdisziplinäre und interkulturelle Religionsphilosophie wird durch ihre Einsichten und Argumente alleine sicherlich keinen ‚ewigen Frieden' zwischen den Religionen herbeiführen können. Aber sie kann religiösen, andersreligiösen und säkularen Menschen immerhin gangbare Wege der vernünftigen Verständigung und des konstruktiven Dialogs aufzeigen. Religionen können schließlich das Beste, aber auch das Schlechteste hervortreiben, das in uns Menschen steckt: ein tiefes Gefühl für das große Ganze des Lebens und des Universums, hingebungsvolle Nächstenliebe und Solidarität mit den Schwächsten, die Erweiterung des eigenen beschränkten Ichs zur Universalität einer hoffnungsvoll verbundenen Gemeinschaft auf der einen Seite; aber auf der anderen Seite auch Hass, Gewalt, Dogmatismus, Engstirnigkeit, Rechthaberei, Machtmissbrauch und Unterdrückung. Religionsphilosophie leistet im optimalen Fall ihren Beitrag dazu, dass Religionen das Beste im Menschen befördern und dass dieses Beste auch in einer von ökonomischer und technischer Zweckrationalität dominierten Welt hoffentlich nicht ganz verloren geht.

? Aufgaben und Anregungen

1. Stellen Phänomene individualisierter ‚Patchwork'-Spiritualität und neoreligiöse Bewegungen eine Weiterentwicklung von Religiosität unter säkularen Bedingungen dar oder signalisieren sie in erster Linie einen Niedergang der Weltreligionen?

2. Worin besteht der Beitrag, den die etablierten Weltreligionen zur Bewältigung der ökologischen Krise leisten können? Wäre es (etwa im Hinblick auf den Umgang mit dem Klimawandel) hilfreich, wenn Umweltbewegungen ihrerseits ver-

stärkt religiöse Aspekte aufgreifen und integrieren würden – z. B. bezogen auf die spirituelle Wertschätzung und Verehrung der Natur oder ‚Mutter Erde'?

3. Inwiefern unterscheiden sich intrareligiöse, interreligiöse und religiös-säkulare Dissense in epistemologischer Hinsicht voneinander? – Versetzen Sie sich zur Beantwortung dieser Frage in hypothetische Diskussionen (a) zwischen einer Katholikin und einer Protestantin, (b) zwischen einem Juden, einem Hinduisten und einem Buddhisten und (c) zwischen einer gläubigen Muslimin und einer Atheistin hinein, z. B. über die Frage des Lebens nach dem Tod. Bestimmen Sie den jeweiligen Grad der Übereinstimmung und Nicht-Übereinstimmung

4. Worin sehen Sie die Vorzüge und die Nachteile der religionspluralistischen Hypothese John Hicks im Hinblick auf konfligierende Wahrheitsansprüche von Religionen?

5. Anhand welcher Kriterien ließe sich adäquat beurteilen, ob alle Religionen letztlich dasselbe verehren? Ist es plausibler anzunehmen, dass eine einzige Religion im Besitz der Wahrheit ist oder dass keine einzige Religion die vollständige Wahrheit enthält?

Literatur

Alston, William: „Religious Diversity and the Perceptual Knowledge of God". In: *Faith and Philosophy* 5 (1988), 433–448.

Anderson, Pamela Sue: *A Feminist Philosophy of Religion: The Rationality and Myhths of Religious Belief.* Oxford 1998.

Anderson, Pamela Sue: „Feminism in Philosophy of Religion". In: Deane-Peter Baker/Patrick Maxwell (Hg.): *Explorations in Contemporary Continental Philosophy of Religion.* Amsterdam 2003, 189–206.

Assmann, Jan: *Die Mosaische Unterscheidung oder der Preis des Monotheismus.* München/Wien 2003.

Assmann, Jan: *Moses der Ägypter. Entzifferung einer Gedächtnisspur.* München 1998.

Basinger, David: „It is Reasonable to Believe that Only One Religion is True". In: Michael J. Peterson/ Raymond J. VanArragon (Hg.): *Contemporary Debates in Philosophy of Religion.* Hoboken (NJ)/ Oxford 2020, 243252.

Benjamin, Walter: „Kapitalismus als Religion". In: Baecker 2003, 15–18 (1921).

Berger, Peter L.: *The Heretical Imperative. Contemporary Possibilities of Religious Affirmation.* New York 1979. Dt.: *Der Zwang zur Häresie. Religion in der pluralistischen Gesellschaft.* Frankfurt a. M. 1980.

Bernhardt, Reinhold/von Stosch, Klaus (Hg.): *Komparative Theologie. Interreligiöse Vergleiche als Weg der Religionstheologie.* Zürich 2009.

Clooney, Francis X., S.J.: *Comparative Theology. Deep Learning Across Religious Borders.* Malden (MA)/Oxford 2010.

Daly, Mary: *Beyond God the Father. Toward a Philosophy of Women's Liberation.* Boston (MA) 1973.

Dworkin, Ronald: *Religion without God.* Cambridge (MA) 2013. Dt.: *Religion ohne Gott* Berlin 2014.

Eckel, M. David/Speight, C. Allen/DuJardin, Troy (Hg.): *The Future of the Philosophy of Religion.* Cham 2021.

Ferré, Frederick: „Value Judgments, God, and Ecological Ecumenism". In: Jeremiah Hackett/Jerald Wallulis (Hg.): *Philosophy of Religion for a New Century. Essays in Honor of Eugene Thomas Long.* Dordrecht 2004, 105–132.

Forst, Rainer: *Toleranz im Konflikt. Geschichte, Gehalt und Gegenwart eines umstrittenen Begriffs.* Frankfurt a. M. 2003.

Forst, Rainer: „Religion und Toleranz von der Aufklärung bis zum postsäkularen Zeitalter: Bayle, Kant und Habermas". In: Matthias Lutz-Bachmann (Hg.): *Postsäkularismus. Zur Diskussion eines umstrittenen Begriffs*. Frankfurt a. M. 2015, 97–134.

Frankenberry, Nancy: „Philosophy of Religion in Different Voices". In: *Philosophy in a Feminist Voice: Critiques and Reconstructions*. Hg. v. Janet A. Kourany. Princeton (NJ) 1998, 173–203.

Gottlieb, Roger S. (Hg.): *This Sacred Earth: Religion, Nature, Environment*. London/New York ²2004.

Habermas, Jürgen: „Glauben und Wissen. Friedenspreisrede 2001". In: Jürgen Habermas: *Zeitdiagnosen. Zwölf Essays 1980–2001*. Frankfurt a. M. 2003, 249–262.

Habermas, Jürgen: „Religion in der Öffentlichkeit. Kognitive Voraussetzungen für den ‚öffentlichen Vernunftgebrauch' religiöser und säkularer Bürger". In: Jürgen Habermas: *Politische Theorie*. Philosophische Texte Bd. 4. Frankfurt a. M. 2009, 259–297 (ebenfalls enthalten in: Jürgen Habermas: *Zwischen Naturalismus und Religion. Philosophische Aufsätze*. Frankfurt a. M. 2005, 119–154).

Habermas, Jürgen/Ratzinger, Joseph: *Dialektik der Säkularisierung. Über Vernunft und Religion*. Freiburg/Basel/Wien 2005.

Hick, John: *An Interpretation of Religion*. New Haven (CT) ²2004.

Hick, John: *Problems of Religious Pluralism*. London/New York 1985.

Jantzen, Grace: *Becoming Divine: Towards a Feminist Philosophy of Religion*. Bloomington (IN) 1999.

Joy, Morny: „Philosophy and Religion". In: Peter Antes/Armin W. Geertz/Randi R. Warne (Hg.): *New Approaches to the Study of Religion*. Vol. 1: *Regional, Critical and Historical Approaches*. Berlin/New York 2004, 185–217.

Kauffman, Stuart: *At Home in the Universe. The Search for the Laws of Self-Organization and Complexity*. New York/Oxford 1995 (dt. *Der Öltropfen im Wasser. Chaos, Komplexität, Selbstorganisation in Natur und Gesellschaft*. München/Zürich 1996).

King, Sallie: „A Global Ethic in the Light of Comparative Religious Ethics". In: Sumner B. Twiss/Bruce Grelle (Hg.): *Comparative Religious Ethics and Interreligious Dialogue*. London/New York 2000, 118–140.

Kraft, James: „Religious Disagreement, Externalism, and the Epistemology of Disagreement: Listening to Our Grandmothers". In: *Religious Studies* 43 (2007), 417–432.

Küng, Hans: *Projekt Weltethos*. München 1990.

Küng, Hans (Hg.): *Dokumentation zum Weltethos*. München 2002.

Lübbe, Hermann: *Religion nach der Aufklärung*. Graz 1986.

Mahaffey, Patrick John: *Integrative Spirituality. Religious Pluralism, Individuation, and Awakening*. London/New York 2019.

Quinn, Philip: „On Religious Diversity and Tolerance". In: *Daedalus* 134 (2005), 136–139.

Rawls, John: *Political Liberalism*. New York 1993.

Rawls, John: „The Idea of Public Reason". In: *The University of Chicago Law Review*, 64 (1997), 765–807.

Renusch, Anita: *Der eigene Glaube und der Glaube der anderen. Philosophische Herausforderungen religiöser Vielfalt*. Freiburg/München 2014.

Schellenberg, John C.: „Religious Experience and Religious Diversity: A Reply to Alston". In: Philip L. Quinn/Kevin Meeker (Hg.): *The Philosophical Challenge of Religious Diversity*. New York 2000, 208–217.

Schmidt-Leukel, Perry (Hg.): *Buddhism, Christianity and the Question of Creation: Karmic or Divine?* Aldershot 2006.

Stausberg, Michael: *Die Heilsbringer. Eine Globalgeschichte der Religionen im 20. Jahrhundert*. München 2020.

Stosch, Klaus von: *Komparative Theologie als Wegweiser in die Welt der Religionen*. Paderborn 2012.

Taylor, Charles: *A Secular Age*. Cambridge (MA) 2007. Dt.: *Ein säkulares Zeitalter*. Berlin 2012.

Tolstoy, Leo: „Religion and Morality". In: Leo Tolstoy: *Selected Essays*. New York 1964 (russ. 1894).

Welch, Sharon: *A Feminist Ethic of Risk*. Minneapolis (MN) 1989.

Wirtz, Markus: *Religiöse Vernunft. Glauben und Wissen in interkultureller Perspektive*. Freiburg/München 2018.

Weiterführende Literatur

Abaelard, Peter: *Gespräch eines Philosophen, eines Juden und eines Christen.* Frankfurt a. M./Leipzig 2008 (lat. 1140–42).

Anderson, Pamela Sue: *Re-visioning Gender in Philosophy of Religion. Reason, Love, and Our Epistemic Locatedness.* Burlington 2012.

Antony, Louise M. (Hg.): *Philosophers without Gods. Meditations on Atheism and the Secular Life.* Oxford 2007.

Arp, Robert/McCraw, Benjamin W. (Hg.): *Philosophical Approaches to Demonology.* London/New York 2017.

Aslan, Adnan: *Religious Pluralism in Christian and Islamic Philosophy. The Thought of John Hick and Seyyed Hossein Nasr.* London/New York 2016.

Asmus, Sören/Schulze, Manfred (Hg.): *Wir haben doch alle denselben Gott. Eintracht, Zwietracht und Vielfalt der Religionen.* Friedrich Huber zum 65. Geburtstag. Neukirchen-Vluyn 2006.

Assmann, Jan: *Herrschaft und Heil. Politische Theologie in Altägypten, Israel und Europa.* München/Wien 2000.

Asssmann, Jan.: *Religio duplex. Ägyptische Mysterien und europäische Aufklärung.* Berlin 2010.

Assmann, Jan: *Religion und kulturelles Gedächtnis. Zehn Studien.* München 2000.

Audi, Robert: *Religious Commitment and Secular Reason.* Cambridge 2000.

Axtell, Guy: *Problems of Religious Luck: Assessing the Limits of Reasonable Religious Disagreement.* Lanham (MD)/London 2018.

Baecker, Dirk (Hg.): *Kapitalismus als Religion.* Berlin 2003.

Berzano, Luigi: *The Fourth Secularisation. Autonomy of Individual Lifestyles.* London/New York 2019.

Bialasiewicz, Luia/Gentile, Valentina (Hg.): *Spaces of Tolerance: Changing Geographies and Philosophies of Religion in Today's Europe.* London/New York 2020.

Bolger, Robert K.: *Kneeling at the Altar of Science. The Mistaken Path of Contemporary Religious Scientism.* Eugene (OR) 2012.

Burley, Mikel: „Religious Pluralism: From Homogenization to Radicality". In: *Sophia* 59 (2020), 311–331.

Butler, Sara: „Feminist Christology: A New Iconoclasm?" In: *The Thomist. A Speculative Quarterly Review* 83 (2019), 493–519.

Byrne, Peter: *Prolegomena to Religious Pluralism: Reference and Realism in Religion.* London 1995.

Casanova, José: *Public Religions in the Modern World.* Chicago/London 1994.

Casanova, José/Joas, Hans (Hg.): *Religion und die umstrittene Moderne.* Stuttgart 2010.

Crockett, Clayton/Putt, B. Keith/Robbings, Jeffrey W. (Hg.): *The Future of Continental Philosophy of Religion.* Bloomington (IN) 2014.

Cuffel, Alexandra/Echevarria, Ana/Halkias, Georgios T. (Hg.): *Religious Boundaries for Sex, Gender, and Corporeality.* London 2019.

Cusanus, Nicolaus: *De pace fidei (Vom Frieden zwischen den Religionen).* Frankfurt a. M. 2002 (lat. 1488).

Danz, Christian: *Einführung in die Theologie der Religionen.* Wien 2005.

D'Costa, Gavin: *Christianity and World Religions. Disputed Questions in the Theology of Religions.* Malden (MA) 2009.

D'Costa, Gavin: *The Meeting of Religions and the Trinity.* Edinburgh 2000.

D'Costa, Gavin: *Theology and Religious Pluralism: The Challenge of Other Religions.* Oxford 1986.

D'Costa, Gavin (Hg.): *Christian Uniqueness Reconsidered: The Myth of a Pluralistic Theology of Religions.* Maryknoll (NY) 1990.

D'Costa, Gavin: „The Impossibility of a Pluralist View of Religions". In: *Religious Studies* 32 (1996), 223–232.

Dean, Thomas (Hg.): *Religious Pluralism and Truth: Essays on Cross-Cultural Philosophy of Religion.* Albany (NY) 1995.

Dehn, Ulrich (Hg.): *Handbuch Dialog der Religionen. Christliche Quellen zur Religionstheologie und zum interreligiösen Dialog.* Frankfurt a. M. 2008.

Esposito, John L./Kalin, Ibrahim (Hg.): *Islamophobia. The Challenge of Pluralism in the 21st Century.* Oxford 2011.

Farman, Abou: *On Not Dying. Secular Immortality in the Age of Technoscience.* Minneapolis (MN) 2020.

Farrow, Douglas (Hg.): *Recognizing Religion in a Secular Society. Essays in Pluralism, Religion, and Public Policy.* Montréal [u. a.] 2004.

Ferrando, Francesca: *Philosophical Posthumanism.* London/New York 2019.

Figl, Johann: *Philosophie der Religionen. Pluralismus und Religionskritik im Kontext europäischen Denkens.* Paderborn 2012.

Friday, John R.: „Religious Experience, the Hermeneutics of Desire, and Interreligious Dialogue". In: *Theological Studies* 74 (2013), 581–604.

Fridlund, Patrik/Vähäkangas, Mika (Hg.): *Theological and Philosophical Responses to Syncretism. Beyond the Mirage of Pure Religion.* Leiden/Boston (MA) 2018.

Gäb, Sebastian (Hg.): *Religion und Pluralität.* Stuttgart 2020.

Gabriel, Karl/Gärtner, Christel/Pollack, Detlef (Hg.): *Umstrittene Säkularisierung. Soziologische und historische Analysen zur Differenzierung von Religion und Politik.* Berlin 2012.

Gabriel, Karl/Reuter, Hans-Richard (Hg.): *Religion und Gesellschaft.* Paderborn u. a. 2004.

Gellmann, Jerome I.: „Religious Diversity and the Epistemic Justification of Religious Belief". In: *Faith and Philosophy* 10 (2000), 345–364.

Gensler, Harry J.: *Ethics and Religion.* New York 2016.

Gentz, Joachim/Schmidt-Leukel, Perry (Hg.): *Religious Diversity in Chinese Thought.* New York 2013.

George-Tvrtkovic, Rita: „After the Fall: Riccoldo da Montecroce and Nicholas of Cusa on Religious Diversity". In: *Theological Studies* 73 (2012), 641–662.

Goodman-Than, Eveline/Kohler, George Y. (Hg.): *Nationalismus und Religion. Der Ort der Religion im Kontext von Vernunft und Ethik und die Frage des Nationalen.* Hermann Cohen zum 100. Todestag. Heidelberg 2019.

Gottlöber, Susan: *Das Prinzip der Relationalität. Grundzüge cusanischen Denkens als Parameter für Toleranz und interreligiösen Diskurs.* Dresden 2013.

Graf, Friedrich Wilhelm: ‚Die Wiederkehr der Götter'. *Religion in der modernen Kultur.* München 2004.

Grube, Dirk-Martin: „Ein Vorschlag zu einem konstruktiven Umgang mit religiöser Diversität: ‚Gerechtfertigte Religiöse Differenz'". In: *Theologe und Philosophie* 91 (2016), 30–45.

Hegel, Georg Wilhelm Friedrich: *Vorlesungen über die Philosophie der Religion.* In: ders.: *Vorlesungen. Ausgewählte Nachschriften und Manuskripte.* Bde. 3–5. Hg. v. Walter Jaeschke. Hamburg 1983–85 (1821–1831).

Hick, John/Knitter, Paul F. (Hg.): *The Myth of Christian Uniqueness. Toward a Pluralistic Theology of Religion.* Maryknoll (NY) 1987.

Jantzen, Grace: „What's the Difference: Knowledge and Gender in (Post)Modern Philosophy of Religion". In: *Religious Studies* 32 (1996), 431–448.

Jeffrey, Anna: *God and Morality.* Cambridge 2019.

Joas, Hans/Wiegandt, Klaus (Hg.): *Secularization and the World Religions.* Liverpool 2009.

Juergensmeyer, Mark: *Terror in the Mind of God. The Global Rise of Religious Violence.* Berkeley ²2001.

Kant, Immanuel: *Kritik der praktischen Vernunft* [1788]. Hg. v. Horst D. Brandt u. Heine F. Klemme. Hamburg 2003 (1788).

Klinkhammer, Gritt/Satilmis, Ayla (Hg.): *Interreligiöser Dialog auf dem Prüfstand. Kriterien und Standards für die interkulturelle und interreligiöse Kommunikation.* Berlin 2008.

Knitter, Paul F.: *Ein Gott – viele Religionen. Gegen den Absolutheitsanspruch des Christentums.* München 1988.

Knitter, Paul F.: *Introducing Theologies of Religions.* New York 2002.

Knitter, Paul F.: *No Other Name? A Critical Survey of Christian Attitudes Toward the World Religions.* Maryknoll (NY) 1985.

Knitter, Paul F.: *One Earth Many Religions: Multifaith Dialogue and Global Responsability.* Maryknoll, N.Y. 1995.

Knitter, Paul F.: *Without Buddha I Could Not be a Christian.* Oxford 2009.

Knitter, Paul F. (Hg.): *The Myth of Religious Superiority: A Multifaizh Exploration.* New York 2005.

Linzey, Andrew/Linzey, Clair (Hg.): *The Routledge Handbook of Religion and Animal Ethics*. London 2019.

Marx, Karl/Engels, Friedrich: *Über Religion*. Berlin (Ost) [4]1987.

McPhillips, Kathleen/Goldenberg, Naomi (Hg.): *The End of Religion. Feminist Reappraisals of the State*. New York 2021.

Miller, James: *China's Green Religion: Daoism and the Quest for a Sustainable Future*. New York 2017.

Pace, Enzo: *Religion as Communication. God's Talk*. Farnham (GB)/Burlington (VT) 2011.

Perrier, Raymond E.: „Kant's Religious Ethics: The Ineluctable Link between Morality and Theism". In: *International Journal for Philosophy of Religion* 89 (2021), 3–24.

Platon: *Euthyphron*. In: Platon: *Werke in acht Bänden*. Griechisch und Deutsch. Dt. Übers. v. Friedrich Schleiermacher. Erster Band. Darmstadt 1977 (gr. um 390/385 v. Chr.).

Roberts, Tyler T.: *Encountering Religion. Responsibility and Criticism after Secularism*. New York 2013.

Schilbrack, Kevin: *Philosophy and the Study of Religions: A Manifesto*. Malden (MA) 2014.

Schmidt, Bettina E.: *Einführung in die Religionsethnologie. Ideen und Konzepte*. Berlin 2015.

Schmidt-Leukel, Perry: *Gott ohne Grenzen. Eine christliche und pluralistische Theologie der Religionen*. Gütersloh 2005

Schmidt-Leukel, Perry: *Theologie der Religionen: Probleme, Optionen, Argumente*. Neuried 1997.

Schmidt-Leukel, Perry (Hg.): *Buddhism and Religious Diversity*. 4 Bde. New York 2012.

Schmidt-Leukel, Perry: „Das Problem divergierender Wahrheitsansprüche im Rahmen einer pluralistischen Religionstheologie. Voraussetzungen zu seiner Lösung". In: Hans-Gerd Schwandt (Hg.): *Pluralistische Theologie der Religionen. Eine kritische Sichtung*. Frankfurt a. M. 1998, 39–58.

Schnädelbach, Herbert: *Religion in der modernen Welt*. Frankfurt a. M. 2009.

Schweidler, Walter (Hg.): *Postsäkulare Gesellschaft. Perspektiven interdisziplinärer Forschung*. Freiburg/München 2007.

Trickett, Gregory E./Gilhooly, John R. (Hg.): *Open-Mindedness in Philosophy of Religion*. Newcastle upon Tyne 2019.

Turner, Charles: *Secularization*. London/New York 2020.

Unger, Roberto Mangabeira: *The Religion of the Future*. Cambridge (MA) 2014.

Vanden Auweele, Dennis/Vassanyi, Miklos (Hg.): *Past and Present Political Theology: Expanding the Canon*. London 2020.

Viertbauer, Klaus: „Befinden wir uns auf dem Weg zu einer säkularen Spiritualität? Eine Einordnung der jüngsten Vorschläge von Ronald Dworkin und Thomas Metzinger". In: *Theologie und Philosophie* 93 (2018), 241–256.

Vroom, Hendrik M.: *A Spectrum of Worldviews. An Introduction to Philosophy of Religion in a Pluralistic World*. Amsterdam/New York 2006.

Vroom, Hendrik M.: „Interreligious Relations: Incongruent Relations and Rationalities". In: *Studies in Interreligious Dialogue*, 16 (2006), 59–71.

Walters, James/Kersley, Esther (Hg.): *Religion and the Public Sphere. New Conversations*. London/New York 2018.

Ward, Keith: „Truth and the Diversity of Religions". In: *Religious Studies* 26 (1990), 1–18.

Wasmeier-Sailer, Margit: *Das Verhältnis von Moral und Religion bei Johann Michael Sailer und Immanuel Kant. Zum Profil philosophischer Theologie und theologischer Ethik in der säkularen Welt*. Regensburg 2018.

Weber, Max: *Die protestantische Ethik und der Geist des Kapitalismus*. Hg. u. eingel. v. Dirk Kaesler. München [3]2010 (1920).

Wildman, Wesley: *Religious Philosophy as Multidisciplinary Comparative Inquiry: Envisioning a Future for the Philosophy of Religion*. Albany (NY) 2010.

Wiertel, Derek Joseph: „Classical Theism and the Problem of Animal Suffering". In: *Theological Studies* 78 (2017), 659–695.

Wiertz, Oliver J.: „Eine Kritik an John Hicks pluralistischer Religionstheologie aus der Perspektive der philosophischen Theologie". In: *Theologie und Philosophie* 75 (2000), 388–416.

Wiertz, Oliver J.: „Die Vernünftigkeit religiösen Glaubens im Zeitalter religiöser Vielfalt und der Dissens unter epistemisch Ebenbürtigen". In: *Theologie und Philosophie* 95 (2020), 362–392.

Serviceteil

Literaturverzeichnis – 285

Personenregister – 295

Sachregister – 299

© Springer-Verlag GmbH Deutschland, ein Teil von Springer Nature 2022
M. Wirtz, *Religionsphilosophie*,
https://doi.org/10.1007/978-3-476-05711-2

Literaturverzeichnis

Primärtexte/Quellen/Klassiker der Religionsphilosophie

Abaelardus, Petrus: *Gespräch eines Philosophen, eines Juden und eines Christen.* Frankfurt a.M./Leipzig 2008 (lat. 1140-42).

Abhinavagupta: *The Tantrāloka of Abhinava Gupta. With Commentary by Rajanaja Jayaratha.* Neu-Delhi 2009 (skr., 10. Jh.).

Al-Fārābī, Abū Naṣr: *Die Prinzipien der Ansichten der Bewohner der vortrefflichen Stadt* Ditzingen 2009 (arab. um 942).

Al-Ghazālī, Abu-Hamid Muhammad: *Tahāfut al-falāsifa (Die Inkohärenz der Philosophen)* Engl. Übers.: *The Incoherence of the Philosophers. A Parallel English-Arabic Text.* Provo (UT) 1997. (arab. 1095).

Al-Ghazālī, Abu-Hamid Muhammad: *Die Nische der Lichter (Miškāt al-anwār).* Aus dem Arabischen übers., mit einer Einl., mit Anm. u. Indices hrsg. v. ʿAbd-Elṣamad ʿAbd-Elḥamīd Elschazlī. Hamburg 1987 (arab., nach 1106).

Al-Ghazālī, Abu-Hamid Muhammad: *Al-Munqiḏ min aḏ-ḏalāl (Der Erretter aus dem Irrtum)* Hamburg 1988 (arab. 1109).

Anselm von Canterbury: *Proslogion/Anrede.* Lateinisch/Deutsch. Ditzingen 2005 (lat. 1077/78).

Aristoteles: *Metaphysik Bücher I(A)-VI(E).* Griechisch-Deutsch. Hamburg 1989 (gr. 4. Jh. v. Chr., kompiliert im 1. Jh. v. Chr.).

Aristoteles: *Metaphysik. Bücher VII(Z)-XIV(N).* Griechisch-Deutsch. Hamburg 1991.

Augustinus, Aurelius: *Confessiones (Bekenntnisse).* Wiesbaden 2008 (lat. 401).

Augustinus, Aurelius: *De trinitate.* Lateinisch-Deutsch. Hamburg 2003 (lat. 428).

Augustinus, Aurelius: *Vom Gottesstaat (De civitate Dei)* Vollständige Ausgabe in einem Band. Buch 1 bis 10, Buch 11 bis 22. München 2007 (lat. 413-426).

Benjamin, Walter: *„Kapitalismus als Religion".* In: Dirk Baecker (Hg.): Kapitalismus als Religion. Berlin 2003, 15-18 (1921).

Boethius: *Consolatio philosophiae.* Oxford 1999 (engl. Übers.; lat. um 525).

Bonaventura: *De mysterio trinitatis.* In: Doctoris Seraphici S. Bonaventurae Opera omnia. Bd. V. Quaracchi 1891 (lat. 1254/55).

Buber, Martin: *Ich und Du.* Stuttgart 2008 (1923).

Buber, Martin: *Schriften zu Philosophie und Religion.* Gütersloh 2017.

Clarke, Samuel: *A Demonstration of the Being and Attributes of God.* Cambridge/New York 1998 (1704).

Clifford, William Kingdon: „The Ethics of Belief". In: *The Ethics of Belief and Other Essays.* Amherst (NY) 1999, 70-96 (1877).

Cohen, Hermann: *Religon der Vernunft aus den Quellen des Judentums. Eine jüdische Religionsphilosophie.* Wiesbaden 2008 (1919).

Cusanus, Nicolaus: *De doctra ignorantia. Die belehrte Unwissenheit.* 3 Bde. Lateinisch-Deutsch. Hamburg 1994-1999 (lat. 1440).

Cusanus, Nicolaus: *De pace fidei (Vom Frieden zwischen den Religionen).* Frankfurt a.M. 2002 (lat. 1453).

Cusanus, Nicolaus: *De visione dei.* Dt. Übers. in: *Textauswahl in deutscher Übersetzung.* Heft 3: *De visione dei / Das Sehen Gottes.* Trier 2007. Engl. Übers. in: Jasper Hopkins: *Nicholas of Cusa's Dialectical Mysticism: Text, Translation, and Interpretive Study of De visione dei.* Minneapolis (MN) 1985 (lat. 1453).

Cusanus, Nicolaus: *Trialogus de possest. Dreiergespräch über das Können-Ist.* Lateinisch-Deutsch. Hamburg 1991 (lat. 1460).

Dalai Lama XIV.: *Der Appell des Dalai Lama an die Welt: Ethik ist wichtiger als Religion.* Mit Franz Alt. Wals bei Salzburg 2015.

Dalai Lama XIV.: *Das Herz der Religionen. Gemeinsamkeiten entdecken und verstehen.* Freiburg i.Br. 2014.

Derrida, Jacques: *Comment ne pas parler. Dénégations.* In: *Psyché. Inventions de l'autre.* Paris 1987, 535–595 (dt. Übers.: *Wie nicht sprechen. Verneinungen.* Wien 2006).

Derrida, Jacques: *Foi et Savoir. Suivi de Le Siècle et le Pardon*. Paris 2000. (Dt. Übers.: „Glaube und Wissen. Die beiden Quellen der ‚Religion' an den Grenzen der bloßen Vernunft." In: Jacques Derrida/Gianni Vattimo (Hg.): *Die Religion*. Frankfurt a. M. 2001, 9–106].

Descartes, René: *Meditationes de prima philosophia*. In: *Oeuvres philosophiques*. Bd. II: 1638-1642. Paris 2010, 169-505 (lateinischer u. französischer Text). Dt. Übers.: *Meditationen über die Erste Philosophie*. Stuttgart 1986 (lat. 1641).

Durkheim, Émile: *Die elementaren Formen des religiösen Lebens*. Frankfurt a.M. 1981 (frz. 1912).

Eliade, Mircea: *Die Religionen und das Heilige: Elemente der Religionsgeschichte*. Berlin 1986 (frz. 1949).

Eliade, Mircea: *Das Heilige und das Profane*. Köln 2008 (frz. 1957).

Eriugena, Johannes Scotus: *Periphyseon (De Divisione Naturae)*. Dt. Übers.: *Über die Einteilung der Natur*. Übers. v. Ludwig Noack. Meiner [3]1994 (lat. 867).

Feuerbach, Ludwig: *Das Wesen des Christentums*. Stuttgart 1986 (1841).

Feuerbach, Ludwig: *Das Wesen der Religion*. Heidelberg 1983 (1846).

Fichte, Johann Gottlieb: *Versuch einer Kritik aller Offenbarung*. Hamburg 1983 (1792).

Fichte, Johann Gottlieb: „Ueber den Grund unseres Glaubens an eine göttliche Weltregierung". In: *Fichtes Werke*. Bd. V: *Zur Religionsphilosophie*. Hg. v. Immanuel Hermann Fichte. Berlin 1971, 175-189 (1798).

Fichte, Johann Gottlieb: *Die Anweisung zum seligen Leben, oder auch die Religionslehre* Hamburg 2012 (1806).

Freud, Sigmund: *Totem und Tabu*. In: *Gesammelte Werke*. Neunter Band. Frankfurt a.m. 1986 (1913).

Freud, Sigmund: *Die Zukunft einer Illusion*. In: *Gesammelte Werke*. Vierzehnter Band: *Werke aus den Jahren* 1925-1931. Frankfurt a.M. 1991, 323-380 (1927).

Freud, Sigmund: *Der Mann Moses und die monotheistische Religion*. In: *Gesammelte Werke*. Sechzehnter Band: *Werke aus den Jahren 1932-1939*. Frankfurt a.M. 1981, 101-246 (1939).

Freud, Sigmund: *Fragen der Gesellschaft, Ursprünge der Religion. Studienausgabe* Bd. 9. Hg. v. Alexander Mitscherlich, Angela Richards, James Strachey. Frankfurt a.M. 2000.

Girard, René: *La violence et le sacré*. Paris 1972. Dt.: *Das Heilige und die Gewalt*. Frankfurt a. M. 1994.

Habermas, Jürgen/Ratzinger, Joseph: *Dialektik der Säkularisierung. Über Vernunft und Religion*. Freiburg/Basel/Wien 2005.

Hegel, Georg Wilhelm Friedrich: „Glauben und Wissen oder die Reflexionsphilosophie der Subjektivität, in der Vollständigkeit ihrer Formen, als die Kantische, Jacobische und Fichtesche Philosophie". In: *Jenaer kritische Schriften. Gesammelte Werke* Bd. 4. Hg. v. Hartmut Buchner u. Otto Pöggeler. Hamburg 1968, 313-414 (1802).

Hegel, Georg Wilhelm Friedrich: *Vorlesungen über die Philosophie der Religion*. In: ders.: *Vorlesungen. Ausgewählte Nachschriften und Manuskripte*. Bde. 3-5. Hg. v. Walter Jaeschke. Hamburg 1983-85 (1821-1831).

Heidegger, Martin: *Phänomenologie des religiösen Lebens*. Gesamtausgabe Bd. 60. Frankfurt a.M. [2]2011 (1920/21).

Hume, David: *Eine Untersuchung über den menschlichen Verstand*. Stuttgart 1998 (engl. 1748).

Hume, David: *The Natural History of Religion*. In: Tom L. Beauchamp (Hg.): *Dissertation on the Passions. The Natural History of Religion: A Critical Edition*. Oxford/New York 2007. Dt. Übers.: *Die Naturgeschichte der Religion*. Hamburg 1999 (engl. 1757).

Hume, David: *Dialogues Concerning Natural Religion*. New York 1947 (1779; dt. Übers.: *Dialoge über natürliche Religion*. Stuttgart 1986).

Ibn Ruschd (Averroes): *Die entscheidende Abhandlung und die Urteilsfällung über das Verhältnis von Gesetz und Philosophie* [arab. 1179]. Übers. u. hg. v. Franz Schupp. Hamburg 2009.

Ibn Ruschd: *Tahafut al-Tahafut (The Incoherence of the Incoherence)*. Translated from the Arabic with introduction and notes by Simon van den Bergh. Cambridge 1987 (arab. um 1180).

Ibn Ṭufail, Abū Bakr: *Der Philosoph als Autodidakt (Ḥayy ibn Yaqẓān). Ein philosophischer Inselroman* [arab. um 1180]. Übers., mit einer Einl. u. Anm. hg. v. Patric O. Schaerer. Hamburg 2019.

Jacobi, Friedrich Heinrich: „Über die Lehre des Spinoza in Briefen an den Herrn Moses Mendelssohn". In: Friedrich Heinrich Jacobi: *Schriften zum Spinozastreit*. Werke Bd. 1,1. Hg. v. Klaus Hammacher u. Irmgard-Maria Piske. Hamburg 1998, 1–146 (1785).

James, William: *The Will to Believe and Other Essays in Popular Philosophy*. Cambridge (MA)/London 1979 (1897).

James, William: *The Varieties of Religious Experience*. Cambridge (MA)/London 1985 (1901/02; dt. Übers.: *Die Vielfalt religiöser Erfahrung. Eine Studie über die menschliche Natur.* Frankfurt a.M./ Leipzig 1997).

Jaspers, Karl: *Vom Ursprung und Ziel der Geschichte*. Karl Jaspers Gesamtausgabe Bd. I/10. Hrsg. v. Kurt Salamun. Basel 2017 (1949).

Jaspers, Karl: *Der philosophische Glaube angesichts der Offenbarung*. Karl Jaspers Gesamtausgabe. Bd. I/13. Hg. v. Bernd Weidmann. Basel 2016 (1962/63).

Kant, Immanuel: *Der einzig mögliche Beweisgrund zu einer Demonstration des Daseins Gottes*. Historisch-kritische Edition. Hg. v. Lothar Kreimendahl u. Michael Oberhausen. Hamburg 2011 (1763).

Kant, Immanuel: *Kritik der reinen Vernunft*. Hg. v. Jens Timmermann. Hamburg 2003 (1781/1787).

Kant, Immanuel: *Kritik der praktischen Vernunft*. Hg. v. Horst D. Brandt u. Heine F. Klemme. Hamburg 2003 (1788).

Kant, Immanuel: *Kritik der Urteilskraft*. Hg. v. Heiner F. Klemme. Hamburg 2003 (1790).

Kant, Immanuel: *Die Religion innerhalb der Grenzen der bloßen Vernunft*. Mit einer Einleitung und Anmerkungen hg. v. Bettina Stangneth. Hamburg 2003 (1793).

Kant, Immanuel: *Der Streit der Fakultäten* . Mit Einleitung, Bibliographie und Anmerkungen von Piero Giordanetti hg. v. Horst D. Brandt u. Piero Giordanetti. Hamburg 2005 (1798).

Kierkegaard, Søren: *Entweder – Oder*. Teil I und II. München 2005 (dän. 1843).

Kierkegaard, Søren: *Furcht und Zittern. Die Wiederholung. Gesammelte Werke* Bd. 3. Jena 1923 (dän. 1843).

Kierkegaard, Søren: *Philosophische Brosamen und Unwissenschaftliche Nachschrift*. Hg. v. Hermann Diem u. Walter Rets. München 1976 (dän. 1843/1846).

Konfuzius: *Gespräche (Lun-yu)*. Stuttgart 1988 (chin., Datierung unsicher, zw. dem 5. u. 2. Jh. v. Chr.).

Lactantius: *De Ira Dei (Vom Zorne Gottes)*. Lat.-Dt. Darmstadt 1957 (lat., frühes 4. Jh.).

Laotse: *Tao Te-King*. Wiesbaden 2004 (chin., Datierung unsicher, um 400 v. Chr.)

Leibniz, Gottfried Wilhelm: *Versuche in der Theodicée über die Güte Gottes, die Freiheit des Menschen und den Ursprung des Übels*. Hamburg 2000 (frz. 1710).

Leibniz, Gottfried Wilhelm: *Monadologie*. Frz.-Dt. Stuttgart 1998 (frz. 1714).

Lenin, Wladimir Iljitsch: „Sozialismus und Religion". In: Ders.: *Über die Religion. Eine Auswahl.* Berlin 1981, 39–44 (russ. 1905).

Levinas, Emmanuel: *De Dieu qui vient à l'idée*. Paris 1982 (dt. Übers.: *Wenn Gott ins Denken einfällt. Diskurse über die Betroffenheit von Transzendenz*. Freiburg/München 2004).

Locke, John: *An Essay Concerning Human Understanding* New York 1959 (1690; dt. Übers.: *Versuch über den menschlichen Verstand*. Hamburg 2006).

Luhmann, Niklas: *Die Funktion der Religion*. Frankfurt a.M. 1977.

Luhmann, Niklas: *Die Religion der Gesellschaft*. Hg. v. André Kieserling. Frankfurt a.M. 2000.

Luther, Martin: *De servo arbitrio / Vom unfreien Willensvermögen*. In: Martin Luther. Lateinisch-Deutsche Studienausgabe. Bd. 1: *Der Mensch vor Gott*. Unter Mitarbeit v. Michael Beyer hg. v. Wilfried Härle. Leipzig 2006, 219–662 (1525).

Maimonides, Moses: *Führer der Unschlüssigen*. Buch 1-3. Hamburg 1995 (judäo-arab. 1190).

Marion, Jean-Luc: *Sur la théologie blanche de Descartes*. Paris 1981.

Marion, Jean-Luc: *Sur le prisme métaphysique de Descartes. Constitution et limites de l'onto-théo-logie dans la pensée cartésienne*. Paris 1986.

Marion, Jean-Luc: *Dieu sans l'être*. Paris 1991; ³2010.

Marret, Robert Ranulph: *Anthropology*. New York 1912.

Marx, Karl: „Zur Kritik der Hegelschen Rechtsphilosophie. Einleitung". In: Karl Marx: *Werke, Artikel, Entwürfe März 1843 bis August 1844*. Karl Marx/Friedrich Engels Gesamtausgabe (MEGA). Erste Abt. Bd. 2. Berlini 2009, 170-183 (1844).

Marx, Karl/Engels, Friedrich: *Über Religion*. Berlin (Ost) ⁴1987.

Meister Eckhart: *Deutsche Predigten und Traktate*. Hg. u. übers. v. Josef Quint. München 1985 (1294-1327).

Mendelssohn, Moses: *Jerusalem oder über religiöse Macht und Judentum*. Hamburg 2010 (1783).

Molina, Luis de: *Liberi arbitrii cum gratiae donis, divina praescientia, providentia, pradestinatione et reprobatione concordia*, disputatio 52. *Göttlicher Plan und menschliche Freiheit.* Lat.-Dt. Hamburg 2018 (lat. 1588).

Nāgārjuna: *Mūlamadhyamakakārikā*. Dt. Übers.: Bernhard Weber-Brosamer/Dieter M. Back: *Die Philosophie der Leere. Nāgārjunas Mūlamadhyamaka-Kārikās*. Wiesbaden 1997 (skr. 2./3. Jh. n. Chr.)

Nietzsche, Friedrich: *Die fröhliche Wissenschaft*]. In: *Morgenröte. Idyllen aus Messina. Die fröhliche Wissenschaft*. Kritische Studienausgabe Bd. 3. München 1999, S. 343-651 (1882).

Nietzsche, Friedrich: *Jenseits von Gut und Böse. Zur Genealogie der Moral*. Kritische Studienausgabe Bd. 5. Hrsg. v. Giorgi Colli u. Mazzino Montinari. München 1999 (1886).

Nietzsche, Friedrich: *Der Antichrist. Fluch auf das Christentum*. In: *Der Fall Wagner u. a.* Kritische Studienausgabe Bd. 6. Hrsg. Hrsg. v. Giorgi Colli u. Mazzino Montinari. München 1999, 165-254 (1888).

Nishida, Kitarō: *Über das Gute*. Frankfurt a.M. 1989 (jap. 1911).

Otto, Rudolf: *Das Heilige. Über das Irrationale in der Idee des Göttlichen und sein Verhältnis zum Rationalen*. München 2004 (1917).

Otto, Rudolf: *West-östliche Mystik. Vergleich und Unterscheidung zur Wesensdeutung* München 1971 (1926).

Paley, William: *Natural Theology or Evidence of the Existence and Attributes of the Deity, Collected from the Appearances of Nature*. Oxford 2006 (1802).

Pascal, Blaise: *Pensées. Opuscules et lettres*. Hg. v. Philippe Sellier. Paris 2010 (1670; dt. Übers.: *Pensées / Gedanken*. Darmstadt 2016).

Platon: *Gorgias*. In: Platon: *Werke in acht Bänden*. Zweiter Band. Darmstadt 1973 (gr. um 390/387 v. Chr.).

Platon: *Euthyphron*. In: Platon: *Werke in acht Bänden*. Griechisch und Deutsch. Dt. Übers. v. Friedrich Schleiermacher. Erster Band. Darmstadt 1977 (gr. um 390/385 v. Chr.).

Platon: *Menon* [gr. um 385 v. Chr.]. In: Platon: *Werke in acht Bänden*. Zweiter Band. Darmstadt 1973.

Platon: Der *Staat* [*Politeia*]. In: Platon: *Werke in acht Bänden*. Vierter Band. Darmstadt 1971 (gr. ca. 390/370 v. Chr.).

Platon: *Timaios*. In: Platon: *Werke in acht Bänden*. Siebter Band. Darmstadt 1972 (gr., nach 360 v. Chr.).

Platon: *Gesetze* [*Nomoi*]. In: Platon: *Werke in acht Bänden*. Achter Band. Darmstadt 1977 (gr. um 350 v. Chr.).

Pseudo-Dionysius Aeropagita: *Über die mystische Theologie und Briefe* [*Peri mystikes theologias;*]. Stuttgart 1994 (gr., frühes 6. Jh. n. Chr.).

Richard von Sankt-Viktor: *Die Dreieinigkeit* [*De trinitate*]. Einsiedeln 1980 (lat., zw. 1162 u. 1173).

Ricoeur, Paul: *Le conflit des interprétations. Essais d'herméneutique*. Paris 2013 (1969; dt. Übers.: *Der Konflikt der Interpretationen. Ausgewählte Aufsätze (1969-1969)*. Freiburg 2009.)

Ricoeur, Paul: *Soi-même comme un autre*. Paris 1996 (1990; dt. Übers.: *Das Selbst als ein Anderer*. München 1996).

Rosenzweig, Franz: *Der Stern der Erlösung*. In: Franz Rosenzweig: *Der Mensch und sein Werk. Gesammelte Schriften I-IV*. Bd. II. Den Haag 1976ff (1921).

Santayana, George: *Reason in Religion*. In: *The Life of Reason or the Phases of Human Progress. The Works of George Santayana*. Vol. VII, Book Three. Cambridge (MA)/London 2014 (1905).

Scheler, Max: *Vom Ewigen im Menschen*. Gesammelte Werke Bd. 5. Bonn 2000 (1921).

Scheler, Max: *Die Stellung des Menschen im Kosmos*. In: *Späte Schriften*. Gesammelte Werke Bd. 9. Bonn 1995 (1928).

Schelling, Friedrich Wilhelm Joseph: *Philosophie und Religion*. Hg. v. Alfred Denker u. Holger Zaborowski. Freiburg/München 2008 (1804).

Schelling, Friedrich Wilhelm Joseph: *Philosophische Untersuchungen über das Wesen der menschlichen Freiheit und die damit zusammenhängenden Gegenstände*. Hg. v. Thomas Buchheim. Hamburg 2011 (1809).

Schelling, Friedrich Wilhelm Joseph: *Weltalter-Fragmente*. Hg. v. Klaus Grotsch. Stuttgart-Bad Cannstatt 2002 (1810-1821).

Schelling, Friedrich Wilhelm Joseph: *Urfassung der Philosophie der Offenbarung*. Teilband 1. Hg. v. Walter E. Ehrhardt. Hamburg 1992 (1831/32).

Schelling, Friedrich Wilhelm Joseph: *Philosophie der Mythologie*. Nachschrift der letzten Münchener Vorlesungen 1841. Hg. v. Andreas Roser u. Holger Schulten mit einer Einl. v. Walter E. Ehrhardt. Stuttgart-Bad Cannstatt 1996.

Schelling, Friedrich Wilhelm Joseph: *Philosophie der Mythologie*. In: ders.: *Ausgewählte Schriften*. Bd. 6: 1842-1852. Zweiter Teilband. Frankfurt a.M. 1985 (1842).

Schleiermacher, Friedrich: *Über die Religion. Reden an die Gebildeten unter ihren Verächtern 1799/1806/1821*. Hg. v. Niklaus Peter, Frank Bestebreurtje u. Anna Büsching. Zürich 2012.

Schopenhauer, Arthur: *Die Welt als Wille und Vorstellung*. In: *Sämtliche Werke*. Bde. I & II. Frankfurt a.M. 1986 (1819).

Schopenhauer, Arthur: *Parerga und Paralipomena*. In: *Sämtliche Werke*. Bde. IV & V. Frankfurt a.M. 1986 (1851).

Simmel, Georg: „Zur Soziologie der Religion". In: *Neue Deutsche Rundschau*, 9 (1898), S. 111-123.

Simmel, Georg: *Die Religion*. Marburg 2011 (1906).

Smith, Wilfred Cantwell: *The Meaning and End of Religion*. Minneapolis (MN) 1991 (engl. 1962).

Spinoza, Baruch de: *Ethik. In geometrischer Weise behandelt in fünf Teilen*. Übers. v. Jakob Stern. Berlin 2016 (lat. 1662-1665).

Spinoza, Baruch de: *Theologisch-politischer Traktat (Tractatus theologico-politicus)*. Hamburg 2012 (lat. 1670).

Storchenau, Sigismund von: *Die Philosophie der Religion*. Erster Band. Hildesheim 2013/14 (1772–1789).

Thomas von Aquin: *Summa contra gentiles*. Lat.-Dt. 4 Bde. Darmstadt 2009 (lat. um 1260).

Thomas von Aquin: *Summa theologica*. Die deutsche Thomas-Ausgabe. Dt.-Lt. Graz u.a. ²1981 (lat. 1265–1273).

Tillich, Paul: „Das Wesen der religiösen Sprache". In: *Gesammelte Werke*. Hg. v. Renate Albrecht. Bd. 5: *Die Frage nach dem Unbedingten. Schriften zur Religionsphilosophie*. Berlin ²1978, 213–222 (1955).

Troeltsch, Ernst: „Wesen der Religion und der Religionswissenschaft" [1909]. In: *Zur religiösen Lage, Religionsphilosophie und Ethik. Gesammelte Schriften* Bd. 2. Aalen 1981, 452–499 (1909).

van der Leeuw, Gerardus: *Einführung in die Phänomenologie der Religion*. München 1925.

van der Leeuw, Gerardus: *Phänomenologie der Religion*. Tübingen ⁴1977 (1933).

van Gennep, Arnold: *Les rites de passage*. Paris 2011 (dt. Übers.: *Übergangsriten*. Frankfurt/New York 1986) (frz. 1909).

Weber, Max: *Die protestantische Ethik und der Geist des Kapitalismus*. Hrsg. u. eingel. v. Dirk Kaesler. München ³2010 (1920).

Weber, Max: *Wirtschaft und Gesellschaft. Grundriss der verstehenden Soziologie*. Tübingen 1972 (1922).

Whitehead, Alfred North: *Religion in the Making. Lowell Lectures, 1926*. Cambridge 2011.

Wittgenstein, Ludwig: *Vorlesungen und Gespräche über Ästhetik, Psychoanalyse und religiösen Glauben*. Frankfurt a.M. ²2001.

Einführungen und allgemeine Literatur zur Religionsphilosophie

Balmer, Hans-Peter : *Wofür der göttliche Name steht. Religionsphilosophische Versuche*. Münster 2017.

Bayne, Tim: *Philosophy of Religion. A Very Short Introduction*. Oxford 2018.

Bickmann, Claudia/Wirtz, Markus/Scheidgen, Hermann-Josef (Hg.): *Religion und Philosophie im Widerstreit?* 2 Bde. Nordhausen 2008.

Bloesch, Sarah J./Minister, Meredith (Hg.): *Cultural Approaches to Studying Religion. An Introduction to Theories and Methods*. London/New York 2019.

Bochénski, Joseph M.: *Logik der Religion*. Paderborn ²1981.

Brantl, Dirk/Geiger, Rolf/Herzberg, Stephan (Hg.): *Philosophie, Politik und Religion. Klassische Modelle von der Antike bis zur Gegenwart*. Berlin 2013.

Brody, Baruch (Hg.): *Readings in the Philosophy of Religion. An Analytic Approach*. Englewood Cliffs (NJ) ²1992.

Brose, Thomas (Hg.): *Religionsphilosophie. Europäische Denker zwischen philosophischer Theologie und Religionskritik*. Würzburg 1998.

Burns, Elizabeth: *Continental Philosophy of Religion*. Cambridge 2019.

Cahn, Steven M.: *Religion within Reason*. New York 2017.

Cahn, Steven M. (Hg.): *Exploring Philosophy of Religion. An Introductory Anthology*. New York 2008.

Carls, Rainer: *Mensch und Gott. Eine Religionsphilosophie*. Münster 2019.

Clack, Beverly/Clack, Brian R.: *The Philosophy of Religion. A Critical Introduction*. Cambridge/Medford (MA) ³2019.

Clayton, Philip/Simpson, Zachary (Hg.): *The Oxford Handbook of Religion and Science.* New York 2006.
Copan, Paul/Meister, Chad (Hg.): *Philosophy of Religion. Classic and Contemporary Issues.* Malden (MA)/Oxford 2008.
Copan, Paul/Meister, Chad (Hg.): *The Routledge Companion to Philosophy of Religion.* London/New York ²2013.
Cottingham, John: *Philosophy of Religion. Towards a More Humane Approach.* New York 2014.
Craig, William Lane (Hg.): *Philosophy of Religion. A Reader and Guide.* New Brunswick (NJ) 2002.
Craig, William Lane/Moreland, James Porter (Hg.): *The Blackwell Companion to Natural Theology.* Malden (MA) 2009.
Creel, Richard E.: *Philosophy of Religion. The Basics.* Malden (MA)/Oxford 2014.
Danz, Christian: *Einführung in die Theologie der Religionen.* Wien 2005.
Danz, Christian (Hg.): *Wahrheitsansprüche der Weltreligionen. Konturen gegenwärtiger Religionstheologie.* Neukirchen-Vluyn 2006.
Davies, Brian (Hg.): *Philosophy of Religion. A Guide and Anthology.* Oxford 2000.
Davies, Brian: *An Introduction to the Philosophy of Religion.* Oxford 2004.
Dawes, Gregory W.: *Religion, Philosophy and Knowledge.* London/New York 2016.
Debray, Régis: *Le feu sacré. Fonctions du religieux.* Paris 2003.
Dehn, Ulrich (Hg.): *Handbuch Dialog der Religionen. Christliche Quellen zur Religionstheologie und zum interreligiösen Dialog.* Frankfurt a.M. 2008.
Deuser, Hermann: *Religionsphilosophie.* Berlin/New York 2009.
Draper, Paul/Schellenberg, John L.: *Renewing Philosophy of Religion. Exploratory Essays.* Oxford 2017.
Drehsen, Volker/Gräb, Wilhelm/Weyel, Birgit (Hg.): *Kompendium Religionstheorie.* Göttingen 2005.
Duncan, Steven: *Contemporary Philosophy of Religion.* Penrith 2007.
Dworkin, Ronald: *Religion without God.* Cambridge (MA) 2013 (dt. Übers.: *Religion ohne Gott.* Berlin 2014).
Esposito, John L./Fasching, Darrell J./Lewis, Todd Thornton: *Religion and Globalization. World Religions in Historical Perspective.* Oxford 2008.
Evans, C. Stephen/Manis, R. Zachary: *Philosophy of Religion: Thinking About Faith.* Downers Grove (IL) ²2009.
Fischer, Peter: *Philosophie der Religion.* Göttingen 2007.
Flint, Thomas P./Rea, Michael C. (Hg.): *The Oxford Handbook of Philosophical Theology.* Oxford/New York 2009.
Frank, Semen L. : *Das Unergründliche. Ontologische Einführung in die Philosophie der Religion.* Freiburg 1995.
Gasser, Georg/Jaskolla, Ludwig/Schärtl, Thomas (Hg.): *Handbuch Analytische Theologie.* Münster 2017.
Greisch, Jean: *Le buisson ardent et les lumières de la raison: L'invention de la philosophie de la religion.* 3 Bde. Paris 2002-2004.
Haag, James W./Peterson, Gregory R./Spezio, Michael (Hg.): *The Routledge Companion to Religion and Science.* New York 2012.
Habermas, Jürgen: *Auch eine Geschichte der Philosophie.* Bd. 1: *Die okzidentale Konstellation von Glauben und Wissen.* Bd. 2: *Vernünftige Freiheit. Spuren des Diskurses über Glauben und Wissen.* Berlin 2019.
Hackett, Jeremiah/Wallulis, Jerald (Hg.): *Philosophy of Religion for a New Century. Essays in Honor of Eugene Thomas Long.* Dordrecht 2004.
Hailer, Martin: *Glauben und Wissen. Arbeitsbuch Philosophie.* Göttingen 2006.
Hailer, Martin: *Religionsphilosophie.* Göttingen 2014.
Hamilton, Malcolm (Hrsg.): *The Sociology of Religion. Critical Concepts in Sociology.* 5 Bde. Vol. I: *Concepts and Theories.* Vol. II: *The World Religions.* Vol. III: *Christianity.* Vol. IV: *Religion the contemporary world.* Vol. V: *Religious mouvements.* London/New York 2007.
Harding, John S./Rodrigues, Hillary P. (Hg.): *The Study of Religion. A Reader.* London/New York 2014.
Harris, James F.: *Analytic Philosophy of Religion.* Dordrecht/Boston/London 2002.
Harris, Sam: *The End of Faith. Religion, Terror and the Future of Reason.* London 2006.
Harrison, Peter (Hg.): *The Cambridge Companion to Science and Religion.* Cambridge 2010.
Irlenborn, Bernd/Koritensky, Andreas (Hg.): *Analytische Religionsphilosophie.* Darmstadt 2013.
Jäger, Christoph (Hg.): *Analytische Religionsphilosophie.* Paderborn 1998.

Joy, Morny (Hg.): *Continental Philosophy and Philosophy of Religion*. Dordrecht/Heidelberg/London/ New York 2011.

Jung, Matthias/Moxter, Michael/Schmidt, Thomas (Hg.): *Religionsphilosophie. Historische Positionen und systematische Reflexionen*. Würzburg 2000.

Kessler, Gary E.: *Fifty Key Thinkers on Religion*. London/New York 2012.

Kienzler, Klaus/Reiter, Josef/Wenzler, Ludwig (Hg.): *Das Heilige im Denken. Ansätze und Konturen einer Philosophie der Religion*. Münster 2005.

Klöcker, Michael/Tworuschka, Udo (Hg.): *Ethik der Weltreligionen. Ein Handbuch*. Darmstadt 2004.

Kühnlein, Michael (Hg.): *Religionsphilosophie und Religionskritik. Ein Handbuch*. Berlin 2018.

Kutschera, Franz von: *Vernunft und Glaube*. Berlin 1990.

Lanczkowski, Günter: *Geschichte der nichtchristlichen Religionen*. Frankfurt a.M. 1989.

Löffler, Winfried: *Einführung in die Religionsphilosophie*. Darmstadt ³2019.

Long, Eugene Thomas: *Twentieth-Century Western Philosophy of Religion 1900-2000*. Dordrecht 2000.

Long, Eugene Thomas (Hg.): *Issues in Contemporary Philosophy of Religion*. Dordrecht 2001.

Long, Eugene Thomas (Hg.): *Self and Other: Essays in Continental Philosophy of Religion*. Dordrecht 2007.

Mann, William E. (Hg.): *The Blackwell Guide to the Philosophy of Religion*. Malden (MA) 2005.

Martin, Michael (Hg.): *The Cambridge Companion to Atheism*. Cambridge 2007.

Mawson, Timothy James: *Belief in God. An Introduction to the Philosophy of Religion*. Oxford 2005.

Meister, Chad (Hg.): *The Philosophy of Religion Reader*. London/New York 2008.

Murray, Michael Joseph/Rea, Michael C.: *An Introduction to the Philosophy of Religion*. Cambridge u.a. 2008.

Neville, Robert Cummings: *Defining Religion. Essays in Philosophy of Religion*. Albany (NY) 2018.

Neville, Robert Cummings: Religion. *Philosophical Theology Volume Three*. Albany (NY) 2015.

Nishitani, Keiji: *Was ist Religion*? Frankfurt a.M. 2001.

Oelmüller, Willi u.a. (Hg.): *Diskurs: Religion*. Paderborn 1995.

Ohlig, Karl-Heinz: *Religion in der Geschichte der Menschheit. Die Entwicklung des religiösen Bewusstseins*. Darmstadt 2006.

Oppy, Graham (Hg.): *A Companion to Atheism and Philosophy*. Oxford 2019.

Oppy, Graham (Hg.): *The Routledge Handbook of Contemporary Philosophy of Religion*. London/New York 2015.

Oppy, Graham/Trakakis, Nick (Hg.): *The History of Western Philosophy of Religion*. 5 Bde. New York 2009.

Pals, Daniel L.: *Nine Theories of Religion*. Oxford/New York 2015.

Perrett, Roy W. (Hg.): *Philosophy of Religion* [Indian Philosophy, 4]. London/New York 2000.

Peterson, Michael/Hasker, William/Reichenbach, Bruce/Basinger, David: *Philosophy of Religion. Selected Readings*. Oxford, N.Y. 1996.

Peterson, Michael/Hasker, William/Reichenbach, Bruce/Basinger, David: *Reason and Religious Belief. An Introduction to the Philosophy of Religion*. New York/Oxford 2003.

Peterson, Michael L./VanArragon, Raymond J. (Hg.): *Contemporary Debates in Philosophy of Religion*. Hobken (NJ)/Oxford 22020.

Pojman, Louis P./Rea, Michael (Hg.): *Philosophy of Religion. An Anthology*. Boston 2012.

Ricken, Friedo: *Religionsphilosophie*. Stuttgart 2003.

Rodrigues, Hillary/Harding, John S. : *Introduction to the Study of Religion*. London/New York 2009.

Rorty, Richard/Vattimo, Gianni: *Die Zukunft der Religion*. Frankfurt a.M./Leipzig 2009.

Runzo, Joseph: *Global Philosophy of Religion. A Short Introduction*. Oxford/New York 2001.

Schaeffler, Richard: *Phänomenologie der Religion. Grundzüge ihrer Fragestellungen*. Freiburg/München 2017.

Schaeffler, Richard: *Religionsphilosophie*. Freiburg/München 2002.

Schellenberg, John L.: *Prolegomena to a Philosophy of Religion*. Ithaca (N.Y.) 2005.

Schneider, Hans Julius: *Religion*. Berlin/New York 2008.

Schüssler, Werner (Hg.): *Religionsphilosophie*. Freiburg/München 2000.

Seitschek, Hans Otto : *Religionsphilosophie als Perspektive. Eine neue Deutung von Wirklichkeit und Wahrheit*. Wiesbaden 2017.

Seubert, Harald: *Zwischen Religion und Vernunft. Vermessung eines Terrains*. Baden-Baden 2013.

Silverstein, Adam J./Stroumsa, Guy G. (Hg.): *The Oxford Handbook of Abrahamic Religions.* Oxford/ New York 2015.

Smith, Christian: *Religion: What it is, ow it works, and why it matters.* Princeton (NJ) 2017.

Stewart, David (Hg.): *Exploring the Philosophy of Religion.* London/New York 2016.

Stump, Eleonore/Murray, Michael J. (Hg.): *Philosophy of Religion: The Big Questions.* Malden (MA) 1999.

Taliaferro, Charles: *Philosophy of Religion. A Beginner's Guide.* London 2009.

Taliaferro, Charles: *What is Philosophy of Religion?* Cambridge/Medford (MA) 2019.

Taliaferro, Charles/Draper, Paul/Quinn, Philip L. (Hg.): *A Companion to Philosophy of Religion.* Malden, USA/Oxford, UK u.a. 2010.

Taliaferro, Charles/Griffiths, Paul J. (Hg.): *Philosophy of Religion. An Anthology.* Malden (MA) 2003.

Taliaferro, Charles/Marty, Elsa J.: *A Dictionary of Philosophy of Religion.* London/New York 2010.

Taliaferro, Charles/Meister, Chad: *Contemporary Philosophical Theology.* London/New York 2016.

Viertbauer, Klaus/Gasser, Georg (Hg.): *Handbuch Analytische Religionsphilosophie. Akteure – Diskurse – Perspektiven.* Berlin 2019.

Vroom, Hendrik M.: *A Spectrum of Worldviews. An Introduction to Philosophy of Religion in a Pluralistic World.* Amsterdam/New York 2006.

Wainwright, William J. (Hg.): *The Oxford Handbook of Philosophy of Religion.* Oxford 2005.

Weger, Karl-Heinz (Hg.): *Religionskritik.* Graz u.a. 1991.

Wendel, Saskia: *Religionsphilosophie.* Stuttgart 2010.

Yandell, Keith E.: *Philosophy of Religion. A Contemporary Introduction.* London/New York ²2016.

Zagzebski, Linda Trinkaus: *Philosophy of Religion. An Historical Introduction.* Malden (Mass.) 2007.

Zagzebski, Linda Trinkaus /Miller, Timothy D. (Hg.): *Readings in Philosophy of Religion: Ancient to Contemporary.* Malden (MA) 2009.

Zirker, Hans: *Religionskritik.* Düsseldorf 1995.

Religionsphilosophische und theologische Fachzeitschriften

1. American Catholic Philosophical Quarterly
2. Ars Disputandi
3. Bijdragen: International Journal in Philosophy and Theology
4. European Journal for Philosophy and Religion
5. Faith and Philosophy
6. Falsafa : Jahrbuch für islamische Religionsphilosophie
7. Freiburger Zeitschrift für Theologie und Philosophie
8. Harvard Theological Review
9. The Heythrop Journal
10. History of Religions
11. International Journal for Philosophy of Religion
12. International Philosophical Quarterly
13. Jahrbuch für Religionsphilosophie
14. Journal of Empirical Theology
15. Journal of Islamic Philosophy
16. Journal of Religion
17. Journal of Religious Ethics
18. Modern Theology
19. Neue Zeitschrift für Systematische Theologie und Religionsphilosophie
20. Nouvelle revue théologique
21. Philo
22. Philosophia Christi
23. Philosophy East and West
24. Proceedings of the American Catholic Philosophical Association
25. Religious Studies
26. Revue des sciences religieuses
27. Sophia

28. Theological Studies
29. Theologie & Philosophie
30. Theology and Science
31. The Thomist
32. Zeitschrift für Katholische Theologie
33. Zeitschrift für Religion, Gesellschaft und Politik
34. Zeitschrift für Religions- und Geistesgeschichte
35. Zygon. Journal for Religion and Science

Personenregister

A

Abaelardus, Petrus 132, 275
Abhinavagupta 192
Abraham 18, 19, 40, 45, 122, 160, 250
Adams, Marilyn McCord 153, 221
Adorno, Theodor W. 59
al-Fārābī 76, 170
al-Ghazālī 74, 75, 169–171
al-Halladj 171
al-Kindī 170
Alston, William 97, 103, 108, 158, 265
Altizer, Thomas Jonathan Jackson 59
Anderson, Pamela Sue 259
Anselm von Canterbury 73, 125, 126, 132, 140, 141
Aristoteles 25, 28, 29, 38, 40, 74–76, 79, 125,
    131, 136, 161–163, 169, 170, 175, 215
Assmann, Jan 264
Audi, Robert 255
Augustinus 9, 10, 26, 27, 72, 73, 76, 78, 131,
    159, 215
Ayer, Alfred J. 56, 229

B

Barbour, Ian Graeme 88, 89
Bauer, Bruno 85
Benjamin, Walter 59, 243
Berger, Peter L. 240, 242, 271, 272
Bergson, Henri 109
Bodhidharma 211
Boethius 132, 133
Bonaventura 141, 168
Bruno, Giordano 87
Buber, Martin 50, 163
Buddha 107, 192, 195, 196, 201, 203, 210–213,
    271
Bultmann, Rudolf 49

C

Calvin, Johannes 29, 79, 103, 243
Camus, Albert 35, 50
Carnap, Rudolf 229
Cicero, Marcus Tullius 9, 131
Clarke, Samel 137

Clifford, William Kingdon 96, 100
Clooney, Francis Xavier 272
Cobb, John B. 220
Cohen, Hermann 163
Copan, Paul 156, 157
Craig, William Lane 146, 147, 265

D

Dalai Lama XIV. (Tenzin Gyatso) 3
Daly, Mary 259
Darwin, Charles 87, 140, 152, 226
Dawkins, Richard 231
Demokrit 25
Dennett, Daniel 231
Deqing, Hanshan 211
Derrida, Jacques 36, 54, 55, 60, 61, 274
Descartes, René 30, 54, 79, 96, 114, 142, 229
Dewey, John 113
Diderot, Denis 83
Dilthey, Wilhelm 49
Diodoros 223
Dostojewskij, Fjodor M. 220
Draper, John William 87
Dummett, Michael 36
Durkheim, Émile 13, 15, 16
Dworkin, Ronald 247, 255

E

Edwards, Paul 229
Eliade, Mircea 15, 42, 52
Epikur 25, 216
Eriugena, Johannes Scotus 73

F

Feuerbach, Ludwig 34, 85, 224, 225, 260
Fichte, Johann Gottlieb 83–85
Flew, Antony 230
Forberg, Friedrich Karl 84, 85
Forst, Rainer 257, 258
Frankenberry, Nancy K. 259, 261
Frege, Gottlob 228
Freud, Sigmund 34, 51, 60, 226, 258

G

Gadamer, Hans-Georg 49
Galilei, Galileo 86, 87
Gaozong 211
Geertz, Clifford 14
Gersonides (Levi ben Gershom) 161, 162
Girard, René 18
Goethe, Johann Wolfgang von 84

H

Habermas, Jürgen 18, 24, 29, 36, 59, 60, 79,
   254, 257, 258, 274
Hamilton, William 59
Hào, Chèng 210
Harris, Sam 231
Hartshorne, Charles 124, 134, 153, 220
Hegel, Georg Wilhelm Friedrich 13, 33, 34, 36,
   59, 85, 86, 163, 213, 215, 224, 225, 274–276
Heidegger, Martin 42, 45, 49, 50, 52–55, 60,
   163, 213, 215, 242
Heiler, Friedrich 52
Heraklit 23, 220
Herder, Johann Gottlieb 84
Hick, John 101, 217, 222, 268–270, 274
Hitchens, Christopher 231
Horkheimer, Max 59
Hume, David 30, 31, 34, 83, 140, 144, 157–159,
   223, 224, 227, 228, 231
Husserl, Edmund 51, 52, 55, 163, 213

I

Ibn Ruschd (Averroes) 28, 74–76, 162, 170
Ibn Sīnā (Avicenna) 28, 170
Ibn Tufail 170
Irigaray, Luce 61, 260

J

Jacobi, Friedrich Heinrich 84, 85
James, William 11, 100, 101, 103, 105, 107, 109,
   113, 220
Jantzen, Grace 259
Jaspers, Karl 19, 47, 50
Jesus Christus 10, 16, 20, 26, 27, 30, 45, 58, 59,
   70, 71, 80, 85, 95, 101, 102, 108, 112, 113,
   134, 158, 164–168, 203, 221, 260, 265
Johannes Paul II. 87
Justin der Märtyrer 26, 72

K

Kant, Immanuel 19, 31–34, 57, 83–85, 91, 92,
   109, 114, 135, 137, 138, 140, 141, 144, 145,
   154–157, 159, 162, 163, 228, 229, 246, 250,
   251, 269, 274–276
Kauffman, Stuart 246, 247
Kierkegaard, Søren 19, 33, 34, 50, 85, 112, 113,
   163
Knitter, Paul F. 270
Konfuzius 201–209
Krause, Karl Christian Friedrich 124
Kristeva, Julia 61, 260
Kutschera, Franz von 14, 93

L

La Barre, Weston 226
Lacan, Jacques 260
Lactantius 9, 216, 217
Lanczkowski, Günter 12
Leibniz, Gottfried Wilhelm 31, 79, 137, 142,
   143, 147, 215, 218, 220
Lenin, Wladimir Iljitsch 200, 225
Lessing, Gotthold Ephraim 84, 162, 224
Levinas, Emmanuel 54, 55, 163, 164
Lewis, David 153, 230
Locke, John 82, 83, 96, 256
Luhmann, Niklas 13
Luther, Martin 29, 78, 79

M

Mackie, John Leslie 221, 230
Maimonides, Moses 28, 74, 77, 161, 162
Malcolm, Norman 112, 153
Mall, Ram A. 51, 53, 174, 175, 187, 190, 191
Marcel, Gabriel 35, 50
Marett, Robert Ranulph 13
Marion, Jean-Luc 54, 55, 164
Marret, Robert Ranulph 13
Marx, Karl 13, 34, 51, 60, 85, 225, 244
McMullin, Ernan 88
Meister Eckhart 168, 215
Mendelssohn, Moses 84, 162
Mensching, Gustav 12, 42, 52
Menzius 202, 204, 205, 209
Merleau-Ponty, Maurice 52
Meslier, Jean 223, 224
Mill, John Stuart 220
Mohammed 70, 72, 96, 107, 168, 203
Molina, Luis de 133
Moses 28, 74, 84, 160–162, 226, 264

N

Nāgārjuna 195
Neville, Robert Cummings 272
Nicolaus Cusanus 77–79, 275
Nielsen, Kai 114
Nietzsche, Friedrich 34, 36, 51, 58–61, 215,
    225, 226
Nishida Kitarō 109, 213, 214
Nishitani, Keiji 213, 214, 276
Nozic, Robert 36

O

Otto, Rudolf 12, 52, 107, 246

P

Paley, William 139, 140
Panikkar, Raimon 11, 276
Pascal, Blaise 45, 79–81, 215
Phillips, Dewi Z. 98, 99, 112, 114
Philon von Alexandria 161
Plantinga, Alvin 57, 91, 98, 102–104, 153, 154,
    156, 222
Platon 24, 25, 28, 29, 72, 91, 125, 129, 136, 144,
    161–163, 175, 204, 220, 221, 224, 249
Plotin 27, 215
Pollack, Detlef 14
Popper, Karl 230
Porphyrios 27
Protagoras 25
Pseudo-Dionysius Areopagita 77, 167
Putnam, Hilary 36, 99

Q

Quine, Willard Van Orman 230
Quinn, Philip L. 257, 265

R

Radhakrishnan, Sarvepalli 276
Raju, Poola Tirupati 276
Ratzinger, Joseph/Benedikt XVI. 254
Rawls, John 36, 255, 258
Reimarus, Hermann Samuel 224
Richard von Sankt-Viktor 165
Ricœur, Paul 50, 51, 54, 55
Riesebrodt, Martin 12
Rorty, Richard 255

Rosenzweig, Franz 163
Rousseau, Jean-Jacques 30, 204
Rowe, William L. 221
Runzo, Joseph 276
Russell, Bertrand 56, 223

S

Sade, Marquis de 224
Śaṅkara 175, 191, 231
Santayana, George 111
Sartre, Jean-Paul 35, 50
Sa'adia ben Josef (Gaon) 161
Scheler, Max 53, 134
Schelling, Friedrich Wilhelm Joseph 33, 34,
    163, 215, 274
Schihab ad-Din Yahya Suhrawardi 171
Schlegel, Friedrich 49
Schleiermacher, Friedrich 34, 49
Schmidt-Leukel, Perry 270
Schopenhauer, Arthur 85, 86
Simmel, Georg 12
Smart, Ninian 14, 42, 276
Smith, Wilfred Cantwell 11, 42, 202
Söderblom, Nathan 12, 52
Spinoza, Baruch de 30, 79, 81, 84, 124, 142
Spiro, Melford E. 12, 226
Statius, Publius Papinius 223
Storchenau, Sigismund von 30
Stosch, Klaus von 271, 272
Strauß, David Friedrich 85
Sweetman, Brendan 257
Swinburne, Richard 95, 96, 108, 148, 149, 222,
    265

T

Taizong 211
Tanabe, Hajime 213, 276
Taylor, Charles 242
Taylor, Mark C. 59
Thomas von Aquin 9, 28, 73, 81, 101, 132, 135,
    136, 138, 139, 141, 142, 155, 229
Tillich, Paul 111
Tolstoj, Lew 249
Troeltsch, Ernst 46

V

Vahanian, Gabriel 59
van Buren, Paul 59

van der Leeuw, Gerardus 52, 53
van Gennep, Arnold 18
van Inwagen, Peter 230
Voltaire 30, 83, 221, 224

W

Wallace, Anthony 226
Ward, Keith 217, 272
Weber, Max 9, 86, 243, 244, 254
White, Andrew Dickson 87
Whitehead, Alfred North 88, 89, 220
Wilhelm von Ockham 132
Wisdom, John 230

Wittgenstein, Ludwig 56, 57, 98, 99, 112–114, 125
Wolff, Christian 31
Wolterstorff, Nicholas 103, 257
Wuzong 211

X

Xenophanes 25
Xu, Zhi 211

Z

Zhuhong, Yunqi 211

Sachregister

A

Absolute, das 85, 168, 191
Achsenzeit 161, 165
Advaita-Vedānta 5, 175, 185, 187, 190–192
Allah 72, 133, 168, 169, 271
Allmacht 3, 40, 72, 74, 76, 90, 98, 127–131, 133,
    134, 136, 138, 144, 147, 160, 167, 169, 170,
    174, 175, 184, 203, 215–224, 248, 250, 251,
    259, 260, 276
Allwissenheit 40, 75, 127, 129–134, 153, 169,
    216, 218–221, 251, 260
Altes Testament 128, 160, 164
Andersheit Gottes 162, 169
Anthropologie 225, 272
Antirealismus 70, 91, 98, 99
Argument
– modallogisches für die Existenz Gottes 143,
    146, 153–157
– probalistisches für die Existenz Gottes 146,
    148, 149, 155, 156
– protheistisches 135, 143, 157–159, 230
Asebie 85
Aseität 129
Atheismus 2, 29, 30, 35, 36, 50, 59, 84, 85, 98,
    185–187, 189, 195, 198, 230, 246, 247, 267
Atheismusstreit 84, 85
Ātman 172, 191–193
ātman 175, 176, 188, 191, 193, 197
Attribute, göttliche 40, 57, 126, 127, 131, 154
Auferstehung 20, 26, 45, 58, 59, 74, 75, 95, 101,
    102, 158, 167
Aufklärung 5, 10, 29–31, 33, 34, 40, 47, 71, 77,
    81, 83, 85, 162, 174, 198, 204, 223, 224, 242,
    244–246

B

Barmherzigkeit 133, 169
Bewegung, neureligiöse 238, 240–242, 275
Bibel 41, 72, 138, 160, 169, 207
Böse, das 23, 28, 32, 38, 215–223, 248, 251
Brahman 172, 173, 175, 176, 191, 271
Buddha Amitabha 211

Buddhismus 3, 5, 13, 17, 20, 24, 42, 46, 48, 61,
    86, 105, 107, 109–112, 173, 184, 185, 187,
    190, 192–198, 200, 202, 205, 206, 210–214,
    216, 241, 253, 262, 275, 276

C

Cārvāka 173, 185, 192, 198, 199
Chassidismus 163
Christentum 9–11, 16, 17, 23–29, 32, 34, 35,
    37, 40–42, 46, 48–50, 53–55, 58, 59, 61, 70–
    74, 76, 79, 83, 86–88, 101, 102, 104, 107–109,
    112, 122–125, 130, 134, 137, 146, 158, 160–
    162, 164–172, 174, 184, 185, 191, 193, 199,
    214, 215, 224–226, 231, 240–242, 244, 245,
    251, 256, 259, 261–264, 268, 271, 274, 275

D

Daoismus 5, 20, 24, 42, 48, 184, 185, 200, 205–
    212, 275
Deismus 30, 40, 224
Dekonstruktion 51, 54, 60, 61
Demiurg 175, 220
Design-Argumente für die Existenz Gottes 140,
    146, 149–152, 154–157
Dharma 11, 17, 192, 194, 195, 197, 199, 212
Dialog, interreligiöser 78, 261, 269–273
Dissense, religiöse 3, 58, 261, 264–267, 269,
    273–276
Diversität, religiöse 5, 12, 46, 53, 58, 81, 105,
    109, 164, 238, 261–264, 266–269, 271, 273–
    275
Dualismus 70, 165, 173, 175, 176, 186

E

Edler Achtfacher Pfad 193, 194
Eigenschaften, göttliche 4, 41, 77, 129–131,
    143, 216, 220
Emanation 27, 161
Empirismus 35, 36, 56, 57, 82, 83, 174, 198,
    214, 229, 230

Endlichkeit 34, 54, 59, 77, 78, 85, 113, 142, 247
Epistemologie 5, 36, 54, 57, 70, 88, 90, 91, 95, 104, 111, 126, 195, 266, 273, 274
– reformierte 102–104, 156, 160
Erfahrung, religiöse 14, 21, 38, 53, 70, 97, 105–109, 112, 113, 134, 143, 157–159
Erkenntnistheorie V, 4, 33, 36, 38, 57, 73, 82, 90–92, 94, 95, 97, 98, 102–105, 108, 114, 138, 144, 145, 154, 174, 198, 228, 238, 261, 264, 266, 269, 273, 274
Erleuchtung 88, 99, 169, 192, 198, 212
Erlösung 23, 160, 161, 163, 166, 187, 194, 197–199, 213, 243
Erlösungsbedürftigkeit 20, 270
essentialistisch 12, 14, 39, 52, 53
Eternalismus 129, 133
Ethik 4, 5, 12, 14, 19, 32, 37–39, 46, 54, 55, 96, 97, 101, 108, 132, 144, 145, 156, 161, 162, 166, 174, 188, 189, 195, 197, 198, 200–205, 207, 208, 217, 238, 243, 244, 247–253, 260, 263, 272, 274–277
Evangelien 26, 27, 59, 109, 160, 164, 165, 226, 241
Evidentialismus 82, 91, 95–98, 100–103
Ewigkeit 74, 75, 110, 127, 129–131, 136, 138, 161, 162, 170, 190
Existenzialismus 35, 50, 214, 240
Existenzphilosophie 47–50, 53, 112
Exklusivismus 268–272
Expressivismus 99

F

Feministische Theorie 5, 36, 39, 48, 61, 165, 248, 259–261
Fideismus 102, 112–114, 227
Fragmentenstreit 224
Fundamentalismus 82, 86, 87, 89, 166, 169, 231, 238, 240, 245, 246, 254, 256, 257, 272
Fundationalismus/Fundamentismus 36, 91, 102–104
funktionalistisch 12, 14, 214

G

Gerechtigkeit 40, 60, 114, 166, 169, 218, 219, 252
Glaube, kreditiver / fiduzieller 91, 93–95, 102, 108, 113, 123
Glaubensüberzeugungen 4, 11, 20, 37, 55, 93, 96–98, 100–103, 105, 106, 108, 112, 113, 168, 238, 265, 271, 273, 275
Glaubenswahrheiten 23, 28, 31, 32, 79

Glaube, putativer / doxastischer 91, 93, 94, 108, 113
Glaube, religiöser 4, 5, 14, 15, 19, 20, 24, 31, 38, 40, 41, 46, 50, 52, 58, 70, 72, 73, 78–86, 88, 90–92, 94, 95, 98, 99, 101–105, 111–114, 124, 126, 146, 158, 168, 169, 184, 193, 209, 215, 217, 221, 223, 225, 246, 247, 249, 262, 263, 266, 267
Gnade 22, 27, 29, 71, 72, 78, 81, 103, 133, 166, 169
Gott 4, 10, 12, 15, 16, 18–22, 26–34, 36–38, 40, 43, 45, 52–55, 57–59, 61, 70–83, 85, 89, 90, 92, 94, 96–100, 102, 103, 105, 109–111, 113, 115, 122–171, 173–175, 187, 188, 190, 191, 194, 195, 197, 198, 201, 203, 205–207, 209, 215–231, 244, 246–253, 258–260, 264, 265, 268, 270, 271, 276
Gottesbegriff 25, 79, 84, 122–126, 134, 154, 162, 194, 259
Gottesbeweis 31, 58, 81, 122, 126, 134–136, 138–140, 142–150, 152–157, 227–229
– kosmologischer 41, 89, 122, 135–138, 140, 143, 144, 146–148, 151–156, 159, 174, 218, 228, 229
– ontologischer 122, 135, 137, 140–144, 146, 148, 153–155, 159, 228, 229
– physikotheologischer 92, 139, 140, 146, 149, 150, 152, 227–229
– teleologischer 41, 89, 122, 135, 138, 139, 143, 144, 146, 149–153, 155, 156, 159, 174
Gotteserkenntnis 27, 28, 84
Gottesglaube 5, 102–104, 158, 160, 197, 215, 221–227, 230, 231, 242, 246, 247, 251
Göttliche, das 9, 15, 54, 103, 104, 124, 126, 131, 167, 168, 260
Gute, das 25, 32, 73, 101, 109, 129, 134, 145, 199, 204, 217, 218, 222, 226, 252, 275
Güte, vollkommene 40, 131, 219

H

Haskala 162
Heilige, das 3, 12, 16, 17, 30, 49, 52, 72, 79, 87, 107, 108, 111, 164, 165, 260
Heiliger Geist 108, 165
Heiligkeit 16, 208
Hermeneutik 35, 36, 43, 47–53, 55–57, 159, 190, 242
Hinduismus 46, 48, 86, 110, 122, 160, 172–176, 185, 186, 189, 191, 193, 197, 242, 264, 275
Hoffnung 15, 31, 32, 60, 80, 81, 85, 113, 145, 243, 251
Huayan-Schule 211

I

Idealismus 33–35, 85, 86, 163, 164, 196, 269
Ideologie 11, 239, 241–243, 245–247, 264
Inklusivismus 268, 269, 271, 274
Interkulturalität V, 3, 48, 215, 274–277
Interreligiosität 3, 78, 124, 166, 255, 264, 265,
    270–273, 275, 276
Islam 11, 16, 19, 22, 27, 28, 40–42, 46, 48, 61,
    71, 72, 74–77, 86, 88, 109, 122–124, 133, 137,
    147, 158, 160–162, 165, 166, 168–172, 174,
    185, 242, 245, 246, 256, 257, 262–264, 268,
    271, 275
Islamismus 3, 239, 246, 254, 256, 272

J

Jahwe 264, 271
Jainismus 5, 173, 185, 196, 197, 275
Judentum 16, 17, 20, 24, 26–28, 40–42, 46, 48,
    54, 61, 71, 74, 86, 122–124, 137, 160–166,
    169–172, 174, 185, 193, 263, 268, 275

K

Kalām 137, 147, 169
Karma 189, 193, 198, 220, 247
Kognitionswissenschaft 37, 48, 89, 90
Kognitivismus 20, 22, 57, 70, 77, 90, 91, 93, 95,
    96, 98, 100, 157, 260, 274
Konfuzianismus 5, 20, 24, 48, 184, 185, 200–
    206, 208–210, 213, 275
Kontemplation 25, 161, 171
Konversion 20, 269, 270
Koran 16, 17, 20, 41, 72, 75, 107, 109, 133, 138,
    158, 160, 168–170, 271
Kultur 2, 3, 10–12, 14, 17, 25, 34, 36, 37, 42, 44,
    57, 71, 104, 106–108, 125, 138, 159, 184, 200,
    202, 203, 205, 210, 211, 215, 240, 248, 252,
    259, 261, 270, 271
Kyōto-Schule 109, 213, 214

L

Lebensphilosophie 35, 109
Leerheit 195, 208, 212, 214
Leid/Leiden, das 23, 86, 90, 129, 167, 168, 187,
    192–195, 199, 201, 203, 212, 213, 215–222,
    244, 250, 253
Liberalismus 238, 255, 256
Logos 23–27
Lotos-Sutra 211, 213

M

Mādhyamika 195, 196, 212
Mahāyāna-Buddhismus 194–196, 210, 213,
    214, 262
Materialismus 81, 193, 198
Meditation 21, 46, 88, 89, 106, 107, 110, 142,
    174, 175, 192, 195, 196, 211, 212, 239
messianisch 60, 243
Messias 108, 164
Metaphysik V, 4, 15, 23, 25, 31, 34–41, 49, 50,
    53, 54, 57, 58, 60, 74, 75, 79, 84, 85, 88, 89,
    124, 127, 136, 137, 142, 161, 172, 174, 186,
    195, 198, 201, 206, 212, 229, 230, 258, 261,
    263, 274–276
Metaphysikkritik 54, 60, 61
Minimalismus 99
Missionierung 269, 270
Mittelalter 23, 26–28, 48, 70, 71, 74, 81, 124,
    161–163, 199
Monismus 173, 175, 191
Monotheismus 15, 18, 19, 23, 25, 27, 34, 48, 61,
    70, 71, 74, 122–125, 127, 130, 131, 134, 159–
    162, 164, 166, 172–175, 184–186, 215, 226,
    249, 253, 258–260, 263, 264, 275, 276
Moral 8, 13, 19, 20, 23, 30–32, 34, 46, 78, 81,
    83, 84, 92, 96, 97, 100, 105, 111, 128, 129,
    135, 144, 145, 153, 156, 157, 159, 160, 166,
    176, 194, 195, 201, 203–206, 208, 216–218,
    220, 225, 226, 240, 243, 246, 248–253, 258,
    259, 270, 272, 275–277
Moralität 84, 208, 217, 249, 251, 252
Mutakallimūn 169
Mu'tazila 169
Mystik 28, 54, 99, 107, 109, 125, 143, 158, 163,
    167–171, 175, 192, 209, 214, 239, 277
Mythologie 2, 33, 196, 270
Mythos 17–19, 23–26, 49, 104, 108, 174, 187,
    199

N

Nächstenliebe 108, 112, 166, 217, 251, 277
Naturalismus 44, 58, 71, 90, 156, 157, 222, 230,
    246, 247, 267
Naturwissenschaft 36, 37, 45, 56, 58, 89, 140,
    153, 154, 246, 247
Neokonfuzianismus 211, 213
Neothomismus 35
Neuer Atheismus 231
Neukantianismus 35
Neuplatonismus 27, 28, 167
Neuzeit 10, 29, 30, 71, 76, 77, 137, 139, 142,
    184, 199, 215

Nicht-Dualität 191, 211
Nicht-Evidentialismus 91
Nihilismus 59, 84, 85, 214, 225, 226, 249
nirvāṇa 193, 195, 212
Nonkognitivismus 70, 91, 98–100, 111, 227

O

Offenbarung 3, 18, 19, 24, 30, 32, 33, 40–43,
    70–76, 79, 81–83, 122, 125, 127, 157, 160–
    163, 168–171, 184, 189, 190, 198, 224, 241,
    255, 271
Offenbarungsreligion 29, 33, 83, 84, 164, 173,
    174, 224
Offenbarungstheologie 28, 40, 164
Offenbarungswahrheit 74, 162
Okzident 32, 39, 40, 71, 184, 199, 215, 276
Ontologie 16, 38, 54, 55, 58, 140, 155, 169, 186,
    194, 195, 197, 198, 212, 276
Ontotheologie 53

P

Panentheismus 124
Pantheismus 84, 124, 130, 175
Pascalsche Wette 80, 101, 113
perfect being 127, 134, 170, 196, 220, 259
Phänomenologie 35, 36, 43, 45, 47, 48, 50–57,
    60, 61, 109, 112, 134, 159, 163, 164, 213, 260
Philosophie
– analytische 35–37, 40, 48, 56–58, 60, 76, 91,
    131, 145, 146, 154, 157, 159, 222, 230, 231
– chinesische 199, 200, 215
– indische 124, 138, 172–174, 184–186, 189,
    191, 192, 197–199, 215
– interkulturelle 5, 10, 37, 42, 48, 51, 185, 238,
    261, 273, 274, 276, 277
– islamische 41, 169–171
– klassische deutsche 33, 84, 224
Platonismus 26, 161, 163
Pluralismus 173, 174, 198, 240, 254, 255, 257,
    266, 268–272, 274, 278
Pluralität, religiöse 36, 126, 191, 197, 261, 262,
    266–269, 273, 274
Polytheismus 27, 86, 124, 169, 173, 185, 264
Positivismus 35, 36, 229, 230
Postcolonial Studies 48
Postmoderne 36, 61, 238–242
postsäkular 254, 255
Poststrukturalismus 36, 48, 60, 159
Pragmatismus 35, 112, 113

Priestertrugthese 223–226
profan 16–18, 21
Projektionsthese 224, 225
Protestantismus 79
Prozessontologie 194, 195, 206
Prozessphilosophie 35, 134
Prozesstheologie 134, 220

Q

Queer Theory 48, 259

R

Rationalismus 30, 81, 84, 101, 142
Rationalität 5, 29, 36, 60, 70, 71, 79, 80, 86,
    165, 185, 196, 215, 250, 273
Realismus 35, 70, 91, 95, 96, 98, 106, 111, 156,
    268, 269
Relativismus 57, 100, 114, 239, 267
Religion
– monotheistische 15, 27, 61, 71, 122–124, 127,
    130, 131, 134, 159, 166, 184, 186, 249, 253,
    258, 260, 263, 275
– natürliche 29, 33, 40, 83, 140, 224, 228
Religionsbegriff 8–11, 13–15, 30, 61, 247, 262,
    274–276
Religionsdefinition 12
Religionsfreiheit 2, 90, 254, 256, 257
Religionsgemeinschaft 11, 15, 21, 72, 245, 249,
    250, 262, 275
Religionsgeschichte 10, 20, 37, 205, 261
Religionskritik 31–36, 40, 46, 49, 51, 56, 60, 81,
    83, 85, 86, 184, 215, 223, 225, 227, 229, 231,
    245, 260, 267
Religionsphänomenologie 54
Religionspsychologie 37, 42
Religionsschrift (Kant) 32, 162, 163
Religionssoziologie 9, 13, 37, 42, 254, 264, 272,
    273
Religionswissenschaft V, 8, 11, 12, 37, 38, 42–
    45, 48, 52, 53, 61, 109, 272
Religiosität 8, 9, 15, 19–22, 38, 45–47, 70, 71,
    79, 81, 89, 90, 99, 105, 106, 145, 162, 163,
    165, 166, 185, 186, 189, 200, 225, 238–242,
    244, 246–248, 267
Religious Studies 42, 276
Ritual 9, 18, 19, 24, 25, 43, 94, 106–108, 111,
    189, 201, 203, 209, 211, 254, 262, 276
Ritus 9, 10, 13, 14, 16–18, 20, 21, 23–25, 90,
    105, 108, 160, 172, 190, 201, 202, 263

S

sakral 16, 18, 101, 110
Sakralität 9, 16
säkular 37, 41, 43, 45–47, 114, 222, 238–244,
    246, 248, 249, 252–254, 256–258, 272, 273,
    276, 277
Säkularisierung 5, 122, 231, 239, 242, 246, 254
Säkularismus 248, 256, 272
Sāṃkhya 174, 185–189, 197
Schöpfergott 3, 13, 15, 30, 71, 72, 84, 124, 130,
    135, 136, 149, 152, 156, 157, 162, 166, 173–
    175, 184, 185, 188, 191, 193, 194, 196, 215,
    216, 218, 220, 223, 227, 249
Schöpfung 73, 74, 127, 146, 150, 162, 163, 175,
    190, 191, 218, 220, 253, 276
Scientology 11, 241
Seele 25, 27, 28, 31, 40, 50, 51, 58, 75, 111, 131,
    136, 166, 197, 201, 210, 265
Shivaismus (Shaivismus) 191, 192
Skeptizismus 83, 198
Song-Dynastie 202, 205, 211
Spätantike 10, 26, 71, 159, 161, 215
Spinozismus 84
Spinozismusstreit 84
Spiritualität 8, 15, 29, 46, 106, 185, 186, 193,
    238–242, 260
Sprache, religiöse 4, 35, 57, 70, 91, 99, 109, 111,
    112
Sprachspiel 99, 113, 114
Steinparadox 128
Stoa 10, 25
substantialistisch 12, 53
Substanzontologie 194, 197
Sufismus 74, 170, 171

T

Tanach 160, 161, 164
Tantrismus 192, 196
Theismus 4, 5, 35–38, 40, 42, 55, 79, 83, 102,
    103, 122, 124, 129–131, 133, 134, 147, 149,
    156, 159, 160, 162, 163, 165–170, 172–175,
    184–186, 188, 189, 191, 194, 197, 199, 205–
    207, 215, 219–221, 230, 246, 259–261, 265
Theodizee 5, 129, 215, 218–220
Theologie V, 4, 10, 12, 23, 26–32, 35–46, 48–
    55, 57–61, 72–74, 76, 79, 81, 83, 88, 89, 110,
    111, 122, 124–126, 133, 134, 137, 144, 146,
    159, 161, 162, 164–174, 176, 184, 186, 196,
    199, 215, 224, 230, 252, 258, 259, 261, 268–
    273, 276
– islamische 75, 169
– jüdische 55
– katholische 30, 40, 76, 87, 146, 159, 167, 168
– komparative 271–273
– natürliche 28, 40, 41, 57
– negative 54, 60, 77, 125, 167, 191
– protestantische 12, 40, 46, 49, 50, 111, 146,
    159, 167, 168, 224, 243, 244
Theravāda-Buddhismus 194–196, 262
Tientai-Schule 211
Tod 18, 23, 28, 36, 38, 59, 85, 94–96, 98, 158,
    161, 166, 167, 198, 201, 202, 204, 209, 214,
    216–218, 225, 230, 238, 247, 248, 265
Toleranz 10, 81, 162, 197, 224, 252, 254, 255,
    264
Tora 161
Transhumanismus 239, 247
Transzendentalphilosophie 31, 57, 83–85, 159,
    213
Transzendenz 9, 12–17, 45, 50, 54, 59, 71, 97,
    104, 107, 111, 123–125, 129, 144, 148, 163,
    164, 166, 167, 173, 194, 205, 211, 229, 247–
    249, 267–270, 272, 274
Trinität 58, 74, 164–166, 169, 173, 225, 259, 260

U

Übel, das 5, 129, 131, 137, 215–219, 221–223
Überzeugung, religiöse 4, 20, 22, 37, 46, 58, 70,
    89–92, 94–96, 99, 101, 102, 104, 105, 113,
    158, 251, 256, 266–271, 274
Uhrmacher-Argument 139
Unendlichkeit 16, 34, 55, 77, 78, 80, 81, 85,
    113, 130, 135, 136, 142, 147, 152, 155, 166,
    207, 218, 227, 229, 247
Universum 25, 124, 135, 136, 140, 146–151,
    156, 187, 227, 228, 247, 252, 277
Unsterblichkeit 25, 31, 32, 40, 58, 201
Utilitarismus 199, 249, 250

V

Veden 172–174, 189–192, 198, 199
Vernunft 19, 23, 27–33, 40, 43, 59, 60, 70–86,
    92, 122, 136–138, 140, 141, 144, 145, 159,
    161–163, 169, 228, 229, 246, 247, 250, 251,
    274–277
Vernunftglaube 32, 34, 83, 92, 156
Vernunftreligion 224
Vier Edle Wahrheiten 20, 192, 193, 195, 216
Vollkommenheit 73, 77, 126, 127, 129, 130, 133,
    138, 142, 143, 153, 175, 194, 218, 229, 250
Voraussicht, göttliche 123, 131–134

W

Wahrheit, propositionale 99
Wahrnehmung, religiöse 158, 159
Weltethos 252, 272
Weltparlament der Religionen 272
Wiedergeburt 3, 176, 187, 193, 197, 198, 210
Wissenschaft 2–5, 8, 24, 25, 36–38, 40, 42–44,
    47, 48, 50, 52, 57, 59, 71, 79, 81, 86–90, 94,
    95, 99, 104, 114, 126, 146, 152, 156, 158, 174,
    184, 214, 215, 227, 229–231, 239, 241, 246,
    247, 254, 255, 258, 272, 277
Wunder 15, 30, 127, 143, 144, 150, 157–159,
    230

Y

Yoga 106, 174, 185–189

Z

Zen-Buddhismus 46, 107, 109, 211–215

www.ingramcontent.com/pod-product-compliance
Lightning Source LLC
Chambersburg PA
CBHW070128240225
22441CB00003B/78